钱亚新年谱

A Chronological Biography of Qian Ya-xin

谢 欢 著

上海古籍出版社

国家社科基金后期资助项目（17FTQ004）

国家社科基金后期资助项目
出版说明

　　后期资助项目是国家社科基金设立的一类重要项目,旨在鼓励广大社科研究者潜心治学,支持基础研究多出优秀成果。它是经过严格评审,从接近完成的科研成果中遴选立项的。为扩大后期资助项目的影响,更好地推动学术发展,促进成果转化,全国哲学社会科学工作办公室按照"统一设计、统一标识、统一版式、形成系列"的总体要求,组织出版国家社科基金后期资助项目成果。

全国哲学社会科学工作办公室

目　录

凡例 …………………………………………………………………… 1

1903年（光绪二十九年）　　一岁 …………………………………… 1
1908年（光绪三十四年）　　六岁 …………………………………… 3
1909年（宣统元年）　　七岁 ………………………………………… 4
1911年（宣统三年）　　九岁 ………………………………………… 5
1912年（民国元年）　　十岁 ………………………………………… 7
1914年（民国三年）　　十二岁 ……………………………………… 8
1917年（民国六年）　　十五岁 ……………………………………… 10
1919年（民国八年）　　十七岁 ……………………………………… 12
1920年（民国九年）　　十八岁 ……………………………………… 13
1922年（民国十一年）　　二十岁 …………………………………… 14
1923年（民国十二年）　　二十一岁 ………………………………… 15
1925年（民国十四年）　　二十三岁 ………………………………… 16
1926年（民国十五年）　　二十四岁 ………………………………… 21
1927年（民国十六年）　　二十五岁 ………………………………… 25
1928年（民国十七年）　　二十六岁 ………………………………… 28
1929年（民国十八年）　　二十七岁 ………………………………… 32
1930年（民国十九年）　　二十八岁 ………………………………… 40
1931年（民国二十年）　　二十九岁 ………………………………… 43
1932年（民国二十一年）　　三十岁 ………………………………… 46
1933年（民国二十二年）　　三十一岁 ……………………………… 52
1934年（民国二十三年）　　三十二岁 ……………………………… 56
1935年（民国二十四年）　　三十三岁 ……………………………… 61

年份	民国纪年	年龄	页码
1936 年	(民国二十五年)	三十四岁	63
1937 年	(民国二十六年)	三十五岁	70
1938 年	(民国二十七年)	三十六岁	74
1939 年	(民国二十八年)	三十七岁	75
1940 年	(民国二十九年)	三十八岁	77
1941 年	(民国三十年)	三十九岁	79
1942 年	(民国三十一年)	四十岁	82
1943 年	(民国三十二年)	四十一岁	88
1944 年	(民国三十三年)	四十二岁	91
1945 年	(民国三十四年)	四十三岁	95
1946 年	(民国三十五年)	四十四岁	101
1947 年	(民国三十六年)	四十五岁	108
1948 年	(民国三十七年)	四十六岁	114
1949 年	(民国三十八年)	四十七岁	117
1950 年		四十八岁	119
1951 年		四十九岁	123
1952 年		五十岁	125
1953 年		五十一岁	126
1954 年		五十二岁	141
1955 年		五十三岁	148
1956 年		五十四岁	151
1957 年		五十五岁	161
1958 年		五十六岁	168
1959 年		五十七岁	175
1960 年		五十八岁	179
1961 年		五十九岁	183
1962 年		六十岁	187
1963 年		六十一岁	190
1964 年		六十二岁	198
1965 年		六十三岁	200
1966 年		六十四岁	202
1967 年		六十五岁	204

1968 年	六十六岁	205
1969 年	六十七岁	207
1970 年	六十八岁	208
1971 年	六十九岁	209
1972 年	七十岁	211
1973 年	七十一岁	212
1974 年	七十二岁	213
1975 年	七十三岁	215
1976 年	七十四岁	217
1977 年	七十五岁	220
1978 年	七十六岁	227
1979 年	七十七岁	232
1980 年	七十八岁	237
1981 年	七十九岁	240
1982 年	八十岁	242
1983 年	八十一岁	247
1984 年	八十二岁	256
1985 年	八十三岁	266
1986 年	八十四岁	276
1987 年	八十五岁	344
1988 年	八十六岁	391
1989 年	八十七岁	400
1990 年	八十八岁	408

参考文献 ……………………………………………………………… 411

钱亚新年谱·索引 ……………………………………………………… 427
  主题索引 ……………………………………………………………… 428
  人名索引 ……………………………………………………………… 435
  机构索引 ……………………………………………………………… 451
  文献索引 ……………………………………………………………… 460

后记 …………………………………………………………………… 483

凡 例

1. 本谱采用公元纪年,具体到月日,凡日不能考者附于是月之后;月不能考者,附于是年之后。

2. 本谱按照钱亚新本人纪岁习惯,采用虚岁纪岁。

3. 本谱中"先生"之前如未冠以名字,皆指钱亚新。

4. 本谱中之书信,凡能确定钱亚新收信时间者,以收信时间为准;收信时间难定者,则以他人(单位)写信时间为准。为节省篇幅,凡是笔者所目及之信函或信函复印件,年谱中都不注明出处;未目及者,则注明文献来源。书信内容,择要录入。

5. 本谱中所涉及手稿、书信等文献内容,凡不能辨识者,以□标记;文献中之错别字、异体字(人名等专有名除外)、漏字、赘字后用"[ ]"标记,并于"[ ]"中注明正确内容;文献中语句不通者不作修改。部分需说明的内容以脚注或按语形式呈现。

1903年(光绪二十九年)　　一岁

12月23日,时值冬至,先生出生于江苏宜兴蜀山镇蠡墅村(今宜兴市丁蜀镇)一个以制陶为业的家庭。先生居幼,家中排行第六,上有大哥如生(1889—1931)、大姐清韶(1891—1926)、二姐铸卿(1893—1974)、二哥炳生(1897—1964)、三姐励青,下有一妹(不幸早夭)。先生出生时及幼时成长情况,据先生晚年录音所述:

> 我大约出生于晚上九点到十点之间,出生时情况亦十分危急,当产婆赶到我家中时,我身体的一部分已经从母亲体内出来了,当时因天气寒冷,室内生有一火盆,而火盆位置就放在我母亲身边,若不是产婆及时赶到,我很有可能就落在火盆之中了。
>
> 我因出生于冬至,是家中第三子,故小名"冬三",小时候家人及邻居小朋友都以此名称呼我。而我出生后,因母亲奶水不足,故在村中请了一位奶妈照料。
>
> 我小时候极其顽皮,后来二姐和我说了小时候的两件事:其一,那时家中养了许多小鸡,我经常逗这些小鸡玩,有一次,竟把一只小鸡放在夜壶之中;其二,那时一般农村家中都会自酿米酒,有一次,我在酒缸边,拿杯子一杯一杯地喝,不知不觉竟把自己喝醉,倒在缸边。

先生父亲钱承寿公(1867—1934)早年参加过科举考试,但并未取得功名,在其二十岁时,先生祖父去世,承寿公辍学回家以陶为业,烧窑经商。承寿公早年曾入同盟会。承寿公虽然弃学从商,但对子女教育十分重视且严格督促,先生与两兄三姐都先后入学接受教育。承寿公好助人为乐,在乡间颇有声望,先生晚年在回忆父亲诗作中曾写道:"经营陶业卅多年,赚得白银不少千。造房买田勤于事,教儿育女正而严。偷闲好把琴书学,知用奋将数理研。每以助人为乐事,方圆百里尽知钱。"

先生母亲(1870—1921)为宜兴普通的农家女,在先生印象中母亲和蔼可亲、平易近人,对待子女慈爱,主持家政勤劳。先生晚年曾写过这样一首回忆母亲的诗作:"出身川埠①农民家,种地养蚕并采茶。封建婚姻尚满意,共同生育喜无涯。助人不惜钱银掷,自奉未将衣食华。贤母良妻声誉好,可怜作嫁成空夸。"

> 按:笔者曾与钱亚新先生长子钱亮谈及先生家世,据钱亮口述(这些内容也是当年先生与其聊天时谈及的):先生祖上并非居于宜兴,太平天国运动兴起,先生祖父因为战乱逃难至宜兴丁蜀一陶业商人家中,由于先生祖父勤劳能干,深得该家主人信任与喜爱,于是便将女儿许配先生祖父,从此先生祖父便定居宜兴,生儿育女,繁衍生息。

先生字维东,别号东山,其含义为:"维护东亚,再起东山。"笔名有金戈(由"钱"字拆开而来)、练佳(由"维东"拆拼而成)、小鲁(取"登东山而小鲁"之意)、筱鲁、千一、新、成有才、志新、江南春等。通常而言,发表图书馆学、目录学学术论文,署名"钱亚新";发表书评,署名"金戈";发表随笔、小品文等,署名"练佳";发表杂文,署名"小鲁";发表新闻报导等,署名"筱鲁"②;发表文摘,署名"千一"。

---

① 川埠,即宜兴的一个地名——笔者注。
② 钱亚新的字号和笔名[J].文教资料简报,1984(5):22.

1908年(光绪三十四年)　　六岁

是年,先生入自家所办私塾读书,塾师为秀才范锦江,乃先生二哥钱炳生未婚妻之父。私塾中与先生同学者,除其二哥、三姐外,尚有邻居小朋友六七人,被分为两组。年幼者,读《三字经》《百家姓》《千字文》;年岁稍长者,读《神童诗》《女论语》《龙文鞭影》《幼学琼林》。先生年纪最小,读《新三字经》①。关于私塾生活详细情况,可参见先生回忆录《青少年时代》,先生晚年录音时,对这段私塾生活又有如下补充:

> 因塾师范锦江为二哥未婚妻之父亲,故对我二哥要求极严,希望他学有所成,而二哥幼时似对读书兴趣不浓,但我幼时记忆力颇佳,老师让背的东西很快便会背了,因此深得塾师赞赏。
> 我与三姐读私塾时同样十分顽皮,那时每天下午私塾先生都会午休,有一天下午趁私塾先生午休的时候,我与三姐用稻草在私塾先生的帽子上扎了一个东西,而私塾先生竟未发觉,走在路上路人纷纷笑之,后来还是私塾先生一位好友提醒他之后方才把稻草取下。

---

① 钱亚新.青少年时代[M]//钱亚新.钱亚新别集.谢欢整理.南京:南京大学出版社,2013:196.

1909年(宣统元年)　　七岁

是年初,私塾开学,塾师范锦江开始教授先生《千字文》,先生觉得《千字文》较《新三字经》要难懂得多,有些内容即使老师有解释,仍不易理解。

是年夏天,范锦江因患霍乱去世,先生家中私塾因之解散。先生二哥被送往宜兴县城任举人家中读书,三姐和先生暂由其父钱承寿亲自教学,承寿公规定三种功课:读书、写字、算术,先生对于算术一科颇有天赋,深得承寿公喜爱,承寿公除基本算学外,还额外教授先生记账等内容,先生成为承寿公经营陶业的小助手①。

　　按:据先生表弟陈耀祥先生转述钱亚新先生二姐钱铸卿曾经谈及的内容,说钱承寿公对于钱亚新先生要求十分严厉,常常半夜三更就叫先生起床背诵有关课文。当时正是嗜睡年龄的先生对此颇感"辛苦"②。

---

① 钱亚新.青少年时代[M]//钱亚新.钱亚新别集.谢欢整理.南京:南京大学出版社,2013:197.
② 陈耀祥口述,2017年9月1日于上海陈耀祥家中.

1911年(宣统三年)　　九岁

2月13日,是日为元宵佳节,先生与父亲钱承寿携带礼物,坐船至塘头①表舅黄景祥家。此行一是拜年,二是谈先生寄宿读书事。到塘头后,先生先向长辈拜年,后又向老师行进见礼,中午吃罢开学酒,钱承寿先行返回家中。下午,先生由同岁的表舅景光带领,于附近村上玩耍,然而临睡前,先生发觉举目无亲,不禁大哭②。对于为何会寄宿表舅家读书,据先生晚年录音时所述:

> 那时我家中与表舅黄景祥因做生意而往来频繁,而所谓的生意是指,那时我家中烧窑所需大量柴草,而表舅黄景祥家后有一山,当表舅家中积累了一定量的柴草之后便送到我家中。有一次,表舅来访,见到我家中私塾散班,而表舅考虑到他家中尚有不少子侄及邻里需要读书,故决定也办一私塾,但是延聘塾师每年需要数十元,表舅便力劝我去读书,我后来想表舅之所以一心想让我去读书是想让我家承担部分资费。起初,由于年纪小,我父母一直不同意让我一个人寄宿表舅家,而表舅每次来都会劝我去读书,经不住表舅的力劝,加之我逐渐长大,待在家中光由父亲教导也非长久之计,故我父亲最终决定让我寄宿表舅家继续读书。

2月14日,正式上学,地点就在黄景祥家中,老师姓许,宜兴城里人,是一位秀才。与先生同窗者除先生小舅黄景光外,尚有邻居小孩六七人,当时学习的过程是"授课—讲解—朗读—背诵—默写"。每天除读书外,还要写描红本。先生由老师授读《孟子》,但由于年岁较小,对于《孟子》一书要点,并

---

① 宜兴的一个地名——笔者注。
② 钱亚新.青少年时代[M]//钱亚新.钱亚新别集.谢欢整理.南京:南京大学出版社,2013:197.

不能掌握。在塘头读书期间,先生每月有两到三天的假期,假期时或到山上樵柴捉鸟,或到河边钓鱼摸虾,如遇端午、中秋等假,先生则返回蜀山探亲①。

是年夏天,先生大哥如生因赴宜兴县城办事,路经塘头看望先生。

10月10日,湖北武昌新军鸣枪起义,史称"武昌起义",辛亥革命爆发。辛亥革命后,百废待举,各地广建各级新式学堂,宜兴蜀山镇亦新建三所新式小学,分别是:设在西街之初等小学,设在东坡书院之高等小学,以及设在北街专收女子之小学。

---

① 钱亚新.青少年时代[M]//钱亚新.钱亚新别集.谢欢整理.南京:南京大学出版社,2013:197-198.

1912年(民国元年)　　十岁

1月1日,孙中山在南京宣誓就任中华民国临时大总统职,中华民国宣告成立。

是年清明时分,先生母亲坐船至塘头,带先生至川埠探望先生外公外婆。

是年秋天,塾师许先生因染伤寒去世,黄景祥家私塾解散,先生回到家中,由父亲授学,勉强读完《孟子》。

是年,先生因识字较多,且会初等算数,以三年级插班生身份入宜兴蜀山西街初等小学。先生每日风雨无阻,凡风和日暖时,先生独自一人上学;遇风寒雨雪天,则由工人麻老四伴送,先生与麻老四之间养成了非常诚挚的友谊①。据先生晚年录音补充,之所以风雨无阻是因当时西街小学有一个规定,如果每个学期一次都不缺课,学生品行就能列入"甲等"。第一学期结束时,先生因品学兼优加之从未缺课得到奖状两张。

---

① 钱亚新.青少年时代[M]//钱亚新.钱亚新别集.谢欢整理.南京:南京大学出版社,2013:198.

1914年(民国三年)　　十二岁

是年初,先生以第一名身份从西街初等小学毕业并升入东坡高等小学一年级,先生插入时正值一年级下学期。由于东坡高小距离先生家路途较远,先生每日往返颇感疲倦,故而影响了先生学习,所以第一学期结束,先生九门功课中除算术外,其余八门都不及格。

下半年,先生开始住校读书,对于在东坡高小住宿生活,先生晚年录音时这样回忆:

> 住校生活很有规律,早上六点起床,起床后首先要做的就是整理床铺。当时学校的一个宿舍住有十个人,选定其中一人为舍长,每天舍长都要对该宿舍每位同学整理的床铺进行检查。检查完床铺之后,便是早操时间。晚上学生都集中在一个大礼堂里进行两个小时的自修。我住校后,学习上感觉很好,对于各科的理解较之以前也轻松不少,当时的功课主要包括语文、算学、历史、地理、英文、音乐和体操。在东坡高小读书期间,有几件事较为难忘。
>
> 一是,三年级的时候,有一天语文课老师布置了一个作文题目《你最佩服的是哪个人》,老师要求当堂完成,第二次上课语文老师就各位学生所交的作文进行点评。同学中有一人写的最佩服的人是岳飞,因为岳飞很勇敢,而且很爱国;我写得最佩服的是孔子,认为孔子是中国最伟大的人,因为两千多年前孔子就开始教书育人。当时班上有一位宋姓同学,写得最佩服的是洪承畴,点评到那个同学的时候,老师便问为什么是洪承畴?那位同学认为洪承畴这个人本事很大,打起仗来很勇敢。老师进而又问洪承畴是为谁打仗?同学答曰清朝。老师为此专门讲解了洪承畴的历史,并批评了那位同学,说不能佩服洪承畴,同学们听了之后就给这位宋姓同学起了个外号就"宋洪"。
>
> 二是,当时东坡高小每周六开始放假,住校的同学也都回家,有一个周六,天开始下雨,我未带雨具,在教室里一直望着天,满脸焦虑,此

时一位老师路过,见我样子便上前询问,得知我因未带雨具而不能回家时,把自己的雨具借给了我,为此很感动。又有一次周六,我回到家中,当时父亲招收了一个小学徒,年纪与我相仿,我回到家中时,那位小学徒正在发天花,我母亲见到我回来怕传染,便急忙叫我回学校,我回到学校后老师感到很奇怪,我将其中缘由告诉老师,老师觉得我母亲做得对的。这两件事也表明我小时候非常恋家。

三是,我在东坡高小三年,对三位老师印象最深,一位是教国文的校长吕先生,一位是教算学的陆先生,还有一位是教地理的周先生。

1917年(民国六年)　　十五岁

是年春假,东坡高小全校师生至宜兴南岳寺游玩,返程时路遇狂风大雨,"虽说有些扫兴,但大家亦无所畏惧,仍勇往直前与风雨搏斗。后来雨过风止,云散日出,欣然而归"①。先生晚年,曾写有《远足南岳》七律一首,以忆当年生活。

是年夏,先生以第二名的成绩从东坡高小毕业。毕业典礼时,上届模范生范芝生应邀讲话,其演讲中所说的"为学如行舟,不进则退。勤学易进步,懒惰难为功。用钱如水流,放手便成空。当用即当用,当省即当省"对先生产生了较大的影响,成为先生日后为学与用钱的座右铭②。毕业后,先生全家就先生今后的出路进行了商量,最后决定让先生投考江苏省立第一师范学校,之所以选择该校,一是因为先生二姐夫徐子华毕业于该校,认为该校是江苏最好的师范学校,其次是因为当时师范学校毕业容易就业,第三是因为当时师范学校读书不收学费。

7月初,先生与同乡三人,共赴苏州投考江苏省立第一师范学校。

7月15日,参加江苏省立第一师范学校招生考试③。

8月初,江苏省立第一师范学校公布投考结果,先生成功考取该校。据先生晚年录音自述,八月发榜后由于距开学尚有一月时间,故回家歇整,在家期间,先生常与村上一些人赌钱,在钱承寿公的严厉呵责及大姐的劝诫下,先生及时戒赌。

9月初,先生由二哥钱炳生伴护,前往苏州江苏省立第一师范学校报到入学。据先生晚年录音回忆:"苏州第一师范位于苏州城内的三元坊,学校面积约有十几个东坡高小那般大,风景颇佳,有山有亭,有池塘,塘中种着荷花,养着鱼虾。"当时先生这一年级共有学生80人,分为甲、乙两班,先生在

---

① 钱亚新.远足南岳[M]//钱亚新.钱亚新别集.谢欢整理.南京:南京大学出版社,2013:285.
② 钱亚新.青少年时代[M]//钱亚新.钱亚新别集.谢欢整理.南京:南京大学出版社,2013:198.
③ 第八第一师范学校招考预科生[N].申报,1917-06-21(11).

甲班,与所有新生一道住在北舍。当时江苏省立第一师范课程有修身、国文、英文、数学、物理、中国历史、中国地理、书法、图画、音乐、体育,共计十一种。此外,该校还有一个娱乐室,备有胡琴、琵琶、笙、箫、笛以及象棋、围棋等,先生在这里学会了围棋。对于授课教师,先生印象最深的是书法老师汪克埙、修身老师孙翔仲、小学教学法老师吴研因三人[①]。

---

① 钱亚新.青少年时代[M]//钱亚新.钱亚新别集.谢欢整理.南京:南京大学出版社,2013:199.

1919年(民国八年)　　十七岁

5月4日,五四运动爆发。

5月6日,参加江苏省立第一师范学校召开的全体师生声援五四运动大会①。

5月10日,下午,苏州中等以上各级学校推举代表成立苏州学界联合会,联合会决定在苏州各地分头演讲、调查、提倡国货,同时联合苏州本地总商会切实倡导②。

5月28日,包括江苏省立第一师范学校、江苏省立医学专门学校、江苏省立农业学校、东吴大学等在内的苏州中等以上各级学校于是日开始罢课③,并由苏州学界联合会组织演讲团,分途演讲,劝谕苏州各界抵制日货,同时组织国货调查部。

6月3日,苏州江苏省立第一师范学校、江苏省立医学专门学校、江苏省立农业学校三校校长劝导学生复课,然劝导无果,三校学生仍然坚持罢课④。除罢课外,还举行了声援北京被捕学生的游行,先生亦参加游行⑤。

6月10日,北洋政府下令罢免曹汝霖、章宗祥、陆宗舆三人,消息传至苏州时,苏州各级学校学生举行了庆祝游行⑥,苏州商会也于12日开市。

---

① 钱亚新.青少年时代[M]//钱亚新.钱亚新别集.谢欢整理.南京:南京大学出版社,2013:199.
② 苏州学界联合会成立布告[N].时事新报,1919-05-13.转引自中共江苏省委党史工作委员会,中国第二历史档案馆.五四运动在江苏[M].南京:江苏古籍出版社,1992:32-33.
③ 苏州各校议决罢课[N].时报,1919-05-29.转引自中共江苏省委党史工作委员会,中国第二历史档案馆.五四运动在江苏[M].南京:江苏古籍出版社,1992:47-48.
④ 苏州学生坚持罢课[N].时报,1919-06-04.转引自中共江苏省委党史工作委员会,中国第二历史档案馆.五四运动在江苏[M].南京:江苏古籍出版社,1992:104.
⑤ 钱亚新.青少年时代[M]//钱亚新.钱亚新别集.谢欢整理.南京:南京大学出版社,2013:199.
⑥ 苏州学生庆祝罢免卖国贼举行游行[N].时报,1919-06-16.转引自中共江苏省委党史工作委员会,中国第二历史档案馆.五四运动在江苏[M].南京:江苏古籍出版社,1992:169.

1920年(民国九年)　十八岁

4月16日,为反对中日直接交涉山东问题以及响应全国学联罢课通电,包括江苏省立第一师范学校在内的苏州中等以上各级学校学生齐聚吴县公共体育场,宣誓实行罢课,并列队出发游行①。

4月17日,苏州中等以上各级学校于是日开始全体罢课②。

5月10日,苏州中等以上各级学校于是日起全部复课③。

---

① 苏州学生游行演讲[N].时事新报,1920-04-21.转引自中共江苏省委党史工作委员会,中国第二历史档案馆.五四运动在江苏[M].南京：江苏古籍出版社,1992：384.
② 苏州学生联合会反对鲁案直接交涉而议决罢课[N].民国日报,1920-04-18.转引自中共江苏省委党史工作委员会,中国第二历史档案馆.五四运动在江苏[M].南京：江苏古籍出版社,1992：368-369.
③ 苏州学生上课通告[N].民国日报,1920-05-11.转引自中共江苏省委党史工作委员会,中国第二历史档案馆.五四运动在江苏[M].南京：江苏古籍出版社,1992：403.

1922年(民国十一年)　　二十岁

初夏,至南京投考东南大学,但未考取,在南京考试期间曾遇到旧时同学崔东璧①。

7月,毕业于苏州江苏省立第一师范学校。毕业前,毕业班师生曾往杭州参观游览②。

是年夏,考入上海私立大同学院数理专修科。

9月13日,大同学院正式开始上课③。

---

① 钱亚新.南京[M]//钱亚新.钱亚新别集.谢欢整理.南京:南京大学出版社,2013:290.
② 钱亚新.浙江[M]//钱亚新.钱亚新别集.谢欢整理.南京:南京大学出版社,2013:300.
③ 大同学院通告[N].申报,1922-09-07(4).

1923年(民国十二年)　　二十一岁

1月1日,大同学院从是日起正式起用大同大学之名①。

是年暑假,先生由于身体衰弱病倒,加之经济困难,遂决定从大同大学退学。病愈后先生经人介绍到闸北广东同乡们办的一所小学教书,每月工资28元②。

---

① 大同学院改称大同大学校通告[N].申报,1923-01-01(3).
② 钱亚新.青少年时代[M]//钱亚新.钱亚新别集.谢欢整理.南京:南京大学出版社,2013:199.

1925年(民国十四年)　　二十三岁

5月初，至国民大学拜访杜定友先生①，会面情况，据先生回忆："1925年轰轰烈烈的五卅运动，激起了上海和全国广大爱国学生和民众的反帝斗争。这时候，一所私立大学——国民大学在上海诞生了。它是一所时代思潮的产儿，它标榜反帝反封建，并以培养英才救国图治为宗旨。革命老前辈章炳麟(太炎)先生为其校长，它的崛起引起了全国的重视。那时我正在上海当小学教员，看到国民大学的招生广告，使我又兴奋又好奇。兴奋的是感到在国家危亡的严重时刻，竟有人奋起办学，实在是太难能可贵了。好奇的是该校除设有哲学、文学、史学、政经等学系外，还设有一个图书馆学系。这个图书馆学系是搞什么名堂的？我感到十分好奇。为了要满足好奇心，便写信给该系主任，要求让我访问一次。在一个阳光灿烂的上午，系主任杜定友先生在校会客室接见了我。他眉目清秀，衣履整洁，精神饱满，仪态雍容。待我坐定，他就开门见山地回答我在信中所提出的问题，而后大谈特谈设置图书馆学系的目的是为了培养图书馆工作人员，普及图书馆事业，发展社会教育、从而达到救国救民的目的。他还进一步说明了图书馆是一所社会大学，图书馆学是一门新兴的科学，最后他特别强调说明全国各类型图书馆尤其是高等学校图书馆正缺乏大量的工作人员，所以毕业后的就业是可靠的，决不会'毕业就是失业'。"②"他听说我读了一年大学，说'欢迎你来！'是进大学读图书馆学专业，还是继续当小学教员？面临选择。我的家境并不宽裕，但我在当小学教员时将工资留存了一部分，于是决定去插大学二年级，9月注册入学。"③

9月4日—6日，参加上海国民大学招生考试④。

---

① 柯愈春.文华师长访谈录[J].图书情报知识,2010(4):117.
② 钱亚新.青少年时代[M]//钱亚新.钱亚新别集.谢欢整理.南京:南京大学出版社,2013:199-200.
③ 柯愈春.文华师长访谈录[J].图书情报知识,2010(4):117.
④ 国民大学招生委员会.国民大学招生[N].申报,1925-08-25(3).

9月16日,《申报》发布上海"国民大学暨附属中学录取新生布告",先生成功考取该校本科①。国民大学从是日开始,接受学生注册。

9月21日,国民大学正式上课②,先生插入图书馆学系二年级。

9月25日,是日,《申报》刊发国民大学图书馆学系教学计划:"国民大学设立图书馆学系,现已积极筹划,闻其大体计划已经拟具,要点如下:(一)设立图书馆学图书馆;(二)调查及参观国内各大图书馆;(三)在各图书馆实习;(四)设立介绍部;(五)发行图书馆学周刊;(六)编印各科书目;(七)介绍中国参考书;(八)编印各种丛书类书之索引;(九)研究中国版本学及目录学;(十)倡办小图书馆,每学生担任一处等等,其余详细计划从略"③。对于当时国民大学图书馆学系之概况,金敏甫曾于1926年3月出版之《图书馆学季刊》(第1卷第1期)上发表专文介绍,该文发表时,钱亚新尚在国民大学,所以通过此文,可以了解当时国民大学图书馆学系之梗概:

上海国民大学图书馆学系概况④

一 绪言

事业之发达必赖乎人才,而人才之养成,则需乎教育,故有教以养成某事业之专门人才,而某种事业于是乎发达,此乃不易之定理。观乎各种事业,殆无不然,图书馆事业又岂例外。顾吾国图书馆事业,发端甚早,惟昔者重在藏书,自然无研究之价值。比者西学东渐,学术蓬勃,始知图书馆不仅藏书已也,于是提倡改良,渐见萌芽。惟是人才绝少,将无以言发展之方,此则培植图书馆专门人才,实为当今亟需之事。国民大学创设之初,有鉴于此,故虽经费未能充裕,设备未臻完善,但因事属亟需,特于教育科中设图书馆学系,请图书馆专家杜定友先生,主任其事,奔走筹备,时仅月余,而图书馆学系遂与国大同时而兴,时民国十四年八月也。

二 课程设置

图书馆学之所以成为专门科学者,盖因其内容复杂,而研究之问题繁多,但其内容为何如?所研究者何事?杜定友先生已撰《图书馆学之内容与方法》一文,载教育杂志中,作详细之叙述,其中论图书馆系课

---

① 章太炎.国民大学暨附属中学录取新生布告[N].申报,1925-09-16(2).
② 国民大学紧要启事[N].申报,1925-09-13(4).
③ 各学校消息汇志[N].申报,1925-09-25(11).
④ 金敏甫.上海国民大学图书馆学系概况[J].图书馆学季刊,1926,1(1):141-145.

程,甚详。兹仅就该系现状略述之。

A 必修科目

1. 图书馆学概论:略述图书馆学之原理,历史及组织管理之大意;利用图书馆之方法等。

2. 图书馆学原理:专论图书馆学之原理原则:如图书馆哲学,图书馆与教育,图书馆与社会,中外图书馆史等。

3. 图书馆行政(一):专论图书馆之行政及其方法,如组织法、购订法、流通法、装订法等。

4. 图书馆行政(二):各种图书馆之管理方法,如学校、公共、专门、盲哑、巡回等十余种。

5. 图书馆实习:在本校及他校图书馆实习及参观。

6. 图书选择法:论选择之原理、方法及书目学等。

7. 图书分类法:专论分类之原理及方法;及著者号码法;以及各种分类方法之研究与批评。

8. 图书编目法:专论中西文编目之方法;目录之种类,排法及编目史等。

9. 图书参考法:专论参考部之组织;及参考书之审定,用法等。

10. 研究法:研究学术之方法;及编辑法、索引法等。

11. 目录学:我国古代之目录学。

12. 古书校读法:古书之鉴别,分类及校勘学等。

13. 国学概论:国学之大要,六艺诸子等。

14. 国学书目:审定国学书目,编制国学书索引等。

该系除必修科目外,尚有补系科目及随意科目等,兹不另列。

三 学位及纳费

1. 学位 凡习完必修课程,并习满一百六十学分者为毕业,给以学士学位。凡修毕图书馆学系必修科者,给予该系修业证书。

2. 纳费 每学期应交各费如下:

(1) 普通生

学费 四十元　　　　　　膳宿费 五十元　杂费(图书体育费)
　　　　　　　　　　　　　　　　　　　五元半

讲义费(多还少补) 三元　基金捐 二元　实习费 三元

共计 一百〇三元半

(2) 特别生

学费 每学分三元,其他各费同普通生

四　特别生学额

助现任图书馆职员起见，特设特别生学额，凡现任图书馆职员均可入学，并为便利特别生起见，故将各种课程均排于每周之星期六上课。

五　现状

A. 现有学生：该系现有学生共计十四人，而其中以特别生为较多，又他系学生之选习该系课程者尚不在内。

B. 教授：现任教授有杜定友、胡朴安二人。助教有孙心磐、陈伯达二人。临时教师多人。

C. 已开科目：该系现已开办之科目有下列三种：

1. 图书馆学概论。除图书馆学系外，其他各系亦得选习，每周计二小时，他系学生选习者十六人。

2. 图书馆学原理。每周二小时，教育系学生亦得选习。

3. 图书馆行政。每周三小时。

D. 研究方法：该系研究方法约有五种如下：

1. 讲授。由教授编发课程纲目，然后依此纲目，详细讲述，而所讲述者，则由学生中轮流记述之。

2. 讨论。方法之有所疑惑者，外国所采取之方法，对于中国可否采用，或改良者，以及实施上之困难问题等，均由全体详加讨论，期得完善之方法，而供中国图书馆界之采用。

3. 编辑。中国图书馆学书籍，已出版者，大都均系通论图书馆学之大体，专著（如图书馆原理学等）尚属罕闻，该系有鉴于此，拟编译专书，供人研究，由学生分任编辑事宜，而由教授指导方法并介绍相当之参考书籍。

4. 实习。各种方法如登记、分类等，一经讲授或讨论毕，即在该校图书馆内实习，俾得实际上之经验。

5. 参观。除实习外，并赴各大图书馆参观。

六　该系与该校图书馆之联络

图书馆学系所研究者，既为图书馆事业，故对于图书馆，当然有密切之关系。故该系上课地点与图书馆相联俾便于实习，而该图书馆之整理，如登记、分类、编目均利用实习以辅助之。图书馆方面则因便利学生研究起见，故一切设置无不力求完备而管理、组织方面等，亦均与该系所研究者符合。

七　该系与上海图书馆协会之联络

上海图书馆协会之设，其主要目的，除联络各图书馆外，专为研究图书馆学术与促进图书馆事业。而该系亦既以研究图书馆学术为志，与图书馆协会，既属同一目的，且该系学生，现大多均已加入图书馆协会，为个人会员，故该系与上海图书馆协会，有联络之可能与必要。现已通力合作，除创立图书馆学图书馆，及辅助协会编辑而外，其他如调查、出版等事宜，亦均拟联络进行。

……

先生晚年也曾如下回忆在国民大学读书时的情况："那年九月初我便注册入学，成为国民大学图书馆学系二年级的学生。功课有六七门，其中有两门是专业的，其余的是选修。专业的有杜先生的'图书馆学概论'和胡朴安先生的'校雠学'。选修的有周予同先生的'国学'、何炳松先生的'史学'、章＊＊先生的'心理学'以及徐＊＊先生的'英国文学选读'。在上海私立大学的学生，大抵是考不上国立大学的，家庭比较富裕，生活比较散漫，学习也比较放松。由于我的家庭经济不够好，因此我的生活学习都十分抓紧，专心一致听课做笔记。经过一个学期的学习，我的知识和眼界扩大了。"①

10月2日，下午参加国民大学学校大会，全校约三百名师生皆出席会议，会上国民大学教务长殷芝龄向与会师生报告了国民大学成立之经过，阐述了国民大学教育方针"除研究专门学术，注意个人人格修养外，并特别注重体育与卫生之设施"②。

11月8日，下午二时，参加国民大学于该校体育场补行之开学典礼，五时结束③。

12月23日，国民大学学生会改组，下设文书股、交际股、庶务股、会计股、出版股、编辑股、通信股、平民教育股、卫生股、游艺股、图书股、工商股，并选举王力、刘节等21人为执行委员，先生与李仲融二人当选为平民教育股执委④。

---

① 钱亚新.青少年时代[M]//钱亚新.钱亚新别集.谢欢整理.南京：南京大学出版社，2013：200.
② 国民大学之学校会[N].申报，1925－10－04(10).
③ 国大昨日补行开学典礼[N].申报，1925－11－09(7).
④ 国民大学学生会改组[N].申报(本埠增刊)，1925－12－27(1).

1926年(民国十五年)　　二十四岁

1月1日,下午,国民大学为庆祝元旦举行新年师生同乐会①。

1月13日,下午参加国民大学学生会商量组织学生募捐队会议②。

是年初,国民大学第一学期结束,先生由于经济问题,本拟再次停学,幸得二姐夫徐子华相助,受聘担任上海初级师范学校数学教员,缓解了经济困境。为了不妨碍国民大学学业,先生把上海初级师范学校的课时都安排在星期天上午③。

3月1日,国民大学新旧生开始注册④。

3月8日,国民大学新学期正式开始上课⑤。

6月8日,中华教育文化基金董事会鉴于图书馆学专门人才缺乏,决定补助武昌华中大学文华图书科并扩充其课程,从1926年8月至1928年6月,每年设图书馆学助学金名额25名,每名国币200元,以期养成图书馆专门人才,并请中华图书馆协会、文华图书科协助招收新生⑥。

6月底,《中华图书馆协会与武昌华中大学文华图书科招考图书馆学免费生规程》公布⑦,国民大学图书馆学系亦曾转发该规程,杜定友鼓励先生报考,先生晚年接受采访时,曾如下回忆当时情景:"一天,回校后我正在看文华的招生广告,杜先生来了,问我:'看清楚了没有?'他让我去他办公室,第一句话问我:'你考虑得怎么样?'招生广告中说要考六门课程,其中五门要用英文作答卷,就是历史、英文、经济学(或社会学)、物理学、化学,只有写

---

① 各学校庆祝元旦纪[N].申报,1926-01-03(10).
② 国民大学募捐队成立会纪[N].申报,1926-01-14(10).
③ 钱亚新.青少年时代[M]//钱亚新.钱亚新别集.谢欢整理.南京:南京大学出版社,2013:199-200.
④ 国民大学开课通告[N].申报,1926-03-02(4).
⑤ 国民大学开课通告[N].申报,1926-03-02(4).
⑥ 中华教育文华基金董事会图书馆学助学金规程[J].中华图书馆协会会报,1926,1(6):12.
⑦ 中华图书馆协会,武昌华中大学文华图书科招考图书馆学免费生规程[J].中华图书馆协会会报,1926,1(6):12-13.

文章用中文。我说：'我的英文太蹩脚,恐怕考不取。'杜先生说：'你应该去考,我希望你去考,有什么困难来找我。''文华的设备比较完善,文华的师资也比较整齐。你到武昌去读两年,比在上海读两年好"①。先生听从杜定友意见,进行了认真准备,关于备考情况,先生晚年有如下回忆："考试科目偏重英文,比较难于准备,但考取后的待遇不差,在经济上可再无后顾之忧了。于是我积极进行准备。我开始担心这次考试有的课要用英文笔试,其中还有一门'经济学'根本没有学过,经杜师鼓励,便去报名,同时到旧书摊买了一本'introduction of economics',奋力研读2个月"②。

是年夏,先生于国民大学图书馆学系学习已满一年,杜定友先生要求学生撰写一篇学习《图书馆学概论》的心得体会,先生撰成《图书馆之梦》一文③。

7月20日,于上海交通大学图书馆参加华中大学文华图书科入学考试,考试时间2天。

8月,文华图书科图书馆学免费生招考结果公布,先生与毛坤(四川)、李巽言(湖南)、郑铭勋(京兆)、王慕尊(江苏)、于熙俭(湖南)、沈晋陞(安徽)、李哲昶(湖北)、汪辑熙(湖北)九人考取④。

9月底,接到武昌文华图书科通知,内容为："希望学生在10月5日前到校,在报到之前,要求各人对自己身体找医生检查一下,填一份体格检查表到学校来报到。"先生收到通知后,立即至医院体检⑤。先生得知录取后,曾向杜定友汇报,杜定友高兴之余赠言："书如烟海,读书要有心得;学无止境,为学贵在创新。"⑥

10月2日,先生从上海出发,经南通、镇江、南京、芜湖、九江最后到达汉口⑦。

10月4日,先生抵达华中大学文华图书科,入住伯乐堂,对于华中大学及文华图书科的第一印象,先生晚年有如下回忆：

> 华中大学是一所美国式的教会学校,占地有百余亩,中有丘陵,校舍建筑分为两部分。一进校门,迎面便看到一座三层楼的学生宿舍,它

---

① 柯愈春.文华师长访谈录[J].图书情报知识,2010(4):117.
② 钱亮.文华生活回忆——据钱亚新先生生前录音整理[J].图书情报知识,2008(1):111.
③ 钱亚新.青少年时代[M]//钱亚新.钱亚新别集.谢欢整理.南京:南京大学出版社,2013:200.
④ 图书馆学免费生[J].图书馆学季刊,1926,1(4):707.
⑤ 钱亮.文华生活回忆——据钱亚新先生生前录音整理[J].图书情报知识,2008(1):111.
⑥ 钱亚新.忆杜师[M]//钱亚新.钱亚新别集.谢欢整理.南京:南京大学出版社,2013:240.
⑦ 钱亮.文华生活回忆——据钱亚新先生生前录音整理[J].图书情报知识,2008(1):111.

东面的二层楼建筑是附属中学。它的西面有一座T形建筑是图书馆,叫做"文华公书林"。在这些建筑物的南面有座丘陵,人们可以沿着一条林荫小道拾级而上,到达了大学的另一部分,大学的办公室和教室就在这里。东面的小洋房是文华图书科学生的宿舍,西面是教职员的宿舍。有一座可容三百余人的教堂面对着我们的宿舍。在教堂和附中校舍的东北,有一个大运动场。各建筑之间交织着青碧的草坪,路旁的树木绿荫成行。比之大同大学和国民大学规模既大,环境也幽美。给我的第一个印象是,这真是个学习的好地方①。

宿舍名叫伯乐堂,每人有一个房间,不太大,大约8平方米,可以摆下一张床、一张桌子和一个书架。我分在第3号房间,前边有一排宽大的阳台,面对阳台是一个小操场,操场对面是一座礼拜堂②。

先生安顿好之后,根据校方安排再次进行体检,体检由美国医师主持,经检查发现,先生心脏不够好。医生建议先生今后不要抽烟、喝酒,这一建议先生始终铭记在心,此后基本很少碰及烟酒。这次体检中,与先生一同考取的李巽言因肺病被勒令退学,先生与其他同学至长江边相送③。

第一学期主要课程有:图书分类法、图书编目法、参考工具书、社会学、英国文学、打字,关于授课教师及学习情况,先生晚年有如下回忆④⑤:

> 我们的课堂和普通教室有些不同,它就设在图书馆里面,因为我们学的主要是图书馆学。不过,当时它的名称非常特别,叫做文华公书林,其实它就是现代公共图书馆的意思,对外开放。我们是华中大学文华图书科的学生,班主任是胡庆生先生,胡先生教外文工具书,他为人顶和气,说话又风趣,教起课来生动活泼,口若悬河,提到参考工具书时,可以闭着眼睛毫不费劲在书架上伸手取得。文华公书林的馆长是沈祖荣先生。他和胡庆生先生不大相同,沉默寡言,教我们西文编目法

---

① 钱亚新.青少年时代[M]//钱亚新.钱亚新别集.谢欢整理.南京:南京大学出版社,2013:201.
② 钱亮.文华生活回忆——据钱亚新先生生前录音整理[J].图书情报知识,2008(1):111-112.
③ 钱亚新.怀念老同学毛坤[M]//钱亚新.钱亚新别集.谢欢整理.南京:南京大学出版社,2013:236.
④ 钱亚新.青少年时代[M]//钱亚新.钱亚新别集.谢欢整理.南京:南京大学出版社,2013:201.
⑤ 钱亮.文华生活回忆——据钱亚新先生生前录音整理[J].图书情报知识,2008(1):111-112.

和分类法。分类法以杜威"十进分类法"的原本为教材,编目法却是口授笔录。胡沈二位先生是我国第一届留美国学图书馆学的,都是权威专家,学生对他们莫不恭而敬之。还有一位外国老师叫 Miss Wood,专门教英国文学。另外我还选读了两门图书馆学以外的功课:一门是社会学,一门是打字,都是由外国老师教的。总共五位老师中有三位是外国人,他们上课都直接用英语讲授,幸好我曾经花过不少时间学英文,虽然开始比较吃力,慢慢也就能听懂了。

  在学习的六门功课之中,我最喜欢外文参考工具书,这不仅是由于胡老师教得好,而且是因为有一本 I. G. Mudge: *New Guide to References Books*. Chicago, A. L. A. 1923,作为课本。这本书所提到的重要参考书,文华公书林的参考室内几乎都收藏,可供征引。它对我的帮助很大。我最不喜欢的是社会学,由于没有课本,不知老师讲的东西是否货真价实,再加自己直接听课的能力有限,不知这门课的范围到底包括些什么,所以感到学习这门功课非常吃力,得益不多。教英文打字的老师非常严格,交上去的练习不许有打错的字,更不许用橡皮擦改错字。当时我认为未免过于严格,后来了解这门课是专为外文编目做准备的,非经过严格的训练是不能达到打准、打快、打干净的要求。

1927 年(民国十六年)　　二十五岁

3月1日,武汉群众运动开始高涨,先生被迫参加到运动中去。

5月21日,受群众运动及庚子赔款经费影响,文华图书科决定提前放假。是日,文华图书科同学与胡庆生就文华图书科未来发展问题进行座谈,胡庆生表示:"我们的圕科,虽然附设在华中大学,但于华中大学存在与否所受的影响,并非绝对的。换言之,如果下学期华中不开,我们仍有开的可能性。我想若然北京庚款委员会能将津贴费如常的汇到,至少你们这一班要有个结束。就是非正式的继续开课及结束,也许要比有头无尾的办法妥些。"先生等人听后,心里觉得安慰许多①。

5月22日,在胡庆生的帮助下,先生乘坐怡和洋行德和轮离开武汉返回上海。

5月26日,晨,平安抵达上海。

6月中旬,复杜定友函,汇报武汉学生运动情况,告知武汉学生运动高涨,受此影响,文华图书科只能提前放假,对于文华图书科下学年能否正常开学,先生也在信中表示了担忧。同时,先生向杜定友汇报了在文华学习情况,谓"名义上虽然负笈游鄂有两学期,而实际上不过七个月罢了。亦除掉了星期日,例假及三月后的参加群众运动的时间,可说没有上几天课。如果要详细报告这几月所学得的东西,我觉得非常惭愧。好在吾师待我,一侣兄长,所以我想仍旧报告一下。分类法是以杜威氏的为中心,吾师所著的,公书林所用的,东方圕,清华圕等的为参考。L.C.法完全没有涉猎,分类法的工作,平时不注意记忆,重在乎实习。大约每小时后,给书数十册,施行分类。起始的几月,将大要提讲。今年春季开学后,才精详的研究。读了四个月,仅仅将300读毕。编目法里的著者卡,书名卡,种类卡,业已讲了。见卡及参见卡也讲过。一方面讲什么,一方面就实习什么。我觉得这项功课得益较多,卡片也做得多些。差不多数月来曾积下二百张左右,所可惜的并非

---

① 钱亚新复杜定友函,1927年6月中旬.

L.C.编目法的系统。除去以上的五种编目法里所注重的卡片外,还学习过以下三种的东西:卡片后的索引法,丛书编制法及 ed.comp.tr. …编制法。参考书读法及施用法,可说学得最少。去年一学期,专讲辞典。最著名的三部英文大辞典——The New Standard Dictionary, The New International Dictionary & The Century Dictionary——的内容,优点,劣点,同异等均详细的分析一次。有许多著名的小本英文辞典如 The Concise Oxford D. Soule's A Dictionary of English Synonysm[Synonyms]等,也曾浏览过。今年的一学期,不过讲了几部重要的百科全书而已。如 Nelson's perpetual Loose-leaf Encyc. New International Encyc, Encyclopedia Britannica,……以上各书,我们的圕内,完全备的,所以在文华圕读圕学的功课,确较其余的地方,要胜一筹。圕经济学的材料,最为片断而复杂。但是对于从事圕的人,用处倒很大。共学过十余个 Topics.圕管理法,书籍装订法,登记法,副料处置法,书籍保护法等都是。中国目录学,因为所有的教师可说是门外汉,简直所学的东西,很少的价值报告给吾师,所以不述了。英文文学选择法,因先生缺少,也无什么可以报告。"信的最后,先生表示想利用暑假研究国会图书馆分类法及编目法,请杜定友代为介绍有关书籍。

6月21日,杜定友复钱亚新6月中旬去函,并附赠《革命文库分类法》及《购求中文书计划》两书,杜定友复函具体内容,有待进一步查考。

7月10日,复杜定友6月21日函,并将《音韵笔画著者号码编制法》寄请杜定友审阅,同时请求杜定友如果下学期文华无法正常开学,请杜定友代为寻找出路。

是年暑假,先生开始撰写《拼音著者号码编制法》,并在上海市立旦华小学图书馆试验音韵笔画著者号码编制法,试验结果尚可,但先生仍然有些许不自信,因为先生觉得没有在拥有较大规模藏书的图书馆试验是不能算成功的①。

是年暑假,往上海暨南大学图书馆拜访金敏甫②。

10月中旬,返回武昌文华图书科。先生返校后,向文华师友报告《拼音著者号码编制法》研究情况,文华师友在肯定这一研究的同时,还提出了诸多意见,先生根据这些意见又进行了修改③,此后又经过多次讨论④,尤其是

---

① 钱亚新复杜定友函,1928年4月7日.
② 钱亚新致高炳礼函,1986年7月29日.
③ 钱亚新.我是怎样研究拼音著者号码编制法的[M]//钱亚新.钱亚新别集.谢欢整理.南京:南京大学出版社,2013:260-264.
④ 沈祖荣.《拼音著者号码编制法》序[M]//钱亚新.拼音著者号码编制法.武昌:文华公书林,1928:4.

陆秀与毛坤二人，为先生的研究提供了很多帮助①。

从这一学期开始，校方为防止学生过于偏重外文，特请武汉地区著名文献学家、藏书家徐恕（行可）先生来校开设版本学。关于此事，先生曾如下回忆："在文华的第二学年，除'图书分类法''图书编目法'外，新添了几门课程。其中'版本学'由徐行可先生讲授，他是有名的藏书家。有一次大家提出要求，希望亲眼看看各种版本的古籍。徐先生说：'下次课到我家里去上。'那一天，来到徐先生家，看到书橱中摆满古籍，竟有三间屋子。我们看到了预先摆有桌子上的古籍，有宋版书、元版书、明版书，还有清代的各种刻本，真是琳琅满目。"②

---

① 钱亚新.拼音著者号码编制法[M].武昌：文华公书林，1928：自序.
② 柯愈春.文华师长访谈录[J].图书情报知识，2010(4)：118.

1928年(民国十七年)　　二十六岁

年初某日,知友王君请先生帮忙寻找《论语》中"智者不惑,仁者不忧,勇者不惧"的出处,费了一番功夫方检得出处。先生后又检索斯科特(Scott)的诗集与吉本(Gibbon)的《罗马史》,发现外文书后附有索引,查找书中内容非常方便。两相对比激发了先生研究索引与索引法①。当先生决定研究索引后,对以往所学的关于索引的知识进行了梳理,进而制定了研究计划,研究计划第一步是重新研究书籍、杂志、报纸三方面的索引,分析各种个别索引的形式、内容及其作用;第二步是在研究索引的种类和作用的基础上,进一步探讨索引的意义;第三步是研究索引的结构;第四步研究编制索引的方法、程序②。

2月,完成《拼音著者号码编制法》一书初稿。初稿完成后,文华公书林便决定采用先生所编拼音著者号码表。

4月6日,收到杜定友先生从广东中山大学的来信,信中杜定友邀请先生至中山大学图书馆工作,并希望先生特别注意图书馆出纳科、杂志、参考等部门工作,同时请先生转交其致沈祖荣、胡庆生函。

4月7日,复杜定友来信,先生在信中告知,赴广州中山大学图书馆工作事,还需与钱承寿公商量,因为承寿公素来不希望先生远离乡土,又谈及希望中大能开设图书馆学专业以助图书馆事业,同时向杜定友汇报拼音著者号码研究情况,谓:"现在的方法与以前的方法,根本上不同的几点,先提前述一述。第一,号码的助记完全放弃。我觉得著者号码的功能,会代表著者就够了,无容它的本身,要同分类号码一般发生若何意义。分类码的要有意义,当然可助我们不少便利,一看号码,就能大约明了那书内容属于何种,但著者码有了意义,所得着的结果,不过知道这样的拼法罢了,于实际上仍未

---

① 钱亚新.索引与索引法——书籍杂志和报纸(初版)[M].上海:商务印书馆,1930:1-4.
② 钱亚新.我是怎样研究索引和索引法的[M]//钱亚新.钱亚新别集.谢欢整理.南京:南京大学出版社,2013:254-255.

能知作者为何人。第二,因为放弃了号码的助记,所以从号码可相对的推测著者的姓,当然也不能存在了。第三,因为不受号码助记上的限止,反而著者的号码可以像吾师和Cutter氏的办法,从第一个姓到最后一个,可以没有异字同码的弊病。第四,同时又可以利用这种安排号码的方法,使普通的姓如张王李赵等,可有二个以上的号码了。第五,以前用国音字母及罗马字母,但以国音字母为排列上正统,现在仍用国音字母及罗马字母,但以罗马字母为排列上的正统。第六,以前表中只采中国的姓氏,现在外国及日本的姓氏和其他可作为著者的字,也甄别的录入。"

5月15日,复杜定友函,谈拼音著者号码编制法问题,同时咨询中大图书馆薪金、津贴等事。

6月18日,文华图书科正式放假。先生从武汉返回上海途中,至南京时,访问岳良木①。

是月,完成《索引和索引法——书籍杂志和报纸》一书初稿②。先生完成初稿后,请沈祖荣、胡庆生先生审读,沈、胡二人审读后"他们说中国还没有人写过这类题目,书中内容丰富,文笔也不错,可以作为'文华丛书'之一"③。同时,先生着手为该书编制索引④。书稿及索引完成后,先生致信王云五,王云五认为"该书标题不错"⑤。

7月下旬,接到王云五通知,得知商务印书馆决定出版《索引和索引法》一书,先生至上海与商务印书馆签订《索引和索引法》一书的出版条约,条约商定"用版税的办法支付稿酬,定价5毛钱,卖二本书给一毛五"⑥。签订出版条约后,先生"得到一些欣慰,但是感到还有许多有关索引和索引法的工作,急需进行。在排列自己所编的索引时,对于采用什么排检法,思想上曾有斗争的。当时所流行的排检法有主形、主音、主数三派。虽然我采用了杜定友先生所著的'笔画笔划法',但为要使索引的排检便于查找"⑦,先生继续开展相关研究。

8月初,先生由上海乘海轮南下,经香港至广州中山大学图书馆工作,

---

① 钱亚新.南京[M]//钱亚新.钱亚新别集.谢欢整理.南京:南京大学出版社,2013:290.
② 钱亚新.《索引与索引法——书籍杂志和报纸》自序[M]//钱亚新.索引与索引法——书籍杂志和报纸(初版).上海:商务印书馆,1930:1.
③ 柯愈春.文华师长访谈录[J].图书情报知识,2010(4):118.
④ 钱亚新.我是怎样研究索引和索引法的[M]//钱亚新.钱亚新别集.谢欢整理.南京:南京大学出版社,2013:256.
⑤ 柯愈春.文华师长访谈录[J].图书情报知识,2010(4):118.
⑥ 柯愈春.文华师长访谈录[J].图书情报知识,2010(4):118.
⑦ 钱亚新.我是怎样研究索引和索引法的[M]//钱亚新.钱亚新别集.谢欢整理.南京:南京大学出版社,2013:256.

负责该馆杂志部事务,月薪80元。时中大图书馆馆长为李泰初,主任为杜定友。先生后来曾如是回忆在中大图书馆第一天工作的情形:"我第一天跑进广州中山大学圕杂志部办公室,主任先生就送进来一张工作程序表。当这程序表映入我的眼帘时,我就很高兴的看着,并在看了十五分钟后,即刻就去照着做去。我离开办公室走入杂志陈列室去观察一下,几乎把我吓了一跳,因为所陈列的中外杂志,不下有三四百种。当时我想虽然我还有个助手,但是对于杂志管理从来没有加以注意的我,怎样能够担任这项工作呢?不过转念一想,这工作虽麻烦,也许从这麻烦中能获得新的大陆,于是就同那位助手先生商量一下,先从整理陈列杂志架入手。我们花了一天的工夫,就发见三四百种中至少有十分之二三是过时而陈旧的了。这样一来,不特把我们的繁重的工作,减轻了一些的样子,而且将陈列架整理一下,脱去了像旧书铺的色彩,焕然一新了。"①

10月10日,完成《拼音著者号码编制法》一书"自序"②。

10月22日,沈祖荣为《拼音著者号码编制法》一书所做序言完成。序中,沈祖荣在对先生所做贡献肯定的同时也提出了该著者号码的三个不足,即"审音不易,定号太难,打字不便"③。

10月31日,列席中大图书馆会议。

是月,先生开始翻译里斯(Rees)所著《世界儿童图书馆概况》一书。

按:先生到中大后,曾打算利用课余时间撰写论著,但是杜定友建议先生多做翻译,先生晚年曾如下回忆此事:"我想利用业余时间写点东西,杜先生说:'你还没有经验,写什么呀?'他让我做些翻译的事,说这样的好处是:一是可以练习英文,提高英文的阅读能力;二是可以用中文译出英文,比较中英语言各自的特点;三是可以提高中文的写作能力,熟练驾驭文字能使文章表达得更好。我选了一本叫Lees(李思)的英国人写的一本书,总共10万字,杜先生同意我翻译这本书。我用半年多时间完成翻译,名为《世界儿童图书馆概况》。"④

11月17日,参加在中山大学图书馆召开的广州图书馆协会筹备会第一

---

① 钱亚新.图书馆中的几个实际问题[J].文华图书科季刊,1931,3(1):3.
② 钱亚新.拼音著者号码编制法[M].武昌:文华公书林,1928:5.
③ 沈祖荣.《拼音著者号码编制法》序[M]//钱亚新.拼音著者号码编制法.武昌:文华公书林,1928:3-4.
④ 柯愈春.文华师长访谈录[J].图书情报知识,2010(4):119.

次会议,与会人员包括陈德芸、林沛鎏、汪樹宗、梅劍华、温景裴、杜定友、陈延煊、杜仲达、梁格、陈普炎、施兆年及先生,陈德芸担任会议主席,陈延煊负责会议记录。会议首先由陈德芸报告广州图书馆协会之成立、经过、财政状况及第一、二届职员姓名,并指出上届职员已经满任,应另改选等事项。会议议决:(1)决定征求新会员,并推选杜定友、陈德芸、汪樹宗、陈延煊四人为征求员;(2)议决下次会议日期①。先生也于会后加入广州图书馆协会。

  按:广州图书馆协会成立于1925年,但后来一度停顿,于1928年11月经有关人士倡议,决定重组广州图书馆协会。

12月初,先生参与筹办中大图书馆中型书刊展览会,展出图书、期刊、报纸数千种,全校师生前来参观的达三千多人次②。

是月,《拼音著者号码编制法》一书作为武昌"文华图书科丛书"之一(实为"文华图书科丛书"第一种)由武昌文华公书林正式出版。该书出版后,凡文华图专毕业的学生所服务的图书馆,只要可能,基本都采用此法,以至"风行一时,评论至佳"③。

是月,《图书馆学季刊》第二卷第四期出版,该期刊发有万国鼎《各家检字新法述评》一文,先生读后如是评价该文"这篇文字的内容,虽仅举各家排字法或检字法的大纲而略加以评语,却可说是集汉字排字法和检字新法的大成,而将来于索引法中的排字法和检字法比较的研究上合取舍的标准上,不无影响"④。

是年年底,先生所在的中大图书馆杂志部开始整理、装订杂志,经整理发现,馆内已装订的中外杂志共计二百五十余种,"但是除掉最近从美国买来的一套美国农业试验场实录,一套动物学杂志和几种素来装订的杂志外,以及几种中文杂志如《学衡》《小说月报》等外,其余都是断断续续的不全"⑤。

---

① 会议录[J].广州图书馆协会会刊,1929,1(2):6-7.
② 钱亚新.六十年来生活工作简表、论著编译年录[M]//吴志勤、钱亮、钱唐整理.创新、求新、育人——图书馆学家钱亚新的一生.自印本.1993:14.
③ 文宗出版社编辑部.《拼音著者号码编制法》前言[M]//钱亚新.拼音著者号码编制法.台中:文宗出版社,1969:前言.
④ 钱亚新.《索引与索引法——书籍杂志和报纸》自序[M]//钱亚新.索引与索引法——书籍杂志和报纸(初版).上海:商务印书馆,1930:2.
⑤ 钱亚新.图书馆中的几个实际问题[J].文华图书科季刊,1931,3(1):4.

1929年(民国十八年)　　二十七岁

1月1日，先生与梁格、陈普炎三人共同编辑，经杜定友校订的《中大图书馆指南》一书作为"中大图书馆丛书"第四种由中大图书馆出版。该书分为"建筑、目录、分类、出纳、阅览、其他"六部分，以问答的形式设置了37个问题①，为读者利用图书馆提供了便利。

1月20日，完成《从索引法去谈谈排字法和检字法》一文，该文是先生为中华图书馆协会第一届年会所写，后刊发于《图书馆学季刊》1929年第3卷第1/2期，写作该文的另一目的是弥补《索引和索引法》一书中未对检字法和排字法详加讨论的遗憾。

1月28日—2月1日，中华图书馆协会第一次年会在南京金陵大学召开，先生向年会提交了论文《从索引法去谈谈排字法和检字法》，该论文被选为本次年会24篇宣读论文之一，原计划于索引检字组第二次会议(1月30日上午10时至12时举行，沈祖荣主席，万国鼎书记)②时宣读，由于先生未赴会及会议时间安排等其他原因，该文并未宣读。会后，该文被年会组织者选中刊登于《图书馆学季刊》，1929年第3卷第1/2期。本次年会除学术研讨外，还选举了相关专业研究会成员，其中杜定友被选为索引委员会主任，先生本人被选为索引委员会书记。

> 按：在1月28日晚上举行的讨论会上，先生好友毛坤向与会人员专门介绍了先生最新研制的"拼音著者号码编制法"③。

2月6日，逛广州花市，看到"沿街陈列各种花卉，万紫千红，清香扑鼻，

---

① 梁格,钱亚新,陈普炎.中大图书馆指南[M].广州：中大图书馆,1929：1.
② 中华图书馆协会执行委员会.中华图书馆协会第一次年会报告[M].中华图书馆协会事务所,1929：58-62.
③ 中华图书馆协会第一次年会纪事[J].图书馆学季刊,1929,3(1/2)：309.

视为壮观。市民均争先恐后采购,以供春节点缀而保全家安康"①。"据说这种花市,只有法国巴黎的可与伦比,在全国之内是独一无二的"②。

春,完成《杂志和索引》一文,该文是对《索引和索引法》一书内容的补充③。

3月24日,据是日出版之《民国日报》刊载,先生曾致函《民国日报》,寻找陈光垚、景梅九二人联系方式,但由于先生未留联系方式,《民国日报》特将致先生函刊报,内容如下:"钱亚新先生:快函并邮票洋均经收悉。陈、景二先生之通讯处已为设法探询,希望有以报命。《觉悟汇刊》已嘱发行处照寄,余款亦一并奉还,盛情,谢谢。"④

3月30日,广州图书馆协会第三届职员第一次会议,与会人员有杜定友、陈德芸、陈延煊、梁格四人。经与会人员议决,广州图书馆协会拟于1929年4月、6月、9月、11月之第二个星期六举行会议,每次会议邀请一位会员就某一题目做专题演讲,先生被请做9月份会议之主讲。会议还决定,每次开会员大会前出版会刊一次,同时出版广州图书馆协会专刊,其中第二种专刊名为《广东圕概况》,内容分为"藏书家、广东图书馆、广州出版界"三部分,先生负责"广州出版界"部分⑤。

4月14日,下午二时至广州市立师范学校图书馆参加广州图书馆协会1929年度第一次会员大会,与会人员包括杜定友、蔡哲夫、王皎我、陈普炎、梁格、陈瑞贤(女)及先生等十余人,杜定友担任会议主席。会议首先由杜定友宣读孙中山遗嘱,继而讲述此次会议召开缘由,后由陈普炎作《编制中国协同目录之急需及其步骤》讲演。陈普炎演讲结束后,杜定友向与会人员报告了中华图书馆协会第一次年会情形。最后与会人员就有关事务进行了讨论,经议决:(1)组织广州图书馆及出版事业调查委员会,调查委员会委员由广州图书馆协会职员会聘请;(2)广州图书馆协会加入中华图书馆协会;(3)广州图书馆协会立案、介绍图书馆学书目、扩充图书馆教育三项事宜交由职员会办理。讨论后与会人员茶叙并合影留念,会议于下午四时左右结束⑥。

5月18日,广州图书馆协会职员第二次会议召开,与会人员有杜定友、

---

① 钱亚新.花市[M]//钱亚新.钱亚新别集.谢欢整理.南京:南京大学出版社,2013:299.
② 钱亚新致郑永嘉函,1987年1月14日.
③ 钱亚新.《索引与索引法——书籍杂志和报纸》自序[M]//钱亚新.索引与索引法——书籍杂志和报纸(初版).上海:商务印书馆,1930:1-3.
④ 寻访陈光垚、景梅九先生[N].民国日报,1929-03-24(4).
⑤ 会议录[J].广州图书馆协会会刊,1929,1(2):7.
⑥ 会议录[J].广州图书馆协会会刊,1929,1(2):7-8.

陈德芸、陈延煊三人。会议决定：(1) 推举杜定友作为广州图书馆协会代表赴京参加孙中山奉安大典；(2) 增设专职负责《广州图书馆协会会刊》编辑，经与会人员推选先生担任该职；(3) 设立广州图书馆协会调查委员会，决定聘请徐信符、谭卓垣、汪樹宗、黎沛霖、王皎我及先生为该委员会委员①。

5月，先生与洪有丰、刘国钧、杜定友、万国鼎、毛坤等中华图书馆协会索引委员会委员联合发布《中华图书馆协会索引委员会启事》，内容如下：

中华图书馆协会索引委员会启事一

  敬启者：溯自中华图书馆协会今春在首都开第一次年会以来，会务进行，不遗余力。而各项特别研究学术委员会之组织亦须次第举办。同人等孤陋寡闻，学识浅薄，兹被本届执行委员会，聘为索引委员会委员，深以为惭！盖因我国索引事业，向付阙如，同人等兼此重任，恐难负全国人士之厚望也。但同人等有见此项事业对于出版界之重要，学术界密切之关系，又不得不竭尽绵力，鼓勇前进。兹特将同人等所拟计划，披露于左，以就正全国人士焉。

  一、关于编辑《中国索引条例》方面：《中国索引条例》之编辑，实为当今中国索引事业中最重要之急务。对于从事索引事业者言之，则此项条例，犹规矩绳墨之于工人，宪法之于国家，为其从事之利器及标准也。对于施用索引者言之，则随时随地所见之索引，均有同一之规则及方式，于检查施用上，可获莫大之便利。同人等拟于半年内从速编辑此书，以供参考。

  二、关于索引实际工作方面：吾人试察欧美各国所刊行之书报，除文学，小说及无关重要之刊物外，莫不备有索引。回顾我国出版界，相差何啻天壤。西人有言曰："索引者，一书之锁钥也。"同人等有见于此，是以拟选我国重要新旧图书，一一编制索引。以资提倡而便学者。今已开始从事者，有本委员会主席杜定友君之《九通索引》及本会委员钱亚新君之《四书字汇及索引》二书。而在计划中者，则有十三经、廿四史、《资治通鉴》等索引。

  三、关于出版界及阅读者方面：自十七世纪以来，欧美各国出版界，对于索引一项，业已非常注意。而政府取缔及阅者非难不备索引书籍之刊行，亦不一而足。彼等视一书之索引，为其中必不可少之部分，

---

① 会议录[J].广州图书馆协会会刊,1929,1(2)：7.

并视索引之编制,为出版者应尽之义务而有阅者应享之权利。但在我国,鲜有注意及此者。同人等为发展文化起见,故拟广为宣传,促成索引之事业,而增加索引之效用。以上所举三端,同人等翼以一得之愚。资献于世。惟此事体重大,非同人等数人之力,所能藏事。深望海内外学者,不吝赐教,匡助一切,幸甚幸甚!

中华图书馆协会索引委员会启事二

本委员会现因编辑《中国索引条例》一书,深惧同人等所见甚浅,不免遗漏,凡海内硕学鸿儒及我图书馆界同志,如有关于此类著作,请源源赐惠,或示明该出版品曾经何人,何时出版,见载于某种杂志某卷,某号,某日期。如未曾发表者,本会亦可酌量代为发表,以资参考,不胜感激之至!(来信请寄广州中山大学图书馆钱亚新君收)

中华图书馆协会索引委员会委员　洪有丰　杜定友　刘国钧　全体谨启
　　　　　　　　　　　　　　　　万国鼎　毛　坤　钱亚新

是月,先生向中山大学图书馆捐赠《拼音著者号码编制法》一册①。

6月,先生完成了对中国近一年半时间内(1928年1月至1929年6月)出版的新杂志情况的调查,调查内容包括杂志名称、创刊年月、刊期、全年册数、定价、出版处(编辑处或发行处)、提要,在调查结果基础上撰成《最近一年半内新杂志的调查录》②。

是月,完成《索引与索引法——书籍杂志和报纸》一书自序③。

是月,因中山大学"派系之别,壁垒森严""新馆长浮嚣成性,自作聪明,假充内行"④,杜定友先生决定离开广州,并接受上海交通大学图书馆主任之聘。杜定友曾致信先生,谓"你6月份做完那里的事,7月同师母一起回上海"⑤。先生接受交通大学之聘,担任图书馆总编目⑥,月薪100元。

是月,完成《世界儿童图书馆概况》一书的翻译。

7月初,先生伴送杜定友先生夫人及杜燕、杜鹈由广州至上海,船经香

---

① 本馆捐赠图书志谢(续)[J].图书馆报.1929,7(2):74.
② 钱亚新.最近一年半内新杂志的调查录[J].图书馆报,1929,7(5):10.
③ 钱亚新.《索引与索引法——书籍杂志和报纸》自序[M]//钱亚新.索引与索引法——书籍杂志和报纸(初版).上海:商务印书馆,1930:1.
④ 杜定友.我与中大[J].钱亚新,钱亮,钱唐整理.图书馆界,1986(1):52.
⑤ 柯愈春.文华师长访谈录[J].图书情报知识,2010(4):119.
⑥ 本校职员一览[J].交大三日刊,1929(5):3.

港时,先生曾上岸参观香港市容①。

8月1日,完成《布鲁塞尔分类法》一文的翻译,该文后刊于《武昌文华图书科季刊》第1卷第3期。

8月21日,完成《补充杜威制之革命文库分类法》一文,该文后刊于《武昌文华图书科季刊》1929年第1卷第4期。

是月,杜定友为先生《索引和索引法——书籍杂志和报纸》一书撰写序言,序中称该书"非但足以供我们的浏览参考,而且是我国关于索引和索引法底第一部著作。我希望阅者,不要等闲视之。并希望此书一出,对于著作界、学术界,有重大底影响,更希望出版界即知即行,那末以后对于我们读书人,能够使用索引底方法,以节省时间,便于参考了"②。

9月,杜定友为上海交通大学图书馆草拟《图书馆整理计划及进行方针》等在内的诸多革新计划,经校长核准,先生及其他交大图书馆同仁开始按照这些计划开展工作③。

10月19日,据是日出版的《交大三日刊》报导,先生负责的编目部门近期完成中文新书200余种的编目工作④。

10月22日,图书馆新到图书百余册,先生所领导的编目部门开始对该批图书进行编目。近期除完成中文新书200余种的编目工作外,还完成90余册西文图书的编目⑤。

10月25日,先生领导的编目部门负责的交大图书馆英文新书第一批目录印就,分送交大各院长、科主任及教员。卡片目录也编制完成并置于出纳室,此次编制的卡片目录较之以往只有著者卡与书名卡两种外增加了类名卡、分析卡、参见卡、见卡。排列上较之以往著者卡、书名卡分开排列将各种卡片混合依字母顺序排列⑥。

10月30日,先生领导的编目部负责的交大图书馆英文新书第二批目录印就,分送交大各院长、科主任及教员⑦。

11月2日,交大教职员对日外交后援会赠予图书馆的30种外交书籍到

---

① 钱亚新.工作阶段[M]//钱亚新.钱亚新别集.谢欢整理.南京:南京大学出版社,2013:209.
② 杜定友.《索引与索引法——书籍杂志和报纸》序[M]//钱亚新.索引与索引法——书籍杂志和报纸.上海:商务印书馆,1930:2-3.
③ 蓉.图书馆整理计划进行方针[J].交大三日刊 1929(1):2.蓉.图书馆整理计划进行方针(续)[J].交大三日刊 1929(2):3.
④ 蓉.图书馆近讯二则[J].交大三日刊,1929(6):1.
⑤ 蓉.图书馆近讯[J].交大三日刊,1929(7):1.
⑥ 图书馆近讯三则[J].交大三日刊,1929(9):2.
⑦ 图书馆近讯三则[J].交大三日刊,1929(9):2.

馆,先生领导的编目部门立即对这批图书进行编目①。

11月4日,先生领导的编目部门完成了交大教职员对日外交后援会赠予的30种外交书籍的编目,并印制油印书目一册。第三批新书目录也于近日编印完成②。

11月9日,据是日出版的《交大三日刊》报导,交大图书馆鉴于所藏图书过专,特呈请校长批准添购《万有文库》,校长批准后第一期402册于近日到馆。先生所负责的编目部门迅速完成了对该批图书的分类编目。同时完成了中文新书目录的编辑出版③。

11月16日,据是日出版的《交大三日刊》报导,先生所领导的编目部近期完成了对以往铁道部、交通部赠送给交大图书馆的各类出版品重新整理编目,同时编就了第四期西文新书目录④。

12月11日,据是日出版的《交大三日刊》报导,先生领导的编目部正在编辑《铁路管理书目》,该目录依据图书内容,将图书分为铁路经济、铁路会计、铁路运输三部分,以各类类名字母先后为次序,同类者依著者姓名排列,附有书名、著者索引⑤。该书目后由交大管理学院代为分送,"阅者称便"⑥。

12月21日,据是日出版的《交大三日刊》报导,图书馆近期收到新书百余种,先生所领导的编目部门迅速完成了对该批新书的编目,并印就新书目录,分送各院系⑦。

12月24日,先生所领导的编目部门近期完成了交大本校出版品目录、中文新书目录的编辑,并付印分发各院系⑧。

12月28日,上午8时至12时于交大图书馆总务室参加图书馆馆务会议,出席者包括杜定友、张锡荣、潘干材、涂祝颜、方锡唐、施仲明、沙筱宇、华培德、邵丙灏、曹叔衡及先生。会议由杜定友担任主席,张锡荣负责记录。先生在会上报告了编目部的工作情况,内容如下:

(一)关于分类方面。本馆以前所采用之分类法其分为两种,即杜威十进分类法及四库制,现除此两种以外,更添加教本分类法及本校刊

---

① 蓉.图书馆简讯三则[J].交大三日刊,1929(11):1.
② 蓉.图书馆简讯三则[J].交大三日刊,1929(11):1.
③ 图书馆近讯四则[J].交大三日刊,1929(12):2.
④ 图书馆近讯四则[J].交大三日刊,1929(14):1.
⑤ 蓉.图书馆近讯两则[J].交大三日刊,1929(21):3.
⑥ 图书馆近讯二则[J].交大三日刊,1929(24):1.
⑦ 图书馆近讯二则[J].交大三日刊,1929(24):1.
⑧ 蓉.图书馆消息汇志[J].交大三日刊,1929(25):3.

物分类法、杜威十进分类法。凡西文及不属于四库目录中之中籍均用之。四库制,凡以前编入四库制之中籍,现仍其旧。新到中文如为四库目录中所有者,亦用此制分类。教本分类法,教本分类法以本校年级之性质别为七大类,例如大学预科以 PD 表示之、土木工程以 CE 表示之、铁路管理以 RA 表示之等。本校刊物分类法,本校刊物分类法共分为十七类,每类以类名第一字英文字母表之,例如 A 为 Alumni 即表示毕业同学出版品,H 为 History 即校史,R 为 Report 为学校报告。12 月 23 日所出之交大出版品目录,即系此分类而编制者。

(二) 关于编目方面。中西书籍之编目除制卡上略有出入外,方法完全相同。在此四月内共编中籍 960 册,西籍 1 292 册。以上之统计如细分之,尚可分为新编、改编、特编三种。新编是指所编之新书,计中文 566 册,西文 579 册。改编是指以前未编之旧籍及以前已编而今因分类系统上之不同欲改编之图书,计中文 263 册,西文 563 册。特编是指所编之特种图书,如研究室参考室所藏之图书定期刊物及课本等是也,此四种图书之书码上并加以特别之符号,如参考图书加 R,共编中文 127 册、西文 19 册,研究图书加 S,共编西文 43 册,定期刊物加 P,共编中文 4 册、西文 10 册,课本加 T,共编西文 78 册。

(三) 关于卡片方面。色别,卡片以颜色分共有四种,白色供普通图书之用、红色供参考书用、蓝色供研究图书及课本之用、黄色供定期刊物之用。种别,以种类不同来分别卡片,则西文可分为著者卡,西文共制 816 张。书名卡,中文共制 1 920 张,西文共制 650 张。类名卡,西文共制 768 张。参考卡,西文共制 63 张。书架卡,中文共制 900 张,西文共制 624 张。书袋卡,中文共制 566 张,西文共制 579 张,共计中文 3 386 张,西文 3 500 张。

(四) 关于目录方面。书目之编制分新编目录、特藏目录及卡片目录三种。新编目录是指所编新到之新书目录,中文共出三次、西文共出五次。特编目录是指特种之目录,中文共出一次、西文共出五次。卡片目录是指以卡片所排成之目录,此种目录除西文新添一种字典式目录外,其余各种目录均仍其旧,无所更张。

(五) 关于登记方面。登记方面西文旧籍已登记者共 7 613 册,登记号码从 00001 至 07612,新籍已登记者共 566 册,登记号码从 07801 至 08366。中文新旧图书尚未登记。

(六) 关于注销方面。本馆图书因重复本破碎禁阅等等关系,不得不加以注销,共注销中西[文]45 册。

与会人员还讨论了出纳柜、目录箱的摆放,借阅制度的完善,寒假轮值清理藏书等事宜,先生还被指定负责交大图书馆馆员训练规程大纲草拟工作①。

按:先生所在编目部门虽然在四个月内完成交大图书馆新旧中西文图书两千余册的编目,但当时交大同学仍觉得太慢②。

年底,经先生同学宗镜介绍,商务印书馆同意出版《世界儿童图书馆概况》一书,鉴于按版税计算稿酬比较繁杂,商务印书馆决定采取一次性结算稿酬的方式给予稿费③。

---

① 图书馆馆务会议记录[J].交大三日刊,1930(30):3-4.
② 钱亚新.图书馆中的几个实际问题[J].文华图书科季刊,1931,3(1):11.
③ 钱亚新.自撰论著提要[M].稿本.

1930年(民国十九年)　　二十八岁

1月1日，是日出版的《交大三日刊》新年专号刊有《图书馆半年来之工作》一文，对杜定友主持交大图书馆半年来的工作进行了阶段总结，其中涉及先生所在的编目工作的内容有"目录之改良。所有新到书籍，均照图书馆专门手续编成字典式目录，旧书已改编者有铁路管理与铁路工程二类，其他各类书籍逐渐改编，以求完善"，"书目之编辑。半年以来，出版新书目录七八次，分科书目五六次之多。所惜此项书目均系油印因不能付印，除分送各办事处各教员等，不能编赠诸同学耳"①。

1月3日，受无锡县图书馆邀请，先生陪同杜定友赴无锡指导图书馆工作，下午6时杜定友于无锡通惠路民众学院举行演讲，并放映图书馆学影片②。

1月4日，下午7时，杜定友于无锡公园路民众教育馆继续举行演讲③。先生与杜定友在无锡期间，除演讲图书馆学知识外，还曾在无锡图书馆馆长及职员陪同下游览梅园、千顷堂等地④。

1月22日，交大正式放寒假，先生开始轮值整理交大图书馆图书⑤，工作重点在于清点图书馆书籍册数及价值估算工作。因杜定友职掌交大图书馆之前，该馆未对购入书籍价值进行登记，杜定友职掌馆务后，每次购入新书都对其价值进行登记，同时利用此次寒假对以往旧籍重新清点登记，并制定了估价标准⑥。

1月27日，参加毛坤与任慎之在杭州举行的婚礼，并与冯汉骥共同担任证婚人，陆秀为主婚人。是日，杭州图书馆界不少人士前来祝贺，典礼盛极

---

① 图书馆半年来之工作[J].交大三日刊,1930(27)：7-8.
② 图书馆学家到锡[N].新无锡,1930-01-04(3).
③ 图书馆学家到锡[N].新无锡,1930-01-04(3).
④ 钱亚新.无锡[M]//钱亚新.钱亚新别集.谢欢整理.南京：南京大学出版社,2013：286.
⑤ 图书馆馆务会议记录[J].交大三日刊,1930(30)：4.
⑥ 图书馆消息[J].交大月刊,1930,2(1)：19.

一时。毛坤辗转上海至杭州参加婚礼,由沪至杭途中,先生全程陪同。婚礼后先生曾登杭州北高峰,并购置龙井茶、丝织品等。先生晚年忆及此事时,写有《祝同学毛体六完婚》《再登北高峰》等诗作,详细参见《钱亚新别集》。

  按:据毛坤哲嗣毛相骞2016年4月21日与笔者电话中谈及,钱亚新先生此次赴杭除参加毛坤婚礼之外,另有一事便是与其一直保持通信的女友陈女士(姓名待考)会面。此事由任慎之在与毛相骞聊天时亲口所述。先生晚年所写《访友未遇》(见《钱亚新别集》第301页)一诗,该诗题记中有"访知友陆佛侬未遇",但从该诗内容"来杭未遇思深情,书笺留言表丹心。等到花香鸟语日,欣然再访知音人"来看,这位"友"并非陆秀,若根据任慎之女士所述内容来理解这首诗,似乎较为妥当。

1月30日,先生假期参与整理交大图书馆图书工作结束。

是月,中华图书馆协会执行委员及部分监察委员任满,全体执行委员推定戴志骞、王云五、何日章、蒋复璁、朱家治等十人为执委候选委员,推举钱亚新、陈钟凡、杨昭悊、金敏甫、缪凤林、王重民六人为候选监察委员,后经中华图书馆协会全体会员公选,戴志骞、王云五、何日章、朱家治、周贻春五人当选为执行委员,先生与杨昭悊、陈钟凡三人当选为监察委员(1933年任满)①。

2月17日,江苏省立上海中学正式上课,本学期开始,先生代杜定友为该校高中部师范科学生讲授图书馆学课程,教材选用杜定友所著《图书管理学》②,该课为选修课,每周上课2小时,共计2学分③。

4月24日,据是日出版的《交大月刊》报导,先生所领导的交大图书馆编目部门完成了编目程序的制定,并刊印了"编书程序表"一种,以供馆员参考④。

是月,《索引与索引法——书籍杂志和报纸》一书作为"文华图书科丛书"之一由上海商务印书馆出版发行。

6月,从新学期开学至是月,先生所领导的编目部门共编中文图书163册,西文图书146册⑤。

---

① 中华图书馆协会第五年度报告[J].中华图书馆协会会报,1930,6(1):3.
② 钱亚新.六十年来生活工作简表、论著编译年录[M]//吴志勤、钱亮、钱唐整理.创新、求新、育人——图书馆学家钱亚新的一生.自印本.1993:15.
③ 江苏省立上海中学.江苏省立上海中学一览[M].上海:江苏省立上海中学,1930:48-49,234.
④ 定编程序[J].交大月刊,1930,2(1):20.
⑤ 图书馆消息[J].交大月刊,1930,2(2):11.

6月底,武昌文华图书科本届毕业同学十余人,在白锡瑞率领下来沪参观,先生与陈洁设宴招待①。

7月7日,本学期在江苏省立上海中学图书馆学课程结束②。

8月,先生在征得杜定友同意后,决定接受沈祖荣之聘,下学期回文华母校服务,任文华公书林流通部主任,同时负责索引和检字课程教学③。

9月,接任《文华图书科季刊》社副社长,主持编辑事宜。

10月10日,参加于文华公书林召开的文华图书科武昌同门会成立仪式,会员包括白锡瑞、毛坤、徐家麟、汪辑熙、曾宪文以及先生等10人,会议选举白锡瑞为会长,毛坤为书记,会议决定以后每月开常务会一次,以商讨会务④。

10月25日,上午十时,先生及文华全体学生,教职员及其家族四十余人乘车前往东湖参观武汉大学新校舍,下午四时半乘车返回。⑤

12月1日,"武昌私立文华图书馆学专科学校"印章正式启用,宣告文华图书科脱离华中大学。

是月,先生被聘担任文华图专1931年图书馆学讲习班"《古今图书集成》索引"编辑指导老师⑥。

> 按:《古今图书集成》索引于1931年编成,并付交商务印书馆,后因"一·二八事变"商务印书馆被炸而毁。

是年冬,先生与毛坤、徐家麟共同拜访徐恕(行可)先生⑦。

---

① 钱亚新.六十年来生活工作简表、论著编译年录[M]//吴志勤、钱亮、钱唐整理.创新、求新、育人——图书馆学家钱亚新的一生.自印本.1993:16.
② 江苏省立上海中学.江苏省立上海中学一览[M].上海:江苏省立上海中学,1930:4.
③ 同门会消息[J].文华图书科季刊,1930,2(3/4):473.
④ 同门会消息[J].文华图书科季刊,1930,2(3/4):474.
⑤ 本校消息[J].文华图书科季刊,1930,2(3/4):475.
⑥ 本校消息[J].文华图书科季刊,1930,2(3/4):476.
⑦ 徐恕.徐行可教授与沈绍期校长论收藏书籍书[J].文华图书科季刊,1931,3(3):331.

1931年(民国二十年)　　二十九岁

1月18日,沈祖荣因患盲肠炎住院,是日出院,先生与其他文华师生前去迎接①。

2月,开始为文华专修科同学讲授"索引和索引法"课程,所用教材为先生所著之《索引和索引法》,同时为讲习班同学讲授《儿童图书馆学》课程,并编写讲义②。

3月9日,沈祖荣正式回到文华处理校务,下午一时先生参加欢迎沈祖荣回校之欢迎会③。

3月12日,《文华图书科季刊》社全体工作人员合影留念。当时季刊社的编辑人员及各自分工如下:正社长:毛坤;副社长:钱亚新;发行股股长:徐亮(下有推销干事:骆继驹,经济干事:徐亮,广告干事:黄连琴);出版股股长:毛坤(兼)(下有图表干事:朱用彝,校对干事:董铸仁,印刷干事:毛坤);编辑股股长:钱亚新(兼)(下有什说、消息、补白干事:邓衍林,书评、译述干事:朱瑛,专著、调查干事:钱亚新)④。

是年春假,先生随同文华师生至东湖游玩,"看到东湖一派汪洋,颇为壮观;脚下百花正开,芬芳醉人。大家尽情攀谈,毫无拘束,与在校生活,大相径庭。乘车归来时,莫不笑逐颜开,情投意合"⑤。

5月1日,下午一时,韦棣华女士去世。

5月2日,参加文华教职员工举行的韦棣华女士谢世殓殡礼,结束后与沈祖荣、毛坤、孙叔万、白锡瑞等人合影留念。

是月,先生大哥钱如生病逝,遗有一子三女。

---

① 本校消息[J].文华图书科季刊,1931,3(1):119.
② 钱亚新.六十年来生活工作简表、论著编译年录[M]//吴志勤、钱亮、钱唐整理.创新、求新、育人——图书馆学家钱亚新的一生.自印本.1993:16.
③ 本校消息[J].文华图书科季刊,1931,3(1):119.
④ 季刊社职员人名录[J].文华图书科季刊,1930,2(3/4):481.
⑤ 钱亚新.联欢[M]//钱亚新.钱亚新别集.谢欢整理.南京:南京大学出版社,2013:297.

6月5日,晚,参加文华图书科专科同学为讲习班同学举行的欢送茶话会。

6月13日,下午,至武昌文华公书林司徒厅参加韦棣华女士追悼大会。湖北省教育厅厅长黄建中、武汉大学校长王世杰、中华大学校长陈时、华中大学校长韦卓民等六百余人莅临现场,追悼大会由崔幼南主持。追悼大会程序包括"肃立、行礼、静默、献花、唱诗、祷告",上述程序结束后沈祖荣、黄建中、王世杰、陈时、韦卓民、卢春荣、桂质柏、韦德生等人先后发言,追悼大会于下午5时结束。追悼大会收到各界发来挽联、题辞,其中先生所在的文华1928届学生的挽词是:

中　美　同　爱
江　汉　长　悲
一九二八届受业于熙俭毛坤汪缉熙李哲昶何国贵沈晋绅陆秀钱亚新①

6月22日,下午,参加文华图书科1931届讲习班同学毕业典礼。

7月,返回上海,先生昔日学生朱佳声(先生曾担任其数学课教师)介绍上海闵行中心小学吴志勤与先生认识②。吴志勤1908年10月26日出生于上海,毕业于江苏省立苏州女子中学(前身为江苏省立苏州第二女子师范学校)高中师范部③,与著名物理学家吴健雄女士为同窗好友,友情颇深。吴志勤毕业后,在上海闵行中心小学、上海县立初中担任教员。

9月14日,至上海市立求知小学参观,并指导该校图书分类工作④。

9月18日,下午,前往上海中华书局图书馆参观该馆举办的"基本教育图书教具展览会",并领到一本印刷精良、内容详细的展览目录,先生按目录参观了三个小时,获益良多。回后依据参观所得撰有《中华书局图书馆基本教育图书教具展览会参观印象记》一文,但该文已佚⑤。

9月26日,是日为中秋佳节,先生至闵行,晚上与吴志勤、朱佳声泛舟黄浦江,晚年先生忆及此事,曾作有《中秋泛舟》《春到江南》两诗⑥。

---

① 董铸仁.韦棣华女士追悼大会纪略[J].文华图书科季刊,1931,3(3):361-383.
② 钱亚新.六十年来生活工作简表、论著编译年录[M]//吴志勤、钱亮、钱唐整理.创新、求新、育人——图书馆学家钱亚新的一生.自印本.1993:16.
③ 国立社会教育学院院长室.国立社会教育学院概况[M].苏州:国立社会教育学院,1948:126.
④ 上海市立求知小学校.求知小学概况[M].上海:上海市立求知小学校,1935:9.
⑤ 钱亚新.《图书学目录学书目索引》评议[J].宁夏图书馆通讯,1985(3):63.
⑥ 钱亚新.上海[M]//钱亚新.钱亚新别集.谢欢整理.南京:南京大学出版社,2013:294-295.

是月,《文华图书科季刊》第 3 卷第 3 期出版,上刊有先生《编辑之余》一文。这一期为纪念韦棣华女士专号,先生在《编辑之余》讲述该期专号约稿、编稿情况,并呼吁"同人等于怀念韦女士之余,不但觉得该纪念她的事迹和精神,并应赓继她的遗志,为我们图书馆事业,立下一个更稳固的基础以谋伟大的发展,为我们社会教育植下一个更健壮的种子以圆美满的结果"①。

是月,为文华专修科班同学开设"儿童图书馆学"课程②。

12 月,为本年度出版的《文华图书科季刊》编制字典式刊后索引③。

---

① 钱亚新.编辑之余[J].文华图书科季刊,1931,3(3):411.
② 钱亚新.六十年来生活工作简表、论著编译年录[M]//吴志勤、钱亮、钱唐整理.创新、求新、育人——图书馆学家钱亚新的一生.自印本.1993:16.
③ 钱亚新.六十年来生活工作简表、论著编译年录[M]//吴志勤、钱亮、钱唐整理.创新、求新、育人——图书馆学家钱亚新的一生.自印本.1993:17.

1932 年(民国二十一年)　　三十岁

1月25日,与吴志勤女士订婚①。

1月28日,夜间,日军进犯闸北,驻上海的国民党十九路军奋起抵抗,史称"一·二八事变",冲突中上海商务印书馆、东方图书馆首当其冲,惨遭损坏。

2月1日,商务印书馆编译所、东方图书馆遭日本浪人纵火而全部被毁。东方图书馆被毁后,文华图书馆学专科学校曾去函慰问并询问交付该馆之《世界儿童图书馆概况》(钱亚新译)及《古今图书集成索引》(1931年毕业之讲习班所编)书稿情况。

4月8日,商务印书馆善后办事处复函文华图书馆学专科学校,告知《世界儿童图书馆概况》及《古今图书集成索引》两书经查"已同遭国难"②。

> 按:先生晚年曾如是回忆《世界儿童图书馆概况》一书后续命运:"大约隔了八九年,我在蓝田国师工作,那里地处偏僻丘陵地带,虽然日寇猖狂,企图打通粤汉路,但环境还是比较安静的。于是采业余时间,再把此稿重新誊录,曾一度与贵阳文通书局联系出版,毕竟因为时局紧张,未能实现。这本稿子等到抗战胜利后,虽说依然在我身边,但事过境迁,其中材料也许比较陈旧,我也不想把它出版问世了。是后不久,全国解放,学习工作比较忙碌,我早把此稿忘怀了。在'文化大革命'之中,由于除'四旧'之故,这本稿子也就在不知不觉的情况下散佚无存。"③

5月1日,至文华公书林罗瑟室参加韦棣华女士逝世一周年纪念活动,会毕齐聚文华公书林东院日晷前摄影留念。

---

① 同门会消息[J].文华图书馆学专科学校季刊,1932,4(1):104.
② 校闻[J].文华图书馆学专科学校季刊,1932,4(2):221.
③ 钱亚新.自撰论著提要[M].稿本.

6月16日，完成《太平御览之研究》一文，该文后刊发于《大夏年刊》（1933年创立九周年纪念特刊）。

6月18日，上午九时，至文华圣诞堂参加文华第九届毕业生典礼。

暑假前夕，沈祖荣与先生谈文华图专下一年度办学事，据先生回忆："1932年暑假前夕，校长沈祖荣老师对我谈及下年度校款未着，是否开学，日后通知。但同学同事毛坤所告情况却有所不同。我心中怀疑续聘问题。回沪后，即积极活动，就大夏大学图书馆编目主任和兼社教学系讲师职。待武昌续聘通知到沪，我已在大夏工作半个月了。"①先生回上海工作的另一重要原因是与吴志勤女士已经订婚。

7月，先生回到上海，在吕绍虞的介绍下结识大夏大学马宗荣教授，并接受大夏大学之聘，关于两人见面情况，先生晚年有如下回忆"我记得初次与他相见，是在上海中华学艺社大楼。他的体格魁梧，面容端方，像个北方人。他具有一双和善的眼睛，射出和颜悦色的光芒，这使人一见就觉他是位教育家。我们经过友人介绍后，相谈没有片刻，即使不能说是倾盖如故，至少也可以算得相见恨晚了。我们见面后当他讲完了社会教育对我国前途的重要性，即口锋一转，谈到图书馆学上去了。他很诚恳地对我说：'为普及我国社会教育以利民众幸福起见，图书馆不仅是社教事业中最重要的组成部分，而且非急求发展是不足应付目前的需要。我们要达到这种目的，在我校社会教育学系中，只开了一个图书馆学概论的课程，那是无济于事。必须使图书馆学分科讲习，方能成功。现在我们想请你参加我们的活动，一方面在我校图书馆服务，另方面在社会教育系里担任图书分类与编目这一课程的讲师。'亲聆他这番言论，自然使我更感到他对图书馆事业的一股热情，值到钦佩。在这样的情景之下，我就接受他的建议了。"②

8月，先生正式接受大夏大学聘任，担任图书馆主任③，时图书馆馆长为马宗荣先生，主任由先生担任，另有馆员5人，分别为李学苏、郑演、朱艺、方英达、王国芳④。同时，先生还被聘为该校事务委员会委员⑤，并在教育学院担任讲师，教授图书馆学相关课程⑥。

9月1日，上海大夏大学开学，先生晚年如下回忆第一天到大夏大学工

---

① 钱亚新.东归[M]//钱亚新.钱亚新别集.谢欢整理.南京：南京大学出版社，2013：297.
② 钱亚新.忆马宗荣与我国近代图书馆学[J].江苏图书馆工作，1981(3)：50.
③ 校闻[J].大夏周报，1932，9(1)：15.
④ 本学期职教员姓名一览[J].大夏周报，1932，9(1)：19-20.
⑤ 推聘各种委员会委员[J].大夏周报，1932，9(2)：33.
⑥ 本学期职教员一览[J].大夏周报，1932，9(2)：39.

作的情景①：

> 就是那年9月1日,我带着愉快的情感,走进新的工作地方,上海中山路大夏大学图书馆。马先生先在馆中,见了我,热情地表示欢迎,并陪同我参观。全馆的建筑,为一栋二层的楼房,成凹字形,坐西向东。走进大门时布告处,由此踏上石阶七八级就是五六尺宽的一条走廊,走廊下靠墙放着一排桌子,长二丈多,高约二尺半。桌上每隔两尺固定一个卡片目录匣。他说这种目录的形式虽与众不同,但有两点便利:一可使许多阅者同时检查目录不致拥挤;二可免去目录匣移动而省掉整理的工夫。接下正屋三间,靠北和正中为阅览室,靠南为书库,各设一扶梯通往二楼。二楼正屋也分三间:作为杂志阅览室,参考书阅览室和研究室。南厢房为编目室,北厢房为一个学会的资料室。正屋前为有篷帐的露台,除陈列新到的杂志目录外,可作为休息之用。

9月26日,因馆舍搬迁,事务较多,大夏大学图书馆于是日正式对外开放。中午,先生至法租界青年会食堂参加校方大夏大学校方约请的全体教职员叙餐,晚上仍旧于原处聚餐,图书馆馆长马宗荣先生发表讲演,晚上十时方散②。大夏大学图书馆新馆正式对外开放后,先生为便于师生利用图书馆起见,特撰成《图书馆之话》一文,刊发于10月3日出版之《大夏周报》(第9卷第2期),该文详细介绍了大夏大学图书馆的布局,并向读者介绍了使用该馆的详细办法,文后还将图书馆新到的大量图书择要介绍给读者③。

是月,先生开始在大夏大学社会教育系教授"分类学和编目学"课程,并编发讲义。

> 按:笔者曾经眼先生大夏大学授课所编讲义之"导论"部分,在"导论"部分有对该课程的介绍,大致内容如下:
>
> 这个课程名为分类学和编目学。
> 一、目的
> 1. 为提高图书馆学地位。图书馆学,现已成为专门科学之一,如教

---

① 钱亚新.工作阶段[M]//钱亚新.钱亚新别集.谢欢整理.南京:南京大学出版社,2013:211-212.
② 全体教职员叙餐[J].大夏周报,1932,9(2):33-34.
③ 新.图书馆之话[J].大夏周报,1932,9(2):36-38.

育学、天文学、经济学、医学等一样。外国有些大学,早已有图书馆学系或专科的设立。就是什么事业都落伍的我国,唯一的图书馆专科学校的创办,也有十余年的历史了。可见图书馆学是一种专门的学问。它的范围可分为图书的印刷出版等科目,图书管理方法的科目,图书馆行政的科目,和图书馆学有关系的科目四大部分,大有终身研究的价值。

目下我国虽有专门研究图书馆学的学校和团体,但图书馆学在学术界上,尚未获得相当的地位。推其原因,一来由于知道图书馆事业的人少,二来由于图书馆学本身的研究,还未达到臻善。要使知道图书馆事业的人多,只有纠合同志,作普通的推广;要使图书馆学本身的臻善,只有精益求精,充实它的内容。等到知道图书馆事业的人,一天多一天了,它的内容一天充实一天了,那末它在学术界的地位,自然也能一天提高一天了。分类学和编目学是图书管理上的两种重要科目,一方面是推广图书馆事业的工作,他方面是充实图书馆学内容的核心。所以为提高图书馆学的地位起见,是我们研究它的第一目的。

2. 为获得求学门径。近世学术,种类繁颐。分析它们的名目,何啻恒河沙数。但是其中没有一科能完全独立而不与别科相关的。因此要研究任何一科,必须先知该科的内容和与别科的关系,而后再去具备群书,以供稽考,方能免于挂漏抵触的毛病。分类学和编目学,就能帮助我们做到这种地步。

从分类学中的类表方面,可见世上的学术,中外东西,上下古今,莫不应有尽有。从类表去找任何一科学术,不但能知道它在学术中的地位,而且可见其内容,同时能明瞭它与哪些学科发生关系,"类表是知识的锁钥",良有以也。从编目学的目录方面,可以求得所需的图书。因为目录是每本图书多方面的索引,同时索引许多图书的总和。所以为获得求学的门径起见,是我们研究它的第二目的。

3. 为管理图书方便。一本图书在图书馆中的活动,有选购、登记、分类、编目、典藏、流通六项。而分类和编目,实为结束选购和登记的手续,而开典藏和流通的关键。分类和编目,无论馆中藏有多少图书,都可安置得秩序井然,利于取放,所以为管理图书的方便起见,是我们研究它的第三目的。

4. 为完成社教使命。图书馆是社会教育设施的一种,而且是最关紧要的一种,因为它对于社会,是文化的保存者和发扬者,对于教育是人们终身的大学。我们从事社会教育的人,最大的责任,对于文化方面,在乎教人接受,传递和发扬;对于个人方面,在乎使之获得自己教学自己的机会。要完成这两种责任,一方面必须能使用图书馆,他方面在乎创设图书馆。不过假使我们自己还不懂得怎样去使用图书馆,那末要去指导别人,何异缘木求鱼。自己还不懂得分类和编目,那末要想办理图书馆,难免事倍功半。所以为完成社教的使命起见,是我们研究它的最后的目的。

二、范围

1. 图书研究。图书是分类和编目工作上唯一的对象,在未实施这种工作前,先该明了图书的构成。

2. 分类研究。分类可分三方面讲,一为理论上的(分类的意义、功用、性质、原理、标记、索引等等),一为历史上的(中外分类法的流变),一为实际上的(书码的编制、书架目录的编制、分类程序等)。

3. 编目研究。编目也分为理论上的,历史上的和实际上的三者。

4. 管理研究。

三、方法

1. 自修。

2. 参考。

3. 问题。

4. 实习。

讲义的全部内容有待进一步查考。1934年出版之《文华图书馆学专科学校季刊》(第6卷第1期)"同门零讯"曾有如下介绍:"钱亚新先生根据满因氏之著作编成分类与编目一书,曾以之教授于上海之大夏大学,不久即可出售,将分类与编目合而论之最当最善之书也。"①该讲义是否就是"分类与编目"一书,以及"分类与编目"一书全貌同样有待查考。

11月21日,晚7时,与许公鉴召集大夏公社部分负责同学举行谈话会,商量大夏公社书报室运行办法,并决定书报室于12月1日正式对外开放②。大夏公社是大夏大学为保证教育学院社会教育系同学及文学院社会事业系同学能开展实习所成立的一个机构,其主要活动是开展民众教育③。

12月5日,列席大夏大学第一百三十一次校务会议,此次会议由王伯群

---

① 同门零讯[J].文华图书馆学专科学校季刊,1934,6(1):148.
② 大夏公社书报室演讲厅即日成立[J].大夏周报,1932,9(10):196.
③ 大夏公社筹备有绪[J].大夏周报,1932,9(5):93.

校长担任主席,先生向与会人员报告图书馆工作概况。

12月18日,下午至上海西门文庙路市立图书馆参加上海图书馆协会第七届年会,上海特别市党部代表曹沛滋、市教育局代表吕海澜以及何日章(中华图书馆协会代表)、陈独醒(浙江流通图书馆)、孔敏中(中央研究院)、陈伯逵、马崇淦(上海图书馆函授学校)、杜定友(交大)、翁玄修(圣约翰大学)、温文耀(暨南大学)、宋景祁(清心中学)、楼云林(中华书局)、黄警顽(晨钟图书馆)等五十余人与会。下午三时会议正式开始,行礼如仪后,孔敏中首先代表会议主席团报告开会宗旨,继而由上海市党部代表曹沛滋、市教育局代表吕海澜相继致辞。结束后,陈伯逵致颂词及欢迎陈独醒辞。致辞结束后,会议进入报告阶段,陈独醒及杜定友分别作题为《今日中国图书馆之五大问题》及《经济恐慌中之图书馆新趋势》的报告,会议最后进行了执行委员及监察委员人选并选举,先生与孔敏中、杜定友、陈伯逵、马崇淦、黄警顽、宋景祁、黄维廉、王云五、钱存训、马宗荣当选为执委①。

12月21日,下午,参加大夏公社开幕典礼,并发表演说,四时结束②。

12月22日,下午,列席在交通大学举行的上海图书馆协会第七届第一次执监委员会议,与会人员包括杜定友、黄维廉、马崇淦、马宗荣、宋景祁、钱存训、陈伯逵、黄警顽、张锡荣、许晚成等,杜定友担任主席,宋景祁负责记录。会议主要讨论了:(1)有关机构人选及分工,先生与胡卓被推选负责调查;(2)调查各校图书,议决、呈请市教育局,各图书馆按表填报,表格式由调查委员会定夺;(3)征求会员;(4)减收会费;(5)刊行会报;(6)组织出版调查委员会,先生与高乃同、庄芸、马崇淦、宋禀钦、石斯馨、朱荫、涂祝颜、黄警顽被推选为调查委员会委员,先生任调查委员会主席;(7)发起组织中国图书馆服务社③。

是年,中华图书馆协会各委员会实行改组,先生改任检字委员会书记,主席为杜定友④。

---

① 图书馆协会年会记[N].申报,1932-12-19(8).
② 大夏公社补行开幕式[J].大夏周报,1933,9(13):264.
③ 上海图书馆协会昨开执监委员会议[N].申报,1932-12-23(15).
④ 图书馆界[J].中华图书馆协会会报,1932,8(3):14.

1933年(民国二十二年)　　三十一岁

1月2日，与吴志勤女士于上海中华学艺社举行婚礼，大夏大学副校长欧元怀为证婚人。由于先生在大夏大学工作，吴志勤在闵行工作，婚后，先生每周往返一次，生活比较安定，身心较为舒畅①。

3月10日，参加许公鉴召集的大夏公社书报室筹备会议，讨论了职务分配、工作进行、吸引民众方法等问题②。

3月11日，下午六时，至上海派克路功德林参加大夏大学教育学院院长陈选善召集的本学期第一次教育学院教职员叙餐会。会上讨论了教育学院组织课程之改进，学生实习的办法等，副校长欧元怀亦参加了此次聚会及讨论③。

3月15日，晚七时，与马宗荣至群贤堂306教室参加教育学院社会教育系同学组织的社会教育研究会本学期第一次全体大会，会议讨论了社会教育系课程、设置讲座以及一切研究工作④。

5月13日，晚，受大夏大学教育学院院长陈选善邀请，与教育学院其他教师至陈选善家中讨论大夏大学中学师资培训班的课程设置问题⑤。

是月，陆秀致函先生，邀请先生赴天津河北省立女子师范学院接替其担任图书馆主任一职⑥。

6月3日，晚上至悦宾楼参加欢送社会教育系毕业生之聚餐。

6月初，与夫人吴志勤一起至黄浦江边送别陆秀赴美深造⑦。

7月，经陆秀介绍，接受天津河北省立女子师范学院图书馆主任之聘，

---

① 钱亚新.上海[M]//钱亚新.钱亚新别集.谢欢整理.南京：南京大学出版社,2013：295.
② 大夏公社新讯[J].大夏周报,1933,9(19)：389.
③ 文教两院举行教授叙餐会[J].大夏周报,1933,9(19)：388.
④ 社会教育研究会开会[J].大夏周报,1933,9(19)：390.
⑤ 校闻[J].大夏周报,1933,9(27)：558.
⑥ 柯愈春.文华师长访谈录[J].图书情报知识,2010(4)：119.
⑦ 钱亚新.六十年来生活工作简表、论著编译年录[M]//吴志勤、钱亮、钱唐整理.创新、求新、育人——图书馆学家钱亚新的一生.自印本.1993：18.

月薪160元,先生将月薪一半寄给夫人,一部分寄给父母,自留四分之一①。

8月初,从上海前往天津河北省立女子师范学院报到,拜访院长齐国梁(璧亭)先生②。

8月27日,先生代表河北省立女子师范学院图书馆至北京参加中华图书馆协会第二次年会,是日至清华大学图书馆注册,并入住清华新建之第五院,晚参加清华大学举行的招待晚宴,中华图书馆协会发布了《中华图书馆协会第二次年会宣言》③。

8月28日,上午九时,至清华大学礼堂参加中华图书馆协会第二次年会开幕式,袁同礼为主席,李文裿为司仪。北平党政代表以及清华大学、北京大学、中法大学等校领导先后致辞,十一时半结束。下午二时,分组讨论。下午五时半,参观清华大学校园。晚八时,参加清华大学图书馆同仁举行的欢迎全体与会代表茶话会④。

8月29日,上午参加中华图书馆协会第二次年会,讨论募集资金事项。下午参加分组会议,三时半,索引检字组于清华大学第三院开始讨论,杜定友担任会议主席,先生担任书记。索引检字组因没有提案议决,故由杜定友继续演讲8月28日《民众检字心理之研究》演讲中未尽内容⑤。下午四时,全体与会代表乘车前往燕京大学参观,燕京大学图书馆设茶话会招待。晚七时,返回清华大学继续开会,八时半图书馆经费组与图书馆教育组同时举行分组会议,经费组由王文山担任会议主席,教育组由李燕亭担任会议主席⑥。先生所在的河北省立女子师范学院图书馆向图书馆经费组提交了《学校圕之经费学校教职员及学生共同负担,学校之负担不当少于全校经费之百分之五,教职员每人每年不当少于其每月所收入之百分之五,学生每人每年以大中小学为比例不当少于四元二元一元之数案》,该议案经商讨与其他相似提案合并修正为《拟定各级圕经费标准请教育部列入圕规程案》后获得通过⑦。先生本人则向图书馆经费组提交了《学校圕所收学生图书费学

---

① 柯愈春.文华师长访谈录[J].图书情报知识,2010(4):119.
② 钱亚新.六十年来生活工作简表、论著编译年录[M]//吴志勤、钱亮、钱唐整理.创新、求新、育人——图书馆学家钱亚新的一生.自印本.1993:18.
③ 图书馆协会开幕[N].大公报(天津),1933-08-28(3).
④ 于震寰.中华图书馆协会第二次年会纪事[J].中华图书馆协会会报,1933,9(2):22-26.
⑤ 中华图书馆协会执行委员会.中华图书馆协会第二次年会报告[M].北京:中华图书馆协会事务所,1933:32.
⑥ 于震寰.中华图书馆协会第二次年会纪事[J].中华图书馆协会会报,1933,9(2):22-26.
⑦ 中华图书馆协会执行委员会.中华图书馆协会第二次年会报告[M].北京:中华图书馆协会事务所,1933:42-47.

校当局不得移归别用案》,理由是:1.免去学校有收图书费之名而不购置图书之弊;2.免去学校滥收图书费,而轻学生之负担;3.因学生尽相当之义务,应予以相当之权利;4.因学生纳费,应予以促进学校圕改良及发展及机会。办法:由协会呈请教育部,转令全国各学校施行。该提案经讨论被否决①。

8月30日,上午八时,中华图书馆协会第二次年会民众教育组、图书馆行政组相继举行会议,分组会议至十时结束,分组会议结束后由陶兰泉作题为《清代殿板书之研究》的大会报告,大会报告结束后,宣读论文。杜定友、徐旭及先生三人先后宣读,先生宣读论文题目为《类分图书的要诀》。下午,全体与会代表乘车至颐和园、玉泉山游览。晚六时,参加国立清华大学公宴。晚八时,至清华大学礼堂参加中华图书馆协会第二次年会闭幕式,王文山担任会议主席,李文裿为司仪,田洪都、何日章、李燕亭、姚金绅、刘国钧、杜定友等人相继向大会报告各组议决案情形,最后由刘国钧宣读《中华图书馆协会第二次年会闭幕宣言》②。

8月31日,中华图书馆协会第二次年会全体与会人员参观国立北平图书馆、故宫博物院,中午参加国立北平图书馆举行的欢迎宴会。下午,参观古物陈列所及历史博物馆,晚至外交部迎宾馆参加北平二十二机关联合宴请中华图书馆协会第二次年会全体会员茶话会,会上北平市长袁良、北大校长蒋梦麟等先后致辞③。

9月,河北省立女子师范学院图书馆有感于空间局促,无法容纳日益增加的图书,决定于是月动工建设新馆④。

11月,河北省立女子师范学院出版课主任王向荣拜访先生,为《女师学院期刊》向先生约稿,先生撰写《御书术》一文以应,该文后刊发于《女师学院期刊》1933年第2卷第1期,据先生所述,该文发表后"曾引起全院师生的注意,并获得好评,因为这对于师生在教学和学习上正好作为参考"⑤。

12月3日,接到家中电报,得知父亲钱承寿病危,于是日请假回家探视,两周后钱承寿病情转好,先生转道上海看望夫人吴志勤后返回天津⑥。

---

① 中华图书馆协会执行委员会.中华图书馆协会第二次年会报告[M].北京:中华图书馆协会事务所,1933:78.
② 于震寰.中华图书馆协会第二次年会纪事[J].中华图书馆协会会报,1933,9(2):22-26.
③ 于震寰.中华图书馆协会第二次年会纪事[J].中华图书馆协会会报,1933,9(2):22-26.
④ 钱亚新.今日之河北省立女子师范学院圕[M].天津:河北省立女子师范学院,1936:1.
⑤ 钱亚新.工作阶段[M]//钱亚新.钱亚新别集.谢欢整理.南京:南京大学出版社,2013:213-214.
⑥ 钱亚新.六十年来生活工作简表、论著编译年录[M]//吴志勤,钱亮,钱唐整理.创新、求新、育人——图书馆学家钱亚新的一生.自印本.1993:18.

12月10日，是日《大公报》刊发了该报记者访问河北省立女子师范学院师中部的报道，其中涉及对于该校图书馆及先生的访问，内容如下：

> 记者曾去参观现有的图书馆，容纳得六十余人的阅览室，坐无隙地，全在埋首用功，桌上放了一堆一堆的书籍。图书馆主任钱亚新先生，是一位很精明的人，对于图书管理，颇富经验，为记者谈馆中情形甚详，由此可以看到该校学生一部份的生活。
>
> 图书馆中现有中西书籍约三万册，西文约占中文的三分之一强，大部分为文学史地，社会科学（教育在内）次之，美术与应用科学最少。其流通数额，十月份为二〇一三册，中文学书籍占一二六八册（大部份为小说）。次为总类一八二册，宗教最少，仅二册。阅览者一三五七人（按每小时计算一次）。学院与师中部的图书馆是合在一起的，经费以前没有预算；以后的预算，学院为一万元，中学部为五千元，购书费占三分之二弱。学院每系有一图书室，书籍均取自图书馆。新的图书馆，建筑及设备费约三万元，可容二百余人的阅览了①。

是年起，先生开始收集以往发表的有关索引的论文及编制的各种索引②。

---

① 荷.河北女师学院师中部学生活动访问记[N].大公报（天津），1933-12-10（11）.
② 钱亚新.我是怎样研究索引和索引法的[M]//钱亚新.钱亚新别集.谢欢整理.南京：南京大学出版社，2013：256.

1934年(民国二十三年)　　三十二岁

1月18日,下午四时至七时,至女师学院迎接室出席河北省立女子师范学院第四次职员会议,会议由院长齐国梁担任主席,会议主要讨论了:(1)各部门本学期工作报告完成时间;(2)各部门办事细则拟定;(3)学生学期成绩通知书发放;(4)下学期拟定2月19日开学,21日正式上课;(5)学生按月缴纳膳食费;(6)下学期在图书馆自习问题,议决可以在图书馆自习,但是详细计划需要图书馆、庶务等部门开会讨论;(7)假期借书如何规定;(8)寒假学生寄宿;(9)学生自治会建议的答复;(10)寒假不寄宿学生离校时间等问题。其中第七个问题是由先生提出的,与会人员通过讨论后议决:学生假期借书须缴保证金,教职员借书,须限定数量,详细办法,由先生审定后呈院长核定实施①。

是日,先生父亲钱承寿公病逝(1867—1934),享年68岁。

1月22日,女师学院图书馆正式迁入新馆办公,是日公布《假期教职员借书暂行规则》(7条)、《假期学生借书暂行规则》(9条)②。新馆位于旧馆北侧,共计两层,"楼上为阅览室,分学院师中二部,同时可容三百人。中间为出纳处,南首为教员阅览室,北首通楼上下为书库,楼下为图书馆员办公室及阅报室",新馆大楼落成后,河北省立女子师范学院"全院称便"③。

2月15日,长子钱亮出生。

2月21日,参加河北省立女子师范学院开学典礼④,下午至女师学院迎接室参加本学期第一次职员会议,会议由齐国梁担任主席,会议讨论了:(1)职员会议如何定期举行;(2)本学期第一次校务会议时间;(3)各部门如何沟通接洽;(4)学生晚自习时间、照明、监护人员安排;(5)修改图书馆

---

① 学院第四次职员会议记录[J].河北省立女子师范学院周刊,1934(137):3.
② 图书馆[J].河北省立女子师范学院周刊,1934(137):1.
③ 齐国梁.《今日之河北省立女子师范学院图》序[M]//钱亚新.今日之河北省立女子师范学院图.天津:河北省立女子师范学院,1936.
④ 举行开学典礼记录[J].河北省立女子师范学院周刊,1934(138):3.

教职员及学生借书规则等问题,其中第五个议题由先生提出,经与会人员商讨后议决:提交院务会议审查①。

> 按:据先生回忆,本学期开学后,有两系聘请先生开设"图书馆学"课程,据先生所述:"我认为图书馆学,正是最好宣传图书馆的机会,作为一个学院图书馆的主任是责无旁贷的。从前我在上海师范学校教'图书馆学'时,曾以杜师编的《图书管理学》一书为教本,从那次经验上讲,认为这书编得太详细而着重于管理图书馆方面。我想改弦更张,强调在使用图书馆。因此以利用本院图书馆为出发点,对同学们先介绍本馆的概况,次讲些分类编目的常识,而后重点在利用图书馆上。由于女师学院的同学将来都要从事教育事业的。到了中等学校去担任任何工作时,都应指导学生利用图书馆的,所以我讲课讲得具体实际,同学的反映较好,同时也鼓励我更用心于教学。"②

2月22日,出席河北省立女子师范学院图书馆展览会开幕式,图书馆开办此次展览的目的为:1. 提倡读书运动,利用图书馆以提高民智;2. 引起各界对于图书馆之兴趣及图书之爱护;3. 展示对于河北省立女子师范学院全院展览会的责任。图书馆陈列展览品共分三室:第一室陈列反映该馆概况之展品;第二室陈列展示管理图书馆及图书方法之展品;第三室陈列展示图书历史、类型、种类等展品。展览会于23日结束③。

2月26日,下午在女师学院系主任办公室出席图书馆委员会会议,胡幼植担任会议主席,先生担任会议记录,先生向与会人员报告了:(1)购书经费使用情况;(2)各系及图书馆所订中西文杂志情况;(3)关于收回各系图书事项。与会人员还讨论了:(1)中外杂志如何陈列,议决:根据杂志性质,分别陈列于学院阅览室或教员参考室;(2)各系旧杂志如何处理,议决:由图书馆回收整理;(3)西文已装订之杂志陈列于教职员参考室以便参考;(4)如何收回各系尚未交还之图书,议决:由各系主任先收再交图书馆;(5)议决通过新修订的学生借书规则;(6)议决通过新修订的学生阅览规则;(7)议决通过新修订的教职员借书规则;(8)增订教职员参考室规则;(9)审查各系拟添购书单,议决:由院长及各系主任、图书馆主任审定④。

---

① 第一次职员会议记录[J].河北省立女子师范学院周刊,1934(139):2-3.
② 钱亚新.工作阶段[M]//钱亚新.钱亚新别集.谢欢整理.南京:南京大学出版社,2013:214.
③ 河北省立女师学院圕展览会[J].中华图书馆协会会报,1934,9(5):20-21.
④ 图书馆委员会会议记录[J].河北省立女子师范学院周刊,1934(139):3.

2月28日,据是日出版的《中华图书馆协会会报》报道,中华图书馆协会为保障协会发展,成立募集发展基金委员会,先生被选为委员①。

3月1日,下午四时至七时,至女师学院迎接室参加本学期第一次院务会议,会议由齐国梁担任主席,会议讨论:(1)上学期末院务会议决案执行情况;(2)学生学业成绩考察规则修订;(3)各部门之间沟通联络方法;(4)编印学院展览;(5)体育教学;(6)学生讲义预算;(7)图书馆购置图书与书局以契约方式办理等问题,其中第七个问题由先生向会议提出,经与会人员商讨,决定由先生联合总务主任、庶务主任、会计主任、教务主任组成购书契约研究委员会讨论,先生负责召集②。

3月8日,下午四时至六时,至女师学院迎接室参加"春展"筹备会第一次会议,会议由齐国梁担任主席,会议讨论了:(1)筹备会分工事宜;(2)各部门参展内容如何限期完成;(3)春展日期,商定于4月22日开展,时间为三天;(4)"女师学院一览"文稿撰写分工等问题,先生负责图书馆展览品的提供及图书馆有关介绍内容撰写③。

3月10日,下午三时于图书馆参考室主持召开图书馆馆务会议,先生向与会人员报告了上学期图书馆工作情况,会议讨论了图书馆参加女师学院春季展览会展品、上学期杂志订购经费余款处理、学生借书押金处理、阅览室秩序维持等问题④。

4月1日,由天津返回宜兴老家为父亲发丧,并将双亲安葬于涧众南山下,墓地由钱承寿公生前亲自选定⑤。

是月,先生所编《太平御览索引》作为"文华图书科丛书"之一由商务印书馆出版,该书是先生"为增长索引编制经验,不徒托空言"所编制,出版后"各大中型图书馆都有收藏"⑥。

6月30日,据是日出版之《中华图书馆协会会报》报道,先生向齐国梁、杨鹤升、王向荣等10人募集中华图书馆协会发展基金46元⑦。

是年暑假,先生与夫人吴志勤一同往浙江乍浦、平湖等地游玩,晚年忆

---

① 中华图书馆协会募集基金启[J].中华图书馆协会会报,1934,9(4):1-2.
② 二十二年下学期第一次院务会议[J].河北省立女子师范学院周刊,1934(140):4.
③ 春展筹备会第一次会议记录[J].河北省立女子师范学院周刊,1934(141):2.
④ 图书馆第二次馆务会议记录[J].河北省立女子师范学院周刊,1934(141):3.
⑤ 钱亚新.六十年来生活工作简表、论著编译年录[M]//吴志勤,钱亮,钱唐整理.创新、求新、育人——图书馆学家钱亚新的一生.自印本.1993:18.
⑥ 钱亚新.我是怎样研究索引和索引法的[M]//钱亚新.钱亚新别集.谢欢整理.南京:南京大学出版社,2013:256.
⑦ 募集基金消息[J].中华图书馆协会会报,1934,9(6):9.

及此事时,曾作有《三白西瓜》《平湖对局》《钱塘潮》等诗①。

9月12日,先生由上海回天津工作,途经泰安下车游览,是日登临泰山,经陈光尧介绍,拜访正在泰山隐居的冯玉祥将军,冯玉祥赠书2册②。

> 按:先生晚年曾作有《登泰山》《访冯将军》诗(详见《钱亚新别集》),但将时间记成1933年,应是先生晚年记忆错误所致。冯玉祥所赠先生图书是其所著个人文集,但该书后来在抗日战争中遗失。

是月,先生开始为河北省立女子师范学院四年级学生讲授"汉字排检法"课程,又为女师附属学校四年级学生开始讲授"图书馆利用与管理"课程,为了教学方便,先生特编写《河北省立女子师范学院图书馆指南》一书。

10月,《河北省立女子师范学院图书馆月报》第1卷第1期正式出版,先生在发刊词中这样写道:

> 一寰君在第五十期《论语》半月刊上,曾说读书人虽万千,但不外九种,即所谓死读书,读死书,读书死;假读书,读假书,读书假;不读书,书不读,读书不?要想不犯这些毛病。或者想由"死"变而为"活",由"假"变而为"真",由"不"变而为"是",那末非先明白读书的真谛和引起其兴趣不可。
>
> 古今来有不少大学问家,是由图书馆造成的。但一个图书馆不能使个个读者,都变为大学问家,那也是事实。学问之大不大,成功家不家,与其说以图书馆本身的好坏为转移,无宁说由于运用图书馆底方法优劣为权衡。自从培根、笛卡尔诸哲倡导科学方法以来,各科学因有一日千里的进步,就是明证。
>
> 从表面上看,办理图书馆是有闲阶级,至少是帮闲阶级的玩意儿。其实,现代图书馆底事务,并非十分简单。即以一本书在馆中的活动而论,从选购、登记、分类、编目、典藏、出纳,直到读者底手中,要经过五六十种手续。因此现代图书馆是有组织的、进展的,而其活动的结果,也是有组织的、进展的。这些好像不足为外人道,但为使人明白其内容,促进其事业起见,却不可不把种种活动的真相宣布出来。
>
> 从上说来,所以引起阅读和研究的兴趣,倡导善用图书馆底方法,

---

① 钱亚新.浙江[M]//钱亚新.钱亚新别集.谢欢整理.南京:南京大学出版社,2013:301-302.
② 中国第二历史档案馆编.冯玉祥日记(Ⅳ)[M].南京:江苏古籍出版社,1992:400.

促进图书馆事业的活动,是本刊底主要宗旨。

为了要达到这些宗旨,本刊底内容,约可分为下列数项:(一)著述,以各种有关的著述,和各科学习法、研究法、图书馆使用法等为范围;(二)书报评介,以评论及介绍各式各样的书报为范围;(三)工作报告,以本馆每月工作概况为范围;(四)新书月报,以登载每月新购的图书为范围;(五)特种目录,以编制各类各科底目录为范围;(六)其他。

这里的地盘,完全公开。热烈地欢迎全院师生及外界人士来参加,或锡鸿篇,或纠疵误,使这刊物由诞生而滋长,而繁荣,而开花,而结果,那就是我们所万分愿望的了。

是月,吴鸿志《图书之体系》一书作为"文华图书馆学专科学校小丛书"之一种由武昌文华图书馆学专科学校发行,该书出版曾得益于先生的帮助。据吴鸿志在该书序言中所述:"这本小书写成已有九月,如没有钱亚新先生的激励和帮助,恐怕一时很少有机会拿出来发表。"①

12月1日,下午至图书馆参考室主持召开图书馆馆务会议,先生向与会人员报告了:(1)本学期以来图书馆工作情况;(2)《河北省立女子师范学院图书馆月报》《河北省立女子师范学院图书馆指南》编印情况。会议讨论了:(1)如何将本学期工作计划早日完成;(2)学生借书逾期处理等问题②。

是月,先生编辑的《河北省立女子师范学院图书馆指南》由该院出版,据先生自述:"学院附设中等师范学校,为院部学生实习之用。在师范学校四年级设有图书馆学这一课程,由我兼任教学,为了要由实际出发,已具体的对象为教材,因此编写了这本《指南》。其中一方面评述师院图书馆的沿革、馆舍、设备、组织、经费、藏书、分类、编目、阅览、出纳等等情况及其工作方法以作教材;另方面在教学过程中即讲解使用图书馆以帮助学生进行学习和自修。因为这个图书馆不仅为师院的师生利用,同时也为师校的师生作为阅览和借书的场所的。为了教学形象化,书中曾附图片多张,以供参考。"③

---

① 吴鸿志.图书之体系[M].武昌:文华图书馆学专科学校,1934:序.
② 图书馆第二次馆务会议记录[J].河北省立女子师范学院周刊,1934(168):2.
③ 钱亚新.自撰论著提要[M].稿本.

1935年(民国二十四年)　　三十三岁

2月28日,据是日出版之《中华图书馆协会会报》报道:先生向天津商务印书馆、义利印刷局以及程之淑、丁佩钦、吴叔班等九人共募集中华图书馆协会发展基金24元①。

4月1日—7日,乘春假由天津往北平图书馆收集有关索引资料,首次发现《洪武正韵》的索引《玉键》,编者为张士佩②。

4月30日,据是日出版之《中华图书馆协会》报道:先生与陈宝泉、姚金绅三人负责天津地区中华图书馆协会永久会费及赞助费收取工作③。

暑期,先生返回上海,暑期曾拜访马宗荣④。

9月初,吴志勤随先生由上海至天津,任职河北省立女子师范学院图书馆,途经南京时,拜访供职于国立编译馆的吴志勤兄长吴履冰⑤。

10月15日,晚上,先生至天津新新影院观看中国旅行剧团上演的话剧《情书》,该剧改编自英国文学家莫根(William Somerset Maugham)同名小说,陈绵担任编剧及导演,唐槐秋、唐若青分饰男女主角⑥。先生观后觉得《情书》一剧,"表现了爱与恨,忠实与欺诈,正义与枉法等等的矛盾。舞台技术方面,在第三幕中用补叙法来与序幕接成一气,可说是别开生面的。至于这次中国旅行剧团,扮演这剧的人物,个个异常卖力。尤其唐氏父女二人,言语、动作、态度,莫不自然而恰到好处",所以先生认为这部剧能成功是理所当然、意料之中的事。

---

① 捐募基金志谢[J].中华图书馆协会会报,1935,10(4):21.
② 钱亚新.六十年来生活工作简表、论著编译年录[M]//吴志勤、钱亮、钱唐整理.创新、求新、育人——图书馆学家钱亚新的一生.自印本.1993:19.
③ 会员缴费便览[J].中华图书馆协会会报,1935,10(5):59.
④ 钱亚新.忆马宗荣与我国近代图书馆学[J].江苏图书馆工作,1981(3):49-51.
⑤ 钱亚新.六十年来生活工作简表、论著编译年录[M]//吴志勤、钱亮、钱唐整理.创新、求新、育人——图书馆学家钱亚新的一生.自印本.1993:19.
⑥ 雷欧.情书　陈绵编导中旅新剧　新新院定今晚上演[N].大公报(天津),1935-10-15(13).

12月23日,河北省政府主席宋哲元为避免学生运动加剧,特致电河北省立女子师范学院、河北省立法商学院等天津省立院校,要求各校即日起提前放假。河北省立女子师范学院院长接到通知后,经与在津其他省立院校联席会议决定,各校分别召集学生宣布,即日起放假。图书馆也于是日正式闭馆①。

12月,先生完成《〈情书〉及其作者》一文。

> 按:钱亚新先生对于外国小说能有如此兴趣与了解,不得不提其任职河北省立女子师范学校时结交的两位朋友,金大本与孟昭蕙。
>
> 金大本,字伯诚,号立甫,天津人,生于光绪三十三年(1907)。祖父金其昌,曾任小学校长,喜藏蓄字画、图书,父金振中,天津军医学校肄业。金大本跟随祖父长大,受其影响,自幼喜好图书,一有零用钱多用置购图书。金大本早年随祖父在家塾读书,后考入清华大学,毕业后曾留清华大学图书馆工作负责编目和采购图书,抗战爆发后一直闲居在家,直至去世,有《津人著述存目》存世。1926年金大本与孟昭蕙定婚,孟昭蕙生于天津望族,受祖父孟继勋影响,自小亦喜好书画古玩,后考入南开女中,1937年毕业于河北省立女子师范学院英语系,后一直以教书为生。
>
> 金大本与孟昭蕙之书斋名为"喜金石录斋","喜金石录斋"藏书除部分得自于先人外,大部分都是金氏夫妇节衣缩食所购置,其所藏主要由如下部分构成:(1)书目、书影等目录学文献;(2)历代小说、传奇、演义及元曲、曲谱;(3)外文原版书;(4)朱卷(明清两代乡试及会试场内,呈送考官批阅的试卷)。而其中的外文原版书,主要包括英文原版小说、工具书、戏剧集等,这些书当时多经先生代为购置,数量近千册②。
>
> 先生对于戏剧感兴趣,或许还有曹禺的影响,据先生长子钱亮口述,八十年代先生看到曹禺相关作品在电视上播放时,曾对家人说过,当年在天津时曾与曹禺共住一楼。先生晚年在接受《人民日报》社记者采访时,也曾提到"我在这里(河北女子师范学院)认识了几位朋友,一位是曹禺,他教书的同时,也写戏剧作品"③。但先生与曹禺二人交往细节,有待查考。

---

① 圕二十四年度上学期工作报告书[J].河北省立女子师范学院周刊,1936(203):8.
② 任继愈.中国藏书楼(叁)[M].沈阳:辽宁人民出版社,2001:1813-1815.
③ 柯愈春.文华师长访谈录[J].图书情报知识,2010(4):119.

1936年(民国二十五年)　　三十四岁

1月,先生所编之《河北省立女子师范学院图书馆中文图书分类目录续编》由该校出版。该书是陆秀所编《河北省立女子师范学院图书馆中文图书分类目录》(河北省立女子师范学院,1935年1月出版)的续编,收录了该馆1933年8月至1935年7月之间新添加的图书,全书采用的是陆秀编的《图书分类法》,著者号码采用的是先生制定的《拼音著者号码编制法》。每条著录内容包括:书名项、著者项、出版项、篇幅项、书码项、典藏项。各条排列以分类号码为次,同分类号码者以书名笔划为次,同书名笔划者以著者姓名为笔划为次。最后编有"类目索引"。

2月6日,河北省立女子师范学院正式上课,受学生运动影响,不少学生并未按期到校①。

4月2日—7日,先生携夫人吴志勤利用春假之机由天津往北平旅游,在北平期间,先生夫妇游览故宫、北海、天坛、颐和园、西山、卧佛寺、北平图书馆等地,吴志勤女士非常高兴②。

5月初,由于吴志勤女士不适应北方生活,返回上海,仍担任闵行中心小学教员③。

5月31日,上海徐园举行"六四二"纪念会,纪念杜定友母亲六十寿诞及杜定友四十初度并从事图书馆事业二十年,来宾有400余人,杜定友设宴招待④。先生因故未曾出席。为本次纪念会,杜定友特地印制《杜氏丛著书目》一书,该书由钱存训主编,蔡元培题写书名,孙科、叶恭绰分别作序,该书共收杜定友于图书馆学、新闻学、教育学、文学等八大领域著述237部(篇),

---

① 平津各院校昨日开学[N].大公报(天津),1936-02-02(4).
② 钱亚新.六十年来生活工作简表、论著编译年录[M]//吴志勤、钱亮、钱唐整理.创新、求新、育人——图书馆学家钱亚新的一生.自印本.1993:20.
③ 钱亚新.六十年来生活工作简表、论著编译年录[M]//吴志勤、钱亮、钱唐整理.创新、求新、育人——图书馆学家钱亚新的一生.自印本.1993:20.
④ 王子舟.杜定友和中国图书馆学[M].北京:北京图书馆出版社,2002:247.

除杜定友论著目录外,还收录钱存训、金敏甫、何日章、俞爽迷、吕绍虞等人撰写的纪念文章,先生的《定友先生对于汉字排检法的贡献》一文亦收录于书中,先生在该文中首先回顾了杜定友先生研究汉字排检法的经过,其次概括了杜定友对于汉字排检法的贡献,即"认识清楚,态度客观,研究深刻"①。《杜氏丛著书目》一书弁言如下:

《杜氏丛著书目》弁言

  定友先生以弱冠之年,即致力于图书馆事业,迄今二十寒暑,于图书馆界贡献良多。平日复出其余力,勤事著作。已成之书达三十余种,论文二百余篇,都三百万言。其好学不厌兹尤为难能可贵。今岁适届先生四十初度,而其太夫人亦逢六十设悦良辰同人等爱集议编印杜氏丛著书目,藉留纪念。渥荷知好宠赐宏文,增光篇幅,实深欣幸。兹并刊成帙,上尘清览,并志文字之缘云尔。

民国二十五年五月三十一日

涂祝颜　陈鸿飞　钱存训(主编)　李公朴　卢景云

张锡荣　钱亚新　曹毓钧　李昌声　金敏甫等谨识

6月15日,下午中华图书馆协会第三次年会筹备会议于国立北平图书馆召开,出席会议者有袁同礼(主席)、严文郁、田洪都、何日章、吴光清、袁仲灿(记录)。会议推举先生担任第三次年会索引检字组书记(主任为杜定友)②。

6月,先生所编之《今日之河北省立女子师范学院圕》完稿,该书是先生为在中华图书馆协会第三次年会期间向与会代表宣传河北省立女子师范学院图书馆发展情况而编印③,书前有时任河北省立女子师范学院院长齐国梁序言一篇及图书馆插图四幅,全书正文共分:沿革、馆舍、组织、经费、典藏、分类、编目、阅览、刊物、展望十个部分。

7月初,先生所编之《今日之河北省立女子师范学院圕》由河北省立女子师范学院出版。

7月19日,办理中华图书馆协会第三次年会注册手续④。

---

① 钱存训.杜氏丛著书目[M].上海(自印本),1936:42-50.
② 第三次年会之筹备[J].中华图书馆协会会报,1936,11(6):25-26.
③ 齐国梁.《今日之河北省立女子师范学院圕》序[M]//钱亚新.今日之河北省立女子师范学院圕.天津:河北省立女子师范学院,1936.
④ 图书博物两协会年会昨日之讨论[N].大公报(天津),1936-07-22(4).

7月20日，参加中华图书馆协会第三次年会。上午九时，年会开幕典礼在山东大学大礼堂开始，此次年会由中华图书馆协会与中国博物馆协会联合举行。开幕典礼主席为叶恭绰、司仪李文裿，叶恭绰致开幕词后，青岛市长沈鸿烈、山东大学校长林济青、青岛教育局局长雷法章、胶济铁路管理委员会委员长葛光庭先后致词，开幕典礼最后由马衡代表联合年会致答谢词。开幕典礼结束后，全体与会代表摄影留念。下午，联合会讲演在山东大学科学馆正式开始，主席叶恭绰，青岛市长沈鸿烈讲演《青岛市政各项建设》，演讲结束后图书馆协会与博物馆协会分组讨论，议决各项提案。晚六时，沈鸿烈于青岛迎宾馆宴请所有与会代表①，先生初次尝到了蟹松，感觉"鲜美无比"②。

是日，沈祖荣夫妇及其子女抵达青岛，参加此次年会的文华校友为沈祖荣先生全家举行了欢迎仪式，先生亦参加，并于山东大学科学馆前摄影留念。

7月21日，上午八时讲演会开始，严文郁任主席，图书馆协会方面沈祖荣、陈训慈、侯鸿鉴、皮高品先后演讲。沈祖荣演讲主题为公立图书馆在行政上及事业上应有之联络，陈训慈演讲主题为"天一阁之过去与现在"，侯鸿鉴演讲主题为"漫游青甘宁之感想"，皮高品演讲主题为"关于分类之几点意见"。九时半，中华图书馆协会与中国博物馆协会联合演讲会开始，叶恭绰任主席，李石曾发表《中西文化与国际图书之关系》的演讲。上午十一时至十二时宣读论文。下午二时至四时，图书馆协会与博物馆协会分别举行讨论会，图书馆协会讨论会由沈祖荣主持。四时至六时，两会联合举行讨论会。晚七时，山东大学校长于该校大礼堂林济青宴请全体与会代表③。

7月22日，上午沈祖荣主持讨论教育部交议之议案，分别是：（一）县立图书馆至少限度应备图书之标准；（二）县立民众教育馆阅览部应备图书标准；（三）县立图书馆工作标准；（四）县立图书馆全县巡回图书办法；（五）各县木刻古板保存办法；（六）县立图书馆阅览部分类编目标准；（七）省立图书馆辅导及推进全省图书馆教育工作办法。现场讨论非常激烈。下午袁同礼主持并向大会报告中华图书馆协会会务，同时讨论执委会提案。下午四时，年会闭幕典礼开始，叶恭绰担任闭幕典礼主席，严文郁、马衡分别报告中华图书馆协会、中国博物馆协会分组讨论经过。袁同礼、马衡

---

① 李文裿.写在第三届年会之后[J].中华图书馆协会会报,1936,12(1)：1-5.
② 钱亚新.山东[M]//钱亚新.钱亚新别集.谢欢整理.南京：南京大学出版社,2013：303.
③ 李文裿.写在第三届年会之后[J].中华图书馆协会会报,1936,12(1)：1-5.

分别报告中华图书馆协会、中国博物馆协会会务情形,之后沈祖荣报告教育部交付议案讨论情况。最后决定两会下届年会仍联合举办,地点暂拟北平、南京、汉口、西安四处,而最终地点待两会委员会商定①。

7月23日,参加图书馆年会全体与会代表参观青岛市区建设,晚,全体与会代表公宴青岛各行政机关长官②。

7月24日,上午继续参观青岛市区,并游崂山,先生晚年写有《青岛》《上劳山》等诗。中午,参加第三次中华图书馆协会年会的文华同学于山东大学食堂举行会餐,并邀请沈祖荣先生夫妇及其子女参加。本次年会期间,文华同学为加强彼此之间联络,拟组织文华同学总会,先生与田洪都、严文郁、董明道、皮高品、汪应文、毛坤等七人被推举为筹备委员,毛坤负责召集③。

7月25日,上午参加图书馆协会与博物馆协会两会联合展览会开幕典礼,典礼由袁同礼担任主席,青岛市长沈鸿烈参加并致辞。此次展览会物品一部分由国立北平图书馆提供,一部分为向各地图书馆博物馆征借,同时教育部也借此机会展出了在伦敦收集的流落在外的历代中国古物照片百余帧。展览地点位于青岛博物馆,展览物品置于上下两层,其中一楼为图书馆用品展览,共分六组,分别为:(1)书库设备,(2)家具,(3)日常用品,(4)装订用品,(5)最近影印机器,(6)盲人图书馆。二楼为博物馆建筑陈列展以及国立北平图书馆收藏之各种书籍与教育部古物照片展。此次展览会共持续7天④。

是月,赠江苏省立国学图书馆《今日之河北省立女子师范学院图书馆》一册⑤。

8月,先生编撰的《汉字排检法概论》一书由河北省立女子师范学院出版,该书存书极少,笔者并未得见,先生晚年对该书曾有如下自述⑥:

> 本书是由积累"汉字排检法"的讲稿而成。《弁言》中曾略述写作的经过,看法和希望如下:
>
> 作者从事汉字排检法的研究,约在六七年前。记得那时在武昌文

---

① 李文裿.写在第三届年会之后[J].中华图书馆协会会报,1936,12(1):1-5.
② 李文裿.写在第三届年会之后[J].中华图书馆协会会报,1936,12(1):1-5.
③ 同门消息[J].文华图书馆学专科学校季刊,1936,8(3):432.
④ 图博联合展览昨在青岛开幕[N].大公报(天津),1936-07-26(4).
⑤ 保管部收到赠送图书登记[J].江苏省立国学图书馆第十年刊,1937:2.
⑥ 钱亚新.自撰论著提要[M].稿本.

华图书馆学专校执教,担任排检法一项功课。一边研究,一边就把一得之见,笔之于书,作为讲义,提出来与同学们共同讨论。两年后离开武昌,转往天津河北省立女子师范学院,又曾把这些材料,讲过一次。现在所整编的,却又加以相当的修正和补充了。

这小小的园地,是以整个汉字排检法为对象的。至于个别的方法,只把较为重要而流行的选择介绍罢了。自然,一种汉字排检法的优劣,大部分是由其本身方法上的优劣为权衡的。可是在应用时,对于排检规则之能否遵循与一律,导卡与指引制作之能否完善,却有莫大的影响的。本书最后的三章,于此颇有致意。

一种汉字排检法的本身,只是手段;供其致用,方为目的。这是谁都知道的。现在所见的方法,虽五花八门,已逾百种;但于致用上,哪个方法可称尽善尽美,实难下断。所以汉字排检法留下的问题,可说仍未获得满意的解决。目前应该怎样去探讨,似有径可寻了。然而还希望海内同好,对于此道以往的历史,现今的状况,加以深刻的研究,群策群力,向同一目标进行,使将来至善的方法实现,施诸应用,那末于民智的增加、文化的推进,定有莫大的功效。本书内容共分为十四章:

第一章　排检法的定义和范围

第二章　排检法的对象——文字

第三章　排检法的种类

第四—九章　排检法的例举(一——六)

第十章　排检法的功用

第十一章　排检法的原理

第十二章　排检法的规则

第十三章　排检法的导卡

第十四章　排检法的指引

其中《排检法的规则》和《排检法的原理》曾分别发表于《文华图书科季刊》第3卷第4期和第4卷第1期。

9月上旬,日本在天津之驻军,气焰嚣张,纵容日本浪人横行霸道,为非作歹,竟欲检查女师学院图书馆藏书,引起全院师生强烈抗议[①]。

[①] 钱亚新.六十年来生活工作简表、论著编译年录[M]//吴志勤、钱亮、钱唐整理.创新、求新、育人——图书馆学家钱亚新的一生.自印本.1993:20.

9月14日,主持召开图书馆馆务会议①。

10月19日,完成何多源编著之《中文参考书指南》一书的书评,该文后以《中文参考书指南》刊于1936年12月31日《大公报》之"图书副刊"163期,刊发时署名"练佳"。

10月22日,下午四时至六时,至女师学院系主任办公室参加图书馆委员会会议,会议由胡幼植担任主席,先生担任记录,院长齐国梁亦出席。与会人员讨论了:(1)更改图书馆委员会组织问题,最后议决由张绶青、何静安、胡淑光及先生等7人组成新的图书馆委员会,张绶青担任主席;(2)会议决定由张绶青、胡淑光及先生三人先行修改图书馆馆章,而后提交图书馆委员会讨论;(3)如何陈列中外期刊,议决采用清华大学图书馆方法,凡陈列之重要期刊,用铁夹链锁钉于桌上,其次要者,用纸夹陈列于期刊架上②。

11月11日,下午四时至女师学院迎接室参加本学期第一次院务会议,会议由齐国梁担任主席,会议讨论了:(1)女师学院设置免费学额;(2)女师学院学生生活指导委员会简章;(3)图书馆委员会改组确认等问题③。

11月13日,河北省立女子师范学院为支援绥远抗战工作,商定教职员捐款事宜,议决月薪49元以下者捐款百分之一,月薪50元以上99元以下者捐百分之二,百元以上至199元者捐百分之三,200元以上者捐百分之四,有想额外多捐者亦可④,先生捐赠4元8角⑤。

11月25日,完成《〈期刊索引〉之检讨》一文。

12月21日,主持召开图书馆馆务会议⑥。

12月23日,下午三时至六时,至女师学院系主任办公室参加图书馆委员会会议,会议由张绶青担任主席,先生担任记录,院长齐国梁、教务主任胡幼植等列席会议,会议讨论了:(1)图书馆每年新购图书,到学期结束须付印成册,议决:由图书馆于每年暑假办理;(2)于每年级之教室内备全份书本目录,议决:由图书馆将书本目录交注册课转级务员负责,学期终了收回,下学期再用;(3)含有普通性之教育新书,应尽量购置,议决:通过,并加购教员用书,师中部方面,添购各科普通参考书;(4)添设教员阅览室,议决:俟有适当房舍再办;(5)更改阅览室及出纳处构造,议决:由齐院长

---

① 圕二十五年度上学期工作报告书[J].河北省立女子师范学院周刊,1937(236):8.
② 圕委员会会议记录[J].河北省立女子师范学院周刊,1936(225):3-4.
③ 二十五年度第一学期第一次记录[J].河北省立女子师范学院周刊,1937(234):3-4.
④ 教职员捐款[J].河北省立女子师范学院周刊,1936(229):7.
⑤ 捐助绥军[J].河北省立女子师范学院周刊,1936(230):5.
⑥ 圕二十五年度上学期工作报告书[J].河北省立女子师范学院周刊,1937(236):8.

与先生负责办理等问题,此外还讨论了修改图书馆馆章等事项①。

12月30日,下午三时至五时,至女师学院迎接室参加本学期第二次院务会议,会议由院长齐国梁担任主席,会议讨论了:(1)女师学院设置免费及公费学额事;(2)学生寒假劳动服务计划;(3)拟定体育研究会简章;(4)修正图书馆委员会简章、学生阅览规则、学生借书规则、教职员借书规则等事项②。

---

① 图委员会会议记录[J].河北省立女子师范学院周刊,1936(233):3.
② 二十五年度第一学期第二次记录[J].河北省立女子师范学院周刊,1937(234):4.

1937年（民国二十六年）　　三十五岁

3月，先生致信沈祖荣，汇报天津紧张局势，并请沈祖荣先生代谋出路，以尽早离津①。

6月，先生参与筹备的文华毕业同学总会简章初稿拟定，并向各地同学征求意见。

7月1日，先生离开天津。先生在天津四年，除了图书馆日常事务外，在学术研究方面主要做了两件事，一是编撰《中国索引论著汇编初稿》，二是编《红楼梦辞典》②。

> 按：先生对于《红楼梦》的关注与李辰冬有关，据先生晚年接受采访时所述："我在这里认识了几位朋友。一位是曹禺，他教书的同时，也写戏曲作品。还有一位是李辰冬，他是法国留学生，1934年在巴黎大学用法文写成《〈红楼梦〉研究》，获文学博士，回国后在河北女子师院教书。他同我挺要好。他的夫人没有去，我的夫人也没有去，我们两人便做了好朋友。他对我说：一个人写作时认真写作，休息的时候就放心地玩。他带我到外国人的跳舞场去，同日本女人一道跳舞。晚上两人一起到外边上餐馆。李辰冬每天晚上关门写作，一直写到天亮。他要我研究《红楼梦》，我也写过一篇有关《红楼梦》的文章。他劝我编一本《红楼梦辞典》，他在一本书中将我的一些情况写进去了。我研究《红楼梦》的稿子，后来在战乱中遗失了。"③
>
> 先生采访时所提及的"他在一本书中将我的一些情况写进去了"指的是李辰冬1946年在正中书局出版的《红楼梦研究》一书，李辰冬在书中序言（该序言实际完成于1941年8月——笔者注）部分写道"现在我

---

① 钱亚新.六十年来生活工作简表、论著编译年录[M]//吴志勤、钱亮、钱唐整理.创新、求新、育人——图书馆学家钱亚新的一生.自印本.1993：20.
② 柯愈春.文华师长访谈录[J].图书情报知识,2010(4)：120.
③ 柯愈春.文华师长访谈录[J].图书情报知识,2010(4)：119-120.

要感谢与这部研究有关的几位师友。第一冯友兰老师。……其次钱亚新先生,他对定稿曾仔细地读过,并给许多宝贵的意见。他正着手编《红楼梦辞典》望能早日付梓"①。

先生在为一粟编著的《红楼梦书录》(北京中华书局增订本,1963年)写的读书笔记中有这样一段话"一九三七年之前,我在天津河北省立女师学院工作,在业余曾计划编写《红楼梦辞典》,花了一年多工夫,积稿不过二三万字。后因七七事变,匆匆离津,此稿未曾带走,因此在炮火中化为灰烬了。经过的情况就是如此,以免读者挂念,特此申明"。

7月7日,先生回到上海闵行。是日,卢沟桥事变爆发。

8月2日—7日,在沈祖荣的帮助介绍下,先生由上海乘轮船至武昌再转长沙,接替沈缙绅,担任湖南大学图书馆馆务主任。经过武昌时,先生曾去拜访时任武汉大学图书馆主任的皮高品,向其请教图书馆经济管理办法,皮高品回答了先生的问题,并赠送手册一本②。抵达长沙后,先生拜谒了湖南大学校长皮宗石以及教务长兼图书馆馆长任凯南,先生在担任图书馆馆务主任之余,还在湖大文学院讲授图书馆学课程③。

10月,在长沙与马宗荣会面,据先生回忆"七七抗日战争后三个月,我们在湖南长沙又相晤了。那时马先生是由南京退到后方去的,我们相见之后,又愤恨,又欣喜,可是未几何时,他就携眷西往,回到家乡贵阳去了"④。

11月初,吴志勤携钱亮及侄女钱红梅冒险由上海沦陷区乘轮船至武昌再转长沙⑤,全家团聚,定居湖南大学附近之赫石坡。

> 按:据钱亮回忆,当时吴志勤女士一行乘轮船到武昌后,先找到了毛坤先生,再由毛坤先生电话联系时在长沙的钱亚新先生,约定好接站时间⑥。

是年,先生完成《两汉书姓名韵索引》一部,该索引分为"研究""凡例"

---

① 李辰冬.红楼梦研究[M].上海:正中书局,1946:3-4.
② 柯愈春.文华师长访谈录[J].图书情报知识,2010(4):120.
③ 国立湖南大学.国立湖南大学概况(民国二十六年度)[M].长沙:国立湖南大学,1937:27.
④ 钱亚新.忆马宗荣与我国近代图书馆学[J].江苏图书馆工作,1981(3):51.
⑤ 钱亚新.六十年来生活工作简表、论著编译年录[M]//吴志勤、钱亮、钱唐整理.创新、求新、育人——图书馆学家钱亚新的一生.自印本.1993:21.
⑥ 钱亮口述,2013年4月13日.

"索引"三部分,其中"研究"部分包括"书体、溯源、传略、范围、登录、版式、排检、评议"八点。该索引并未正式出版,其中"研究"内容丢失,现仅存凡例及索引两部分,而索引稿本后于 1980 年被先生捐赠给山西省图书馆,笔者并未经眼,为了解该索引全貌,特将凡例内容照录于下:

两汉书姓名韵之索引《凡例》

一 登录

(1) 韵字登录,以东西汉姓名韵二书不同的登录字(即各条姓名最后一字)为之。例如:公 通 辑 革

(2) 校订登录,以明知其错误加以校订之登录为之。例如:辅[当作酺] 酺[误作辅] 宏[当作弘] 弘[误作宏]

(3) 见登录,以取角差异之登录为之。例如:鼎 见 2221 吴见 2643

二 地位

包括下列六项:(1) 书名:以[东]代东汉书姓名韵,至于西汉书姓名韵则省而不注;(2) 四声:以平上去入表之;(3) 韵部:以深色数字表之;(4) 叶数:以数字表示之;但与前者隔以斜线;(5) 面数:以 a 表叶上,1 表叶下;(6) 条数:两条以上,以数字并加括弧表之。例如:公,平 1/1a(59) 通,东平 1/1a(7) 辑,东入 8/7l 朔,6/5a(4)。以上第一条见于西汉书姓名韵,平声一东韵第一叶上,而以公字为登录字者共有五十九条;第二条见于东汉书姓名韵,平声一东韵第一叶上,而以通字为登录字者共有七条;余类推。

三 排检

(1) 排检以王云五先生所创立之四角号码检字法为则。

(2) 各登录字只取四角,例如 0010 主 1010 正 2010 壬

(3) 同码者以其附角排检,但附角不注明,例如:0010 主 童 立

(4) 登录字同时,见于西汉书姓名韵者排在前,见于东汉书姓名韵者排在后。所同之字在第二条者,则省而不录。例如:

0010 主 上 4/1a
    东上 4/6a

(5) 登录字于一书之内而二见以上者,则以四声为次。相同之字,在第二条后,亦省而不录。例如:

3711 汜 东平 21/1a
    东上 2/6a

东上 21/3a

东去 21/3l

是年,据记载,先生有《拼音目录要论》一书作为"文华图专丛书"之一种出版,但只见书目记载,未见图书实物①。

---

① 彭敏惠.文华图书馆学专科学校的创建与发展[M].武汉:武汉大学出版社,2015:242.

1938年(民国二十七年)　　三十六岁

1月,文华毕业生朱瑛逃难至长沙,经先生联系,湖南大学聘请其担任湖大图书馆编目主任①。

4月10日,日军飞机轰炸湖南大学,轰炸时先生与夫人、儿子、侄女四人正在家中,据先生回忆:"1938年4月10日,日寇的飞机轰炸湖南大学图书馆。图书馆在岳麓山,我们住在二里半,当时有爱人、儿子、侄女和我,共四个人。大约下午2时飞机开始轰炸,我们慌乱中都钻到桌子底下。警报解除后,我冲出去,跑到山岗上一望,看到我们图书馆烟雾冲天,一片火海。好在在这之前,我们将十万种图书提前运至湘西辰溪,才免于劫难。"②先生有感于湖南大学图书馆被日寇所炸毁,特撰写《图书馆与文化》一文,此文后刊载于《国立湖南大学蒙难纪念特刊》③。

4月11日,携湖南大学图书馆同人至湖大图书馆废墟整理,并于废墟前摄影一帧,以作历史见证④。

5月20日,收到岭南大学图书馆赠送的 *LISTS OF SERIALS LINGNAN UNIVERSITY LIBRARY*(《岭南大学图书馆馆藏期刊目录》,岭南大学图书馆1936年版)一册。

10月12日,先生全家随湖南大学由长沙迁至湘西辰溪⑤。抵达辰溪后不久,先生便开始规划湖大图书馆新址,辟阅览室、借书处、办公室各一间,开始对外开放。为了充实图书馆藏书,先生提出到湖南各县收购古籍,特别是地方志。经过全馆同仁一年多的努力,湖南大学图书馆收藏了400余种地方志,其中湖南省、府、县志尤为完备⑥。

---

① 钱亚新.六十年来生活工作简表、论著编译年录[M]//吴志勤、钱亮、钱唐整理.创新、求新、育人——图书馆学家钱亚新的一生.自印本.1993:21.
② 柯愈春.文华师长访谈录[J].图书情报知识,2010(4):120.
③ 钱亚新.图书馆与文化[M]//国立湖南大学蒙难纪念特刊编纂委员会编.国立湖南大学蒙难纪念特刊.国立湖南大学学生自治会发行,1938:4-5.
④ 钱亮.钱亚新之子钱亮先生在纪念汪长炳、钱亚新先生诞辰100周年研讨会上的讲话[J].新世纪图书馆,2004(1):8.
⑤ 陈有志,郑章飞.湖南大学图书馆史[M].长沙:湖南大学出版社,2019:29.
⑥ 白国应.钱亚新传略[J].晋图学刊,1997(3):24.

1939年(民国二十八年) 三十七岁

2月21日,次子钱方出生。

2月26日,日本敌机9架轰炸辰溪,先生全家险遭害,于是决定举家迁往龙头脑附近①。

3—6月,数月间因日机不间断侵扰、轰炸,先生既不能工作,又不能安居,于是决定举家迁往山沟中之张家大屋②。居住在张家大屋期间,先生常向任凯南请教古籍版本知识。据先生回忆:"日寇的飞机始终不放弃炸湖南大学,轰炸了好几次,教学楼、宿舍楼都炸光了。有时炸弹在山上爆炸,留下三五丈宽的圆洞。有一次飞机又来轰炸,我们躲在河边,丢炸弹时扬起灰尘,夫人抱着小孩,惊恐万分。我们只好又搬到张家大屋,离湖南大学约三里路。当时在图书馆不能活动,白天警报躲逃,晚上回来做点事。有一天,教务长任凯南到我张家大屋的临时家里,我问他:'你是怎样熟悉古书的?'他是藏书家,他有很多书从长沙运到了辰溪,在乡下弄了两间房子存放,我去那里看过。我向他请教如何收藏古书时,他说:'开始买书时不要还价,慷慨一点,以后书贾有了好书就想着你,你斤斤计较地讨价,下次他有了好书,就不给你了。'他又说:'书得手后,你要顺着书的好坏,先带回家看,不要当时决定买下,要经过检查。比如孤本书,用《宋元行格表》查行格对不对,确认无假后再买。'他兼任馆长,在他领导下,我学到许多购制[置]古籍的知识。比如一本古籍,序跋、牌记都可以改头换面,但全书一致的行格是无法改变的,用行格的多少来核对古籍,以究其真伪,这是购制[置]古籍的基本知识。"③

9月21日,日机轰炸龙头脑地区湖南大学校舍,湖大及诸多教职员财产

---

① 钱亚新.六十年来生活工作简表、论著编译年录[M]//吴志勤、钱亮、钱唐整理.创新、求新、育人——图书馆学家钱亚新的一生.自印本.1993:22.
② 钱亚新.六十年来生活工作简表、论著编译年录[M]//吴志勤、钱亮、钱唐整理.创新、求新、育人——图书馆学家钱亚新的一生.自印本.1993:22.
③ 柯愈春.文华师长访谈录[J].图书情报知识,2010(4):120.

遭受损失,先生亦有财物损失①。

是月,先生夫人吴志勤鉴于辰溪张家大屋一带儿童无小学就读,与退职的张家大屋主人发起募捐,筹建小学,先生捐款 50 元。关于此事,先生曾有如下回忆:"张家大屋的小孩读书要跑很远的地方,我夫人是小学教员,她想用筹款的办法在这里办一所学校。有位退伍的老先生捐了 50 元,我也捐了 50 元,用两个人发起的名义,发动湖南大学教授捐款,结果筹集了 600 多元钱,盖起两间房,办起了学校,夫人任校长。"②

是年,先生通过积极的募捐手段,为湖大图书馆募得第 14 版《大英百科全书》《万有文库》《四库备要》《古今图书集成》等多部大部头图书③。

---

① 国立湖南大学员生工役遭受轰炸损失救济金清册、财产损失报告、请拨生补费善后救济费及有关文书[A].中国第二历史档案馆藏,档号:五-3620(1).
② 柯愈春.文华师长访谈录[J].图书情报知识,2010(4):120.
③ 陈有志,郑章飞.湖南大学图书馆史[M].长沙:湖南大学出版社,2019:30.

1940年(民国二十九年) 　　三十八岁

2月,吴志勤女士利用募捐所得筹建的小学正式建成,名为私立蛇会小学,并上报辰溪县教育局,教育局委任吴志勤女士担任该校校长①。

3月16日,湖南大学完成对1939年9月21日遭受日机轰炸损失调查,根据"中央公务员雇员公役遭受空袭损害暂行救济办法"拟定《国立湖南大学员生校工遭受轰炸损失救济清册》一册,经校长皮宗石审定后于是日呈送教育部。经认定,先生可领取救济金20元②。

4月,教育部鉴于国立各级学校及直属教育机关工作人员待遇甚低,决定给每月实际支薪200元以下人员每人每月补助20元。该决定通过后,印发各国立学校,湖南大学收到通知后开始对全校职员进行统计,先生每月实际支薪148元,在补助范畴之内③。

5月3日,湖南大学完成对月收入低于200元的教职员统计,于是日将名额上报教育部,请教育部拨付1940年1月至4月每人总计80元的生活补助,先生亦在补助名单之内④。

8月28日,教育部、行政院正式通过决案,决定国立西北大学校长胡庶华接替皮宗石担任国立湖南大学校长⑤。胡庶华接任校长后不久,湖南大学图书馆原馆长任凯南辞职,先生也开始另谋出路。关于此事,据先生晚年回忆:"湖大换了校长胡庶华先生。胡校长是中国在德国学习冶炼钢铁的第一个留学生,原来皮校长另有任用,任教务长也离开湖大而往蓝田去担任一

---

① 钱亚新.六十年来生活工作简表、论著编译年录[M]//吴志勤、钱亮、钱唐整理.创新、求新、育人——图书馆学家钱亚新的一生.自印本.1993:22.
② 国立湖南大学员生校工役遭受轰炸损失救济金清册、财产损失报告、请拨生补费善后救济费及有关文书[A].中国第二历史档案馆藏,档号:五-3620(1).
③ 国立湖南大学教职员薪金生活补助费房膳费等名册进退表及教职员要求提高待遇等有关文书[A].中国第二历史档案馆藏,档号:五-3624(2).
④ 国立湖南大学教职员薪金生活补助费房膳费等名册进退表及教职员要求提高待遇等有关文书[A].中国第二历史档案馆藏,档号:五-3624(2).
⑤ 国立湖南大学教职员员额编制、任免、就职、辞职等有关文书[A].中国第二历史档案馆藏,档号:五-2622.

个中学的校长。当时我得沈师来信说已向胡校长重行介绍,希望我安心工作。馆中派来一个经济系的教授兼馆长,仍由教务处统摄。教务长坚持拟请沈缙绅回来主持馆务,这就使我理解了从前沈师介绍的作法以及所谓'一朝天子一朝臣'的含义。本来在长沙时,馆中蝉联的职工,只有覃老、大赵(贻勋)、小赵(颂尧)和工友四人。我到馆后添聘了邱亦高(文华讲习班学员)、骆炳麟(邱同班同学的弟弟)、俞＊＊(湖大秘书的外甥)、朱瑛(文华专修科学员)。在湖大西迁前,大赵不幸去世,覃老因路太远而辞回老家攸县,朱瑛因爱人关系而去昆明,邱亦高因任农学院图书馆主任而未西往。当时看到老同事的凋零离去,也感觉不胜凄凉,既然自己与领导上意见相左,与其再蹲下去,宁可早日离开,另找出路,或能有所发展。在我面前有两条路,一条是去黔川,一条是仍留湘中。考虑到黔川较远多险,决计还是在近旁解决问题。"①

9月,得知任凯南教授前往蓝田担任周南女校校长,先生写信告知湖南大学境况,并请任凯南先生设法调动工作②。

---

① 钱亚新.工作阶段[M]//钱亚新.钱亚新别集.谢欢整理.南京:南京大学出版社,2013:217-218.
② 钱亚新.六十年来生活工作简表、论著编译年录[M]//吴志勤、钱亮、钱唐整理.创新、求新、育人——图书馆学家钱亚新的一生.自印本.1993:22.

1941年(民国三十年)　　三十九岁

1月29日,女儿钱康出生。

　　按:据钱亮口述,钱康实际出生于1941年,但由于偶然失误,其出生年月误作为1942年,后来包括钱亚新晚年的回忆录、自订年谱以及钱康本人一直沿袭这一错误,实则是1941年。

2月,私立蛇会小学经县教育局批准改为公立,即湖南辰溪时和乡第八保国民小学,先生夫人吴志勤仍被聘为校长①。

3月,完成《图书分类法》一书翻译工作。

5月20日,完成凯莱(Grace O·Kelley)所著《图书分类法》一书译序,序中先生对翻译的过程及方法以及对凯莱所著《图书分类法》一书内容、价值及讹误进行了说明,并呼吁图书馆界同仁"要是真想使读者得益,那末对于分类法的限度,先该弄得一清二楚;不要把它的功用估计得太高;对于各种分类法的争长较短,尤属无谓。其次,对于类名目录编制法,当竭求其完备。因为一个图书馆不编类名目录,那末关于某一类名材料的三分之二,就会埋没不见,编类名目录而无分析著录,那末三分之一的材料即不易找得。这于读者方面将蒙浩大的损失,而于图书馆本身方面,也未尽其责了"。此外,先生在序中还说明了翻译的过程及方法②。

是月,因路途遥远、战时交通艰险,兼之六口之家所累,先生多次辞绝了沈祖荣请先生回四川璧山文华图专任教之邀,在任凯南及袁同礼③的帮助

---

① 钱亚新.六十年来生活工作简表、论著编译年录[M]//吴志勤、钱亮、钱唐整理.创新、求新、育人——图书馆学家钱亚新的一生.自印本.1993:22.
② (美)凯莱.图书分类法[M].钱亚新译.贵阳:文通书局,1942:1-4.
③ 柯愈春.文华师长访谈录[J].图书情报知识,2010(4):120.

下,先生接受蓝田国立师范学院教育系讲师之聘①。

6月,从国立湖南大学离职②。

是月,先生被聘为贵州文通书局编审委员③。

7月5日,先生全家由辰溪出发至蓝田,先生晚年曾如下回忆这段旅途:"辰溪到蓝田当时还没有公路,只好靠坐船与陆行。记得是那年七月五日,雇了一条小船,由馆内工友李森林伴送,经过两天,溯资水而上先到烟溪,改为陆行,雇了两顶轿子,四个挑夫,一同前进。"④

7月9日,下午,抵达蓝田镇,至国立师范学院报到,并拜访院长廖世承先生。报到手续完成后,在吴志勤堂侄吴忠匡(钱基博学生,时任国师国文系教师)陪同下入住"东山园"。

8月1日,正式入职国立师范学院教育系⑤,时系主任为高觉敷,先生开始图书馆学课程的开课准备⑥,图书馆学为国师教育系三四年级学生选修课程⑦。夫人吴志勤入职蓝田国师附属幼稚园。先生除在教育系任职外,还兼任国师秘书处文牍⑧,月薪220元⑨。关于此事,先生晚年如下回忆:"当了讲师,应该以教学为主,但除了讲'图书馆学'外,我却没有什么其他专长。因此院方就安排我在秘书室兼职。经过一个多月在秘书室的工作,使我深深地体会到这是学校行政工作的枢纽。研究问题发号施令,莫不由此。工作繁琐,头绪众多,但是在廖院长领导下,秘书胡梅轩先生办事有条不紊。每件公文函件胡先生都要摘由、编号、分类、归档而后装订成册,以便稽查。如此科学地处理文件是我生平第一次看到的,这比天津女师学院齐院长似乎还要高明得多。其中有些原则和方法,与图书的处理也有相似的地方,因此我在秘书室兼职兴趣很浓,学到了不少新知识。后来我在担任部

---

① 钱亚新.蓝田国师回忆片段[M]//钱亚新.钱亚新别集.谢欢整理.南京:南京大学出版社,2013:218.
② 本院人事登记表[A].湖南省档案馆藏,档号:61-1-23.
③ 任长凤.贵阳文通书局[M].贵阳:贵州教育出版社,2002:77-78.
④ 钱亚新.蓝田国师回忆片段[M]//钱亚新.钱亚新别集.谢欢整理.南京:南京大学出版社,2013:218.
⑤ 国立师范学院一九四二年度员工生活补助费、米代金表册及有关文书[A].中国第二历史档案馆藏,档号:五-4438(2).
⑥ 钱亚新.六十年来生活工作简表、论著编译年录[M]//吴志勤、钱亮、钱唐整理.创新、求新、育人——图书馆学家钱亚新的一生.自印本.1993:23.
⑦ 国立师范学院及国立女子师范学院呈报各系科科目表及新添重要图书目录等文书[A].中国第二历史档案馆藏,档号:五-5689(1).
⑧ 院闻[J].国立师范学院旬刊,1941(50):3.
⑨ 本院人事登记表[A].湖南省档案馆藏,档号:61-1-23.

分行政工作时,却犯了些文牍主义,也许其根源就在于此。"①

11月15日,下午至国师教职员联谊社参加由院长廖世承主持的新社员欢迎仪式②。

11月17日,填写"国立师范学院教职员暨其直系亲属调查表"③。

12月1日,参加国立师范学院成立三周年纪念大会④。

是月,领取国立师范学院发放的10到12月生活补助费60元⑤。

年底,太平洋战争爆发,时局变动,国立师范学院由蓝田迁往溆浦。

---

① 钱亚新.蓝田国师回忆片段[M]//钱亚新.钱亚新别集.谢欢整理.南京:南京大学出版社,2013:218.
② 院闻[J].国立师范学院旬刊,1941(50):4.
③ 国立师范学院一九四二年度员工生活补助费、米代金表册及有关文书[A].中国第二历史档案馆藏,档号:五-4438(2).
④ 本院三周年纪念程序[J].国立师范学院旬刊,1941(51):4.
⑤ 国立师范学院一九四〇一九四一年度教职员生活补助费清册及有关文书[A].中国第二历史档案馆藏,档号:五-4437.

1942年(民国三十一年)　　四十岁

1月1日，上午参加中华民国成立三十一年庆祝仪式及师生团拜会①。

是月，先生领取膳食补助费168元，实际应发336元②。

是月，国师子弟小学教员廖家漪因事请假，子弟学校教员缺乏，先生夫人吴志勤被聘请代课，教授子弟小学三、四年级算术尝试课③。

2月，先生开始为国师教育系、国文系学生讲授"图书馆学"课程，并着手编写新的讲义，据先生回忆，该讲义内容包括：第一章"绪论"，略述图书馆学的意义、范围、与其他各学科的关系，以及研究图书馆学的方法等；第二章"现代图书馆"，略述其宗旨、变迁、趋向、功用、类别等；第三章"流通与阅览"，略述流通部的需要、出纳的方式、阅读的方法及其指导原则；第四章"参考研究"，略述参考部的职责、参考书的特征、研究方法；第五章"推广和施教"，略述推广部的功能、准备工作和各种推广事业。第六、七章为"图书的采购"，略述采访部的重要、选书的工具和选购、交换、受赠、登记等方法；第八到第十三章为"分类和编目"，首先讲分编部的组织、工作计划、报告和统计，其次述图书的分类，再次述图书的书号及其功用和编制的原则与方法，最后述图书的目录；第十四章"典藏和装订"，略述典藏部的意义，书库的建筑、设备，装订图书的方法，以及图书保护；第十五、十六章为"组织和行政"，略述图书馆内整个的组织，人员及其待遇、各种会议、经费的预决算等；第十七章"建筑和设备"；第十八章"运动和合作"，略述发展图书馆事业的必要、方针、政策，馆际合作和国际合作④。

---

① 院闻[J].国立师范学院旬刊,1942(55):4.
② 国立师范学院一九四二年度员工生活补助费、米代金表册及有关文书[A].中国第二历史档案馆藏,档号:五-4438(2).
③ 子弟小学近闻[J].国立师范学院旬刊,1942(56):8.
④ 钱亚新.蓝田国师回忆片段[M]//钱亚新.钱亚新别集.谢欢整理.南京:南京大学出版社,2013:220.

按：该书因以讲义形式出版,加之战时动荡,存世极少,笔者只见该书之"图书的分析""图书的书号"两章残稿。

是月,领取膳食补助费210元,实际应发420元①。

3月21日,下午至联谊社列席第三十次国立师范学院院务会议,会议由廖世承担任主席。廖世承首先向与会人员报告了学校各项经费使用,人事审查、任免情况以及招生事宜等,在人事任免中国师决定任命谢扶雅担任公训系主任,先生担任出版组主任。继而与会人员讨论了审查教职员借书办法、改良考试、医院药品收费等事宜②。出版组主要负责誊写印发全院教师所编讲义及各种文件,先生任职后对出版组内部情况进行了了解,对原有工作人员进行了调整,并订立新的制度及工作细则。

3月26日,下午至院长会客室参加编辑委员会会议,与会人员包括谢扶雅、高觉敷、郭一岑、周邦式等,会议由高觉敷主持。会议讨论了《国师季刊》用稿及有关出版事项③。

是月,领取膳食补助费168元,实际应发420元④。

4月4日,是日为儿童节,夫人吴志勤携长子钱亮参加当地文化馆举行的儿童演讲比赛,演讲稿由吴志勤所写,演讲动作也由吴志勤教授,钱亮最后获奖⑤。

5月4日前夕,参加国立师范学院青年会于国师联谊社举行的圣乐演奏大会,该活动是青年会为"振奋青年精神、陶冶优美情操、提高艺术兴趣、调剂读书生活"而举办,教职员参加者有高觉敷、陆静荪、陈传璋、谢扶雅、黄子通、徐汝康、朱有瓛及先生等人,除教职员外蓝田部分地方官员及学生共计两百余人参加了演奏会,演奏会内容包括大合唱、口琴独奏、钢琴独奏、独唱等⑥。

是月,先生翻译的《图书分类法》由贵州文通书局出版。由于战时条件所限,正式出版之书中存有不少漏排、文字顺序颠倒、错字、衍字等错误。

6月2日,核准出版组梁虞初因赴耒阳参加高等检定考试请假两周申请⑦。

---

① 国立师范学院一九四二年度员工生活补助费、米代金表册及有关文书[A].中国第二历史档案馆藏,档号:五-4438(2).
② 院闻[J].国立师范学院旬刊,1942(61):3-4.
③ 院闻[J].国立师范学院旬刊,1942(61):4.
④ 国立师范学院一九四二年度员工生活补助费、米代金表册及有关文书[A].中国第二历史档案馆藏,档号:五-4438(2).
⑤ 钱亮口述,2017年8月15日.
⑥ 本院青年会举行圣乐演奏大会[J].1942(67):8.
⑦ 本院教职员个人材料与任职、延聘等函[A].湖南省档案馆藏,档号:61-1-18.

是日,出版组向金陵大学等校发出出版调查表,调查内容如下①:

1 贵校设有出版组否?(有　无)
2 出版组组织如何?职员若干人?
3 贵组每年印刷费有确定之预算否?(有　元,无)
4 收印讲义用何手续?
5 每种讲义最少印几份?(　)最多印几份?(　)
6 分发讲义之方法如何?(教员分发,出版组发)
7 学生领讲义用讲义证否?(用　不用)
8 学生须负担讲义费否?(要　不要)
9 负担讲义费之办法如何?(先收　元,照价□价,校方津贴)
10 除印讲义外尚出版其他刊物否?有几种□?何名称?
11 刊物用何方法印刷?(油印、石印、铅印)
12 石印用十六开纸,每面(page)每千份平均价若干?
13 铅印十六开纸,每面(page)每千份平均价若干?
14 刊物与人交换时由何组办理?(出版组、图书组、文书组)
15 刊物出售用何种方法?(出版组发售、本校合作社代售、特约书店代售)

缮写工作调查表

缮写人数				薪给			工作标准			工作超过□不及标准时之处置		备考
初中程度	高中程度	专科程度	其他	最高	最低	平均	以时数计	以张数计	以字数计	超过	不及	

油印调查表

油印工价		蜡纸	油墨	植物油	土红	纸	最近三个月中之消耗			备考
人数	平均工资	□□价格	每个价格	每斤价格	每斤价格	每担价格	讲义种数	领用学生人数	每人平均消耗	

---

① 社会部贵阳社会服务部、南京市地政局等机关团体出版单位为索要刊物与金陵大学的来往文书[A].南京大学档案馆藏,案卷号:317-2.

石印或铅印调查表

石　　印					铅　　印					备考
印法		最近三个月中之消耗			印法		最近三个月中之消耗			
自印	色印	讲义种数	领用学生人数	每人平均消耗	自印	色印	讲义种数	领用学生人数	每人平均消耗	

按：据先生晚年回忆："为了要取长补短，曾向国立和私立大专院校三十七所发出一套调查表，内容包括一般的、缮写的、油印的、石印或铅印的四方面工作。后来填表作复的，虽然只有十四所，占总数百分之三十八，但对我们的帮助却很大。因为以自己过去的做法为基础，并结合别的大专院校中出版组的情况和经验，于是加强了我们的思想，调整了组内的组织，规定了各股的工作大纲和办事细则，配备了工作人员、技师和工友，添置了各种必要设备，研究了缮印方面的技术。至于组织方面，分为常务、收缮、印发、刊物四股；聘请人员方面，要选书法端正秀丽的，采用招考办法。"①

先生调查具体情况如下，此项调查共分四组：一为普通类，二为缮写工作类，三为油印类，四为石印或铅印类。在第三第四类中，均涉及所印讲义总数。据发出调查表计，国立大学十四校、独立学院九校、专科二校；省立专科三校；私立大学六校、独立学院二校、专科一校；共计三十七校。但填有回馈者，有国立大学七校、独立学院四校、专科一校；省立专科一校；私立大学一校；共计十四校②。

6月4日，院长廖世承核定梁虞初请假申请，并批示"薪俸照借但职务须请人代理"，批示由院长秘书室知会先生③。

7月1日，下午参加国师编辑委员会第四次会议，与会人员包括廖世承、高觉敷、谢扶雅、王越及先生等人，高觉敷担任主席，商讨《国师季刊》编辑出版事宜④。

7月4日，下午至国师联谊社列席第三十一次国师院务会议，与会人员

---

① 钱亚新.蓝田国师回忆片段[M]//钱亚新.钱亚新别集.谢欢整理.南京：南京大学出版社，2013：219.
② 钱亚新，梁虞初.大学出版组的理论和实际[M].稿本，1943.
③ 本院教职员个人材料与任职、延聘等函[A].湖南省档案馆藏，档号：61-1-18.
④ 院闻[J].国立师范学院旬刊，1942(71/72)：7.

包括廖世承、高觉敷、钟泰、黄子通、郭一岑、谢扶雅、陈传璋等人,会议由廖世承担任主席,廖世承首先向与会人员汇报学生利用暑期服务进修办法、暑期学生留院规则、新生招考等事宜。继而与会人员又讨论了1942年度校历、学则修订等事①。

7月15日,核准出版组书记袁玫离职申请,并转呈师范学院秘书室②。

7月17日,廖世承批准袁玫离职呈文,批示由秘书室通知先生③。

8月,国立师范学院改聘先生为副教授兼出版组主任,月薪300元④。此为校聘副教授,教育部审核认定副教授为1945年,可参见本谱1944、1945年有关内容。

9月,国立师范学院为教职员新建住宅落成,经抽签,先生获中一套,但先生鉴于"东山园"居所更为宽敞,遂将抽中住宅转让教育系同事张文昌(闻沧)⑤。

是月,国立师范学院发放先生本年度1至9月生活补助费810元⑥。

10月12日,核准出版组易馨远病假一周的申请,并向院长请示"本组工作派定,均须按时缮印,现拟暂调许君替代不知可否"⑦。

是日,院长廖世承批准易馨远病假申请及先生请示,由院长秘书室知会先生⑧。

10月24日,下午至国师联谊社列席第三十三次院务会议,与会人员有廖世承、储安平、朱有瓛、高觉敷、陈传璋、钟泰、谢扶雅、黄子通、皮名举及先生等人,廖世承担任会议主席,先生担任会议记录。会议首先由廖世承向与会人员报告院务工作,继而由教务主任、训导主任、图书馆主任分别报告各自工作。最后与会人员就新学期学生注册、院方津贴、讲义印发等事宜进行了讨论⑨。

10月27日,下午至联谊社参加本学期第一次编辑会议,与会人员包括

---

① 院闻[J].国立师范学院旬刊,1942(71/72):6.
② 本院教职员个人材料与任职、延聘等函[A].湖南省档案馆藏,档号:61-1-19.
③ 本院教职员个人材料与任职、延聘等函[A].湖南省档案馆藏,档号:61-1-18.
④ 本院教职员调查表[A].湖南省档案馆藏,档号61-1-31;本院人事登记表[A].湖南省档案馆藏,档号:61-1-23.
⑤ 钱亚新.六十年来生活工作简表、论著编译年录[M]//吴志勤、钱亮、钱唐整理.创新、求新、育人——图书馆学家钱亚新的一生.自印本.1993:23.
⑥ 国立师范学院一九四二年度员工生活补助费、米代金表册及有关文书[A].中国第二历史档案馆藏,档号:五-4438(2).
⑦ 本院教职员个人材料与任职、延聘等函[A].湖南省档案馆藏,档号:61-1-19.
⑧ 本院教职员个人材料与任职、延聘等函[A].湖南省档案馆藏,档号:61-1-19.
⑨ 院闻[J].国立师范学院旬刊,1942(76):3-4.

高觉敷、储安平、皮名举、王硕如、周邦式、王越、郭一岑及先生等人,高觉敷担任主席,会议讨论决定:(一)推选王硕如为国师"本院一览"主编;(二)《国师季刊》按原定计划出版发行;(三)《国师季刊》暂定每学期出刊一次;(四)进行编译国师丛书①。

10月29日,下午至联谊社出席国师教育系系务会议,与会人员包括廖世承、高觉敷、朱有光、黄子通、谢扶雅、郭一岑、刘佛年、陈一百及先生等,会议由高觉敷担任主席,会议讨论了:(一)必修课程协调;(二)毕业班论文指导教师分配;(三)毕业班实习工作;(四)毕业生就业问题。会议结束后与会人员一起聚餐②。

11月21日,据是日出版的《国立师范学院旬刊》报道,先生当选为1942学年国立师范学院编辑委员会委员,编辑委员会主席为高觉敷③。

11月30日,贵阳文通书局主办的《文讯》杂志第3卷第5期出版,先生于是期刊发《大学出版组的需要及使命》一文,《文讯》杂志主编谢六逸如是评价该文"钱亚新先生在蓝田师院担任出版组的职务,他所谈的是大学行政里头最重要的一个部门,以前尚少人注意。有此一文,在大学办出版行政的,可以得着参考的资料"④。

12月1日,参加国立师范学院成立四周年纪念大会,纪念大会结束后,先生专门撰写了《本院成立四周年纪念会巡礼》(后刊发于《国立师范学院旬刊》1942年第80期)一文,记述纪念大会当日情形⑤。

12月15日,下午至联谊社参加教育系同仁月会,会议邀请夏开权讲演湖南教育现状,会后与会人员餐叙⑥。

12月22日,完成《图书馆漫谈》第三回《四大金刚之二——日报》一文。

是月,先生通过"图书馆学"教学,有感于所编讲稿材料大多为舶来品,为发掘我国有关文献,于是月开始研究郑樵《校雠略》、章学诚《校雠通义》⑦。

是月,国立师范学院发放先生本年度10至12月生活补助630元⑧。

---

① 院闻[J].国立师范学院旬刊,1942(76):6.
② 院闻[J].国立师范学院旬刊,1942(76):7.
③ 院闻[J].国立师范学院旬刊,1942(74/75):4.
④ 谢六逸.编辑后记[J].文讯,1942(5):62.
⑤ 钱亚新.本院成立四周年纪念会巡礼[J].国立师范学院旬刊,1942(80):4-5.
⑥ 院闻[J].国立师范学院旬刊,1942(80):12.
⑦ 钱亚新.六十年来生活工作简表、论著编译年录[M]//吴志勤、钱亮、钱唐整理.创新、求新、育人——图书馆学家钱亚新的一生.自印本.1993:23.
⑧ 国立师范学院一九四二年度员工生活补助费、米代金表册及有关文书[A].中国第二历史档案馆藏,档号:五-4438(2).

1943年（民国三十二年）　　四十一岁

2月，《图书馆漫谈》（共十回），全部完成，并从本月开始在中央文化运动委员会文化先锋社主办的《文化先锋》杂志连载。

4月4日，下午携家属至联谊社参加庆祝儿童节大会，先生长子钱亮作为儿童代表最后致答谢词，庆祝会议四时结束①。

5月1日，《文化先锋》第二卷第五期出版，该期"编后记"中写道："本刊为代读者解答疑问，已辟读者通讯一栏，广为敦聘各科专家，代答疑问。现将已征得同意之专家姓名在本期披露，以后续有所得，再继续发表。读者有疑，可尽量通函询问。"②先生与蒋复璁二人被聘为读者通讯栏导师，负责解答目录学图书馆学方面读者疑问③。

是月，国立师范学院发放先生本年度1到5月生活补助费1 050元④。

6月18日，完成《姚显微先生之不朽——为殉国周年纪念而作》，该文后被收录于姚名达夫人巴怡南编辑的《显微纪念册》，该稿编入纪念册时署名"佚名"，但经笔者对内容的研究与比对，认为该文为钱亚新先生所作，该纪念册现藏中国人民抗日战争纪念馆。

6月20日，晚至国师大礼堂欣赏唐学咏个人作品音乐演奏会。

6月24日，完成《唐学咏博士个人作品音乐会演奏素描》一文，该文后刊于《国立师范学院旬刊》1943年第98期⑤。

是月，除工资300元外，另获得教职员生活补助费210元⑥。

是月，据是月出版的《中华图书馆协会会报》中"会员消息"记载"钱亚

---

① 院闻[J].国立师范学院旬刊,1942(71/72):6.
② 编后记[J].文化先锋,1943,2(5):34.
③ 文化先锋社读者通讯栏导师一览表[J].文化先锋,1943,2(5):21-22.
④ 国立师范学院员工生活补助表、米代金表册及有关文书[A].中国第二历史档案馆藏,档号：五-4438(1).
⑤ 钱亚新.唐学咏博士个人作品音乐会演奏素描[J].国立师范学院旬刊,1943(98):3.
⑥ 国立师范学院一九四二至一九四五年度教职员工生活补助及各项经费报表及有关文书[A].中国第二历史档案馆藏,档号：五-4432(2).

新：所译美国凯莱女士之图书分类法一书已于贵阳文通书局出版,其编著之大学丛书分类编目学及儿童图书馆两书亦已交该书局付排。本年内当可出版。通信处：湖南蓝田国立师范学院"①。

7月,先生主编的《一九四三年春季中外风云录》由蓝田兴中印书馆出版,该书除弁言、辑例、附录、补白外,分为上下两编,上编"重要文献",辑录了林森、蒋介石、罗斯福、丘吉尔等人的演说词及重要条约条文；下编"大事索引",以邵阳版《中央日报》为根据,辑录中外大事一千八百余条,按内容之人、时、地、事等登录,并照四角号码检字法排列②。遗憾的是,该书只出版了1943年春季内容,后续的未能出版。

是月,完成《郑樵〈校雠略〉研究》一书。

是月,与国立师范学院出版组同事梁虞初合作编写的《大专院校出版组工作的理论和实践》一书初稿完成。

8月20日,完成《三民主义化图书分类法的探讨》一文初稿。

9月14日,是日为中秋佳节,先生全家一起参加了国立师范学院组织的中秋赏月会。

是月,国立师范学院给先生发放6月至9月生活补助费1 376元③。

是月,国师附属幼稚园主任李钟瑞因病休假,先生夫人吴志勤兼任幼稚园主任④。

10月10日,至大礼堂参加国立师范学院"庆祝国庆纪念暨蒋总裁荣膺国府主席大会"⑤。

是月,完成《〈校雠通义〉中的方法论》一文,该文由蓝田国立师范学院出版,全文从（一）采访和整理（讲治书、论求书、储副本、设专官、制索引、存原文、补残逸、严典藏）,（二）类例和部次（分类目、重类次、撰类序、明书旨、用互著、通别裁）,（三）体例和编次（考著者、定书名、纪篇卷、排书次、撰书录）,三个部分评述了《校雠通义》中的方法论,该文后成为《章学诚〈校雠通义〉研究》一书的一部分。

11月11日,据是日出版的《国立师范学院旬刊》报道,先生当选为1943学年度编辑委员会委员（主席为宗威）、图书委员会委员（主席为高觉敷）以

---

① 会员消息[J].中华图书馆协会会报,1943,17(5/6)：11.
② 钱亚新.一九四三年春季中外风云录[M]蓝田：兴中印书馆,1943：弁言.
③ 国立师范学院员工生活补助表、米代金表册及有关文书[A].中国第二历史档案馆藏,档号：五-4438(1).
④ 附小消息汇志[J].国立师范学院旬刊,1943(99)：9.
⑤ 院闻[J].国立师范学院旬刊,1943(100)：20.

及国立师范学院成立五周年纪念筹备委员会委员(主席廖世承)①。

12月1日,参加国立师范学院成立五周年纪念活动②。

12月11日,完成《三民主义化图书分类法的探讨》一文修改定稿,该文后刊于《行仁》(1943年创刊号)。从现存样刊来看,先生在该文发表后曾对该文有诸多修改,并将标题改为"第十章　三民主义化图书分类法的述评",由此推断先生曾拟将该文放入有关书稿或讲义之中,但具体是何书稿,有待进一步查考。

是日,三子钱唐出生。

12月15日,据是日出版之《中华图书馆协会会报》(第18卷第2期)"会员消息"记载:"钱亚新近编《图书馆学》一书,凡十八章约十八万字已脱稿"③。

是月,国立师范学院发放先生本年度10到12月生活补助费2 260元④。

---

① 本院三十二学年度各委员会一览[J].国立师范学院旬刊,1943(101/102):4-5.
② 纪念程序[J].国立师范学院旬刊,1943(103):1.
③ 会员消息[J].中华图书馆协会会报,1943,18(2):22.
④ 国立师范学院员工生活补助表、米代金表册及有关文书[A].中国第二历史档案馆藏,档号:五-4438(1).

1944年(民国三十三年)　　四十二岁

1月11日,《国立师范学院旬刊》第106/107合期出版,该期为国师"民三三级毕业纪念特刊",由国师民三三级会同学编辑,在编后记中该级同学这样写道:"最后要再三致意的,是本刊之所以能如期出版,全是由钱主任亚新的热忱协助。"①

1月20日,马宗荣病逝于贵阳,先生闻讯后,甚是惋惜,拟挽联一副:"社教宣劳,声光何止两万里;人琴入梦,风雨相从十三年。"②

是月,获得战时生活补助费720元③。

2月26日,廖世承核准储安平、邓启东、张汝舟及先生递交的申请升等材料,批准呈交教育部,上述四人中储安平申请升等教授,先生等三人申请升等副教授。先生递交的材料包括:聘书两件,《郑樵〈校雠略〉研究》一本,《图书馆漫谈》一本,《图书分类法》一本④。

2月29日,国立师范学院正式将先生等人的升等材料送呈教育部⑤。

4月8日,下午列席国师第三十五次院务会议,与会人员包括廖世承、孟宪承、高觉敷、皮名举、汪西林、袁仲仁、李剑农、马宗霍、金兆均、赵柏年、张文昌等人,廖世承为主席。会议主要讨论:国师全院师生健康检查案(议决由于条件所限,学生自觉不适时由学院医生负责体检)、国师教职员应否补行宣誓案(议决补行宣誓手续)、湖南省教育厅请国师代办湘生班六期(议决先询问教育厅再行计划)、公利互助社应充分利用(议决另行召开理事会讨论)⑥。

4月14日,教育部训令各国立学校部分主管人员补领特别办公费,国立

---

① 民三三级会.编后记[J].国立师范学院旬刊,1944(106/107):12.
② 钱亚新.自撰论著提要[M].稿本.
③ 国立师范学院一九四四年度员工生活补助费预算书和名册等文书[A].中国第二历史档案馆藏,档号:五-4440(2).
④ 本院报部有关教员资格审查的材料[A].湖南省档案馆藏,档号61-1-29.
⑤ 本院报部有关教员资格审查的材料[A].湖南省档案馆藏,档号61-1-29.
⑥ 院闻[J].国立师范学院旬刊,1944(112/113):4.

师范学院收到训令后,开始统计,先生因担任出版组主任一职,可领取特别办公费 200 元①。

是月,国立师范学院开始制定复员计划,并统计教职员工家庭人口及行李数,先生全家共计 7 口人,行李约 500 公斤②。

5月6日,中华图书馆协会第六次年会第二次会议在重庆举行,是日投票选举了新一任理事、监事,先生虽未出席,但与沈祖荣、蒋复璁、洪有丰、李小缘、杜定友、袁同礼、刘国钧等三十人被提名为新一届理事候选人③。

是月,获得战时生活补助费 720 元④。

6月1日,接见出版组书记孙奠寰家人,得知孙奠寰至今仍在重庆,一时无法回蓝田国师服务,请向先生辞职⑤。

6月2日,呈请廖世承迁升出版组胡寿山,先生在呈文中如是所述:"敬呈者 本组组员梁虞初先生曾于四月一日起请假两月,已邀钧座核准在案。兹悉梁先生一时不能回院,其所遗之工作本由本组缮写员胡寿山先生代理。两月以来,努力非常,成绩亦佳,今拟请钧座迁升胡先生以补梁先生之缺而利事功,是否可行,敬请示遵为祷。"廖世承当日批准先生请求,并批示将胡寿山薪资由每月 65 元增至 100 元,批示结果由秘书处通知先生⑥。

是日,呈请廖世承批准孙奠寰辞职,并由谢笃才接替孙奠寰担任出版组书记一职。廖世承当日批复,批准孙奠寰辞职,批准谢笃才接替孙奠寰担任出版组书记一职,但需试用一段时间,试用期每月薪资 60 元,批示结果由秘书处通知先生⑦。

6月20日,师范学院召开紧急会议,决定从 6 月 21 日起师范学院附中、子弟小学、民教馆停课,学院各级学生即日起放假,图书仪器开始疏散至安全地带,并派员至新化等地接洽疏散地点;成立战时服务团准备迁移工作⑧。

---

① 国立师范学院教职员学术补助费、特别补助费、奖助金等文书和表册[A].中国第二历史档案馆藏,档号:五-4435(1).
② 国立师范学院、西北大学、河南大学等院校教职工人数名册、复员登记表及有关文件[A].中国第二历史档案馆藏,档号:五-4641(2).
③ 中华图书馆协会第六次年会第二次会议记录[J].中华图书馆协会会报,1944,18(4):10.
④ 国立师范学院一九四四年度员工生活补助费预算书和名册等文书[A].中国第二历史档案馆藏,档号:五-4440(2).
⑤ 本院教职员个人材料与任职、延聘等函[A].湖南省档案馆馆藏,档号:61-1-17.
⑥ 本院教职员个人材料与任职、延聘等函[A].湖南省档案馆馆藏,档号:61-1-17.
⑦ 本院教职员个人材料与任职、延聘等函[A].湖南省档案馆馆藏,档号:61-1-17.
⑧ 克述.本院迁移纪略[J].国立师范学院旬刊,1944(119):8.

6月28日,因战事吃紧,国立师范学院宣布向蓝田镇以西的新化上梅中学疏散①。

是月,获得战时生活补助费720元②。

7月,获得战时生活补助费720元③。

8月7日,衡阳陷落,国立师范学院处境又一次陷入危机之中。

8月29日,廖世承在新化主持召开教职员会议,决定国师西迁溆浦④。

是月,每月工资由320元增加至340元⑤。

是月,领取米粮一担,以代薪俸⑥,同时获得战时生活补助费1 650元⑦。

9月,获得战时生活补助费1 650元⑧。

10月26日,国师迁移溆浦工作基本结束⑨。

是月,获得战时生活补助费1 650元⑩。

11月1日,国立师范学院在溆浦重新开学⑪,是日,夫人吴志勤正式任职国师附属子弟小学,担任教员一职⑫。

11月29日,下午中华图书馆协会理监事联席会议在重庆中美文化协会召开,会议议决了新一届理事名单,根据各地委员投票结果,先生落选新一届理事⑬。

是月,完成了论述图书馆管理的《图书馆续谈》十回内容的撰写,全书围绕图书馆经营管理展开论述,全书共分十回,即:第一回,开明宗义;第二回,建立重心;第三回,坚强机构;第四回,计划经济;第五回,布置环境;第六

---

① 李厚民.本院迁移南岳后之感想与瞻望[J].国立师范学院旬刊,1946(123):13.
② 国立师范学院一九四四年度员工生活补助费预算书和名册等文书[A].中国第二历史档案馆藏,档号:五-4440(2).
③ 国立师范学院一九四四年度员工生活补助费预算书和名册等文书[A].中国第二历史档案馆藏,档号:五-4440(2).
④ 克述.本院迁移纪略[J].国立师范学院旬刊,1944(119):10.
⑤ 国立师范学院教职员额俸薪报告表[A].中国第二历史档案馆藏,档号:五-4433.
⑥ 国立师范学院员工食粮代金清册及有关文书[A].中国第二历史档案馆藏,档号:五-4445(1).
⑦ 国立师范学院一九四四年度员工生活补助费预算书和名册等文书[A].中国第二历史档案馆藏,档号:五-4440(2).
⑧ 国立师范学院一九四四年度员工生活补助费预算书和名册等文书[A].中国第二历史档案馆藏,档号:五-4440(2).
⑨ 克述.本院迁移纪略[J].国立师范学院旬刊,1944(119):10.
⑩ 国立师范学院一九四四年度员工生活补助费预算书和名册等文书[A].中国第二历史档案馆藏,档号:五-4440(2).
⑪ 克述.本院迁移纪略[J].国立师范学院旬刊,1944(119):12.
⑫ 国立师范学院经费报表及教职员工请领食粮代金名册[A].中国第二历史档案馆藏,档号:五-4444.
⑬ 中华图书馆协会理监事联席会议纪录[J].中华图书馆协会会报,1944,18(5/6):11.

回,征购原料;第七回,制备食粮;第八回,供应消费;第九回,扩张市场;第十回,实施教育。

是月,获得战时生活补助费 1 650 元①。

12月,获得战时生活补助费 1 650 元②。

---

① 国立师范学院一九四四年度员工生活补助费预算书和名册等文书[A].中国第二历史档案馆藏,档号:五-4440(2).
② 国立师范学院一九四四年度员工生活补助费预算书和名册等文书[A].中国第二历史档案馆藏,档号:五-4440(2).

1945年(民国三十四年)　　四十三岁

1月5日,与顾昌栋联名呈请廖世承及国师院办,告知升等手续已交教育部经年,但迟迟未有结果,请代为向教育部查询申请升等结果①。

1月6日,廖世承批复先生及顾昌栋呈请,告知已向教育部询问②。

1月8日,国师秘书室将廖世承批复通知顾昌栋及先生,教育部询问如有结果会及时告知③。

1月18日,参加师范学院举行的欢送从军学生大会,国师教职员还为从军同学捐款,先生捐款500元④。

是月,获得教育部拨发的学术研究补助费1 500元及国立师范学院专任教员学术研究补助费500元⑤。

2月,完成《宋元行格表索引》的编辑,该书现存稿本,其辑例如下:

辑　　例

一、此书以江标《宋元行格表》版本为依据。

二、每条登录包括(1) 书名,(2) 卷数,(3) 页数,如"方是闲居士小稿1∶57"即此书见于第一卷第五十七页。

三、一书有二条登录见于同卷者,省写为:文章正宗1∶57,58;见于异卷者,省写为:三苏文粹1∶54;2∶58。

四、一书有两条登录见于同卷同页者,省写为:文选1∶21(2) 。

五、书名冠词移于后部,如:文公家礼(纂图集注)1∶3。

六、排检以四角号码检字法为序。

---

① 本院教职员个人材料与任职、延聘等函[A].湖南省档案馆藏,档号:61-1-18.
② 本院教职员个人材料与任职、延聘等函[A].湖南省档案馆藏,档号:61-1-18.
③ 本院教职员个人材料与任职、延聘等函[A].湖南省档案馆藏,档号:61-1-18.
④ 本院欢送从军同学教职员捐款名单[J].国立师范学院旬刊,1945(120):21.
⑤ 国立师范学院教职员学术补助费、特别补助费、奖助金等文书和表册[A].中国第二历史档案馆藏,档号:五-4435(2).

是月，获得国立师范学院专任教员学术研究补助费1 000元①。

是月，领取米粮一担，以代薪俸②。

春，蓝田国立师范学院与美国哥伦比亚大学达成协议，双方交换研究资料，包括：（一）交换代订战事发生以来，中美两国出版教育性质之定期刊物；（二）交换代购近年中美两国出版之教育新著；（三）编译并交换战事发生以来中美两国教育性质出版物目录；（四）哥伦比亚大学师范学院图书馆所藏教育性质之重要书籍，有复本者，每种赠送国立师范学院一册。蓝田国师为此特创立教育资料室，朱有光担任主任，先生与王士略、朱有瓛、阮雁鸣、孟宪承、郭一岑、程宗潮等被聘为资料室内部指导员③。

3月21日，教育部正式核准先生副教授资格④。

是月，获得国立师范学院专任教员学术研究补助费1 000元⑤。

4月26日，储安平致函国师赵敏学、胡荣魁，告知近况，并随函问候先生⑥。

是月，编成《善本书目综合索引》，涉及善本书目包括：《岭南图书馆馆藏善本图书题识》、叶德辉《郋园读书记》、陈彬龢、查猛济《中国书史》、叶启勋《拾经楼书目》。该索引现存稿本，其辑例如下：

辑　　例

一、范围　以下列四书为之

1 岭南图书馆馆藏善本图书题识　该馆编

2 郋园读书记　叶德辉撰

3 中国书史（自184页起到214页）　陈彬龢 查猛济合著

4 拾经楼书目　叶启勋撰

二、登录　包括：

1 书名

2 书数

3 卷页数或页数或页行数

---

① 国立师范学院教职员学术补助费、特别补助费、奖助金等文书和表册[A].中国第二历史档案馆藏，档号：五-4435(2).
② 国立师范学院员工食粮代金清册及有关文书.中国第二历史档案馆藏，档号：五-4445(1).
③ 国立师范学院设立教育资料室[N].申报，1946-03-17(4).
④ 本院人事登记表[A].湖南省档案馆藏，档号：61-1-23.
⑤ 国立师范学院教职员学术补助费、特别补助费、奖助金等文书和表册[A].中国第二历史档案馆藏，档号：五-4435(2).
⑥ 本院教职员个人材料与任职、延聘等函[A].湖南省档案馆藏，档号：61-1-19.

三、省略

1 书名相同,但见于异书或异卷时省书名

2 书名相同,卷数亦同,但页数不同时,省书名及卷数

3 书名相同,卷页数亦同时,省卷页数,但在页后加(2)

4 书名前所带之冠词一律移后

四、排检　以四角号码检字法为序

是月,获得国立师范学院专任教员学术研究补助费1 000元①。

是月,国立师范学院发放先生本年度1至4月生活补助费2 880元②。

5月20日,国立师范学院向教育部呈文并缴纳印花税25元,请教育部发放先生等人证书③。

5月31日,教育部部长朱家骅签发同意向国立师范学院发放合格教员证书指令,证书包括朱有瓛、阮雁鸣教授证书,顾昌栋、张汝舟及先生的副教授证书,先生副教授证书编号894号,随证书一起寄回的还有先生等人递交的著作材料④。

是月,获得国立师范学院专任教员学术研究补助费1 000元⑤。

6月6日,教育部训令各国立学院主管人员领取特别办公费,国立师范学院接到训令后开始对符合要求人员进行统计造册,先生因担任出版组主任一职,属于主管人员,符合领取特别费条件⑥。

6月12日,签收教育部寄送的副教授证书及著作材料⑦。

是月,师范学院1945届同学毕业离校,本届级会请师长题词留念,先生为该级同学题写"有教无类"四字⑧。

是月,获得国立师范学院专任教员学术研究补助费1 000元⑨。

---

① 国立师范学院教职员学术补助费、特别补助费、奖助金等文书和表册[A].中国第二历史档案馆藏,档号:五-4435(2).

② 国立师范学院教职员生活补助费表册及有关文书[A].中国第二历史档案馆藏,档号:五-4441.

③ 本院报部有关教员资格审查的材料[A].湖南省档案馆藏,档号:61-1-29.

④ 本院报部有关教员资格审查的材料[A].湖南省档案馆藏,档号:61-1-29.

⑤ 国立师范学院教职员学术补助费、特别补助费、奖助金等文书和表册[A].中国第二历史档案馆藏,档号:五-4435(2).

⑥ 国立师范学院教职员学术补助费、特别补助费、奖助金等文书和表册[A].中国第二历史档案馆藏,档号:五-4435(1).

⑦ 本院报部有关教员资格审查的材料[A].湖南省档案馆藏,档号61-1-29.

⑧ 本院师长题字、同学留真[A].湖南省档案馆馆藏,档号61-1-214.

⑨ 国立师范学院教职员学术补助费、特别补助费、奖助金等文书和表册[A].中国第二历史档案馆藏,档号:五-4435(2).

是月，先生正式卸去国师出版组主任一职①。

7月7日，国立师范学院将完成的符合领取特别办公费人员名单及领取数额呈送教育部，国立师范学院鉴于该校各主管实际工作情况，在教育部规定基础上对申领数额进行了扩充，先生申请特别办公费金额为1 500元②。

8月15日，日本宣布无条件投降。

是月，先生正式担任国师教育系副教授兼图书组主任，月薪360元③。关于先生担任主任后所开展工作的情况，《国立师范学院旬刊》曾有如下报道："本院图书馆，前在蓝田时，颇具规模，自迁移至溆浦后，因校舍局促，□战事时形紧张。故一切从简。现时局已定，本学期新任图书馆主任钱亚新教授，积极视事，将全部书籍重行整理，利用原有祠宇，布置为藏书库、参考室、阅览室等等。分任工作，条理井然。所订书籍管理办法，比以前更为严密。钱君专教图书馆学，今得占其所长，自必胜任愉快，对于公众实多裨益。"④

> 按：继任先生担任国师图书组主任的曹文岑曾有如下回忆："在长沙三次会战期间，有很多伤兵由前线送至蓝田医治，使人对蓝田的形势感到紧张压抑，人心难定，国师乃从蓝田西迁湘西之溆浦县城。溆浦各界人士认为国师迁到溆浦，会对溆浦的文化大有贡献，以当地陈老将军（陈遐龄——笔者注）为首的士绅及知识阶层拍发电报欢迎国师，并设宴招待国师全体教工，所有公房及私人住屋，让请国师选用，一律不收租金，并保证生活安全无事。国师在溆浦的校舍，全是借用溆浦县干部学校让出的校舍和毗邻的几所大型祠堂庙宇及士绅们家用住房。国师图书馆设在离教室很近的宗家祠堂内。祠堂是口字形状之建筑，进门的大屋楼上做书库，有刘斌师傅协助出纳一同管理。楼下做图书出纳室和读者等候书籍休息的地方，负责图书出纳工作的是李先生（只记得她是李兴藻先生的大姊）。祠堂东西两厢的大屋楼上分别做教育资料室和图书馆办公室及编目室。教育资料室主任是朱有光教授，他是美国哥伦比亚大学的博士，又是英文 *New China* 一书的作者。钱亚新先生原在蓝田时期学院出版组主任并负责开设图书馆学选修课，我亦是选修他所讲授图书馆学的学生之一。国师迁到溆浦的时候，洪先生辞

---

① 本院人事登记表[A].湖南省档案馆藏，档号：61-1-23.
② 国立师范学院教职员学术补助费、特别补助费、奖助金等文书和表册[A].中国第二历史档案馆藏，档号：五-4435(1).
③ 本院人事登记表[A].湖南省档案馆藏，档号：61-1-23.
④ 本院图书馆近况[J].国立师范学院旬刊，1945(122)：16.

去图书馆主任一职,学院便决定由钱亚新先生继任图书馆主任。钱先生手不释卷、目不离书,双眼高度近视。他对图书馆学很有研究,颇有见地;对工作又非常认真负责,不肯苟且马虎。他对国师图书馆藏书的分类和编目,做过细致的检查核准,缺书的卡片,抽出卡片,分类编错的卡片,一一改正,做到有书就有卡片,有卡就有书,师生称便。编目室的工作人员,有钱亚新主任、郭佩玉先生和司徒先生(忘记名字)。还有数名选修钱主任所开图书馆学的学生在编目室协助抄写卡片,图书馆按工时或卡片件数发给一定的酬金。钱主任又负责图书订购工作,金光荣先生一方面做订购工作上的抄写助手,一方面也做编目室方面的工作。图书馆东西两厢的楼下,是报纸陈列的地方,也是看书阅览的地方,祠堂面对大门的大厅是参考书和期刊阅览的地方,有文华图书馆学专科学校毕业的骆先生(忘记名字)负责管理。骆先生为人性情和气,谈话很富亲切之感,他工作勤奋,一面做好本职工作,一面常常帮助做外本卡片方面的打字工作。我原留在国师做助教,在日本投降的那年,本人也在图书馆做典藏工作。"①

  关于先生接任国立师范学院图书馆主任初期对图书馆进行的诸多改革,曾在国师工作的吴景贤也曾撰文指出"(图书馆)聘请了一位具有图书馆学理论和实践经验的钱亚新先生主持其事。对图书分类编目、出纳流通,都作了一次大的更新。追溯'国师'图书馆的正式创建,应归功于钱先生"②。

是月,先生支取工资360元,国师另发放生活补助费44 400元③。
是月,领取米粮一担,以代薪俸④。
9月,先生支取工资360元,国师另发放生活补助费44 400元⑤。
是月,完成《古今书刻索引》编撰,该书现存稿本,其辑例如下:

辑   例

  一、本索引以长沙叶氏观古堂仿明刊本周弘祖《古今书刻》上编为

---

① 曹文岑.回忆"国师"图书馆[J].高校图书馆工作,1989(4):28.
② 吴景贤."国师"创建时的图书馆状况[J].高校图书馆工作,1989(4):26.
③ 国立师范学院实支生活补助费清册及米代金报核清册[A].中国第二历史档案馆藏,档号:五-4442.
④ 国立师范学院员工食粮代金清册及有关文书.中国第二历史档案馆藏,档号:五-4445(1).
⑤ 国立师范学院实支生活补助费清册及米代金报核清册[A].中国第二历史档案馆藏,档号:五-4442.

根据。

二、本索引每条登录分为书名和出处。如

唐诗选 18：15

伤寒论 27：19；33：11

前条见于第 18 页 15 行,后条见于第 27 页 19 行和 33 页 11 行。

三、本索引的排检,以四角号码检字法为准。

10 月,本月除薪金 360 元外,领取生活补助费 44 400 元①。

是月,国立师范学院发放先生本年度 5 到 10 月生活补助费 7 350 元②。

11 月,先生负责押送部分图书先行前往南岳,乘船经长沙至南岳,在长沙时,先生见到了湖南大学图书馆原同事邱亦高(文华图专校友),相谈甚欢③。

12 月 26 日,核准图书馆职员骆炳麟请假回辰溪接眷并借支旅费申请,并批示"查所呈请各节属实,拟于寒假内给假旬日,至于旅费一项恳请依法准予补助以周其急"④。

是月,国立师范学院发放先生本年度 11 至 12 月生活补助费 9 800 元⑤。

---

① 国立师范学院教职员学术补助费、特别补助费、奖助金等文书和表册[A].中国第二历史档案馆藏,档号：五-4435.
② 国立师范学院教职员生活补助费表册及有关文书[A].中国第二历史档案馆藏,档号：五-4441.
③ 钱亚新.六十年来生活工作简表、论著编译年录[M]//吴志勤,钱亮,钱唐整理.创新、求新、育人——图书馆学家钱亚新的一生.自印本.1993：25.
④ 本院教职员个人材料与任职、延聘等函[A].湖南省档案馆藏,档号：61-1-19.
⑤ 国立师范学院教职员生活补助费表册及有关文书[A].中国第二历史档案馆藏,档号：五-4441.

1946年(民国三十五年)　　四十四岁

1月3日,国师代理院长批准骆炳麟请假申请,但关于预借旅费一事得待院长返院后决定,在此之前允许骆炳麟先借支薪俸三万元以用,批示由秘书处通知先生①。

1月26日,核准图书组职员金光荣返家省亲请假一周的申请②。

是月,先生支取工资360元,国师另发放生活补助费49 200元③。

2月,国民政府教育部社会教育司主编之《图书馆》(实际由蒋复璁编著)一书由正中书局出版发行(该书第一版于1941年1月出版,抗战胜利后此书于上海再版,称"沪版"),先生认真阅读了该书,并对书后参考书目做了增补,增补情况如下:(1)"图书馆学总论"部分增列蒋复璁编著之《图书室管理法》(正中书局,民国三十年版),并在期刊部分增列《图书月刊》一目。(2)"各种图书馆"部分增加许振东《战时图书馆》(浙江省教育厅,民国二十八年)一目。(3)"建筑与设备"部分增加教育部社会教育司主编之《普通图书馆设备举要》(重庆商务印书馆,民国三十四年)一目。(4)"分类与编目",在"分类理论与方法"部分增加钱亚新译《图书分类法》(贵阳文通书局,民三十一年)、胡朴安著《校雠学》(上海商务印书馆,民二十三年)、向宗鲁著《校雠学》(重庆商务印书馆,民国三十三年)三目,于"分类表"部分增加国立北平图书馆普通图书分类表一目,于"特种书及专门书之分类"部分增加蒋元卿编之《中国图书分类之沿革》(上海中华书局,民国二十六年)一目,于"编目法、目录学"部分增加马导源著《书志学》(上海商务印书馆,民国二十三年)、郑鹤声编《中国史部目录学》(上海商务印书馆,民国二十四年)、姚名达著《中国目录学年表》(商务印书馆,民国二十九年)、姚名达著《中国目录学史》(商务印书馆,民国二十七年)、刘纪泽著《目录学概

---

① 本院教职员个人材料与任职、延聘等函[A].湖南省档案馆藏,档号:61-1-19.
② 本院教职员个人材料与任职、延聘等函[A].湖南省档案馆藏,档号:61-1-19.
③ 国立师范学院实支生活补助费清册及米代金报核清册[A].中国第二历史档案馆藏,档号:五-4442.

论》(上海中华书局,民国二十年)五目,于"索引法"部分,增加吴甲原著《首笔号码索引法》(重庆香草书屋,民国三十三年)一目。

是月,先生支取工资360元,国师另发放生活补助费74 600元①。

3月,生支取工资360元,国师另发放生活补助费95 400元②。

4月,先生支取工资360元,国师另发放生活补助费95 400元③。

5月3日,教育部学术审议委员会完成了对先生等人的审核,将先生等人的证件、著作材料发还国立师范学院,先生递交的材料为著作一种④。

5月17日,国立师范学院收到了教育部学术审议委员会发还的关于先生等人的证件、著作材料⑤。

5月21日,先生接到师范学院人事处通知,领取教育部学术审议委员退还的审查材料⑥。

是月,先生支取工资360元,国师另发放生活补助费95 400元⑦。

6月10日,早上8时,与长子钱亮同登南岳衡山,12时到达峰顶,中午在山顶一寺庙食素面一碗⑧。下午下山时,先生第一次见到茫茫云海,叹为奇观。

是月,先生支取工资360元,国师另发放生活补助费95 400元⑨。

7月中旬,先生独自一人从南岳出发,经长沙到汉口,再乘轮船东西,至南京拜访岳良木,并参观中央图书馆,了解该馆发展计划,同时拜访中央图书馆馆长蒋复璁,向其表达了进入中央图书馆工作的意愿,但"因没有背景,碰了一个软钉子"⑩。

7月22日,回到上海,拜访二姐钱铸卿夫妇,借宿二姐夫徐子华长校的

---

① 国立师范学院实支生活补助费清册及米代金报核清册[A].中国第二历史档案馆藏,档号:五-4442.
② 国立师范学院实支生活补助费清册及米代金报核清册[A].中国第二历史档案馆藏,档号:五-4442.
③ 国立师范学院实支生活补助费清册及米代金报核清册[A].中国第二历史档案馆藏,档号:五-4442.
④ 院教员资格审查的材料[A].湖南省档案馆藏,档号61-1-30.
⑤ 院教员资格审查的材料[A].湖南省档案馆藏,档号61-1-30.
⑥ 院教员资格审查的材料[A].湖南省档案馆藏,档号61-1-30.
⑦ 国立师范学院实支生活补助费清册及米代金报核清册[A].中国第二历史档案馆藏,档号:五-4442.
⑧ 钱亮口述,2017年8月15日.
⑨ 国立师范学院实支生活补助费清册及米代金报核清册[A].中国第二历史档案馆藏,档号:五-4442.
⑩ 包宏平.话说"南图二老"[M]//南京图书馆.继承发展 开拓创新——纪念汪长炳、钱亚新先生诞辰100周年暨南京图书馆新世纪首届学术年会文集.铅印本,2003:84.

上海市立旦华小学①。据先生回忆"回到上海,给予我最热烈欢迎的是我的二姊和姊丈。记得那天见面,大家悲喜交集,八年分离,无限相思,一旦会晤,不胜欢乐。当天晚上各人都深谈在抗战期中的不幸遭遇,愤恨交加,难于形容。直至翌日凌晨,才略事休息"②。

7月25日,回到闵行,拜望岳家及其他亲戚,当见到故居破坏不堪,先生心情难以言喻。据先生回忆:"三日后回到闵行,拜望岳家及其他亲戚。每与会面,大家都很兴奋。谈到抗战期内的情况,却感到啼笑皆非。访问我们组织小家庭的旧居,房屋已经破坏不堪,结婚时所备的整套家具和箱笼等物,早已不翼而飞,为人盗卖。损失之大,难以言喻。"③

8月初,由上海至苏州,拜访国立社教学院图书博物馆学系系主任汪长炳,并接受汪长炳之聘④。据先生回忆:"抗战胜利前后一年内,我经常与同学汪长炳通信。那时他在四川璧山社教学院图书博物系当主任。日寇投降后,他曾写信给我,告知该院东迁的计划,并恳切地约我去苏州该院执教。因此我在八月中旬由沪去苏访问,联系工作。他热诚地欢迎我,并谈及该系的发展计划和教师的阵容。原来同学如徐家麟、岳良木、黄元福等都在一起。当时我想如其要实现自己的理想和抱负,在图博系中执教,那是最好没有了。在九月开学之前,我搬入新的居处。社教学院的新院址,选在苏州拙政园。此园本为明长洲人文徵明所造。到了太平天国,曾为叛徒李'忠王'秀成的行署。早夕有空,往往到园中散步,只见乔木葱茏,流水清澈,曲径回廊,园亭方阁,布置的精心,风景的幽雅,诚不愧为苏州园林名胜之一。尤其可贵的,其中有紫藤一株,为文氏手植故物,春末生长下垂花轴,开放蝶形花朵,清香扑鼻,沁入肺腑,坐在'与谁同坐轩'内欣赏一番,感到良辰美景,无限可人,悠然自得,几及忘我的境界之中。"⑤

是月,先生支取国立师范学院工资380元,国师另发放生活补助费242 200元⑥。

9月,正式入职国立社教学院图博系,访徐家麟、岳良木、黄元福、祝嘉、

---

① 钱亚新.六十年来生活工作简表、论著编译年录[M]//吴志勤,钱亮,钱唐整理.创新、求新、育人——图书馆学家钱亚新的一生.自印本.1993:26.
② 钱亚新.工作阶段[M]//钱亚新.钱亚新别集.谢欢整理.南京:南京大学出版社,2013:222.
③ 钱亚新.工作阶段[M]//钱亚新.钱亚新别集.谢欢整理.南京:南京大学出版社,2013:222.
④ 国立社会教育学院院长室.国立社会教育学院概况[M].苏州:国立社会教育学院,1948:126,136.
⑤ 钱亚新.工作阶段[M]//钱亚新.钱亚新别集.谢欢整理.南京:南京大学出版社,2013:222.
⑥ 国立师范学院实支生活补助费清册及米代金报核清册[A].中国第二历史档案馆藏,档号:五-4442.

蒋吟秋等系中教师。

是月，先生领取国立师范学院工资 380 元，国师另发放生活补助费 242 200 元①。

10 月 10 日，开始为图博系学生讲授"图书分类法"、"图书馆经营法"，这两门课程为图博系二、三年级学生必修课②。先生曾如下回忆开设这两门课的情形③：

> 我所教的第一门功课是"图书分类法"，过去虽然多次讲过，但只是在"分类编目"中占一半的地位，在"图书馆学"中占八分之一的分量。现在是二年级一学年每周两小时的课，决非从前所讲过的教材能够解决问题。于是事前曾和汪主任及其他同事商量，准备内容包括三大部分：一为"中国分类法史略"，除讲授我国分类法的变迁外，并介绍重要的各种分类法；二为"介绍刘国钧《中国图书分类法》"，因为这个方法当时在图书馆界最为流行，将来同学毕业后去搞图书馆工作十九会接触的，所以把它详为介绍，分类讲解；三为"西方分类法"，介绍它的历史外，并着重讲解六大分类法。时间的支配，第一部分占半学年，第二第三部分各占其余半学年的一半。不用讲义，只作笔记。重要的资料如各种分类法的类表，油印出来以供参考。
>
> 在第一部分，我讲了我国图书分类法的产生、发展及其派别后，介绍汉班固《汉书·艺文志》的六分法，六朝阮孝绪《七录》的七分法，唐长孙无忌《隋书·经籍志》的四分法，宋郑樵《通志·艺文略》的十二分法，尤袤《遂初堂书目》的四分法，明杨士奇《文渊阁书目》的三十八分法，高儒《百川书志》的四分法，祁承㸁《澹生堂书目》的四分法，清《四库全书总目提要》的四分法，孙星衍《孙氏祠堂书目》的十分法，张之洞《书目答问》的五分法，古越藏书楼的二分法，《江苏省立国学图书馆总目》的七分法。我讲解每一种分类法时都要介绍它的撰人、起源、体系、著录、特点、影响、评议、参考，有时并提出若干本书作为实习。以上是第一部分的上半段。

---

① 国立师范学院实支生活补助费清册及米代金报核清册[A].中国第二历史档案馆藏，档号：五-4442.
② 钱亚新.六十年来生活工作简表、论著编译年录[M]//吴志勤、钱亮、钱唐整理.创新、求新、育人——图书馆学家钱亚新的一生.自印本.1993：26.
③ 钱亚新.工作阶段[M]//钱亚新.钱亚新别集.谢欢整理.南京：南京大学出版社，2013：222－223.

在第一部分的下半段,我从1909年孙毓修介绍杜威十进分类法开始(见是年《东方杂志》所载孙氏《图书馆》一文),接着就讲以后我国新兴分类法中的种类及其派别。介绍了王云五的《中外图书统一分类法》,皮高品的《中国十进分类法》,杜定友的《三民主义化世界图书分类法》,陈天鸿《中外一贯实用图书分类法》,裘开明《哈佛大学中国图书分类法》,《国立北平图书馆普通图书分类法》。讲解每一种分类法时,其内容分为:① 书体,介绍著者的生平和该分类法的刊行;② 同异,比较部类子目的多少,类次的先后等;③ 方法,说明编制的根据、目的、体系等;④ 特点,指出在部类、子目、标记、助记各方面与众不同的特征,而后再辅以阅读的材料,回答的问题,以及试分的图书。

刘国钧的《中国图书分类法》是这一门课的重点,我讲解这分类法时,是结合各科学术史进行的,因此对它所包括的九个部、八十多个类,几乎都论及各部类的意义、起源、范围、特点、子目,以及参考的有关著作及实习的对象。例如讲自然科学这个部时,我先引了当时中外科学家、图书馆学家如王星拱、卢于道、推士(G. R. Twiss)、白利思(H. E. Bliss)等所下的不同定义,请学员考虑。然后谈谈自然科学的客观性、准确性、发展性、统一性、实用性五种特性;而后谈谈人类是怎样开始研究科学的;而后举出中外科学界的一些伟人;而后提出我们对待自然科学研究应有的态度;而后介绍自然科学的范围及其下级类目;而后提供阅读的书目;最后列出二十多种图书要求学员进行实习试分。

又如讲到社会科学部中的经济学时,说明它的意义以后,就讲这门学科的发展。资本主义的经济学是由亚当·斯密、李嘉图等建立其系统的,《原富》一书,即其代表作。社会主义的经济学是由马克思、恩格斯建立的,《资本论》即是代表作品。并提及《原富》的三种不同译本,其译者分别为严复、王亚南等和刘光华;《资本论》的四种译本,其译者分别为陈启修、潘冬舟、吴丰农、郭大力和王亚南,以供学员了解。再讲经济学类下面包括哪些类目,同时就提出十多种的书例,如李时权的《经济学》分入550,王亚南的《经济学史》类码为550.9,王雪华译的《产业革命》类码为553,唐启宇的《农村经济》为554.6等等。由于这是重点,学习时间占了一学年的四分之一。这就是第二部分的教学概况。

至于第三部分为"西方图书分类法",讲述史略时,先提及Ashurbanipal宫廷图书馆分类法,这可说是西方最早的例子。而后提及希腊亚里士多德、亚历山大利亚图书馆、中世纪Aldersbach僧院图书馆、英国博物院图书馆、培根、法国的百科全书、德国冯德等的分类法。

这里显然可以分为一种是理论的,一种是实践的。最后简介了比较流行而大型的图书分类法:即美国杜威《十进类分法》、克特的《展开分类法》、白利思的《书目分类法》《美国国会分类法》、英国白朗的《主题分类法》以及《国际十进分类法》。每个分类法介绍时,述及其编者、刊行、体系、特点、用法等等,其中是以杜威《十进类分法》为重点,因为这不仅在美国图书馆采用此法的占百分之九十以上,而且世界各国采用的也不少,如在我国图书馆界,西文书大概是以此法来分类的。这一部分所用的时间为全学程的四分之一。

我所担任的第二门课是"图书馆经营法",它的内容分为十章,完全是根据我以前所写的《图书馆续谈》,但在教学上却以使用各种有关的表格来经营图书馆,实际上是管理图书馆。当时我怎样支配教学得时间?检查我的教学笔记,写得比较清楚:这一课程,"共十九周三十八小时,小考期考占去四小时,尚余三十四小时,把其中一小时讲《开场白》,二十小时讲其他,十小时做实习,二小时进行复习,一小时作结束"。这门功课,花费时间要比讲"图书分类法"少得多,因此就可以腾出手来,充分地为"图书分类法"准备了。

又据时图博系学生许培基夫妇回忆先生当时上课情形:

当时在社教学院图博系任教的除汪长炳、钱亚新两位先生之外,还有徐家麟、岳良木、黄元福等诸多当时著名图书馆学者,诸位先生上课也是各有特色,岳良木先生英语较好,因此上课时喜欢用英语讲;徐家麟、黄元福先生上课时给学生的感觉是有点"照本宣科",不大注视台下的学生,头经常看着天花板……而当时图博系学生最喜欢上的一门课乃是钱亚新先生的"图书分类法",因为钱亚新先生在讲授分类法的时候,讲得很生动,深入浅出,学生都很感兴趣,且钱亚新先生为人很好,和蔼可亲,与学生的关系都很不错①。

是月底,向国立师范学院辞职申请正式批准,先生正式从该校离职②。

11月21日,完成《〈新人生观〉述评》一文。文中对罗家伦先生《新人生观》一书内容做了详细的阐述与评论,此文虽然名曰"述评",但更像一篇导

---

① 谢欢.许培基夫妇记忆中的钱亚新先生[J].山东图书馆学刊,2013(1):110.
② 本院教职员调查表[A].湖南省档案馆藏,档号:61-1-31.

读文章。此文后以《名著介绍：新人生观》为题刊载于1947年《青年风》创刊号之上。该文后收录《钱亚新别集》之中，但收录时有删减。

是月，夫人吴志勤抵达苏州，入职国立社教学院图书馆。

是年，完成《章学诚〈校雠通义〉研究》一书初稿。

1947年（民国三十六年）　　四十五岁

1月，因经济拮据，在周连宽先生的帮助下，受聘上海市图书馆阅览部兼职主任①。

是月，完成《万有文库简编目录及其书名索引》的编辑，现存稿本。

3月，上海文化函授学院图书馆学系成立，先生担任系主任，教授"图书馆学讲话"课程，该课程是"为普通学人及图书馆职员对于图书馆学欲得门径，或知其初步的管理方法者而设"，并分发讲义②，除"图书馆学讲话"课程外，该系还将陆续开设"图书馆利用法""图书馆学专题研究（行政与设计、经营与管理、推广与辅导）"两课程③。

4月，国立社教学院发放先生本年度1到4月生活补助费2 384 000元④。

5月16日，顾颉刚审查先生《郑樵〈校雠略〉研究》书稿⑤。

5月17日，社教学院组织学生大会，表示为声援南京请愿学生，决定罢课⑥。罢课期间，学校里组织了许多活动，请教授讲时局、讲学术⑦。先生在罢课期间也为学生作了学术报告，据社教学院图博系学生石宇协回忆"记得是一九四七年，学生运动罢课期间，钱师不畏反动势力的淫威，公开在拙政园社教学院大礼堂作学术报告，勉励同学们冲破黑暗，走向黎明，这对向往

---

① 钱亚新.六十年来生活工作简表、论著编译年录[M]//吴志勤、钱亮、钱唐整理.创新、求新、育人——图书馆学家钱亚新的一生.自印本.1993：26.
② 上海教育局关于私立第二届木刻函授班、上海文化函授学校、中华新闻学社呈请立案[A].上海档案馆馆藏，档号：Q235-2-3622.
③ 沪文化函授学院新设图书馆学系[J].中华图书馆协会会报,1947,21(1/2)：17.
④ 国立社会教育学院员工生活补助费计算书[A].中国第二历史档案馆藏，档号：五-4612(2).
⑤ 顾颉刚.顾颉刚日记(卷六)[M].北京：中华书局,2011：63.
⑥ 社教学院学生昨招待新闻界[N].苏州明报,1947-05-23(3) 转引自苏州大学社会教育学院武汉校友会.峥嵘岁月[M].苏州大学社会教育学院武汉校友会印,1987：98.
⑦ 张拱贵.回忆在拙政园[M]//苏州大学社会教育学院武汉校友会.峥嵘岁月.苏州大学社会教育学院武汉校友会印,1987：89.

新中国的同学们,是一次极大的鼓舞"①。

6月28日,社教学院院方鉴于局势,决定于是日起提前放假②。

是月,先生担任社教学院图博系1943级学生毕业论文指导老师,指导的学生包括邱克勤(毕业论文题目为《大学图书馆章则之研讨》)等人。是年毕业的图博系学生中有一位谭家琛。谭家琛毕业后在湖南等地工作,1949年返回苏州担任东吴大学图书馆(后江苏师范学院图书馆)采编部主任,对分类法、目录学、检字法等颇有研究。据谭家琛女儿谭晓平回忆,谭家琛"每到寒暑假都要去拜访钱亚新老师,向他讨教"③。

7月2日,访顾颉刚先生④。

是月,接受宜兴同乡、上海立信会计专科学校校长潘序伦之聘,担任该校图书馆兼职主任(馆长),为该校图书馆草拟《私立立信会计专科学校图书馆计划书》,并介绍社教学院图博系毕业生刘世杰等至该校图书馆工作⑤,《私立立信会计专科学校图书馆计划书》内容如下:

私立立信会计专科学校图书馆计划书

自贵校新校舍落成以来,规模日见宏大,学生逐渐众多,前途无量,定可预卜。兹为加强贵校之设备,便利师生之进修起见,草拟图书馆计划书一份,如蒙采纳,则幸甚矣。

一、关于馆舍。现馆舍计有大中小三间。大中两间为阅览室,小间为办公室及书库,座位可有二百,藏书可容数万,是以颇为宽敞。但布置上似嫌散漫,缺乏联络。欲求将来管理之方便,似宜以大间仍作阅览室,中间为办公室及书库,小间则为日报杂志阅览室。如是,馆员长居中间一室,即可收左右兼顾之效。

二、关于馆员。专科以上学校图书馆之组织,照教部所颁图书馆修正规程,可仿省市立图书馆之组织,分为总务、采编、阅览、特藏、研究辅导五部。但为节省人力物资计,亦可缩小范围仅分采编、阅览、总务

---

① 石宇协.怀念钱亚新教授[M]//苏州大学社会教育学院四川校友会.峥嵘岁月.苏州大学社会教育学院四川校友会印,1989:158-159.
② 穆家珩.在激流中回荡[M]//苏州大学社会教育学院武汉校友会.峥嵘岁月.苏州大学社会教育学院武汉校友会印,1987:200.
③ 谭晓平.怀念我的父亲和母亲[M]//张英霖."社教人"在苏州.香港:天马出版有限公司,2009:197.
④ 顾颉刚.顾颉刚日记(卷六)[M].北京:中华书局,2011:84.
⑤ 钱亚新.六十年来生活工作简表、论著编译年录[M]//吴志勤、钱亮、钱唐整理.创新、求新、育人——图书馆学家钱亚新的一生.自印本.1993:26.

三部。总务部办理收发文件撰辑函稿,保存案卷及其他不属于各部事项。采编部办理图书之调查、订购、登记、分类、编目等事项。阅览部办理书报之陈列、典藏、出纳、参考等事项。因此,馆员之人数如欲与职务配合,恐非一人之力所能胜任。至少当有三人,其负责采编阅览两部者,尤须受过专门训练之人充任方有所济。

三、关于采编。贵馆现有中外图书一万余册,在经费充裕之情况下,自当逐渐添购,才能使藏书与日俱增而内容充实。表现图书馆内容之唯一工具,即为目录。但目录之编制,非有专才主持不可。在编制之前,馆中一切图书当先登记。因贵馆从前之登记簿,尚未发现,欲补苴弥缝,颇费时日。至于所编之目录,在形式上可采卡片而辅以书本;在著录上,先采著者与书名,待有相当数量,再加入标题;在分类上,可仍旧观,中西文均用杜威十进分类法;在书号上,亦可不变从前之办法,西文以克特著者号码表编制,中文以钱亚新拼音著者号码编制法为之。估计是项工作,如以编目员一人及书记一人之力,非从事半年以上,不克完竣。

四、关于阅览。阅览部中之出纳,为图书馆与阅者接触最多之处。服务于此者,须谦和、机敏、并熟悉目录之学。惟此部兼管图书之典藏,欲使一人负责,恐非易事。故此部须添一书记或临时之服务助手。何况典藏事宜,关系綦重,于书库之开闭,人员之出入,尤非特加注意不可。

参考事务,亦归此部管理。下年度可在出纳台旁,陈列中外普通参考书。如字典、辞典、百科全书、统计年鉴、年表等,以供随时参考之用。盖目前办理图书馆,不仅注意供给阅读之图书,而尤着重于收集参考之资料以俾大众日常或研究之需要也。

日报杂志之陈列登记编藏,亦归此部管理。此项材料,整理无绪,使用颇难;如能使其内容一查即知,则于参考上有莫大之功效。日报可随便阅览,重要杂志为保存起见,当严密处理方可。

五、关于设备。阅览桌椅,以够应用;办公桌椅,当视人员之多少加以添置。至于出纳台之增设,陈列普通参考书书橱之添购,恐不能免。但所费不巨,可量力而为。此外如目录箱、打字机、卡片、书袋、标签等,亦为不可少之家俱用品,均当早为预备,以便工作之进行。

总之学校图书馆,对于学生,可供给善良之环境,养成读书之习惯,培植研究之态度;对于教师,可指导学生参考,搜集教材预备功课,探讨最新之教授方法及教育学识。欲达此种目的,必须先立其基,次增其效,而后能致其用。区区刍议,敬希垂察并加卓裁焉!

中华民国三十六年七月钱亚新谨拟

按:关于先生接受上海立信会计专科学校校长潘序伦之聘的情况,先生晚年曾如下回忆:"由于经常跑上海,有人介绍我给上海私立立信会计专科学校校长潘序伦。他是我的小同乡,宜兴蜀山人,曾留学美国专攻经济学,尤其是会计学。回国后,一方面教书,另方面办学,还一方面开会计事务所。我们第一次相见就在他的会计事务所。在那里我遇到了阔别三十年的小学同学许展堃,这真是喜出望外,不胜欢欣。潘校长为了要发展他的学校,扩充该校的图书馆,特地请人介绍希望我去帮忙。当时他说明了他这种意图之后,我认为一个私立学校的校长能有办图书馆的想法而为师生的教学谋些福利,我衷心地表示同意。于是我们就乘车直接往该校去深入了解。"而《私立信会计专科学校图书馆计划书》拟定好之后,"经潘校长的同意,于是乘暑假内就组织人力进行一万多册中外图书的登记"①。

7月,国立社教学院发放先生本年度5至7月生活补助费3 612 000元②。

9月,新学期开学,为图博系学生开"索引和索引法"一课③。

是月,在《姚显微先生之不朽——为殉国周年纪念而作》一文基础上,修改完成《姚名达与我国史学》一文,其中部分内容后经修改以《姚名达与目录学》收录《钱亚新集》之中。

是月,国立社教学院发放先生本年度8至9月生活补助费2 536 000元④。

秋,介绍社教学院图博系大三学生石宇协至上海立信会计专科学校实习,据石宇协回忆:"一九四七年秋季,图博系系主任汪长炳先生安排陈定铸和我去徐州师范学校图书馆实习,临行前夕,汪主任告诉我们,到徐州的火车中断了,以致未能成行。随后,钱师叫我去上海立信会计专科学校图书馆实习,他说:刘世杰也在那里。我闻言之余,喜出望外,随即赴沪。钱师是立信会计学校图书馆兼职主任(馆长),我被安排在图书出纳处搞图书报刊借阅工作。在那里实习的三个同学(周成位、郑瑞玉和我),给予半薪待遇,除交伙食费外,还有几个零用钱花,作为实习生来说,我们三个,算是得天独

---

① 钱亚新.工作阶段[M]//钱亚新.钱亚新别集.谢欢整理.南京:南京大学出版社,2013:224.
② 国立社会教育学院员工生活补助费计算书[A].中国第二历史档案馆藏,档号:五-4612(2).
③ 钱亚新.六十年来生活工作简表、论著编译年录[M]//吴志勤、钱亮、钱唐整理.创新、求新、育人——图书馆学家钱亚新的一生.自印本.1993:24.
④ 国立社会教育学院员工生活补助费计算书[A].中国第二历史档案馆藏,档号:五-4612(2).

厚了。更可贵的是有刘世杰学长在那里正式工作,我们除了得到钱师的直接领导,授业解惑外,还得到了刘兄给予政治思想及业务技能上的指导和帮助,因而,工作上博得了学校师生员工的赞许,实习期满,离馆返院时,学校领导一再表示希望我们毕业后一定回去工作。"①

12月5日,参加社教学院校庆宴会。

12月6日,来华考察中国教会大学图书馆事业发展的美国图书馆学家沙本生(Charles Bunsen Shaw)至社教学院图博系讲学,所讲题目为《伟大的国家必有伟大的图书馆》,先生担任此次讲演记录工作②,沙本生演讲内容后刊发于《上海市立图书馆馆刊》。

12月16日,是日为上海旦华国民学校立校三十周年纪念日,为庆祝该校创立三十周年,先生题有颂词,曰"英才教育,桃李盈门,卅载于此,誉满沪滨"③。

是月,国立社教学院发放先生本年度11到12月生活补助费8 490 000元④。

是月,上海生活书店门店结束营业⑤,关门前刘世杰、周成位为上海立信会计专科学校图书馆抢购大批图书,先生对此表示赞许,据图博系学生石宇协回忆:"钱师是教书又教人的楷模,教学认真负责,工作勤勤恳恳,对学生严格要求,对图书馆事业的发展忠心耿耿,言传身教,以身作则。他的政治思想,比较开明,记得在上海生活书店被国民党当局查封前夕,刘世杰、周成位赶紧跑去给立信图书馆抢购了一大批进步图书,钱师知道后,十分赞许。解放区及香港等地寄赠给立信图书馆的《中国青年》《正报》《文萃》《时代批评》《群众》等刊物,陈列在出纳台杂志架上,任随师生借阅,钱师亦给予支持。"⑥

年底,上海市立图书馆成立儿童阅读指导委员会,该委员会由先生负责,该委员会的主要职责是"为增进儿童阅读兴趣","拟具儿童阅读指导计划,切实贯行。"⑦

是年,蒋吟秋赠先生折扇一把,该扇一面画有梅花,一面用小篆题写五

---

① 石宇协.怀念钱亚新教授[M]//苏州大学社会教育学院四川校友会.峥嵘岁月.苏州大学社会教育学院四川校友会印,1989:158-159.
② 沙本生.伟大的国家必有伟大的图书馆[J].钱亚新笔记.上海市立图书馆馆刊,1948(2):1.
③ 钱亚新.颂词[M]//.旦华国民学校立校三十周年纪念特刊,1947:7.
④ 国立社会教育学院员工生活补助费计算书[A].中国第二历史档案馆藏,档号:五-4612(2).
⑤ 生活书店史稿编辑委员会.生活书店史稿[M].北京:三联书店,1995:462.
⑥ 石宇协.怀念钱亚新教授[M]//苏州大学社会教育学院四川校友会.峥嵘岁月.苏州大学社会教育学院四川校友会印,1989:159.
⑦ 本馆消息一束[J].上海市立图书馆馆刊,1948(2):11.

言律诗,据先生所述:"这幅梅花,画得红白相间,苍老有劲,宛似暗香浮动,疏影横斜,并题以'诗格从来瘦,梅花不爱肥'的诗句,象征着我的外表和内心。小篆所录的是一首《消夏诗》。多少年来,每当夏季,我就把这把折扇拿出来,一边观赏,一边消暑,深情厚谊,又复激起于胸怀。"①

---

① 钱亚新.多才多艺,知书知友——回忆学长蒋吟秋先生[M]//钱亚新.钱亚新别集.谢欢整理.南京:南京大学出版社,2013:234.

1948年（民国三十七年）　　四十六岁

2月，本学期开设"汉字排检法"课程，为选修课①，教材选用的为先生此前撰写的《汉字排检法概论》。

是月，国立社教学院对教职员薪金采用"食米代金"办法，先生本月得米三斗，折合市价369 000元，先生夫人吴志勤本月工资亦为米三斗②。

3月，社教学院继续实行"食米代金"办法，先生本月得米三斗，折合市价549 000元，夫人吴志勤本月工资亦为米三斗③。

4月，凭专著《章学诚〈校雠通义〉研究》，通过教育部教授资格审查，获得教育部授予的教授资格证书④，证书编号二七二二号⑤。

是月，先生领取社教学院所发米三斗，作为薪水，折合市价1 002 000元，夫人吴志勤本月工资亦为米三斗⑥。

春夏之交，收留社教学院图博系为躲避抓捕之进步学生许培基，据许培基口述回忆⑦：

> 1948年春夏之交，国民党苏州城防司令部要到社教学院抓捕地下党团员及进步学生的消息传到社教学院。当时我是学生自治会学术部长，也在要求被疏散之列，然而我在苏州并没有什么亲戚，危急之下就跑

---

① 钱亚新.六十年来生活工作简表、论著编译年录[M]//吴志勤、钱亮、钱唐整理.创新、求新、育人——图书馆学家钱亚新的一生.自印本.1993：27.
② 国立社会教育学院公费生膳费、教职员工食米代金名册及有关文书[A].中国第二历史档案馆藏,档号：五-4612(1).
③ 国立社会教育学院公费生膳费、教职员工食米代金名册及有关文书[A].中国第二历史档案馆藏,档号：五-4612(1).
④ 钱亚新.六十年来生活工作简表、论著编译年录[M]//吴志勤、钱亮、钱唐整理.创新、求新、育人——图书馆学家钱亚新的一生.自印本.1993：27.
⑤ 国立社会教育学院教员名册及有关文书[A].中国第二历史档案馆藏,档号：五-2779.
⑥ 国立社会教育学院公费生膳费、教职员工食米代金名册及有关文书[A].中国第二历史档案馆藏,档号：五-4612(1).
⑦ 谢欢.许培基夫妇记忆中的钱亚新先生[J].山东图书馆学刊,2013(1)：110.

到——苏州临顿路东北街口一条小巷里——钱亚新先生的寓所平安过了一夜,然而钱亚新先生一家却因担心学生安危而一夜未得安睡。

5月,上海《读书通讯》向先生约稿,先生撰写《图书馆学及其著述之推荐》一文以应①。

是月,社教学院继续实行"食米代金"办法,先生本月得米三斗,折合市价1 143 000元,夫人吴志勤本月工资亦为米三斗②。

6月20日,完成白利思(Henry E.Bliss)所著《知识的组织和科学的系统》(The Organization of Knowledge and the System of the Sciences)一书第四部分《西洋知识系统的史略》(A Historical Survey of Systems of Knowledge)翻译,并撰写译序,该译著并未正式出版,现存稿本。

是月,先生所著《拼音著者号码表》一书作为"文华图书馆学专科学校丛书"之一种由武昌文华图书馆学专科学校出版发行,该书是对原《拼音著者号码编制法》书中"中编:本表拼音著者号码表"进行的修订,沈祖荣先生进行了校订。且此次出版之《拼音著者号码表》,书后附有孙德安所编之四角号码索引,更便于利用。

是月,社教学院继续实行"食米代金"办法,先生本月得米三斗,折合市价1 707 000元,夫人吴志勤本月工资亦为米三斗③。

7月,先生本月获得生活补助费116 800 000元④。

8月,社教学院继续实行"食米代金"办法,先生与夫人吴志勤本月各得米三斗⑤。

是年夏,钱亮考入苏州中学高中部。据钱亮口述,1948年,全国形势较难预测时,苏州形势亦较为紧张,钱亚新先生曾让钱亮至上海,暂住其二姐钱铸卿家。彼时,钱铸卿之子徐龙弄到了四张去台湾的票,其中三张分给徐龙、徐虎、徐凤(后来徐龙赴美国定居,徐虎、徐凤一直在台湾),第四张票本

---

① 钱亚新.六十年来生活工作简表、论著编译年录[M]//吴志勤、钱亮、钱唐整理.创新、求新、育人——图书馆学家钱亚新的一生.自印本.1993:27.
② 国立社会教育学院公费生膳费、教职员工食米代金名册及有关文书[A].中国第二历史档案馆藏,档号:五-4612(1).
③ 国立社会教育学院公费生膳费、教职员工食米代金名册及有关文书[A].中国第二历史档案馆藏,档号:五-4612(1).
④ 国立北洋工学院唐山工程学院社会教育学院等院校教职员工生活补助各费清册及有关文件[A].中国第二历史档案馆藏,档号:五-4644(1).
⑤ 国立社教学院教职员工食粮代金清册及有关文书[A].中国第二历史档案馆藏,档号:五-4613(1).

想给钱亮,但钱亮最终还是决定留下来①。钱亮在上海住了一段时间,待苏州中学开学时返回苏州。

9月,新学年开始,先生继续担任"图书分类法"及"图书馆经营法"两门课程主讲教师②。

是月,社教学院继续实行"食米代金"办法,先生与夫人吴志勤本月各得米三斗③。

10月,社教学院继续实行"食米代金"办法,先生与夫人吴志勤本月各得米三斗④。

11月,完成《图书馆教育的鸟瞰》一文,该文后刊发于《教育与社会》1948年第7卷第3/4合期。

是月,国立社教学院院长陈礼江拟迁校广州与中山大学合并,在学院内组织发起迁校签名运动,学生自治会组织进步社团,通过讲座、墙报、讨论会等形式,发动学生开展反迁校运动,最终导致院方迁校计划落空⑤。就图博系而言,汪长炳先生坚决反对迁校⑥。

是月,社教学院继续实行"食米代金"办法,先生与夫人吴志勤本月各得米三斗⑦。

12月4日,参加北街第一中心国民学校家长会,出席家长共计634人,先生于主席团就坐。会议讨论了本学期学校修建费的审核、借征经费、今后修建校舍添置设备计划、安定教师生活等问题,会议最后选举了家长会监理事,先生当选为理事⑧。

是月,先生为二姐钱铸卿所著《山玉诗草》(自印本)撰序言一篇。

是月,社教学院继续实行"食米代金"办法,先生与夫人吴志勤本月各得米三斗⑨。

---

① 钱亮口述,2013年1月6日.
② 钱亚新.工作阶段[M]//钱亚新.钱亚新别集.谢欢整理.南京:南京大学出版社,2013:225.
③ 国立社教学院教职员工食粮代金清册及有关文书[A].中国第二历史档案馆藏,档号:五-4613(1).
④ 国立社教学院教职员工食粮代金清册及有关文书[A].中国第二历史档案馆藏,档号:五-4613(1).
⑤ 朱丕仁.社教学院学生运动述略(1946—1949)[M]//苏州大学社会教育学院武汉校友会.峥嵘岁月.苏州大学社会教育学院武汉校友会印,1987:18.
⑥ 汪新珏,汪新璐.他为图书馆事业贡献了毕生精力——怀念我们的父亲汪长炳[M]//苏州大学社会教育学院四川校友会.峥嵘岁月.苏州大学社会教育学院四川校友会印,1989:146.
⑦ 国立社教学院教职员工食粮代金清册及有关文书[A].中国第二历史档案馆藏,档号:五-4613(1).
⑧ 北一中心校家长会成立[N].苏州明报,1948-12-05(2).
⑨ 国立社教学院教职员工食粮代金清册及有关文书[A].中国第二历史档案馆藏,档号:五-4613(1).

1949年(民国三十八年)　　四十七岁

年初,国民政府南撤,社教学院经费拮据,包括先生在内的师生生活陷入困境,在学院学生自治会领导下,社教学院组织了应变委员会,开展筹粮义演和护校活动①。

1月22日,族弟钱祝钧自美国得克萨斯州立大学寄赠美国图书馆协会编《图书馆学专门辞典》一册②。

4月26日,苏州解放。

4月27日,解放军进驻苏州。

5月,苏州市军管会宣传部徐步接管社教学院③。未几,苏南区党委、苏南行政区成立,苏南文教处正式接管社教学院并成立院务委员会,院务委员会由古楳、谢孝思、刘雪庵、刘及辰、彭飭三、黄文浩、学生会主席张英霖7人组成④。

7月12日,国立社教学院正式开始放暑假。

是日,苏南行政公署发布《关于发动教师暑期学习的指示》,指出:"围绕着今后生产建设的需要,来改造和发展人民的文化教育事业,是建设新中国的重要任务之一,而发动教育人员努力学习,使能面向新方向,共同负责改进旧教育,则又是今后改造和发展文化教育事业的重要环节,为此今年暑假期间,除选调一部分教育人员参加暑期教育研究会集中学习外,各地必须发动在职教师普遍开展暑期自学运动,以便打下下学期在职学习的基础。""自学运动有两种形式,一为阅书,二为调查研究。阅书中必读书目为毛泽东主席所著《论人民民主专政》《新民主主义论》《目前形势与我们的任务》

---

① 彭勃.母校生活回忆片段[M]//苏州大学社会教育学院四川校友会.峥嵘岁月.苏州大学社会教育学院四川校友会印,1989:310.
② 薛冰.版本杂谈[M].济南:山东画报出版社,2009:290-291.
③ 谢在田.国立社会教育学院简史[M]//苏州大学社会教育学院武汉校友会.峥嵘岁月.苏州大学社会教育学院武汉校友会印,1987:1.
④ 黄文浩.我的生平简述[M]//张英霖."社教人"在苏州.香港:天马出版有限公司,2009:73.

《中国革命与中国共产党》;选读书目有:陈伯达《人民公敌蒋介石》《四大家族》,薛暮桥《政治经济学》,叶蠖生《中国历史读本》,解放社编《社会发展史略》,毛泽东《在延安文艺座谈会上的讲话》。"①据先生回忆,"暑期,参与社教学院组织的教师学习,学习内容为《论人民民主专政》《新民主主义论》《论联合政府》《将革命进行到底》4篇文章"②。

按:从学习书目来看,可能先生回忆有误。

8月30日,赠蒋吟秋《郑樵〈校雠略〉研究》一册,并于扉页题"吟秋学长兄 指正"。

9月10日,社教学院正式开学,本学期先生主讲"图书分类法"及"汉字排检法",但由于课程改革,该课由以往的一学年压缩到一学期,先生只得尽量压缩内容,但对实习的强调并未放松③。

10月1日,中华人民共和国成立。

---

① 本署关于学校教育工作的指示及关于中等以上学校政治教育问题的决定[A].江苏省档案馆藏,档号:7014-001-0006.
② 钱亚新.六十年来生活工作简表、论著编译年录[M]//吴志勤、钱亮、钱唐整理.创新、求新、育人——图书馆学家钱亚新的一生.自印本.1993:28.
③ 钱亚新.工作阶段[M]//钱亚新.钱亚新别集.谢欢整理.南京:南京大学出版社,2013:226.

1950 年　　四十八岁

1月21日—25日，苏州国立社教学院与无锡江苏省立教育学院两院院务委员会联席会议召开，商量并通过两院合并办法，同时成立筹备委员会开始进行两院合并工作，两院合并是"为建设新教育，改造旧学校，本区亟需有一较为健全之教育学院作为培养与改造教育人员的基干学校。原苏州国立社会教育学院与无锡省立教育学院科系重复，又不切合当前实际。需要亦有合并改革之必要，爰遵照中央教育部指示"进行①。

2月1日，苏南行政公署正式审定并批准了原苏州国立社会教育学院与无锡江苏省立教育学院合并改革办法，其中社教学院图博系裁撤，教师能自行安置者自行安置，无法自行安置者介绍至华北大学政治研究所或苏南公学学习，不愿学习者，发给旅费，任其回家②。据先生回忆："图博系被撤销解散，学员凡是自愿到无锡该院深造的可以照收，而教师都必须自寻出路。消息传来的当晚，系主任汪长炳往上海一溜，大家都认为他推卸责任，后来听说他是为某些教师谋求出路的。其实有些教师早有打算，如徐家麟回武昌文华图书科母校任教。只有我和岳良木落空。岳后来到常熟政治学校学习，而我被苏南文教处介绍到南京图书馆工作。在社教学院合并过程中，凡挂牌领干薪的教职员一律被淘汰。志勤平日还算规规矩矩，按时上班，所以她随学院并入苏南文教学院，在图书馆工作。"③

　　按：据先生表弟陈耀祥口述，原社教学院图博系取消后，先生一直在家待业④。据先生1956年撰写的《向科学文化进军应积极培养和提高图书馆员的工作水平》一文中所述："国立社教学院图博系，对于专业的培养和训练，是有一定的收获的。胜利后由四川璧山搬到苏州。解

---

①　苏南文教处教育学院、社教学院合并[A].江苏省档案馆藏，档号：7014-002-0833.
②　苏南文教处教育学院、社教学院合并[A].江苏省档案馆藏，档号：7014-002-0833.
③　钱亚新.工作阶段[M]//钱亚新.钱亚新别集.谢欢整理.南京：南京大学出版社，2013：226.
④　陈耀祥口述，2017年9月1日于上海陈耀祥家中。

放后由于这社教学院与无锡江苏省立教育学院性质相同,因此两校相并而停办了几系,图博系不过其中之一。从当时政府的政策和经济情况来看,这一举措,未尝不算英明,但是那时对于院系调整,思想上毫无基础,尤其把图博系停办以后,未能好好地安排师生,让其自流,而至消失。从作育人材方面来说,未始不是一种失策。假如当时不停办这个图博系,或停办而把师生调整到北京大学或武汉大学的图书馆学专修科,充实他们的师资或学生,这不仅对于这两个专修科是有利的,对于我国整个圕事业的发展也是有益处的。目前武汉大学图书馆学系四面找教授的情况,也可以不会如此紧张。"①由此可见,先生对于当时图博系解散师生没有得到很好的安置还是颇有微词。

2 月底,夫人吴志勤被聘往苏南文教学院图书馆继续工作,先生报名争取往北京学习②。

3 月 3 日,经苏南文教处介绍,先生于是日抵达南京中央图书馆报到,在原社教学院图博系学生邱克勤陪同下拜访馆长贺昌群先生,并就职外文编目部主任,职员仅张世昌、罗锦心二人③。当时全国尚无统一的分类法,先生到馆后对原中央图书馆分类法进行改编,使之适应新时期图书的分编,先生改编后的分类法一直沿用到 1958 年④。

3 月 19 日,下午,参加"国立南京图书馆"正名及馆长就职典礼,典礼由缪镇藩主持,缪镇藩首先报告了"国立南京图书馆"正名的意义,"继由军管会高教处副处长孙叔平致词,说明南京图书馆解放后十个月来的工作,在思想、作风上均有改进,今后为迎接文化建设的高潮,图书馆将负起重大任务。但目前支援战争和经济建设的任务更重要和更迫切,因此在文化工作的计划方面,必须从现有条件出发,逐步发展。军事代表栾长明勉励该馆工作人员在新馆长领导下,把工作从现有基础上提高一步"。最后由馆长贺昌群讲话,贺昌群对南京图书馆工作人员在解放后工作上的刻苦努力及对自身要求思想改造的热忱表示赞佩,并指出南京图书馆目前工作重点在整理图书及编目,解决库房紧张文字。其次谈及未来工作方向,指出在条件许可下,

---

① 钱亚新.向科学文化进军应积极培养和提高图书馆员的工作水平[J].稿本,1956.
② 钱亚新.六十年来生活工作简表、论著编译年录[M]//吴志勤、钱亮、钱唐整理.创新、求新、育人——图书馆学家钱亚新的一生.自印本.1993:29.
③ 钱亚新.六十年来生活工作简表、论著编译年录[M]//吴志勤、钱亮、钱唐整理.创新、求新、育人——图书馆学家钱亚新的一生.自印本.1993:29.
④ 包中协.事业、学术两楷模——纪念汪长炳、钱亚新先生诞辰 100 周年[J].新世纪图书馆,2004(3):24.

将推广流动阅览工作,以便更好地为人民服务。其他如设立资料室、研究室等,亦拟逐步进行。贺昌群讲话结束后,南京图书馆工会筹备会主任杜学书代表全体工作人员对正名及就职典礼表示祝贺,号召全体职工在新馆长领导下,积极搞好工作。南京地区图书馆界代表洪有丰、李小缘及南图工作人员百余人参加了典礼①。

是月,武汉大学徐家麟教授寄赠《苏联图书馆事业概观》(苏联华西里青科著,舒翼翚译,新华书店1949年12月版)一册,并题有"东山兄 存阅"。

3月底,国立南京图书馆工会开始接纳会员,先生积极报名并被吸收为会员,3月31日,国立南京图书馆工会建设筹备完成②。

4月1日,上午,参加国立南京图书馆工会成立大会,大会首由杜学书报告工会筹备经过,提出第一届工会的工作方针与任务"以支援前线,完成文化生产建设为主"。嗣由高教处主任秘书栾长明,南京市总工会、文化教育工作者联合会、中国科学院、国史馆、南京博物院、故宫博物院南京办事处等弟兄工会代表先后致词祝贺。贺昌群馆长在致词中勉励全体会员加强学习、迎接文化建设高潮。最后全体执委隆重宣誓③。

是月,先生兼任国立南京图书馆阅览部主任,副主任为顾斗南。

9月,先生编选《苏维埃共和国图书馆概况》(J.斯米司作,毛坤译,原载于1934年文华图书馆学专科学校出版之《世界民众图书馆概况》一书,题目由先生改编)、《苏联图书馆事业的发展》(克拉朋洛夫斯基作,庆德苇译,该文节选自1950年中华书局出版之《苏联文化教育机关的系统与组织》,题目由先生所改)、《苏维埃国家的图书馆》(T.苏耶娃,原载于1948年第1658期《新闻类编》)、《苏联的公共图书馆是怎样工作的》(雪洛夫作,胡光译,原载于1948年6月26日《实话报》)、《苏联的图书馆管理员》(介夫多伊作,留青译,原载于1949年6月12日《实话报》)、《苏联图书馆的特色》(陈中凡,原载于1950年第5、6期《中苏友声》)、《苏联图书馆事业》(周叙九,原载于1950年第5期《中华教育界》)、《莫斯科列宁图书馆中的手稿部的珍藏》(林泉,原载于1946年9月9日《世界晨报》)、《列宁图书馆》(茅盾,原载于1949年开明书店出版之《苏联见闻录》)、《文化的宝库——列宁图书馆》(索罗米安斯卡娅作,孙谛知译,原载于1949年5月17日《实话报》)、《普式庚图书馆》(帕洪莫夫作,求是译,原载于1949年6月5日《实话报》)、

---

① 榆.国立南京图书馆前日正名典礼[N].新华日报,1950-3-21(2).
② 榆.国立南京图书馆开工会成立大会[N].新华日报,1950-4-3(2).
③ 榆.国立南京图书馆开工会成立大会[N].新华日报,1950-4-3(2).

《列宁图书馆巡礼》(爱·德文斯基作,陆钦颐译,原载于1950年第9期《科学通报》)、《苏联最大的科学技术图书馆》(V·加培宁,原载于1948年第1650期《新闻类编》)、《阿尔美尼亚民众图书馆》(茅盾,原载于1949年开明书店出版之《苏联见闻录》)、《库士涅兹斯大林冶金综合工厂科技图书馆》(列乌特,原载于1950年第5、6期《中苏友声》)、《工厂里的图书馆》(A·杜布罗夫斯基,原载于1947年第1602期《新闻类编》)、《苏联的一个乡村图书馆》(育林作,辉扬、锡琪合译,原载于1950年8月19日《香港文汇报》)、《苏俄流动文库法规》(叶工明译,原载于1950年中央文化教育委员会编辑《文教参考资料》第一辑)18篇文稿辑成《向苏联图书馆学习》一书,该书现存为稿本,并有残缺,先生是否有增删,有待进一步查考。

10月1日—7日,先生协助举办的"台湾、朝鲜资料展览会"于南京图书馆开展,展览同时编辑"特刊"一册,以供宣传参考,一周来馆参观的人数多达三千多人次①。

10月8日,应朝鲜党和政府请求,中共中央作出抗美援朝、保家卫国的决策,中国人民志愿军入朝作战,国内"抗美援朝,保家卫国"热情高涨。先生写信给时在苏州中学读书的长子钱亮,鼓励其报名参加志愿军,但并未被录取②。

11月,国立南京图书馆馆内组织机构调整,原来的总务部改为秘书室,以便加强领导,提高行政工作效率,其余采访、中文编目、外文编目、阅览、特藏五个部门不变。

12月15日,《文华图书专科学校简讯》"新一卷"出版,沈祖荣先生钤印寄赠先生一册。

---

① 钱亚新.六十年来生活工作简表、论著编译年录[M]//吴志勤、钱亮、钱唐整理.创新、求新、育人——图书馆学家钱亚新的一生.自印本.1993:29.
② 钱亚新.六十年来生活工作简表、论著编译年录[M]//吴志勤、钱亮、钱唐整理.创新、求新、育人——图书馆学家钱亚新的一生.自印本.1993:29.

1951年　　四十九岁

3月,赠文华图书馆学专科学校《郑樵〈校雠略〉研究》一册,并于扉页题"武昌文华圕学专校 惠存"。

4月,国立南京图书馆为响应新闻总署、出版总署提倡书报评论的号召以及供给图书馆和读者选择读物的方便,决定创办《书刊评介资料索引》。该刊于是月正式创刊,先生因在索引领域卓有研究,组织并参与相关编辑工作①。该刊初以《人民日报》《光明日报》《解放日报》《东北日报》《文汇报》《大公报》《新华日报》《长江日报》《南方日报》为范围(后逐渐扩大),索引项目包括(1) 篇名;(2) 著者;(3) 出处(包括报纸的名称刊期和版页)。索引排列分为(1) 理论与文件;(2) 两种以上的书刊合评(必要时再分小类);(3) 一种书刊的评介(以被评介的书名为次);(4) 出版与编辑②。该刊初创时为季刊,1958年7月改为月刊,1960年8月停刊。

4月30日,参加南京图书馆全馆工作人员会议,先生在会上就阅览部参考室连续遗失工具书多种一事(后经公安部门介入追回一些)做了深刻检讨。此事虽然与先生无直接相关,但先生认为在该事上负有管理不善的责任,并表示愿意赔偿经济上的损失③。

7月,夫人吴志勤率全家子女来宁度假,先生陪伴家人参观南京地区名胜古迹④。

是月,洪焕椿将其所著之《图书馆与文化学习》(开明书店,1951年6月版)一书赠送先生,并题"敬请 亚新先生指正"。

8月25日,上午9时于国立南京图书馆会议室参加南京图书馆清库会

---

① 钱亚新.我是怎样研究索引和索引法的[M]//钱亚新.钱亚新别集.谢欢整理.南京:南京大学出版社,2013:256.
② 辑例[J].书刊评介资料索引,1951(1):1.
③ 钱亚新.六十年来生活工作简表、论著编译年录[M]//吴志勤、钱亮、钱唐整理.创新、求新、育人——图书馆学家钱亚新的一生.自印本.1993:30.
④ 钱亚新.六十年来生活工作简表、论著编译年录[M]//吴志勤、钱亮、钱唐整理.创新、求新、育人——图书馆学家钱亚新的一生.自印本.1993:30.

议第一次会议,与会人员包括董正荣、张世昌、汪一飞、邱克勤、杨长春、邓复生、鲍昌明、商倩若、沈启永、李艳卿、王庸及先生,王庸担任会议主席,先生负责记录。会议首先由王庸报告董正荣所提关于中文书库清理的必要、步骤及方法,继而与会人员针对董正荣所提内容进行了商讨。讨论内容包括:(1)清库时期是否要停止阅览,决议:清库时期,三楼阅览室停止阅览两周;(2)如何做好准备工作,决议:① 尽可能收回借出图书,② 集中并排好参考书,③ 集中并排好反动书等,④ 补齐 1950 年 9 月至 1951 年 1 月编目组的排架卡;(3)如何规定工作程序,决议:① 以阅览组的分类目录对阅览组的图书校对,② 以编目组的排架目录对阅览组的分类目录校对,③ 以阅览组的著者目录和书名目录排成分类目录与编目组的排架目录校对,将其中所缺卡片补全,而后再排成书名目录和著者目录,④ 以编目组的书名目录对阅览组的书名目录校对,其中所缺的卡片补全,⑤ 补一套阅览组的排架卡;(4)如何决定参加人选,决议:阅览组以典藏出纳部的人员为基础;(5)如何请行政当局重视此项工作,决议:提请将此项工作,作为冬季计划重点工作之一,而为 1952 年中文编目工作打好基础;(6)如何追加预算,决议:请秘书处会计部门追加排架卡三万张之预算。

11 月,南京市委组织文教部门的知识分子学习《中华人民共和国土地改革法》,并要求相关部门的知识分子赴皖北参加土改运动,接受思想改造。先生报名参加。

12 月 2 日,与南京大学部分师生、南京博物院和南京图书馆的部分工作人员一起赴皖北阜阳地区太和县参加土改。南京图书馆由时任馆长贺昌群带队。经过三个月的体验,先生提高了思想认识,认为土改工作有助于解决封建主义残余①。同时增广了见闻,先生晚年曾有《土改前后》《黄牛耕田》《窗花》《蚌埠》等诗作回忆土改生活,详见《钱亚新别集》。先生参加土改之前,曾认真阅读了无锡公立文化教育学院研究部编辑的《土改学习参考资料索引》,据先生自述"回忆南京图书馆、南京大学几个单位到皖北阜阳地区进行土改,我就是在这个索引找了不少的参考资料,先加以阅读,做到心中有数,这对于开展工作受益匪浅"②。

是年,先生曾从南京至无锡探亲,探亲期间游览鼋头渚、惠山等风景区,晚年曾作有《鼋头渚》《惠山观鱼》等诗,以忆此次游玩③。

---

① 钱亚新.安徽[M]//钱亚新.钱亚新别集.谢欢整理.南京:南京大学出版社,2013:302-303.
② 手稿.
③ 钱亚新.无锡[M]//钱亚新.钱亚新别集.谢欢整理.南京:南京大学出版社,2013:286-287.

1952年　　五十岁

2月2日，参加南京图书馆"三反"学习。

是年春，参加南京图书馆的思想改造学习运动，此次运动由南京市文化教育委员会派员领导，馆内人员分成若干小组，先学习有关文件，接着谈论各人的家庭情况、学历、履历、思想意识。此次运动的主要目的在于"暴露"自己的"真面目"，使之认识清楚，而后针对自己的缺点找出改造的方案。此次运动对于先生的结论是，先生有资产阶级名利思想①。

5月，参与编制《反对美帝国主义武装日本资料索引》。

9月，吴志勤由苏州调至南京工学院图书馆工作，先生全家得以团聚，并迁居至成贤街90号②。

秋，先生所领导的阅览部开展推广流通工作，不仅在长江路开辟了新的阅览室，而且在南京城乡广设图书流通站50余处。

12月8日，参加南京图书馆举办"中苏友好月"苏联图片展览会开展仪式，全体工作人员摄影留念。

是月，南图开始实行工分制，先生定为14级，每月449工资分③。

---

① 钱亚新.六十年来生活工作简表、论著编译年录[M]//吴志勤、钱亮、钱唐整理.创新、求新、育人——图书馆学家钱亚新的一生.自印本.1993：30.
② 钱亚新.六十年来生活工作简表、论著编译年录[M]//吴志勤、钱亮、钱唐整理.创新、求新、育人——图书馆学家钱亚新的一生.自印本.1993：31.
③ 一九五六年工资级别评定表.江苏省档案馆馆藏[A].江苏省档案馆馆藏，档号：4016-002-0144.

1953 年　　五十一岁

1月12日,至中山东路南京新华书店购《怎样查字典》一册(陈刚著,华东人民出版社1952年版,通俗语文小丛书之一)。

3月15日,南京图书馆馆内机构再次调整,设立秘书处、采访部、分编部、阅览部、特藏部,先生于是日开始担任分编部主任,分编部下设中文图书分编、外文图书分编两个小组①。

4月,为改进南京图书馆中文图书分编工作,先生与分编部一位工作人员至上海图书馆学习。自沪回宁后,在原有工作基础上,提出了新的中文编目流水操作法,并开始在南京图书馆试行②。

5月16日,参加政治学习,学习的主要内容包括:(1)为什么说中国人民伟大的胜利并不是中国革命的终点,而只不过像万里长征才走完第一步?(2)为什么经济建设是我国新民主主义建设的中心任务?(3)发展新民主主义的人民经济、实现国家工业化有什么重大意义?(4)三年来,在经济的恢复和发展方面取得了哪些成就?

6月12日,参加政治学习,学习的主要内容包括:(1)什么是我国经济建设的根本方针?(2)为什么说国家经济建设的方针,是根据"生产关系一定要适应生产力的性质"的法则制定的?(3)为什么我国新民主主义社会的五种经济成分必须各占一定的地位,彼此能以一定的关系相处,并且各按一定的方向发展,才能建立和巩固我国新民主主义经济制度,并顺利地实现国家工业化与向社会主义前进?(4)社会主义的国营经济在我国新民主主义经济中起着怎样的作用?(5)为了领导私人资本主义,我们的国家要做哪些工作?为什么我们的国家要鼓励私人资本主义经济向国家资本主义方向发展?(6)个体经济是怎样一种经济?为什么在目前发挥农民和手工业

---

① 钱亚新.六十年来生活工作简表、论著编译年录[M]//吴志勤、钱亮、钱唐整理.创新、求新、育人——图书馆学家钱亚新的一生.自印本.1993:31.

② 钱亚新.六十年来生活工作简表、论著编译年录[M]//吴志勤、钱亮、钱唐整理.创新、求新、育人——图书馆学家钱亚新的一生.自印本.1993:31.

者的个体经济的积极性,对我国经济建设具有十分重要的意义?(7)为什么我们必须把农民和手工业者的个体经济改造成为近代化的大生产?我们要用什么办法来实现这个改造?学习结束后,先生撰写了学习体会,内容如下:

我国新民主主义经济建设的方针是正确的、伟大的(体会之一)

通过第二单元的学习,我认识到党的确精通我国经济发展、社会发展的法则,制定了正确的纲领和政策。同时它还进行了巨大的组织工作,教育工作,培养了大批优秀的干部来为正确执行自己的纲领和政策而奋斗。现在只把新民主主义经济建设的方针来说明吧!

中国近百年来,是由封建社会转变为一个半封建半殖民地的社会,它的经济是由封建经济转变而为一个半封建半殖民地的经济。要从这种经济过渡到社会主义的经济,决不能冒进,以求一蹴而就,也不能等待让其自发,只能从实际出发,掌握着中国历史发展的规律和经济发展的趋向,来制定正确的纲领和政策。而我们目前经济建设以发展生产繁荣经济为目的,不但理解了过去,而且能掌握了现在,并且预见到将来。这是多末正确!伟大!

在这种多样性的经济情况中,能提出一套政策,把五种经济成分安排在一定的地位,搞好他们彼此间的关系,发挥着他们一定的作用,朝着一定的方面发展,这也是正确的伟大的。这不是一套空想,三年多来的事实确证明了这是可以做得到的。我们看到国营工业和私营工业的极大发展,国营农场的建立和小农经济的改造,以及国营商业和私营商业的突进,就了解到公私兼顾、劳资两利、城乡互助、内外交流四条政策的正确和伟大了。

毛主席教导我们必须克服困难,必须学会自己不懂的东西,必须向一切内行的人们学经济工作。因此,在这次学习中,我个人必须遵照毛主席的教导,学好有关新民主主义经济建设的工作,来尽自己的责任,做好岗位工作,为人民服务。

工农联盟问题(体会之二)

在苏联,无产阶级领导的工农联盟,是建成社会主义的基础。无产阶级要实现社会主义,不能单靠自己这一个阶级,必须领导千百万人民群众共同从事社会主义的建设。这是由于农民是销纳工业品的广大的国内市场,农民以原料供给工业,又以粮食供给工人。所以,农民是社会主义建设中的无产阶级的基本同盟者。工农联盟的基本目的,是建成社会主义。

社会主义不仅包括城市和工业,而且要包括乡村和农业。只有工业是社会主义的,而农业依然还是建立在私有制基础之上的,社会主义便不能建成。因此,要建成社会主义,就要把工业和农业结合为一个国民经济的整体,发挥工农联盟的作用。

列宁新经济政策的拟定,就是由上面的理论结合当时社会的实际情况而来的。

把以上的情况结合到中国来谈,工农联盟是建成新民主主义的基础。目前我们对于农民阶级的任务之所以必须帮助农业生产逐步走向近代化,是有道理的。这就是意味着工业只是新民主主义的,而农业还是落后的,新民主主义便不能建成。

其次,农业实在是工业发展的基础,是吸收工业品的市场,是工业原料,城市居民粮食的供给者。不为我国工业化创立农业的基础,不改造农业,就不能保证我国的工业能稳当地向前推进。因此,通过互助合作社的方式来组织农民,不但可以社会主义的精神来教育农民,而且把工业联盟更加巩[固]起来了。

工农联盟是为生产关系一定要适应生产力性质这一经济法则铺平道路的革命的社会力量。

过渡时期工农联盟的新的经济基础是发展工叶[业],以便进一步以新的技术来改造和提高农叶[业]。

要实现农叶[业]的社会主义改造和工[巩]固工农联盟,必须加强工人阶级领导,必须进行耐心的艰苦的经济工作和政治工作来克服农民的自发的资本主义倾向,提高农民的社会主义觉悟。

8月,先生针对南京图书馆中文图书编目流水操作法试行情况,进行了初步总结,撰写了总结报告,内容如下:

一、起头。我馆自今年三月调整组织以后,增加了购书费,转变了工作方向,因此为了处理大批购到的新书,满足读者的需要,就对中文编目组提出了新的要求:即编目工作要做得快,做得多,做得好。本组同志结合了从前合理化的建议,吸收了先进图书馆的经验,在原有的工作基础上,提出了新的编目流水操作法。经过最近两三个月的试行,已收得一定的效果。兹将其中的情况,初步地总结如下。

二、基本要求。我们在原有的工作基础上,提出一个基本要求:就是以八个半人力,每月以二十个工作日每日以八小时计算,完成四千册初复本书的全套分编工作。初复本比例为 1∶5,平均每日做完 40 种 200 册图书的编目工作;而在质的方面,要达到查书、编目、分类、制卡、排卡以及写贴书标等一系列工作上的不犯错误,以免返工。

三、程序。

(一) 收书

1. 收入采访部中文采访组送来的图书和登录单。

2. 将图书校对登录单,注意各书的登录号码是否与登录单上的相符。

3. 将图书暂时入库,找登录号码排架。

(二) 查书

1. 查复本,依据书名目录查。

A 确定复本:(1) 内容与书名项、著录项、出版项、稽核项全相同者;(2) 内容相同而各项中有任何不相同者。

B 把复本的叫书号(书码或索书号)抄在该书的底封面左(右)上角。

C 遇有不同版本的复本,在原有的书名卡上,加盖"又藏＊＊＊版"图章。

D 送复本于复本编号小组。

2. 查初本,依据书名目录查。

A 确定初本:(1) 新的书名和新的内容;(2) 旧的书名而有不同的著者;(3) 下列各书作初本论:a 一书的修订本或增订本;b 续编(集辑选);c 以丛为编目单位的新种(即其中的新种)。

B 送初本于出版编目小组。

(三) 复本编号

1. 照复本书底封面上的叫书号,查出它的排架卡。

2. 把复本书的登记号码加在查出的排架卡上,并确定其部册次。

3. 把部册次的符号加在复本书底封面的叫书号下面。

4. 把抽出的排架卡仍插入排架目录中。

5. 把复本书送于写贴书卡书标小组。

(四) 初本编目

1. 照编目条例编初本书库排架卡和编目排架卡各一张,两张的内容完全一致。

2. 加初本书的登录号码于各卡的背后。

3. 对于中国著者：A 作著者考卡，如其是新的。B 查著者考卡，如其是旧的。

4. 对于外国译名著者：A 做统一译名卡，如其是新的。B 查统一译名卡，如其是旧的。

5. 照著者号码表，查著者号码的根，并把它写在初本书底封面的左(右)上角。

6. 加追□于书底排架卡背面一定的地位。

7. 加部册次的符号在著者号码下二行，如编时有复本时。

8. 把初本书送于初本分类整理小组。

（五）初本分类整理

1. 核对初本书所编的排架卡。

2. 照中文图书分类表分类，给初本书以分类号码，并将分类号码写在底封面著者号码之上。

3. 照著者号码编制法加著者号码有关的各种区别符号，如有必要时。

4. 将上两项的分类号码和著者号码所形成的叫书号，抄在两张排架卡左上角。

5. 将本室用的排架卡一张，随手插入排架目录。

6. 将书库排架卡交于写印卡片小组。

7. 将初本书交于写贴书号书标小组。

（六）写贴书卡书标

1. 照复本初本叫书号写书标。

2. 照复本初本书写书卡，包括叫书号、书名、部册次和登记号码。

3. 贴复本初本书的书标。

4. 贴复本初本书的书袋，并将书卡插入书袋。

5. 送复本初本书于校对小组。

（七）校对统计

1. 将复本初本书及其底封面上的叫书号、登录号码等校对书卡上的叫书号、书名、部册次和登记号码以及书标上的叫书号。

2. 用一白底条抄上各书的登录号码，并将此条夹入书内。

3. 将复本书照叫书号排列。

4. 将初本书照叫书号排列。

5. 统计复本初本书的种册数并填入统计表内。

6. 将复本初本书送于送书小组。

（八）写印卡片

1. 照书库排架卡的正面,写成蜡纸油印卡,但附注项内的译本原书名和著者名省而不录。

2. 编号和规定油印卡片数量,如 53－74(14) 即为 1953 年第 74 种油印卡片,其数量为 14 张。

3. 将书库排架卡校对蜡纸油印卡。

4. 油印。

5. 找编号整理卡片并将卡片送于配卡排卡小组。

（九）配卡排卡

1. 抽出书名卡一张,送于查书小组,排入本室书名目录。

2. 照追寻抽出卡片一套,填上著者,分别排入阅览室各种目录(分类、书名、著者)中。

3. 抽出样卡一张,照油印卡片的编号排入样卡目录中。

4. 其余各卡即一张书库排架卡和若干张油印卡片,送于送书小组。

（十）送书

1. 将复本初本种册次照统计表填入送书簿内。

2. 将油印发片夹入初本书内。

3. 将复本和初本及其卡片送往阅览部典藏出纳组签收。

4. 收回送书簿和各书内的登录条。

四、收获。

1. 提高工作效率。在夏季里,我们曾以四人小组、六人小组试编,每人每日的平均数量只在 18 册左右。但自从改进了劳动组织和工作方法以后,现在每人每日的平均数量达到 23 册,这就是说用流水操作的方法比从前提高了 27% 的工作效率。

2. 发挥集体精神。由于参加的工作人员组成了一个有机体,因此各工段与各工段间就要保证工作上的不脱节,各个工作者与各组工作者之间也要保证工作的及时完成。这种互相联系、互相依赖的关系,促成互相关心、互相帮助的趋向,大家能集中精力来完成整个任务。这样,大大发挥了工作中集体主义的精神。

3. 分配人员合理。要有计划有步骤有节奏地进行工作,人力的配备必须合理。采用了流水操作法以后,每个工作岗位上,要配备最得力的人去搞。实际上,在任何工作岗位的工作者,都能全心全意地保证完成自己分内的工作,并保证完成全体的工作。在生产过程中,各项工作的性质虽有差别,但在整个工作中来说,是相等的重要,因此体力劳动和脑力劳动逐渐在接近。这样也就达到了合理化的人员分配。

4. 保证排架目录的及时和完整。在大批图书分编过程中要保证新旧图书叫书号间不发生矛盾,并不是一件易于克服的困难。因此,在从前的经验中每每要到编好的图书送到阅览部去的前后,才能发现叫书号的冲突。但及时加以修改,已经浪费了时间。现在在初本分类整理时,把各初本的排架卡随时解决,随时插入,这不仅使整个工作可以顺利地如流水进行,而且保证了这项目录的及时和完整。这是工作中重要的关键,必须加以特别的重视。

五、存在问题。在上述的流水操作法中虽有许多特点,但存在的问题仍旧不少。兹择其重要的略述如下:

1. 关于劳动组织问题。以八个半人组织而成的工作队,工作的程序是以流水操作法安排的,而有些工作人员却要守住两个岗位以上的工作。这固然是由工作性质和分量上的不同所需要花费的时间来规定的,但因此在工作与工作人员之间,就不可避免地造成不够协调,不能专责的现象。这对流水操作法是一个矛盾。要消除这一矛盾,就要使一个工作人员专做一种工作或做邻近有联系性的两种工作,这也就是说对于劳动组织还须加以适当的调整。

2. 关于工作方法问题。在流水操作法中,一切能阻碍工作进行的因素都要事先排除,同时一切能争取节省时间的办法都要争取。但是我们对于这两点还有许多地方未能做到。如查复本时,只靠一套书名目录要确定版本不同的或书名项、著者项中有不同的复本,实非一件易事;如其跑到书库里去核对,就要花不少时间。又如大批复本的书标一律用手写,也是一件不省时的工作。怎样来经济时间,提高效率,必须对现有的工作方法,再提高一步加以改进。

3. 关于潜在能力问题。全体工作同志个个负责人人努力,这是肯定的。但是否每个人都发挥了最大的积极性和创造性,那还是一个疑问。我们还须进一步要求自己,对于任何工作,都有可能设法改进;尤其是做领导的同志,更须相信群众,依赖群众,不断地发掘大家的潜在能力,突破原有的工作记录而创造更新的记录。

按:上述报告中第三部分,单独抽出略加修改后以南京图书馆的名义油印《中文图书编目分类流水操作法》单行本,供有关单位参考。

8—9月,为改进南京图书馆工作,南京图书馆组织了以潘天祯为组长,王庸、邱克勤及先生为组员的"四人取经小组",赴山东、北京考察,先后参观了山东省图书馆、北京图书馆、北京市图书馆、中国科学院图书馆以及北京大学、清华大学、中国人民大学等单位图书馆。回宁后,四人分别就学习经验向全馆做了汇报,先生汇报题目为《参观北京、济南图书馆的几点体会》①,主要内容如下:

甲 感 想

一、爱国主义的精神

看到了:古[故]宫建筑的辉煌,北海的风光,颐和园的都丽,献碑艺术的细致,天坛的别致,不可能不想到中国劳动人民创造力的伟大。

参观了:历史博物馆展览会,文物展览会,中国建筑展览会,陶瓷馆等等,不可能不想到中国历史的悠久。

看到了:街市的热闹,水果的丰富,商品的丰富,不可能不想到中国的富广。

看到了:中央机关的林立,全国性集会的多,不可能不想到人物的荟萃。

这一切的一切都是以丰富我们爱国主义精神的。

二、圕情况的不同

1. 服务对象:为资产阶级和小资产阶级服务——面向工农兵(公立圕),为师生员工(学校圕)

2. 工作内容:采访、编目、阅览、推广——采访、编目、阅览、推广、群众工作

3. 工作方式方法:美国式的一套——结合具体情况,搞出一套自己的办法

4. 思想认识:你来我给——你来我给,你不来我就送上门

5. 工作态度:小职员、大职员名利思想,雇佣观点——主人翁态度,面向工农兵服务

三、为什么圕的工作和情况会有这样的转变?

这些转变怎样发生的?我的体会是:主要是中央政府和有关部局掌握了文教政策,这就是说新民主主义的文化教育应该是民族的,科学的和大众的文化教育。人民政府的文化教育工作,的确是本着提高人

---

① 钱亚新.53—54年工作日志片段[M].稿本.

民文化水平,培养国家建设人才,肃清封建的、买办的、法西斯主义的思想,发展为人民服务的思想为主要任务来搞的。

其次是圕工作者经过一系列的运动和党的教育,业务学习的加强,体会到自己重大的使命,必须利用图书刊物广泛宣传马列主义毛泽东思想,以爱国主义和国际主义来教育人民大众。另方面必须利用图书刊物来同人们意识中的资产阶级思想残余作斗争。

最次,是大家向苏联老大哥学习。

乙　采购分编情况

一、大学圕概况

1. 北京大学圕设有总、采、编、阅四个部门,职员76人,其任务为"为教学服务,师生服务",全校师生共计4 800人。阅览室分为理科、文科、新文化,经费60 000万,圕藏书1 500万册,各系有阅览室。北大圕采购组有3人,登录组3人,编目组有11.5人,分类采用皮高品法。存在的主要问题是:(1)赶不上客观的需要,未能为教学服务,如《联共党史》之类未能尽量供应即是,其原因由于集中上课,集中自修,集中使用,圕就难于适应了。(2)系圕如何办理一事,尚待研究。

2. 人民大学圕设有办公室、选购、编目、出纳、阅览、资料、旧书整理七个小组,共计90人,除总馆外,还有三个分馆。其任务是"为教学服务,师生服务"。全校有43个教研室,学生8 000人。人大圕采购根据需要决定分配办法,旧书分类用刘国钧法,新书用人大法。目前问题是:(1)急需旧书,如《图书集成》《四部丛刊》。(2)管理上分新旧两个系统,略有困难。

从两个大学圕的比较,我初步的意思,觉得人民大学圕对于时事宣传、图书宣传、使用资料、推广材料等工作做得比北大要多些、好些。这虽然是由人员、经费等原因所致,但领导上的重视是起主要作用的。

二、公共圕采购情况

1. 北京圕。采购由采访部中采组负责,人员8—9人,采购任务是"宣传马列主义,供给政府、机关参观,保存民族遗产",采购经费占采访部40%,渠道有国营、私营书店两种。采购数量:马列主义毛泽东思想50册;科技:通俗类40,专门类10—15;文艺:馆外40—50,馆内10—20;参考书5—10;其他5。

2. 北京市圕。采购由采编部采购登录组负责,人员6—7人,采购数量:科技类30%,文学类40%—50%,其他20%。

3. 山东省圕。采购由采编部采购组负责,人员7人,采购任务根据方针任务和读者需求,以采购新书为主。采购经费中70%用于通俗书,30%用于专业书。采购数量:社会科学25%,科技25%,通俗读物50%。通俗读物中初级读物(初小以下)25%,初级读物(高小到初中)20%,中级读物(初中到高中)12%,高级读物(高中以上)14%,大专读物(大学专门)3%,大专读物(很特别)1%,连环图画20%。

选购图书的问题先要为读者着想,因此在经济的比例、数量的比例、分配的比例三方面,先要照顾分配的比例,这样才能提高使用价值,否则就是不大用的书,甚至死书。至于专为典藏而购买的,应当另作别论。因此,我个人认为山东圕的购书办法较为妥当,值得我们学习的。

三、分类问题

分类所采用的方法还不一致。例如北京圕(刘国钧法),北京市圕(东北圕法),山东圕(山东圕法),济南市圕(杜定友法),东北圕(本法),长春市圕(东北圕法),北大圕(皮高品法),人民大学圕(本法)。

这些方法可以分为三类来看:刘、皮(解放前的),承袭资产阶级杜威十进分类法而来的。东北圕、山东省圕(解放初期),加了许多新的类目,但体系上仍未更改。杜、人民大学圕(最近的),不但加了许多新的类目,体系上也大大地改变了。然而在目前圕界,却引起了对于图书分类法的思想斗争,就是杜法与人民大学圕的分类法到底是不是合于马列主义思想体系的。

人民大学圕图书分类法整个体系的介绍(见另稿)。刘国钧、袁涌进对于这分类法的批评(见刘:《关于新中国图书分类法的一个基本问题》,袁:《怎样进行图书分类工作》)。刘的主张:(1)哲学,(2)自然科学,(3)社会科学。他的论据是依人类知识的发展来说的。在人类知识的发展中,关于自然现象的知识,发展在先;关于社会现象的知识,发展在后。因此,如果把这条真理应用到图书分类法上,就应当以关于自然现象的图书在先,关于社会现象的图书在后。毛主席曾提出自然科学是生产斗争知识的结晶,社会科学是阶级斗争知识的结晶,而哲学就是这两门知识的概括与总结。如果把社会科学放在自然科学之前,那末这种图书分类法底基本顺序就不符合毛主席关于人类知识发展的学说,因而也就脱离了宇宙发展的顺序,违反了马列主义的宇宙观。所以,他以为在图书分类法中自然科学应当放在社会科学之前。

说到哲学,既然是自然科学知识和社会科学知识的总结,似乎是应该放在这两门知识的后面。但是哲学是讨论物质的运动、宇宙发展的普遍规律,是人类一切行动的指南,一切正确思想的出发点。而辩证唯物论是人们所有科学知识最伟大、最广泛的总结,同时又是现代一切思想和行动的基础。因此,哲学是最普遍的真理,具有最高的指导作用,辩证地影响到人们一切知识。如果图书分类法要具有指导读书的作用,就不能忽视这一事实。因此,把哲学放在前面,尤其是把马克思列宁主义哲学放在首位,是非常合理的。

刘国钧同志所以赞同哲学放在最前面,是强调它的指导作用;同时他又强调知识发展的学说,将自然科学放在社会科学之前。这样,在他的理想类表中的类目顺序,是用两种观点来排列的,就是以哲学对自然科学和社会科学来讲是采取指导性的观点;自然科学对社会科学来讲是采取发展性的观点。袁涌进同志的说法,也是拥护刘氏的主张。

但是人民大学圕图书分类法,却强调它的一致性。就是从头到尾是以总结科学为首,由上层建筑的顶点,向经济基础来排列;从尾到头是以综合图书为基,由经济基础向上层建筑的顶点来积累。从头到尾或从尾到头都表现了总体系的一致性。

记得在山东圕一个座谈会上,他们的编目主任曾提出这样一个问题:"现在中国的图书分类法,以那[哪]个体系比较完善?"当时我们的回答是这样的:"在北京听了中苏友协一位叶同志赴苏参考回国的谈话,知道苏联国立列宁圕曾花了十年工夫,编了一个分类法:它的体系先是马列主义哲学,其次是社会科学一般及其各类,最次是自然科学一般及其各类,其中共分廿一大类。假如我们认为这个体系正确的,那末把它来测量别的中国分类法,当以杜定友先生的分类法,也就是济南市圕采用的分类法较为妥善。"

当时我们没有提到人民大学圕的分类法,因为在北京尚未见到。那[哪]知这两个方法在体系上完全相合。但是我现在不得不发生这样一个问题:假使刘国钧袁涌进同志主张对的,那末不但杜定友先生的分类法,人大圕的分类法不对,甚至苏联列宁圕所编的也成了问题了。苏联有这许多专家在研究,而人大圕的分类法也经该校各单位的讨论,在北京中央文化部社发局为此也召集专家开过讨论会,难道他们都没有想到这点吗?因此谁是谁非,谁是马列主义的体系,谁是非马列主义的体系是值得我们来加以密切关注,加以深入的研究。

四、编目问题

1. 目录的种类,可分为分类、著者、书名三种。分配到各使用场所,已有一致的趋势。就是在:办公室——分类、书名(北京圕,北京市圕);阅览室——分类、书名、著者(北京圕,北京市圕,山东省圕,北大,人大);借书处——分类(北京圕,山东省圕,济南市圕);推广处——分类(北京圕,山东省圕)。

2. 目录的排列,分类目录必然依分类法为标准,书名或著者目录尚未一致。分类——依各圕分类系统。著者或书名：笔划笔法(北京圕,北京市圕,北大圕),四角号码(山东省圕)。目录排列由那[哪]个部门担任：由编目部(北京圕);由各部门——各掌管图书部门(北京市圕);由编目部门及其他部门(南京圕)。

3. 目录的范围,目录是检索和使用图书的锁钥,它的范围应当如何？(1)通录——从前的圕有多少书,就编多少目录,好像是越来越多。(2)选录——现在圕界的想法却有些不同,就是为了宣传马列主义、毛泽东思想以及政府的政策等等,必须把能鼓舞群众的,教育群众的书给读者看,不能起作用,甚至起反作用的图书,即不应该给读者看了。(3)专录——为了某一问题,某一作者,某一事件而编的专目。我国圕界已经注意及此,但这项工作并不是由编目部来搞,大抵是由参考研究部来做的。做是做的,但及时这个问题,尚未强调。

在编目问题上,如其采用的图书分类法还不能以人民大学圕的分类法把各类中的马列主义毛泽东思想放在各类之前时,不能专以著者号码的次序机械地排列同类中的图书,必须重行组织,强调那[哪]些图书尤为重要,那[哪]些图书当介绍给读者。这一措施是值得我们考虑的。

五、流水作业及指标问题与质量问题

1. 流水作业的意思就是把整个的工作分为若干工段来操作,各工段与各工段之间,紧密衔接,操作起来好像流水一般,不要重复,自始到终,一泻千里。在圕工作中,尤其在采编部门的工作,早已引起了注意,而且在我们参观的圕说来,大家都在采用,所不同的,只是程度上的差别。以北京圕、北京市圕、山东省圕、东北圕来说,对于这问题,北京市圕做得比较好。它的流水作业分为采购与分编二部：(1)采购部门：选购——验收——分配——写卡——校查——登录——统计——排卡。(2)分编部门：分类——编目——校对——印卡——整理(书标书袋写贴、卡片的分配和填制)——检查——统计——排卡——拨交。每项工作都在登记卡上和排架片上注出,而且由经手人签字以标明负责制,这点是值得学习的。

2. 指标问题。但是只有流水作业,并不就等于解决了工作上的问题,工作的效率或高或低要看指标。所谓指标是在规定的质量下工作时间除工作数量所得出的商数,换言之就是工作标准的指数。

3. 质量问题。对于数量要能逐渐提高,对于质量也应该逐渐提高,因此,在工作效率问题上,我们必须注意错误率的问题。这就是说,在同一工作数量中,错误率能降低,这也可以说是一种提高工作效率的表现,但各圕除北京圕外尚未注意。因此,我们必须在工作中,与错误展开斗争,一定要慎重,严格检查,不管是原则上的或者非原则上的,都要消灭它才是。

总之,在流水作业的问题上,我们先要测定指标,在一定的指标上要求提高它的数量,同时也要提高它的质量。否则,只有流水操作,并不能解决问题,增加生产。

丙　圕的业务学习、钻研与改进

以上所提的种种问题,采购问题、分类问题、编目问题以及流水操作问题,在我国圕尚未获得一致的办法,大家还在摸索之中,有待于经验的创造。但是圕真正要为人民服务,必须把业务搞好,要搞好业务,除掉先要加强政治思想教育外,必须开展业务学习、业务钻研。

从前办圕的行政首长,不是管理圕,而是做"官"。从事圕的工作人员,十九是谋生。因此对于圕的事业和钻研是不注意的。他怎样学的,他就怎样搞;上级要他怎样做,他就怎样做。这样,对于圕业务当然没有进步。例如解放前的中国圕,完全是美国式的东西,为资产阶级服务,但是现在的情况却大不相同了。我们到北京参观以后,感到各圕对于业务学习都非常重视。大概的情况是:

一、定期学习。北京市圕每周学习业务两小时,内容先讲解圕常识,而后各部门再分开学习,注意讲解与实际工作相结合,以推进业务。

二、专业学习。北京市圕对于流通站的建立目的,开始是不明确的,弄到后来有些自流。主要原因是未曾积极领导,以致图书送出,收效不大,而且还有遗失情况。目前由于各方面要求建站,工作同志因此先行学习半个月,分为两个阶段:第一阶段的学习,以政治思想为内容,并曾请中央社教局同志,对全国流通站的情况做一次报告。同志们听了这个报告以后,引起了极大的兴奋,建立了坚强的信心。第二阶段,学习业务,我们去参观的时候,正是他们学完第二阶段,分批下站了解情况,根据巩固整理的政策,重点去摸底,培养工厂、工地、部队各流通站,作为典型试验,将来再大量推广。这种学习方法是另具一格,值得我们重视的。

三、专题学业。如在分类方面,北京圕始终不懈地在补充刘国钧的中国图书分类法。据该馆编目主任袁涌进同志谈,当修改卫生医药类时,曾先拟了一个草目,请北京各有关人士、机关参加意见,经过几次修改增订,才作定稿。这种慎重的修订是值得我们学习的。又如山东圕的分类法,是一位于先知同志编的,她年纪还不到三十,只上过大学一年,没有读过什么圕学,这次她特别同我讨论了分类上的问题,她很虚心、切实、用功,使人感到无限的钦佩。再如人民大学圕的分类法是该馆同人创作,这种集体主义的精神,也是值得我们学习的。

四、专门机构的负责业务学习和钻研。山东圕的组织:(1)阅览部,(2)研究辅导部,(3)采编部,(4)秘书室。在研究辅导部中又分为研究组和辅导组。在研究组中有一项工作,就是研究圕工作方法。这项工作的目的,是为了提高业务水平,改进工作方法。一般说来,先由专题入手,如农村图书流通方法,圕工作竞赛方法等等。研究的过程大致分为:收集材料,拟订方案,集体讨论,重点试验,全面展开五个步骤。据一位负责同志的报告,这种研究工作必须与具体工作相结合,从实际工作中去体会。如改进阅览借书,必须从阅览工作中取得经验,在典型试验阶段中必须吸取更丰富的经验教训,充实工作方法。这样,才不致发生偏向,犯本位主义、主观主义、分散主义等等。

解放三年多来,我馆至今尚未开展业务学习,这对于我馆的工作推进上是有一定的影响的。我希望我馆党政工团的负责同志以及一切同仁,都来研究这个问题,并结合我们的时事学习,怎样来增加生产厉行节约,以响应中央的号召,把圕工作搞得更好一些,为人民大众服务。我认为有贺馆长李馆长的领导,以及同人们的群策群力,我们一定会把我们的圕,变为中国近代的圕,变为一个新型先进的圕,广泛地宣传马克思列宁主义、毛泽东思想,以爱国主义与国际主义教育人民,促进南京、华东甚至全国的经济文化建设,配合各时期中心任务,宣传中央政府政策法令,积极辅导人民获得科学、技术、文学、艺术等各部门知识,鼓舞着千百万人民群众,争取时期,向社会主义过渡前进。

10月,由江苏省文化局带队,先生赴上海参观学习。后与何人俊等人赴松江、镇江、徐州、新沂四市县考察图书馆工作①。

---

① 钱亚新.六十年来生活工作简表、论著编译年录[M]//吴志勤、钱亮、钱唐整理.创新、求新、育人——图书馆学家钱亚新的一生.自印本.1993:32.

12月30日,贺昌群因南京图书馆繁重的行政工作无暇读书研究,希望调离南图至研究单位工作,经过积极争取之后,于12月调往北京。是日,中国科学院正式任命贺昌群担任科学院图书馆副馆长(编制在中国科学院哲学社会科学学部历史研究所)①。

---

① 贺昌群.贺昌群文集(第3卷)[M].北京:商务印书馆,2003:672.

1954年　　五十二岁

1月,纪维周赠先生浙江图书馆编辑之《图书馆通讯》(1953年12月号)一册,并题"亚新先生 惠存",该期刊载有纪维周《鲁迅著作与鲁迅研究的书目介绍》《地图评介资料索引》两文。

2月11日,至南京新华书店中山东路门市部,购书两册。

3月1日,晚参加南图政治学习小组讨论,讨论主题为"我国第一个五年计划的基本任务是什么",先生负责记录。

3月2日,完成3月1日晚政治学习讨论小结,内容如下:

讨 论 小 结

根据昨天晚上的讨论,我们作出初步的小结如下:我国第一个五年计划的基本任务是什么?对这个问题,我们明确了下列各点:

1. 首先集中力量发展重工业,建立国家工业化和国防现代化的基础。有了国家工业化和国防现代化的基础,才能经济独立,发展生产,才能国防巩固,保卫国家和经济建设。

2. 相应地培养建设人材,发展交通运输业、轻工业、农业和商业。

3. 对农业、手工业的改造,同时正确地发挥个体农业和手工业的作用。

4. 对资本主义工商业的改造,同时正确地发挥它们的作用。

5. 保证国民经济中社会主义成分的稳步增长,保证在发展生产的基础上,逐步提高人民物质和文化生活水平。

每种基本任务,都有它的具体内容的。我们昨晚的会上并未把第一个五年计划的各个基本任务的具体内容详细地讨论,只围绕着提纲中所指出的两个重点,加以说明、发挥、讨论。

讨论第一个重点时,我们先从经济方面来说明,我国第一个五年计划的胜利完成,为什么将使国家社会主义工业化的事业,大大地前进了一步。因为经过五年有计划地发展国家社会主义工业以后,到那时我们不但建立了钢铁联合企业、有色冶金企业、电力站、□□母机和机器制造厂、汽车厂、拖拉机制造厂、基本化学厂等等国家工业化现代化的基础,而且保证了国民经济中社会主义成分的稳步增长。

文件上曾说,按照第一个五年计划的草案,到1957年现代工业在工农业生产中的比重将从1952年的28%增加到40%左右,全国工业总产值将比1952年增加一倍左右,即平均每年增加15%左右;其中国营工业的总产值将增加约一倍半,即平均每年增加20%左右。这就是国营工业在工农业生产中的比重将从1952年的16.8%增加到30%左右。

这样,国家社会主义工业化的比重大大提高了,这就说明我国第一个五年计划的胜利完成,将使国家社会主义工业化的事业,大大前进一步,做到国家经济完全独立。

以上只是从经济方面来说的,至于说到我国第一个五年计划胜利完成的政治因素,同志们曾提到下列几点:

(1) 由于工业发展了,工人阶级的队伍逐渐壮大,这样工人阶级的政权也就益加巩固,也就是工人阶级的领导力量益加巩固。

(2) 由于有了工业基础,工业生产增多了,这样可把生产资料如拖拉机和生活资料如布匹等援助农民;同时农业的生产也会不断地提高,如粮食将增加30%左右,棉花将增加34%左右,这对于工业的发展也极为帮助的,因此巩固了工农联盟。

更进一步说到我国第一个五年计划胜利完成的国际意义时,同志们认为首先对东亚和平和世界和平有了保证,这就是说增加了世界和平阵营的力量。其次给殖民地或半殖民地附属国里的民族革命运动予以鼓舞,也就是说民族革命运动只要有其党正确的领导而不害怕困难,终究是能达到胜利的。相反地,就削弱了帝国主义侵略的力量,证明资本主义的制度必然要灭亡。

为了发展社会主义工业,必须建设社会主义的新工业,这点是大家能理解的。但是在开始经济建设的时候,绝不可能把新工业的建设提得过大,要求过高。这是因为要建立像141项大规模的钢铁联合企业、有色冶金企业、电力站、煤矿、炼油厂、母机和各种机器制造厂等等,都要采用近代化的装备,达到自动化、机器化、电气化。这不是一件轻而易举的事情,必须要有相当长的时间、巨大的资金、专门的人才,以及高度的技术。

这样,我国发展社会主义的新工业,只能按照国民经济的情况,在一定的程度上,实行有计划地建设。这就是说一定要按比例来发展。但同时就应该尽量地改造和办好现有的社会主义工业。

有些人由于不了解现有社会主义工业在国家建设中的重要作用,因此看不起原有的大企业。其实,改进和办好现有的社会主义工业,是发展我国工业的基础。因为这种现有社会主义工业的潜在力量,还可充分地加以发挥,具有极大的作用。其作用的具体表现,在于:

(1) 在新的工业尚未建成以前,它要担负着为工农业扩大再生产提供重要资料,同时为基本建设提供必要的机器设备和建筑材料的任务。

(2) 它担负着为新工业培养建设人才的任务。

(3) 它担负着为社会主义工业化积累资金的任务。

(4) 它担负着供应全国人民生活必需品的任务。

怎样才能改进和办好现有的社会主义工业呢?

(1) 首先必须克服生产到顶的思想,要依靠群众来找窍门,挖潜力,提高劳动生产率。如南京机床厂最近又提高他们的生产率(第四季度比第一季度增加二倍半),鞍山钢铁厂生产率的不断提高,就是其中最好例子。

(2) 第二,要改善经营管理的方法,逐步实行科学管理制度,提高企业管理□□,加强计划管理,要做到均衡生产,完成计划和超额完成计划。

(3) 加强政治思想工作,教育企业的职工们,克服保守思想,学习苏联先进经验,发挥工作中的积极性、主动性、创造性,把增产节约运动经常化起来,并且依靠群众的智慧,更好地发挥潜力。

(4) 最后,加强党和政府对现在社会主义工业的重视和领导,提高工人阶级的觉悟,对于机器和生产不但可以产生成绩,而且知道加以爱护,进而提高了劳动纪律,增长了劳动热情,增加了生产品。同时还可锻炼出许多标准的共产党员,领导着大家向一致的目标而奋斗。

4月5日,参加南图政治学习及讨论,讨论的主要内容为:(1) 党的本质是什么?(2) 党过去的作用有哪些,成就如何?(3) 党在过渡时期有什么作用?

4月12日,参加南图政治学习及讨论,主要讨论了党的组织与领导、个人主义、自由主义、宗派主义等问题。

4月15日,参加南图政治学习,汇报学习《人民日报》《学习简报》上有关党的组织与纪律内容的学习心得,同时就国内外形势、个人主义、集体主义、集体领导等问题进行了讨论。

5月12日,下午参加理论学习动员会。

5月19日,下午参加政治学习,学习主题为当前粮食问题及国家有关粮食政策。

是月,李仲融接替贺昌群担任国立南京图书馆馆长。李仲融担任馆长后,先生曾向其建议注重人才的培养,李仲融后请先生负责此事。据先生回忆:"南图馆长李仲融喜欢养花,阳台是花,办公桌上也是花,我对他说:'你养花养得挺好,你培养培养人么!'他听懂了我的话,让我做图书馆主任、工会主席。"①

6月11日,《中华人民共和国宪法草案》经中华人民共和国宪法起草委员会第七次全体会议一致通过,宪法草案初稿通过后,中央人民政府委员会于6月14日决定把宪法草案公布并在全民中讨论。南京图书馆也组织有关人员进行了讨论,先生亦参加了对于宪法草案的学习及讨论,现存有先生撰写的一份学习、讨论宪法草案后的感想,内容如下:

> 再没有什么事情,能比中华人民共和国宪法草案的公布使我感到更大的兴奋了。因为有了宪法,社会主义建设就更有保障了。
>
> 这个宪法草案的公布,是我国人民政治生活中的一个重大事件。它是按国家需要,照人民应享的权利和应尽的义务,结合我国当前实际情况,和全国人民共同的愿望而制定的。
>
> 这个宪法草案属于社会主义宪法的类型。它以共同纲领为基础,又是共同纲领的发展。
>
> 这个宪法草案将保证我国能够通过和平的道路,消灭剥削和贫困,建成社会主义社会。
>
> 宪法颁布以后,将依靠国家机关和社会力量,进一步发展全民所有制的社会主义经济,进一步发展我们国家的民主化,进一步加强国内民族的团结,进一步发展和巩固国际和平阵营的力量,为世界和平和人类进步的宗旨目的而奋斗。

6月24日,中华全国总工会宣传部寄赠先生该部编印的《工会图书馆管理办法(初稿)》一册。

---

① 柯愈春.文华师长访谈录[J].图书情报知识,2010(4):121.

是月，为使用中国人民大学图书馆图书分类法的图书馆及读者节约人力、时间以及促进该分类法更加完善起见，撰写《为中国人民大学图书馆图书分类法排列表找窍门》一文，完成后将该文寄送中国人民大学图书馆。

7月6日，文化部正式发文通知江苏省文化局，南京图书馆改为"省馆"，由江苏省文化局领导①。

7月12日，参加政治学习，听取政治报告，报告主题为农业的社会主义改造。

7月25日，中国人民大学图书馆复函先生，除表示先生对该馆分类工作的关心以外，就先生《为中国人民大学图书馆图书分类法排列表找窍门》一文中有关排列号、排列表等内容提出了商榷。中国人民大学图书馆后将先生文章转寄《文物参考资料》编辑部。

> 按：先生收到人民大学图书馆的复函后，本想复信讨论，但由于工作忙碌而耽搁，但两年后撰写了《论中国人民大学图书馆图书分类法的附表》一文，就有关问题进行了详细的阐述，具体可见本谱1956年6月内容。

是月，为提高南图分编部工作的思想性，先生特撰写《图书分编工作中的思想性和艰巨性》一文，供部内同志参考，先生在文中指出"目前分类和编目的工作，已经与过去的做法有本质上的不同。我们应反对客观主义地对待分编工作的看法。我们必须正确地反映藏书，把马列主义毛泽东思想的经典著作，在有关的类目中放在第一位，把党的刊物和一切优秀的科学、技术、艺术，足以推动社会主义共产主义建设的作品，广泛地提供给读者。因此，分类编目工作比较复杂艰巨，而其意义，特别是对于政治思想教育方面，更为重大"。

8月2日，参加南图行政会议，此次会议主要交流南图各部门政治学习活动存在的问题及改进策略。

9月7日，《文物参考资料》编辑部致函先生，告知收到人大图书馆转寄的先生《为中国人民大学图书馆图书分类法排列表找窍门》一文，编辑部认为"这等业务讨论的文章，很有价值，本拟在我刊开辟专栏，但今年度因稿件拥挤，限于篇幅，不能刊载"，但该编辑部想把先生一文留编辑部以作参考，征求先生意见。

---

① 《南京图书馆志》编写组.南京图书馆志(1907—1995)[M].南京：南京出版社，1996：293.

按：先生复函，有待查考。

9月20日，江苏省文化干部学校"图书馆干部及文化馆书报干部训练班"开学，本期学员97人，其中各市、县图书馆干部24人，文化馆书报干部73人。先生与姚迁、邱克勤、何人俊等担任教学工作，先生主讲"图书分类与编目"一课①。

9月29日，于扬州新华书店购《图书馆与读者》（沃兹涅新斯卡娅著，严华、张先模译，中南人民出版社1953年版）一册。

是月，先生至扬州江苏省群众艺术学校为参加图书馆工作业务学习班的学员授课。

是月，完成《图书馆统计和报表工作讲解》一文，该文笔者并未查阅到，据先生自撰论著提要所述②：

> 本文是为中小型图书馆的统计和报表工作而写的。内容分为：
> 一、统计和报表的意义和作用。这项工作是反映一个图书馆工作的情况，而其作用不仅可以指示馆员怎样编制工作计划，怎样总结工作和改进工作，而且可以使领导机关在检查和指导工作时，获得必要的资料。
> 二、基本统计。设计了《工作日志》和《图书馆工作××报表》两种表格。综合这两种报表的项目，可以编制五种基本统计，即藏书统计，采编统计，读者统计，图书借阅统计和群众工作统计。
> 三、图书馆工作指标。根据上面几种统计资料，可以计算出三种图书馆工作指标，即图书阅读率指标，图书周转率指标，读者到馆率指标。这些指标也就是衡量一个图书馆工作效果和工作成绩的标尺。

10月11日，于扬州新华书店购《图书馆怎样做好社会政治书籍的宣传工作》（苏联哈扎诺夫著，苏大悔译，北京时代出版社1954年版）一册。

11月8日，江苏省文化干部学校"图书馆干部及文化馆书报干部训练班"课程结束，先生本期课时共计56小时，在授课期间，还为该校图书馆整理图书三千余册③。

---

① 江苏省文化干部学校几年来培训和轮训干部的情况[A].江苏省档案馆藏，档号：5009-001-0003.
② 钱亚新.自撰论著提要[M].稿本.
③ 钱亚新.六十年来生活工作简表、论著编译年录[M]//吴志勤、钱亮、钱唐整理.创新、求新、育人——图书馆学家钱亚新的一生.自印本.1993：32.

年底,指导刚从部队转业至南京航空工业专科学校(南京航空航天大学前身)图书馆的王可权从事图书馆工作①。据王可权回忆:"我从部队转业到南京航空工业专科学校,组织分配我负责搞图书馆工作。我愣住了,一个学理工的人,对图书馆工作一窍不通,怎么搞?接受任务后,一连几夜,没有睡好,感到工作无从下手,思想不很稳定,有点想打退堂鼓。在一筹莫展情况下,几经转折介绍,在南京图书馆业务辅导部的办公室里,找到了钱亚新先生。那时,钱老五十岁,他以慈祥和蔼的笑容接待我,用纯专业的语言,详尽地询问了航专图书馆和我各方面情况。他说:'你有办好航空专业图书馆的优越条件,因为你学过航空工程专业,又是共产党员,这是他人所不及的。至于图书馆专业知识,只要你把它作为自己的事业来干,通过自己的努力会获得的。'钱老的话,驱散了我要打退堂鼓的思想。这是他给我的第一次见面的见面礼。几天后,钱老带着辅导部的两位同志,来到我馆进行辅导。他看得深,问得细,发现我馆不到二万册藏书中,复本很高;陈列六七十种期刊中,没有外文科技杂志。便指出:今后应注意使自己藏书更适应学校教学的需要。他发现我们的目录卡片比标准小,而书卡又比标准的大,对我们存在问题很多的自编分类法等等,都很感兴趣,每样都带走了一份。事后对我们的藏书建设、分类编目、阅览流通,提出了一系列切实可行的意见。不久我们的目录卡、书卡才采用了标准的规格。"②

是年,先生曾因公访问镇江图书馆,在镇江期间,镇江图书馆同仁邀请先生"游览焦山,并盛情招待,寺僧享以美酒佳肴,主客莫不心旷神怡,参观了焦山博物馆,看到了不少珍贵古物。直到一轮皓月东升,遂渡小舟而归"③。

---

① 王飒,王岚,王珏.父亲的足迹——献给敬爱的父亲王可权(1920.10.31—2009.8.4)[M].自印本,2010:22.
② 王可权.回顾汪、钱两老对我的教益和对南航图书馆建设的指导工作[J].江苏图书馆工作,1983(4):62-63.
③ 钱亚新.镇江[M]//钱亚新.钱亚新别集.谢欢整理.南京:南京大学出版社,2013:288.

1955年　　五十三岁

1月10日,完成《马列主义经典著作学习简目》一书翻译初稿,该书是根据英国学者康福斯(Maurice Cornforth)所著《马克思主义经典著作阅读指南》(Readers' Guide to the Marxist Classics)辑译而成,先生辑译该书的目的是"为了宣传马克思列宁主义,为了学习马克思列宁主义的人能获得阅读经典著作的门径,为了各中小型图书馆室购置这些经典著作有选择的依据",但先生在翻译过程中,并未将原著内容全部翻译,而是有选择的进行翻译,因此书名也改为《马列主义经典著作学习简目》,现存初稿本上署名"康福斯著 钱亚新辑译"。

1月20日,完成《马列主义经典著作学习简目》一书译稿的修订,并誊抄完毕,现存修订稿本署名为"康福斯著 钱东山辑译"。

是月,何人俊陪同姚迁来访,谈《中小型图书馆怎样管理图书》一书出版事,但由于在采用何种图书分类法上难以取得统一意见,该书最后并未能出版①。

是年春,南京航空学院图书馆新楼竣工,先生赴该馆参观,王可权曾如是回忆当时参观情形:"一九五五年春,我们一千五百平方米建筑面积的图书馆楼竣工。钱老再次来到我馆,询问对新馆的工作布局和人员配备。他像第一次来时一样,对所有工作从头看到底。看有没有进步,有没有创新。他注意了底层阅览室里的四根还未上涂料的大柱,问我准备漆什么颜色?我告诉他:基建部门打算漆大红。钱老说:那不成了庙堂?还能安得下心来读书?继而他谈了颜色对人心理的影响,他说:读书需要一个素净的颜色。最后,这四根大柱漆了白颜色。钱老对细微末节的事,都给想到了。"②南航新馆落成后,藏书不断增长,原有分类法无法适应新的需求,王

---

① 钱亚新.六十年来生活工作简表、论著编译年录[M]//吴志勤、钱亮、钱唐整理.创新、求新、育人——图书馆学家钱亚新的一生.自印本.1993:33.
② 王可权.回顾汪、钱两老对我的教益和对南航图书馆建设的指导工作[J].江苏图书馆工作,1983(4):63.

可权还回忆了向先生请教分类法事宜:"我们藏书不断增长,自编的分类法容不下,打算改用其他分类法,去请教钱老,他不同意轻易改用,因当时尚无一部较适合于我们用的新型分类法。于是他帮助我们扩充类目。扩充工作,进行过好几次,直至一九五八年中小型法公布,才改用该法。在改用过程中,钱老对某些子目的扩充提出了具体意见;对种次号和著者号的决定与目录组织等,作了具体指导。到一九七五年我们改用《中图法》时,仍是沿用钱老所作的几条具体意见做的。"①

4月28日,上海商务印刷所寄出先生向该所邮购之《怎样创办图书馆》(杨宗虎著,上海文化出版社,1953年11月版)一书。

是月,苏州图书馆馆长汪长炳调任南京图书馆副馆长②。

6月19日,上午至南京会堂听丁正华主讲的题为《文学的党性原则》报告,该报告是江苏省文联、南京市文联、南京图书馆联合主办的"星期文艺讲座"之一。

是月,向苏联学习,南京图书馆成立科学方法部,先生担任部主任,部内成员有刘胜远、丁逸人、梁淑芬三人。科学方法部成立后,先生组织成员就如何开展本部工作进行了协商,最后报馆领导批准,科学方法部围绕如下三件任务展开:第一,集中南京图书馆馆内收藏的图书馆学、目录学专业书刊,建立资料室;第二,对江苏全省市、县图书馆开展辅导工作;第三,编辑有关书刊。

7月5日,江苏省文化局为了了解队伍政治思想情况,开始对南京图书馆等直属单位开展"排队工作",重点排出反革命分子、胡风分子、有严重思想问题的人员③。先生此前虽加入国民党,但1949年以后,对自己的历史问题"交待比较清楚",因此,此次运动并未受到较大影响。

是月,南图工资实行改革,先生被评定为图书馆7级,每月工资116元6角④。

8月25日—31日,南京图书馆为配合第一个"五年计划"的宣传,特举办"五年计划图片图书展览"。同时为了供给江苏省各地图书馆和文化馆有关五年计划的宣传资料,先生所在部门编辑了《宣传伟大的第一个五年计划

---

① 王可权.回顾汪、钱两老对我的教益和对南航图书馆建设的指导工作[J].江苏图书馆工作,1983(4):63.
② 《南京图书馆志》编写组.南京图书馆志(1907—1995)[M].南京:南京出版社,1996:293.
③ 本局关于审干、肃反及复查工作小结、总结等[A].江苏省档案馆馆藏,档号:4016-002-0124.
④ 一九五六年工资级别评定表[A].江苏省档案馆馆藏,档号:4016-002-0144.

推荐书目》,书目内容包括:(1) 五年计划的内容及其解说;(2) 第一个五年计划头两年的成就;(3) 增产节约;(4) 苏联胜利完成第一个五年计划的道路及苏联对我国工业化的援助;(5) 文艺读物。书目共收书籍 42 种,以通俗读物为主,每本书都有简要内容介绍①。

9 月 21 日,汪长炳赠先生《克鲁普斯卡娅论儿童阅读辅导》(瑞托米洛娃著、韩承铎译,北京时代出版社,1955 年 2 月版)一册,并在扉页题有"送赠亚新同志作为对子女进行阅读辅导时参考"。

12 月,江苏省文化局发出《关于执行文化部关于文化事业、企业工作人员全部实行工资制及有关事项的通知的具体规定》,南京图书馆开始对馆内职员工资级别评定工作。

---

① 钱亚新,纪维周.南京图书馆宣传第一个五年计划[J].图书馆工作,1955(5):89.

1956 年　　五十四岁

1月3日，参加南京图书馆外文编目组会议并作汇报，整理检字表卡片，撰写年度工作总结。

1月4日，参加南京图书馆中文编目组会议，继续整理检字法。

1与5日，参加南京图书馆全馆年度总结会议，整理检字表卡片。

1月6日，继续整理检字表卡片、撰写年度工作总结。

1月7日，参加南京图书馆全馆总结讨论会议。

1月9日，整理书目，撰写月度工作计划，处理近期公文。

1月10日，参加南京图书馆思想交流会议及工作规划会议。

1月11日，继续整理检字表卡片，撰写年度工作总结。

1月12日，继续撰写年度工作总结。

1月13日，出席江苏省文化局座谈会。

1月14日，继续整理检字表卡片并研究辽宁图书馆相关材料。

1月16日，参加南京图书馆漫谈会，整理检字表卡片。

1月17日，整理检字表卡片完毕。

1月18日，参加南京图书馆工作总结会议，并布置相关工作。

1月20日，整理书目，处理近期公文。

1月21日，参加图书馆革新问题讨论。

1月23日，整理文件，召开南京图书馆部组会议。

1月24日，将相关文件汇总成文并送交有关部门，草拟工作计划。

1月25日，设计检字工作，草拟工作计划。

1月26日，出席南京图书馆工作总结会议。

1月27日，出席南京图书馆图书评介会议，商讨选购西文图书工作。校对检字卡片及方法，草拟工作计划。

1月28日，参加政治学习。

2月3日，江苏省文化局联合有关单位发出《有关文化事业企业人员实行工资制问题的补充通知》，指导南京图书馆等单位开展职员工资评定工作。

3月1日,编制部门工作计划,准备苏联专家雷达娅来南图参观事宜。

3月2日,接待雷达娅。

3月3日,陪同雷达娅往江宁参观。

3月4日,编制业务学习计划。

3月5日,编制业务学习计划。

3月6日,参加与苏联专家雷达娅的座谈会,晚至南京饭店参加招待苏联图书馆专家晚宴。

3月7日,参加省市图书馆汇报会议以及图书评介会议。

3月8日,参加省市图书馆汇报会议。

3月9日,讨论南京图书馆工作计划及部门发展预算,整理雷达娅发言。

3月10日,上午出席知识分子会议,下午学习会议精神。

3月12日,召集召开南京图书馆部门会议,与馆内个别同志谈话。下午查看南京图书馆郊区分馆场所建设情况。

3月13日,出席南京图书馆郊区分馆组会及科学方法部组会。

3月14日,至江苏省文化局汇报工作。是日,先生好友,北京图书馆研究员王庸先生因心脏病发溘然逝世,先生晚年写有《忆同事王庸》诗作,详见《钱亚新别集》。

3月15日,拟定包括全馆统计制度等在内的南京图书馆主要工作制度。

3月16日,召开训练班教学会议。

3月17日,召开南京图书馆向科技进军会议,下午参加政治思想学习。

3月20日,参加南京图书馆馆内业务学习会议。

3月21日,编制训练班教学大纲。

3月22日,召开训练班教学小组会议,并出席党委会议。

3月23日,召开训练班会议。

3月,下旬,参加郊区分馆、图书流动车开幕活动。

4月16日—26日,赴北京参加文化部社会文化事业管理局和北京图书馆联合召开的中小型图书馆图书统一分类法座谈会。与会者包括杜定友、刘国钧、皮高品、张遵俭、顾家杰以及中国人民大学图书馆、中国科学院图书馆、北京市图书馆、北京大学图书馆学专修科、上海图书馆等19个单位40余人。座谈会首由社会文化事业管理局谢冰岩副局长作了报告,指出图书馆事业发展的远景及此次座谈会的任务与要求;继由苏联图书馆学专家雷达娅介绍苏联在图书分类编目方面的经验。与会代表均得到很大鼓舞与帮助。座谈会依次讨论了以下四个问题:(1)中、小型图书馆图书分类法大纲和次序;(2)中、小型图书馆图书分类法第二级类目和次序;(3)复分表和分类号码问题;(4) 大型图书馆图书分类法问题①。

4月21日,《光明日报》刊登《国务院关于加强国家档案工作的决定》,先生做了认真地阅读,于重要处用红笔划出。

5月1日,受邀至天安门城楼观看五一大游行,见到毛泽东主席在天安门城楼向游行队伍招手致意②。

5月5日—6日,先生受北京大学图书馆学专修科主任王重民先生之邀,参加该系举办的"1955—1956学年科学讨论会",此次讨论会主要讨论了《1840年至1900年中国图书与出版事业的发展》(刘国钧)、《对于列宁的"马克思主义参考书目"的初步研究》(朱天俊)、《图书补充的几个重要问题》(陈鸿舜)、《当前我国图书分类法中存在的几个问题》(王凤翥)4篇论文。参加此次讨论会的包括杜定友、李小缘以及北京图书馆、北京市图书馆、科学院图书馆、首都各高等学校图书馆、科学研究机关图书馆有关代表160余人③。

5月7日,至南京淮海路南京会堂列席中国人民政治协商会议江苏省南京市第一届委员会第二次全体会议,此次会议主要讨论中国共产党对知识分子的政策问题④。

5月8日,至南京市政协第一会议室参加南京市政协一届二次会议小组讨论,同组成员包括于去疾、陈方恪、高艺林、龚钺、吕澂等人,陈方恪、高艺林为小组召集人⑤。

是月,江苏省县图书馆工作人员训练班开班,先生担任授课教师,讲授图书分类编目课程,并完成《图书的分类·图书的编目》讲义,该讲义由南京图书馆油印刊出,笔者并未见过该讲义,据先生自撰论著提要所述,该讲义主要内容如下⑥:

图 书 的 分 类

一、图书分类的意义和作用

二、图书分类法的选择和掌握

1. 图书分类法的选择;2. 图书分类法的掌握;3. 图书分类工作者

---

① 李钟履.中小型图书馆图书统一分类法座谈会纪要[J].图书馆工作,1956(3):19-20,54.

② 钱亚新.六十年来生活工作简表、论著编译年录[M]//吴志勤,钱亮,钱唐整理.创新、求新、育人——图书馆学家钱亚新的一生.自印本.1993:34.

③ 朱天俊.北京大学图书馆学专修科举行科学讨论会[J].图书馆工作,1956(3):72.

④ 南京市政协一届二次全体会议文件卷[A].江苏省档案馆馆藏,档号:6001-001-0019.

⑤ 南京市政协一届二次全体会议文件卷[A].江苏省档案馆馆藏,档号:6001-001-0019.

⑥ 钱亚新.自撰论著提要[M].稿本.

应具备的条件

三、图书分类工作方法

1. 怎样明确——书的内容;2. 怎样运用分类基本原则和一般规则

四、书号的编制

1. 种次号码编制法;2. 著者号码编制法;3. 索书号的构成;4. 小结

图书的编目

一、图书目录的意义、作用和种类

1. 什么是图书目录;2. 目录的各种形式;3. 县图书馆必备目录;4. 著录事项及其来源

二、目录的编制

1. 目录工作中应注意的几个问题;2. 著录规则;3. 目录卡片的编制;4. 编制目录的原则

三、目录的组织

1. 分类卡片目录的组织;2. 书名卡片目录的组织;3. 怎样使用印刷目录卡片;4. 期刊合订本的编目问题

四、图书的技术加工

1. 制贴书标;2. 制书卡和贴书袋;3. 期限表;4. 图书的校对和送出;5. 小结

6月中旬,出席于南京图书馆召开的关于《中小型图书馆图书分类表草案》座谈会,出席座谈会的包括南京地区各类型图书馆代表及工作人员60余人,先生在会上汇报了该草案的编纂经过及其内容要点①。

6月15日—21日,参加江苏省第一届文化工作者代表会议,这次会议的基本要求是在江苏省各部门贯彻中共中央知识分子问题会议精神,会议主要内容包括:(1)传达和讨论"百花齐放、百家争鸣"政策以及中国共产党对知识分子"团结、教育、改造"政策;(2)开展批评与自我批评,检查文化部门执行知识分子政策方面存在的问题;(3)研究江苏省文化事业12年远景规划;(4)交流各地区、各文化部门工作情况、经验②。先生在会上作了《图书馆工作者应积极地为科学研究服务而努力》的讲话,先生的讲话"首

---

① 钱亚新.六十年来生活工作简表、论著编译年录[M]//吴志勤、钱亮、钱唐整理.创新、求新、育人——图书馆学家钱亚新的一生.自印本.1993:34.

② 江苏省文化局通报[A].江苏省档案馆藏,档号:4016-003-0151.

先提出我们伟大领袖毛主席在是年1月召开的最高国务会议上的号召,即全国人民要有伟大规划、改变在经济上和科学文化上的落后状态,要'迅速达到世界上的先进水平';以及用周总理在《关于知识分子问题的报告》中所指出的'为了实现向科学进军的计划,我们必须为发展科学研究,准备一切必要条件',同时必须'加强图书馆、档案馆、博物馆的工作'。接着说明当时各地图书馆虽已积极行动起来,采取各种有效措施,尽量使科学家们得到必要的图书资料,但是所做的一切工作,还远远落后在需要的后面。因此为了适应科研的需要,发挥我们在向科学进军时有力助手作用,作为一个图书馆工作者,必须从以下几方面努力。第一应该熟悉本馆图书资料和其他各馆图书资料;其次应善于掌握并利用书目、索引等参考工具书;再次,我们还应该熟悉科学文化工作者,同他们做朋友,并随时满足他们的需要;再次,我们应该吸取国外国内图书馆工作中的先进经验,联系实际,刻苦钻研,提高业务水平,更好地为科研服务;最后,我们应该积极从事图书馆学本身的科研工作,提高质量,使它在最短的时期内也能达到国际先进水平。最后的结束语是'同志们!我们目前正处在伟大的社会主义革命高潮中,我们正在做着前人所未做的事情,我们正在向科学进军,我们要在不长的时期内改变我国在经济上、科学文化上的落后状态,迅速达到世界的先进水平。为了实现这个伟大的目标,让我们拿出使高山低头、河水让路的英雄气概,为科学研究服务而奋斗一切、贡献一切、牺牲一切吧'"①。

是月,完成《论中国人民大学图书馆图书分类法的附表》一文,先生在该文前言中有如下内容:"为了要使采用中国人民大学图书馆图书分类法的图书馆节省人力,经济时间,我曾于1954年6月写过一篇《为中国人民大学图书馆图书分类法排列表找窍门》的建议性的文章。这篇文章写好后就寄给该大学图书馆做参考。承蒙该馆不弃,于同年7月复我一信。在这复信中,对于我的建议,有的同意,有的却被否定了。当时我很想就复信中双方分歧的意见,与该馆作进一步的讨论,可是后因工作忙碌,就搁置起来了。本来,事隔两年多,可以不必再提了,但是由于这个图书分类法,在最近两年内曾再版过两次,目前全国采用这图书分类法的图书馆,想来是有增无减的。为了那些采用这图书分类法的图书馆,在今后的工作中达到善于运用这分类法的附表来节省人力、时间,提高工作效率的同时,阐明图书分类法附表的理论起见,我认为把这一问题重新提出来加以讨论是有必要的。因此,乘我馆举办图书馆学学术讨论会的机会,把从前这一篇东西,加以补充,再提出

---

① 钱亚新.自撰论著提要[M].手稿.

一些新的论点和看法与同志们来共同商讨。"

是月,先生领导南图辅导部成员刘胜远、丁逸人、梁淑芬创办《图书馆业务学习资料》(不定期)供馆内职员学习①。

7月2日,经李仲融介绍②,加入中国共产党,成为预备党员③。

是月,收到上海市报刊图书馆赠阅的《采编工作各项规章》(上海市报刊图书馆,1956年内部铅印本)一册,该书收录了上海市报刊图书馆采编部门有关规章,系上海市报刊图书馆为总结采编工作经验以及便于各方参考起见所编。

8月1日,完成《向科学文化进军应积极培养和提高图书馆员的工作水平》一文,该文是先生为响应中共中央提出的向科学文化进军的号召而撰写的,该文未正式发表,现存稿本。全文内容分为:一、引言;二、图书馆工作干部的重要性;三、解放前我国图书馆工作干部的培训;四、解放后我国图书馆工作干部的培训;五、结束语。从现存稿本来看,先生曾欲对该文进行修改,并把标题改为《我国解放前后(1920—1956年)图书馆教育事业的述评》。

9月25日,赴苏州开展图书馆视导工作。本次视导工作由江苏省文化局主持,抽调南京图书馆、镇江图书馆、常州图书馆、苏州图书馆7人,连同江苏省文化局3人组成图书馆视导组,对江苏省内十四个市、县图书馆进行视导工作。先生上午乘火车至苏州,"路上不感寂寞,因为我买了一副天坛牌的扑克,大家在打百分与 Do Luck。潘健同志颇为内行。沿途水涝颇为严重,尤其在常州以西,我想这是因为那里没有河道,水涨无从宣泄之故",中午12点到苏州,先生到苏州的第一感觉是"一下车就使我认不出来了,马路扩大外,而且沿途绿化,已非五年前的情况"。

到苏州后,先生一行先至拙政园江苏省博物馆筹备处,旧地重游,先生颇有感慨:"这是社会教育学院的旧址,六年前在此讲学,现在却变了另一个机关。当时对于这忠王府的壁画和梁上的花纹,是从未注意过的。今天却另外用特别的心境来观赏这民间艺术,诚然有一种说不出的感情。大厅下陈列了许多无锡泥制的草虫、玩物等,其中尤以梁山泊108将最为伟大。这梁山泊本来在南京陈列过的,问起搬运一节,原来每个人物都可以卸下来的。"中午苏州博物院事务处招待先生等人便餐。

---

① 钱亚新.江苏省图书馆学研究成果书目提要(1949—1984)[M].稿本,1984.
② 柯愈春.文华师长访谈录[J].图书情报知识,2010(4):121.
③ 钱亚新.六十年来生活工作简表、论著编译年录[M]//吴志勤、钱亮、钱唐整理.创新、求新、育人——图书馆学家钱亚新的一生.自印本.1993:34.

下午，先生与杨先瑞、杨宴等人至苏州文化局座谈，向文化局介绍本次视导的目的及方法，并希望苏州文化局予以协助。本次视导目的是：（1）进一步摸清图书馆全面情况，协助各馆总结过去的成绩和工作经验，发现各馆目前存在的主要问题，加以研究，提出解决问题的意见和办法；（2）在各图书馆工作人员中，发现有成绩有经验的积极分子，掌握他们的先进事迹和先进思想给予表扬，同时发现有缺点和错误的，加以批评和指正；（3）帮助各馆订立1957年工作计划与远景规划；（4）做出视导工作的全面的总结报告和各种典型的专题材料，并拟定市、县图书馆组织条例草案①。视导程序与方法为：（1）请馆方负责同志汇报重要情况；（2）研究重点；（3）进行深入检查，不仅在馆内而且要在馆外；（4）发现优缺点；（5）进行初步小结，并把小结提请馆方和文化局讨论；（6）共同研究，并将小结修正，作为视导的报告。

晚上至苏州新艺剧院观赏由江苏省文化局、苏州市文化局主办的昆剧观摩演出，观看了《白蛇传》（郭建英、沈枫、顾森柏、朱传茗、张传芳等人主演）、《望湖亭》（包传铎、徐子权等主演）、《荆钗记》（俞振飞、徐凌云等人主演）。

9月26日，上午听取苏州市图书馆陈才年工作汇报，下午检查苏州图书馆总务部、采编部、阅览室、出借处及儿童阅览室。晚上开会对视导工作及苏州图书馆工作进行小结。先生认为："第一天视导工作中的优点：能争取行政参加，照安排程序进行，当场解决了一些问题。缺点是：时间不紧凑，事先未能掌握材料进行研究。"第一天的视导，工作组发现苏州图书馆"经费方面，苏州文化局不够重视，尤其有包办代替来做预算，更不切当"。

9月27日，上午与苏州图书馆阅览部阅览组、推广组、采访部门同志谈话，发现采访部门工作比较乱，影响了全馆的藏书、目录及其他活动的开展。下午与儿童阅览室部分同志做个别谈话，儿童阅览室个别同志向先生吐露了对苏州图书馆的看法，并揭露了汪长炳在苏州图书馆期间的一些问题。下午，先生起草视导苏州图书馆的初步意见，内容分为：（1）视导经过；（2）对全馆的意见；（3）对总务部的意见；（4）对采编部的意见；（5）对阅览部的意见；（6）对推广部的意见。晚上观赏昆曲《搜山打车》《风筝误》等剧目。

9月28日，上午参观苏州师范学院图书馆、中苏友协图书室，下午就上

---

① 钱亚新,潘健.论市、县图书馆视导工作的作用和方法[M]//南京图书馆.南京图书馆第一届图书馆学科学论文讨论会论文集.南京：南京图书馆,1956：1-8.

午视导情况提出意见,并与陈才年谈话,了解苏州图书馆不少内部隐情。晚上与潘桂芬谈"政治进步、学习外语、训练班"等问题。

9月29日,上午与视导组成员讨论视导意见,下午参观苏州航空工业专科学校图书馆。

9月30日,由黄元福、谭家琛、潘桂芬陪同先生与视导组成员游览怡园、留园、西园及虎丘,先生感叹道:"这些园亭都重新修葺,已非从前的样子。这些园亭,小巧玲珑,不够壮丽,但是把一堆残破不堪的东西,整理出一个头绪来,恢复了旧观,那是煞费苦心的。虎丘也已改观,虎丘塔苍古参天,摄入了我们的合影中,留作纪念,是很有意义的。"晚上先生独自拜访蒋吟秋,谈苏州图书馆事,蒋吟秋向先生建议"要把方向明确,加强人力,增加经费"。

10月1日,国庆假日休息,先生赴狮子林、苏州博物馆、苏州动物园游览。

10月2日,早起赴灵岩山、天平山游览,下午四时回城。

10月3日,中午11时由苏州出发至上海,下午2时抵沪,宿旅馆。晚,看望二姊钱铸卿、徐子华夫妇,发现"二姊较前更苍老",向钱铸卿、徐子华汇报评上研究员事。

10月11日,江苏省文化局正式核定了先生工资级别,先生被评定为四级研究员,每月工资192.5元,对先生的评定意见是"作风正派,工作积极,主动肯干,经常研究改进工作方法。具有相当的图书馆学的研究能力"①。

是月,先生获得两周的休假时间,与夫人吴志勤一同回宜兴老家探亲访友,并游览宜兴善卷洞、张公洞等名胜古迹②。

12月12日,完成《鲁迅和校雠目录学》一文,该文是为南京图书馆第一届图书馆学科学论文所作,后收录于南京图书馆编印的《南京图书馆第一届图书馆学科学论文讨论会论文集(油印本)》中,《钱亚新集》亦有收录。

12月27—30日,参加在南京图书馆举行的第一届图书馆学科学论文讨论会,12月27日讨论会开幕当天到会者有江苏省副省长吴贻芳、中央文化部苏联专家雷达娅、图书馆学家杜定友、王重民等以及来自全国十一个省市六十三个图书馆的一百多位图书馆工作者。此次会议共提交讨论论文15篇,先生一人提交2篇,一篇为独著的《鲁迅和校雠目录学》,一篇为与常州图书馆潘健合作的《论市、县图书馆视导工作的作用和方法》③。讨论会期

---

① 一九五六年工资级别评定表[A].江苏省档案馆馆藏,档号:4016-002-0144.
② 钱亚新.六十年来生活工作简表、论著编译年录[M]//吴志勤、钱亮、钱唐整理.创新、求新、育人——图书馆学家钱亚新的一生.自印本.1993:34.
③ 丘耳,石煤,京兰.南京图书馆举行科学讨论会[N].新华日报,1957-1-6(3).

间,还举办了"图书馆学专题书刊展览",先生将个人收藏的民国时期杜定友先生出版著作,如《图书馆学概论》《图书馆与成人教育》等当时已不易觅得的论著拿出展览①。

是年,先生曾拟定了研究及写作计划,内容如下:

图 书 馆 学

重要问题

(一) 圕学、目录学的理论研究。

(二) 研究中国图书史,圕学史,圕事叶[业]史和目录学史。

(三) 研究与总结中华人民共和国建国以后的圕工作经验。

(四) 圕的科学工作方法研究

1. 关于图书采购、管理、组织和使用的研究。

2. 研究马克思列宁主义思想体系的图书分类法。

3. 圕阅览工作与书目参考工作的研究。

4. 圕建筑和科学设备的研究。

5. 研究各类型圕工作的特点。

6. 研究编制国家综合目录(即古今图书综目)中的若干内容。

(五) 研究世界各国特别是亚洲各国的图书、圕及目录的历史和现状。

重要著作

(一) 1958 年以前,写出可供圕学院用的《圕藏书与目录教科书》初稿。

1960 年以前,写出《普通目录学教科书》与《圕学教科书》初稿。

(二) 1962 年以前,写出《专科目录学教科书》初稿。

(三) 1960 年以前,写出《中国图书史》《中国目录学史》。

1962 年以前,写出《中国圕学史》《中国圕事叶[业]史》。

1967 年以前,分别写出上述各种较详细的近代史和现代史。

(四) 1967 年以前,写出多卷本《中国图书史》《中国目录学史》。

(五) 1957—1958 年完成《中小型圕图书分类表》和《图书统一著录规则》。

(六) 1967 年以前,分别陆续写出《中国古书保养和修补技术》《世界各国圕事业史》《圕建筑》《高等学校圕》《儿童圕》《科学圕》及其他

---

① 邱克勤,王可权.记图书馆学教育家、目录学家钱亚新先生[J].黑龙江图书馆,1989(4):65.

各种专门著作和研究报告。

（七）1960年以前编出简明圕学辞典，1965年以前编出较详的圕学辞典。

是年，江苏省文化局在全省范围内开展文艺领域著名人物的登记工作，先生入选"江苏省较有名的、代表性的，有一定贡献的戏剧、戏曲、电影、音乐、美术、出版、博物、图书等人员"行列①。

---

① 江苏省文化局人事处高级知识分子主要演员获奖演员和各地代表名单[A].江苏省档案馆藏，档号：4016-003-0155.

1957年　　五十五岁

春节过后,与汪长炳一起接待来访的丁志刚与李钟履,商量图书馆员进修班筹备事宜,并拟定了教学计划以及各门课程进度安排与教学的目的和要求等内容①。

2月,完成《对于〈校雠通义〉"出版者说明"的商榷》一文,该文未正式发表,现存稿本。该文是先生针对1956年12月北京古籍出版社出版的《校雠通义》一书"出版者说明"中三处内容的商榷。第一,针对"出版者说明"中叙述的章学诚认为校雠学与目录学截然不同的说法,先生认为值得商榷;第二,针对"出版者说明"中叙述的章学诚认为校雠只有互著与别裁两种方法,先生也认为不是很妥,先生指出互著、别裁是章学诚校雠学中的两种主要方法,除此之外,尚有其他的方法;第三,先生认为"出版者说明"中叙述的《史籍考》与《校雠通义》两书的关系不是很明确,容易误导读者。

3月5日,南京图书馆馆长李仲融调往南京大学,汪长炳接任馆长②。

3月15日,由中央文化部社会文化事业管理局、北京图书馆、江苏省文化局、南京图书馆、北京大学图书馆学系、武汉大学图书馆学系六家位联合举办的第一届"全国省市图书馆工作人员进修班"在南京图书馆正式开班。学员主要来自省市以上公共图书馆的采编、书目参考部门的负责人员和业务骨干,以及省辖市图书馆的领导干部,共计78人,涵盖全国各省市45个公共图书馆。这些学员绝大部分都是水平较高,经验较多的干部。此次培训班为期两个月,学习内容设有采访编目、书目以及参考工作等等。担任讲课教学的有丁志刚、王重民、邓衍林、刘国钧、汪长炳、杜定友、钱亚新、吕绍虞、李枫、陈钟凡、陈瘦竹、陈鸿舜、李钟履等,苏联专家雷达娅作专题报告③。先生主讲《联合目录》,并为此专门撰写了《联合目录》讲义。

---

① 丁志刚.同几位老专家相处的日子[J].黑龙江图书馆,1989(2):55.
② 《南京图书馆志》编写组.南京图书馆志(1907—1995)[M].南京:南京出版社,1996:294.
③ 李钟履.第一届全国省市图书馆工作人员进修班开学[J].图书馆学通讯,1957(2):58.

按：先生除担任教学外，还负责学员日常事务，丁志刚晚年对进修班授课期间有如下回忆："开学后工作经常是很紧张的，差不多每天上午一上班，我和汪长炳、李钟履等同志就有一次碰头会，及时研究讨论各科教学大纲，并根据学员要求及学习能力具体设计与安排实习，一切都贯彻了理论联系实际、注重学习效果的基本精神。""另外常常与会的李钟履和钱亚新先生等也各有所长，使我从他们那里获益匪浅。我对于碰头会总不觉得时间长，可谓乐此不倦。"①

张德芳晚年对于参加此次进修班有如下回忆："1957年春，我同四川的几位学长谢申甫、程德芳、程仲琦、王文德去南京参加文化部举办的进修班，当我们下了轮船，急急忙忙赶到南京图书馆报到时，进入成贤街，由于年龄小，走的又快，首先进入南京图书馆，见着一位穿着当时流行的干部制服，年龄比我大上将近一倍的图书馆工作人员在到处张罗，接待各地来的学员。当我以为他是南京图书馆收发室的看门人，正准备向他打听在何处办入学手续时，幸亏学长程仲琦他们赶到了，程仲琦、王文德是他的学生，当他们放下行李，主动上前，极其恭敬地称呼他钱老师时，我简直惊呆了。难道这位……就是在图书馆界有盛名的钱亚新教授。钱亚新先生亲切地招呼了他的这两位学生，也招呼了我这个嘴上无毛的年青人，并不管不顾地抢着帮我们提行李、拿网篮，带我们去报到。那时我是真正地被感动了，一位著名的专家、教授，却那么毫无架子，那么平易近人，那么热情地对待学生、后辈。""在整个进修班期间，钱亚新先生同汪长炳先生一样，作为东道主，整天忙碌着，操劳着。"②"他的讲课同当时其他老师的讲课风格不同，造就了另一种恬静氛围。他的讲课富有逻辑色彩，层层剥离，言必有据的内容，加上他那朴实的装束，一下子就使我想起了古代书院的教席，也就是私塾先生了。我当时忽然就联想起这不就是乾嘉时期那些传道、授业、解惑的学者风范再现吗？"③"和我同一小组的学兄，上海图书馆的杨铿，在听过钱亚新先生的学术报告后，就对我说：'钱先生的报告，对我的启发太大了，我原来专门从事《史记》一书的索引编制工作，听他的报告后，我找

---

① 丁志刚.同几位老专家相处的日子[J].黑龙江图书馆,1989(2)：55-56.
② 张德芳.哲人已逝 魂分归来——缅怀汪长炳、钱亚新二师[M]//南京图书馆.继承发展 开拓创新——纪念汪长炳、钱亚新先生诞辰100周年暨南京图书馆新世纪首届学术年会文集.铅印本,2003：78-79.
③ 张德芳.兰台寻踪——三位已故的富有特色的图书馆学专家[J].四川图书馆学报,2003(1)：74.

到了深入研究的门径。确实,文献的研究是图书馆学研究的重要领域,缺乏这种研究,图书馆工作的内涵会越来越浅薄的.'"①

又按:关于进修班"联合目录"课程的设置背景及《联合目录》讲义的编写情况,先生晚年有如下回忆:"根据进修班的目的要求,学习的课程以采访、分编和书目参考工作为主。为了向科学进军,培养干部,我乐意地担任了'联合目录'这一课程。事前作了充分的准备,写成了讲稿。当时我是把这一课程作为科研来对待的。""我在写讲稿前尽量收集了中外联合目录30多种,参考书若干种。进一步研究联合目录的外形体制和内容实质,发现它们的编制方法和著录项目等与一般目录大有不同。于是归纳为9项,编成一个《联合目录的类别及其例举表》。这表共收中外联合目录34种,只要放眼一看,就可了然胸中。我就把这些材料作为进一步研究的基础。首先研究我国联合目录编制的情况,其次研究了联合目录的特点,再次研究了联合目录的主要作用和重大意义。编制联合目录是一种集体合作的工作,要获得较好的效果,必须有领导、有计划、有步骤、有方法地进行。编制联合目录这一工作在我国是比较落后的。但是我们不能气馁,必须树雄心、立壮志,力求赶超先进,因此要研究今后发展方向的问题。""当这份讲稿草成以后,就去请教业师杜定友先生。杜师问我担任的《联合目录》讲稿准备得怎样了。于是我说:'今天正是为此而来的,要想请您老审阅一下,提提意见!'说完就把一束文稿递呈上去。杜师手接文稿说:'我抽时间一阅,尽量提出意见,请你三天后来取好了!'我恭敬地说了一声'谢谢!'接着还补上一句:'将来我一定遵照您老人家所提的意见进行修改,改定再请您过目。这样,我才能放心地交出去排印。'杜师含笑首肯,我于是深深地鞠了一躬而退。杜师如期退回文稿给我时,郑重地说:'你要仔细地看我所提的意见,而后研究一番再进行修改。一个星期后再交我审阅一下。'那时我更体会到杜师对我的教导真是无微不至,于是我双手接着文稿说道:'谢谢老师,我一定按期交卷。'当然,杜师对这份初稿肯定费了不少神思,所提的意见既有关于论点的,也有关于论证的,更有关于方法的。更重要的是对于建立负责编制联合目录的中心尤其提得完备、全面而又具体。这些使我受到极大的启发,获得很多的教益。

---

① 张德芳.哲人已逝 魂兮归来——缅怀汪长炳、钱亚新二师[M]//南京图书馆.继承发展 开拓创新——纪念汪长炳、钱亚新先生诞辰100周年暨南京图书馆新世纪首届学术年会文集.铅印本,2003:79.

我精心地进行修改完毕后,工工整整地抄录出来,再送杜师过目。杜师接到这次修改稿时对我说:'两天以后到我的办公处来,作最后的商酌吧!'当我带着不安的心理走到他老的办公处时,他老笑眯眯地对我说:'文稿我已看完,这次改稿比第一次送来的初稿好了不少。你就交出去付印吧!难为你费了一番心血!从我的眼光看来,这篇三万余字的讲稿不仅条理清楚,论点正确,论证充分,更重要的是其中有不少开拓性的意见。这正如你从前写的《索引和索引法》那书一样!'听了这番话我就答道:'不是老师指点,无论如何写不出来。老师您也许对于我有些过誉吧!如果这篇讲稿真像您老所说的,也要把一切归功于您老的。'我们师生默契地一笑而别。""后来,当我登上讲台讲解《联合目录》的内容时,看到学员们专心听课,我才放下心来,大胆地讲,完成了任务。课后经教务处收集学员的反映,一般都认为讲得比较好。"①

4月2日,《光明日报》发表《图书馆工作四十年——老专家杜定友的专业精神》一文,该文由先生与金敏甫合作完成。据先生回忆1957年春,金敏甫起稿撰写了《图书馆工作四十年——老专家杜定友的专业精神》一文,并致信嘱先生签署作为合写的文稿,当时先生认为与金敏甫先生情属同窗,且对于老师应有表态,故对原文略加补充后投《光明日报》②。

4月20—30日,参加江苏省委在南京召开的全省宣传文教工作会议,并宣读了与江苏省博物馆研究员钱海岳合写的《建议编辑江苏省新方志》的提案。此次会议主要是传达学习毛泽东同志关于正确地处理人民内部矛盾的问题的讲话,和中共中央宣传工作会议的精神,进一步贯彻"百花齐放,百家争鸣"等方针③。参加此次会议的有各地委、市委、县委书记,宣传、文教部长以及科学技术、文化教育、文学艺术、新闻工作等各方面党内外人士789人,其中中共党内人士531人,民主党派55人,无党派人士203人④。会议期间,先生还遇到了儿时在宜兴东坡高小就读时的校长吕梅先生,相谈甚欢⑤。《建议编辑江苏省新方志》具体内容笔者并未查阅到,据先生《自撰论

---

① 钱亚新.我是怎样研究联合目录的?[M]//钱亚新.钱亚新别集.谢欢整理.南京:南京大学出版社,2013:267-270.
② 钱亚新复高炳礼函,1986年7月29日.
③ 省委将召开党内外参加的宣教会议[N].新华日报,1957-04-17(2).
④ 全省宣传文教会议胜利结束[N].新华日报,1957-05-03(2).
⑤ 钱亚新.六十年来生活工作简表、论著编译年录[M]//吴志勤、钱亮、钱唐整理.创新、求新、育人——图书馆学家钱亚新的一生.自印本.1993:35.

著提要》所载①：

> 本文内容分为两大段：上半段首先说明我国方志的起源、全国现存的总数和卷数、江苏省所存的在全国的比重、江苏省的三种省志（两种刊本和一种稿本）、过去方志的优缺点。根据以上几点，认为"方志实在是一种地方上政治经济文化科技各种活动总结性的著述，它能把我们工作中的成就肯定下来，记录下来，并在这些基础上使我们再进一步向前发展，起着继往开来的作用。因此编辑方志不仅仅有其重要和必要性，同时也最能发挥各地广大人民的力量，贯彻党和政府所提出的'二百方针'"。
>
> 下半段说明1956年6月第一届全国人代会第三次会议上王祝晨先生提编辑地方志的建议，1957年3月中国人协第二届全国委员会第三次全体会议上，顾颉刚等三位先生提出"继续编辑地方志"八条实行纲要后，作者认为编辑各地方志这一课题已经提到我们社会主义建设工作的日程上来，我们必须响应号召，协力同心，一起来完成这一重要的任务。为此本文建议编辑我省方志，其初步办法，共计十条。

4月27日，中共中央下发《关于整风运动的指示》，整风运动期间，先生曾以"江南春"笔名撰写了《为改进图书馆工作而向党进言》一文②，文章具体内容待考。

是月，完成《中文图书分类和编目的工作》，先生撰写该文是因为先生认为1949年以后我国编制的新型图书分类法未能摆脱以往窠臼，因此特介绍苏联杰斯林科《论苏联图书分类法草案》中提的"草案"，以供中国图书馆参考或采用。该文未正式发表，现存稿本，全文分为：（一）分类和编目的作用；（二）介绍一个苏联图书分类法；（三）图书的分类工作；（四）书码。

5月4日，全省省市图书馆工作人员进修班今日由先生主讲，讲授《联合目录》，共计6小时③。

5月5日，参加杜定友先生应南京图书馆邀请在南京香铺营文化剧院作"怎样钻研业务与培养专业精神"的报告。

---

① 钱亚新.自撰论著提要[M].稿本.
② 包中协.事业、学术两楷模——纪念汪长炳先生、钱亚新先生诞辰100周年[M]//南京图书馆.继承发展　开拓创新——纪念汪长炳、钱亚新先生诞辰100周年暨南京图书馆新世纪首届学术年会文集.铅印本,2003：83.
③ 张遵俭.省市图书馆工作人员进修班纪事[J].图书馆学通讯,1957(3)：46.

5月18日,"全国省市图书馆工作人员进修班"结束,参加结业典礼。

5月21日,金敏甫寄赠《广东图书馆通讯》(创刊号第1期),并题"亚新学兄 指正",该刊由广州市图书馆工作者联谊会与广东省中山图书馆联合编辑。

5月25日,中央文化部派遣了由左恭、杜定友、胡耀辉、汪长炳四人组成的图书馆代表团,由北京起程赴苏联和民主德国做友好访问和业务观摩。先生代理南京图书馆馆长。

7月22日,在江苏省高教局、江苏省文化局、江苏省教育厅领导下,由南京图书馆、南师图书馆、南大图书馆共同举办的江苏省学校图书馆工作人员训练班开班,来自江苏省高等学校、中等专业学校、部分中学图书馆工作同志106人参加了学习,培训时间一个月。先生与李小缘、施廷镛、潘其彬、朱家治、洪焕椿、邱克勤、黄元福、陆修栋、陈瘦竹等14人被聘为教师,先生讲授"中文图书分类法"及"汉字排检法"两门课程,并编写讲义①。

8月22日,先生参与讨论制定的《中小型图书馆图书分类表草案》由文化部社会文化事业管理局正式公布,随之一起公布的还有《关于使用中小型图书馆图书分类表草案的意见》。

8月23日,江苏省学校图书馆工作人员训练班结业。

10月23日,签发复北京大学齐思和教授公文一件。

> 按:9月18日,北京大学齐思和致函南京图书馆请求查阅相关书籍,10月21日南京图书馆相关工作人员将查阅结果及收费标准拟一复函,23日经先生签发后发出。

11月,为了帮助南京地区中小型图书馆职员更好地掌握新出版的《中小型图书馆图书分类表草案》,先生为南京地区中小型图书馆职员做图书改编或目录改组问题的报告,该报告后刊发于南京图书馆编辑的《图书馆业务学习资料》上,笔者并未见过该文,先生本人曾对该文有如下说明②:

> 本文原来是篇报告,由南图编印出来的。在《编者的话》中曾说明其经过,兹录于下:

---

① 南京大学图书馆.江苏省学校图书馆工作人员训练班介绍[J].图书馆学通讯,1957(6):59-62.
② 钱亚新.自撰论著提要[M].手稿.

《中小型图书馆图书分类表草案》已经在1957年《图书馆工作》八、九期合刊上公布。这在中国图书馆事业史上是一件大事。广大的中小型图书馆将根据这个分类表改编图书或改组目录。这是一个繁重而细致的工作。各馆在这个工作上也存在着不同程度的困难与问题。为了帮助本地区的中小型图书馆工作者掌握图书改编或目录改组的理论和技术,并更好地熟悉和研究这个分类起见,我馆特邀请钱亚新先生作了根据《中小型图书馆图书分类表草案》进行图书改编或目录改组问题的报告。由于有些县馆及其他图书馆室的同志未能参加这个报告会,我们特将钱先生的讲稿作为我馆所编印的《图书馆业务学习资料》第八期印出来,以供使用这个分类表的图书馆(室)参考。

这文的内容分为二个部分：

第一部分　修正本与初稿本有何不同？

　　甲　编制经过：草拟阶段——试用阶段——讨论、修正、发表阶段

　　乙　修正情况：对于类目——对于国家区分——对于辅助表——对于注解——对于类码

　　丙　评价

第二部分　怎样进行图书改编或目录改组

　　甲　图书改编：旧书改编——新书处理——目录排列——图书归架

　　乙　目录改组：旧书改组——新书处理——目录排架——图书归架

　　丙　建议

对于这个分类表,应予以相当高的评价,因为它强调政治思想性,具有科学系统性,而且合于实用。对于原已采用这分类表草案初稿的图书馆,由于修订本大小类目改动较多,宜采用图书改编,以求一劳永逸；采用其他分类法而今后拟改用这分类表的,先行目录改组较妥。

1958 年　　五十六岁

2月11日,第一届全国人民代表大会第五次会议批准颁布《汉语拼音方案》。《汉语拼音方案》公布后,有人建议先生根据《汉语拼音方案》对《拼音著者号码编制法》一书进行修改,但先生最终放弃了修改的想法。关于此事,先生晚年有如下回忆:"当《汉语拼音方案》公布后,有人建议我应对此书进行修改,当时我真有跃跃欲试的打算,那[哪]知正准备动手,《武汉大学图书馆汉语拼音著者号码表》已经出版。我立刻把这一新著拿来研究,并与拙作加以比较,发现编制的方法和配号的处理,与拙作有些类似,但内容要比拙作好得多,体现在收罗的姓不仅要多,而且还兼及地名和机关团体的著者,如'安徽''安徽人民出版社'等,同时配号比拙作的也要宽些,并且有的拼音音节里还留着空号,以便使用。既然这部新著比我的好得多,因此我想进行修改也未必能超过,这就促使我放弃这一打算了。"①

3月4日,中共中央统战部发出《关于资产阶级分子、资产阶级知识分子和民主党派成员的自我改造问题的通知》,此后全国逐渐掀起了"向党交心"运动。先生也投身"向党交心"运动之中,但"向党交心后"先生的处境"异常艰苦不利"②。

3月初,南京图书馆全馆掀起"反保守思想、反浪费运动",先生被有关人员贴大字报,批评先生未能组织业务学习培养干部,工作不够深入基层,不仅有保守思想,而且有官僚主义作风③。

3月21日—25日,汪长炳出席文化部召开的"全国省、市、自治区图书馆工作跃进大会",会议期间北京图书馆、上海图书馆、南京图书馆等33所

---

① 钱亚新.我是怎样研究拼音著者号码编制法的[M]//钱亚新.钱亚新别集.谢欢整理.南京:南京大学出版社,2013:265.
② 钱亚新.我是怎样研究浙东三祁的?[M]//钱亚新.钱亚新别集.谢欢整理.南京:南京大学出版社,2013:272.
③ 钱亚新.六十年来生活工作简表、论著编译年录[M]//吴志勤、钱亮、钱唐整理.创新、求新、育人——图书馆学家钱亚新的一生.自印本.1993:36.

全国主要公共图书馆联合向全国图书馆工作者提出"十比倡议",即"一、比图书流通。二、比服务态度。三、比图书宣传。四、比采购编目。五、比清理积存。六、比业务辅导。七、比馆际互借。八、比业务革新。九、比勤俭办馆。十、比又红又专"①。会议期间,天津、湖北、辽宁、广东等图书馆向南京图书馆提出挑战,汪长炳先生代表南京图书馆应战,并提出向北京图书馆、上海图书馆提出"八比",即"一、比勤俭节约。二、比业务革新。三、比分编速度。四、比清理积存。五、比工作质量。六、比业务辅导。七、比三大系统图书馆的协调。八、比又红又专"②。同时在会上发布了《南京三大系统图书馆响应上海公共图书馆倡议并向全国各地区三大系统图书馆倡议竞赛》,内容如下:

南京三大系统图书馆响应上海公共图书馆倡议
并向全国各地区三大系统图书馆倡议竞赛

南京地区公共图书馆、大专院校图书馆和科学研究机关图书馆等22个单位全体工作人员积极响应上海公共图书馆倡议,并扩大图书馆范围,坚决贯彻执行图书馆为工农兵服务,为教学服务,为科学研究工作服务和多快好省的方针,打掉三个主义和"五气",把图书馆各项工作推向全面跃进。我们提出奋斗目标,并向全国各地区三大系统图书馆开展友谊竞赛。

一、我们全体工作人员衷心拥护党的领导,把心交给党,坚决走社会主义道路,积极投入各项政治运动,人人都做促进派,并订又红又专的长远和年度规划,在5年内我们每人(除老病者外)轮流参加生产劳动一次,每月轮流下到本市郊区农村至少1次,开展市郊农村图书工作,并深入基层密切联系群众,通过工作,与工农弟兄交知心朋友。到1962年,全体工作人员中有80%—90%在政治上成为左派或中左。

二、在2—3年内具有初中、高中、大专以上文化水平的工作人员,必须熟练和独立担任1—2门业务工作,行政工作人员也必须熟悉和钻研业务。老年专家培养青年干部,5年内每人培养达到图书馆学系毕业水平10人。每年内要求编写相当水平的业务报告60—70篇,论著5—10种。

三、各馆增加开放时间。在不增加人力下,1958年比1957年增加

---
① 全国省、市、自治区图书馆工作跃进大会全体代表.倡议书[J].图书馆工作,1958(5):8-9.
② 汪长炳.南京图书馆汪长炳同志的发言[J].图书馆学通讯,1958(2):36-37.

30%—50%,争取做到天天开放。公共图书馆每天开放12小时。

四、各馆分别增加读者人数。公共图书馆1958年比1957年增加读者人次3倍以上,大专院校图书馆读者人数占全校师生员工总人数70%—90%,科学研究机关图书馆读者人数占员工总人数70%—85%。大专院校、科学研究机关图书馆对科学工作者开放。

五、一年内向读者推荐优秀书刊8 000种次,争取每种册次流通10—15次;举办各种类型群众活动500次;编印为指导工、农、兵、学生等阅读,为教学、科学研究、为生产建设等所需的推荐书目、专题书目、索引等400—450种。

六、公共图书馆对本省县、市图书馆,工学院图书馆对本省工业学校、工矿科技图书馆,师范学院图书馆对本省师范学校图书馆(业余类)进行业务辅导。1958年内每馆在所属系统和各图书馆中选择2—5个馆重点进行辅导,并推动一般。1958—1962年通过图书馆学业余夜校,培养和轮训图书馆工作干部,其中30%达到图书馆中等技术学校,20%达到图书馆学专科学校毕业水平。

七、扩大馆际图书互借范围,简化手续,保证做到图书有交待或回答所藏处所。

八、提高书刊选购质量,密切协作补充外文书刊节省外汇,各馆分别做到中外文新书刊到馆后2—7日内编校入库,各馆积存图书,保证在1958年内整理完毕提早发挥图书的作用。

九、各馆采取各种方法,例如翻印馆藏珍本图书,编印专题书目、索引等方面,争取生产收入。各馆在1958年内节约本年经费5%—10%。

十、响应爱国卫生运动除五害的号召外,大力向图书虫害作斗争,争取在2年内彻底消除。

我们的口号是:三好:对读者服务的态度好,工作的质量好,馆、部门协作好。四多:向读者推荐图书多,联系读者多,满足读者的要求多,改进工作方法多。

中国科学院土壤研究所图书馆　　华东农业机械研究所图书馆
南京林学院图书馆　　中国科学院地理研究所图书馆
华东农业科学研究所图书馆　　南京大学图书馆
中国科学院古生物研究所图书馆　　华东艺术专科学校图书馆
南京医学院图书馆　　中国科学院紫金山天文台图书馆
华东水利学院图书馆　　南京师范学院图书馆

中国科学院中山植物园图书馆	南京农学院图书馆
南京图书馆	中国科学院史料整理处图书馆
南京工学院图书馆	南京航空学院图书馆
水利科学研究所图书馆	南京博物院图书馆
江苏教育学院图书馆	南京药学院图书馆
全体工作人员(按馆名笔顺排)	

4月,南京图书馆科学方法部改为辅导部,先生担任部主任。

是月,辅导部开始负责组织南京图书馆全馆业务学习,设置"图书馆学基础组""英语或法语组""专题研究组(中国历史、中国文学、古籍知识等)"若干小组,馆内职员根据工作需要或兴趣本着自愿原则任选一组参加[1]。在小组活动的基础上,辅导部聘请馆内外对上述某一方面有专门研究的同志,举办读书报告、帮助小组进行学习。参加小组的有些同志要求其从事专题研究、编辑参考资料[2]。

5月,先生所在的辅导部积极开展对南京市中等专科学校图书馆网、市区图书馆网的辅导工作,同时开展对苏州、徐州、泰州、宜兴各市县馆辅导工作[3]。

6月初,先生领导南京图书馆辅导部成员丁逸人、刘胜远、梁淑芬共同编辑完成《图书馆学论文索引(1949.10—1957.12)》一书,先生为主编,该书后由商务印书馆1959年1月出版,但出版时署名"南京图书馆编"。之所以编辑该书,据先生晚年自述:"我主持南京图书馆辅导部时,为了有利于进行图书馆学科研提供材料,组织部内同志编制《图书馆学论文索引》。自1949年10月1日起,直到1957年12月止,共收2千余条,于1959年由商务印书馆出版。通过这一索引可以体现出新中国成立到第一个五年计划完成时期内我国图书馆事业发展的面貌与成就。这与党和政府的不断关怀,以及大批工作人员努力学习国外先进经验的结果分不开的。"[4]

6月18日,中共江苏省文化局党委认为先生在1957年整风运动期间犯

---

[1] 钱亚新.六十年来生活工作简表、论著编译年录[M]//吴志勤、钱亮、钱唐整理.创新、求新、育人——图书馆学家钱亚新的一生.自印本.1993:37.
[2] 南京图书馆辅导部.南京图书馆进一步贯彻"双百方针"为科学研究服务[J].图书馆,1962(1):63.
[3] 钱亚新.六十年来生活工作简表、论著编译年录[M]//吴志勤、钱亮、钱唐整理.创新、求新、育人——图书馆学家钱亚新的一生.自印本.1993:37.
[4] 钱亚新.我是怎样研究索引和索引法的[M]//钱亚新.钱亚新别集.谢欢整理.南京:南京大学出版社,2013:256.

有"严重右倾"错误,于是日作出决定,取消预备党员资格①。

7月27日,是日《文汇报》刊发评论文章《农村图书工作的方向》以及浙江省义乌县图书馆撰写的《我们是怎样开展农村图书流通工作的》两篇文章,先生认真阅读了上述两文,并将其中有关内容摘录为《农村辅导工作》《农村辅导工作——经验谈》以供开展辅导工作时参考。摘录内容具体如下:

农村辅导工作

加强业务辅导,培养积极分子。这首先是县和城市、郊区公共图书馆、文化馆的主要任务。省、市、自治区以上的公共图书馆必须对这方面的工作给予十分的重视。对农村图书室加强业务上的辅导,把必要的简单易行的管理、借阅图书和开展读书活动的工作方法教给群众积极分子(管理员),这是使图书室发挥作用和日益巩固发展的重要举措。但是农村图书室的工作方法必须注意简单明了,易学易懂,既能保证工作的进行,又必须适合农民群众的水平和习惯,切不可照搬城市正规图书馆的办法。同时必须适合农业生产季节性的特点,根据农忙农闲的不同和群众劳动、休息的情况灵活的或者集中或者分散的开展活动。为了做到这样,公共图和文化馆必须首先深入农村、搞试验田、学习农村群众自己创造的好办法,然后加以总结、提高,再通过训练班、讲习会、组织经验交流和到图书室具体指导等方式传授给图书是管理员。这样才能不断提高他们的业务水平,从而使图书室在进行社会主义教育和普及文化科学之中发挥更大的作用。

见《农村图书工作的方向》,《文汇报》58 七 23[27] 版 5

农村辅导工作——经验谈

我们对农村图书室(站)的辅导工作,主要是采取设立重点、抓住中心站、划分辅导区、分片巡回辅导的方法。我们选择建和社和星大站作为辅导的重点,并根据图书室的分布情况划为八个片,每个片抓住中心室(站),不定期的吸收他们开座谈会,通过他们提高图书室(站)的业务水平。

培养图书管理员是辅导工作的一个方面,方法是开座谈会和办短

---

① 钱亚新.六十年来生活工作简表、论著编译年录[M]//吴志勤、钱亮、钱唐整理.创新、求新、育人——图书馆学家钱亚新的一生.自印本.1993:37.

期训练班。座谈会是吸收中心站图书管理员参加的一个经验交流会。训练班是由县人委通知召集与文化馆合办的,时间较长、人数较多,任务是贯彻文化工作的方针,传授图书管理的基本知识。通过训练,图书管理员的积极性和业务水平都有了提高。

此外,我们还经常指导图书室(站)开展小型多样的图书宣传活动,如故事会、讲座、图书图片展览、读报、朗诵等活动。图书展览是宣传图书最有效的一种方式,故事会也是农民最喜爱的一种读书活动,不论识字或不识字的农民都欢迎这一种活动。所以建和社是经常举行这种故事会的。

我馆的农村流动站活动,是与有关文化部门密切协作进行的。比如我们与文化馆合办图书管理员训练班;与新华书店协作,他们对同一个乡的农业社不配同样的书,便于各社互相交换阅读;与扫盲干部协作,使图书室的工作密切配合民校的扫盲工作,帮助脱盲农民巩固文化。

由于采取了上述一系列的方法和措施,我县的农村图书流动站都得到了巩固。

见《我们是怎样开展农村图书流通工作的》,
浙江省义乌县图书馆《文汇报》58 七 27 版 5

是月,先生领导创办的《图书馆业务学习资料》停刊,从 1956 年 6 月创刊到 1958 年 7 月共出版 16 期①。

是月,先生领导南京图书馆辅导部成员刘胜远、丁逸人、梁淑芬创办《图书馆室业务参考材料》,该刊由辅导部负责编辑,不定期出版②。

9 月 1 日,南京地区图书馆业余大学开学,由江苏省业余大学领导机构领导。南京地区图书馆业余大学校内设教研组,组长由汪长炳担任,教务、事务由先生所在的辅导部负责,学制为两年四个学期,其中第一学期的课程为哲学、图书馆学基础,第二学期课程为哲学、图书馆藏书采购和组织,第三学期的课程为目录学、参考工具书和参考工作,第四学期的课程为目录学、参考工具书和参考工作、写作。学员由各单位保送,要求政治条件好,有高中文化水平,能坚持学习者。教师由南京地区各学校或图书馆有教学或工作经验者担任讲授,先生曾讲授"图书馆学基础""图书馆藏书采购和组织"

---

① 钱亚新.江苏省图书馆学研究成果书目提要(1949—1984)[M].稿本,1984 年.
② 钱亚新.江苏省图书馆学研究成果书目提要(1949—1984)[M].稿本,1984 年.

等课程。教学方式包括：教师讲授、师生讨论、实习、参观、自学、写文章等。

9月10日，为大搞开门办馆，南京图书馆成立"十人突击队"，打出馆外，送书上门，该项工作由先生及南京图书馆分编、阅览两部主任三人共同负责。三人提出"一破、二报、三化、四边"行动口号，经一周苦战，初见成效；一个月后，在工厂、公社、部队、机关、医院、旅馆、车站等230个单位中，经常有图书2万册在流通，做到了图书流动布及全市、"人们看书不出门""遍地开花"的要求。除突击队外，还把南京图书馆流通、阅览、外借、辅导、书目、咨询6项工作结合起来为上述这些单位的读者服务，使图书发挥更大的作用①。

12月13日，购《图书分类表》（苏联安巴祖勉主编，文敏等译，威理校）一册，该书为北京图书馆主编的"图书馆学翻译丛书"之一种，由中华书局1958年10出版。

---

① 钱亚新.六十年来生活工作简表、论著编译年录[M]//吴志勤、钱亮、钱唐整理.创新、求新、育人——图书馆学家钱亚新的一生.自印本.1993：37.

1959 年　　五十七岁

1月,先生主编的《图书馆学论文索引(1949.10—1957.12)》一书正式由商务印书馆出版,出版时署名"南京图书馆编"。

2月,完成《熟悉图书工作的讲解》一文,该文是为南京图书馆馆员业务学习编写,未正式出版,现存稿本,全文包括:(一)引言;(二)熟悉图书形体的方法;(三)熟悉图书内容的方法。

3月8日,袁涌进寄赠《汉语拼音著者号码表》一册,该书由袁涌进与周树基合编,1959年1月北京图书馆油印出版,袁涌进于扉页题有"亚新先生指正"。

4月10日,参加政治学习,学习内容为有关当前副食品价格问题以及"两个过渡"问题。

4月17日,参加政治学习,学习内容为有关当前副食品价格问题以及"两个过渡"问题。

4月23日,参加政治学习,学习内容为有关当前副食品价格问题以及"两个过渡"问题。

4月25日,就学习有关当前副食品价格问题以及"两个过渡"问题的心得进行汇报。

是月,完成《图书宣传工作讲解》一稿,该文是为南京图书馆馆员业务学习编写,未正式出版,现存稿本,全文分为:(一)为什么要进行图书宣传?(二)积极开展读书运动;(三)怎样宣传图书。

5月,为配合南京地区图书馆业余大学"图书馆藏书采购与组织"这一专题的学习,先生主持举办了"南京地区图书馆图书采购工作经验交流展览会"①。

6月26日,参加政治学习,此次学习由江苏省委宣传部部长欧阳惠林主

---

① 钱亚新.六十年来生活工作简表、论著编译年录[M]//吴志勤、钱亮、钱唐整理.创新、求新、育人——图书馆学家钱亚新的一生.自印本.1993:38.

讲,欧阳惠林报告了1—5月份江苏工农业生产、市场供应、宣传教育工作方面的情况及存在问题,并介绍了解决问题的方法。欧阳惠林报告结束后,学员针对报告内容进行了讨论。学习结束后并布置了三份作业:怎样正确认识市场供应问题;怎样贯彻增产节约、勤俭持家的方针;怎样接收文教工作的经验。

6月27日,参加馆务会议,与会人员有汪长炳、柳定生、潘天祯、邱克勤、郑云翔、蒉依琴、范家贤及先生等人。会上南图办公室主任郑云翔传达了1959年江苏省"整顿巩固、充实提高"的文化方针,总结了1958年文化工作的优缺点,并讨论了今后工作计划。对于先生所在的辅导部而言,要求做好干部训练、图书馆协作和辅导工作三个方面。关于讨论南京图书馆今后工作计划时,先生作了如下发言:(1)首先,在思想上:① 使人人政治挂帅,重视整体,以全馆一盘棋的观点来进行工作,不断提高政治思想;② 绝对服从领导,大力协作,更加团结友好,发挥"我为人人,人人为我"的精神;③ 钻研图书馆学知识和技术,搞好各部门管理工作,强调刻苦读书,结合实践进行研究工作,提高工作效率;④ 使人人能做到全面锻炼,鼓足干劲,忘我劳动,完成党交给我们的任务。(2)其次,在制度上,各部门的职责范围,工作细则还是要订出来。(3)最后,在计划、措施上各部门要定出较长远的计划。此外与会人员还就1958年南京图书馆是否大跃进,有什么问题进行了讨论。

6月30日,至书店购书,购得北京图书馆编辑之《图书宣传工作》(图书馆学翻译丛刊第八辑,商务印书馆1959年版)一册。

是月,先生领导创办的《图书馆室业务参考材料》停刊,从1958年7月创刊至是月停刊,共出版8期①。

7月4日,参加南图馆务会议,主要讨论了如下问题:(1)外文书刊是否采取"采编典阅一条龙"的办法;(2)采购工作中如何处理好中外、新旧、专深与一般类图书之间的比例,以及种数与复本的要求;(3)关于将整理好的新旧图书移入新书库的问题,包括次序、步骤、排列等;(4)今后是否将联合目录交由采编部编制;(5)1959年如何确保《1949—1959十年来的南京图书馆》等有关索引、书刊、专题目录按时编完。对于这五个问题,先生在会上提出了自己的看法:(1)对于第一个问题,先生赞成外文书刊采取"采编典阅一条龙"的办法,因为这样能提高工作效率,节约成本,更好地满足读者需要,更大限度的发挥外文书刊的效用;(2)对于第二个问题,先生认为采

---

① 钱亚新.江苏省图书馆学研究成果书目提要(1949—1984)[M].稿本,1984.

访工作中坚持"古为今用,洋为中用"的原则,品种数多于复本数,内容方面总体来说内容专深的图书数量要多于内容较浅的,涉及到普通图书采访时要从严选择,涉及科研用书时从宽选择;(3)对于第三个问题,先生认为将已经整理好的图书先搬进新书库,未整理好的,暂时不搬。搬入新书库的图书可按照使用频率、书、刊等进行组织排列;(4)对于第四个问题,先生不赞成联合目录交由采编部编,认为还是应由参考书目部负责编辑;(5)对于第五个问题,先生建议多发动人力,集中编辑,速战速决。

7月8日,先生主持召开辅导工作会议,就江苏省辅导工作的条件、目的、方法、辅导对象的选择、辅导工作的研究进行了讨论。先生在会上指出:(1)要重视辅导工作的条件、地点的研究,重点辅导对象并不是长期的,重点辅导对象的确定必须以解决问题为主。(2)加强各个地区辅导专题研究,如泰兴地区读书运动的总结,徐州地区市馆能否辅导县馆。(3)辅导的点不能太多,要抓得深透,县馆要适当放一放,但是江宁、宜兴等馆不能放,同时把江宁馆定为辅导工作参观地点。(4)具体辅导工作的重点放在采购、分类上。(5)对于南京图书馆的辅导工作,先生也希望与会人员明确辅导的目的,思考为什么由南图负责全省辅导工作,辅导部人员要研究全省图书馆事业如何适应全省社会主义经济建设,掌握规律。辅导工作必须实际情况的变化而进行相应的调整。

8月,先生参与拟定了南京地区图书馆业余大学二年级全年"目录学、参考工具书和参考工作"课程表,以供教研组参考[①]。

9月,南京地区图书馆业余大学继续招收新生一班,南京地区图书馆业余大学的领导由江苏省业余大学领导机构改为南京中心图书馆委员会领导。

10月11日,南京地区图书馆业余大学开学上课,新旧学员共计两班,先生继续担任讲师[②]。

11月16日,购程长源编《机关图书馆工作》(商务印书馆1959年版)一册。

是月,完成讲义《图书采购工作》的撰写,该讲义是先生为南京地区图书馆业余大学开设"图书馆藏书采购和组织"这一课程所撰写,由南京图书馆油印,笔者并未见过该讲义,据先生自撰论著提要所述:"全文阐述了

---

① 钱亚新.六十年来生活工作简表、论著编译年录[M]//吴志勤、钱亮、钱唐整理.创新、求新、育人——图书馆学家钱亚新的一生.自印本.1993:38.
② 钱亚新.六十年来生活工作简表、论著编译年录[M]//吴志勤、钱亮、钱唐整理.创新、求新、育人——图书馆学家钱亚新的一生.自印本.1993:38.

（一）图书采购工作的任务、意义和作用；（二）采购图书的原则、范围和标准；（三）采购图书的计划、方式、验收和登录。强调这一工作是图书馆整套业务的开端，非常重要；并附以各种应用统计表格和'书刊验收、盖章、登录、注销过程图'一张，以作工作进行的指引。"①

12月25日，上午，南京大学图书馆魏德裕受李小缘先生吩咐至南图拜访先生，并带来图书分类讲稿请先生审阅。是日深夜，李小缘先生于家中自缢身亡，终年六十一岁②。

是月，先生与丁逸人合写的《人民公社图书馆（室）工作》初稿完成，该书是对近年来江苏农村图书馆（室）工作经验的总结，重点就"图书的流通、宣传和管理三个方面整理出一些初步意见和工作方法"③。

是月，完成讲义《图书典藏工作》的撰写，该讲义是先生为南京地区图书馆业余大学开设"图书馆藏书采购和组织"这一课程所撰写，由南京图书馆油印，笔者并未见过该讲义，据先生自撰论著提要所述该书包括："（一）图书馆的典藏工作；（二）藏书的组织；（三）藏书的排列；（四）图书馆藏书的保护；（五）图书馆藏书的清点；（六）附录。"④

> 按：笔者在先生文稿中，发现了一份讲述南京地区图书馆业余大学讲义编写过程总结，内容如下：
>
> 在编写讲义的过程中：（1）先由担任某一课内各单元的教师，根据本地的特点，拟出详细提纲，并为学员学习方便，抄出若干思考题；（2）由教研组研究、讨论、补充，作为讲课提纲印发给学员，教师依据上述提纲进行备课讲课；（3）经过讲课，再收集学员提出的意见作为补充，而后由教师写出初稿；（4）再经过教研组对初稿的研究讨论，并由教师进行修改，作为定稿印发。

是月，完成《工具书及其使用法》，文稿未公开发表，现存稿本。

---

① 钱亚新.自撰论著提要[M].稿本.
② 李永泰.造就个人与造福社会——李国鼎和他的长兄李小缘[M].台湾：李国鼎科技发展基金会，2011：109.
③ 南京图书馆.人民公社图书馆（室）工作[M].南京：南京图书馆（铅印本），1960：绪言.
④ 钱亚新.自撰论著提要[M].稿本.

1960年　　五十八岁

1月，《人民公社图书馆（室）工作》由南京图书馆正式铅印出版，全书分为：前言，绪言，第一章：千方百计、流通图书，第二章：小型多样、宣传图书，第三章：简便易行、管理图书，附录：一、中小型图书馆图书分类表草案基本类表，二、利用中小型图书馆图书分类表几点意见。出版时该书署名为"南京图书馆"，实际由先生与丁逸人合写。

3月，先生所在的辅导部为武汉大学图书馆学系设函授生辅导站，先生积极参与教学工作，指导南京图书馆参加函授的学生，如纪维周的毕业论文《怎样编辑鲁迅研究专题书目》就是由先生指导完成的①。

  按：笔者在先生文稿中，发现了一份先生为该函授站讲授"图书馆组织"课程的讲义，主要内容如下：
  本课程学习的目的：主要在介绍和论述有关：（1）我国图书馆事业和图书馆工作在党的领导下的组织情况，干部培养问题；（2）图书馆业务辅导工作的意义、任务、方法和经验；（3）图书馆的馆舍问题——建筑和设备的指导原则。通过学习，使同学们对三方面的情况和理论知识，有一较概括的了解，在碰到具体问题时，能联系实际，逐渐养成分析问题和解决问题的能力。
  课程内容：
  第一讲：我国图书馆事业的组织：（1）全国各系统图书馆的领导和业务辅导关系；（2）图书馆事业中的大协作；（3）图书馆事业中的辅导工作。
  第二讲：党对图书馆的领导：（1）我国图书馆事业必须由党来领

---

① 纪维周.图书馆界一代宗师——钱亚新先生[M]//南京图书馆.继承发展　开拓创新——纪念汪长炳、钱亚新先生诞辰100周年暨南京图书馆新世纪首届学术年会文集.铅印本，2003：40.

导;(2)党对图书馆的领导体现在哪里;(3)贯彻领导与群众相结合的原则。

第三讲:图书馆的干部培养:(1)图书馆干部的积极作用和应具备的条件;(2)贯彻"两条腿走路"的方针,积极培养又红又专的干部。

第四讲:图书馆工作组织:(1)图书馆组织机构;(2)图书馆的劳动组织;(3)图书馆工作计划。

第五讲:图书馆的建筑和设备。

4月9日,先生领导的南图辅导部向江苏省三大系统图书馆发出"技术革新调查表",各馆积极响应,通过调查发现,截止到5月6日,江苏地区仅34所图书馆就已有技术革新成果129件,其中属于"四化"方面的有37件,占29%;属于改进现有工具的有26件,占20%;属于改善劳动组织、改进工作方法的有66件,占51%①。

4月24日,先生领导辅导部纪维周、丁宏宣等人根据反馈的"技术革新调查表"开始编辑《江苏省各系统图书馆技术革新资料汇编》②。

5月24日,《江苏省各系统图书馆技术革新资料汇编》(1—4辑)编印完成,分发各图书馆参考。

6月12日,为响应图书馆技术革新运动的全面展开,是日,南京地区中等专业学校图书馆协作网于南京图书馆举行了图书馆工作技术革新擂比大会。此次大会是在5月29日在南京邮电学院图书馆举行的南京地区中等专业学校图书馆协作网"图书馆技术革新现场会议"的基础上召开的,参加此次会议的有江苏有关高等院校及各中等专业学校图书馆15家40余人。南京图书馆汪长炳与先生全程参加了此次会议,汪长炳先生发表大会开幕致辞,先生于会议结束时做总结发言。先生发言题为《为党的生日献出更美丽的花朵放出更芬芳的香味》,发言摘要如下③:

今天的擂比大会开得及时,热烈,收获大。

首先听了汪馆长的报告,同志们的发言,我们大家对图书馆工作中

---

① 南京图书馆.馆馆革新技术 处处开花结果(江苏省各系统图书馆掀起技术革新和技术革命运动高潮)[J].图书馆学通讯,1960(6):10.
② 钱亚新.六十年来生活工作简表、论著编译年录[M]//吴志勤,钱亮,钱唐整理.创新、求新、育人——图书馆学家钱亚新的一生.自印本.1993:39.
③ 南京地区中等专业学校图书馆协作网编印.南京地区中等专业学校图书馆协作网举行技术革新擂比大会资料汇编[M].1960年6月15日:17-18.

的技术革新和技术革命运动，不仅在思想认识上有所提高，一致认为这是一个思想革命运动，而且干劲都很足，措施也有力，这些正合乎我们举行这次大会擂比的要求。根据大字报和发言中所提出的技术革新的项目，既能以四化为中心，又能合于多快好省，尤其是有许多有关图书馆科学研究的项目。这是一件可喜的事，也是一个良好的开端。

当然，我们不是为图书馆技术革新而技术革新的，以中等专业学校图书馆来说，主要是要服务于各校教学改革。同时对改进各馆工作方面，也当予以相当的注意，因为这样才能更好地做好服务工作。

今天的擂比大会，还有一个特点，就是同志们高度的学赶超帮的精神。例如南京体育学院图书馆的大字报，就用"向兄弟图书馆学习"为标题的；又如南京林业学校图书馆，一致被认为是我们协作网内一个先进的旗帜，今天刘同志（南京林业学院图书馆刘锡九——笔者注）的发言不论在思想、干劲、措施和多快好省方面都有独到的地方，但其他图书馆不甘示弱，相反地都愿和该馆擂比一下，如南京交通专科学校图书馆提出学先进、赶先进，决心要青出于蓝而胜于蓝，就是例子。

擂比大会就要胜利结束了。现在的问题，在于最近两星期内应该怎样更好地行动起来。因此，我建议首先要在党的领导下，坚持政治挂帅，而后要做到"轰""攻""冲"三个字。

所谓"轰"，就是轰轰烈烈的"轰"，同志们回去，必须进一步发动群众，轰轰烈烈大搞一场。

所谓"攻"，是攻克堡垒的"攻"，在图书馆技术革新方面，并不是一帆风顺的，会遇到许多困难的，我们决不能向困难低头，必须抱着攻打的决心，拿下这个堡垒。

所谓"冲"，是冲天干劲的"冲"，冲锋陷阵的"冲"，我们要拿出冲天干劲的精神、冲锋陷阵的勇气，实战、苦战、巧战，坚持到底，胜利一定是属于我们的。

同志们，"七一"就在我们眼前了。为了党的生日，我想在"南京地区图书馆技术革新展览会"上，我们中等专科学校图书馆协作网的成员各馆，一定能献出更美丽的花朵，放出更芬芳的香味。

7月，南京地区图书馆业余大学第一届学员毕业。

按：笔者在先生文稿中，发现了一份讲述开办南京地区图书馆业余大学的主要收获，即(1) 基本上能满足各类型图书馆对于培养干部的迫切要求。（2）就地取材，就地培养，不仅组织有经验的图书馆工作者或新生力量担任讲课从而提高教学水平，同时也能提高学员的政治、思想、业务水平。（3）促进各馆的工作改进，表现在各馆对采购工作上的改进，例如规定采购原则、范围、标准、计划。（4）交流经验，展开协作，表现在参观、讨论方面，活跃两个图书馆网的活动。（5）创造了大结合的教学方式方法：讲课、讨论、实习、参观、自学、写文章，累积了一些教材或资料及编写讲义的经验。

8月，完成《两种汉语拼音著者号码编制法的比较》一文，该文未正式出版，现存稿本。

10月，就中国人民大学图书馆编辑的《马克思恩格斯全集主题索引》中有关问题致信该图书馆，信中指出该索引"内容丰富，编制有方，对于学习、参考、检查有关资料，是不可少的工具"，但与此同时该索引中有关条目的收录、索引词的选择、"见"与"参见"使用存在的问题，先生就此问题专门进行了询问。中国人民大学图书馆是否有回信，有待进一步查考。

是月，系统研究中国人民大学图书馆编辑的《马克思恩格斯全集主题索引》《列宁全集索引（初稿）》《毛泽东著作主题索引》，日本长谷部文雄、鬼冢安雄编辑的《资本论索引》，辽宁大学图书馆编印的《反杜林论索引》。

12月24日，受江苏省文化局委派，赴宜兴、江阴、苏州、无锡、常州调查当地文化工作情况。

1961年　　五十九岁

1月11日，结束了宜兴、江阴、苏州、无锡、常州等地文化工作调查，返回南京。

1月12日，整理完《省内三市二县文化工作的报告》，送交江苏省文化局有关领导参考。报告中先生记述了此次调查情况：

> 自1960年12月24日出发，到1961年1月11日回宁，共计19日，在旅途5日，工作10日，休息4日（期中有三个星期日和元旦日）。所到地方，由宜兴而江阴、苏州、无锡、常州。其活动情况如下：
> 宜兴：听取"1960年宜兴县文化工作和下乡支农的概况"（何局长同志）；听取"1960年宜兴图书馆工作概况"（蒋云龙同志）；听取"最近宜兴文化馆工作概况"并参观该馆（张同志）；了解宜兴图书馆图书采购和阅览工作（储平、路铁农同志）；参观并了解宜城农具厂图书室（张士根同志）。收集了"宜兴县图书馆工作情况小结"，"大办农业、大办粮食文艺宣传材料"第1、2、4—12辑，"60年10—11月借阅册次分类统计"，"60年11月份读者成分统计"，"1960—1961年订阅期刊目录和报纸目录"等资料。
> 江阴：听取"1960年电影戏院工作概况"（周致远同志）；听取"1960年江阴群众文化工作"和"图书工作"（吴其孟同志）；了解江阴县馆图书采购工作（费玉珍、丁佩瑜同志）；了解江阴县工人文化宫图书工作（张玉琴同志）。收集了"1961年江阴县图书馆订阅期刊目录和报纸目录"。
> 苏州：座谈苏州市文化工作（谢孝思局长，许培基馆长）；听取"苏州市图书馆1960年工作概况和1961年计划要点"（许馆长同志）；听取"苏州市博物馆文管会工作概况"并参观"延安时代"革命生活展览会（孙继元同志）；听取"苏州市群众艺术馆工作概况和文化馆工作概况"（王霓同志）；参观金阊文化馆（张玉泉同志）；听取"苏州市曲联工作"

（颜同志）；听取"苏州市文化企业公司工作概况"（费瑾初同志）。收集了"苏州市图书馆1961年工作计划""图书预约通知单""图书预约单"，《学习和发扬延安时代革命精神本市举办延安时代革命生活展览会》报导一篇（见《新苏日报》61.1.4），"庆祝1961年元旦全国文化馆活动介绍""庆祝元旦全国公社艺术团节目单"等资料。

无锡：听取"无锡市图书馆辅导工作概况"（孙璟同志）；参观丽新纺织印染厂图书馆（蒯秀珍同志）。

常州：听取"常州市图书馆工作概况"（孙馆长、潘馆长同志等）；参观钟楼区人民公社图书馆、分站图书室和流动站（周稼怡、周泉琴同志等）；听取"常州市博物馆工作"参观常州市博物馆、瞿秋白同志故居（董菊新同志）；听取"常州市剧团工作"（郑尔鉴同志）。收集了"常州市图书馆关于对小人租书摊的改造和建立城市人民公社图书馆的工作报告""常州市文化局常州市民政局关于建立民办图书馆（室）的意见""常州市文化局转发天宁区东郊居委会关于建立民办图书馆的经验""常州市文化局关于进一步对小人租书业进行社会主义改造的意见"等材料。

3月，经竺陔南介绍，致信滨海县图书馆周效青，请其在滨海协助吴志勤女士赴东直农场探望被打为"右派"、正在劳动改造的长子钱亮。

5月，通过对收到的苏州市图书馆、无锡市图书馆、淮阴市图书馆、江宁县图书馆、武进县图书馆、常熟县图书馆、泰州县图书馆、宿迁县图书馆、江阴县文化馆图书室工作计划、工作总结、专题总结的研究与分析，撰写《对本省县市图书馆当前工作的初步改进意见》，在肯定上述各馆所做出的成绩的同时，也指出了各馆的不足，该文最后强调各图书馆必须充分贯彻"调整、巩固、充实、提高"八字方针，并提出"为了促进图书馆工作的发展，各图书馆都应该拟定工作计划、及时进行工作总结"。

是月，与南京师范学院图书馆周宗渭合作，为南京地区图书馆业余大学学员讲授"图书馆统计工作"课程①。

6月12日，完成《章学诚对郑樵校雠学说和工作的发展》一文初稿，该文未正式发表，现存稿本，该文从"理论、治书、辑佚、校书、类例、互著、别裁、编目、典藏、致用"十个方面比较了章学诚与郑樵两人的观点。

---

① 钱亚新.六十年来生活工作简表、论著编译年录[M]//吴志勤、钱亮、钱唐整理.创新、求新、育人——图书馆学家钱亚新的一生.自印本.1993：39.

7月中旬，与夫人吴志勤一起参加南京大学图书馆举办的"读者工作和图书工作关系座谈会"，并发言①。

8月，先生所在的辅导部为了进一步提高图书馆干部的业务水平，培养大家钻研业务的兴趣，从是月起有计划地组织了读书报告七次，主题分别是"南明史""鲁迅""清代官书局的刻书""南京国学图书馆的回忆""参考资料的收集、整理和使用""南京图书馆有些什么善本书""整理近代史资料的一些体会"。报告人为南京图书馆馆内对上述主题有专门研究的同志。"参加者事后一致认为这些报告对大家帮助很大，通过这些报告不仅可以使大家得到不少有关的知识，有利于读者工作的进行，同时还可以学到不少关于收集、整理、使用资料的经验，为自己开展图书馆学或目录学研究作引导"②。

9月，为广大群众学习、图书馆（室）宣传《毛泽东选集》参考需要，以《毛泽东选集》1到4卷为对象编辑《〈毛泽东选集〉题解目录》一份，该文未正式出版，现存稿本中只有"辑例"，正文"题解目录"已佚。

是月，三子钱唐未考上大学，被分配在南京市玄武区合作商业联合会工作。钱唐高考失利后，先生准备让钱唐学习图书馆学。适逢先生至镇江图书馆进行辅导工作，令钱唐与其一同前往，并伴游金山③。

10月，武汉大学图书馆学系函授班召开辅导站工作会议，邀请先生前往，先生因故未能参加，以《我们怎样进行图书馆学函授班的辅导工作的》一文代作发言，该文具体内容有待进一步查考④。

是月，完成为南京地区图书馆业余大学"图书馆统计工作"课程讲义《图书馆统计工作论略》的编写，该讲义共有六章构成：第一章、统计与调查研究；第二章、图书馆统计工作的重要意义和作用；第三章、对于图书馆统计工作的要求；第四章、图书馆统计工作的基本表格；第五章、图书馆工作的指标和分析；第六章、图书馆统计工作的举例及其说明。

是月，北京大学图书馆学系寄赠先生该系编写的《图书馆藏书与目录讲稿》第二篇《图书分类与图书标题》（北京大学1961年铅印本）一册，请先生提意见。

---

① 钱亚新.六十年来生活工作简表、论著编译年录[M]//吴志勤、钱亮、钱唐整理.创新、求新、育人——图书馆学家钱亚新的一生.自印本.1993：39.
② 南京图书馆辅导部.南京图书馆进一步贯彻"双百方针"为科学研究服务[J].图书馆，1962（1）：63.
③ 钱亚新.镇江[M]//钱亚新.钱亚新别集.谢欢整理.南京：南京大学出版社，2013：288.
④ 钱亚新.六十年来生活工作简表、论著编译年录[M]//吴志勤、钱亮、钱唐整理.创新、求新、育人——图书馆学家钱亚新的一生.自印本.1993：39.

12月,先生所在的辅导部通过调研以及对以往工作的总结,制定了《南京图书馆干部业务学习简则》,该简则后经南京图书馆馆务会议通过,并报江苏省文化局批准施行①。

---

① 南京图书馆关于图书工作的请示报告[A].江苏省档案馆藏,档号:4016-003-0608.

1962 年　　六十岁

1月,完成《艺风老人年谱(摘要)》的编撰,该谱现存稿本。

4月,完成《论部首制——对〈辞海·总词目〉试行本改良部首制的商榷》一文,该文未正式发表,现存稿本,该文主要是对《辞海·总词目》所使用的排检方法进行的商榷,兼及汉字排检法。

5月,先生收到北京大学图书馆学系、武汉大学图书馆学系合作编写的《目录学讲义(初稿)》(北京大学"供提意见用"铅印本,1962年5月)一册,受邀为该书提意见。

6月,南京图书馆辅导部开始组织南图全馆职员座谈"什么是图书馆员的基本功?",每次座谈先生都参加。

7月15日,初次读毕黄丕烈有关传记、年谱、黄氏著述等资料。

7月25日—8月7日,列席中国人民政治协商会议江苏省南京市三届二次会议①,此次会议先生与南京大学图书馆施廷镛、南京师范大学图书馆赵之远联名提出"建议设立图书馆专科学校案"②。

10月16日,完成《好学·师承·创新》一文初稿,该文未正式发表,现存稿本。该文是先生为纪念郑樵逝世八百周年而作,文中对郑樵的治学特点及对校雠学的贡献进行了论述,1979年先生又对该文进行了增补修改。

是年秋,完成《书目的索引及其编制法》一书初稿。

11月30日,上午主持召开南京图书馆甄别图书整顿目录工作小组会议,讨论关于地方文献条例以及甄别图书整顿目录工作小组工作操作程序、工作制度和小组行政事务分工问题。

12月1日,汪长炳就甄别图书整顿目录工作小组作出两点指示:(1)凡旧平装书上也要加盖图书馆馆藏标记;(2)原计划给采编部的卡片暂时不给,等全部整理完后,把参考卡片中的总书名卡片与整顿的进行核对

---

① 南京市政协三届二次全体会议文件卷[A].江苏省档案馆藏,档号:6001-001-0027.
② 施锐.奋斗一生——纪念施廷镛先生[M].南京:南京大学出版社,2008:101-102.

后并组织好再交给采编部分编。

12月8日,主持召开甄别图书整顿目录工作小组会议,讨论最近一阶段工作情况及存在问题。讨论决定:(一)分工上,改为各人分段包干,这样有利于避免分类错误、乱架等问题,提高工作效率。从下阶段开始,教育类图书由王立华负责,宗教地理类由刘胜远负责,历史类由杨长春负责,先生及邱克勤负责核对。(二)量化计时,各人计算自己的实际工作时间,先生经过比较统计,提出1963年甄别图书整顿目录工作小组要完成5—6万册的甄别整顿工作。(三)工作程序中,图书原有卡片还是按照原有的分类法排列。

12月13日,汪长炳与先生谈甄别图书整顿目录工作问题,包括"丁"类图书的处理、旧书复本过多如何处理以及新旧不同分类法中同书异号问题如何处理。

12月21日,与甄别图书整顿目录工作小组成员就工作中的问题交换意见。

12月22日,出席南京图书馆召开的甄别图书整顿目录工作专项领导会议,出席会议者包括孟君孝、陈毅人、蒯依琴、邱克勤及先生。会议讨论了如下事项:(1)"戊"类图书排架问题;(2)请专人誊抄卡片事;(3)为了加快速度,除原有的"戊""丁"类书外,对于有些毫无参考价值和用途的书可以一律不管;(4)建议试验"一条龙流水作业法";(5)为提高核对效率,建议改用抽查核对的方式。

12月23日,整理22日会议材料,修改文件,下午听馆长报告。

是日,研读缪荃孙所撰《艺风堂收藏金石目》(清光绪刻本),撰写读书心得,谓:"以三十余年的博收约取,这是值得学习的。这部书的刊刻也很好,不仅版样大,而且印刷考究。"又读《江苏金石志》,认为"这志收集的范围,据初步统计为538种,由周到元,明清没有著录,这是一个缺点。但是这志从江苏来说,是首创,较全面;著录的方法,较前人的有改进,甄别也较谨严,这些可说是它的优点。另外辑有《待访目》,这对收集这项地方文献,是一项指针"。此外,还研读了缪荃孙所编的《清学部图书馆方志目》,认为"该目为公共图书馆志书目的首创,辑例如四、五、七条颇有独到之处"。

12月24日,甄别图书整顿目录工作小组结束了第三批图书的整理。

是日,研读缪荃孙所撰《艺风老人年谱》毕,撰写读书心得,谓:"缪氏生于鸦片战争后四年,卒于五四运动那年,在这七十多年,正是帝国主义和中国封建主义相结合,把中国变为半殖民地半封建社会的过程,也就是中国人民反抗帝国主义及其走狗的过程。从鸦片战争以后,经过太平天国运动、中法战争、中日战争、戊戌政变、义和团运动、辛亥革命,一直到五四运动,都表现了中国人民不甘屈服于帝国主义及其走狗的顽强的反抗精神。然而在这《年谱》之中,这些轰轰烈烈的运动或事故,却一些踪影都没有,因此可见缪氏对于时代的精神,失去敏感的。如果从他个人的一生,尤其在博览群书、广收典籍、考订刻书、著述立说方面,是有一定的成就的。对于国史馆总裁徐桐的争执上,却可见到他还是有些正义感的。"又读范希曾《书目答问补正》,认为该书"主要在有关版本上加以补正,而于新著方面,没有增加,这比之江人度的《书目答问笺补》要谨严些,而不全面些"。

12月25日,甄别图书整顿目录工作小组将整理好的图书916册、卡片637张移交馆内相关部门,又取书两架开始整理。

12月26日,出席高等院校图书馆"基本功"座谈会,是日,甄别图书整顿目录工作小组开始试验流水操作法。

12月27日,因王立华、邱克勤休假,先生与刘胜远、杨长春继续甄别图书、整顿目录。

12月28日,上午对军事学院图书馆工作同志进行分类辅导。

12月29日,对甄别图书整顿目录工作小组成立以来工作进行总结:(1)完成了《甄别图书整顿目录工作小组条例草案》《江苏地方文献书目辑例》《甄别工作程序》三份文件的整理;(2)截止到12月29日,甄别图书整顿目录工作小组已甄别图书1 773种2 489册,整顿正规目录卡片1 773种1 777张、专题目录卡片4 031张;(3)对甄别图书整顿目录工作小组进行了量化统计,发现平均每小时完成2.6种。

是年,先生曾出差至常州①。

是年,先生二姊钱铸卿夫妇由上海来南京探望,先生伴游栖霞山②。

是年,南京地区图书馆业余大学停办③。

---

① 钱亚新.常州[M]//钱亚新.钱亚新别集.谢欢整理.南京:南京大学出版社,2013:287.
② 钱亚新.南京[M]//钱亚新.钱亚新别集.谢欢整理.南京:南京大学出版社,2013:290—291.
③ 纪维周.图书馆界一代宗师——钱亚新先生[M]//南京图书馆.继承发展　开拓创新——纪念汪长炳、钱亚新先生诞辰100周年暨南京图书馆新世纪首届学术年会文集.铅印本,2003:38.

1963 年　　六十一岁

1月7日，上午主持召开甄别图书整顿目录工作小组会议，出席会议者包括邱克勤、王立华、杨长春、刘胜远及先生，会议对1962年甄别图书整顿目录小组的工作进行了总结，并就1963年工作安排进行了讨论。下午甄别图书整顿目录工作小组继续开会讨论甄别、整顿工作中的格式标准、工作方法的改进等，杨长春、王立华、刘胜远三人还就各自负责的大类甄别、整顿情况进行了汇报交流。

1月9日，先生将经小组成员讨论、由先生执笔的《甄别图书整顿目录工作小组小结》送交馆长批阅，下午与汪长炳在馆长办公室就甄别图书整顿目录工作小组中遇到的如参考文献、图书馆学、地方文献的范围，工作标准化，中小学教科书、特刊、年刊处理等问题进行了商讨。

1月11日，主持召开甄别图书整顿目录工作小组会议，将1月9日与汪长炳讨论的各项问题再与小组成员进行商讨，同时布置了1963年的工作计划及要求。

1月17日，至南京古籍书店淘书，购《古书版本常谈》(毛春翔著，中华书局1962年版)一册。

1月25日，春节。春节期间，先生曾向南京图书馆同事邓复生的叔叔贺年，邓老谈风甚健，在与先生谈到前江南图书馆缪荃孙馆长时，建议南京图书馆应重视对这位馆长的研究。先生听取了其建议，对缪荃孙做了一些研究，但因政治运动较多，无暇提笔撰文，直至1963年才撰写了一篇《艺风老人与目录学》[①]。

是月，完成《最近五年来我国图书馆学科研上的主要成就和存在问题》一文，该文未正式发表，笔者并未见过，据先生自撰提要所述："本文是一篇有关我国在第二个五年经济计划期内图书馆学科研上的主要成就和存在问题总结性的论述。开始略述自建国以来，我国图书馆学上的科研进入了一

---

① 钱亚新.《校雠学论文集》自序[J].稿本，1984.

个新的阶段,同时它的发展可以全国经济的发展而分为三个时期,不断向前推进。其次叙述1958—1962年这五年内图书馆学科研上的主要成就,表现在下列各教本的继续编写出版,即《图书馆学基础》《社会主义图书馆学概论》《中国近现代图书馆事业史》《图书馆学引论(初稿)》《读者工作(初稿)》《图书馆藏书与目录讲稿》《目录学讲义(初稿)》,这些教材的编写绝大部分是由北大图书馆学系和武大图书馆学系师生在认真向有关图书馆进行深入调查,收集新的工作经验后,根据'双百'方针,采取集体讨论,分头执笔的方法进行的。这些专业教材显然体现了整套的社会主义图书馆的理论体系和实践活动,其影响我国图书馆事业和图书馆教育的发展,非常重大。最后讨论了这五年内图书馆学或图书馆工作所存在的问题,主要的是:(1)图书馆学研究的对象问题;(2)有关图书分类四分或五分及其次序问题;(3)图书馆员基本功的问题。这些问题虽未获图书馆界的统一认识,有所争执,但通过理论的探讨、实践的工作,将来定能解决的。"①

2月1日—2日,先生核对甄别图书整顿目录工作小组工作,发现传记类图书分类不统一,有些按照传主国别分,有些按照传主所在的学科分。为此先生特地查阅了参考阅览室读者目录中传记类图书分类情况,并与蒯依琴进行了商讨,最后决定包括中外人物的传记入D911;包括某国人物的传记入各国总传;个人传记以国别分,必要时再按时代分。

2月2日,主持召开甄别图书整顿目录工作小组工作会议,讨论:(1)地方文献、目录资料等甄别、整顿所要求达到的程度;(2)工作方法问题;(3)旧平装书的登录问题;(4)旧平装书的复本问题等。

2月5日,将甄别图书整顿目录工作小组讨论的关于传记分类问题的意见通报采编部。

2月13日,上午汪长炳召集先生及邱克勤谈甄别图书整顿目录工作中的问题,就如何加快速度、怎样从内容上选合用的书、提高甄别整顿质量等问题提出了一些建议。

2月17日,下午主持召开甄别图书整顿目录工作小组会议,与会人员包括汪长炳、邱克勤、王立华、杨长春、刘胜远及先生。会上讨论了:(1)"戊"类复本书的处理;(2)"丁"类书的分类;(3)图书登录;(4)甄别后的图书排架问题。

2月25日,主持召开甄别图书整顿目录工作小组会议,讨论旧平装书处理问题,汪长炳莅会,并在会上建议将1949年以前的平装书移送山西路古

---

① 钱亚新.自撰论著提要[M].稿本.

籍部,经与会人员讨论决定1949年以前的旧平装书中凡是属于方志的,全部移送古籍部;1949年以后的方志,由采编部选一本送古籍部。

3月11日,主持召开甄别图书整顿目录工作小组工作会议,先生在会上主要谈了两个问题:第一,怎样增加业务工作时间;第二,甄别、整顿小组成立以来面对的最大的困难是分类法的问题,旧书与新法不大适应。小组成员对于第二个问题进行了重点商讨。

3月28日,为纪念太平天国攻克并建都南京一百一十周年,南京历史学会举行第二届年会,是日上午举行开幕式,江苏省社科联主席郭影秋,副主席曾昭燏、常委汪长炳,江苏省文化局局长周邨,南京市历史学会会长韩儒林等以及南京历史学会会员及南京市文史工作者三百多人参加了开幕式,本次年会的学术讨论是以太平天国史为中心,会期五天①。先生向本届年会提交了《艺风老人与目录学》一文。

3月30日,先生主持召开甄别图书整顿目录工作小组工作会议,主要讨论:(1)卡片抄写中的问题;(2)图书搬运进出书库问题;(3)所谓的"反动国"图书如何处理问题。

4月,完成《图书馆之歌》一书的编选,该书未正式出版,笔者未见过该书,据先生自撰提要所述:"本书是有关图书馆民歌的选集。前有《前言》,后附《后记》各一篇。据《后记》所言,本书共选录一百数十首诗歌,其目的主要是为了大力宣传图书馆及其工作,提高读者,尤其广大劳动的工农读者和图书馆工作者的政治觉悟,鼓舞他们的劳动热情,从而为祖国社会主义革命和建设做出一定的贡献。这些诗歌的来源,绝大部分是发表于《图书馆工作》《图书馆学通讯》和各省市出版的图书馆期刊。刊时除掉个别的几首以外,其余的作品都是在1958到1959年之间发表的。为了便于理解,评介这些诗歌的特点及其创作的背景,编者由大部分的诗歌中挑选关键的词句作为题目,同时将有关材料摘成纪事,附于各篇之后以供参考。1958年春,毛主席曾指示要收民歌,并且明确规定了我国诗歌发展的方向,形式是民歌的,内容是革命现实主义和革命浪漫主义二者的结合,在本书中大部分的诗歌,可说正是响应毛主席的伟大号召而创作出来的,这本《图书馆之歌》的收集,也是响应毛主席的伟大号召的一种试验田。"②

5月初,南京中心图书馆委员会高等学校图书馆小组创办《图书馆通

---

① 廿八日上午举行年会开幕式[J].南京历史学会1963年年会学术讨论简报,1963-03-30.
② 钱亚新.自撰论著提要[M].稿本.

讯》刊物，并出版第一期，刊物由施廷镛担任主编，先生担任编辑①。

5月14日，主持召开甄别图书整顿目录工作小组工作会议，对甄别图书整顿目录小组成立以来的工作进行阶段总结，同时讨论了以下问题：(1)先甄别整顿丛书还是参考书；(2)怎么甄别、整顿；(3)卡片抄写工作；(4)登录工作；(5)后期工作安排。对于前两个问题，会议讨论后决定对于"大学丛书"和"文化史丛书"按照其内容分别甄别，工具书需要认真审核，确实属于工具书的在分类时使用助记类、各种索引则根据原书分类。

5月16日，南京图书馆党支部完成对先生担任编辑的《图书馆通讯》审查，并撰写审查意见，同时将意见汇报江苏省文化局，意见内容如下②：

> 南京中心图书馆委员会高等学校图书馆小组最近想出个"图书馆通讯"，汪长炳馆长要我们支部(或省文化局)审查。这个刊物是由南大图书馆施廷镛馆长任主编，我馆钱亚新同志任编辑(他去参加，未通过馆里)。为什么出这样的刊物，事先不知道。此事与我馆工作无关。我馆有这样三个意见：1.从文章看，质量不高，而且不能解决当前业务工作中的实际问题，似乎没有必要以刊物的形式一期期出下去。2.这个刊物是以南京地区高等学校座谈会名义出的，哪个单位负责不清楚，以后出了毛病，找不着"头"。据编后记说下期(七月一日)出版，要出施廷镛等人专号，人物评论，似应慎重。3.中心图书馆委员会的工作，局党组有报告给省人委总党组，希望局里与省人委联系一下，早点定下来，这样以后这方面的工作就可以由中心图书馆委员会领导起来了。

5月23日，江苏省文化局针对《图书馆通讯》做出批复，认为"鉴于目前纸张困难，该刊既是在南京地区高等院校内部发行，目的在于交流经验互相学习，可采用座谈会等形式，故不必创办刊物"③。

5月30日，主持召开甄别图书整顿目录工作小组工作会议，汪长炳亦参加并对本阶段工作进行了总结，会议主要讨论了本阶段甄别图书、整顿目录的扫尾工作。

是月，四川省中心图书馆委员会将该委员会编辑的《图书馆的外文期刊工作(初稿)》一书赠送先生审阅，先生阅毕，复函一封，并对该书著录、章节

---

① 关于图书馆工作方面的批复文件[A].江苏省档案馆藏,档号4016-003-0804.
② 关于图书馆工作方面的批复文件[A].江苏省档案馆藏,档号4016-003-0804.
③ 关于图书馆工作方面的批复文件[A].江苏省档案馆藏,档号4016-003-0804.

内容安排等提出了建议。

6月4日,主持召开甄别图书整顿目录工作小组工作会议,讨论收尾阶段分工安排。

6月13日,主持召开甄别图书整顿目录工作小组工作会议,讨论下阶段的工作计划,汪长炳亦参加并提出相关建议。

6月15日,主持召开甄别图书整顿目录工作小组工作会议,讨论:(1)下阶段甄别、整顿工作步骤;(2)编印书本目录问题。

6月26日,上午,先生主持召开甄别图书整顿目录工作小组工作会议,会议进一步讨论了关于编印书本式目录的问题。汪长炳参加会议,并指出甄别、整顿图书主要要解决四个问题:(1)旧平装书有哪些?(2)每一类里都有哪些书?(3)每一类下所缺图书?(4)有哪些复本可以提出进行交换?下午,先生出席南京图书馆馆务会议,会议讨论了甄别图书整顿目录小组下一阶段工作计划。

是月,完成《佞宋主人黄丕烈》一文,该文是先生为纪念黄丕烈诞辰两百周年而作。

是月,先生曾对北京大学图书馆学系、武汉大学图书馆学系函授班和南京地区图书馆业余大学课程设置进行了系统的比较,并阐述各自得失①。

7月,由北京大学图书馆学系、武汉大学图书馆学系及文化学院部分教师协作编写的《图书馆学引论(初稿)》一书由武汉大学印刷厂印行,该书编写组寄赠先生一册,请先生提意见。

8月15日,完成了为南京地区中等专业学校图书馆业务学习中心小组编印的《南京地区中等专业学校图书馆规章制度与工作表格参考资料》一书的序文,笔者并未查阅到该书,但先生在其自撰论著提要中全文收录了该文,内容如下:

> 南京地区中等专业学校图书馆业务学习中心小组从今年上半年组织起来以后,各成员馆的领导更加加强了,联系更加密切了,业务学习更加起劲了,服务工作也更加进展了。各馆为了要使工作进一步正规化,合于科学管理制度,更好地为政治、为教学、为科研、为生产服务,这中心小组通过几次座谈会,曾决定编制一册《南京地区中等专业学校图书馆业务规章制度与工作表格参考资料》以供众览,而这册参考资料在

---

① 钱亚新.六十年来生活工作简表、论著编译年录[M]//吴志勤、钱亮、钱唐整理.创新、求新、育人——图书馆学家钱亚新的一生.自印本.1993:40.

没有多长的时间内就汇编而成,这是一种值得重视的事情。

任何工作都应有合理的规章制度,合理的规章制度不仅体现出人们在实践中积累的经验,反映事物的客观规律,而更重要的它可以使人们办事有所遵循,克服主观盲目性,发挥自觉的能动性,从而保证工作的顺利进行下去,效力不断地提高。图书馆工作正如其他工作一样,也要求有一套严密而完整的科学管理制度。否则,就容易引起工序上的混乱,既不能发挥其应有的作用,又不能完成它应完成的任务。这册参考资料的汇编,就是在这样一种指导思想下而诞生的。

这册资料的内容,琳琅满目,美不胜收。其中主要的特点,首先在于编制方法上。编者并不是仅把有关资料照样罗列,而是经过慎重的选择,提纲挈领地在各项规章制度下加以按语,说明其中的重要意义、作用、性质、内容、方法等等。这样就把一些死的条文变为活的资料,提高人们对于这些资料的认识,以及它们对于图书馆工作的重要性和必要性。

其次在选择材料上,不是一花独放,而是百花齐放。如对"图书馆工作总则"一项,采用了四个图书馆的材料;对"图书外借"一项,选择了八种不同的规则。这样,使人们参考起来,就可借助他山,以长补短,扩大眼界,以偏会全。

在材料安排上,不仅组织得有条有理;而且对某些项目加以详细的比较。如"各种中文图书采购复本率一览表"指出了七个图书馆采购时的复本率,尽管彼此之间有所差异,但在这些差异之中仍可看出某些相同的倾向。又如"各馆有关图书外借规定一览表"中,列出了十五个图书馆有关此项的规定。要是能根据这些表再进一步加以分析研究,那就可以得出一个更合理的借书制度而更好地为广大读者服务了。

此外,强调了图书馆统计工作制度,并以南京林业专科学校图书馆所使用的一整套的办法为例子,这对于各馆进行这项工作是有很大的帮助的。

显然,这册规章制度与工作表格的参考资料,并不能说十全十美,毫无缺点。但这是一个良好的开端是不言而喻的。各图书馆如能在这一良好的基础上,联系自己的工作实践,加以进一步的研究改进,那末在最近的将来,各馆工作定能跃飞猛进,做出更大更好的成绩,为各馆师生员工服务,满美地完成党所交给的光荣任务。①

---

① 钱亚新.自撰论著提要[M].稿本.

9月15日,在先生的联系下,从是日开始,长子钱亮开始跟朱偰学习德文①。

9月18日,主持召开甄别图书整顿目录工作小组工作会议,就采编部提出的有关著录问题进行了讨论。

是月,完成《目录学论略》一文,该文未正式发表,现存稿本。全文分文:(1)目录学的意义、内容、方法;(2)目录的种类和作用;(3)目录的利用和编制三个部分,文中不少思想为先生后来撰写《目录学讲话》《目录学论要》奠定了基础。

11月16日,参加南京中心图书馆委员会全体委员会议,此次会议为调整后的南京中心图书馆委员会第一次全委会,会议由江苏省文化局副局长邓洁主持。会上宣布了南京中心图书馆委员会调整后由邓洁担任主任委员,周赞衡(江苏省科委副主任)、方非(江苏省教育厅副厅长)、汪长炳(南京图书馆馆长)担任副主任委员,孟君孝(南京图书馆副馆长)担任委员兼办公室主任,其余委员包括:王可权(南航图书馆主任)、王德全(江苏省文化局文化处处长)、吴观国(南医图书馆副馆长)、金平书(南农图书馆馆长)、周少然(华东水利学院图书馆主任)、马列国(省科委情报处处长)、洪流(南京工学院图书馆馆长)、施廷镛(南京大学图书馆副馆长)、陆传镛(农科分院图书馆副馆长)、夏蓉(江苏省教育厅高教处处长)、董庆寄(南京市新华书店经理)、钱亚新(南京图书馆辅导部主任)、肖云欣(南京市外文书店经理)、赵之远(南师图书馆馆长)。此外,会上还总结了1959—1963年来南京中心图书馆委员会的工作,传达了全国科技情报工作第三次会议有关文件,并根据会议精神,结合江苏省具体情况,研究1964年的工作。会议决定鉴于武大、北大图书馆学系在南京设有函授站,北京图书馆出有图书馆杂志,南京暂时不举办图书馆业余大学和图书馆刊物。同时决定成立高等学校图书馆网、专科学校图书馆协作网和厂矿技术图书馆网。此外,会议还要求南京图书馆要做好省科委10多万册图书的接收、整理工作,加强各馆积压书刊整理工作、编制有关联合目录等②。

12月,完成《剪报工作始于何时何馆?》一文,该文未正式发表,笔者也并未见过原文,据先生自撰论著提要所述,该文主要是通过对《交通史总务考》一书中所载交通部《图书室规则》的分析,认为"我国剪报工作当以交通

---

① 朱偰.朱偰日记[M].稿本.
② 健全中心图书馆委员会及刻制新华书店印章的报告批复[A].江苏省档案馆藏,档号:4016-002-0465.

部 1912 年所设的图书室进行的为始。该室剪报的分类,未免粗枝大叶,但所建立的一套办法,还是合于专业图书馆的基本要求的。"①

是年,完成《我国校雠学上的两面旗帜》一文,该文未正式发表,现存稿本。该文阐述了郑樵及章学诚对我国校雠学做出了巨大贡献,堪称我国校雠学上的两面旗帜。"郑章二氏在我国校雠学上的主要特点,首先在于他们具有共同的中心思想,即辨章学术,考镜源流;其次是能破能立,既批评了古人,也创立了新见;而更可贵的是他们那种不徒托空言,要见诸行事的精神,这样就能将理论联系实际,把理论贯彻在行动之中,表现在著述之中。这些特点是值得我们重视的"。不过先生也指出,郑、章二人的学说有其局限性,应该"去除糟粕,取其精华,此外还必须以马克思列宁主义,毛泽东思想为指导,坚决贯彻党的'双百'方针和各项政策,结合当前的实际需要,切实提高校雠工作的质量,使人们的写作工作、科研工作和生产活动都能得到一定的帮助,为我国社会主义革命和社会主义建设事业的推进,献出最大的力量"。

---

① 钱亚新.自撰论著提要[M].稿本.

1964年　　六十二岁

2月,陈越所著《ABC简易速记/快速索引》一书由北京文字改革出版社出版,陈越寄赠先生一册,并于扉页题写"钱亚新同志指正"。

3月,武汉大学图书馆学系寄赠先生该系图书馆学教研室编写的《图书馆学引论教学大纲(草稿)》(内部参考)一册,先生认真审阅了该大纲,并改正了其中一些讹误。

春,长子钱亮至广州参加学术会议,先生书信一封,嘱咐钱亮拜访杜定友并转交书信,杜定友赠先生《中西两杜》一文以作纪念。据钱亮回忆:"那还是1964年早春,我从南京出差到广州参加全国插秧机会议。临行前,父亲嘱咐我一定要抽空去拜望他的老师杜定友。杜老在1956年曾参加南京图书馆举办的图书馆学讨论会,1957年又一次到南京讲学,每个星期天父亲都要约他到我家来。特别有一张照片,是杜老、我父亲和他的学生汪一飞三人合影,使我还清楚地记得杜老的面容。""正好我们的住宿处白云宾馆离杜老的住处文德路还不太远,第二天我就前去拜望他。他在书房兼会客室里接见了我。""我送上信件并作了一番自我介绍后,他问了一下我家里的情况……并谈起了他正在撰写的自传。当他把一小叠文稿摆在我面前时,真使我惊叹不已!……那以后几天,只要晚上有空,我都要到杜老那儿去,聆听他谈论,不论是做学问的方法,世态的曲折、人事的炎凉。""临离别前,他交给我带一份手稿《中西两杜》,送给我父亲作为纪念,并说这是他根据一些摘记的材料编写的,只能当作笑料,是不能发表的。……一年以后,我国的文献资料遭到了一场空前的劫难,父亲曾多次谈及杜老和他的那些文稿,为它们的命运担心。虽然我们也自身难保,但那份《中西两杜》总算是保存下来了"[1]。据钱唐回忆,先生看到《中西两杜》一文后,立即到南京图书馆借阅英文版《杜威传》与《中西两杜》进行对读,先生读后"大为惊异",认为《中西两杜》一文"不仅内容有一定的参考价值,而且书法秀丽",先生本想设法

---

[1] 钱亮.整编后记[J].图书馆学刊,1986(1):70-71.

代为发表该文,但一直没有合适机会①。

6月29日,武汉大学图书馆学系寄赠先生《图书馆学目录学论文集》一册,请先生指导。

7月6日,为响应《图书馆》杂志编辑部国庆征文,投寄《谈谈解放以来我国报纸的索引》一文。

8月25日,上午赴山西路参加太平天国李秀成评价座谈会,朱偰首先发言,钱海岳、先生及柳定生相继发言②。

9月底,完成《书目的索引及其编制法》一书的第一次修订。

10月9日,《图书馆》杂志编辑部将先生所投《谈谈解放以来我国报纸的索引》一文退还先生,该刊原拟刊发该文,但后来鉴于先生文中所谈涉及不少内部发行的报纸索引,而该刊有一部分须行销国外,编辑部认为谈及内部刊物不甚合适,因而退稿,并寄赠《毛主席语录》一册,以作纪念。

是月,先生受南京图书馆领导所派,至江苏政治学校学习。先生与钱海岳、南京博物院一位职员及医院的一位工作人员分在同一小组。这次学习的主要目的在于加强党的方针、政策的教育③。

12月31日,先生正式结束江苏政治学校学习任务。

是年,杜定友所著《学术资料的收集、分类与处理》一书由广东图书馆学会油印出版,是书出版后,杜定友曾寄赠先生一本,并题签"亚新同志正之"。

---

① 钱亚新,钱亮,钱唐.杜定友先生遗稿文选(初集)[M].南京:江苏图书馆学会,1987:199.
② 朱偰.朱偰日记[M].稿本.
③ 钱亚新.六十年来生活工作简表、论著编译年录[M]//吴志勤,钱亮,钱唐整理.创新、求新、育人——图书馆学家钱亚新的一生.自印本.1993:41.

1965 年　　六十三岁

2 月,因严重贫血,入住江苏医院大庆路疗养院医治,该疗养院是专为高级干部及知识分子而设。住院期间,先生与陈方恪、章诚忘(南图同事柳定生爱人)来往较多①。

4 月中旬,施廷镛前来慰问先生,并邀请先生担任南京地区高校图书馆协作组在南京鼓楼区干部业余大学内办的第一届图书馆学专修科讲师,先生慨然应允②。

4 月,完成《西文特种资料简易处理办法》一文,该文未正式发表,现存稿本。该文是先生针对南图处理西文特种资料所拟定的,据先生所述,"自采用这办法以后,大有收效"③。

5 月 20 日,接到南京地区 20 多个中等专业学校图书馆全体 40 多位同志的慰问信,祈望先生早日恢复健康出院工作,让他们早日再得到帮助④。

6 月,先生从江苏医院大庆路疗养院出院⑤。

是月,先生入住江苏医院大庆路疗养院期间的病友南京艺术学院俞剑华教授赠送先生《黄山云海图》一幅,并题跋有"亚新同志曾观衡山云海未见黄山云海,我曾观黄山云海未见衡山云海;亚新同志为我读衡山云海,我为亚新同志画黄山云海。各以所有,易其所无,两山云海尽纳胸怀矣"。该画先生后来一直珍藏并悬挂于书房之中⑥。

---

① 钱亚新.六十年来生活工作简表、论著编译年录[M]//吴志勤、钱亮、钱唐整理.创新、求新、育人——图书馆学家钱亚新的一生.自印本.1993:41.
② 钱亚新.六十年来生活工作简表、论著编译年录[M]//吴志勤、钱亮、钱唐整理.创新、求新、育人——图书馆学家钱亚新的一生.自印本.1993:41.
③ 钱亚新.自撰论著提要[M].稿本.
④ 钱亚新.六十年来生活工作简表、论著编译年录[M]//吴志勤、钱亮、钱唐整理.创新、求新、育人——图书馆学家钱亚新的一生.自印本.1993:42.
⑤ 钱亚新.六十年来生活工作简表、论著编译年录[M]//吴志勤、钱亮、钱唐整理.创新、求新、育人——图书馆学家钱亚新的一生.自印本.1993:41.
⑥ 钱亚新.六十年来生活工作简表、论著编译年录[M]//吴志勤、钱亮、钱唐整理.创新、求新、育人——图书馆学家钱亚新的一生.自印本.1993:42.

9月，完成《评介一部新型的〈现代汉英技术及普通辞典〉》一文，该文是先生对美国 McGraw-Hill 公司 1963 年出版的 Modern Chinese-English Technical and General Dictionary 的评介，该文未正式发表，现存稿本。

10月初，南京鼓楼区机关干部业余大学图书馆学专修科正式开学，先生与夫人吴志勤女士共同受邀担任教师，先生主讲《中文工具书使用法》（第1、5两章），吴志勤女士主讲《图书馆藏书建设》（第1、5两章）。《中文工具书使用法》一书由先生与施廷镛、周宗渭合编，据先生回忆"本讲义初稿是依据北京大学图书馆学系《中文工具书使用法》课程讲稿和武汉大学图书馆学系《中文工具书》以及其他材料编辑而成。在编辑过程中，由我们三人（施廷镛、周宗渭、钱亚新）共同讨论，分头编写，互相审阅，交换意见，并加修改而作最后的初稿"①。《图书馆藏书建设》讲义由先生与吴志勤女士合作编写，共分六章：第一章，藏书建设的意义与作用；第二章，图书馆藏书成分；第三章，图书馆藏书建设原则；第四章，图书馆藏书建设的调查研究；第五章，藏书建设工作；第六章，图书馆藏书的组织。该书于 11 月由南京鼓楼区机关干部业余大学作为讲义油印分发。

是年，完成《谈谈 1950—1964 年我国报纸的索引工作》一文初稿，该文未正式发表，现存稿本。

---

① 钱亚新.自撰论著提要[M].稿本.

1966年　　六十四岁

2月，完成《图书分类法规摘译》一稿，该稿是根据美国有关论著编译而成，现存稿本，有关翻译情况，可参见本谱1977年8月27日内容。

4月，完成《图书馆学论文索引（第三辑）》例言和叙录。该辑索引是先生领导南京图书馆辅导部成员完成的，为李钟履所编《图书馆学论文索引》及南京图书馆所编《图书馆学论文索引（第二辑）》的续编，收录了1958年至1964年之间国内主要图书馆学期刊刊载的图书馆学研究成果。"例言"主要介绍了《图书馆学论文索引（第三辑）》收录范围、内容、收录标准、著录格式等，"叙录"则是对《图书馆学论文索引（第三辑）》所收的十类文献，即"（1）马克思主义经典作家论图书馆，党和政府对图书馆的方针、政策等；（2）图书馆学、图书馆教育；（3）各国图书馆事业；（4）各类新图书馆；（5）图书馆行政、建筑、设备、统计；（6）图书补充分编典藏工作；（7）阅览宣传工作；（8）书目、参考、咨询工作；（9）业务辅导工作；（10）图书馆辅助学科"的提要。《图书馆学论文索引（第三辑）》正文内容在"文革"中被抄没①。

5月16日，中共中央政治局会议通过了由毛泽东主持起草的《中国共产党中央委员会通知》（简称《五一·六通知》），标志着"文化大革命"正式爆发。

6月8日，南京图书馆于是日正式投入到"文化大革命"运动中②。"文革"开始后，已是"臭知识分子"的先生因一本未完稿的《毛氏年谱》险招灭顶之灾③。

---

① 《钱亚新集》编辑组.钱亚新集[M].南京：江苏教育出版社，1991：381.
② 钱亚新.六十年来生活工作简表、论著编译年录[M]//吴志勤、钱亮、钱唐整理.创新、求新、育人——图书馆学家钱亚新的一生.自印本.1993：42.
③ 包中协.事业、学术两楷模——纪念汪长炳先生、钱亚新先生诞辰100周年[M]//南京图书馆.继承发展　开拓创新——纪念汪长炳、钱亚新先生诞辰100周年暨南京图书馆新世纪首届学术年会文集.铅印本，2003：83.

是月,完成《鲍廷博与知不足斋》一文,该文后经修改发表于《黑龙江图书馆》1989 年第 1 期。

8 月 6 日,造反派 6 人到先生家"破四旧",抄去图书四种,书画十余张,文件一大包①。

是月,先生被派往龙蟠里劳动,整理建筑陶风楼多余下来的墙砖。参加劳动的除先生外,还有汪长炳、陈毅人、何人俊、潘天祯、朱大礼,上述六人是南京图书馆内第一批"靠边"的人。

9 月 27 日,二媳凌小惠于南京产下一子,取名钱旭东,这也是先生的第一个孙儿。钱旭东的出生,使先生全家欣喜异常,暂时消解了"文化大革命"带来的愁苦。

是月,先生结束了龙蟠里的劳动。

是月,先生遭受第一次批判,批判的内容是针对先生的"资产阶级学术思想"而进行的②。

12 月 29 日,南图副馆长陈毅人被严厉批斗,先生作为陪斗对象。

---

① 钱亚新.六十年来生活工作简表、论著编译年录[M]//吴志勤、钱亮、钱唐整理.创新、求新、育人——图书馆学家钱亚新的一生.自印本.1993:43.
② 钱亚新.六十年来生活工作简表、论著编译年录[M]//吴志勤、钱亮、钱唐整理.创新、求新、育人——图书馆学家钱亚新的一生.自印本.1993:43.

1967 年　　六十五岁

1月5日,南京图书馆党支部副书记、副馆长陈毅人投河自尽。先生得知消息后,震惊之余,也有些许不解:"陈毅人作为一个入党多年、富有斗争经验的共产党员,为何要走这条绝路?"①

3月12日,先生恩师杜定友逝世于广州。

6月中旬,先生作为"靠边"人员被迫上街游行,游行队伍中,有人戴高帽子、有人挂牌子,形形色色,光怪陆离。游行队伍从成贤街南京图书馆出发,经北京东路、鼓楼广场、中山北路、新街口、中山东路、太平北路最后返回南京图书馆。沿途观众,人山人海,先生等人个个垂头丧气,感到斯文扫地②。

> 按:据包中协回忆,1967年对先生的批斗中,有一次南图造反派曾制作了两块牌子,上书"反动学术权威",汪长炳与先生各挂一块示众③。

---

① 钱亚新.六十年来生活工作简表、论著编译年录[M]//吴志勤、钱亮、钱唐整理.创新、求新、育人——图书馆学家钱亚新的一生.自印本.1993:43.
② 钱亚新.六十年来生活工作简表、论著编译年录[M]//吴志勤、钱亮、钱唐整理.创新、求新、育人——图书馆学家钱亚新的一生.自印本.1993:43.
③ 包中协.事业、学术两楷模——纪念汪长炳先生、钱亚新先生诞辰100周年[M]//南京图书馆.继承发展　开拓创新——纪念汪长炳、钱亚新先生诞辰100周年暨南京图书馆新世纪首届学术年会文集.铅印本,2003:80.

1968 年　　六十六岁

1 月,先生第一次呕血,入住玄武门江苏医院进行治疗①。

4 月,从江苏医院出院回家调养。

是月,对《谈谈 1950—1964 年我国报纸的索引工作》一文进行修订。

5 月 16 日,先生身体尚未完全康复,于家中调养,是日被人强迫至南京图书馆参加学习②。

5 月 18 日,遭受批评,并遭遇武力冲击,以致右眼出血,经两周医治方才恢复③。

6 月 1 日,被迫入住牛棚,牛棚大小约 8 平方米,一间内住有二十人左右。入住牛棚后,每日或学习文件,或写检讨书,并要求不断暴露自己的"错误思想和反动行为"④。

7 月 15 日,朱偰自杀,不久南京图书馆同事钱海岳亦自杀。先生及牛棚中人得知这些消息后,个个面带愁云⑤。

10 月 20 日,结束了四个月的牛棚生活。

10 月 21 日,入住南京农学院参加思想批判、路线斗争、自我改造的活动,参加者主要是南京地区被批判的"靠边"知识分子。在南京农学院期间,实行军事化管理,每日的主要活动包括监督劳动、开会批判、自我改造,撰写检讨书等。

11 月,同在南京农学院接受改造的两位女同志在洗澡时,因时间匆忙

---

① 钱亚新.六十年来生活工作简表、论著编译年录[M]//吴志勤、钱亮、钱唐整理.创新、求新、育人——图书馆学家钱亚新的一生.自印本.1993:44.
② 钱亚新.六十年来生活工作简表、论著编译年录[M]//吴志勤、钱亮、钱唐整理.创新、求新、育人——图书馆学家钱亚新的一生.自印本.1993:44.
③ 钱亚新.六十年来生活工作简表、论著编译年录[M]//吴志勤、钱亮、钱唐整理.创新、求新、育人——图书馆学家钱亚新的一生.自印本.1993:44.
④ 钱亚新.六十年来生活工作简表、论著编译年录[M]//吴志勤、钱亮、钱唐整理.创新、求新、育人——图书馆学家钱亚新的一生.自印本.1993:44.
⑤ 钱亚新.六十年来生活工作简表、论著编译年录[M]//吴志勤、钱亮、钱唐整理.创新、求新、育人——图书馆学家钱亚新的一生.自印本.1993:44.

将脱下的袜子放在《新华日报》第一版毛泽东半身像上,后被人告发,认为她们有意侮辱伟大领袖,于是被打成"现行反革命分子",接受连续批斗。有一次开会批斗时,先生听到这两位女同志的声明,表示她们的举动实为无心之举,但造反派不予谅解,直到这两位女同志被迫认罪后,才得到解放。此事,对先生震动很大①。

12月,同在南京农学院接受改造的一位同志,乘人不备,于某个晚上逃出南京农学院。领导知晓后,大为震怒,为防止其他人员效法逃脱,下令把所有住人的房间窗户,加钉木条,晚间所有房门一律上锁。先生所在房间只有6平方米左右,但住有十多人,门窗加锁后,深感呼吸不畅,但大家也只能将怨恨放在心中,不敢明说②。

---

① 钱亚新.六十年来生活工作简表、论著编译年录[M]//吴志勤、钱亮、钱唐整理.创新、求新、育人——图书馆学家钱亚新的一生.自印本.1993:44-45.
② 钱亚新.六十年来生活工作简表、论著编译年录[M]//吴志勤、钱亮、钱唐整理.创新、求新、育人——图书馆学家钱亚新的一生.自印本.1993:45.

1969年　　六十七岁

3月中旬，参加批判会，批判会上有人指责先生好睡觉，不认真反省自身存在问题。针对这一指责，先生回答说，因为自己不存在什么问题，所以不用反省，因此晚上能悠然入梦，并举苏东坡被囚而晚上照常鼾声如雷后被释放之事，以表明自身之无辜①。

5月10日，继母钱邵氏逝世，先生被批准返回宜兴奔丧②。

6月初，经过半年多的斗、批、改，南京图书馆"有问题的人"大部分获得"解放"，被允许一周回家一次。某次回家，先生从埃德加·斯诺的论著中找到了毛泽东的家庭是富农的一段文字，并将该书带回交于工宣队领导，此前批判先生于《毛氏年谱》中污蔑毛主席罪状也得到解决，不予追究③。

6月15日，结束了在南京农学院集中对南京地区文化界人士的斗批改运动，回到原单位南京图书馆④。

7月中旬，南京图书馆对先生进行批斗，并召开批斗会，批斗会分为两组进行，一组是批斗先生《祁承㸁——我国图书馆学先驱者》一文中的封建思想，另一组批判先生的资产阶级学术思想⑤。

---

① 钱亚新.六十年来生活工作简表、论著编译年录[M]//吴志勤、钱亮、钱唐整理.创新、求新、育人——图书馆学家钱亚新的一生.自印本.1993：45.
② 钱亚新.六十年来生活工作简表、论著编译年录[M]//吴志勤、钱亮、钱唐整理.创新、求新、育人——图书馆学家钱亚新的一生.自印本.1993：45.
③ 钱亚新.六十年来生活工作简表、论著编译年录[M]//吴志勤、钱亮、钱唐整理.创新、求新、育人——图书馆学家钱亚新的一生.自印本.1993：45.
④ 钱亚新.六十年来生活工作简表、论著编译年录[M]//吴志勤、钱亮、钱唐整理.创新、求新、育人——图书馆学家钱亚新的一生.自印本.1993：45.
⑤ 钱亚新.六十年来生活工作简表、论著编译年录[M]//吴志勤、钱亮、钱唐整理.创新、求新、育人——图书馆学家钱亚新的一生.自印本.1993：45.

1970年　　六十八岁

3月，先生前往句容南京农学院农场劳动，与潘天祯、杜信孚三人一起住在一户贫农家中。饭堂离住所有一里多路，三餐往返，先生觉得颇为不便，尤其是雨天道路泥泞湿滑，更感步履维艰。劳动多在野外，且劳动强度较大，致使先生胃病复发，不时便血①。

按：据钱亮回忆，先生下放到句容后，与当地农民结下了深厚的情谊。先生返回南京后，与当地农民仍保持联系，当亲戚一样走动，农民女儿、儿子结婚，先生都有送些钱款。②

6月，先生结束了在句容农场的劳动，返回南京③。
是月，完成《毛泽东选集》篇名字顺索引，该文未正式出版，现存稿本。

---

① 钱亚新.六十年来生活工作简表、论著编译年录[M]//吴志勤、钱亮、钱唐整理.创新、求新、育人——图书馆学家钱亚新的一生.自印本.1993：46.
② 钱亮口述，2011年12月14日.
③ 钱亚新.六十年来生活工作简表、论著编译年录[M]//吴志勤、钱亮、钱唐整理.创新、求新、育人——图书馆学家钱亚新的一生.自印本.1993：46.

1971年　　六十九岁

2月,南京图书馆召开忆苦会议,会后在小组里发了三个糠饼,要求大家吃下去,先生"硬吃了两个,把其他一个带回家,让家里人也尝尝。哪知没两天,就第二次呕血,送往玄武区医院治疗"①。

3月,先生二姐以78岁高龄只身由沪至宁探望先生,并陪伴先生一周,"这种手足之情使我衷心感激,顿时好像恢复了健康。伴我一周,说了许多安慰的话,讲了不少保健之道,并祝我早日出院。"②

5月,长子钱亮因公由淮阴出差苏沪,途中回宁探望,并向先生告知其到苏州访问蒋吟秋经过。

5月24日,蒋吟秋致函先生,函谓:"别久音稀,驰念弥切。日前令郎因公到苏,特来相访,转述老友近况,甚感快慰!不忘旧友,雅意殷挚,使人激动。弟自春初大病,倏已三月。今始渐见恢复,惟尚需休养,方可痊愈。闻尊嫂已光荣退休,兄亦正在休息中,令郎工作积极,情怀恳挚,临别复以花生米相赠,未获推却,率成小诗两首,借以志谢。"除表达问候之情外,还附诗两首:"故人令子在淮阴,机厂宣劳富热忱。今日因公来茂苑,不忘旧谊喜亲临。""传语椿萱别绪深,安康静摄报佳音。殷要赠我花生米,应感真诚一片心。"先生复信问候之余,和诗两首:"别离廿载好光阴,犹忆初交情意忱。今日姑苏景更好,愿来携手同登临。""团聚全家幸福深,喜听青鸟传知音。诗书百读未曾厌,难得故人一片心。"③

6月初,先生病愈出院,回家调养。先生鉴于年事已高,向工宣队领导

---

① 钱亚新.六十年来生活工作简表、论著编译年录[M]//吴志勤、钱亮、钱唐整理.创新、求新、育人——图书馆学家钱亚新的一生.自印本.1993:46.
② 钱亚新.六十年来生活工作简表、论著编译年录[M]//吴志勤、钱亮、钱唐整理.创新、求新、育人——图书馆学家钱亚新的一生.自印本.1993:46.
③ 钱亚新.多才多艺,知书知友——回忆学长蒋吟秋先生[M]//钱亚新.钱亚新别集.谢欢整理.南京:南京大学出版社,2013:235.

请求病休,以获得充分的调养时间,领导同意了先生的请求后,先生开始从饮食、起居、运动、药物等方面拟定锻炼调养方案,经半年多的调养,身体基本恢复健康①。

---

① 钱亚新.六十年来生活工作简表、论著编译年录[M]//吴志勤、钱亮、钱唐整理.创新、求新、育人——图书馆学家钱亚新的一生.自印本.1993:47.

1972年　七十岁

6月24日，针对《中国图书馆图书分类法（草稿）》，撰写了一份意见书，供《中图法》编辑部参考。先生在"意见书"中从分类体系、标记符号、基本大类、辅助表等方面指出了《中国图书馆图书分类法（草稿）》存在的问题，并建议：（1）编制两套分类法，一套是利用字母数字混合制的详本，供大、专型图书馆和科学情报单位图书资料分类用，一套是采用阿拉伯数字单纯制的简本，供中小型图书馆和文化馆、农村、工矿图书室图书分类用。（2）建议编制两套分类法的索引。（3）建议总结各图书馆分类实践经验，编制《图书分类法规》和《资料分类法规》。

9月，先生感觉身体恢复较好，开始在家研究祁承㸁、祁彪佳、祁理孙三代的生平与著述[①]。

---

① 钱亚新.六十年来生活工作简表、论著编译年录[M]//吴志勤、钱亮、钱唐整理.创新、求新、育人——图书馆学家钱亚新的一生.自印本.1993：45.

1973 年　　七十一岁

2 月,为南图辅导部培训干部编写《图书分类工作讲解》,以作为教材,该书分为:一、图书分类工作的意义和作用;二、介绍一个新型的图书分类法;三、图书分类工作方法;四、编制书号和其他符号;五、最后几句话。该书现存稿本。

4 月,完成《图书编目工作讲解(初稿)》,该书是先生为辅导部培训干部所编写的教材之一,全书分为:一、图书编目工作的意义和作用;二、图书目录的种类和体系;三、图书目录的编制;四、图书目录的宣传和调整;五、总结。该书现存稿本。

7 月,与夫人共同研究《新华字典》所附《四角号码检字表》,并就研究中一些疑问致信北京商务印书馆革委会。该会收到先生夫妇的去信后,针对信中问题,进行了详细的解释,但是对于有些解释,先生并不满意,于是与夫人合作撰写了《评四角号码检字法》一文。先生与商务印书馆往来通信详细内容待考①。

10 月,江苏省展览馆在南京长江路主办"江苏省国画书法印章展览",先生曾往参观②。

12 月 13 日,完成《评介专题目录两种》一文,该文是先生受阅读《文史资料选辑》(第43辑)中《广学会是怎样一个机构?》一文启发所写,该文未正式发表,后收录于《钱亚新别集》中。

---

① 钱亚新.六十年来生活工作简表、论著编译年录[M]//吴志勤、钱亮、钱唐整理.创新、求新、育人——图书馆学家钱亚新的一生.自印本.1993:48.
② 钱亚新.多才多艺,知书知友——回忆学长蒋吟秋先生[M]//钱亚新.钱亚新别集.谢欢整理.南京:南京大学出版社,2013:235.

1974年　　七十二岁

1月27日，先生上消化道出血，住玄武区医院。住院后，经五六日治疗，略有好转，为了更好地疗养，先生搬入较好的一间三人病房。搬入新病房后未到两天，连续数天吐血多达3 000毫升，经医院尽力抢救方才转危为安。先生住院期间，曾有一个月滴水未进，专以输血及输盐水维持生命①。

7月1日，作七律《党恩似海》一首。

7月8日，作七绝《题友人折扇画》一首。

8月初，先生从玄武区医院出院，回家调养。先生出院回家后不久，先生大姐女儿王念慈由香港来宁探望②。

8月中旬，北京图书馆李兴辉在南京图书馆主持召开《中国图书馆图书分类法（试用本）》征求意见座谈会，先生在夫人吴志勤的陪护下出席会议，并作发言。

是月，针对《中国图书馆图书分类法（试用本）》的一些问题，撰写《对〈中国图书馆图书分类法（试用本）〉提供一些参考意见》，该文现存稿本，先生在文中重点对哲学类、历史类、教育类类目中存在的问题提出了意见及建议，并在最后建议在北京图书馆内设置常设机构，专门负责《中图法》有关工作，如随时提出修订意见并向各单位进行征询、编印索引、编印中图法简本、编印新书目录卡片等。

9月，研读武汉图书馆编印的《中文图书字顺目录检字表》，就其中的问题撰成《试评武汉图书馆〈中文图书字顺目录检字表〉》一文，该文现存稿本，先生从笔形、笔顺、部首、编号等方面就汉图书馆编印的《中文图书字顺目录检字表》所存在的问题提出了意见。后将这些意见致信武汉图书馆。

10月，为使身体早日康复，先生采纳了他人"静心养性，不再搞图书馆学专业，学点艺术的东西"的建议，通过夫人吴志勤，认识了杨农伯、饶利民

---

① 钱亚新.党恩似海[M]//钱亚新.钱亚新别集.谢欢整理.南京：南京大学出版社，2013：312.
② 钱亚新.最后十年[M]//钱亚新.钱亚新别集.谢欢整理.南京：南京大学出版社，2013：229.

两位诗友,又通过杨农伯认识了书法家顾吉度、谷正风等诗友。从是月开始,先生开始写诗,并频繁与杨农伯、饶利民、顾吉度、谷正风等唱和①。

10月2日,读万树所著《词律》,因有所感,作七律《读〈词律〉》一首,并在诗注中指出"对于词学素少研究,填词也从未尝试。近几月来阅《词律》,并详读其中《自序》和《发凡》,略知门径而深知填词一道,颇为不易。因有所感,纪之为诗"。

12月22日,根据平日下象棋、围棋的体会,作四言古诗《象棋和围棋》两首。

12月24日,根据在玄武医院住院期间同病房一位朱姓病友的经历,作长诗《悍妇记》一首。

---

① 钱亚新.六十年来生活工作简表、论著编译年录[M]//吴志勤、钱亮、钱唐整理.创新、求新、育人——图书馆学家钱亚新的一生.自印本.1993:48.

1975年　　七十三岁

2月,因与杨农伯为邻,从是月开始,二人经常一起研究作诗方法,往来十分频繁,逐渐成为知心朋友①。

3月,南京图书馆编目部职员前来拜访先生,就南京图书馆图书分类工作应继续使用《中小型图书馆图书分类表(草案)》还是改用《中图法(试用本)》征求先生意见。先生经过认真考虑后,撰写了《比较、分析和抉择》一文,在文中先生从"(1)编制过程遵循的原则、提出的要求、走的群众路线;(2)分类体系中遵循马列主义、毛泽东思想为指导思想的程度,是否体现党在社会主义历史阶段的基本路线和对各项工作中的领导、方针、政策,如何加强思想战线(哲学)上的斗争性,如何显示我国社会发展史中的阶级斗争,如何重视类目中的科学系统性,如何对待新生事物;(3)南图的性质、藏书、读者对象、人力等实际"角度比较了《中小型图书馆图书分类表(草案)》与《中图法(试用本)》的差异,先生认为"《中小型图书馆图书分类表草案》是过去的专家沿用苏修和资本主义国家分类的体系改编而成的,在哲学、政治、经济、文学类中都没有毛主席的类号。整个类表是理论与实践相脱离的,不是辩证唯物主义的观点",所以建议南京图书馆放弃《中小型图书馆图书分类表(草案)》,改用《中图法(试用本)》,因为《中图法(试用本)》"从编制原则、体系结构、类目设置方面,思想性、科学性都比《中小型图书馆图书分类表(草案)》强得多,特别是以马克思主义、列宁主义、毛泽东思想为依据,把马列主义、毛泽东思想和党的方针政策这条红线贯穿到分类法中去"。先生后与南图馆员专门举行了学习座谈会,在会上表达了上述观点。南图编目部经过几次商讨后,最终采纳了先生的意见。

9月中旬,在青海格尔木从事地质勘查的儿子钱方来信,请先生设法寻找一位书法家写篆书"羌塘高原"四字,以应特用。先生接信后,致信蒋吟秋

---

① 钱亚新.六十年来生活工作简表、论著编译年录[M]//吴志勤、钱亮、钱唐整理.创新、求新、育人——图书馆学家钱亚新的一生.自印本.1993:48.

请其撰写①。

9月27日,将此前为孙儿钱旭东撰写的儿歌《猫》《狗》《象》扩充为12首,除原来三首外,增加了《鸡》《鸭》《鹅》《猪》《牛》《羊》《兔》《狼》《狮》,详细内容参加《钱亚新别集》。据先生记述:"1966年我们第一个孙儿旭东出世,那时虽为'文革'掀起有所苦恼,但由于他的出世,使全家欣喜异常。在他3岁左右,我曾写过《猫》《狗》《象》三首儿歌教他。后来同他散步院中,他一见了猫儿,就能背出那首《猫》的儿歌;到动物园去玩耍,他见到大象,更能把那首《象》的儿歌脱口而出。他的妹妹江东、堂弟乙东生后,我也曾把这三首儿歌教过的,他们都喜欢唱着。现在病休无事,再把这些儿歌扩充为12首。"②

10月26日,蒋吟秋复先生去信,询问要求所书"羌塘高原"四字用处,并随函寄赠"羌塘高原"两幅,一副自左至右,一副自右至左,先生收到后将后者转寄钱方,前者珍藏于家中③。

12月28日,填《四季(调寄江南春)》词一首,该词是先生所填的第一首词,以示"对柳莺沙鸥秋月冬雪羡慕"④。

是年,陆续完成"花木组诗"(《梅花》《樱花》《杏花》《桃花》《石榴花》《荷花》《菊花》《桂花》《昙花》《水仙》《腊梅》《雪松》《龙柏》《山枫》《水杉》《梧桐》《冬青》《白杨》《银杏》《乌桕》《枫杨》),"春夏秋冬四季组诗",详细内容参加《钱亚新别集》。

是年,赠施廷镛《郑樵〈校雠略〉研究》一册,并题"凤笙老兄指正",赠书具体日期待考。

---

① 钱亚新.多才多艺,知书知友——回忆学长蒋吟秋先生[M]//钱亚新.钱亚新别集.谢欢整理.南京:南京大学出版社,2013:235.
② 钱亚新.六十年来生活工作简表、论著编译年录[M]//吴志勤、钱亮、钱唐整理.创新、求新、育人——图书馆学家钱亚新的一生.自印本.1993:49.
③ 钱亚新.多才多艺,知书知友——回忆学长蒋吟秋先生[M]//钱亚新.钱亚新别集.谢欢整理.南京:南京大学出版社,2013:235.
④ 钱亚新.四季[M]//钱亚新.钱亚新别集.谢欢整理.南京:南京大学出版社,2013:317.

1976 年　　七十四岁

1月8日,周恩来逝世,先生得知消息后非常悲痛。

2月5日,观电影《红雨》,颇有所感,作五律《红雨》一首。

2月10日,作七绝《沙漠的春天》一首。

3月7日,作七律《青春似火》一首。

是月,完成《如何处理特藏图书》一文,该文是针对南京图书馆山西路分馆特藏图书的管理而撰写的,未正式发表,现存稿本。

4月30日,读毕《八史经籍志》一书,作札记一篇,内容如下:

八史经籍志

这书由清镇海张寿荣序,光绪八年苏州振新书社刊行,计十六册。所谓《八史经籍志》是指下列各志而言:

　　《隋书经籍志》　　　四卷　唐长孙无忌等撰
　　《旧唐书经籍志》　　二卷　晋刘昫等修
　　《唐书艺文志》　　　四卷　宋欧阳修撰
　　《宋史艺文志》　　　八卷　元脱脱等修
　　《宋史艺文志补》　　一卷　清卢文弨撰
　　《补辽金元艺文志》　一卷　清卢文弨撰
　　《补三史艺文志》　　一卷　清金门诏撰
　　《元史艺文志》　　　四卷　清钱大昕补
　　《明史艺文志》　　　四卷　清张廷玉等修

这书内容包括十种志书,而称谓《八史经籍志》,为什么呢?张氏在序文中说得很明白:"右凡史之志八,重者四,作者九人,不列者不数焉;以经籍称者二,以艺文称者八;曰八史,著其代也;曰经籍志,举其重也。"这就是说《八史经籍志》不是指八种史书的经籍志,而是指有关汉隋唐宋辽金元明八个朝代的经籍志而言的。

此书初刊于日本文政八年,编者失名,张氏对日本人士重视我国文献,颇有感慨,曾说:"……何彼国之士之好学,如是其不绝哉?今士生华夏之区,文献足徵,乃终生俗学,土梗经籍,汶汶于帖括制义之中,老其年而不知返,是足概已。"张氏大概是一位反对科举的人物,不满于当时学制的。

这个振新书社,为时甚久。我在苏州第一师范读书时(1917—1921)还看到这个书社开在观前街的西头。在这部《八史经籍志》书名页有"苏州观西振新书社督造书籍"一印,引起我五十多年前的回忆起来了。

5月25日,读完王润滋《使命》一书,认为该书"语言明快,情节生动,爱憎强烈,形象鲜明",特作七律《使命》一首①。

6月9日,读小说《人质》及相关评论,作七律《人质》一首。

8月1日,完成《〈四库全书分类法〉的述评》一文初稿。

8月10日,参加南京图书馆古籍部召开的古籍分类座谈会,并发言②。

8月29日,为响应防震号召及安全起见,先生于是日由城中避居城郊孝陵卫钱亮家中③。

9月9日,毛泽东逝世,先生得知消息后,十分悲痛。

9月15日,由城郊返回市区,参加南京市举行的毛泽东追悼大会,会后作七绝《追悼伟大领袖和导师毛主席》四首④。

9月20日,从钱亮家中返回市区居住,见到诗友饶利民所作《防震》之诗,感觉意义深长,作七绝《和饶利民同志〈防震〉原韵》一首。

10月1日,国庆期间,先生路经南京人民广场,见到观礼台上悬挂有毛泽东遗像及花圈,颇有所感,往年国庆期间,南京市各条战线上的代表们都要集中于鼓楼人民广场开会庆祝,今年因毛泽东逝世未举行庆祝活动,见此情形,先生作五律《人民广场》一首⑤。

10月8日,作五绝《和杨老农伯〈游后湖〉原韵》两首。

---

① 钱亚新.《使命》[M]//钱亚新.钱亚新别集.谢欢整理.南京:南京大学出版社,2013:318-319.
② 钱亚新.六十年来生活工作简表、论著编译年录[M]//吴志勤、钱亮、钱唐整理.创新、求新、育人——图书馆学家钱亚新的一生.自印本.1993:50.
③ 钱亚新.六十年来生活工作简表、论著编译年录[M]//吴志勤、钱亮、钱唐整理.创新、求新、育人——图书馆学家钱亚新的一生.自印本.1993:50.
④ 钱亚新.六十年来生活工作简表、论著编译年录[M]//吴志勤、钱亮、钱唐整理.创新、求新、育人——图书馆学家钱亚新的一生.自印本.1993:50.
⑤ 钱亚新.南京[M]//钱亚新.钱亚新别集.谢欢整理.南京:南京大学出版社,2013:293.

10月15日，晚，访杨农伯，得诵饶利民、杨农伯所作游黄山诗，感到心旷神怡，不胜欣羡。"黄山之游，多年向往，未能实现，每以为憾。归后耿耿于心，夜不成寐"，作七律《梦游黄山》一首①。

10月22日，作七绝《狠批"四人帮"》一首。

10月26日，下午四时散步至南京市教育局门前，见到南京工学院建筑系同学在写生，归来后作七绝《题写生画——马路风光》一首。

10月31日，下午与孙钱乙东登北极阁，走到半山亭畔，见一青年正对该亭进行写生，富有诗意，归后作五律《题写生画—半山亭畔》一首。

是月，完成对《〈四库全书分类法〉的述评》一文的修改，该文未正式发表，后收录于《钱亚新别集》中。

11月初，与长子钱亮至曙光电影院观看电影《山花》，看完感觉受到很大的阶级教育②。

11月6日，读11月5日《人民日报》发表的毛泽东生前对电影《创业》的批示以及同期刊登的任平的《光辉的历史文件》、北京市文化局评论组的《围绕电影〈创业〉的一场惊心动魄的阶级斗争》二文，不胜感慨，作五律《创业》一首。

11月22日，作七绝《大揭大批"四人帮"》四首。

11月23日，作五律《痛斥死党》一首。

12月2日，作七律《大赞大颂华主席》四首。

12月10日，读《关汉卿戏剧选》(人民文学出版社,1976年版)，颇有所感，作七律《关汉卿戏剧选》一首。

12月27日，作七绝《和饶老〈后湖踏雪〉原韵》一首。

12月30日，回忆11月初所看电影《山花》，作七律《山花》一首。

---

① 钱亚新.梦游黄山[M]//钱亚新.钱亚新别集.谢欢整理.南京：南京大学出版社,2013：320.
② 钱亚新.山花[M]//钱亚新.钱亚新别集.谢欢整理.南京：南京大学出版社,2013：323.

1977 年　　七十五岁

1月3日，散步经过老虎桥，见某一向阳院的对联为"破千年陈迹，立一代新风"，先生认为这一对联比任何向阳院的更能表达其特点和优点，归后作五言古诗《歌颂向阳院》一首①。

1月5日，作五律《沂蒙颂》一首。

1月7日，作七律《再颂〈创业〉》一首，以表达对"四人帮"的憎恨及对周恩来的赞颂。

1月8日，作五绝《怀念敬爱的周总理逝世周年》16首。

2月12日，外出赏雪，归后作五绝《赏雪探梅》一首。

2月13日，作七律《和饶老〈清晨锻炼〉原韵》一首。

2月14日，作五律《题岁寒三友》一首。

2月18日，是日为春节，凌晨三时先生为爆竹声催醒，在枕上吟作五律《迎新春》一首。

2月19日，作七绝《步杨老〈乐无边〉原韵》一首。

3月1日，作五律《春光明媚》一首。

3月24日，作七绝《和杨老〈庆祝毛选卷五胜利刊行〉》一首。

4月2日，与杨农伯看电影《雷锋故事》，归后作五律《学习雷锋》一首。

是日，读《人民日报》董必武遗作《九十初度》，颇有所感，作七律《怀念董老并步其〈九十初度〉原韵》一首。

4月5日，填《风和日暖》词一首。

4月6日，读《人民日报》发表的油画《战友》和《永远活在我们心中崇高的形象》《一身洁白　万古流芳》两文，"深感杨开慧烈士坚持革命的精神，见义勇为的风格，'死不足惜'的豪言壮语，值得我们敬佩而学习"，故作五

---

① 钱亚新.歌颂向阳院[M]//钱亚新.钱亚新别集.谢欢整理.南京：南京大学出版社，2013：324.

律《怀念杨开慧烈士同志》一首①。

4月8日,至瞻园游览并参观太平天国展览,归后作五律《重游瞻园并参观太平天国展览》一首。

4月24日,上午至五台山体育馆,观看中日围棋友谊赛,结果日方五胜一和二负,归来后作七律《观看中日围棋友谊赛》一首。

是日,为庆祝全国工业学大庆会议开幕,作七律《大庆大喜》一首。

5月3日,根据"五一"期间至后湖游览情形,作五律《和杨老〈五一劳动节游览后湖〉原韵》一首。

5月8日,针对家中所藏《唐文鉴》《李太白诗集》《施注苏诗》等善本,作五律《藏书》一首,并表达了藏书"由私化公"的想法。

是日,作五绝《步饶老〈迎接客人来〉原韵》一首。

5月12日,有感南京城市变化,作七绝《今日金陵》一首。

5月16日,散步至进香河路,见《六朝松》颇有所感,归后作七绝《六朝松》二首。

5月23日,先生反胃呕吐,卧床休养,见床对面悬挂年画《渤海之春》颇有所感,作七绝《题年画〈渤海之春〉》一首。

5月25日,作五绝《回忆游岳麓山》一首。

5月28日,接到二子钱方来信,钱方在信中提及其往青海格尔木工作时路过赵州桥曾进行访问参观,并告知赵州桥相关传说,先生阅后,颇有所感,作七绝《赵州桥》一首②。

是月,完成《两种书次号编制上的重号比较》一文,该文未正式发表,笔者并未见过该文,据先生自撰论著提要所述:"本文分为三节:第一节说明问题的发生由于1976年将改用《中国图书馆图书分类法》,南图工作同志们对于书号的编制有两种不同的主张。一为仍旧采用种次号,一为改用著者姓名字头拼音,以资避免新旧两种种次号产生矛盾。第二节说明一个抽样实验。这实验将原有的I812政治思想学习这一类中232张目录片的种次号改编为著者姓名字头拼音,结果共有字头拼音98种。其中不重号的为63种63次,重号的35种169次。这就是说,不重号和重号二者在质的方面所占的百分比为66对34,在量的方面所占的百分比为28对72。著者姓名字头拼音中的重号占总数的72%,这比种次号绝对没有重号,当然处于劣势,

---

① 钱亚新.怀念杨开慧烈士同志[M]//钱亚新.钱亚新别集.谢欢整理.南京:南京大学出版社,2013:327.

② 钱亚新.赵州桥[M]//钱亚新.钱亚新别集.谢欢整理.南京:南京大学出版社,2013:329.

而被否决了。第三节说明南图用种次号时,对一种书的不同版本、同版本而不同版次,以及多卷集、连续出版物等等的区别符号的编制方法。"①

6月1日,作七律《艺园养身》一首,以赠石坚白。

6月2日,读唐朝边塞诗,颇有所感,作七绝《读唐人边塞诗有感》一首。

6月3日,读唐朝田园诗,颇有所感,作七绝《读唐人田园诗有感》一首。

6月21日,作七绝《破除迷信》一首。

7月1日,为庆祝中国共产党成立五十六周年作五律《文昌桥畔》、词《千秋岁·纪念七一》各一首。

7月2日,早晨至北极阁散步,经过进香河路,见三五十人在水杉林中拔草锄地,先生返回时,草已除尽,归后作五绝《除草》一首。

7月3日,作七绝《题折扇》一首。

7月7日,观看完电影《走访地下城》后,与杨农伯合写新诗《歌颂地下城》十首,这也是先生首次尝试写作新诗②。

7月10日,作七绝《烟雨下乡》一首。

7月12日,作七绝《咏向日葵》一首。

7月14日,作七绝《再咏向日葵》一首。

7月18日,作七绝《和杨老〈向日葵颂〉原韵》一首。

7月20日,读7月14日《人民日报》刊发的叶剑英《八十书怀》及尚弓的《满目青山夕照明》一文,颇有所感,与杨农伯合作七律《恭贺叶副主席〈八十书怀〉》一首。

7月23日,早晨路过南京市政府门前,看到马路两侧彩旗招展,马路的中间,挂着金字制成的一条"热烈庆祝党的十届三中全会的胜利召开"的横幅,以及"坚决拥护华国锋同志任中共中央主席、中央军委主席","坚决拥护十届三中全会关于恢复邓小平同志职务的决议","坚决拥护永远开除王张江姚的党籍"等标语。爬上北极阁,遥见人民广场主席台的四周,在阳光灿烂的照耀下,插满红旗。从北极阁下山时,见到市政府门前已经有南京市市级机关的工作人员,排好整齐的队伍,队前高举毛泽东、华国锋的画像,敲锣打鼓,准备向鼓楼出发,参加中共江苏省委和南京部队联合召开的庆祝大会③。先生颇有所感,归来后作七律《胜利歌声彻云霄》一首。

---

① 钱亚新.自撰论著提要[M].稿本.
② 钱亚新.歌颂地下城[M]//钱亚新.钱亚新别集.谢欢整理.南京:南京大学出版社,2013:331-332.
③ 钱亚新.胜利歌声彻云霄[M]//钱亚新.钱亚新别集.谢欢整理.南京:南京大学出版社,2013:333.

7月底，二媳凌小惠因出差，携钱旭东、钱江东一道至南京看望先生夫妇①。

是月，完成《对"科图法"先秦哲学各家类次的商讨》一文，该文未发表，现存稿本。先生在文中针对"科图法"中先秦哲学和各代哲学下级类不一致的矛盾，提出以哲学思想发生发展为类次的原则。

8月1日，为庆祝建军节作七律《庆祝建军节五十周年》一首。

8月2日，作七绝《纪念陈毅同志》《纪念贺龙同志》各一首。

8月3日，见到孙辈钱旭东、钱江东、钱丹东、钱乙东、钱进东合影照片，颇感欣慰，作五律《喜题"五东"合影》一首。

8月7日，完成《简化汉字应为拼音文字创造有利的条件》一文，该文是基于对《新华字典》中所收简化字的研究而撰写的，该文未正式发表，现存稿本。

是日，读长篇小说《斗熊》，颇有所感，作七绝《斗熊》两首。

8月20日，晚，听完第十一次全国党的代表大会召开广播，作七律《热烈拥护第十一次全国党的代表大会胜利召开》一首。

8月23日，从电视中看到北京庆祝第十一次全国党的代表大会游行，"规模之大，实属空前，欢欣鼓舞，尤振人心"②，遂作七律《庆祝游行》一首。

8月27日，整理1966年翻译的旧稿《图书分类法规摘译》，补作"附记"一篇，内容如下：

附　　记

这是根据美国《图书分类法规》一书所译出的1—41条的条文。其内容分为：（一）类分图书的一般原则（1—6条），（二）适用于任何一类材料的方法（7—16条），（三）特种书报（17—30条），（四）形式区分法（31—33条），（五）专为某一类读者写作的书（34—38条），（六）时代的区分（39—41条）。

原文的组织，先举各条法规的条文，条文下多有子目，再以a，b，c……区分之。在条文或条文子目下，必要时加以解释或例举，并引用美国国会分类法（LC）和杜威十进分类法（DDC）的类码以作论证。这些的解释和例证，一般用较小一号的字形排列，以资与条文区别开来。

---

① 钱亚新.喜题"五东"合影[M]//钱亚新.钱亚新别集.谢欢整理.南京：南京大学出版社，2013：334.

② 钱亚新.庆祝游行[M]//钱亚新.钱亚新别集.谢欢整理.南京：南京大学出版社，2013：335.

译文并不完全,而且距离都属外文图书,对于我国图书馆工作者只能作为一种参考。因此本译文应不适用于我国的,全部删去。作为一种笔记资料,还是可以的。

译自何书,并未注明,最好是查对一下。

对于条文的论述,有些还是很有用处。如类分"丛书"一条,讲得很详细即是。

是日,作七绝《丹枫》一首,因先生近期至颐和路南图分馆借阅图书,"经过山西路广场,看到所植矮小品种丹枫数株,杂在大片松柏之间,真是'万绿丛中一点红'的境界,美观可爱,远远地站着观赏一会,不忍随即离去"①。

8月31日,读完小说《漳河春》,颇有所感,作七律《漳河春》一首。

9月9日,为纪念毛泽东逝世一周年,作七律《遗容含笑》一首。

9月12日,根据所看电影《瓦尔特保卫萨拉热窝》和《桥》,作七律《歌颂〈瓦尔特保卫萨拉热窝〉和〈桥〉》一首。

9月14日,傍晚散步至珍珠桥畔,在秦淮河边一凉亭休息,清风徐来,颇感舒畅,作七绝《珍珠桥畔凉亭小坐即景》二首。

9月23日,参加南京图书馆有关《关于中国图书馆分类法的使用说明》座谈会,未及一时,头昏呕吐,后由担架抬回家中。

9月24日,约许培基、张厚生来家商谈《关于中国图书馆分类法的使用说明》,并表示希望许培基、张厚生能撰一本关于"中国图书分类法"的论著,内容可分为历史的、批判的和方法的三部分,以供图书馆界的参考。许培基表示本有此意,先生听后非常愉快。许培基、张厚生走后,夫人吴志勤对先生说:"你后继有人了。"先生听到此言,感觉正合心意,并作五绝《得宝》一首②。

9月27日,填《红旗舞》词一首。

是日,接读孙钱旭东来信,有感而作七绝《井蛙》一首。

9月29日,作七绝《国庆凯歌》八首。

10月1日,作七绝《国庆颂》三首。

10月2日,作四言《画象》三首。

10月3日,吴志勤作七律《阔别》一首,并请书法家钱瘦竹挥毫,以作为

---

① 钱亚新.丹枫[M]//钱亚新.钱亚新别集.谢欢整理.南京:南京大学出版社,2013:335.
② 钱亚新.得宝[M]//钱亚新.钱亚新别集.谢欢整理.南京:南京大学出版社,2013:337.

与老同学吴健雄见面的礼物。吴健雄出国留学时,先生曾与吴志勤一同前往相送,故作七律《和志勤〈阔别〉》一首。

10月5日,读到叶剑英所作《攻关》诗,作五绝《和叶帅剑英〈攻关〉原韵》一首。

10月11日,作五律《和郭老〈看《江姐》〉原韵》一首。

10月28日,经南京图书馆领导同意后,开始为南京大学图书馆招收的两名目录学方向研究生顾志华、卢贤中讲授"古籍目录学研究"课程①,鉴于顾志华、卢贤中没有学习过图书馆学,先生在讲授目录学课程之余,还补授"图书分类编目""汉字排检法"。授课形式,除先生讲解外,还包括与研究生座谈讨论。卢贤中曾如是总结先生研究生教学情况:"从1978年到1981年,我在钱先生的指导下度过了三年非常难忘的研究生学习生活。钱先生给了我说不尽的教诲,归纳起来:(1)在教学方面孜孜不倦。忠诚于教育事业。钱先生给我们两个学生讲课,事先都要做充分的准备,每堂课前都写有完整、详细的讲稿。我在写毕业论文时,钱先生帮我确定了论文题目,并从头到尾进行了指导。(2)南京大学聘请钱先生讲课都要付给他指导费,但是,钱先生把他得到的指导费都作为党费交给了南京图书馆。"②

10月16日,访顾吉度,在顾吉度家中见到了林散之的一幅草书横幅,联想到近期所读林散之《北游》《珍妃井》等诗,作五绝《六美具备颂林老》一首。

10月20日,阅读报纸,有感于世界各地洪灾,作七律《洪水》一首。

10月21日,作七律《清静养生》一首,赠送石坚白,并请顾吉度书写。

10月24日,访友未遇,作五绝《友会未晤》二首。

是月,阅读《祁忠敏公日记》,发现了祁彪佳《明剧品曲品》成书具体时间,解决了学术史上的一桩久未解决的悬案,先生欣喜异常③。

11月1日,读10月31日《人民日报》所载《真是活雷锋——老贫农邢自德舍身拦车救外宾》一文,颇有所感,作七律《歌颂邢自德》一首。

11月5日,作七绝《盲友》一首,该诗是因为先生"近日前往江苏省美术馆参观苏州市书法印章和常州市图画展览会,在休息处与一位南师退休的

---

① 钱亚新.六十年来生活工作简表、论著编译年录[M]//吴志勤、钱亮、钱唐整理.创新、求新、育人——图书馆学家钱亚新的一生.自印本.1993:51.
② 卢贤中.安徽大学信息管理系主任卢贤中教授在纪念汪长炳、钱亚新先生诞辰100周年研讨会上的讲话[J].新世纪图书馆,2004(1):9.
③ 钱亚新.六十年来生活工作简表、论著编译年录[M]//吴志勤、钱亮、钱唐整理.创新、求新、育人——图书馆学家钱亚新的一生.自印本.1993:51.

盲同志漫谈,两人所认识的朋友相同者颇多,由于他有人照顾,因此生活很不差"①,回来后有所感,遂作该诗。

11月13日,下午登北极阁,在半山亭畔休息时,作五律《登山远眺》一首。

11月15日,上午登北极阁,到达气象台大门左侧的大路旁,见一青年正在写生。画中以一株红枫为主题,以苍松翠柏为衬托,颜色鲜美,引人注目。先生登顶返回至气象台大门时,该青年写生已近结束。先生作五绝《题写生画——枫叶红》赠送该青年。后经交谈得知,画者为美术公司的朱刚同志,他接得此诗,颇为欣喜②。

下午,长子钱亮夫妇因事无法照顾其子钱乙东,遂将其送交先生夫妇照管。

11月16日,与孙钱乙东同登北极阁,在半山亭休息时,作七律《小阳春》一首。

11月18日,得知南京图书馆某同事前往苏北相亲而无果之事,联想到某书中所记之有关故事,作七律《相亲》一首。

11月19日,与诗友谷正风、顾吉度以及夫人吴志勤等一同至后湖赏菊,归后作七律《后湖赏菊》一首。

11月29日,上午,至江苏省美术馆参观"全国摄影艺术展览",归后选择其中较为喜爱的8幅作品,照原题配以七绝《庆祝胜利》《剪毛时节》《黄岩蜜桔》《漓江风光》四首,五绝《烈火映红心》《旧貌变新颜》《草原铁骑》《公社幼儿园》四首。

12月3日,为庆祝夫人吴志勤七十寿辰,作七律《恭祝老伴七十寿辰》一首。

12月10日,作七律《看了闹天宫,想到落水狗》一首。

12月22日,作七律《七五生辰书怀》一首。

12月23日,二媳凌小惠致信问候先生夫妇,并告知近况③。

12月25日,为鼓励子女不断前进,作七律《鼓劲》一首。

12月26日,纪念毛泽东诞辰,作七律《纪念毛主席诞辰》一首。

12月28日,本学期为南大研究生授课结束。

是日,读《基辛格——超级德国佬的冒险经历》一书,颇有所感,作七律《读〈基辛格〉》二首。

12月30日,填《春夏秋冬》词一首。

---

① 钱亚新.盲友[M]//钱亚新.钱亚新别集.谢欢整理.南京:南京大学出版社,2013:341.
② 钱亚新.题写生画——枫叶红[M]//钱亚新.钱亚新别集.谢欢整理.南京:南京大学出版社,2013:341.
③ 钱亚新.鼓劲[M]//钱亚新.钱亚新别集.谢欢整理.南京:南京大学出版社,2013:344.

1978 年　　七十六岁

1月1日,读元旦社论《光明的中国》之后,颇有所感,作《念奴娇·读元旦社论:光明的中国》词一首。

1月2日,纪念与夫人吴志勤结婚四十六年,作《纪念结婚四十六周年》五言长诗一首。

1月13日,作五律《和杨老〈瑞雪迎春〉原韵》一首。

1月16日,作五律《再和杨老〈瑞雪迎春〉原韵》一首。

1月23日,接到友人来信,见到信上所贴刘胡兰邮票,颇有所感,作七律《刘胡兰颂》一首。

是月,继续为南大研究生顾志华、卢贤中讲授"古籍目录学研究"课程,重点对《汉书·艺文志》《隋书·经籍志》进行了讲解,并将中国目录学史划分为:封建社会、半殖民地半封建涉及和社会主义社会三个阶段,先生讲授重点在前两个阶段①。

2月4日,顾吉度来访,带来林散之赠送先生的书法条幅,条幅所书内容为林散之《论书法》一诗②,先生阅后,作七绝《奉和林散之先生〈论书法〉原韵》一首。

2月17日,下午同长子钱亮全家至南京博物院参观"古代绘画联展",会上展出宋元明清图画二百余幅,先生对其中《岳阳楼图》《鹰击天鹅》两幅印象最深③。

2月21日,是日为元宵佳节,先生赏月后,作七绝《元宵赏月》一首。

2月22日,根据17日观画心得,作七绝《题岳阳楼图》《题鹰击天鹅》

---

① 钱亚新.六十年来生活工作简表、论著编译年录[M]//吴志勤、钱亮、钱唐整理.创新、求新、育人——图书馆学家钱亚新的一生.自印本.1993:52.
② 钱亚新.奉和林散之先生《论书法》原韵[M]//钱亚新.钱亚新别集.谢欢整理.南京:南京大学出版社,2013:346.
③ 钱亚新.题岳阳楼图[M]//钱亚新.钱亚新别集.谢欢整理.南京:南京大学出版社,2013:347.

两首。

2月24日,作七律《赠志远康康》《赞王宁王宇》两首,赠送女儿钱康、女婿王志远及其子女,鼓励他们努力钻研、健康生活。

3月1日,为庆祝五届人大和政协会议召开,作七律《新的长征》一首。

3月5日,作五律《纪念周总理八十诞辰》一首,纪念周恩来诞辰八十周年。

3月6日,作七律《高举红旗唱国歌》一首。

3月7日,得知二十余年未通音讯的文华老同学陆秀参加全国五届政协会议,非常高兴,特作五律《祝贺陆秀老同学参加全国五届政协》一首。

3月8日,为纪念"三八"妇女节,作新诗《顶半天》一首。

3月16日,读近期《光明日报》发表的《功德长留天地——记周总理对二十四史整理出版工作的关怀》一文,颇有所感,作五律《功德长留天地》一首。

3月17日,读《新华日报》所载南京大石桥小学通讯,颇感欣慰,因为外甥女王宇正就读该校,遂作七绝《满园春色百花开》一首。

3月18日,作七绝《题天女散花》一首。

3月22日,作五律《冉大姑赞》一首。

3月26日,为庆祝全国科学大学召开,作七律《遍地花开遍地春》一首。

3月28日,为庆祝全国善本书总目编辑工作会议在南京召开,作七律《祝全国善本书总目编辑工作会议在南京胜利召开》一首。

是月,请北京友人核对北京图书馆馆藏《奕庆藏书楼书目》抄本,发现北京图书馆馆藏《奕庆藏书楼书目》抄本"集之目"下"锦囊留句"与"李空同全集"二者之间,不仅有"集之八国朝诗文"这一类目,而且在"锦囊留句"与"集之八国朝诗文"之间还有《杨龟山集》《苏文忠公全集》《欧阳行周集》《李杜五律抄》《李杜合集》五条著录,而在"集之八国朝诗文"与"李空同全集"之间又有《高皇帝御制文集》一条著录。先生得知这一情况后,将结果致函北京大学图书馆,请其核对北京大学图书馆所藏《鸣野山房书目》(实际为《奕庆藏书楼书目》)传抄本①。

4月2日,作七绝《风筝》一首。

4月5日,北京大学图书馆复先生去函,告知先生核对结果,谓:"来函所列《奕庆藏书楼书目》摘录的八条,其中:'李杜五律抄 二本;李杜合集 十本;集之八 国朝诗文;高皇帝御制文集二十卷一套五本'这四条我馆抄本都

---

① 钱亚新.祁理孙与《奕庆藏书楼书目》[J].图书馆工作,1978(4):43-44.

没有著录,可能也是漏抄。其他三条《杨龟山集》《苏文忠公全集》《欧阳行周集》,在我馆的抄本里和潘校本里都著录在《锦囊留句》之前两页,并未刊落。实际上这书目的传抄本与旧抄本已有差异:即在著录的次第上有前后的不同。在著录的数量上也有多少的分别。如能详尽地校对一次,更可以使这排印本接近旧抄本,恢复其本来面目的。"①先生由此也提出做好校勘工作一定要广集众本,严加核对。

4月10日,读《人民日报》刊载的《牛顿的伯乐和千里马》,颇有所感,作七绝《牛顿的伯乐和千里马》一首。

5月1日,填《怀念陈毅同志》词一首,该词采用《蝶恋花》词牌,该词牌系先生首次尝试。

5月7日,填《怀念贺龙同志》词一首。

5月18日,完成《向〈中图法〉提些意见》一文,该文现存稿本。

6月10日,早上外出锻炼,听闻笛声,颇有所感,作五绝《闻笛》一首。

6月20日,晨起登北极阁,是日雾颇重,登至一半时,日出雾散,先生归后作七绝《耀眼》一首。

是月,本学期为南大研究生顾志华、卢贤中所授"古籍目录学研究"课程结束。

7月1日,完成《祁彪佳与八求楼》一文初稿,该文未正式发表,现存稿本,该文主要内容后收入《浙东三祁藏书和学术研究》一书中。

8月9日,接得表弟陈耀祥、侄孙钱克东等人来信,得知不少好消息,异常兴奋,作七绝《好消息》一首,上述来信具体内容,有待查考。

8月11日,观看香港凤凰影片公司拍摄的《屈原》一片,感觉"不仅政治性强烈,而且艺术性精美。兼之开幕前有简短的说明,唱词对话又有中英文对照,这比之我国近来所放映的国制片,实在高明得多。如果把国制片出国放映,恐怕要令观众莫名其妙,不能叫座的"②,于是作七律《屈原》一首。

9月,撰成《多才多艺,知书知友——回忆学长蒋吟秋先生》一文。

10月26日,为南京图书馆青年团团员业务学习做题为《当务之急》的讲话,内容分为"认识""服务""学习"三部分。"认识"中,要求南图青年要认识国内外大的形势,南图发展形势以及我国图书馆事业和图书馆学的阶级性、政治性和战斗性。"服务"部分指出图书馆是服务性的行业,因此要认清图书馆的服务对象,要有好的服务态度。"学习"部分提出三点:(1)对

---

① 钱亚新.祁理孙与《奕庆藏书楼书目》[J].图书馆工作,1978(4):44.
② 钱亚新.屈原[M]//钱亚新.钱亚新别集.谢欢整理.南京:南京大学出版社,2013:351.

于图书馆专业,要求逐渐从外行变为内行,再从内行变为专家;(2) 对于外语,要求能精通一种到两种;(3) 对于其他各学科,要求能从掌握一门到掌握多门。

是月,完成了《〈四库全书分类法〉的述评》一文的修改,加入了批判"四人帮"及贯彻党十一大路线内容。

11月,完成《我国图书分类法的发展概况》一文,文中先生将中国两年余年来的分类法历史分为"在悠久的封建社会中以'四分法'为代表,在半殖民地半封建社会中以'十分法'为代表,在社会主义社会以'五分法'为主",全文主要分为三部分:(一) 论我国三个时代图书分类法的特点及其比较;(二) 对"四分法"和"十分法"的批判;(三) 进一步认识"五分法"优越性及其缺点。该文未正式发表,现存稿本。

按:笔者在该文中发现一张手稿,上面内容如下:

中国图书分类法概论

第一章　引论

第二章　中国图书分类法的发展

　　一 封建社会时代的图书分类法

　　二 半殖民地半封建社会时代的图书分类法

　　三 社会主义时代图书分类法

第三章　中国图书分类法的评价

　　一 对"四库全书分类法"的评价

　　二 对《中国图书分类法》的评价

　　三 对人大法的评价

　　四

　　五

　　六

第四章　图书分类工作

　　一 辨体

　　　书刊-资料——原著-派生——经典-一般——副刊-增刊——版-次

　　二 认表

　　　分类表-辅助表——纲-目——级-位——上下-同异——说明-解释

　　　思想性——政治性——科学性——实用性

三　归类

　　　　以人类书-以书类人——内容-形式——集体-分散——时间-空间——多-一

　　　　综合-专门——互见-分析——影响-被影响——交叉-交替

　　四　编号

　　　　分类号-书次号——著者号-种次号——时次号-名次号——附加号

　第五章　总结

　　由上可知,先生曾计划撰写一部《中国图书分类法概论》,并拟定好提纲,而《我国图书分类法的发展概况》一文应该是该书的一部分,不过据现有存稿来看,该书最后并未完成。

是月,将《姚名达与我国史学》一文中部分内容析出修改,完成《姚名达与目录学》一文,该文未正式发表,后收录《钱亚新集》中。

12月16日,改定《章学诚对郑樵校雠学说和工作的发展》一文。

是年,完成二姐钱铸卿1949年以后所撰写诗词的整理工作①。

---

① 钱亚新致徐燕函,1986年12月22日.

1979 年　　七十七岁

1月1日,完成《〈汉书·艺文志〉讲解》,该讲义未正式出版,现存稿本。

1月19日,作五绝《斗室》一首。

1月26日,作七绝《步原韵和顾志华同学诗》一首。

1月27日,是日除夕,晚观看香港凤凰影片公司的《三凤求凰》,"笑逐颜开,趣味盎然"①。

1月28日,作七绝《己未元旦》一首。

1月30日,好友饶利民之子结婚,先生作七绝《恭贺饶利民老友令郎与简女士结婚之喜》一首,以示庆贺。

1月31日,读《黄河决口》,颇有所感,作七绝《黄河决口》一首。

2月1日,是日完成《试论〈校雠通义〉与〈文史通义〉的关系》一文,该文未正式发表,现存稿本。

2月2日,得知邓小平访美,作七绝《送邓副总理赴美访问卡特》一首。

2月3日,作五律《有感》一首,以示老骥伏枥之心。

3月16日,游览石头城,作七绝《石头城》一首。

3月18日,作七绝《寄语亲友》一首。

3月20日,路过珍珠桥,看到珍珠桥畔盛开的樱花,颇有所感,作七律《看樱花》一首。

3月30日,就对越自卫反击战,作七律《惩越》两首。

4月,为表达对恩师杜定友先生的思念,撰写《业师杜定友先生》一文,该文在1957年4月2日发表于《光明日报》的《图书馆工作四十年——老专家杜定友的专业精神》(与金敏甫合写)基础上增加了1949年以后的内容。

5月1日,观电影《一江春水向东流》,颇有所感,作七绝《一江春水向东流》一首。

---

① 钱亚新.己未元旦[M]//钱亚新.钱亚新别集.谢欢整理.南京:南京大学出版社,2013:352.

5月18日,出席省文化局召集召开的江苏省图书馆学会筹备领导小组第一次会议,参加会议的除先生外有江苏省文化局文物处副处长于的水、江苏省社联学会部负责人唐茂松、南京图书馆馆长汪长炳、南京图书馆支部书记兼副馆长赵宛华、南京大学图书馆副馆长华彬清、南京工学院图书馆副馆长卢则文以及筹备组工作人员王学熙、高厚娟。于的水主持会议并宣布江苏省图书馆学会筹备领导小组成员,成员由汪长炳、华彬清、卢则文、赵宛华及先生五人组成,汪长炳任组长、华彬清任副组长。于的水宣布任命后,随即由汪长炳主持召开领导小组第一次会议,研究具体筹备工作事宜,决定吸收高校图书馆、科研图书馆、公共图书馆系统的35个图书馆的主要负责同志为筹备组成员,以体现筹备组的广泛性。江苏省图书馆学会筹备小组成立后主要做的工作包括:(1)参照《中国图书馆学会章程》(草案)草拟《江苏省图书馆学会章程》(草案)并广泛征求意见;(2)研究理事会下设的学术委员会和编辑出版委员会、会刊《江苏图书馆工作》主编人选,拟定1979—1980年学会工作计划(讨论稿);(3)有计划、有步骤地发展首批会员;(4)协商产生理事会理事馆名单;(5)发动全省图书馆工作者撰写首次科学讨论会论文,并成立学术论文筹备小组;(6)向中国图书馆学会推荐汪长炳、华彬清、施廷镛三位理事①。

5月20日,代杨延复作五绝《庆君幸独还》一首赠其友人。

6月,完成《书目的索引及其编制法》一书的第二次修订,并撰写序言。

7月3日,外出见满池荷花,作七绝《满池荷》一首。

7月9—16日,中国图书馆学会于山西太原召开了成立大会,期间于7月13日召开了中国图书馆学会第一届第一次理事会议,选举常务理事、正副理事长,聘任正副秘书长、副秘书长以及确定工作机构及负责人,最后经过选举推举刘季平为中国图书馆学会首届理事长,谭祥金为秘书长,先生当选为学术委员会委员②。先生向本届大会提交论文《我国图书馆学的奠基人——郑樵》。

8月8日,中华书局编辑部致函先生,告知先生所著《校雠通义研究》一书"还不够成熟,内容有可取之处,如书中所列各表,还是有参考价值的。但综观全稿,逻辑性、条理性较差,不能给人以清晰的印象",因而不予出版。

8月9日,先生恢复预备党员资格,并予以转正为正式党员,党龄从

---

① 王学熙.汪长炳对我国图书馆学会建设的贡献[M]//南京图书馆.继承发展 开拓创新——纪念汪长炳、钱亚新先生诞辰100周年暨南京图书馆新世纪首届学术年会文集.铅印本,2003:30-31.

② 张白影,荀昌荣,沈继武.中国图书馆事业十年[M].长沙:湖南大学出版社,1989:432.

1957 年 7 月算起①。

8 月 10 日，为庆祝自己与夫人恢复党籍，作七律《大地回春》一首。

8 月 18 日，有感时光飞逝，作七绝《飞逝年华》一首。

8 月 24 日，完成《柳诒徵先生简谱》一稿，该文未正式发表，现存稿本。

是月，完成《我国图书馆界的当务之急》一文，该文未未正式发表，现存稿本。先生在文中指出，我国图书馆界的当务之急是："首先，我国图书馆界应该抓纲治馆，拨乱反正。其次，我国图书馆界应该积极为读者服务，促进四化。第三，我国图书馆界应该学习先进，彻底革新。"

是年夏，武汉大学、北京大学《目录学》编写小组寄赠先生《目录学》一书书稿并征求意见，先生收到书稿"详为阅读以后，深感新的《目录学》内容，远胜于旧的《目录学讲义》，但其中尚有美中不足之处，于是提了两点意见。其中之一是关于我国现存的古籍索引，不应以明末清初傅山所编的《两汉书姓名韵》为第一，而当以明张士佩撰《洪武正韵玉键》（明万历三年司礼监刊本）为最早。其中之二是明嘉靖年间周弘祖《古今书刻》上编收录了中央和各省所刊古籍，实为我国地方出版文献目录的创始，在我国目录学史中，此书似应有地位加以述要"②。

9 月 7—9 日，参加江苏图书馆学会筹备委员会全体成员会议，会议由汪长炳主持，讨论江苏图书馆学会章程、理事候选人推荐名单、学会工作计划要点、召开江苏省图书馆学会成立大会时间等问题，会议决定 9 月下旬召开江苏省图书馆学会成立大会③。

9 月 9 日，作七绝《接班人》一首。

9 月 23—26 日，参加江苏省图书馆学会成立大会，参加此次会议的有江苏各系统图书馆代表以及中国图书馆学会、湖北省图书馆学会和武汉大学图书馆学系的代表 140 人，江苏省委宣传部副部长李维、江苏省高教局副局长李钟英、江苏省文化局副局长孙奇华、江苏省社联副主席薛家骥以及省科协副秘书长徐建到会并发表讲话。会议通过了《江苏省图书馆学会章程》《1979 年四季度—1980 年度工作计划要点》并选举了江苏省图书馆学会理事会及有关分支机构成员，先生当选为江苏省图书馆学会理事及学会编辑

---

① 钱亚新.六十年来生活工作简表、论著编译年录[M]//吴志勤、钱亮、钱唐整理.创新、求新、育人——图书馆学家钱亚新的一生.自印本.1993：53.
② 钱亚新.《校雠学论文集》自序[J].稿本,1984.
③ 王学熙.汪长炳对我国图书馆学会建设的贡献[M]//南京图书馆.继承发展　开拓创新——纪念汪长炳、钱亚新先生诞辰 100 周年暨南京图书馆新世纪首届学术年会文集.铅印本,2003：31.

委员会主任,负责会刊《江苏图书馆工作》的编辑工作①。

9月底,先生不幸被自行车撞倒,但未伤及关节,卧床休息一周。

10月3日,审阅完张厚生论文提纲,复函一封,询问学习情况,并告知南京大学目录学研究生教学情况②。

10月4日,作七律《老当益壮》一首,以明心志。

10月9日,参加江苏图书馆学会常务理事第一次扩大会议,会议主要讨论了1979年第四季度江苏省图书馆学会的学术活动、业务干部的培训、会刊编辑以及向中国图书馆学会推荐个人会员、发展省学会会员等问题。会上,为搞好江苏省图书馆学会会刊的编辑出版工作,组成了以先生为主编、邱克勤同志为副主编的九人编委会③。

11月16日,参加江苏图书馆学会常务理事第二次扩大会议,会议主要讨论了图书馆工作人员培训班问题,决定聘请南京工学院图书馆副馆长卢则文为班主任,华东水利学院图书馆主任贾云霞为副班主任。此外,还讨论了江苏图书馆学会1979年11月至1980年1月的学术活动安排等问题,先生向与会人员汇报了江苏省图书馆学会会刊第一期编辑情况④。

是月,撰写《二十多年来辅导部工作的回忆和现状》一文,笔者仅见该文残稿,全文有待查考。

12月1日,邱克勤陪同潘树广来访。席间谈及潘树广新作《古代文献资料的检索》(江苏师范学院油印讲义),先生认为该书比已见的工具书使用法讲义又深入了一步,但是该书并未附有索引,先生建议出版时在书后附有索引。谈及索引时,先生说他早在五十年前便已提出呼吁编制索引,由此也发出"中国人会读书不会用书"⑤等感慨。

12月18日,上午,毛坤先生之子毛相骞来访,先生夫妇准备丰富的午餐招待,先生赠其旧照两帧。

> 按:据毛相骞先生2013年6月25日发给笔者的邮件中所述:1979年12月18日我去南京成贤街,拜见钱伯父。自抗日战争爆发,我父亲和钱伯父好像再也没有见过面。50年代初期,由于政治运动频

---

① 本刊记者.江苏省图书馆学会成立[J].江苏图书馆工作,1980(1):7.
② 顾建新.书海一生击楫忙:图书馆学家张厚生先生纪念文集[M].南京:东南大学出版社,2013:38-39.
③ 王学熙.良好的开端——省图书馆学会活动纪实[J].江苏图书馆工作,1980(1):94.
④ 王学熙.良好的开端——省图书馆学会活动纪实[J].江苏图书馆工作,1980(1):94.
⑤ 潘树广.潘树广自订年谱[M]//潘树广.潘树广自选集.镇江:江苏大学出版社,2012:439.

繁,他们也没机会联系。直到 1956—1957 年,钱伯父看见先父发表的文章后,通过杂志恢复通信,此期间我还为父亲投寄过信件。这一次(1979 年),我因公到南京化工公司(大厂镇)开会,会议结束之后到钱府。二老非常重视,他们准备了丰富的午餐招待我,同时,他们在南京的成员都回来了。钱亮大哥也在家,正在复习英语口语,作出访澳大利亚的准备。那时,刚落实政策不久,所以我们对一些问题谈得不多,但是钱伯母还是简略介绍她和钱伯父的那段经历,以及各位世兄的情况。当伯母谈到他们落实政策恢复党的生活,党龄从 1957 年算起时。我提了一个问题,伯母从容平静回答了。

是月,完成《谈谈〈藏书训约〉的版本》一文,该文未正式发表,现存稿本。

是月,完成《谈谈〈奕庆藏书楼书目〉的版本》一文,该文未正式发表,现存稿本。

是年,先生曾欲将以往撰写的研究郑樵及章学诚的十篇文章,即《我国校雠学上的两面旗帜》《好学·师承·创新》《我国图书馆学的奠基人——郑樵》《郑樵〈校雠略〉中的方法论》(该文直接取自《郑樵〈校雠略〉研究》一书中相关章节)、《章学诚对郑樵批判精神的发扬》《章学诚对郑樵校雠学说和工作的发展》《辨章学术　考镜源流——试论章学诚校雠学说的中心思想》《〈校雠通义〉中的方法论》《略论章学诚对我国索引工作的贡献》《试论〈校雠通义〉与〈文史通义〉的关系》以及姚名达、何炳松、朱天俊等人撰写的便于了解郑樵、章学诚生平及学术思想的文章作为附录,共同编成《郑樵与章学诚》一书,并撰写"自序"初稿,序中对这十篇文章进行了解题,该书并未出版。

1980年　　七十八岁

1月15日,参加江苏省图书馆学会于南京图书馆召开的常务理事扩大会议,会议由汪长炳主持,研究讨论了《1980年工作计划要点》(讨论稿),并原则上通过了该计划。

是月,先生担任主编的《江苏图书馆工作》正式创刊。

2月26日,至南京图书馆参加《江苏图书馆工作》编委会议,研究编辑分工问题,会议决定实行责任编辑制,具体分工如下:倪波负责目录学、版本学、史料;黄文虎负责图书分类、编目;王可权负责基础理论和读者工作;吴观国负责科技情报、文献检索和期刊工作;丁宏宣负责基层图书馆(室)工作;洪流负责图书馆行政、组织和建筑;王学熙协助邱克勤负责会刊的总编工作。责任编辑负责审阅有关稿件。

3月11日,参加江苏省图书馆学会常务理事扩大会议,出席会议的有江苏省图书馆学会常务理事和学术委员会、编辑委员会正副主任以及学会工作人员共16人。会议由汪长炳主持,会议主要讨论了江苏省图书馆学会年会和科学讨论会事宜,决定由吴观国负责年会和科学讨论会,并成立年会论文小组,学术委员会在宁委员为论文小组成员,卢则文为论文小组组长。除此之外,会议还研究了1980年工作计划落实、图书馆业务干部培训问题等内容。

4月9日,山西省图书馆来函询问先生是否愿意将所编的《两汉书姓名韵索引》稿本赠送给该馆收藏、参考。

4月19日,将所编《两汉书姓名韵索引》稿本挂号赠送山西省图书馆参考。

4月25日,参加江苏省图书馆学会于南京图书馆召开的常务理事扩大会议,会议由汪长炳主持,与会人员听取了在上海举行的中美图书馆业务研讨会情况介绍及学会工作人员关于第二期图书馆工作人员培训班和年会筹备情况的汇报。

5月,完成为江苏省图书馆学会1980年科学讨论会撰写的《略论缪荃孙对我国目录学上的成就和贡献》一文。

6月,倪波赠先生《郭沫若著译系年》(《吉林师大学报》1979年增刊)一册,并题有"请钱老指正"。

7月26日,参加江苏省图书馆学会理事会会议,会议由汪长炳主持。理事们听取了编辑委员会副主任邱克勤关于江苏省图书馆学会年会及科学讨论会筹备情况的汇报;讨论并通过了省学会工作报告和工作计划;同时通过了常务理事会关于省学会领导机构的调整和增补理事的提议,鉴于副理事长、原南京图书馆党支部书记杨希濂调往江苏省文化局负责人事处工作,会议决定杨希濂不再兼任副理事长之职,其职由南京图书馆副馆长赵宛华继任,邱克勤为秘书长,并增补邱克勤为常务理事,严仲仪为理事。

7月27日—8月1日,参加江苏省图书馆学会1980年年会暨科学讨论会,参加此次会议的有江苏省图书馆学会理事、科学讨论会部分论文作者、江苏省图书馆学会会员代表共180人。7月27日,为开幕式,参加开幕式的除会员代表、论文作者外,还有南京地区各系统图书馆工作者共计500余人。开幕式由汪长炳主持,中共江苏省委宣传部副部长钱静人、江苏省文化局副局长孙奇华、江苏省哲学社会科学联合会副秘书长王淮冰到会并做报告。开幕式后,按系统分组进行讨论。此次科学讨论会共收到论文149篇,内容涉及图书馆学基础理论、工作方法、目录学、版本学、情报学以及图书馆现代化等方面。8月1日举行闭幕式,邱克勤代表江苏省图书馆学会进行总结,扬州、苏州、无锡、常州、南通市分会代表相继发言。会议一致通过了给省委、省人民政府的《关于在我省贯彻中共中央书记处对图书馆工作指示的建议》。①

> 按:此次科学讨论会还邀请了时在武汉大学读研的张厚生参加,张厚生会议前夕抵达南京后曾去拜望先生,据张厚生回忆:"1980年暑假,江苏省图书馆学会在南京307招待所举行科学讨论会,省学会秘书处预先通知我参加会议,我从武汉赶回来,先到南京成贤街90号成园,拜见钱亚新先生和钱师母吴志勤老师。钱先生和钱师母询问我研究生学业情况后,给我介绍在宁的多位图书馆界人士的情况,建议我在参加江苏省图书馆学会科学讨论会后,一一再与他们见面。钱老给我推荐的人士中,有吴观国先生(时任南京医学院图书馆馆长)、许培基先生(时任苏州图书馆馆长)、邱克勤先生(时任南京图书馆副馆长)、王可

---

① 江苏省图书馆学会召开1980年年会暨科学讨论会[J].江苏图书馆工作,1980(4):58,62.

权先生(时任南京航空学院图书馆副馆长)、倪波先生(时为南京大学图书馆学专修科讲师)。"①

9月27日,上午至南京图书馆参加江苏省图书馆学会常务理事扩大会议,会议由汪长炳主持。会议就江苏省图书馆学会近期活动及加强会刊《江苏图书馆工作》编辑力量,举办第三期培训班,以及组织专题研究小组等事项进行了商讨。会议决定:增补王学熙为《江苏图书馆工作》副主编,周文逊、顾克恭为编委;王可权为第三期培训班班主任;建立图书馆事业、图书馆学基础理论、目录学和版本学、图书分类法、图书情报工作现代化五个专题小组。会议最后由王学熙汇报赴苏州参加"分类法规范化座谈会"情况。

10月4—10日,中国图书馆学会1980年年会在杭州召开,先生向会议投了《略论缪荃孙对我国目录学上的成就和贡献》一文,但因身体不佳,未能出席会议②。

10月16日,接到南京图书馆原馆长李仲融逝世讣告,得知李仲融因病医治无效于1980年10月14日四时逝世,终年七十八岁。

11月15日,张厚生寄《目录学研究资料汇辑(第三分册):目录学方法》(武汉大学图书馆学系1980年内部铅印本)一册,并题"敬送给钱亚新老师"。

11月25日,外甥徐豹致信先生夫妇,告知其赴美见闻,并详叙与其兄徐龙见面情况。

12月7日,致函任慎之,具体内容,待考。

是月,完成《国外科技参考工具书简介》一文,该文未正式发表,后收入《钱亚新别集》之中。

---

① 张厚生.回忆吴观国先生[M]//张厚生.书苑文丛.南京:东南大学出版社,2008:438.
② 江苏省图书馆学会1980年第四季度大事记[J].江苏图书馆工作,1981(1):98.

1981 年　　七十九岁

1月12日，完成《怀念同学毛坤同志》一文，该文后改名《回忆老同学毛坤》。

1月13日，将所撰成的《怀念同学毛坤同志》寄送毛坤夫人任慎之女士审阅修改，并附函一封请任慎之邀请毛良佑、四川大学图书馆相关同志撰写毛坤回忆录，以更加全面地反映毛坤生平。

是日，致函陆秀并寄《怀念同学毛坤同志》一文请其修改，信中指出如陆秀觉得该文能起"抛砖引玉之用"，可以向《四川图书馆学报》投稿。

是日，江苏省人民政府正式批准南京师范学院夜大学增设三年制图书馆学专修科，该专修科由江苏省图书馆学会与南京师范大学、南京大学、南京工学院、南京医学院五家单位合办，该专修科的创办得益于汪长炳及先生的努力倡导①，专修科成立后先生受聘担任该专修科教师，该专修科1981、1982、1984年招收三届学员，共240人②。

是月，担任南京大学图书馆目录学方向研究生顾志华、卢贤中撰写硕士论文的指导教师，顾志华的题目为《试论祁承㸁的藏书成就及其对目录学的贡献》，卢贤中的题目为《姚名达与目录学》，卢贤中题目由先生帮助确定③。

6月底，先生所著《浙东三祁藏书和学术研究》作为《图书馆学小丛书》第一辑由江苏省图书馆学会正式出版④。

7月，参加顾志华、卢贤中硕士论文答辩会，出席答辩会的除先生外，还有彭斐章、谢灼华、陈光祚、潘天祯等人。

是月，完成《简介〈文史工具书的源流和使用〉》一文，该文未正式发表，

---

① 江苏省图书馆学会1981年第一季度大事记[J].江苏图书馆工作,1981(2): 94.
② 王学熙.汪长炳对我国图书馆学会建设的贡献[M]//南京图书馆.继承发展　开拓创新——纪念汪长炳、钱亚新先生诞辰100周年暨南京图书馆新世纪首届学术年会文集.铅印本,2003: 32.
③ 钱亚新.六十年来生活工作简表、论著编译年录[M]//吴志勤、钱亮、钱唐整理.创新、求新、育人——图书馆学家钱亚新的一生.自印本.1993: 54.
④ 江苏省图书馆学会1981年第二季度大事记[J].江苏图书馆工作,1981(3): 102.

后收入《钱亚新别集》之中。

9月,完成《读〈端溪名砚〉的书评有感》一文,该文是先生阅读到商承祚、王贵忱《评〈端溪名砚〉》一文后,联想到此前曾阅读到的陈汉才所撰的《端溪芬芳墨花开——〈端溪名砚〉简介》,两篇书评大相径庭,于是引发了先生对于书评写作的思考。该文未正式发表,后收入《钱亚新别集》之中。

是月,潘树广寄赠先生其所编著之《古典文学文献检索》一册,扉页题有"钱亚新先生教正",该书作为江苏师范学院中文系教材由该校内部铅印出版。

10月12日,先生在社教学院任教时期的学生谢华才由山西至上海,路过南京,特地登门拜访先生,师生三十余年未见,此次见面,都非常高兴①。

10月13日,出席并主持江苏图书馆学会编辑委员会会议,经过全体委员讨论,一致认为:"鉴于目前图书馆界的现状,刊物应以普及与提高相结合,以普及为主的方针,多刊登普及性、实践性、针对性、资料性强的文章,切忌脱离实际空谈理论。提倡小题大做、开门见山、写短文。3 000字以上的论文,要求作者写内容提要。图书馆学小丛书的选稿要注意现实性、资料性和针对性,决定1982年出小丛书5种左右,稿件按论著、资料、目录索引三种,以3、2、1的比例付酬,力争少赔些钱。"②为了更广泛听取读者意见,编辑委员会认为在适当的时间在南京及其他地区召开读者座谈会。

年底,白国应寄赠《图书分类学》一书③。

---

① 钱亚新.六十年来生活工作简表、论著编译年录[M]//吴志勤、钱亮、钱唐整理.创新、求新、育人——图书馆学家钱亚新的一生.自印本.1993:54.
② 江苏省图书馆学会1981年第3—4季度大事记[J].江苏图书馆工作,1982(1):112.
③ 白国应.钱老与我的学术通信[M]//钱亚新.钱亚新文集.南京:南京大学出版社,2007:611.

1982年　　八十岁

1月5日,致函张厚生,谈其工作事,请张厚生设法早日来宁报道。

是日,先生被安徽农学院聘为该院图书馆申请副研究馆员职称材料评审人①。

是月,朱天俊寄赠先生《文科工具书简介》一册(朱天俊、陈宏天编,吉林人民出版社1981年9月版),并题有"亚新老师 指正"。

2月,先生被《广东图书馆学刊》聘为顾问②。

4月6日,至南京工人医院体检,发现"腹中右部有瘤,经过超声波检查,方知这瘤是先天性的,减除了我的思想负担"③。

5月2日,上午携夫人、女儿钱康,孙钱乙东、钱进东至东郊游览,访廖仲恺、何香凝墓,经中山陵、灵谷寺至钱亮家午饭④。

5月13日,毛坤三子毛相鹏至南京学习,奉其母命登门拜望先生。

6月,完成《当前我国图书馆学文献简况浅谈》一文,该文未正式发表,现存稿本。

7月2日,完成《向〈扬州诗局杂考〉提供一些参考意见》一文。

是月,完成《治学经验谈》(引言和小结)一文,该文未正式发表,后收录《钱亚新别集》之中。

8月初,先生被江苏省图书馆学会常务理事会聘为"江苏省图书馆学会第三次科学讨论会"论文评审小组成员,评审小组除先生外,还包括邱克勤、贝芝泉、杨世明、汤美珍、丁宏宣、王学熙、顾克恭、卢子博、黄文虎、倪波、倪

---

① 钱亚新.六十年来生活工作简表、论著编译年录[M]//吴志勤、钱亮、钱唐整理.创新、求新、育人——图书馆学家钱亚新的一生.自印本.1993:55.
② 钱亚新.六十年来生活工作简表、论著编译年录[M]//吴志勤、钱亮、钱唐整理.创新、求新、育人——图书馆学家钱亚新的一生.自印本.1993:55.
③ 钱亚新.六十年来生活工作简表、论著编译年录[M]//吴志勤、钱亮、钱唐整理.创新、求新、育人——图书馆学家钱亚新的一生.自印本.1993:55.
④ 钱亚新.六十年来生活工作简表、论著编译年录[M]//吴志勤、钱亮、钱唐整理.创新、求新、育人——图书馆学家钱亚新的一生.自印本.1993:55.

友春、卢则文、梁美云、张厚生、吴观国、王可权、赵化成、周文逊、俞从周、龚忠武共计21人①。论文评审工作从8月初开始,采用先分散个别审阅,再集中讨论的方法,评审共进行了两个多月的时间。

8月19日,南京图书馆梅可华拜访先生,谈编写《南京图书馆馆史》事。

9月3日,致函黄景行,向其约稿②。

9月14日,完成徐召勋《学点目录学》(1985年该书修订时改名为《目录学》由安徽教育出版社出版)一书序文③。

是月,收到北京大学、武汉大学编写组寄赠的《目录学概论》一书,先生于1979年夏向该书编写小组所提意见也被吸收,并在书中有所反映④。

10月5日,收到黄景行来信及文稿,复函一封,提修改意见若干⑤。

10月15日,完成《〈汉语主题词表〉的学习、试用和体会》一文初稿,对于该文信息见本谱1982年12月月底内容。

10月19日,外甥徐豹由吉林来访,向先生汇报了其在美国访问时的见闻,特别谈及其与长兄徐龙在美会面情况⑥。

10月27日,周连宽携中山大学目录学研究生张郁芳来访,张郁芳带来硕士毕业论文《郑樵在中国目录学史上的地位》请先生审阅,关于会面情况,张郁芳后来有如下回忆:

> 我们沿着陈旧的木楼梯,来到二楼摆满杂物的走廊,再往前走,终于看到一个不大的房间,这就是钱老的家。既没有明亮的书房,也没有琳琅的书架,然而房里坐满了人。他们是某刊物的来访者,正在向钱老请教。钱老听说我们远道而来,连声说:"欢迎,欢迎!"但房间太小了,只有等前一批来访者离开,方能进去。房间里仅有一个窗户,临窗一张八仙桌和小床,这就是书房、卧室和客厅了。当他认出三十多年没见面的周老时,高兴得合不拢嘴,又是端椅,又是倒茶,简直使人难以置信,站在面前的是位高龄的胃溃疡患者。
>
> 我请求钱老审阅论文初稿,他一听说,就精神倍增,来不及与周老

---

① 王学熙.关于江苏省图书馆学会第三次科学讨论会组织工作情况的报告[M]//江苏省图书馆学会.江苏省图书馆学会第三次科学讨论会论文选集.1983:8-9.
② 黄景行.自传资料[M].铅印本,2008:272.
③ 钱亚新.《学点目录学》序[M]//徐召勋.学点目录学.合肥:安徽教育出版社,1983:1-7.
④ 钱亚新.《校雠学论文集》自序[J].稿本,1984.
⑤ 黄景行.自传资料[M].铅印本,2008:272.
⑥ 钱亚新.六十年来生活工作简表、论著编译年录[M]//吴志勤、钱亮、钱唐整理.创新、求新、育人——图书馆学家钱亚新的一生.自印本.1993:56.

叙叙阔别之情,就急于提枪跃马了①。

10月29日,南京师范学院《文教资料简报》主编俞润生及编辑洪桥拜访先生,并向先生组稿②。

10月30日,周连宽与张郁芳来访,商谈张郁芳毕业论文。关于会面情况,张郁芳后来有如下回忆:

> 我们按约重访钱老,仅寒暄几句,马上进入正题。他拿出长长的审阅意见和一张张卡片,以他的博学多识,对我的论文,进行严格的审阅和细心的推敲,不容许有半点粗心,哪怕是一个标点或注释。他对史料非常熟悉。对中国目录学史了如指掌。需要引经据典的材料,似乎信手拈来,脱口而出。我深深感到,钱老虽没有一般学者应具有的书房,但他脑海里,却蕴藏着丰富的知识,他宽广的胸怀,陈列着古今中外的千章万卷。
>
> 我聆听着,记录着,他学识那么丰富,精力那么充沛,思维那么敏捷,但我怎么会想到,他正以极大的毅力,忍受着疾病的折磨。钱老突然轻轻地说:"休息一下!"我以为他讲得多了,嘴干要喝水,谁知他一下子躺到竹椅上,用右手按着下腹部……后来听钱夫人说,钱老有疝气,年高又不便动手术,话讲多了,毛病就要犯,他强忍着疼痛,用皮带一勒,又像没事一样,继续讲解。这动人的情景,使我热泪盈眶,我顿时明白了,为了祖国图书馆事业的发展,钱老以顽强的意志,乐观的态度,战胜疾病,赢得时间,赢得生命!他置重病于不顾,耐心地指导我,这种忘我精神,永远鼓舞着我们。
>
> 老人一句话,胜读十年书。钱老诲人不倦,对我提出的每个问题,都给予完满的回答。……问着,请教着,不觉时至中午,周老提醒我该告辞了,钱老热情地说:"不要走,吃顿便饭,不炒菜,可以多点时间谈……"钱老又与周老进行学术讨论,探讨着深奥的学术问题,这使我看到目录学的深度与广度。
>
> 谈着谈着,堆满书籍的桌子,换上了丰盛的饭菜。美味的菜肴,却与钱老无缘,严重的胃溃疡,迫使钱老天天吃流质,他面前只有一碗稀

---

① 张郁芳.深刻的教诲——记诲人不倦的钱亚新老师[J].江苏图书馆学报,1984(1):60.
② 钱亚新.六十年来生活工作简表、论著编译年录[M]//吴志勤,钱亮,钱唐整理.创新、求新、育人——图书馆学家钱亚新的一生.自印本.1993:56.

饭！钱老竟靠流质维持着旺盛的精力,创造着常人无法创造的奇迹①。

  午饭以后,俩老又针对我的论文进行讨论。钱老答应当我的答辩委员会委员,并提议我们到武汉大学申请学位(当时国家有规定一个系有三个教授以上方可授学位,中山大学图书馆只有周连宽一个教授,故无法授予学位——笔者注)。谈得很多很多。天快黑了,我们只好依依告辞。钱老不但送我们出门,还踏着破旧的木楼梯,送我们到楼下。听钱老夫人说:"钱老身体不好,已有好几年没有下楼了。"面对这种深情厚谊,我热泪满眶。

  南京的旅馆,显得很破旧,床也很老气,故翻来覆去睡不着,想到钱老慢慢地送我们下楼,一边踏着咿咿作响的木楼梯,一边轻轻说:"1. 我一定当张郁芳论文的导师;2. 周老如上课时站立有困难,可像我一样用录音机教学,事先灌好录音,效果不错。3. 可到武汉大学申请学位,我的研究生都去那里申请的。"这时我才知道钱老的研究生也有学位的困扰②。

  是月,完成《回顾与展望——〈图书分类学〉读后感》一文,该文未正式发表,后收入《钱亚新别集》之中。

  11月7日,先生好友陆秀逝世,先生赠挽联:"创办婴儿院,培育幼苗,万众赞赏;喜看学语人,尽成栋梁,为国争光。"③

  12月15日,读到黄景行《中国文学参考工具书辑略》一文,致信黄景行,表示该文"实是一篇佳作",但也提出一些修改意见,同时请黄景行对先生发表于《图书馆杂志》上《略论缪荃孙在目录学上的贡献》一文提意见④。

  12月20日,先生家庭被评为南京市玄武区"五好家庭"⑤。

  12月21日,潘树广接到先生信函,函中先生建议潘树广结合索引发展的最新情况,撰写一部《新索引学》⑥。

---

① 张郁芳.深刻的教诲——记诲人不倦的钱亚新老师[J].江苏图书馆学报,1984(1):60-61.
② 张郁芳.淡泊以明志　宁静以致远——忆恩师周连宽教授[J].图书馆研究与工作,2004(2):77.
③ 钱亚新.六十年来生活工作简表、论著编译年录[M]//吴志勤、钱亮、钱唐整理.创新、求新、育人——图书馆学家钱亚新的一生.自印本.1993:56.
④ 黄景行.自传资料[M].铅印本,2008:272-273.
⑤ 钱亚新.六十年来生活工作简表、论著编译年录[M]//吴志勤、钱亮、钱唐整理.创新、求新、育人——图书馆学家钱亚新的一生.自印本.1993:56.
⑥ 潘树广.潘树广自订年谱[M]//潘树广著.潘树广自选集.镇江:江苏大学出版社,2012:446.

12月26日，白国应就撰写《中国图书分类学史》事致函向先生请教，谓："《中国图书分类学史》主要是以各代分类家为中心来写，不仅读他们在图书分类法上的成就，而且着重探讨他们的图书分类思想以及对后人的影响，因此任务非常艰巨。关于当代的图书分类学家，我拟专节介绍的有沈祖荣、杜定友、刘国钧、皮高品、蒋元卿和您，其他如桂质柏、袁涌进、金天游、洪有丰、顾家杰等也要提及。不知这样做妥当否？请指示。"又说："关于您的著作简历、思想和成就，很希望得到您的指导。如果能赐以文字，则更为感激！另外，关于中国图书分类学史方面的资料，不知您是否收集过，如果有，能借我一用更好。"①

12月31日，潘树广复先生函，除向先生贺年之外，附上其草拟之《古籍索引概论》目录，征求先生意见②。

12月底，完成《〈汉语主题词表〉的学习、试用和体会》一文修改。

  按：由于先生文稿多次易主，该篇文章已有残缺，从现存内容可知，先生学习《汉语主题词表》的动因是：（一）这是新中国成立后第一部综合性的《汉语主题词表》，是在敬爱的周总理在四届人大提出在本世纪内把我国建设成为社会主义现代化强国号召的鼓舞下，作为汉字信息处理系统工程的配套项目着手编制的；（二）这部词表耗费了众多单位（人员）的众多辛勤劳动成果；（三）这部词表的出版对于实现情报图书资料自动化检索，建立全国统一的联机情报检索网络创造了条件。先生通过一个月的学习，对该词表有了一个初步印象，即收词范围大，编辑体例新，辅助索引全，篇幅卷册多。至于对这些印象的具体阐释，及其他的一些想法或建议，有待查考。

  至于本文完成日期，尚有疑窦，据钱唐整理之《钱亚新未发表的著述目录》记载是1982年1月完成的③，但笔者手中残存的文稿上钱亚新先生自己标注的日期是1982年10月15日，且文稿中有"1982年12月24日《南京日报》报道《微型汉字电脑在宁研制成功》"的内容。笔者查阅了该篇报道的日期，确为1982年12月24日无误，根据钱亚新先生作文习惯，笔者推断10月15日为先生初稿完成日期，12月底又进行了修改。

---

① 白国应.钱老与我的学术通信[M]//钱亚新.钱亚新文集.南京：南京大学出版社,2007：608.
② 潘树广.潘树广自订年谱[M]//潘树广著.潘树广自选集.镇江：江苏大学出版社,2012：446.
③ 钱唐.钱亚新未发表的著述目录[M]//《钱亚新集》编辑组.钱亚新集[M].南京：江苏教育出版社,1991：382.

1983年　　八十一岁

1月1日，复白国应1982年12月26日来函："我们虽未见过面,但早已神交。前些年您的大作,经常引起我的注意,每次阅毕,颇有启发。去年又读了您的巨著《图书分类学》,不仅获益良多,而且引起了一番感想。于是写了一篇《回顾与展望》,投到《图书情报工作》。文中有两点'感',一点'想'。如果我们图书馆界同志,个个都能像您这样刻苦勤学、奋笔著述,那么我国图书馆学的发展,早已达到佳美的境界了。现在您准备撰写《中国图书分类学史》一书,这是《中国分类学》的分支学科,我非常同意,而且祝您早日成功问世,这就更使我国图书馆学的发展,在图书分类学方面,又更上一层楼。这将对我国图书馆学各分支科学定能起到促进作用。这一任务,正如您说是非常艰巨的,但照您的识、学、才三方面的修养和经验,完全能胜任愉快的。而且设想的计划,'以各代分类学家为中心来写,不仅谈他在图书分类法上的成就,而且着重探讨他的图书分类思想以及对后人的影响',也是完全对头的。我对于图书分类学方面,除掉您在巨著中所提及的《拼音著者号码编制法》外,并无多少论文发表。在社教学院讲授《图书分类法》一课时,仅仅写些提纲,并未编撰讲义。因此,在这点上愧感奚似,实在没有什么成就可言。至于其他方面,张厚生同志曾辑录拙著编译简目,见载于《图书馆学研究》1982年1期,可供参考。至于简历、思想,请恕我稍延时日,以便奉告。关于图书分类学史方面的资料,在解放前确曾收集一些,但在新中国成立后却未继续进行。而且所在资料在十年浩劫中都失散无存了。无可奉借,不胜遗憾！南下时,欢迎面晤！"[①]

按：白国应收到先生信后立即复信一封,谓："从信中,得到您的谆谆教诲,实在感激,特此致谢。关于《中国图书分类学史》一书的指导思

[①] 白国应.钱老与我的学术通信[M]//钱亚新.钱亚新文集.南京：南京大学出版社,2007：592-593.

想,我想遵循三个原则:1. 以历史唯物主义为指导;2. 以事实为根据,实事求是,有多写多,有少写少;3. 把图书分类学与整个经济政治、文化、教育、科学的发展联系起来。关于《中国图书分类学史》我拟分古代、近代和现代三篇。也即是说图书分类学从孕育、萌芽到发展。在古代,我拟重点写刘向、刘歆、王俭、阮孝绪、许善心、荀勖、郑默、郑樵、祁承㸁;在近代,我重点写康有为、梁启超、陈乃乾、章学诚、孙毓修;在现代我重点写沈祖荣、杜定友、刘国钧、皮高品、王云五、蒋元卿和您。这些想法不知妥当否,请指示。"①但该信具体回复日期,待进一步查考。

1月3日,潘树广接到先生复函,函中谓"大札是我生平收到最有意义的贺年信",并对《古籍索引概论》目录提出修改意见②。

1月7日,参加《江苏图书馆工作》编委会,商讨《江苏图书馆工作》1983年第1期用稿情况。

2月1日,将简历寄给白国应,并附函一封对简历进行了说明,谓:"我是受了杜定友先生的启发和影响而学习图书馆学的,这在拙作《忆杜师》一文中,说得比较明白。五十多年来,以图书馆事业为我终生的事业这一思想,是坚定不移的。这是因为我从事图书馆工作是百年树人的工作,虽然艰苦不易,但是乐趣无穷。从这份简历中,可以看出我做过哪些工作,写过哪些论著。至于思想情况,在这长年累月之中,也曾有些变化。1928—1941年间,重点放在搞图书馆工作,要求做到能满足师生的需要,把主持的图书馆办得像样,即使遇到困难,必须想法克服。1942—1949年间,重点放在图书馆教学工作,要求做到能把自己有益的工作经验和学习到的理论学说,尽量传授给学生,共同来担负发展我国图书馆的事业。其中前五年,由于时局紧张,也未能集中精力,从事教学工作。新中国成立后,我调到南京图书馆,当时我馆结合着各种政治运动展开图书馆工作,搞得轰轰烈烈,备受广大群众欢迎。后又展开省馆的辅导工作、南京地区的馆际协调工作、开办业余大学的图书馆教育工作,发挥了省级公共图书馆应有的作用。因此,在解放后的十七年间,我思想上更明确和坚信图书馆工作和图书馆事业,在社会主义社会中是文化教育事业的组成部分,其重要性和必要性比之学校教育是有过之无不及的。十年动乱时期,不必再谈了,最近几年来我阅读了大批的论

---

① 白国应.钱老与我的学术通信[M]//钱亚新.钱亚新文集.南京:南京大学出版社,2007:608-609.
② 潘树广.潘树广自订年谱[M]//潘树广著.潘树广自选集.镇江:江苏大学出版社,2012:447.

文,过目了几十种专书,深感图书馆学的研究,正蓬勃发展、令人欣慰。但从整个图书馆学来说,似乎范围偏狭,未成体系。去年读了您的大作《图书分类学》一书,实为开辟研究图书馆学分支科学的新途径,而且理论联系实践,摆脱苏美的影响,走着自己的道路。如果其他分支科学如藏书建设、图书编目、读者工作等等,也能如此,建立成为一门独立的学科,如《图书分类学》一样,那么我国图书馆学的内容,将大大地充实了。因此,我目前的思想,认为必须加强图书馆学的科研工作,才能更好地发展图书馆事业,为建设两个文明、早日实现四化而服务。另外有一件事,可以提一下。在1942年,贵阳文通书局出版了《图书分类法》的译本,此书流传甚少,1958年《图书馆学书籍联合目录》中,全国各大图书馆竟没有一所收藏,不知您看到过否?在近年来图书馆学文献中,曾提到过两次,据说这书在外国颇负盛名(见辜学武编译《外国图书分编史上的六位杰出人物》刊于《广东图书馆学刊》1982年3期54—55页),不知对您撰《中国图书分类学史》有些帮助否?以后您如果有什么问题,或需要什么有关书籍,请即告知,我当尽力协助进行,以便早日完成。"①

  按:白国应2月4日收到该信,读后深感"钱老是个热心指导和无私帮助的老师",在先生的指导下先后完成了《刘向、刘歆与我国第一部图书分类法》《郑樵对图书分类学的贡献》《梁启超是我国近代图书分类学的启蒙者》等文②。

2月15日,收到白国应寄赠的《图书分类学》一书,复谢函一封并谈分类问题,谓:"《隋书·经籍志》与《四库全书》二者的分类法,对其后的影响很大,似乎应考虑给予适当的地位。章学诚不应放入近代,宜放在祁承㸁之后。佛藏道藏的分类法给予儒藏的影响较少,而受儒藏分类法的影响较大。为了全面照顾中国图书分类学史的发展,可以选择若干典型的简介一下。在您收集材料和进行写作期间,可能还会发现人物,目前暂定下这些重点也好。不过应修人主编的《S.T.T》分类法,是我国最早以马列主义观点编制的分类法,应该要收入的,不知以为然否?"③

---

  ① 白国应.钱老与我的学术通信[M]//钱亚新.钱亚新文集.南京:南京大学出版社,2007:593-594.
  ② 白国应.钱老与我的学术通信[M]//钱亚新.钱亚新文集.南京:南京大学出版社,2007:610.
  ③ 白国应.钱老与我的学术通信[M]//钱亚新.钱亚新文集.南京:南京大学出版社,2007:595.

是月，与张厚生合作完成《对图书馆学体系的初步研究》一文初稿，并投《图书情报工作》。

3月19日，致函白国应，告知《昭明文选》中有关王俭信息，并询问《回顾与展望——〈图书分类学〉读后感》一文《图书情报工作》审稿情况，同时谈图书馆学体系问题，谓："图书馆学既然是一门科学，应该有它自己的体系，如数学、天文学、地理学、医学、农学一样。但是至今好像没有建立起来，打开图书馆学的类表，只看到'图书馆学'，在它的下级类中没有一门作为'学'的，都是由各种工作方法、各种出版书型、各类型图书馆的类目组成，毫无'学'的气氛，无怪乎目前提到图书馆学，还有不少人认为这不是一门学问，仅仅是一种技术而已。甚至学过图书馆学专业的，或者在图书馆工作的，也妄自菲薄。因此，我们作了一次尝试，恳请您多提意见指正，使这门学科能与其他学科站在一起，毫无愧色！"①

3月24日，收到施廷镛先生治丧委员会发来的讣告，得知施廷镛先生于3月23日晚八时四十一分逝世，终年九十岁。

是年春，浙江图书馆为纪念该馆成立80周年，向先生征文，先生撰成《浙江图书馆的"三最"》以应征②。

5月24日，书目文献出版社寄出《怎样利用图书馆》（刘久昌，宁国誉著，书目文献出版社，1982年2月版）一书，该书系先生委托南京图书馆采编部门代为购买。

6月10日，被中山大学聘为张郁芳硕士论文《郑樵在中国目录学史上的地位》评阅人。关于先生评阅论文情况，张郁芳后来有如下回忆：

> 在我毕业答辩前夕，学校聘请钱老为论文评阅人，其时正值盛夏，南京又是有名的"大火炉"，要钱老伏案审阅，确实不安。但没想到，论文寄出才几天，就收到钱老的回信，他表示"乐意为之"，"已安排时间评阅"，"特此先复，以免悬望"。钱老把培养后学，当作自己的责任，而且急人所急，想人所想，为了免于悬望，在百忙中先复一信，这种做法，对于一般人都属难能可贵，何况是一位高龄的名学者呢？
>
> 六天后，收到钱老的关于我的论文的学术评语；七天后，又收到钱老第三封信，要求更正评语中的一个字。在短短一周内，先后三封信，

---

① 白国应.钱老与我的学术通信[M]//钱亚新.钱亚新文集.南京：南京大学出版社，2007：595-597.
② 钱亚新.六十年来生活工作简表、论著编译年录[M]//吴志勤、钱亮、钱唐整理.创新、求新、育人——图书馆学家钱亚新的一生.自印本.1993：57.

说明了钱老培养后学的巨大热情①。

6月29日,致函李天赐请其帮助购买《图书馆学基础》一书,并询问"页标检索法"进展情况。该函具体内容待考。

7月5日,李天赐将先生委托其购买的《图书馆学基础》一书寄送先生,并附函答先生关于"页标检索法"进展,表示"页标检索法"已通过鉴定,但大范围推广还比较困难。

7月15日,参加在南京图书馆召开的《江苏图书馆工作》编辑会议,研究1983年第3期《江苏图书馆工作》用稿及如何提高期刊质量等问题。

8月18日,日本国会图书馆参考书志部代表团在中华书局副总编李侃陪同下访问南京图书馆,南京图书馆副馆长孟君孝接待了代表团,会谈期间日本代表团中中田吉信、中原益卫、土尾纪义等人询问先生有关情况,此事据时任南京图书馆副馆长孟君孝回忆:

今年八月间,我接待日本朋友,他们是日本国立国会图书馆的,一位是中田吉信,一位是中原益卫,还有一位是土尾纪义。在接触中,他们向我打听钱亚新先生。我告诉他们:"钱先生尚健在,现任我们《江苏图书馆工作》的主编……""哦!……"我话还没有说完,他们就立即惊喜起来,象[像]在荒漠里发现清泉、旧货堆里发现珍宝似的激动不已。我原以为他们和钱先生见过面,甚至是老朋,可是他们并不相识。是什么将他们联系在一起的呢?是钱先生的著作、文章。我告诉他们,今天我将以钱先生的著作当作礼物赠送他们。他们听了,喜形于色,异常兴奋。我捧出钱先生的近著《浙东三祁藏书和学术研究》,客人马上举起照相机,退到墙角,咔嚓!拍了照。一位客人接过书,满脸堆笑地端详着封面,感佩地连呼三声"钱亚新!"并连连点头鞠躬。

当时我感触颇深。我想钱先生一贯治学严谨,勤于著作。他长年的辛勤劳动,获得了丰硕的成果,这些丰硕的成果,联系了国内外图书馆界的许多新朋旧友,加深了人民之间的友谊。要不然,哪会有那么多国际友人知道钱亚新!这是钱先生的荣耀,这是我国图书馆界的骄傲。我想,这应该算得上文章传全球了②。

---

① 张郁芳.深刻的教诲——记诲人不倦的钱亚新老师[J].江苏图书馆学报,1984(1):61.
② 南京图书馆副馆长孟君孝讲话[J].江苏图书馆工作,1983(4):59-60.

8月23日,参加江苏省图书馆学会各正副秘书长召开的碰头会,讨论《江苏图书馆工作》1984年改名《江苏图书馆学报》等事宜。

是月,完成《江苏省图书馆学研究成果书目提要》初稿的编纂,该稿现存稿本,先生后对该稿进行了增补,内容可参见本谱1984年9月中内容。

9月25日,潘树广将完成的《古籍索引概论》初稿寄送先生审阅并请先生作序①。

是月,南京工学院图书馆学情报学系创办,先生及卢子博、倪波、吴观国、千金湖、倪延年等应聘到东大授课,先生主讲目录学、期刊管理(与倪延年合上)②。

10月14日,收到黄景行来信,得知黄景行将代表浙江图书馆来宁参加"庆祝汪长炳、钱亚新先生从事图书馆工作六十年茶话会",复函一封,以示欢迎及谢意③。

10月18日,上午参加江苏省图书馆学会和南京图书馆联合举办的"祝贺汪长炳、钱亚新两同志从事图书馆工作六十年"茶话会,参加茶话会的有江苏省宣传文化部门和科研单位、高等院校、文博部门以及省内外来宾共计48个单位94人,茶话会由南京图书馆党支部书记、副馆长、江苏省图书馆学会副理事长孟君孝主持。江苏省文化厅副厅长顾明道,江苏省社联副主席王淮冰,江苏省政协副主席、江苏省民主同盟主任委员陈敏之,北京图书馆副馆长丁志刚,书目文献出版社副总编韩承铎,安徽省图书馆副馆长胡家柱,南京医学院图书馆馆长吴观国等先后发表讲话。先生最后也发表讲话,对与会人员表示感谢,并表示继续为发展图书馆事业,发挥光和热④。

10月26日,完成为潘树广《古籍索引概论》一书所作序文⑤。

是月,完成《对〈中图法〉图书馆学分类的商榷》一文,该文未正式发表,现存稿本。

10月31日—11月6日,中国图书馆学会第二次会员代表大会在福建厦门召开,先生向大会投交了其与张厚生合作的《论图书馆学研究的现状》及《论图书馆学研究的体系》两文。此次会议上先生被选为名誉理事。

11月17日,阅读完邵森万、谭维治、黄国玺、陈富安四人合作撰写的《高等学校图书馆工作概论》(第二章)一文,感到"启发很大,得益很多",故

---

① 潘树广.潘树广自订年谱[M]//潘树广著.潘树广自选集.镇江:江苏大学出版社,2012:448.
② 杨海平,张厚生.钱亚新先生与我国图书馆学教育[J].新世纪图书馆,2004(3):18.
③ 黄景行.自传资料[M].铅印本,2008:274.
④ 祝贺汪长炳钱亚新两同志从事图书馆工作六十年[J].江苏图书馆工作,1983(4):53.
⑤ 钱亚新.《古籍索引概论》序[M]//潘树广.古籍索引概论.北京:书目文献出版社,1984:1-7.

致函邵森万等人,表达了希望该书早日出版的想法,同时先生也提出了希望将该书书名由《高等学校图书馆工作概论》改为《高等学校图书馆学概论》或《高等学校图书馆学》的建议,因为:"第一,'工作'和'学'是有分别的。'工作'只以实践为范围,而'学'不仅包括实践方面的,更重要的还包括指导实践的理论。显然,这本书的内容,既有理论,又有实践,以'学'来命名,毫无愧色,以'工作'来命名,反而犯了'以偏概全'的毛病了。第二,在解放前出版过《学校图书馆学》(杜定友著),解放后出版过《人民公社图书馆学》(北大图书馆学系56级昌黎实习小队编)。这两本都是类型图书馆学,与您们所写的这本书是同一个类型,当然也可以'学'来命名的。第三,翻开《中图法》《科图法》《人大法》等分类表,'图书馆学'的下位类没有一种题名为'学'的,都是以'工作'来列类的。因此,一般人都看不起图书馆学,甚至图书馆界也妄自菲薄,不承认图书馆学是一门科学。我认为要使图书馆学在整体的科学体系中有相当的地位,必须对图书馆学的分支科学、边缘科学、类型科学、比较科学等大大地发展才好。您们的大作,正负有这种使命,为什么还谦虚地以'工作'来命名,而不采取当仁不让的态度,以'学'来命名呢?第四,最近几年来,我国图书馆学的专著中,题名为'学'的,不一而足,如《图书分类学》(白国应编著)、《图书馆统计学的理论与实践》(丁道谦著)、《图书馆管理学纲要》(于鸣镝编著)即是。这些书的出版后,并没有提出什么异议,大家一直承认的。事实上也值得题名为'学'。现在您们的大作,可以这些专著为例,不是言正名顺吗?把理论与实践相结合写进一部书里这种著述方式,都加提倡,不是更能使图书馆学向广度和深度发展吗?因此,这本大作应该以'学'来命名,而不宜以'工作'来题名。"①

12月10日,致函江苏教育学院学报编辑张熙瑾,告知已为其借到《瀛奎律髓刊误》,请其收信后来家取阅,而其要求的《删正瀛奎律髓》,因南京图书馆没有复本,原本不便借出。同时感谢其惠赠《中学生学习方法讲座》,告知已将赠书分送孙辈,并嘱儿女们先行学习以便指导。

12月20日,为《世界图书分类学大事记》编写事致函白国应,并为其增补11条内容②。

12月23日,作《八十书怀》七绝四首,夫人吴志勤女士为其作注,详细内容参见《钱亚新别集》。

---

① 钱亚新.致邵森万等的信[J].四川图书馆学报,1983(4):95.
② 白国应.钱老与我的学术通信[M]//钱亚新.钱亚新文集.南京:南京大学出版社,2007:617.

12月29日，完成《感想和期望——谈谈探索〈百川书志〉流传版本所得的启迪》一文初稿，该文后经压缩，以《〈百川书志〉版本流传浅谈》为题刊发于《图书馆研究与工作》1985年第4期。

12月30日，阅读骆兆平《天一阁藏明代方志罕见目录》中有关《涿州志》著录内容后，致函骆兆平，请其代查高儒父子史料①。

12月31日，与张厚生合编的《〈中图法〉图书馆学、图书馆事业（修订表）》由南京工学院图书馆出版②。

是年，先生曾计划与桑良知合作撰写《利用图书馆的故事》一书，据桑良知回忆："1983年，钱亚新教授打算和我一起写一本书，名叫《利用图书馆的故事》。这本书由若干小故事组成，每个小故事都通过信件交换意见。这样，几乎每3天就要有一封信往来……他80岁了，身体很差，但工作一丝不苟，每次来信都一笔一画、恭恭整整。对我寄去的稿件，他一字一句认真批改，凡有不同意见都用笔写在稿纸上。他很想编写一本书来作为全国青少年了解图书馆的启蒙书。让图书馆在我国读者最多的年龄段产生影响，让图书馆的利用普及开来，并促进图书馆的发展。"③

  按：《利用图书馆的故事》完成后并未出版，直至2007年9月，该书以《愿光芒永放——名家书趣》为题由安徽大学出版社出版，桑良知在后记中曾有如下记述："《愿光芒永放——名家书趣》出版了，这本书有20多年的写作历程。开始写这本书，是南京图书馆研究馆员钱亚新先生提议的。那是1983年，我刚刚涉足图书馆学界，发表了一些文章。钱老那时是《江苏图书馆学报》的主编。我在《江苏图书馆学报》上发表了几篇关于传记类的论文，钱老说我可以写一本书。在他的提议下，我决定写中外名人利用图书馆的故事。当时的图书馆刊物上有一些关于名人读书的文章。这本书怎么写，得请教钱老。钱老说'不走别人的老路，自主创新'是原则。于是拟定大纲，撰写文章。每写一篇，寄给钱老批阅。那时，钱老的居住条件不好，年岁已高，他不辞劳苦，把稿子一一批阅修改，寄还给我。一篇稿子要反复多次，才能定稿。钱老担任学报主编，工作量很重，而且他还有骨质增生病，走路时腰伸不直，弯成九十度，在这种情况下，他仍认真细心地辅导我著文，非常令我感动。……时

---

① 钱亚新.略论《百川书志》编辑工作中的得失[M]//钱亚新.钱亚新别集.谢欢整理.南京：南京大学出版社，2013：158.
② 钱亚新.江苏省图书馆学研究成果书目提要（1949—1984）[M].稿本，1984年.
③ 桑良至.我们怀念钱教授[J].河南图书馆学刊，1991（1）：56.

过境迁,20多年过去了。回想当年写此书的辛苦,我不忍心如扔敝屣一般将其抛弃。2003年12月,南京图书馆举办钱亚新诞辰100周年的纪念活动,顿时勾起了我对钱老的回忆。我决心出版此书,以告慰钱老。"[1]

---

[1] 桑良至.愿光芒永放——名家书趣[M].合肥:安徽大学出版社,2007:215-216.

1984 年　　八十二岁

1月3日,骆兆平复先生1983年12月30日去信,告知已遍查天一阁藏《涿州志》,但并未发现先生想要的高儒父子资料。先生收到来信,颇感失望,但对于骆兆平乐于助人的精神却颇为感动①。

是月,《江苏图书馆工作》改名为《江苏图书馆学报》,先生仍担任主编。

2月,为避寒搬至女儿钱康家居住②。

4月9日,抄论文索引卡片37张,该卡片是先生为编《中国索引和索引法著编年表(1575—1949)》做准备。

按:笔者在先生的一本笔记本上发现了先生所拟的编撰《中国索引和索引法著编年表(1575—1949)》一书有关内容:

《中国索引和索引法著编年表(1575—1949)》辑例

一　目的

二　范围　单行为主

三　时限　自1575年到1949年新中国成立以前,但有几种成套的索引丛书(存几种子目)出于1950年后,为了配套成龙,因此也收入了。

四　著录　(一)图书,包括① 篇名项及卷数　② 著者项　③ 出版项(刊地、刊者、刊时、刊本)　④ 稽核项(册、页数)　⑤ 增订、重印、影印　⑥ 提要项

(二)论文,包括① 篇名　② 著者　③ 出处(刊名、卷期、时期)　④ 提要

---

① 钱亚新.略论《百川书志》编辑工作中的得失[M]//钱亚新.钱亚新别集.谢欢整理.南京:南京大学出版社,2013:158-161.

② 钱亚新.六十年来生活工作简表、论著编译年录[M]//吴志勤、钱亮、钱唐整理.创新、求新、育人——图书馆学家钱亚新的一生.自印本.1993:58.

五 排检 年表以时期(年月日)顺序排列

六 索引 为了方便检索,特编制主题索引、著者索引和书名索引

《中国索引和索引法著编年表(1575—1949)》工作程序

一 补足著录(现有的为主)

二 补充著录(发现者为主)

三 排成年表 ① 编号 ② 排列

四 撰写提要,采用辑录式。① 以原有者为之 ② 以新发现者为之 ③ 以亲自见知者为之 ④ 以删改原有者为之 ⑤ 以节录原有者为之

五 抄成样本(复份)

六 编制索引并抄成书样本(复份)

七 每日记录工作状况

《中国索引和索引法著编年表(1575—1949)》目录

一 钱序

二 辑例 单行本、期刊本、附录本、检字本

三 简表 序号、书名、著者、刊时

四 正表 序号、书名、著者、出版项、提要项(辑录式)

五 索引 主题:类目(新、旧)、版刻、标目、排检

　　　　 书名:正书名、副书名、又书名

　　　　 著者:正著者、副著者

　　　　 刊者:出版社、单位、私人

　　　　 刊地:北平、上海、北京……

　　　　 刊时:×年×月×日

　　　　 刊物:期刊、日报

六 后记

4月10日,为《中国索引和索引法著编年表(1575—1949)》一书补充经部论著卡片20张。

4月11日,为《中国索引和索引法著编年表(1575—1949)》一书补充史部论著卡片22张。

4月12日,为《中国索引和索引法著编年表(1575—1949)》一书补充子部、集部论著卡片30张。

4月16日,为《中国索引和索引法著编年表(1575—1949)》一书抄简表3张。

4月18日,为《中国索引和索引法著编年表(1575—1949)》一书抄简表3张。

4月19日,为《中国索引和索引法著编年表(1575—1949)》一书抄简表1张。

4月25日,为《中国索引和索引法著编年表(1575—1949)》一书抄简表5张。

4月26日,为《中国索引和索引法著编年表(1575—1949)》一书抄简表3张。

4月29日,为《中国索引和索引法著编年表(1575—1949)》一书抄简表3张。

4月30日,整理《中国索引和索引法著编年表(1575—1949)》一书简表、登号卡片共322张。

5月1日,致函黄景行,告知黄景行所著《论专科目录学的研究对象与内容》一文已审阅完毕,拟于《江苏图书馆学报》1984年第二期刊出。先生认为该文写得很好,有评有论,先生也希望借刊登此文为契机,引起学界争鸣,推动我国专科目录学的研究①。

是日,为《中国索引和索引法著编年表(1575—1949)》一书补充卡片若干,并抄写提要。

5月2日,为《中国索引和索引法著编年表(1575—1949)》一书补抄卡片30张,并抄写提要若干。

5月3日,将与张厚生合作修订的《中图法》"图书馆学、图书馆事业类表"寄请白国应提意见②。

5月5日,为《中国索引和索引法著编年表(1575—1949)》一书补抄卡片30张,并抄写提要若干。

5月6日,为《中国索引和索引法著编年表(1575—1949)》一书补抄卡片30张,并抄写提要若干。

5月7日,为《中国索引和索引法著编年表(1575—1949)》一书补抄卡片20张,并抄写提要若干。

---

① 黄景行.自传资料[M].铅印本,2008:274.
② 白国应.钱老与我的学术通信[M]//钱亚新.钱亚新文集.南京:南京大学出版社,2007:616.

5月8日，为《中国索引和索引法著编年表(1575—1949)》一书补抄卡片若干，并抄写提要。

5月14日，为《中国索引和索引法著编年表(1575—1949)》一书抄简表若干。

5月15日，完成《辛勤二十年　树立里程碑——略论〈明代版刻综录〉的价值和意义》一文，全文分为"1. 锲而不舍　自学成才；2. 著录明确　组织严密；3. 参考咨询　左右逢源；4. 美中不足　急需改进；5. 价值无比　意义重大"五个部分。先生后选择其中第1、3、4、5部分，并对内容进行压缩，以《杜信孚与〈明代版刻综录〉》为题发表于《山东图书馆学季刊》1985年第2期。

是日，为《中国索引和索引法著编年表(1575—1949)》一书抄简表若干。

5月16日，为《中国索引和索引法著编年表(1575—1949)》一书抄简表若干。

5月19日，为《中国索引和索引法著编年表(1575—1949)》一书抄简表若干。

5月20日，为《中国索引和索引法著编年表(1575—1949)》一书抄简表若干。

5月22日，白国应收到先生寄去的图书馆学类目修订表，复函一封，对先生《修订〈中图法〉图书馆学类表结构初探》文中指出的中图法的问题及先生与张厚生改编的《中图法》图书馆学、图书馆事业(修订表)表示赞同，但是白国应还是建议能不改动分类号就尽量不改动①。

是月，南京师范学院中文系编辑之《文教资料简报》第五期出版，该期特辑"钱亚新著作选刊"专栏，收录先生《投身图书馆界的第一步——回忆我的老师杜定友先生》《〈江浙藏书家史略〉读后》《章学诚对郑樵批判精神的发扬》《〈增订四库简明目录标注〉简介及检索方法》《李慈铭与越缦堂》《〈学点目录学〉序》《为〈高等学校图书馆学〉正名》《浙江图书馆的"三最"》8篇文章。在这8篇文章之前，还收有先生所作诗词《八十书怀》，包中协所撰之《钱亚新从事图书馆事业五十五年纪略》以及《钱亚新著述系年题录》《钱亚新字号和笔名》四文，另附有先生题词"为图书馆事业奋斗终生"。

　　按：特辑所收8篇文章之中，《章学诚对郑樵批判精神的发扬》一文转载《图书馆研究与工作》1982年第1期同名之文；《〈增订四库简明

---

① 白国应.钱老与我的学术通信[M]//钱亚新.钱亚新文集.南京：南京大学出版社，2007：616.

目录标注〉简介及检索方法》节录《广东图书馆学刊》1983 年第 1 期上所载《百年勤奋，四代心血——谈谈〈增订四库简明目录标注〉》一文（原文共分四部分：一、撰编经过；二、内容简介；三、检索方法；四、不足之处。此处节录第二、三两部分）；《浙江图书馆的"三最"》一文转载《图书馆研究与工作》1983 年第 4 期同名之文；《〈江浙藏书家史略〉读后》一文转载《江苏图书馆工作》1983 年第 3 期同名之文；《〈学点目录学〉序》写于 1982 年，该书于 1983 年 5 月出版。其余诸文为首次刊发。

7 月 3—6 日，参加江苏省图书馆学会第二次会员代表大会，江苏省图书馆学会第一届理事会理事、江苏各市学会及南京地区各馆会员代表 121 人出席了会议。江苏省委宣传部副部长陈超、江苏省文化厅副厅长顾明道、江苏省社科联秘书长范恭俭、江苏省科协党组副书记唐梦熊到会并讲话，四川、广西、安徽、吉林等地图书馆学会代表应邀参加。本次会议的主要议程包括：审议并通过江苏省图书馆学会第一届理事会工作报告；审议并通过新的《江苏省图书馆学会章程》；选举第二届江苏省图书馆学会理事会等。先生于此次会议上当选为江苏省图书馆学会名誉理事，继续担任《江苏图书馆学报》主编。

7 月 14 日，复白国应来函，谈《中图法》中图书馆学类目设置问题，谓："我们只想能把'图书学'和'目录学'分离开来，让图书馆学的下位类不受冲击，那就达到初步的目的。以后想把图书馆学的分类，作为专科来研究，以供全国各大型图书馆处理书刊资料。最近我们在浙江《图书馆研究与工作》第 2 期上发表《论图书馆学研究的现状》一文中所用统计表的项目，完全是反映事实，同时也是评述《中图法》分类法上的不妥的。形成合理的气氛，《中图法》也许不再固执己见，而会做初步考虑加以适当修改的。"[①]随函寄赠《文教资料简报》1984 年第 5 期一册。

7 月 28 日，白国应寄赠先生《读者学与读者工作文选》一册，该书是武汉大学图书馆学函授专修科与南京函授辅导站根据近几年各图书馆学刊物上刊发的有关文章汇辑而成，作为"图书馆业务参考资料选辑之二"于 1984 年 3 月内部印行。

是月，为避酷暑，与夫人移居南京东郊长子钱亮家[②]。

---

① 白国应.钱老与我的学术通信［M］//钱亚新.钱亚新文集.南京：南京大学出版社，2007：597-598.
② 钱亚新.六十年来生活工作简表、论著编译年录［M］//吴志勤、钱亮、钱唐整理.创新、求新、育人——图书馆学家钱亚新的一生.自印本.1993：59.

8月19日，收到马同俨所寄"图书馆科学"分类表及信函一封，来信具体内容待考。

8月20日，复白国应函，谈中国图书馆学学科体系建设及《中图法》图书馆学类目设置问题，谓："目前，我国图书馆学的发展，正在蓬勃兴起，如何能建议一个中国式的体系，值得加以研究而大家努力从事的。""昨天接得马同俨同志来信，寄予'图书馆科学'分类表一份，内容先分为图书馆学、目录学、文献学三门，而后在图书馆学一门中再展开六类：① 图书馆藏书，② 图书馆技术，③ 图书馆目录，④ 图书馆服务，⑤ 图书馆类型，⑥ 图书馆事业。把图书馆学、目录学、文献学三门总括成'图书馆科学'，可说比《中图法》把'目录学'、'图书学'隶属于图书馆学较妥当得多了。"①同时询问白国应《中国图书分类法史稿》写作进展。

> 按：白国应收到信后立即回信表示赞同先生对于"图书馆科学"分类表的意见②。

是月，完成为纪维周等人所编的《鲁迅研究书录》一书撰写的序文③，但该书直到1987年才出版。

是月，与张厚生合作完成《论三十五年来我国图书馆学研究的简史》一文，该文系为中国图书馆学会图书馆学基础理论研讨会所作，文中涉及的诸多图表由李玉珍协助绘制。

是月，被中山大学图书馆学系聘为研究生吴雯芳硕士论文《马端临〈文献通考·经籍考〉研究》评阅人④。

9月20日，将完成的《白国应论文选》序言寄送白国应，请其修改补充⑤。

> 按：1984年吉林省图书馆学会、四川省图书馆学会以及成都东方

---

① 白国应.钱老与我的学术通信[M]//钱亚新.钱亚新文集.南京：南京大学出版社，2007：598－599.
② 白国应.钱老与我的学术通信[M]//钱亚新.钱亚新文集.南京：南京大学出版社，2007：617.
③ 钱亚新.《鲁迅研究书录》序[M]//纪维周等编.鲁迅研究书录.北京：书目文献出版社，1987：3－4.
④ 钱亚新.六十年来生活工作简表、论著编译年录[M]//吴志勤、钱亮、钱唐整理.创新、求新、育人——图书馆学家钱亚新的一生.自印本.1993：59.
⑤ 白国应.钱老与我的学术通信[M]//钱亚新.钱亚新文集.南京：南京大学出版社，2007：599.

图书馆学研究所为庆祝建国三十五周年,策划了《中国图书馆学论丛》,收录我国著名图书馆学学人作品。但该套丛书直到1988年才问世,而此时已变成庆祝建国四十周年的贺礼,该套丛书由成都东方图书馆学研究所出版(非正式)。先生也自选9篇文章辑成《钱亚新论文选》,作为该套丛书之一于1988年出版,可参见本谱1987年6月叙述。

据白国应叙述,他在1983年接到编选《中国图书馆学论丛》通知事后立即函告先生,先生复信谓"吉林省图书馆学会等编辑丛书一举,颇有卓识,过去和现在各条战线上都有作者的选集,唯独图书馆界只有《刘国钧先生论文选集》一种,似乎太寂寞无闻了。这一创举,不仅为图书馆工作者争光,而且可以大大地鼓励同行写作,推进图书馆学的研究,如果该编辑能坚持十年、二十年,定有巨大收获的。"①白国应及先生复信具体日期有待查考。

9月24日,收到《中国图书馆学论丛》征稿函,发现征稿函中要求作者提供个人简介,为避免重复起见,先生致函白国应,请其删《白国应论文选》序文中白国应生平介绍内容②。

9月29日,将杜定友《图书馆学之研究》一文抄录稿寄赠白国应,供其编选《杜定友图书馆学论文选集》用③。

是月,在1983年8月所编纂《江苏省图书馆学研究成果书目提要(1949—1984)》的基础上完成了增补,该书未正式出版,现存稿本,该书辑例如下:

江苏省图书馆学研究成果书目提要(1949—1984年)
辑例

一 本题录是作为《〈中图法〉图书馆学、图书馆事业(修订表)》应用的试点而编制的。

二 本题录共收113条,其范围在时间上以1949—1984年为限;在著者上以现在的江苏省图书馆工作者或江苏省学会会员个人著者和机

---

① 白国应.钱老与我的学术通信[M]//钱亚新.钱亚新文集.南京:南京大学出版社,2007:618.

② 白国应.钱老与我的学术通信[M]//钱亚新.钱亚新文集.南京:南京大学出版社,2007:599-600.

③ 白国应.钱老与我的学术通信[M]//钱亚新.钱亚新文集.南京:南京大学出版社,2007:600.

关团体著者为限。

　　三　每条著录,包括(1)书名项,(2)著者项,(3)出版项,(4)稽核项,(5)附注项。

　　四　编排以上述《修订表》的分类为次,同类下以时序,并每书编以索书号(分类号和种次号)。但分类号仅以 G25 类码后的数字为之。最后列参考工具书,以"△"为冠号。

　　五　所收著录,并不完全,仅以知见的为限,读者如有所知,请告知编者以资补充而臻完善为幸!

10月7日,收到白国应所寄书刊及信函,白国应信中指出先生为《白国应论文选》所写序言有过誉之嫌,故请先生删改。先生复函一封,谓:"您这样的谨慎谦虚,使我更为佩服。一定遵照所嘱,酌量删减。在图书馆学上最值得研究的是图书分类学。如果一个人没有'旷见宇宙,明察秋毫'的素养,他能编辑出一部合于马列主义世界观的图书分类法吗?过去的旧中国是如此,现在资产阶级国家的图书分类学家也是如此。您的大作中呢不是也批判他们吗?在这点上您也不必过于谦让了。论文一篇,前两日也已拜读,'名正言顺',自古有训,这问题不仅应发表,而且值得发动全国图书馆界同志进行争鸣的。这就是我个人的想法,谅您会同意吧!序文修改,估计在本月 20 日之前寄回。另一本期刊,也准时奉还,请勿为念!"①

　　是月,湖南图书馆举行建馆八十周年暨新馆落成典礼,先生为此特题诗两首,以作庆贺,诗云:"麓山湘水好悠游,博览群书在此楼。无限豪情振四海,中华再造壮志酬。""百丈高楼映彩霞,满园春色有奇葩。英才济济接踵起,八十年来第一家。"诗前附有说明,谓:"一九一二年秋至一九一三年春,青年毛泽东同志辍学于长沙,攻读于湘馆,博览群书,大开眼界。由此而树立雄心壮志,力图振兴中华,经过三十余年的革命奋斗,最后创建了中华人民共和国。嗣后湘馆培育输送人才,不遗余力。"

　　是月,先生拟将研究郑樵、浙东三祁、周弘祖、章学诚、黄丕烈、缪荃孙、吕天成的论文结集成《校雠学论文集》,并撰写好自序,不过该书后来并未能问世,这篇自序目前尚存稿本。

　　是月,为南京师范大学所办图书馆学夜大第二届毕业班同学做"目录学

---

① 白国应.钱老与我的学术通信[M]//钱亚新.钱亚新文集.南京:南京大学出版社,2007:601.

专题讲座",演讲内容包括"A 观察世界,B 介绍心得,C 目录学研究"①。

11 月 1—7 日,中国图书馆学会举办的第一次全国性图书馆学基础理论专题学术讨论会在杭州举行,共有全国二十四个省、市、自治区的 66 名代表参会,交流论文 36 篇,会议由中国图书馆学会学术工作委员会基础理论组副组长沈继武、项弋平主持。与会代表就图书馆学的研究对象和内容,图书馆学的学科性质以及新技术革命与图书馆学的未来发展等重大基础理论问题进行了深入的交流②。张厚生代表先生出席,并向大会提交两人合作的论文《论三十五年来我国图书馆学研究的简史》。

12 月 2—8 日,《中国图书馆图书分类法》编委会扩大会议在南京图书馆召开,主要讨论《中图法》第三版修订原则、有关大类体系的几个重点问题以及进行修改的步骤和方法③。会议间隙,白国应曾登门拜访,关于拜访情形,白国应如是回忆:

> 我第一次见到钱亚新先生的情景,至今历历在目。那是 1984 年 12 月在南京召开《中图法》编委会扩大会议期间。正好有一个星期天,于是专门拜访多年渴望想见的钱亚新先生。我走进成贤街 90 号南京工学院集体宿舍,沿着陈旧的木楼梯,来到摆满杂物的二楼走廊,再往前走,终于看到了钱先生的家,于是用手叩门,走出来的正是钱老。我向他老人家深深地鞠了一躬,然后自我介绍说:"我叫白国应,在中国科学院图书馆工作。"钱老连声说:"欢迎! 欢迎!"接着紧紧握住我的双手,又说:"我早就盼望你的到来。"接着师母出来,又是端椅,又是倒茶,真是亲热。我和钱先生坐在一张八仙桌的两面。他首先问,编委会扩大会议开得怎么样? 都有哪些同志来了? 我说这次编委会扩大会议开得很好,除了编委会的成员外,还来了许多同志,北京图书馆的丁志刚馆长,《中图法》主编韩承铎、副主编李兴辉也来了。他听后十分高兴。随着,我们讨论三大图书分类法的修订问题。钱老说:"我对中国的三大图书分类法都很关心,最近几年,曾对《中图法》《科图法》和《人大法》做过一些比较研究。在分类体系、类目设置、标记符号、复分方法等方面分析它们的共同点和不同点。例如曾撰写过《马克思主义、列宁主义、毛泽东思想类表在我国三大分类法的比较观》一文。"他还打算就我

---

① 钱亚新.目录学论要[J].云南图书馆,1988(2/3):64.
② 刘迅,邵巍.研讨理论　振兴学术　开拓前进——中国图书馆学会基础理论讨论会纪实[M]//中国图书馆学会基础理论研究组.图书馆学基础理论论文集.铅印本.1985:1.
③ 邹华享,施金炎.中国近现代图书馆事业大事记[M].长沙:湖南人民出版社,1988:378.

国三大分类法比较写成一部论著。因此希望把它们都要修订好。他进一步提出,修订图书分类法要从大处着眼,从小处下手,从而使图书分类法整个体系及大小类目,日趋完善,精益求精,适应目前大量书刊资料的需要,充分发挥其在四化建设和两个文明建设中应有的作用。这些话,对我很受教益,成为在目前修订图书分类法时的准绳①。

12月23日,文汇报刊登《这部书像浓缩的"鱼肝油"》一文,介绍中国大百科全书的编辑工作。先生读完该文,深为感动,并根据其爱好购置《中国大百科全书：戏曲曲艺》一部。先生认真研读《中国大百科全书：戏曲曲艺》,对书中目录表产生了一些疑惑,最终促使先生撰写了《是目录,还是索引?》的一则随笔。

12月30日,邱克勤与先生谈南京图书馆改革情况。

12月31日,就南京图书馆管理问题致信江苏省文化厅厅长王庆汉、副厅长顾明道,并就南图发展提出三点建议：(1)组织智囊团,辅助南图领导,改革南图领导机构,馆长最好由一位省内外知名人士、学术权威来当,副馆长进行真正民选。(2)各部主任,似仍应以老中青三结合为原则。(3)重视规章制度建设,并严格执行。

是月,长子钱亮结束了在美国的访学回到南京,并购买了《美国国会图书馆指南》(*Guide to The Library of Congress*)一书作为纪念品赠送先生。

---

① 白国应.不断的思念——纪念钱亚新诞辰100周年[M]//南京图书馆.继承发展 开拓创新——纪念汪长炳、钱亚新先生诞辰100周年暨南京图书馆新世纪首届学术年会文集.铅印本,2003：34.

1985 年　　八十三岁

1月15日，朱天俊、王长恭、潘树广登门拜访先生①。

1月19日，收到浙江图书馆黄景行编撰的《中国文学工具书辑略》一书校样，对该书进行了认真的研读。

1月20日，就黄景行《中国文学工具书辑略》一书审阅结果致函黄景行，函谓："我看了一下样稿，把著录分为三种：(1) 带有书评的；(2) 带有简介的；(3) 只有题录的。这个方式比较灵活可取，这是采用郑樵的主张。两种索引的编制，当然便检，然而编法上有问题。书名索引的序号不宜放在前头，这是违背书名索引的做法，只要校对时把序号勾在书名后即可解决。书名后的著者是多余的，可以省掉，除非两种书是同名异著者。著者索引如果做得详细，在一个著者有两种著作时，其著作例应著录的。这次可以不必，将来再版时再说好了。在133—135页上，李开先、归震川、唐顺之、汤显祖等书内的提要有错乱，校对要当心。在240页上，日本国个人著者各日本人姓名之前的'日'可以省去。246页上的参考文献目录很有用处，但第20条应取全名，在第22条下应注'此书误题为《鸣野山房书目》(清)沈复粲撰'，其位置可将第22号排在钱目之前。正确的著录，似乎是：《鸣野山房书目》系误题，见《奕庆藏书楼书目》。"②

1月20—21日，出席江苏省图书馆学会二届三次常务理事扩大会议，出席会议的包括省学会常务理事，学术工作委员会、编辑出版工作委员会、《江苏图书馆学报》编委会正副主任(正副主编)，南京图书馆研究辅导部负责人等27人，会议由吴观国、卢子博主持。会议主要总结了1984年学会工作，讨论了学会机构调整问题，并对1985年学会工作计划进行了商订③。

---

① 潘树广.潘树广自订年谱[M]//潘树广.潘树广自选集.镇江：江苏大学出版社,2012：451.
② 黄景行.自传资料[M].铅印本,2008：276.
③ 吕秀莲.江苏省图书馆学会1985年上半年大事记[J].江苏图书馆学报,1985(3)：84.

1月23日，将刊发先生《新编图书馆学类表》一文的《广东图书馆学刊》1984年第4期一册寄赠白国应，供其编选《世界图书分类学大事记》使用，并附函一封，感谢其所赠《图书情报工作动态》，同时告知其所著《顾家杰先生在图书馆学上的贡献》一文已收讫①。

是月，完成黄景行所编之《中国文学工具书辑略》一书序文②。

2月5日，江苏省哲学社会科学优秀成果奖颁奖大会在省委礼堂举行，先生《我国图书馆学奠基人——郑樵》一文获得江苏省哲学社会科学优秀成果三等奖。

2月19日，完成为于鸣镝《图书馆管理学纲要》一书所作序言③。

是月，完成桑健所著《图书馆学概论》一书序言④。

是月，完成《余嘉锡与目录学》一文的第三次修改⑤。

3月22日，出席江苏省图书馆学会理事长、秘书长和学术工作委员会、编辑工作委员会、教育工作委员会正副主任联席会议。研究江苏省图书馆学会和中国图书馆学会1985年工作衔接及配合问题。

是年春，先生因编写《我国图书馆事业大事记述评》，经常见到杜定友有关记载，这些记载引起了先生对杜先生的怀念，于是决定开始收集杜定友先生遗著⑥。

4月6日，致函四川省图书馆，随函附寄《试论汉字笔画排检法的标准化问题》一文，略述该文写作背景及主旨，同时对刊登在《图书情报知识》上的《试论汉字排检法的标准化问题》一文中的讹误进行了说明⑦。

4月12日，审阅完黄景行寄来之《中国文学作品部分类名释义》一文，复函一封，谓："大作已看过，这对于中小型图书馆工作人员，用处很大。其实这是分类手册的一部分。如果能组织各色人力，把这一部分类法作全面的注释，那就比一般图书分类使用说明更胜一筹。因为这样写法，大有类序的意味，辨章考镜的性质。这非对一门学科具有真知灼见，难于动手的。"⑧

---

① 白国应.钱老与我的学术通信[M]//钱亚新.钱亚新文集.南京：南京大学出版社，2007：601-602.
② 钱亚新.《中国文学工具书辑略》序[M]//黄景行.中国文学工具书辑略.浙江图书馆出版，1985：1-5.
③ 钱亚新.《图书馆管理学纲要》序[M]//于鸣镝.图书馆管理学纲要.沈阳：辽宁人民出版社，1986：Ⅰ.
④ 钱亚新.《图书馆学概论》序[M]//桑健.图书馆学概论.沈阳：辽宁人民出版社，1985：3-4.
⑤ 钱亚新.余嘉锡与目录学[J].益阳师专学报（哲科版），1985(1)：36.
⑥ 钱亚新,钱亮,钱唐.杜定友先生遗稿文选（初集）[M].南京：江苏图书馆学会，1987：236.
⑦ 钱亚新.试论汉字笔画排检法的标准化问题[J].四川图书馆学报，1985(3)：67.
⑧ 黄景行.自传资料[M].铅印本，2008：277.

是月，先生得知长子钱亮途经西安至四川出差，临行前嘱其在西安探望汪一飞，钱亮遵嘱探望汪一飞并告知先生正在搜集整理杜定友先生遗稿事，汪一飞得知后将手头收藏的一批杜定友手稿托钱亮转赠先生。据先生回忆："钱亮一回到家，迫不及待地先把带回的杜先生遗著交了出来。我也迫不及待地翻阅，除《新图书分类法的远景》已发表以外，还有《图书分类法的改造问题》残稿等等。我接着就在这些遗著中翻阅，发现了《图书资料分类法》一文，比较完全，因此就先进行整理了。"整理该文的另一个原因是先生读了《广东图书馆学刊》"纪念杜定友先生"专栏发表的文章，引起了先生的思考，认为："杜先生所提出的新的思想，虽然有三四篇文字的论述，讲得明白透彻，但由于没有整套的图书分类表，终究不易使人们彻底了解。在二十多年前的非难，实在不足为怪。现在既有了《图书资料分类法》，把它正式发表出来，不仅可以证明杜先生不是徒托空言的人，而且可使关心于这问题的人，可有机会一见'庐山真面目'。从而更好地深入探讨，求得是正。"①

5月中旬，开始整理杜定友遗稿《图书资料分类法》，据先生所述"在整理过程中，笔者发现这篇文章的封面纸上记着'62九25'。这个日期可能是写稿开始的一天，也可能是初稿完成的一天。稿纸比16开纸还要大些，长27.5公分，阔21.5公分。蝇头小楷，字迹秀丽。其内容为《类质表》《类素表》二种和八种，《使用法》五条。《类质表》和《类素表》比较整齐清楚，《使用法》却涂改得相当厉害，尤其由于简体字很多，整理比较困难吃力。现在为要使读者理解杜先生对图书分类法的整个学术思想、设计安排，因此将原稿三部分发表，其中第二部分的《配合代号表》和《拼音代号表》的《用法》，却是笔者根据《使用法》的精神加以补充而成的。其他类目、类号、注释、文字力求按照原文移录。"②

5月19日，收到潘树广来信，具体内容有待查考。

5月20日，收到黄景行《中国文学工具书辑略》，复函一封，谓："大作出版后，昨天收到潘树广同志来信，对此颇多赞誉。今后增补校订，却是一件艰巨的工作。我随时发现误植，即在书上注明，待积累之后，将来一并告知。"③

是日，被安徽大学图书馆学系聘为兼职教授④。

---

① 钱亚新,钱亮,钱唐.杜定友先生遗稿文选(初集)[M].南京：江苏图书馆学会,1987：237-238.
② 杜定友遗著,钱亚新整编.图书资料分类法[J].广东图书馆学刊,1985(4)：35.
③ 黄景行.自传资料[M].铅印本,2008：278.
④ 钱亚新.六十年来生活工作简表、论著编译年录[M]//吴志勤、钱亮、钱唐整理.创新、求新、育人——图书馆学家钱亚新的一生.自印本.1993：61.

5月22日,参加南京图书馆新任党委书记孔宪楷与南京图书馆全馆职员见面会①。

5月25—29日,《中国图书馆图书分类法》编委会与中国图书馆学会、中国科技情报学会在安徽铜陵联合召开《中图法》修订讨论会。先生本欲参会,"但以年迈体弱,未能成行"。会后,南京图书馆的代表回宁后,先生立刻向其"借阅有关综合性学科的论文10余篇,经过学习研探,获益很大,尤其启发很多,并挑选其中12篇作为研究的对象,草成《试论综合性科学类在〈中图法〉中的三大问题》一文"②。

是月,徐召勋与卢贤中由安徽来访。

6月,为杜定友遗稿《图书资料分类法》作整编后记。

7月1日,致函白国应,谈图书馆学研究路向,指出图书馆学"今后研究的路向,首先应该掌握可能的条件,尽量满足当前的需要,解决急于要解决的问题。但同时也需要考虑图书馆学本身健康的发展。以《图书分类学》《图书馆建筑设计》等书研究者的刻苦钻研精神为典范,使每一派生科学的研究,达到最佳水平。"③

7月31日,被江南诗词学会接受为会员④。

是月,倪波赠先生其所著《中国农学遗产文献综录》一册,扉页题有"赠钱亚新老师"。

8月13日,桑健来宁拜访先生⑤。

是年夏,先生致函白国应邀其共同编辑《杜定友图书馆学论文集》,并寄送杜定友著作初选目录47篇。白国应接到信件后便开始与书目文献出版社联系⑥。

9月9日,开始为卢子博《主题法基础知识》一书作序。

9月10日,完成卢子博《主题法基础知识》一书序文。

10月5日,就杜定友遗稿搜集及整理情况致函白国应,并寄赠《整编后

---

① 钱亚新.六十年来生活工作简表、论著编译年录[M]//吴志勤、钱亮、钱唐整理.创新、求新、育人——图书馆学家钱亚新的一生.自印本.1993:61.
② 钱亚新.再论综合性科学类在《中图法》中的三大问题[J].四川图书馆学报,1987(2):37.
③ 白国应.钱老与我的学术通信[M]//钱亚新.钱亚新文集.南京:南京大学出版社,2007:613.
④ 钱亚新.六十年来生活工作简表、论著编译年录[M]//吴志勤、钱亮、钱唐整理.创新、求新、育人——图书馆学家钱亚新的一生.自印本.1993:61.
⑤ 钱亚新.六十年来生活工作简表、论著编译年录[M]//吴志勤、钱亮、钱唐整理.创新、求新、育人——图书馆学家钱亚新的一生.自印本.1993:61.
⑥ 白国应.钱老与我的学术通信[M]//钱亚新.钱亚新文集.南京:南京大学出版社,2007:613.

记》一份①。

> 按：白国应收到该信后回信告知先生《世界图书分类学大事记》出版进展，先生又复信一封，谓："图书分类年表整理出版，这是件好事。对于本文希望能不该增订，对于发挥该书的作用，必须编制辅助索引，或以人次，或以书次，否则，检索不便。您自己无暇，要求出版社进行为要。这种索引并不难做，但是用场很大，也可矫正过去有些年表不编索引的失策。我们图书馆工作者所编的工具书不能做到，未免要贻笑大方了。"②白国应及先生复信具体时间，有待进一步查考。

10月15日，《北京晚报》刊发《何来"文摘学"》一文，先生读后"引起了很大的兴趣，于是写信给一位研究文摘学的朋友，请他对这篇文章发表意见。经过几天之后，接得友人复信，略谓：'收到信后，读了《何来文摘学》一文，通过研探，当即发了一稿给该报，但不知稿件能不能见报。'"③

10月25日，至南京图书馆参加江苏省图书馆学会常务理事会议，研究江苏省图书馆学会二届二次理事会筹备事宜，会议由江苏省图书馆学会副理事长袁任主持④。

10月26日，参加中国历史文献研究会在南京大学召开的第6届年会，向年会提交《试论古籍索引与历史文献的关系》一文。

10月27—28日，至南京大学图书馆，参加江苏省图书馆学会二届二次理事会。会议由长吴观国、卢子博轮流主持，会议议程包括："1.理事长邱克勤作省学会'二大'以来的工作报告；2.学术工作委员会、编辑出版工作委员会、教育工作委员会分别汇报一年来工作情况和1986年的工作打算；3.副秘书长王可权汇报省学会会史编写情况；4.学术工作委员会主任许培基汇报参加全国学会学术会议情况；5.常务理事、省社联学会部负责人唐茂松传达省社联对学会工作有关精神；6.审核华东水利学院图书馆伍玉贤因年迈体弱不再担任理事、常务理事的请求，增补南图副馆长孔宪楷、华东水利学院图书馆馆长于维忠、南京大学图书馆学系倪波为理事、常务理事事

---

① 白国应.钱老与我的学术通信[M]//钱亚新.钱亚新文集.南京：南京大学出版社，2007：617-618.
② 白国应.钱老与我的学术通信[M]//钱亚新.钱亚新文集.南京：南京大学出版社，2007：618.
③ 钱亚新.文摘学论要[J].福建省图书馆学会通讯，1986(2)：5.
④ 吕秀莲.江苏省图书馆学会1985年下半年大事记[J].江苏图书馆学报，1986(1)：120.

宜;7. 审核编辑出版工作委员会机构调整方案;8. 追认省学会'二大'以后的'三委会'。"①经大会通过,先生所在的编辑出版工作委员会及《江苏图书馆学报》编辑部进行改组,改组后先生仍担任编辑委员会主任、《江苏图书馆学报》主编。

是月,为发表杜定友先生遗稿,先生父子向图书馆学专业期刊草拟启事一份,谓:

敬启者,最近我们征集和收集我国图书馆学家杜定友先生的遗稿,已积累十多种。经杜先生三位女儿的同意,由我们整理编辑。目前已经整编了一种,题目是《图书资料分类法》,由《广东图书馆学刊》编辑部大力支持协助,将发表于该刊1985年第4期。这篇文章的内容,分为《类质表》《类素表》和《使用法》三大部分,约计2万6千余字,其主旨是为指出六十年代初世界上编制图书分类法的新趋势,而中外列举式图书分类法已落后于时代,必须改弦更张,以求适应需要所作的尝试。可惜当时杜先生只发表了三篇论文,加以阐述。但因全国图书馆界当时思想上尚未完全解放,认为图书分类法不用系统的列举式如何能编制出来,由此,这一类表未能获得机会发表,以致这问题也就搁浅未得充分讨论,有所解决。

现在我们又整编了杜定友先生遗稿《自传》中的残篇《治书生活》一章,内容共分八段。因篇幅较长,约7万多字。如果由一个刊物发表,将连续登载两年才能完毕。这未免为时太长了,因此我们拟请贵刊大力协助发表其中的一段:

《江苏图书馆学报》发表《我与图书馆》

安徽《图书馆工作》发表《我与图书馆学》

《山东图书馆季刊》发表《我与图书馆教育》

浙江《图书馆研究与工作》发表《我与图书馆协会》

上海《图书馆杂志》发表《我与南洋》

《福建图书馆学会通讯》发表《我与复旦》

广西《图书馆界》发表《我与中大》

《广东图书馆学刊》发表《我与省馆》

如此安排,即可争取在短时期内,看到这篇遗稿的全貌。如其同意,请于11月20日前填置征求发表回复单,寄回我们。如其有困难不

---

① 吕秀莲.江苏省图书馆学会1985年下半年大事记[J].江苏图书馆学报,1986(1):120.

能同意,请即退稿,以便另行设法。将来发表后如惠赠稿酬,请寄杜燕同志(浙江省鄞县樟村崔岙文路头崔国本同志转)或杜英[鹉]同志(广州市沙河天平架干休所六幢西座楼下)。

如梦允诺,则杜燕、杜英[鹉]等和我们不胜感谢之至!

此致

敬礼!

钱亚新　钱　亮　钱　唐　同启
1985年10月

11月10日,致函白国应,告知正在整理杜定友遗作《著书生活》,并咨询白国应整理后出版事宜。白国应建议在各地图书情报刊物上刊载①。

11月12日,《北京晚报》刊发《应该有"文摘学"》一文,先生读后大受启发,据先生所述"11月12日刊载了《应该有"文摘学"》,其作者并不是我的友人,而是夏海波同志,但这篇文章的标题,就使我迫不及待地进行阅读。文章短小精悍,说理清楚,与《何来文摘学》一文,针锋相对,大受启发"②。

11月14日,至南京图书馆参加改组后的编辑出版工作委员会第一次会议,会议由王可权主持,会上邱克勤传达了江苏省图书馆学会二届二次理事会议关于编辑出版工作委员会调整机构的决定。与会人员就如何进一步办好《江苏图书馆学报》,提高《江苏图书馆学报》质量问题进行了讨论。

11月28日,南京图书馆领导同意南京大学聘请先生担任兼职教授,但提出要求"年事已高,不宜上大课"。

按:据现存档案记载,南大聘请先生担任图书馆学系兼职教授,讲授课程为"目录学",授课对象为双学位学生及研究生,总教学时数为60小时,每周教学时数3小时,兼课时间为长期③。

11月29日,填南京大学"申请培养学位研究生指导教师简况表",担任南京大学图书馆学系图书馆学硕士研究生指导教师(兼职)④。

---

① 白国应.钱老与我的学术通信[M]//钱亚新.钱亚新文集.南京:南京大学出版社,2007:615.
② 钱亚新.文摘学论要[J].福建省图书馆学会通讯,1986(2):5.
③ 本校教师外出兼职及聘请兼职教师的报告、呈报表[A].南京大学档案馆藏,档号:1447(054).
④ 本校报送硕士学位授权学科、专业名单汇总表[A].南京大学档案馆藏,档号:YJ860104.

是月,将《中西两杜》一文复制寄赠杜燕,以供其留念,杜燕收到后复信一封,表示此前从未见过该稿,对先生之举表示感激,并略述阅读心得①。

是年秋,学生顾志华由武汉来访②。

是年秋,《黑龙江图书馆》主编赵世良通过桑健就发表杜定友先生遗稿事与先生取得了联系,据赵世良回忆:

> 转眼到了一九八五年,我在黑龙江省图书馆编刊物已经三年了。秋天到大连开会,住在大连工学院的招待所里。一天晚上,该校的桑健同志来看我,谈到南京的钱亚新先生正在整理杜老的遗稿,并将组织在各地刊物上发表。这信息引起了我多少回忆!当即下决心参与,共襄盛举。桑健同志也很高兴,第二天就把钱老发起函的复印件交给了我。
>
> 回哈后,我立即直接给钱亚新先生写信建立联系;一年多来,往返函件达数十通,其中自然有不少是钱先生对我的教诲,但主要还都是谈的有关发表杜老遗著的事。……在编发稿件的过程中,我还通过钱先生与杜老三位女公子之一的杜燕同志建立了联系。……③

是年秋,赵世良将1957年杜定友等人出访苏联时在苏参观各大图书馆及与苏联朋友们合照的照片(共9帧)寄赠先生,并一式三份,请先生转寄杜定友先生三位女儿留念④。

11月29日,收到广西《图书馆界》复函,表示愿意刊发杜定友遗稿,故致函白国应,感谢其从中协助⑤。

12月17日,朱斐将梁美云论文《谈谈第二课堂》送请先生审阅。

12月22日,为纪念南京工学院新图书馆落成,题赠"信息府库 发明渊博"⑥。

12月26日,白国应致函先生,告知书目文献出版社已初步答应出版

---

① 钱亚新,钱亮,钱唐.杜定友先生遗稿文选(初集)[M].南京:江苏图书馆学会,1987:199-200.
② 顾志华致钱亚新函,1987年1月20日.
③ 赵世良.事业是世代相承的[M]//钱亚新,钱亮,钱唐.杜定友先生遗稿文选(初集).江苏省图书馆学会,1987:6-7.
④ 杜燕.《慈父杜定友回忆录》[M]//杜定友.杜定友文集(第二二册).广东省立中山图书馆,中山大学图书馆编.广州:广东教育出版社,2012:560.
⑤ 白国应.钱老与我的学术通信[M]//钱亚新.钱亚新文集.南京:南京大学出版社,2007:615.
⑥ 钱亚新.六十年来生活工作简表、论著编译年录[M]//吴志勤、钱亮、钱唐整理.创新、求新、育人——图书馆学家钱亚新的一生.自印本.1993:62.

《杜定友图书馆学论文选集》一书,并草拟初步编辑计划:"1. 书名:定为《杜定友图书馆学论文选集》;2. 字数:约三十万左右(与刘先生选集相当);3. 代序:一万字左右(请您作序,待正式批准后再写);4. 交稿日期:三月份;5. 文章顺序:以写作日期或刊载日期先后为序;6. 目录(请您总审查后于一月底前寄我);7. 写一份编辑计划(请您用我们两人名义写);8. 我初步选下列文章,请您仔细审阅后寄给我。(1)新图书分类法刍议 (2)图书分类法意见 (3)图书分类的理论体系 (4)人民图书分类法 (5)科技图书分类问题 (6)新图书分类表之研讨 (7)史地图书分类问题 (8)科技图书分类问题 (9)图书分类法史略 (10)图书分类法的路向 (11)科学分类与图书分类 (12)图书分类主词目录的建议 (13)新图书分类法之远景。以上是图书分类学部分。(14)图书馆学之研究 (15)图书馆学的内容和方法 (16)图书馆在社会上特殊的位置 (17)今日图书馆界几大问题 (18)民众图书馆问题 (19)科学图书馆问题 (20)校雠新义 (21)广东省立图书馆概况 (22)国立中山大学图书馆概况 (23)十年回忆录 (24)图书选择法 (25)图书馆怎样更好地为科学研究服务 (26)分类与编目 (27)新的编目形式和内容 (28)目录的改造 (29)目录的体系 (30)汉语拼音方案替图书馆解决了三大问题 (31)书目与提要 (32)临时书库设计 (33)莫斯科大学图书馆新建筑设计简介。上述论文当然不一定是杜先生最有代表性的,因此请您再补充或删改。为了慎重,请以您的名义给书目文献出版社负责同志写一信。待他们正式确定后,我们可以分工找资料复印。我意解放前由您在南京寻找并复印,解放后由我在北京寻找并复印。关于加工亦如此分工。"

12月29日,致函白国应,谈杜定友文稿整理与出版事,表示:"我正在选择非图书分类法的论文,材料比较分散,拟以十万字为的,就绪后即当寄奉。两者合并还是分出,值得讨论一下。关于遗稿所整理的,应不在我们选择范围之内。时间可以放宽一些,作为通录,不必仅限于新中国成立后为前限。总之我们这两种选集,要能表现杜老的学术思想和学术成就才是。"

是年底,先生曾致信杜燕,嘱其撰写杜定友先生回忆录①。

是年,中国图书馆图书分类法编辑委员会(第二届委员会)陆续组织各

---

① 杜燕.《慈父杜定友回忆录》后记[M]//杜定友.杜定友文集(第二二册).广东省立中山图书馆,中山大学图书馆编.广州:广东教育出版社,2012:583.

学科专业单位对《中国图书馆图书分类法(第二版)》进行修订,相继成立 55 个专业修订组,编辑委员会邀请先生及张厚生主持"中图法"中"G25 图书馆学、情报学"的修订工作①。

---

① 中国图书馆图书分类法编辑委员会.中国图书馆图书分类法(第三版)[M].北京:书目文献出版社,1990:7,761.

1986年　　八十四岁

1月3日,参加江苏省图书馆学会编辑出版工作委员会、《江苏图书馆学报》编辑部联合举办的新年座谈会,此次座谈会邀请了邱克勤、吴观国、孔宪楷、刁天逸、于维忠、张端甫、王林西、周平、王可权、钱金虎、侯汉清、夏国炯、卢子博、邱秀保、王述贵、孔淑吉、唐茂松、许培基、倪波、张厚生、叶继元等江苏公共图书馆、高校图书馆、中学图书馆、基层图书馆和科研院系代表24人参加,座谈会由王可权主持。先生最后作了题为《发扬愚公移山的精神来改进"学报"工作》的总结发言,指出《江苏图书馆学报》要认清"信息爆炸"的时代形势,把最新颖、最有用、最及时的有关图书馆事业和工作的信息,迅速地传递于各馆的同人,要发扬愚公精神,团结一致,艰苦奋斗,转变文风,发表大量有水平的新作,使《江苏图书馆学报》成为国内第一流的图书馆学刊物①。

是日,致函范家宁,请其校订《江苏图书馆学报》英译目次。

1月5日,收到上海《图书馆杂志》编辑部寄赠之1985年第4期《图书馆杂志》,阅读其中关于《中图法》修订意见的两篇文章,感到颇有参考价值。晚,复白国应1985年12月26日函,告知同意"与书目文献出版社接洽结果、杜定友文集篇幅以30万字为准,与白国应两人分头复制资料"三事,至于杜定友文集选目事宜待详细考虑后再行告知。

1月6日,桑良知致函先生,告知正着手编写文摘学方面图书,内容初定为10章:"1. 什么是文摘学(定义);2. 文摘学与信息社会(对象、任务、内容);3. 文摘发展简史;4. 文摘的要素;5. 文摘编写要求和技能;6. 文摘信息的摄取;7. 文摘索引;8. 文摘著录;9. 文摘评议标准;10. 文摘工作展望。"

1月8日,参加南京图书馆召开的"馆志编辑小组"会议,会议决定以1907年11月2日作为南京图书馆建馆之始,并正式成立"馆志编辑小组"。

---

① 团结奋斗　开拓前进——学报编辑部召开新年座谈会发言选登[J].江苏图书馆学报,1986(1):13-14.

是日，就广东省图书馆学会和中山图书馆为纪念杜定友先生逝世20周年征文事致函白国应，建议将为杜定友论文选集所作的序言改题为《杜定友先生的生平事迹和学术思想》以应征。

1月13日，将所撰《文摘学论要》一文投寄《福建图书馆学会通讯》。

1月14日，参加南京图书馆整党工作小组召开的关于对照检查阶段的安排会议，会后先生根据安排要求认真学习有关文件①。

1月16日，致函张世泰，感谢其为杜定友编撰著述系年，并告知杜定友遗稿整编计划，谓："我现在在对杜老遗著的编辑计划，初步如下：一、《杜定友图书馆学论文选集》，白国应、钱亚新合编；二、《杜定友自传》，钱亚新、钱亮、钱唐整编；三、《杜定友遗稿文选》，（一）内容以分类法为主，收《图书资料分类法》《农业图书分类法》《中学图书馆图书分类法》、《图书馆学图书分类法问题》（残）；四、《杜定友遗稿文选》（二），非图书分类法的文章、通讯等等，三、四两书的编者同二；五、《杜定友研究论文选集》，钱亮、钱唐编选；六、《杜定友回忆录纪念文选集》，钱亮、钱唐编选。"

1月下旬，李兴辉来宁拜访先生，请教《中图法》修订问题，先生与张厚生一起接待。据先生记录，三人会谈情况如下：

> 李同志提出能否把目录学、图书馆学仍旧作为图书馆学的子目之一，而图书馆学下级类次，仍旧把"图书宣传流通"放在"行政和组织"之后，以免大幅度的调动。我当时把刊载于《江苏图书馆学报》1984年第一期上所发表的拙作《修订〈中图法〉图书馆学类表结构初探》和张同志和我合写的刊载于《广东图书馆学刊》1984年第4期上所发表的《新编图书馆学类表》二文，找出来和李同志等共同研究后，我曾向李同志说：

> "你赞成不赞成这张《图书馆学类表结构图》？"李同志点点头说："当然赞成。"

> "既然你赞成这张结构图，那就不能再使图书馆学下级类次有所更变，而且目录学与图书馆必须由图书馆学中排除出去，另行安排。"

> 后来又谈及"综合性科学类"的三个问题，李同志说他已经读过我的《试论综合性科学在〈中图法〉中的三大问题》文章，还指出我批判了白国应同志的观点。当时我回答说："白国应同志是我的老朋友，但在

---

① 钱亚新.六十年来生活工作简表、论著编译年录[M]//吴志勤、钱亮、钱唐整理.创新、求新、育人——图书馆学家钱亚新的一生.自印本.1993：64.

学术观点上如有不同,不应迁就的。"

后来李同志又提出"综合性科学"是否可以与"综合性图书"作为一个类组。我认为"这是可以的,但是《中图法》既有 Y 这个空位,为何不利用呢?"我并且打了一个比方:例如我们去游公园,看到两张水泥椅子,一张上已有游客坐着,落得舒服点,最好坐到没有人的椅子上。这就是说用 Y 来做综合性科学的标识,岂不更好吗?李同志听了这些话,笑而未置可否。最后他要求我和张同志协助修改图书馆学的类目,我们的谈话也就结束,握手道别。①

1 月 31 日,就《杜定友图书馆学论文选集》篇目选择及编辑事宜致信白国应,谓:"我认为杜先生对于图书馆学是一个多面手,著述宏富,实我辈望尘莫及,而其特点却在于图书分类法和汉字排检法两点,其他对地方文献、图书馆建筑、设备、表格、用品方面也有所创新。因此我在您所选的基础上稍有增加,不知以为如何?序文计 8 千字,其中段落要点如下:1—3 页小传,3—6 页留菲回国后的活动,6—9 页关于图书馆教育方面的成就,10—13 关于图书分类法,13—14 关于地方文献,14—17 关于汉字排检法,17—20 关于图书馆建筑、设备和用品,20 小结。""杜先生虽然是一位图书馆学专家,但我们选编集子的,不宜多加渲染,只好实事求是,如实以报,有时也略加按语,陈述一些用意真谛,否则好像只在写流水账了。"

是月,卢子博赠送先生其所编著的《主题法基础知识》(江苏省图书馆学会 1985 年 8 月内部铅印本,系《江苏图书馆学报》专辑之一)一册,并题"请钱老指正"。

2 月 6 日,收到《广东图书馆学刊》编辑部寄来稿费,复函一封,谓:"最近收到整编杜老遗稿稿酬 76 元。谢谢!贵刊以前惠赠刊物,不胜感谢!从今年起不再要赠阅,我自己订购。这事已于上月信中提及。现在要求的是:一、请将去年第 2—3 期各寄一份,第 4 期要寄两份,以作整稿的优待。二、请将 1985 年第 4 期寄三份于杜英[鹉],让她们三姐妹各得一册,以资纪念。三、发表杜老遗稿《治书生活·我与省馆》后,稿费寄给杜英[鹉]同志。四、请将刊载此文的贵刊,赠予三册于杜氏三姐妹,也惠赠三册于我们父子三人,以作纪念。五、另邮汇上人民币 10 元,除订购 1986 年的学报外,其他是补购旧刊。名单另见纸。款项如其不够,日后再补,刊物请挂号寄交南京成贤街 90 号本人收好了。"

---

① 钱亚新.再论综合性科学类在《中图法》中的三大问题[J].四川图书馆学报,1987(2):38.

2月7日,完成根据整党工作小组会议要求进行学习的书面总结,总结具体内容待考。

2月9日,是日为春节。春节期间,先生曾至女儿钱康家,并参观钱康所在单位水电部南京自动化研究所图书馆,参观情形及感想,据先生自述:

> 春节时,我去女儿家,他们的单位是水电部的南京自动化研究所,我参观了他们的图书馆,规模不大,藏书也不多,几万册吧。期刊很多,尤其是专业期刊,资料很多,整齐清洁,有一部小的计算机,把他们所有的目录输进去,查某人是否借过书,借过哪些书,已否归还,是否过期,立即回答。查阅专题文献,例如大坝,立刻打出来。从作者也能检索。工作人员说,困难不是打出来,是输进去。我想这个东西非常之好,还能促进我们图书馆的工作,如果一个登记号登重复了,将来打出来就有问题了。所以做的工作要标准化。人家可以宽恕你,机器不会宽恕你。机械化非常重要,此事一定要做,也并不是怎么难,中国人不比外国人差,这是今后发展的问题。①

3月1日,以主持人身份签署高等学校哲学社会科学"七五"规划重点科研项目"当代西方目录学研究"申请书,课题组成员包括徐有富、徐竹生、陆宝树、刘圣梅、谢宗昭、肖力,申请经费2万元。该项目论证如下:

> 目前有关目录学的研究在国外相当普遍,尤以英美为最。无论在理论上或实践上,均已取得很大成就。追溯西方目录学的发展,自原始的古代目录直至当代利用现代化手段,在编制目录的方法、检索技术、书目控制和实现国际间资源共享网络化等各方面,极大地丰富了目录学的理论内容,同时,在实践上,对当前科学技术信息的控制、交流,促进科学文化的发展与传播,做出了巨大贡献。在目前信息时代里,展现了目录学这门学科的重要地位和广阔的发展前景。
> 我国目录学的建立和研究,具有悠久的历史和坚实的基础。但与国外相较,则进展缓慢,近于停滞状态。而对国外动态,很少有人研究,这与我国目前建设四化,振兴中华的形势极不相称。因而,对西方目录学的研究,是势不可缓的。所以预料,开展这一课题的研究,必将为我国目录学的发展、促进科技交流和我国的四化建设做出贡献。

---

① 钱亚新.目录学讲话[J].图书馆杂志,1988(3):28,43.

本项目研究的目的和内容是：了解当代西方目录学的发展情况、动向和研究成果,作为继承和发展我国目录学的借鉴。以西方目录学的成就和发展途径与我国目录学的现状相比较,找出西方目录学的发展规律,以促进我国目录学的研究,发展我国现代目录学,在四化建设中为交流科技成果,提高文化水平方面,使这门学科更有效地发挥作用。①

3月6日,至南京图书馆辅导部查阅资料。

3月7日,汇人民币10元至《广东图书馆学刊》编辑部除订购1986年该刊外,还要求补购该刊1981年第1至4期;1982年的第1、2期;1983年第1、2、4期;1984年第1、4(二份)期;1985年第1、4(三份)期。

3月15日,华东师范大学罗友松来宁拜访先生,与先生谈目录学,谈话详细内容,见先生《目录学讲话》一文②。关于这次会面情形,罗友松曾如是回忆：

> 1986年3月我指导学生撰写《钱亚新先生目录学思想初探》《钱亚新先生索引学思想初探》论文,去南京成园拜谒请教,才有缘识荆。初次见面,钱老竟花了三个半天热情接待,系统地阐述了他的目录学思想和治学经验,虽年逾八旬,思路极为清晰,言简意赅,章学诚目录学思想多所发挥,如认为"即类求书,因书究学"意犹未竟,可再加上"以学知人,由人论世";"辨章学术,考镜源流"还不够完全,要再加上"明辨人事,造福全球"。相当精辟,意境更高,研究目录学目的性更明确,使我受益非浅。钱老谈话声音不高,但循循善诱,语言生动,娓娓动听,并展示图表,不难想象钱老过去定是一位出色的图书馆学教育家。钱先生的儿子还帮助录音,钱老将录音磁带赠送给我们华东师大图书馆学情报学系,供学生学习参考。后来两位同学撰写的论文寄请钱老指正,他仔细审阅,精心批改,奖掖有加,以资助勉。
>
> ……
>
> 我去拜谒时,钱老正在忙于整理杜定友老师遗稿。他将杜先生手稿拿给我看,蝇头小楷,字迹挺秀,密密麻麻,像钱老这样高龄,需用放

---

① 本校哲学社会科学"七五"规划重点科研项目申请评审书[A].南京大学档案馆藏,档号KY860103.
② 钱亚新.目录学讲话[J].图书馆杂志,1988(3)：25.

大镜才能看清。文中夹杂杜先生自创的简、异体字和符号,钱老说这些字只有他能识别。钱老对杜师遗稿非常珍爱,十年浩劫,他不避风险珍藏杜师遗稿,八十年代钱老更注意搜集。

……

他曾打算组织力量编图书馆学年鉴,并和我商议由南京大学、华东师大、安徽大学图书馆学系合作,他愿意拿出一部分稿费来办这件事,我很赞同。他还曾倡议组织目录学学会,这两件事可惜未能办成。①

3月16日,吴正方将《图书馆经济学概论》一书提纲寄请先生审阅。

3月20—23日,《中国图书馆图书分类法》修订工作会议在北京召开,张厚生代表先生出席。张厚生赴京前,先生曾叮嘱"如其讨论图书馆学类的子目序列如,有关目录学、图书馆学时,必须坚持我们的观点,不得轻易让步"。"如果讨论'综合性科学'类时,也要代我坚持以 Y 作标识"②。会议结束后,张厚生由京返宁,拜访先生,并将带回的《参与〈中图法〉修订单位和各单位的代表名单》呈先生审阅,同时向先生汇报了会议讨论情况及需要完成的任务。张厚生走后,先生详细地研究这份名单,发现了两个问题:"(1)参加单位及其代表,没有一个是中国科学院图书馆系统的人员,因此感到这是全国的一件大事,图书分类法研究有成果的,在中国科学院图书馆中颇不乏人,为什么《中图法》编委会不能集思广益,取长补短?集中全国的专家学者共同商讨,对于将来修改类表也能臻于完善。(2)就是从 A—W 都有安排,独独对于综合性科学缺而未立。这使我很奇怪,难道综合性科学这个类已经解决,无再行修订了吗?"③

3月31日,就《中图法》中"综合性科学"修订问题致函《中图法》编委会,表示要重视"综合性科学类",不能轻言舍弃④。

是日,桑良知将修改后的文摘学文稿寄请先生审阅,并附寄其根据真实故事撰写的旨在强调"精神生活的提高、图书馆的普及已势在必然"的小说一篇。

是日,长子钱亮致信问候先生夫妇,并告知其在北京的学习情况。

4月初,张厚生拜访先生,转交李兴辉致先生的《关于"综合科学(知识)"的列类问题》。张厚生走后,先生花数天时间对《关于"综合科学(知

---

① 罗友松.深切怀念钱亚新先生[J].图书馆杂志,1990(2):52.
② 钱亚新.再论综合性科学类在《中图法》中的三大问题[J].四川图书馆学报,1987(2):38.
③ 钱亚新.再论综合性科学类在《中图法》中的三大问题[J].四川图书馆学报,1987(2):38.
④ 钱亚新.再论综合性科学类在《中图法》中的三大问题[J].四川图书馆学报,1987(2):38-39.

识)"的列类问题》文件进行了研究,产生了一些困惑,于是致函李兴辉,函谓:"在安徽《图书馆工作》1985 年第 3 期上所发表的《〈中图法〉三版修订会会议纪要》中命名提出的方案不只三种,尤其在拙作《试论综合性科学类在〈中图法〉中的三大问题》一文中,曾经述评铜陵会议上各论文所举方案的得失,提出了自己用 Y 为综合性科学的方案。您来南京走访时,还提及拙作,当然您是看过的。北京编委会第二次讨论会,我想是您由南京回后而举行的。把铜陵会议上有关用 Y 为标识和拙作的方案,不与其他三个方案同时列出,这是无意识的遗漏,还是有意识的排挤? 您是这编委会副主任,不可能不知道其中的详细情况,请您作复以去除我的困惑!"①

4 月 2 日,就南京图书馆发展问题草拟致南图副馆长孔宪楷函,信中提出:(1)将南京图书馆去年开辟的"文艺阅览室"改为"世界名著阅览室",以更好地适应为"四化""四有"服务;(2)图书馆学是一门科学,图书馆工作是一行专业,人员组织要配搭紧凑、组织严密、人尽其才,重视人力效率提升;(3)加快南图机械化进程,购置计算机设备;(4)南图研究辅导部加强与省文化厅合作,加强调研,了解人民群众的真实需求,以更好地为群众服务;(5)加强馆员思想文化教育,提升馆员综合素养;(6)南图研究辅导部加强对研究的重视,提升研究质量;(7)江苏省文化厅必须提高对图书馆工作的重视程度。

> 按:从现存信上标注推断,该信并未寄出。

4 月 3 日,致函广西大学《古今图书集成索引》编写组,具体内容待考,相关可参考 4 月 20 日广西大学复函。

4 月 6 日,广西大学林仲湘来函,告知该校研究生姚继舜、王志琨、廖集玲外出实习,路经南京,特请他们登门拜望先生,并希望先生对《古今图书集成索引》修订工作中四角号码的新旧码问题提供指导。

4 月 7 日,南京大学正式通过图书馆学系聘请先生担任兼职教授的申请②。

4 月 9 日,致信黄恩祝,具体内容待考。

4 月 10 日,由夫人吴志勤陪同赴南图参加学习会议。下午于南图办公

---

① 钱亚新.再论综合性科学类在《中图法》中的三大问题[J].四川图书馆学报,1987(2):39.
② 本校教师外出兼职及聘请兼职教师的报告、呈报表[A].南京大学档案馆藏,档号:1447(054).

室接待来访的毛坤之子毛相骞,毛相骞就编辑毛坤文选目录呈请先生过目,先生对其想法与工作十分赞成,并指出要重点搜集毛坤所著《目录学通论》一文①。

4月12日,远在美国的外甥徐龙致信问候先生夫妇,并告知其打算于九月初回国探亲等事。

4月16日,将撰写好的《再论综合性科学类在〈中图法〉中的三大问题》一文投寄《四川图书馆学报》。

4月18日,《图书馆学刊》编辑通知先生《尤袤〈遂初堂书目〉初探》一文被录用并拟刊于1986年第2期。

4月19日,黄景行将《茅盾著译图书系年》及《中国文学作品部分类名释义》两书寄赠先生。

4月20日,广西大学《古今图书集成索引》编写组寄赠先生《编制〈古今图书集成索引〉规划》,并复先生4月3日去函,谈《古今图书集成索引》编制计划:"(1)对四角号码新旧两法又进行了研讨,更深体会了您的看法。比起汉语拼音来,四角号码很好地抓住汉字的特点,又比部首、笔画来得简便。在现有的汉字排检法中,它应列为上乘。尤其适用于古籍索引,可以解决冷僻字索检的困难。不过,新旧两法各有利弊,在取角定码方面都有一些不科学之处。我们准备按照您的提示,撰写有关文章进行分析,收入研究论文集中,作为一项副产品。(2)来信说:'现在你们编的索引,既已采用新法,当然不必改弦更张。'有您这一句话,我们就放心去做。当然,既选定新法,就要贯彻始终,避免新旧混杂,变成非驴非马的。经仔细分析,目前各种采用新法的工具书中,《〈辞海〉四角号码检字表》(有单行本,上海辞书出版社,1982年版)比较好,收了繁体字和异体字,冷僻字也不少,很适合我们需要。有了较可靠的依据,注码排卡工作就好进行了。(3)关于分批编纂的计划,我们十分赞成。除了原有三册油印本之外,再增加'人物传记索引''艺文篇目及作者索引''引书索引''引书作者索引',最后再整理出研究论文集。看来,我们的设想跟您的主张十分合拍。目前正在拟定长远规划,扩充队伍。系领导已将它列进'七五'期间科研重点项目,估计在经费、人力等方面会得到支持。(4)至于出版问题,我们感到十分棘手。去年为油印一、二、三册,伤透了脑筋,费尽了口舌。后来承蒙巴蜀书社赏识,在诸多方案中选取了我们这一份,派人专程来邕洽谈,还提供了新版的统编页码。这点我们是十分感激的。只是他们限制字数太紧,最多给250万字。而'人物传记

---

① 毛相骞致谢欢邮件,2013年6月25日。

索引'的附见条很多,恐怕总共要 300 万字左右才行。经过反复考虑、研究,一个又一个方案,想了又想。我们认为,这是一项百年大计的项目,决不能因为篇幅限制就偷工减料,不收附见条,宁肯砍掉某些部分,例如可以忍痛割弃油印本第一册(总目录),再不行,就又抽去第三册(图表索引),一定要保住'部名索引'和'人物传记索引'这两个大头。其他的留到以后再设法出版。(5) 我们的队伍又扩大了,新增加黄南津、蔡家强两位助教。"

4 月 22 日,致函白国应,告知"杜定友先生的遗稿,第一批整编约十万字已由 13 种专业期刊发表。我们还需继续进行,希望今年年内能全部整编完毕"①。

4 月 24 日,吴正方致函先生谈图书馆宏观改革写作计划,并告知工作调动至南京图书馆比较困难。

4 月 25 日,赵世良致函先生,邀请先生撰文讨论当前图书馆学刊物发展情况。

4 月 26 日,白国应致函先生,询问先生就杜定友图书馆学论文选集出版事与书目文献出版社联系情况。

是日,朱崇阶将所作的先生《〈图书馆学论文索引〉述评》一文阅读札记寄请先生审阅,并附函一封,告知先生嘱其撰写的扬州电大图书馆文章,不日内即能完成,并表达了打算收集先生论著的想法。

4 月 27 日,于鸣镝致信先生,汇报阅读先生整理发表的杜定友遗稿心得,谓:"受到的教育是多方面的,又都是极为深刻的。从中既看到了杜老先生的精神,又看到了您的精神。这是多么可贵的精神啊!我们现在的图书馆界又是多么地需要这种精神啊!我不但自己篇篇必读,而且也把它们推荐给我馆的许多年轻人。他们读后都感慨万分,逐渐化为学习、工作的动力。我在想,太有必要把这些'系列篇'汇编成书了,相信一定能变成现实。"同时告知先生正在吸收《图书馆学概论》(吴慰慈)、《图书馆学导论》(黄宗忠)等最新理论成果对《图书馆管理学纲要》进行修改。

是日,国家教委徐雁致信先生,询问先生领衔的"当代西方目录学研究"课题申请事,谓:"先生领衔主持的科研项目'当代西方目录学研究'(报国家教委之申请项目),上标明先生之单位为'南京大学',不知先生何时到南大担任客座教授?具体授讲何种课程?因我委明确规定,不要搞挂名主持人。因此,向先生求问。"同时询问其向《江苏图书馆学报》投寄的《书山零岩》文稿审阅情况。

---

① 白国应.钱老与我的学术通信[M]//钱亚新.钱亚新文集.南京:南京大学出版社,2007:615.

是日,书目文献出版社来函询问《杜定友图书馆学论文选集》一书交稿日期,并告知该书选目及序文,已请有关人员审阅,有关事宜请先生直接与白国应联系。

4月28日,白国应就《杜定友图书馆学论文选集》一书编辑事宜致函先生,告知书目文献出版社已同意出版《杜定友图书馆学论文选集》,但提出三个要求:"1. 文章一定要选精,选好,非称其好论文者就不选。2. 序言应写得更好更深一点。3. 书稿文字一定要用规范化简体字一笔一划地写清楚。"为此,白国应建议只选杜定友图书馆学有关文章,字数在30万字左右。

4月29日,张厚生来访并送来先生与倪延年在南京工学院讲课费若干。

是日,吴正方致函先生,告知《论图书馆宏观改革》一文已经完稿,计划撰写《论图书馆微观改革》一文,并就当前关于图书馆改革的一些文章发表看法,谓:"现在一些发表的文章我感到有二个问题,一是创收呼声太高。这与图书馆的宗旨、性质似乎不甚相符,不过这也难怪,图书馆的经费、职工的福利实在太可怜了,争取搞点收入,增加一点福利,这不仅仅是图书馆界的独有现象,而已成为社会的普遍现象;一是混淆概念,特别是在理论方面,只看到事物相互联系的一面,不严格区分事物质的规定性。如,图书馆是生产力,本质是生产力;图书资料不是生产资料,是商品;图书馆劳动是创造价值的;生产了图书,增加了图书的知识价值;等等。任何事物都有质的规定,但相互之间不是相互联系的。把事物外涵无限延伸,不利于对事物本质的探讨。"同时询问《吴培元先生和"民众图书馆设施法"》一文《江苏图书馆学报》编辑部审阅情况。

是月,黄景行寄赠先生其所编的《茅盾著译图书系年》(桐乡县茅盾故居管理所,1986年3月,内部铅印本)一册,并题有"钱老师惠存"。

5月1日,致信倪延年,请其4号来取讲课费,并谈图书馆学期刊改革事,谓:"最近我们收到一篇文章,他提出图书馆学刊物,应该分为高级——理论;中级——实践,初级——普及教育三方面编辑出版。我根据这方面扩而充之,认为应把全国分为华北、华西、华南、华中、华西北、华西南、华东北七个地区,每区之内编刊高级1—2,中级3—4,初级1—2种。这个倡议,请加考虑。"

是日,致函《福建图书馆学会通讯》,请其将杜定友遗稿发表稿费寄交杜鹩,样刊则分寄杜鹩、杜燕及先生父子三人,同时询问《文摘学论要》审阅情况。

是日,复赵世良4月26日来信,向其介绍张厚涵所撰《读者服务工作》一书,并告知杜定友遗稿整理情况,同时征求其对图书馆学专业期刊分为

"高级——着重理论,中级——着重实践,低级——着重普及教育"三个类型的看法。

是日,钱亮从广州出差返回南京,于是日携全家看望先生夫妇,并汇报其出差三周的情况,包括在香港与先生外甥女王念慈会面、在广州拜访杜定友先生女儿杜鹃等事。

5月2日,审阅完华中师范大学图书情报系况能富,南京地理研究所王淑瑚、邓国桢三人职称评审材料,撰写评审意见,并送请南京图书馆人事处领导签署意见。

是日,收到黄景行寄来《茅盾著译图书系年》及《中国文学作品部分类名释义》书稿,复谢函一封,并告知杜定友遗稿《治书生活》及《著书生活》整理情况。

是日,将查找复印好的部分杜定友图书馆学文章挂号寄交白国应。

是日,致函徐竹生询问徐雁复函事,谓:"昨日由北京教育委员会工作同志徐雁来信问及我系科研项目'当代西方目录学研究'申请内容问题,略谓该委员会'明确规定,不要搞挂名主持人',此事应如何作答,请徐有富同志来联系一下,并请您们两位主任商酌后,由我回复为要!徐雁同志系北大图书馆学系毕业生,专研藏书问题的,苏州人,虽与我未曾见面,但通信已有两年。他的来信是有一定的作用,为了慎重起见,似应商妥后再答较妥。因此收到这信,希即请有富同志来舍下一谈为盼!"

是日,复吴正方4月29日来信,告知其所作《吴培元先生〈民众图书馆设施法〉》一文,初步安排在《江苏图书馆学报》1986年第2期,并谈图书馆界学风及出版问题,谓"关于微观改革写好后,可以写稿的人不懂经济,偏偏要讲经济;不懂分类,偏偏要讲分类,正如毛泽东同志所说的'不懂装懂',所以寄来。目前文稿的质量提不高。尤其有些人,东抄西袭,甚至研究生写出来的东西,不加考订,随便瞎说,真是莫明[名]其妙。文风非加整顿不可,要提倡写作工作是件严肃的事,岂可马马虎虎。出版界的事业很不发达,去年编刊了四万五千种,发行20亿册。而图书馆学、目录学的书则甚少,因为目前发展经济为第一之故。有篇北京书展的报导,内容是马列主义著作——经济学——文艺——科技,见载在上海出版的《读书周刊》上,颇可一读。"

是日,傅广荣致信向先生夫妇问安,并汇报其学习情况。

5月3日,致信外甥女徐燕夫妇,对徐龙回国探亲事表示非常高兴与欢迎,并告知今年主要工作是整理杜定友遗稿。

5月4日,下午,倪延年应先生之约来访,并商谈全国图书馆学期刊改革问题。

5月5日，吕斌致信先生，转达黄宗忠对先生愿意为其《图书馆学导论》作序的谢意，并告知先生所托查阅杜定友遗稿事之进展，同时就毕业论文选题征求先生意见。

5月6日，就徐雁4月27日来函所提问题，进行答复："回忆1978年，南京大学图书馆招收两位研究生，通过南京图书馆领导的同意，我担任了'中国古代目录学'的讲席。当这两位研究生撰写论文时，由于选题都是关于目录学的，因此导师施廷镛先生和我共同担任他们论文撰写的辅导员。目前一位研究生顾志华同志担任武昌华中师范大学中国历史文献研究所副所长；另一位研究生卢贤中现为安徽大学图书馆学系主任的助理。几年来他们都积极工作，成绩斐然。去年南大成立图书馆学系时，报请当时教育部批准，曾聘请我、彭斐章教授、朱天俊副教授、王传宇副教授、任遵圣副教授五人为该系教师队伍中的成员。为要使南大图书馆学系打好基础、从速发展，今年安排了两项科研，其中之一'当代西方目录学研究'的确由我领衔的。我既然担任了南大图书馆学系的兼职教授，自当勉力执教或领导进行科研工作。因此认为我所担任的科研项目中其他六位同志，都是系里任课的老师，经验丰富，写作也多，定能群策群力，完成任务，获得良好的成绩。事实的经过就是如此，恳请据实以衡，能顺利通过，以便进行。"

5月7日，广西大学中文系研究生姚继舜来访，并转交林仲湘致先生函件。

5月8日，将《试论古籍索引与历史文献的关系》一文投寄《广东图书馆学刊》，同时附函商量杜定友遗稿《我与省馆——治书生活之七》发表及稿酬事宜，该文发表后请编辑部直接将稿酬寄给杜鹃，样刊则分寄杜燕、杜鹃及先生。同时询问3月7日汇款补购《广东图书馆学刊》进展。

是日，致函林仲湘，谈《古籍图书集成索引》编制事，谓："'人物传记''艺文篇名及作者''引书及作者'三种索引工程浩大，绝非出版社所能担负得了的。我想这三种索引，最好不要附在原书之内，对出版社只要能将'前言、凡例、要目简释……部名索引、图表索引等100万字'的材料同原书出版即可。这样可以及时赶上，其他三种索引编好后，可以交出版社的材料重行组织单行本出版，这可使收藏原书的图书馆和私人要购，即使未藏原书的学者、专家也可备置。"并建议林仲湘等人参考《辞海》四角号码索引。

是日，复傅广荣5月2日来信，感谢其问候，并谈分类法的学习与使用，谓："在我们思想上必须明辨，知道目前几种分类法所存在的问题。当我们使用某一分类法时，要理的其中的得失、优劣，这样就可以不盲从，达到不仅知其然，而且知其所以然，等到成熟时有新出现的图书分类法时，不至于接受不了。"

是日,就 4 月 16 日投寄《四川图书馆学报》的《再论综合性科学类在〈中图法〉中的三大问题》一文中五处抄写错误制"勘误表"一张,寄该刊编辑部。

5月9日,朱崇阶来访。

是日,徐燕复先生 3 日去函,谈徐龙回国相关事宜,并告知近况。

5月10日,贵州日报《文摘》杂志编辑部就该刊发展问题来函征求先生意见。

5月12日,先生投寄《图书情报知识》之《校勘一得》一文,因内容与该刊宗旨不符被退稿。

是日,吴正方将《图书馆微观改革》草稿寄请先生审阅,并告知寻求先生简历及论著目录是"作为《文化志》的'专记'内容,同时,报县志办、县文史办备案"。

是日,杜燕复先生函,告知共收到各杂志寄来杜定友遗作发表稿费 129 元以及其女儿汉英于 5 月 5 日病逝消息。

5月13日,黄恩祝复先生 4 月 9 日去函,并汇报《申报索引》编制情况。

是日,魏德裕致信恭贺先生乔迁新居,并表示南大愿意派人协助先生搬迁及藏书的整理。

5月14日,完成黄宗忠《图书馆学导论》一书序文并寄出,同时附函一封,谓:"最近几年来,我曾为知友写过几篇序。写作过程中经常是先通读一遍,而后精读重点。大作篇幅巨大,通读已非易事,内中特点优点,琳琅满目,要精读的地方,不可胜数。以致长久未能下笔。目前所写好的,只好算一篇读书笔记,实在不够成熟。我曾想,写序不是个人的事,而是写者与作者双方有关的。过去我写好后,先请原书作者审阅,提出意见,而后再进行修改补充,使双方大家同意,才算完稿。这样,就对原书尽了责任,对读者有更大的好处。现在把草稿寄上,也请您提出意见,让我修改,或者您直接斧正。总之,这次写序让我得到一个学习机会,增长了不少见识,所提优缺之点,是否妥当,我是没有把握的。务请告知为幸!"

> 按:钱亚新先生为黄宗忠《图书馆学导论》所撰序言后以《评介四种图书馆学基础理论著作》为题刊发于《图书情报知识》,但不知何故《图书馆学导论》出版时,先生序文并未列于书前。

是日,阅读《图书馆》1986 年第 2 期,感到内容丰富新颖,遂致函该刊编辑部唐宝康,谓:"我今天看到了贵刊1986年第2期,内容丰富而新颖,'三个面向',并非夸张,我们的'学报'应该向您们的学习。尤其要谢谢您代为校正原文中的失误。我浏览了《一九八五年湘版书掠影》一文,评介湘版书籍,非常扼要,读了以后,不仅扩大眼界,而且对于采购工作大有裨益。又读了《明朝皇史宬始末及其特点》一文,难为了作者的辛勤劳动,挖掘了一个典型的专藏书库,这对于藏书史方面,颇有参考价值。从阅读过程,发现误植多处,这是目前期刊中的通病,我们要提高刊物的质量,对此加以重视,实有必要。如何能做好校对工作,还值得动动脑筋、想想办法的。"

是日,复徐燕9日来信,告知近期身体欠佳,准备尝试中药,并告知阅读中医典籍心得,谓:"最近我在翻阅《黄帝内经素问译释》一书,深感中医治病与西医大不相同。前者从整体出发,后者从局部出发。从整体出发,注意病人的身心以及病态;从局部出发,所谓'头痛医头,脚痛医脚'。再中医疗效慢,但病好后即能全部恢复;西医疗效快,但病好后并未照顾到整个身心的健康。尤其气喘风湿等病,更需长期服药,逐渐逐渐地驱除病因的,决难吃些西药能治本治根。"

是日,罗友松寄赠先生《图书馆学原理》一书,并附函一封,代该系学生孙豪展借阅《艺风老人与目录学》一文,同时告其将出席6月3日至7日在南京医学院举行的全国高校"文献检索与利用"课教材编写会,届时将拜望先生。

5月15日,先生寓所由南京成贤街迁至小火瓦巷20号江苏省京剧院宿舍,该寓所是江苏省文化厅为落实知识分子政策而分给先生的。由于迁居,先生决定将所藏大部分图书捐赠南京图书馆及南京大学图书馆学系。

是日,致函梁美云,请其就"现代编目学"问题展开研究,谓:"经济的改革,必然引起文化改革的高潮。目前全国一片大好形势,图书馆事业,大有用武之地。而图书馆学教育工作,正方兴未艾。建议您把十余年教学经验,加以总结,著书立说,以传于世。我出这样的一个题目'现代编目学新探'其大纲分为:理论部分:编目学的意义、功用、关系、价值、地位等等。史论部分:中国图书编目史略,外国编目史略等等。实践部分:手工实践、计算机实践、机联实践等等。未来部分:二十一世纪的编目学预测。"

是日下午,倪延年来访,但由于先生已搬至小火瓦巷,未晤。

是日,桑良知致信问候先生,并告知其正着手准备开设图书发行管理学。

5月中旬,外甥女曹圣洁至南京拜访先生夫妇。

5月16日,审阅完吴正方5月12日所寄《图书馆微观改革》一文,复函一封，认为该文"写得很有条理，论点明确，论证稍感不足"，告知拟将该文介绍给《图书馆研究与工作》或《黑龙江图书馆》。

是日，倪延年致函先生，恭贺先生乔迁新居，并告知其至南京工学院上课所获得的课时费全部上交图书馆。

是日，赵世良复先生5月1日去信，表示："刊物确实可分三级，但如有不愿出混合型的，亦无不可，难求一致，一刀切不得！"同时也提出，稿费应该不能单凭字数，二是应根据质量发放。

5月17日，先生整理书架，不慎闪了腰部，后发展至第11—12脊骨变形发炎，经医治吃药、敷药两三周后，略有好转，但较长的一段时间内不能执笔写作。

是日，汪一飞致函向先生夫妇问安，并告知其因身体不佳学术研究之事只能暂停。

是日，杜燕致信先生，告知收到上海《图书馆杂志》所寄稿费28元，并述其女儿丧礼情形，为寄哀思，作诗两首，分别是："生离死别世常有，不该白头送乌头。欲哭无声暗泪流，阵阵隐痛在心头。""痛定思痛痛更痛，白头会把乌头送。天旋地转水倒流，风风雨雨朝我冲！"

5月18日，先生乔迁事宜结束，正式入住小火瓦巷寓所。是日与家人游览郑和公园，并拍照留念。

5月19日，致信赵世良，告知杜定友遗作《著者号问题》已誊抄完毕，待校阅完后即寄送以安排发表，而其所投《江苏图书馆学报》文稿已安排在第二期发表，另外告知赵世良新居地址。

是日，复桑良知5月15日来信，嘱其认真准备图书发行管理学课程，并告知最新通信地址。

是日，孙钱旭东致信问候先生夫妇，并告知学习、生活近况。

5月20日，倪波来访，探讨专业问题之余，还谈及先生孙儿钱旭东之事，倪波希望钱旭东大学毕业能来南大攻读图书馆学硕士，先生觉得此提议很好，因为：一、南大是钱旭东父母钱方夫妇当年求学之地，二、钱旭东学习图书馆学也是对其专业的一种承继。

是日，中国大百科全书出版社文教部《图书馆学·情报学·档案学》编辑组致信先生，请其担任"通志·校雠略""经义考""祁承㸁""千顷堂书目""郑樵"五个条目撰稿人。

是日，河北师范大学图书馆图书情报学研究室寄赠先生该馆新创期刊《图书馆工作》一份。

是日，吴正方复先生5月16日去函，感谢先生指正，认为该文的完成受先生教益良多,故请先生参与署名,同时恭贺先生乔迁新居。

5月21日,复魏德裕13日来函,告知新居地址,并请魏德裕前来面谈赠书事宜。下午,致二子钱方家信一封,告知小火瓦巷新居布局及徐龙回国探亲事,随信附致孙钱旭东、孙女钱江东函,勉励其认真学习。晚,应邀赴南大参加南京大学图书馆学系聚餐。

是日,南通图书馆张展舒就张謇论著中"经理之事,关乎学识,孰副彭聃之职,孰胜向歆之资……"所提"彭"系何人来函请教先生。

5月22日,先生应邀赴南京大学,参加该校校庆活动。该校图书馆学系授以先生兼职教授的聘书,并赠先生福建制工艺品"青松寿鹤"锦框一座以作纪念。先生颇高兴,认为"是我五十多年来在图书馆事业和图书馆学研究上尽了一些贡献的酬报"。

是日,为况能富著作签署鉴定意见,并附函一封,告知新居地址。

是日,复倪延年本月16日来信,赞赏其将讲课费呈交学校处理之举,同时告知最新通讯地址。

5月23日,收到罗友松寄来《图书馆学原理》一书,复谢函一封,并就《艺风老人与目录学》一文进行答复,谓:"《艺风老人与目录学》一文,还是二十多年前的旧作,1980年江苏省图书馆学会举行年会时,我曾根据旧作扩充为《略论缪荃孙对我国目录学上的成就和贡献》一文,此文后收入《江苏省图书馆学会1980年科学讨论会论文选集》中,兹抽寄一份,请转交孙豪展同学参考,63年所作可以不论了。"同时告知罗友松新居地址。

5月24日,南京大学魏德裕来访,商量先生赠书事宜。

是日,复黄恩祝本月13日来信,告知黄恩祝《再谈〈读者学〉》一文将按时出版,另建议《申报索引》在处理同人异名问题时"只能采取活络的办法,那就是'知之为知之,不知为不知'"。随信并附杜燕致《图书馆杂志》编辑部谢函,请罗友松转交。

是日,复杜燕5月12日、17日两信,对杜燕女儿逝世表示哀悼,对杜燕学习作诗也予以鼓励,并教授杜燕作诗之法,同时对其诗作进行了润色修改:"死别生离世固有,白头难忍送乌头。而今母女情深在,欲哭无声泪自流。雨雨风风不胜愁,长眠荒野倍增忧。白头怎把乌头送,地转天旋水倒流。"

是日,桑健致信先生,告知《科技期刊管理与利用》出版及赠送情况。

是日,二子钱方复先生21日去信。

5月25日,赵世良复先生19日去信,恭贺先生乔迁,并请先生代为问候汪长炳先生。

是日，魏德裕将其草拟的关于先生赠书计划及程序寄呈先生，并询问 6 月 2 日南大图书馆学系派人去成贤街先生旧居整理赠书是否妥当。魏德裕代拟之计划如下：

一、藏书包括非图书馆学、目录学藏书，全部赠送南京大学图书馆学系。

二、于六月二日派人去成贤街 90 号整理藏书，并列清册一式二份。清册详列书刊名、编著者、版本、册数，经钱老过目后，书即运回南大。

三、成贤街藏书清册完成后，随即去太平路小火瓦巷 20 号造册，一式二份，书即运回南大。

四、钱老手稿（包括已发表的和未发表的）全部赠送南大图书馆学系，必一并造册，随书运南大。

五、钱老本人的藏书章由钱老安排，交由图书馆学系另行安排时间代为钤盖。图书馆学系另用"钱亚新教授赠书"章钤盖。

六、于六月下旬举行赠书仪式，由领导、钱老讲话，正式办理赠书手续，由南京大学图书馆学系授予奖状……并摄影留念。

七、所赠图书、手稿，由南大图书馆系设专橱陈列，严加保管，未发表的书稿，建议派人整理，争取陆续发表，或汇成专辑出版。

一九八六年五月廿五日魏德裕代拟

是日，四川工业学院图书馆邵森万将其撰写的《论图书馆的产业性质和产业化的问题》《产业化是图书馆在社会主义历史时期发展的必然趋势》两篇文章寄请先生指正。

5 月 26 日，徐召勋将《我们是怎样开展书评工作的?》一文寄请先生指正，并附函告知先生《图书馆学期刊式论文索引述评》一文《安徽高校图书馆》已经发排无法更换，《论核心期刊》一文也已转交该刊责任编辑。

是日，《福建图书馆学会通讯》致函先生，告知《文摘学论要》一文已被录用并于第 2 期刊出。

5 月 28 日，朱崇阶致信先生，告知其编撰先生论著题录情况。

5 月 29 日，复魏德裕 25 日来信，告知因为搬家遗留家具杂物甚多，成贤街旧宅无法在 6 月 2 日腾空，请其延期派人。至于魏德裕所拟赠书计划，先生"基本同意，但目前我须于写作有所活动，藏书全部交赠，自己就将无用武之地了。关于拙作手稿问题，发表过的，自可先行整理交出，尚未发表的还是由自己动手整理择要发表较妥。如其委托他人进行，反而不易抓出头绪，分别重轻急缓。总之，大前提是不成问题的，细小节目，还得考虑，尤其仪式一节，最好等到水到渠成进行"。

是日，曹玉洁就南京图书馆馆史书面题词人选来函征求先生意见。

是日晚上，郑伟章由侯汉清介绍来访先生，并带来侯汉清介绍函，函中除介绍郑伟章外，还询问先生对其《引文索引法》一书的审阅进展。

是日，先生外甥女王念慈得知先生乔迁新居，致信祝贺，并向先生夫妇问安。

5月30日，复29日侯汉清信函，告知与郑伟章面谈情况及《引文索引法》阅读进展，谓："昨晚接待了郑伟章同志，相谈一个小时多，获益良多。郑同志目前虽在《红旗》编辑部工作，当并未完全放弃所学，而且与同学合作著述有关藏书家史略外，还与来新夏教授合写《中国图书及图书馆事业史》，实在贵能可贵。尤其勤于访问收集资料，这是有利于撰述，我认为郑同志前途无量，是我们队伍中的有为之士。《引文索引法》已看了大半，一两天内即可结束。此书是一名著，翻译出版，自有必要。由于《引文索引法》对于国内学术界究竟比较陌生，建议您撰述译序一篇多多述其重要性，科学性和实用性。另外一个意见，我们应该在我国选择一个较普通的学科，编制'引文索引'，作为范例，而加以提倡。未知以为然否？有便请驾临舍下一叙。"

是日，复徐召勋5月26日来信，告知《我们是怎样开展书评工作的？》一文阅读感受，谓："《我们是怎样开展书评工作的？》阅读后，深感要进行一项新的工作或建立一项新事业，先须有组织机构，而后须有领导、有计划、有步骤向着目标进行，才能成功。你们的书评小组在您的领导下，不仅已经有了显著的成绩，而且前途发展，未可限量。目前当务之急，似乎要开辟一用武的战场，发表各方面有关的写作。我看《读书》杂志，好像是经院派，《书林》比较生动些。是否可以与《发行工作》刊物结合起来而出版一种期刊，除以各类型图书馆为对象，还要满足一般读者的要求。《文汇报》出版的《读书周刊》颇可作为参考。内容方面，可以除书评和出版发行工作外，当然要多加栏目，吸收中外名著，提倡读书，开阔眼界，而提高文化，使读者能潜移默化与书为友"。

是日，复桑健5月24日来信，赞同赠送江乃武《科技期刊管理与利用》，并告知邵延淼书稿已与江苏教育出版社联系，同时推荐倪延年赴大连担任教职。

是日，南京大学刘圣梅来函介绍该校天文系蒋窈窕拜访先生，商谈卢震京遗作《中国古籍书目解题》出版事项。

是日，杜燕寄还先生《原野》一书，并感谢先生对其诗作的修改。

5月31日，复二子钱方信，告知搬家后情况及工作重点："现在环境改善了不少，亮亮特地由国外赠予彩电一座，颇为生色，母亲也可借此消磨时光，我也可以调剂生活。请了一位女工，年60余，很清洁，做事也利落，这就使妈妈省了不少神思。今年我的工作重点以整理杜老师的遗著为主，大约可以先出一本单行本的自传，而后再出一本《图书分类问题》专著，约廿万字。至于我自己的写作，以前一二年所撰的加以修正即可应付所需了。上半年已可估计有5—6篇文章发表，也就可以讲得过去了。""这次搬家，亮亮、康康家出了大力，纱窗都是亮亮、志远、康康装的。现在我们两老住一室，女工和王宁住一室。这里在宿舍之中，白天晚上都无车马喧扰之声，对我来说，总算'得其所哉'了，晚年有此情景，也可以补以前的不足而安心写作了。"并附致孙钱旭东、钱江东函一封，嘱咐其踏实、认真学习，"要养成独立生活、自学的本领，那就比较容易进步"。

是日晚，张厚生来访。

6月1日，桑良知复先生5月19日去信，恭贺先生乔迁新居，并告知其7月份要参加安徽省高考阅卷，8月份如有时间将来宁拜访。

6月2日，致函吴观国，询问6月3日至7日召开的全国高校文献课教材编写研讨会情况，并请其转交致刘湘生、罗友松二人函件，邀请他们便时来家晤谈。

是日，致信杜鹍，感谢其对钱亮在广州期间的热情接待，并告知杜定友遗稿整理发表情况。

是日，收到赵世良所寄《黑龙江图书馆》1985年全部四期刊物及特刊两种，复函感谢，并陈阅读后的初步感受，谓："看了后面多年选目的索引，要比一般的年度索引合于规格。这就可见贵刊编辑部能力排时弊，提高质量，这是值得学习的。"

是日，桑健复先生5月30日去信，恭贺先生乔迁新居，并汇报近期正搜集相关资料，打算研究索引，同时还向先生汇报了大连工学院学科建设过程中师资缺乏的问题，并表示愿意邀请倪延年的想法。

6月3日，黄宗忠收到先生为《图书馆学导论》所作序言，致函表达谢意并告知《图书馆学导论》出版计划，"读了您的序文，受益不浅，对于《图书馆学导论》一书的修改将会起到积极的作用。今年九月国家教委教材办公室将就此书进行讨论。我希望纳入国家统编教材，这样就省事多了。我打算在九月讨论后，再根据意见修改，修改后，我希望将序文收在前头，在教材没有正式出版前，我愿先生的序文在刊物上先行发表，不知是否可以。《图书馆学导论》一书出来后，国内反响较强，尤其是青年学生，最近据说已有不少人写了书评。我想先生不久会见到,本书还有某些缺点,我准备修改时加以改进。"

是日,《安徽高校图书馆》编辑部致信先生,告知《论新型文献核心期刊》一文已被录用,然限于篇幅需要删减部分内容,就此征求先生意见。

是日,二子钱方致家信一封,告知家人近况,随信并寄香港《大公报》一份,该期报纸上有"纪念元谋人发现廿周年座谈会"的报道。

6月4日,复桑良知6月1日来信,感谢其弟赠送茶叶,并告知其论文《时代的产物 图书发行学》将于《江苏图书馆学报》第三期刊发。

是日,复朱崇阶5月28日来信,告知其所作《填补空号使不得!》一文将安排在《江苏图书馆学报》第三期刊发。

6月5日,致信彭斐章,向其推荐侯汉清所译之《引文索引法》,函谓:"最近我拜读了侯汉清同志翻译《引文索引法》一书的片断,深受感触。此书是图书情报学的名著之一,值得介绍于国人,并希您院能收入丛书之中,对于这一问题的研探,定将大有利于我国图书情报研究的发展和促进的。"另外告知吕斌所写之《什么是图书馆学方法论?》一文,已安排在《江苏图书馆学报》第三期。

是日,王可权致函先生,告知因事本周无法来看望先生夫妇,特此致歉并约定下周再来探望。

是日,杜鹈复先生2日去信,恭祝先生乔迁,并告知发表杜定友先生遗稿各专刊样刊及稿费收讫情况。

6月6日,致信表弟陈耀祥,告知新居情况,并询问杜定友自传翻译及探讨对"文摘"的看法,谓:"除自传以外,杜老还留下不少遗稿,目前正在继续整理编辑,希望能在下半年再发表一批,到明年杜老逝世20年,集成单行本以作纪念。记得你从前曾赠阅一种文摘,现在还编刊否?其内容是偏向经济的。目前有不少文摘报的内容比较丰富,强调历史性、趣味性、常识性,如北京的《文摘报》、上海的《报刊文摘》。其实文摘主要是为科技服务的,到了我国什么都有文摘,这就未免扩大了范围。因此有些日报有每周文摘,如上海的《文汇报》,有的甚至每日都有文摘如南京的《扬子晚报》。这种情况反映了读者的兴趣和阅读倾向,而与科研、教学、生产关系不大,失去了原来文摘的用意。不知你对文摘这种第二手文献有何看法?有何设想?"

是日,审阅完孙豪展《钱亚新先生目录学思想初探》一文,提出如下意见:"孙豪展同志撰述这篇论文,是用过一番功夫,看过大量的有关著述,基本上掌握了本人目录学思想重点,全文的布局和行文,也有一定的特点,尤其强调联合目录和推荐目录两点,使论文更具有现实意义。但是从整个文章而论,尚有一些不足之处。其中之一是对我撰述上的问题……其中之二,作为论文的要求,尤其对某人学术思想的论文,当引用原作者的论据论证时,最好要注明所引之文的出处所在,以供读者可按文复核,进行参考。关于这点,张亚芳同志的写法比较妥当,可作参考。"

是日,魏德裕致函先生,请先生帮助推荐卢震京遗稿出版事。

是日,樊荣茂将其根据"文献检索和利用"教学经验撰写的论文寄请先生指正,并汇报写作计划"① 贵刊有兴趣的话,我打算写'复印机技术讲座'(5次左右每次三—五千字)② 编一本《情报意识培养》,汇集20—30 篇有关文章,供大专院校学生、工程技术人员辅导材料之用"。

是日,宜兴丁蜀镇志编纂委员会办公室就编辑镇志事致信先生,提及凡丁蜀籍工程师、教授、专家等都要编入镇志之中,故请先生撰写简历一份于八月底寄至该办公室。

6月7日,下午,倪延年来访,商谈《科技期刊管理和利用》一书赠送人选及出版事宜,经商定决定赠送:南京图书馆、南师大图书馆、华东师大图书馆学情报学系、南工图书馆专修科、南大图书馆学系、安大图书馆学系、南京医学院图书馆、南京航空学院图书馆、南京农业大学图书馆学系、《安徽高等院校图书馆》编辑部、武汉大学图书情报学院11 家单位。

是日,审阅完张亚芳《钱亚新现设索引思想初探》一文后,提出如下意见:

> 作为一篇本科生的毕业论文,已经可以合格,主要的原因,不仅收集了相当丰富的素材,而且组织素材也花了一番心血。立论鲜明,论证翔实,注释阐述也基本上合于法度。尤其后面特别强调汉字排检法的重要性与索引密切关系这点,的确发挥了作者对于索引思想上的组成部分,比较难得。
>
> 在 28 页上提到的引用洪业"中国字庋撷"时,把原文的"撷"误为"撷",必须改正。"撷"与"撷"两字既同音又同义,在一般行文中可以互为代用,但作为"中国字庋撷"时,却不得代用,因为"庋撷"二字是代表"中国字庋撷"这个排检法的十种笔形。关于这点请参考燕京引得社出版的索引或有关讨论"中国字庋撷"的有关文章,就可知其中关键所在了。
>
> 再,在 29 页上所引的点、横、竖、撇、折五种笔形的最后一种,不宜写成"乛",而只能写成"一"即可。
>
> 以上两点仅是小疵,瑕不掩瑜,修改一下即可。

最后文中能提及原著方面的不足之处,这点是好的,可惜还有些轻描淡写,最好深入再找一下其中较重大的缺点,提出来以供读者和原著者参考。这样,就能使这篇论文更加生色而具有更重要的价值。

是日,就《论核心期刊》一文发表事宜致信《安徽高校图书馆》编辑部朱少华,谓:"关于发表拙作,首先要感谢你们编辑部的盛情厚意。由于篇幅较长,如要删节,自当同意。但有一点请加注意,那就是删节以后,文章的前后要保持一贯,不能发生前后缺乏照应而形成漏洞。拙作撰写的前后经历,颇有曲折。此文系《科技期刊管理和利用》中的一章。这书现由大连工学院图书情报学专业打印。为要使读者略知其中原由,我不揣冒昧写了一段《编者按》(见另纸)以供参考。另寄赠(挂号)《科技期刊管理和利用》一书给你们编辑部,请指正!由于尚未核校,打印稿中难免有误植之处。"

附:[编者按]

本文系《科技期刊管理和利用》的第七章,原名为《核心期刊检索和例举》。这书的前六章是:《期刊的定义、特点和作用》《期刊的起源、发展和趋势》《科技期刊的现状和趋势》《科技期刊的类型和分布》《期刊工作的组织和管理》《期刊检索工作》;后两章是《电子计算机期刊检索概况》和《期刊工作的发展趋势》。本书的编者为倪延年和钱亚新,审编为桑健。而本文的执笔者则为钱亚新。

我们认为由于科技期刊所刊载或讨论的大抵属于各种高、精、尖的问题,它们对于我国当前四化建设所起的作用实在超越于一般图书。而各科中的核心期刊尤关重要。因为只要能掌握各科中的核心期刊,就有可能用较少的经费获得更多的参考资料。为此我部先将本文删要发表出来,以供同好进一步研探。

这本书的内容比较丰富,观点比较新颖,而介绍机检期刊方面,尤其值得重视,因为这是将来发展的方向。

这本书现由大连工学院图书情报学专业于1986年5月打印出版。各类型图书馆或个人如欲购置,可向该专业联系。

是日,致信《图书馆学刊》编辑部,感谢其发表杜定友先生遗稿,并汇款3元补购该刊1986年第2期两册以及预订第3—4期各一册,以便将来装订成册,永作参考。

是日，收到杜燕寄还《原野》一书，复函一封，并谈诗歌写作事，谓："古人说'诗言志'，实在讲写文太长，写诗较短。但比较能表深情厚意。如果你喜欢学一学，倒是很有意思的。过去我不大写诗，在'四人帮'打倒后的一年，我跟一位老先生学诗，我们经常有二三知己互相唱和，颇有收获。近来只偶一为之而已。前些时候南京工学院图书馆学专业［学］生同志，要我题辞，我写了一首诗以赠：'燕舞莺歌旭日东，鹏程万里飞长空。振兴华夏尔曹责，服务人民第一功。'首句是讲目前的一片大好形势，二句是祝贺他们前途的远大，三句是殷切的希望，末句是一个图书馆工作者的为人民服务的重要性。"

是日，钱方致家信一封，欢迎钱康之女王宁赴京。

6月8日，收到桑健寄来的《科技期刊管理及利用》打印本8册及《目前我国高等院校图书馆现状的调研报告汇编》3册，复谢函一封，并谈对高校图书馆发展及图书馆学教育看法，谓："我们还要一方面鼓励同志们努力工作，做出成绩来争取有关领导的重视，另外还须努力宣传高等院校图书馆的重要地位及其在教学科研上的巨大职能。要办好一个学系或专业并非易事。首先要具备优秀的师资，充分的设备和周详的管理。尤其重要的系内的职员要有'同心同德，树木树人'的合作精神、培养队伍的思想。""如能集中三五个年轻力壮的同志，形成一股核心力量，同时影响于其他有关人员，则前途的发展就比较易于为力了。在教学工作中，教材的建设也是十分重要，对此的要求要新颖要稳定，然而其中有矛盾。于是采取一种教材而加以补充，实在必要。如果拘于一隅，就不易向前发展了。因此即使编成一种教材，要能在两三年内更新一次，才能立于不败之地。为什么外国书的版次不断地一而再、再而三，是有道理的。""这几天在南京召席了一个研究高等院校××文献检查与利用的会议，据说拟编制一套有关的教本，这一种功课，我认为是以分类、编目、参考、检索、研究混为一体的学科，对于专业学生是大有利的。"

是日，收到刊载有杜定友《我与复旦》遗作的《福建图书馆学会通讯》1986年第1期样刊。

是日，赵世良复先生6月2日去函，告知《黑龙江图书馆》刊后选目索引编辑情况。

是日，钱方致信问候先生夫妇，并告知全家近况。

6月9日，复黄宗忠3日来信，表示期待《图书馆学导论》一书能早日列入国家统编教材，并就序文发表及修改作一说明："任何著述，一次就要达到尽善尽美是不大可能的。如果能见到的书评越多，就可证明这书的影响越大。我所草写的序文,仅供参考而已。如其您同意发表,我也赞成。其中是否妥当,实在没有把握。由于序文较长,在报纸上发表,似属难能,建议在贵院所编的《图书情报知识》第3期上刊载,能赶上八月出版,那就正好及时。其他同类型的刊物,十九都要延期的。未知尊意如何？再者序文发出之前正是搬家,当时在表一第一种关于图书采访项中空缺未填,因为所引一书已经捆扎,现在请补上当为《图书馆学基础》的第五章《图书馆藏书》。"

是日,就南大派人整理赠书事致函魏德裕,并提出几点建议:"先整理成贤街的存书,内容有中外书刊和古籍多箱,程序能否先用无用的卡片,各部书编制草目一份,将来经过我过目,提出若干赠予南京图书馆(这是我以前答应过的)。这些图书大概可算第一批。其次,来小火瓦巷整理线装书,图书馆学期刊和其他图书,尽量把需要大的也写成卡片,提出来作为第二批。而后把第一、第二批汇合起来造册作档。再隔几年而后进行第三批,作为补充。到那时可能所赠之书,在系内或许能发生作用了。关于线装书中有一部分尚须整修,关于期刊,建议装订成册,以便不易散失,而供参考。可惜解放前有几套少上一二册,如能设法补齐,也是一件麻烦的事。从何日开始,请与系主任商量一下,总之成贤街与小火瓦巷能于6月内结束,最为便利。如其到了七月,天气太热,就不够方便。旧卡片南大图书馆当有,其他文具用品也请自备。由于小儿平日工作,我们又远居于小火瓦巷,如有招待不周,恳请原谅！"

是日,审读完邵森万5月25日寄来文稿,复函一封,表示"图书馆事业要出现一个飞跃发展的新局面,不仅在办馆思想上先要来一个巨变,而在工作方法上也要打破旧框框。我们不能老是伸手向国家要钱来维持,应该借助外面的压力和内部的动力来逐渐自谋出路,自力更生。这样才能在社会上提高我们的地位,发挥我们的作用",并告知邵森万未发表的一篇文稿已转交《江苏图书馆学报》编辑部。

是日,致函常持筠,向其推荐《科技期刊管理和利用》一书,如其需要可至南图研究辅导部图书馆学资料室借阅参考。

是日,南京师范大学《文教资料简报》编辑室俞润生致函先生,告知先生文稿《〈宋词四考人名索引〉的得失》已经收讫,感谢先生对《文教资料简报》的支持,上海古籍出版社即将出版唐圭璋先生的《词学论丛》,《宋词四考》亦收入其中,而先生《〈宋词四考人名索引〉的得失》文中指出的错误上海古籍出版社都已做详细校正,因此《文教资料简报》就不再发表先生文章。俞润生信件中并附唐圭璋先生5月30日致先生函件一封,感谢先生对《宋词四考人名索引》的评述。

6月10日，致函《福建图书馆学会通讯》，感谢刊发文稿，并表示该刊1986年第1期上"'论文摘要'这一栏目，颇有交流经验、互通信息的价值"，对该期刊发何鼎富《中外统一刊号再探》一文观点也表示了赞同。随函附杜氏三姐妹对《福建图书馆学会通讯》刊发杜定友遗稿的谢函。

是日，投寄《文献》之《江标与宋元行格表》一文经编辑部审阅后被录用。

6月12日，徐召勋将《目录学》（原名《学点目录学》）一书寄赠先生，并告知其即将出版的《文体分类学概要》一书书名被出版社改为《文体分类浅谈》。

是日，桑健来函汇报《科技期刊管理与利用》赠阅情况及其所著《图书馆学概论》一书发行、获奖情况，同时汇报大连工学院图书情报专业研究生教育发展计划。

是日，张荃致信先生告知因忙于至深圳、武汉开会以及参加象棋比赛，无法来宁探望先生。

是日，宜兴丁蜀镇志编纂委员会办公室来函告知钱亮、钱方、钱康三人因有"工程师"职称也可写入丁蜀镇志，请三人将个人简介寄至丁蜀镇志办。

是日，《图书馆界》致函先生，告知《与主题目录打交道》一文被录用。

6月13日，复樊荣茂本月6日来信，赞成其编辑《情报意识培养》论文集的想法，并建议其"教学心得二则"一文投《大学图书馆通讯》，以期发生更大更好的影响。

是日，复二子钱方8日来信，宽慰其妻凌小惠申请美国奖学金进展不顺事，并叮嘱加强对其子旭东学业的督促。随信附致孙钱旭东、孙女钱江东信，勉励其认真学习，要"学以致用，要学到家，那就是解决各门功课中存在的问题。这要动脑筋，决不是读死书，死读书，而是要能活用书，善于用书"。

6月14日，复唐圭璋函，告知近况，并请唐圭璋保重身体，以"更好地培养莘莘学子，为我国词学界造就优秀的人才"。

是日，复俞润生函，告知《〈宋词四考人名索引〉的得失》退稿已收到，请其转达对唐圭璋的问候。

是日，复吴正方5月20日函，告知其《宜兴县馆六十年》一文拟刊发于《江苏图书馆学报》1986第3期，并请教吴正方对于图书馆有偿服务问题的看法。

是日，收到河北师范大学图书馆图书情报学研究室寄赠《图书馆工作》，复谢函一封，并勉励该馆再接再厉。

6月16日，致函刘圣梅，邀请刘圣梅一起推荐南大图书馆学系收藏卢震京遗稿《中国古籍目录解题》，并作为目录学课程参考书。

6月17日,上午,傅广荣来访,并带来桑健委托其转交的资料若干。

是日,朱崇阶将为江苏省图书馆学会第四次讨论会撰写的征文寄请先生审阅。

是日,吴正方就图书馆有偿服务问题答复先生,谓:"至于增加收费事项目,减少无费项目,并由此使图书馆自立,在我看来,这是不可能的。(一)中央已有明确精神,图书馆为事业单位,由国家拨款。就是科研机构,亦是如此,自立只少数试点单位。(二)据有人统计,流通一册次书的代价达一元以上,假如是这样,愿意进图书馆的可能神经不那么正常,因为借书不如买书。再者,我国文化的收入水平也不具备这样的支付能力。(三)从国际上看,有的报道说法国是不收费的,但有的资料□,法国对借阅当场利用视、听资料,参加图书馆各种短训班等都不免费的。但有一点可以肯定,世界上一般图书馆都不可能自立,都必须依靠财政拨款、地方税收、私人募捐等来维持自[身]正常活动。(四)从社会发展趋势看,社会公共免费服务的项目应该越来越多,社会主义尤其应该如此。"

6月18日,收到徐召勋寄赠书籍,复函一封,对于《文体分类浅谈》一书书名,先生认为"改得通俗,这对于出售也许是有利的。现在您的作品能出得越多越好。我认为作为一个系主任,与其做行政的内行,毋宁做学术的权威",同时述其阅读《安徽高等学校图书馆》第一期感受:"看到您的对新生的讲话,非常切当而合身份;风台同志的文章,对于教学工作者是有相当的参考价值的;万培悌同志这篇文章也有一定的水平,可补《西文文献著录条例》之不足。在一期之中安大图书馆学系能占着相当的比重,这正足以说明我们这个系的教师阵容是有一定的水平的",随信寄赠徐召勋《科技期刊管理和利用》一册。

是日,将《索引与索引法》等数种资料寄交桑健,供其研究参考。

是日,复张荃本月12日来信,告知其乔迁新居事,欢迎其来访。

是日,王可权就《江苏图书馆学报》编辑部近期人事问题致函向先生汇报。

是日,钱方致家信一封,告知家人近况,并请先生夫妇从南京将徐克勤等人为凌小惠所写之推荐信直接寄至美国。

6月19日,黄恩祝致信恭贺先生乔迁,并汇报索引论著写作进展。

6月20日,先生被上海书店《申报索引》编纂委员会聘为顾问①。

---

① 钱亚新.六十年来生活工作简表、论著编译年录[M]//吴志勤、钱亮、钱唐整理.创新、求新、育人——图书馆学家钱亚新的一生.自印本.1993:64.

是日,复信南通图书馆张展舒,告知通过查阅《辞海》、郑樵的《氏族略》以及请南图咨询工作者代查都无法解决其5月21日来信中所提"彭"是何人的问题,但建议张展舒就市图书馆如何促进生产、科技、文教、工艺发展等问题进行专题研究。

是日,河北师范大学图书馆图书情报学研究室田文清复信感谢先生勉励。

6月21日,许培基将其所译《冒号分类法解释及类表》一书寄赠先生,并附函一封叙述该书翻译情况及译本中的不足。

6月23日,上午于先生家中召开《江苏图书馆学报》编委会议。收到由邱克勤转交的四川成都科学技术大学科技情报室吴声亮(原社教学院图博系学生)三篇文稿及《分编信息》两期。

是日,魏德裕致函先生,转告徐竹生将亲自登门与先生商谈赠书事宜,并转述了顾志华的问候。

6月24日,将自己所编之著述简目寄赠吴正方参考,告知已将其所撰关于图书馆微观改革一文投寄《黑龙江图书馆》,并询问其工作调动事:"关于您的调动工作问题,阻碍能否排除?这不是'微改'所能解决,实在应改写篇专题,论'人才流动是促进各行各业前进的动力',不知然否?记得我本人在解放前1928—1949年中,就在8处工作过,解放后一动也未动。后者年虽长而进步甚少,实不足为训!"

是日,致函朱崇阶,建议其撰写的质疑"中图法"相关问题的文章投《图书馆界》或《图书馆学通讯》或《北图通讯》。

是日,致函吴声亮,认为其所编之《分编信息》能起到已停刊的《图书馆学文摘》部分功用,并勉励其专心编辑《分编信息》。

是日,复信钱方,告知已于23日将凌小惠推荐信寄美。

6月25日,桑健致函先生,告知读完《索引和索引法》《郑樵〈校雠略〉研究》等论著感想,"《郑樵研究》,如获宝,很久想睹,今日得实现。《索引和索引法》已看完,收获不浅,知道前人是怎么个路数,后人好接着办。现在讲资源开发,索引不发达终归是一句空话,这件工作一定要做"。

是日,南京大学蒋窈窕致信先生,请其为卢震京遗稿出版撰写推荐信。

6月26日,顾志华致函先生,恭贺先生乔迁新居,并汇报工作、科研情况。

是日,朱崇阶来函表示同意先生对其文稿的处理意见。

6月27日,收到许培基请邱克勤转交的《冒号分类法解释及类表》一书及来信,复谢函一封,并认为:"以译著方法行文,比单单翻译较好。这是一种新型分类法，与列举式大相径庭。非加以学习，难于发言。因此，以此书来消磨伏夏，倒是可令人深思考虑的。你们将继续介绍国外分类法，实属必要。"

是日，樊荣茂将同事王子文撰写的论著一部寄请先生审阅。

6月28日，将为卢震京遗稿《中国古籍书目解题》撰写的致江苏古籍出版社的推荐信寄交蒋窈窕，并建议其再请南大中文系程千帆先生也写封介绍信。

6月29日，将《试论汉字笔形排检法标准化问题》一文投寄《图书情报知识》。

是日，代朱崇阶将其所作《〈中图法〉同位类目的配号是随意的吗？——向黄志霄同志质疑》一文投寄《北图通讯》编辑部，并询问钱唐所投有关京剧分类法一文的审阅情况。

6月30日，钱方来函问候先生夫妇，并告知家人近况。

是月，完成《推荐〈引文索引法〉》一文，该文未正式发表，后收入《钱亚新别集》之中。

7月1日，致信徐召勋，介绍其与桑健联系，并建议安大与大连工学院建立资料室交换关系。

是日，致信桑良知，感谢其寄赠茶叶，并告知其关于发行学一文拟于《江苏图书馆学报》第三期刊出。

是日，就河海大学源流问题函询周文逊，并告知新居地址。

7月4日，致函白国应告知杜定友遗稿整理与发表情况[①]。

7月6日，致信黄恩祝，告知《江苏图书馆学报》"准备对'读者学'的正名问题展开讨论，请做好思想准备，写出《三论〈读者学〉》"，并告知新居地址。

是日，以明信片代复樊荣茂6月27日来函。

7月7日，审读完某位高校图书馆工作者的"业务自传"，认为"其中具有三个特点：首先是这位作者能全心全意为系里师生服务；第二是对图书馆业务能精益求精；此外对系图书室未来的发展能精心规划"，先生将该文原稿及审阅意见寄交南京图书馆副馆长孔宪楷，并附函一封，建议"将这篇'业务自传'先行复制，而后打印发给全馆工作同志，作为业务学习参考资料，也许由此可使大家得到启发而有利于我馆事业的发展和同志们的进步的"。

---

① 白国应.钱老与我的学术通信[M]//钱亚新.钱亚新文集.南京：南京大学出版社，2007：615.

是日，倪波就南大环境保护学系资料室胡德安晋升职称一事介绍有关人员拜访先生并请先生签署意见。

7月8日，审阅完《江苏图书馆学报》编辑部转来《论图书馆资源共享》一文，致函王可权，表示该文可安排在第三期。如果因为该文篇幅过长，先生建议将该期自己所写文摘撤下，因为先生认为《图书馆学文摘》已复刊，《江苏图书馆学报》可不设立专门文摘栏目。

是日，收到桑健寄还的《索引和索引法》等资料，复函一封，力邀桑健为《科技期刊管理与利用》一书撰序。

是日，原社教学院新闻系1949级学生谢在田来函告知已收到先生所汇《峥嵘岁月》(国立社教学院校友回忆文章结集)一书订购费，并告知荆三林将为图博系撰写专文事。

7月9日，参加张厚生、路小闽主编《情报检索》一书鉴定会①。

7月10日，徐竹生来访。

是日，南京工学院路小闽受张厚生之托来访，请先生为其与张厚生合编的《情报检索》一书撰序。

是日，杭州图书馆李明华致函先生，对《江苏图书馆学报》刊发其文表示感谢，并请先生担任杭州图书馆同仁职称晋升材料评阅人，同时汇报杭州图书馆新馆建设及发展情况。

是日，侄孙钱克东致信问候先生夫妇。

7月11日，就藏书捐赠南大一事致函徐竹生，"关于整理我的赠书一节，昨经考虑，已拟出一个简要的办法。为了使整理同志事半功倍，建议下星期一上午八时请参加同志到舍间面谈一次，由我作出交代，而后由志勤同志率领前去进行工作。届时请带卡片（白卡和期刊登记卡）、印泥以及其他文具为要！"

是日，收到河北师范大学图书馆田文清寄赠之《图书馆工作》第1、3两期，致谢函一封，并希望该馆寄赠一份该馆所编"新书通报"，以作参考研究使用。

是日，上海书店出版社路倞将《申报索引》顾问聘书及索引编纂工作简报寄赠先生，并请先生收到后回信一封。

7月12日，致函赵世良，感谢其指出投寄《黑龙江图书馆》文稿中错误，谓："佟曾功误为佟贵功，真是失之毫厘，差以千里。你是我的一字师，如其

---

① 钱亚新.六十年来生活工作简表、论著编译年录[M]//吴志勤、钱亮、钱唐整理.创新、求新、育人——图书馆学家钱亚新的一生.自印本.1993：64.

不是碰到你手里,将来可能还要弄出笑话呢。近两年我曾发表了较多的文章,这是因为要追回十年浩劫失去的时间,同时也想做点纠谬工作。"

是日,致函身居香港的外甥女王念慈,告知其乔迁新居事,请其设法代购台湾版《索引和索引法》一书,并请其转交给身居台湾的外甥女徐凤信函,信中先生告知徐凤之兄徐龙即将回国探亲时,并请徐凤代购台湾版《索引和索引法》一书。

是日,林仲湘致函先生,汇报《古今图书集成索引》编制进展。

是日,朱崇阶致信先生,就《江苏图书馆学报》封面色彩及栏目编排问题提出建议,并寄赠扬州市图书馆学会会刊两册。

7月14日,就《杜定友图书馆学论文选集》编辑事宜,致函白国应,谓:"上周我曾重读了原序,的确不够紧凑,现在拟作这样的修改,大纲如下:一、略传(约1千字);二、杜定友学术上的贡献(约4千字,1.通论图书馆学的;2.对于图书分类法的;3.对于图书编目的;4.对于地方文献的;5.对于图书馆建筑和设备的);三、结束语(5百到1千字)。《杜定友图书馆学论文选集》现在共计26篇,其中的排列可依将来序文第2节的5项来安排。但我检查这26篇中,尚缺少有关'对于地方文献'的论文,建议加选一两篇如《地方文献的搜集整理与使用》即是,未知同意否?再者,这些文选绝大部分都是新中国成立后发表的,由您收集复制有否困难?其中只有《图书馆学之研究》和《图书馆学的内容与方法》两篇系解放前发表的。这两篇中的后者我已复制,另请人代抄,以简化字代繁体字,文章篇幅较长计有3万字左右。前者至今尚未觅得,不知您馆藏有《图书馆学杂志》否?照一般出版社接受外稿时,先要签订草约,其中有种种条件,如篇幅大小、交稿日期、加工处理、付印出版等等。书目文献出版社口头答应出版固然很好,但口说无凭,将来一旦不认,也有可能。同时立了草约,我们编辑工作也好有计划地进行,在规定时间内搞好。我想明年是杜先生逝世二十周年,广东地区将开会纪念,如能在七月前出版,正好赶上时间。因此在今年秋季至迟到十月,我们必须把全稿交出。现在写信给您,提出先要与书目文献出版社联系落实手续。而我们自己也要积极进行工作。我想在8月份一定可以把论文校对、序文初稿写好,送给您再请斧正作为定稿。"

是日,收到路倞寄来《申报索引》编纂委员会顾问聘书,复谢函一封,并表示"当极尽绵力为《申报索引》编纂事宜效劳,使之达到先进水平"。

是日,致信钱方夫妇,请其根据丁蜀镇志编纂委员会要求提供1 000字左右的个人简介。

是日,南京大学图书馆学系学生开始为先生整理捐赠给该系的藏书。

7月15日，黄恩祝致函先生，感谢先生及《江苏图书馆学报》对"读者学"的支持，并汇报索引学论著写作进展，"预计8月份能将索引史一章写好"。

是日，桑健复先生本月8日去信，告知《科技期刊管理与利用》一书估计无法在大连工学院出版社出版。

是日，桑良知致函先生告知拟于8月1日来宁拜访先生。

是日，王可权致函先生，告知拟于18日上午派车来接先生夫妇至南航参观。

7月16日，致函桑良知，欢迎其来宁，同时就其发行学课程开课情况予以指导，谓："创新是最能令人前进。正因为资料少，经验少，但实践的调查，不能说毫无用武之地。因此在理论的基础上加以实际的调查，还是可以作准备的。如其材料少，应该减少学时，切勿在课堂上敷衍时间，以致引起学员的不满。宁缺毋滥。这对教务处应先提出，以实事求是的态度对待，是为至要！"

是日，复朱崇阶12日来函，就其信中提到的图书馆学期刊栏目编排形式进行答复："各刊物分栏大抵以形式分，真的不妥。尤其到年终编制索引，仍照栏目归类，实属不当。我已有文评，见《安徽高校图书馆》86年1期《图书馆学期刊式论文索引述评》可供参考。建议写一篇《图书馆学专刊如何编排栏目和索引》之类的文章，以纠时弊。"同时，建议其单位订购山西省图书馆学会编制的《图书馆学文摘》，"《图书馆学文摘》85年停刊一年，今年已经复刊，虽说不大及时，至少是一种值得参考的检索工具。应该订阅，似可以代替较差的专刊而少订阅几种的。因为目前的文章，创新的不多，抄袭的屡见。质不高，量虽多，仍难给予读者以新颖的感觉。我们所编刊的'学报'质量提不高，这也是原因之一。关于这点，您也可再写一篇《新时代的图书馆学专刊如何能提高质量刍议》，我们是十分欢迎的"。

是日，广东省立图书馆高炳礼寄赠先生《金敏甫先生小传》一文，并请先生补充所知道的金敏甫相关信息。

是日，白国应复先生14日信件，恭贺先生乔迁新居，并告知已与书目文献出版社社长谈过杜定友先生论文选集出版事，请先生放心，同时告知将于11月来宁拜访。

7月18日，先生夫妇与邱克勤等人一同参观南京航空航天学院图书馆新馆。

是日，钱方复先生14日去信，并告知家人近况，重点汇报了孙女钱江东中考情况。

7月19日,接得《文献》编辑部来函,要求校对《江标与〈宋元行格表〉》一文。

7月20日,就《文献》杂志编校工作致函李希泌,谓:"昨接贵刊编辑部寄来毛条一份,未知用意何在?后经考虑,大概是要作者校对,看了一遍,不无感慨系之。校对必须有本,不把原稿寄回,怎能忆校?充其量只好凭上下文指示其中的疑点,加以符号而已。此其一!对于原稿的一张统计图的刊载,本人致意于您的信中,自以不删为好。而在毛条中删去,并未征得同意,在征求有否他投信中,也未申明,这似乎不符作者本意。此其二。作为一个刊物的编辑部,本有删改之权。可惜贵刊编辑部负责加工的同志,只知其一,而不知其二。这就是说,既然删去统计图,为何仍把252页上的第一段留着?在这篇拙作中,曾经写过这样一句话:'研究任何一门学问,首先应掌握它的整体全貌。'如以此来衡量编辑加工这一工作,就可说删后未能看到这文的整体全貌了!此其三。拙作排版虽占八面,但空白却有一面,这完全不懂排版上的技术,浪费了纸张。如其贵刊印一万册,这就要浪费了三百多张纸,岂不可惜!此其四。以毛条请原作者校对,那末编辑部之设,工序上似有漏洞。负责校对者自然可以省些手续,然而增加了原作者的负担。目前全国有三千几百种期刊出版,此风一行,如何了得。本人认为一个编辑部应该负校对全责,二期要力求消灭刊物中排版的错误,这才是尽责的表现。关于这点,毛泽东同志早有遗训,我们应该重视,而作为编辑部中守则之一。此其五。"

是日,致函罗友松,请其帮忙复印《定友先生对于汉字排检法的贡献》(载《杜氏丛著书目》)及杜定友《图书馆学之研究》两文,并希望罗友松能协助修订《章学诚校雠通义研究》一书。

7月24日,复白国应16日来信,欢迎其来宁,并告知杜定友图书馆学相关论著已请人查找复印,杜定友遗稿《图书分类法的问题》也正在整理之中。

是日,致函桑健,支持其将纸质文献输入计算机,谓:"关于电子计算机输入图书馆学论文,是你们的新创事业,这对图书馆学研究将起巨大的作用和影响。请来一公函,征求《图[江]苏图书馆工作》和《江苏图书馆学报》全套,我将设法一套完备的寄上,以供采用。"

是日,复钱方18日信函,嘱其尽快完成简历投寄丁蜀镇志编辑部,并勉励其在"元谋人"领域继续努力研究,随信附致孙钱旭东、钱江东信,嘱其暑期在学习功课之余,学一两种艺术,增加文艺修养。

7月25日,于鸣镝致信问候先生,并告知《图书馆管理学纲要》一书已正式出版。

7月26日，《陕西图书馆》编辑部致函先生，告知先生整理的杜定友遗稿《图书分类法的作用》一文将于是年第二期刊出。

7月28日，致函徐竹生，询问赠书整理情况，并建议南大图书馆学系重视资料室工作。

是日，罗友松复先生20日去信，告知《杜氏丛著书目》及《图书馆学之研究》查找情况，并寄赠先生《目录学概论》教学参考资料一册。

7月29日，先生代桑良知将其所撰小说投《青春》杂志，该小说由桑良知此前寄赠，先生阅后感觉尚可，便代投《青春》杂志。

是日，复高炳礼16日函，并就其《金敏甫先生小传》一文中若干不确史实提出修改建议。

是日，徐竹生复先生28日函，告知先生藏书整理工作一直在进行，待整理完毕后将卡片送请先生审阅，对于先生所提系内书刊管理意见，徐竹生表示开学后将组织讨论。

是日，罗友松致信先生，告知通过查阅有关工具书发现先生所需之《图书馆学之研究》一文所见杂志南京图书馆、南京大学图书馆皆有收藏，请先生先就近查找，如找寻不得，罗友松再在上海查找。

7月30日，复于鸣镝7月25日来信，祝贺其《图书馆管理学纲要》一书出版，并鼓励大连地区图书馆学研究人员协力同心，形成"大连地区的学派、在我国目前办有图书馆学教学训练的科系，为数已超过卅。如其不能成派，怎能会有独特的色彩？怎能立足于群体之中具有不败的地位呢？我对此有极大的厚望，请多多考虑为幸"。

是日，徐龙致信先生，告知原定于本年9月回国探亲的安排由于相关原因须推迟至明年，具体日期尚未确定。

7月31日，致函杨长春，请其查阅河北、山西、甘肃、湖北、贵州五地图书馆学会刊出版情况。

是日，《陕西图书馆》编辑部致函先生，告知已定刊发于《陕西图书馆》第二期的杜定友先生文稿《图书分类法的作用》丢失，请求先生重寄一份。

是月，由先生主持修订的中国图书馆图书分类法"G25图书馆学、情报学、文献学、档案学类"完成，交付中图法编委会。

8月1日，《纪念李小缘先生学术讨论会题诗》一诗定稿寄交马先阵，并致函请其代为复印杜定友《图书馆学之研究》一文。

是日，收到罗友松寄来资料，复函致谢，并告知已托人至南大图书馆查阅复制杜定友先生论文。

是日，致函《图书馆学刊》编辑部，感谢其刊发《尤袤〈遂初堂书目〉初探》一文,并询问发表杜定友《六十退休》一文的样刊否能再赠送一份,以便将来编辑杜定友遗稿时使用。

是日,安徽大学桑良知由皖来宁拜访先生。

是日,杨长春复函先生,告知先生所询甘肃、湖北、贵州等地图书馆学会出版物出版情况。

8月2日,朱崇阶复函先生,告知扬州地区图书馆图书馆学专业期刊基本都有收藏,并告知先生建议其所写的图书馆学专业期刊栏目编排一文已完成初稿。

8月3日,黄宗忠致信先生,告知先生投寄《图书情报知识》之《评介四种图书馆学基础理论著》一文已由《图书情报知识》第三期刊载,但因为版面有限,编辑加工时做了一些压缩。同时,告知其打算根据刊发的一些书评对《图书馆学导论》一书进行修订,并邀请先生担任《外国图书馆概况》一书审稿人。

8月5日,桑良知致信先生,告知昨日抵达合肥,并表达了帮先生写传记的想法。

8月6日,就《科技期刊管理与利用》出版事致信倪延年,谓:"一、拟请刘湘生同志(在高教委员会工作)推荐作为'高等教育图书馆学教本'之一。二、向书目文献出版社、江苏科技出版社投稿,或向南京工学院出版社投稿。三、作为《江苏图书馆学报刊[学报]》的增刊,请刊印作内部发行的刊物。"

8月7日,复朱崇阶2日来信,谈图书馆工作与图书馆学研究,该信后以《关于图书馆学研究的一封信》为题刊发于《黑龙江图书馆》1991年第2期。

8月8日,致信况能富,询问其《图书馆学思想史纲》一文中所引相关材料出处。

是日,张郁芳因赴美,临行前致信与先生告别,并附与周连宽先生合照一帧。

8月9日,高炳礼复先生7月29日信,感谢其指正,并告知《金敏甫小传》一文的写作及修改情况。

8月10日,将改写完成的《杜定友图书馆学论文选集》序文寄送白国应,请其再审阅,并表示希望杜定友论文选集能今年问世。

是日,复桑良知本月5日来信,赞赏其在《福建省图书馆学会通讯》1986年第2期上发表的一篇译文"颇见工夫"。

是日,复黄宗忠8月3日来信,表示《图书情报知识》为了大局删改文章没有关系,愿意担任《外国图书馆概况》一书审稿人。

8月11日，倪延年将写好的《科技期刊管理与利用》一书"导言"寄请先生审阅，并致函与先生商量该书第八章标题是否可以由"电子计算机期刊文献检索和利用"改为"期刊文献的电子计算机检索和利用"，以突出"期刊文献"。

8月12日，钱方将应丁蜀镇志要求撰写的简历寄交先生，并附函问候先生夫妇，同信中还附有孙钱旭东向先生汇报暑期安排之信件。

8月13日，复高炳礼8月9日来信，认为其对金敏甫一文所作的修改比较妥善，并询问《试论古籍索引与历史文献的关系》审阅情况。

8月15日，湖南大学校庆办公室致函先生，告知湖南大学将于1986年10月5日至7日举行岳麓书院创建一千零一十周年、湖南大学定名六十周年庆祝活动，邀请先生赴长沙参加活动。

是日，桑良知复先生10日去信，告知读了先生刊发的文摘学的论文，受益良多。

8月16日，收到张郁芳寄来照片，复信一封，希望张郁芳在美专心攻读，早日获得博士学位归国，并请其及时告知美国有关图书情报学的新成就，使自己能跟上时代。

是日，况能富致信先生，告知先生所询引文出处，并向先生汇报职称评审情况。

8月18日，白国应复先生10日信件，告知因为要参加在日本东京举办的IFLA大会以及在北京举行的国际图书馆继续教育讨论会，杜定友图书馆学论文选集编辑事只能暂时搁置。而关于杜定友的论文，除《图书馆学之研究》一文外，其余都已找齐复印完毕。

是日，高炳礼复先生13日信件，告知《试论古籍索引与历史文献的关系》一文已建议《广东图书馆学刊》编辑部采用。

8月20日，先生审读完倪延年撰写的《科技期刊管理与利用》一书"导言"，复信一封，建议将"导言"改为"导论"，并在"导论"之前冠以"第一章"，内容则无需更改。同意其把"电子计算机期刊文献检索和利用"改为"期刊文献的电子计算机检索和利用"。

是日，收到于鸣镝寄来《图书馆管理学纲要》样书资料，复信一封，谈阅读观感，谓："读《序言》和《后记》，两相吻合，出乎意料。这书的规格、封面比较漂亮，未能用大32开的版面，似较窄狭，排版中'思考题'和'本章参考文献'与本文用了同号的铅字，并不理想。此书最大的特点，除有'新的内容、论点、论证'外，我认为所编《名目索引》大有用场，借此可掌握检索书中重要资料，对读者来说十分方便，对本书来说，增加了参考价值。如果以'管理学'的观点来论,这书的重要内容主要就被这索引管理起来了。辽宁人民出版社能做到如此,实在难能可贵,虽然在索引的编制上还可商议而改进。今后我们必须提倡,使每种书后能附上一个索引。"

是日,收到周连宽先生来信,谈工作情况,谓:"依新规定,专家教授,七十岁以上,一律退休,我今年已八十一岁,应该早已退休,并已接到退休证,但我所负责培养之研究生三名,还差两年才毕业,怎么办？学校对此采用'返聘'的办法,按年限发聘书,务须负责到他们毕业为止,所以本学期仍要对研究生讲课,但大部分时间听由他们自己掌握。""我校已办图书馆学系,看来还不错,但师资缺少,是个难解决的问题"。

是日,罗友松将复制好的《定友先生对于汉字排检法的贡献》一文寄交先生。

8月21日,钱方致函问候先生夫妇,并告知孙女钱江东已被北京八十一中学录取。

8月22日,致信问候周连宽先生,并告知工作、生活近况。

8月24日,倪延年来访,商量《科技期刊管理与利用》一书出版事宜。

是日,将况能富寄存先生家中的文稿一并寄还,并致函一封,鼓励况能富"开'图书馆学思想史纲'一门,这于图书馆学的研究,裨益甚大。同时再把讲稿修改补充,早日出版以供全国各系作为教材,从而扩大影响"。

是日,复桑良知本月15日来信,鼓励其从事文摘学的研究。

是日,复钱方12日来信,告知其寄来的简历已请人抄写好不日将寄往丁蜀镇志办公室,同时鉴于南大图书馆学系1987年正式招收研究生,建议钱旭东能报考。

是日,表弟陈耀祥复先生6月6日信件,恭贺先生乔迁新居,并表示愿意尝试翻译杜定友自传。

8月25日,致信桑健,询问大连工学院图书馆学招生情况,并请桑健再寄数册《科技期刊管理与利用》,同时再次邀请桑健为该书撰写序文。

是日,复白国应18日来信,欢迎其来宁,并告知其为杜定友图书馆学论文选集撰写的序文中的几处笔误。

8月26日,收到罗友松20日寄来之资料及信件,复谢函一封,并询问华东师范大学图书馆学专业招生情况以及《申报索引》编制进展,再次提出希望罗友松能修改补充《章学诚校雠通义研究》一书。

是日,将本人及钱方夫妇三人简历寄至丁蜀镇志办公室,并附寄1984年第5期《文教资料简报》一册,以供参考。

是日,南京图书馆陈正华就先生所要求查阅南图所藏《红楼梦》版本答复先生,并告知《章学诚遗书》南图已购置,古籍部也已经完成了书名目录的编制。

是日,孙女钱江东致信问候先生夫妇,并告知其赴北京八十一中报到的见闻及暑期生活情况。

8月27日,吴正方致函先生,告知其已开始撰写《图书馆经济学》一书,预计15万字,在元旦或春节前完成初稿。

8月28日,复徐召勋来信,祝贺其完成职称评定任务,并希望对桑良知给予大力帮助,使其安于教学科研。

是日,钱方复先生24日去信,并告知全家近况。

8月29日,桑健复先生8月25日去信,告知已正式被聘为副教授,并汇报图书情报专业招生、培养情况。

是日,朱崇阶复先生8月7日函,告知即将从扬州电大图书馆调至扬州教育学院图书馆工作。

是月,完成张厚生、路小闽主编之《情报检索》一书序言①。

9月1日,《图书情报知识》编辑部鉴于先生整理的杜定友先生遗稿《中西两杜》一文篇幅过长而退稿。

9月2日,湖南大学南京校友会筹备组致函邀请先生参加9月14日在水电部南京自动化研究所召开的湖南大学南京校友会成立大会。

是日,邵森万致信先生,告知其当选为四川省图书馆学会第三届理事会理事,兼理论研究委员会主任委员、学报编委会编委等职务,并叙述其研究计划:"以后每年我都要抽一部分时间到省内和全国各地作一些调查研究,这在以前是不能设想的。我的宗旨是:理论实际相结合,一切从实际出发,不搞经院式的研究。在图书馆学的基础理论方面力求有所突破、有所创新。近一段时间,我准备把研究的重点放在基础理论上,放在图书馆改革理论的研究上,以公共图书馆为突破口。大学图书馆虽然在人才的知识结构方面比公共图书馆好,但是它要受高等教育改革的制约,估计近几年高校图书馆不可能有重大的突破。省中心馆和学会打算近几年在理论界和实践上要有重大的变革,打几次理论上的硬仗,锻炼出一支以中青年为主体的理论队伍,逐步形成具有'川味'的理论学派。""目前,经济理论界、科技界、文化教育界的思想较为活跃,有许多重大的理论问题争论得激烈,相比之下,图书馆学界却沉寂多了。我认为图书馆学界正面临着一个重大的转折时期,这

---

① 钱亚新.《情报检索》序[M]//张厚生,路小闽.情报检索.南京:南京工学院出版社,1987:1-3.

是时代对图书馆提出的挑战,也是一个极好的机会,我们要有一种压力感和紧迫感、危机感。我认为,摆脱不了图书馆传统观念的束缚不能有所创新、有所发展的。"同时汇报了四川省社科联评奖及美国图书馆访问团访问四川情况:"四川省社科联进行了85年度哲学社会科学成果评奖,共评选出150篇论文(其中一等奖5名,二等奖20名,三等奖125名)共有80多个学会,平均一个学会不到两篇。图书馆被编入宣传文化组评选,该组包括宣传、新闻出版、群众文艺、川剧、图书馆等部门,共有6个学会,参加评选的论文有17篇,结果评出7篇,图书馆学的论文就占两篇,其中有我的一篇论文,我的论文是无记名投票获票数最多的。其次是汪应文老教授(两个都是三等奖,不久将要召开发奖大会)。对于这个评选结果,省学会是很满意的。上半年美国一个图书馆访问团来四川访问,称赞四川的智力开发的作法是具有'划时代'意义的。一位叫兰开斯特的图书情报专家在一篇文章中说道:四川图书馆学的革新家近几年悄悄地实现了变革,走上了'智力开发的康庄大道',在'四化'中日益起着重大的作用,给人民留下了深刻的印象。这是第一次外国人对我们四川图书馆界的评价,我们并不满足现有的成绩,决心为我国图书馆学的发展作出更大的贡献。"

9月3日,周连宽复先生8月22日信,恭贺先生乔迁新居,并告知生活、研究近况,同时,请先生代为问候汪长炳先生。

9月4日,将《科技期刊管理与利用》一书投寄书目文献出版社。

是日,徐召勋复先生8月28日去信,告知因为学校分配住房,忙于搬家,原定于教师节前来探望先生之计划要适当延后,《图书发行研究》创刊号预计年底出版。

9月5日,朱崇阶由扬州来访。

是日,桑良知复先生8月24日去函,告知其打算继续研究文摘学的想法,并向先生倾诉近期投稿不顺之苦闷。

9月9日,复吴正方8月27日、邵森万本月2日来信,具体内容待考。

是日,罗友松致信先生,告知本打算请张亚芳去上海图书馆复印杜定友先生旧文,但因手续复杂其将亲自前往,故要稍延数日。

9月11日,陈英致信先生,汇报近期工作及科研情况,谓:"我上学期担任扬州市电大《图书馆学概论》辅导课,因为教学的关系对北大吴慰慈老师编著的《图书馆学概论》一书看的较多,就总体说,觉得此书颇有新意,是当前我国图书馆学基础理论方面的新成果之一。因而写了一篇书评,谈谈我对此书长处和不足之处的看法,旨在宣传开展图书馆学理论的重要性。此稿写成后,先寄一份给吴慰慈老师征求意见,他建议我投稿天津《图书馆工作与研究》。当时我想,我是江苏图书馆学会的会员,稿件应该先尽江苏,如江苏不用,则再投天津。稿件发出两个月,接王学熙同志复信,说此稿经过有关人员审阅,认为对该书评价太高,决定不用。我接到退稿后,又慎重地对稿件进行了审阅,对整个文章的结构和主要内容没有动,而把个别地方作了改动,如将'最好的'改作'较好的',这样留有余地,也比较符合实际。这样于8月20日左右改寄天津《图书馆工作与研究》。今年下半年,江苏图书馆学会要召开大型学术讨论会,在暑假中,我赶写了一篇讨论稿,题名是《教育体制改革与高校图书馆工作》,论述高校图书馆工作如何适应教育体制改革的新形势。这是一个新问题,是发表一些个人的看法与大家讨论的。今后,我将学习和研究的重点放在图书馆学基础理论方面。"

9月12日,复陈正华8月26日来函,感谢其查阅并告知南图所藏《红楼梦》版本,经对比,先生所藏两种《红楼梦》(有正书局出版的戚本以及木刻本一种)为南图所未收藏,故特请陈正华抽空将这两种版本带回南图再核对。

是日,王学熙来函商量《江苏图书馆学报》编辑部会议召开时间。

9月13日,侄女钱红梅写信问候先生夫妇,并告知将于本月23日前往北京游玩等事宜。

9月14日,中秋临近,钱方致信问候先生夫妇。

9月15日,孙儿钱旭东、孙女钱江东致信问候先生夫妇,并汇报学习情况。

9月16日,杜燕致信先生,告知杜定友遗稿发表稿费收讫情况,并请先生寄赠《北京人》资料以帮助其写作回忆录。

9月18日,上午,于先生家中召开《江苏图书馆学报》编委会议,研究该刊第四期用稿及相关编务问题,与会者有王学熙、卢子博、张厚生等。

是日,复陈英11日来信,具体内容,待考。

9月22日,侄女钱红梅及家人于是日抵达南京,夜宿先生家中。

9月23日,《科技期刊管理和利用》一书,由倪延年投寄江苏科技出版社。

是日,杜燕收到先生所寄资料,复谢函一封,并告知回忆录已写到"八年抗战"一段。

9月24日,《科技期刊管理和利用》被江苏科技出版社以"限于出版力量"为由退稿。

是日,吴正方复先生9月9日去函,向先生问安,并汇报《图书馆经济学》一书已完成15万字。

9月25日,高炳礼致函先生,告知已收到《江苏图书馆学报》关于《回忆金敏甫先生从事我国图书馆事业的一生》一文的录用通知,并告知先生《试论古籍索引与历史文献的关系》一文已决定刊发于《广东图书馆学刊》第四期。

9月27日,致函徐竹生,告知赠书整理情况,谓:"本周内张志伟同志,不仅是按时来舍间整编图书,而且工作认真,一丝不苟,短短的五天半之内,共整理了期刊24种,著录了图书350种左右,卡片写得书法工整,又失误绝少,质量可称优良,实属难得。下周再有二三天,图书就可整编结束,接着我们相商,拟下一阶段的工作,前后整编的卡片,合并一起进行初步的分类。分类拟照《中图法》,务使与我系藏书一致起来,以便利用。关于钱亮存书,已将卡片提出带上,共计52种,希能检齐装箱运到舍下,届时请多带两个空箱前往成贤街运书回系。"

是日,赵世良致函先生,告知因无杜燕地址,故将杜定友遗稿发表稿费及样刊寄请先生转交。

9月28日,徐召勋致信先生,告知10月23日至29日将至南大参加《情报学概论》审稿会议,届时将登门拜访。

9月29日,复高炳礼25日来函,具体内容待考。

是日,罗友松将手抄的杜定友《图书馆学之研究》一文寄送先生,并告知《杜氏丛著书目》待有时间再去抄录。

是日,倪延年致信先生,请教《科技期刊管理与利用》一书出版事宜。

是日,林仲湘致信先生,告知巴蜀书社对《古今图书集成索引》比较满意,有望在1988年正式出版,该社对于先生撰写序文亦十分欢迎,希望先生能在11月底前完稿,并寄上作序参考资料若干。

是日,《图书馆学研究》编辑部张凤桐寄赠样刊两册,并请先生转寄杜燕。

是月,武汉大学图书馆学系研究生徐鸿经南京图书馆全勤介绍登门拜访,就其毕业论文《中国近代图书馆学的产生与发展》向先生请教。

10月1日,桑良知收到《江苏图书馆学报》第三期样刊,致信先生,并就其文章英译问题与先生商量,谓:"学报后页的译文似乎不准确。时代的产物——图书发行学,尊刊译作:'Study of Publication-result of the era'(译文为:出版研究——时代的结果)。我给标题的译文是 The book-distributionlogy is formed by era。"

10月2日,向新华书店订购《文献计量学引论》一册。

是日,顾志华致函先生,向先生夫妇问安,并告知工作科研情况,"这学期任务颇多,给历史、图书馆情报学两系学生开'文献整理概论',这是一门选修课,我第一次开,一定把它教好。另我校出版社要出版一本《中国古代史学史纲》,我参加了明清部分的一些章节,十一月底前要完稿。我一定要把教学、科研工作都搞上去,决不辜负老师的培养和期望"。

10月3日,白国应致信问候先生,并商量杜定友图书馆学论文选集编排事,谓:"在排稿时,我对照刘国钧先生文集,似乎还应加入杜氏分类法的前言。不知您同意否?请来信示之。目前,我正在逐一看稿,预计月底交给出版社。"

10月4日,致信黄恩祝,具体内容待考。

是日,收到《广东图书馆学刊》编辑部通知,告知《试论我国古籍索引与历史文献的关系》一文将于是年第4期刊出。

是日,黄恩祝将《索引因子说》一文寄请先生审阅,并附函一封,汇报《申报》索引编纂进展,同时告知将为大百科全书撰写"索引"、"《全国报刊索引》"与"《汉学引得丛刊》"三个条目。

10月5日,致函《图书馆学通讯》编辑部,询问杜定友遗稿《图书分类法统一问题》能否在该刊发表。

10月6日,致信黄恩祝,具体内容待考。

是日,宜兴丁蜀镇志编纂委员会办公室致信先生,告知先生及钱方夫妇的简历均已收到,并请先生再寄照片一帧,同时请先生敦促钱亮、钱康简历撰写工作。

是日,谢华才将撰写的一篇关于书库分类排架标架的论文寄请先生审阅。

是日,杜鹢致信先生,告知杜定友遗稿发表样刊及稿费收讫情况。

是日,朱崇阶致信先生,汇报工作调动进展,并将仿效先生"求是随笔"形式撰写阅读图书馆学期刊体会的"图坛求实录"四则寄请先生审阅。

10月8日,复桑良知10月1日及黄恩祝10月4日来信,具体内容待考。

是日,复林仲湘9月29日来信,告知《古今图书集成索引》序文撰写提纲:"现拟序文的大纲如下:一、我国类书纂辑的成就和重要作用;二、《古今图书集成》的撰述和特点;三、《古今图书集成》的索引和本索引的更上一层楼"。

是日,侄女钱红梅致信先生夫妇,告知其已于10月6日自北京返抵常州,并讲述其在北京由钱方招待游玩之情况。

10月9日,致函上海书店出版社路俶,随函附寄《杜定友先生遗稿文选》一册，请其帮忙将该书纳入明年出版计划。

10月10日，复谢华才6日来函，具体内容待考。

10月11日，桑健致信先生，告知1987年将举办一次大型学术活动，目前已邀请到杨沛霆、白国应、王崇德等人，桑健诚挚邀请先生夫妇明年赴大连讲学。

是日，黄恩祝致信先生，汇报《申报索引》编纂情况，并告知其个人近况。

是日，黄景行致信问候先生，并将昌少骞撰写的一篇回忆沈祖荣文章寄请先生审阅。

10月12日，由白国应代拟致书目文献出版社信函，告知《杜定友图书馆学论文选集》编辑完毕，并将定稿交予编辑部。

是日，桑良知致函先生，告知先生所需的《安徽高校图书馆》刊物暂时还未拿到，并告知其个人近况。

10月13日，复杜鹅本月6日来信，告知杜定友遗稿整理情况，谓："第一期《治书生活》和《著书生活》都已发表，稿酬也已收到。唯有些编辑部未曾把刊物寄给你们，我写信去请他们补寄吧！关于《中西两杜》曾投武大《图书情报知识》，因篇幅过长，未能刊用，退给我了。最近我们已把发表过的和未发表的编成《杜定友先生遗稿文选》一部，其内容为：一、治书生活；二、著书生活；三、中西两杜；四、图书资料分类法；五、农业图书分类法。再加上杜师'遗像'及《忆杜师》（代序），投向上海图书公司，请他们纳入明年出版计划，能否成功，尚须等待答复的。"

是日，林仲湘复先生本月8日去函，感谢先生撰写序言，并建议先生将序言重点放在《古今图书集成》索引部分。

是日，郑永嘉致函先生，告知拟对《浙东三祁藏书和学术研究》一书撰文评述，谓："近日学生再读《浙东三祁藏书和学术研究》，觉得文章很有特色，拟撰文评述，现在先把要点附上请老师过目，以求赐教：① 角度较新。文章研究了一脉相承的祁氏三代的藏书及学术活动，更有历史深度，文章纵（历史）横（社会广度）交错，结构更科学。同时糅合了图书馆学、目录学以及藏书楼和藏书家的历史，从多个角度有联系地进行阐述，更能说清问题。② 运用比较的方法、统计的方法和表格形式，更能直观说明问题。③ 史料丰富。文章做了不少考证工作，取得了前人所未能得到的新结论。上面三大点，只是学生得到的初步认识，可以说还很不完善，也很表面。这部书内容丰富，作为一个目录工作者可以从中得到很多教益，理应得到推广。"

10月14日，先生将本人照片及三女钱康夫妇简历寄往宜兴丁蜀镇志编纂委员会办公室。

是日，白国应致信先生，告知已于 13 日将《杜定友图书馆学论文选集》交付书目文献出版社。

10 月 15 日，就南京图书馆馆志编辑工作草拟致江苏省文化厅厅长马鋈伯函。

是日，杜燕致信先生，告知已收到《黑龙江图书馆》样刊及稿费，并谈杜定友《图书馆建筑学》遗稿出版事，谓："关于'圕建筑学'之事，经我妹夫和张世泰研究后，妹夫说：'这是卅多年前，老建筑形式了，现在不合时了，不必出版了。'他们主张作废，作罢。但我的意见不同：我认为这不是'现代化建筑形式大比赛'。这是'圕历史中的一部分，也是建筑史上的一个部分'。应把它作为历史学术研究来看。""我认为这是父亲一生心血的一部分。"

10 月 16 日，复朱崇阶本月 6 日来信，具体内容待考。

是日，赵世良复先生去函，告知杜定友遗稿发表稿费已寄杜燕，并介绍辛希孟、肖东发"年鉴学"研究信息。

是日，钱方夫妇致信问候先生夫妇，并汇报钱红梅全家来京游玩情况。

10 月 18 日，将 15 日就南京图书馆馆志编辑一事草拟的致江苏省文化厅厅长马鋈伯信函修改后发出，并抄送江苏省委、江苏省人民政府、江苏省委宣传部、南京图书馆等相关单位领导。先生在信中希望江苏省文化厅坚持以 1907 年江南图书馆的创建作为南京图书馆之源，恢复因邱克勤等人提议以中央图书馆创建为南图之源而导致南图馆史编辑小组停滞的工作。

10 月 20 日，收到江苏省社会科学院文学研究所原所长刘洛先生逝世讣告，刘洛先生因病医治无效于是日零时三十五分逝世，终年六十二岁。

10 月 21 日，复郑永嘉本月 13 日来函，具体内容待考。

10 月 22 日，草成《登中山陵》七言绝句四首。

10 月 23 日，《图书馆学通讯》编辑部复函先生，告知杜定友先生遗稿《图书分类法统一问题》一文不能刊用。

是日，黄恩祝致信问候先生，并祝贺先生列入大百科全书词条，同时告知大百科全书编委会已同意将其负责的"汉学引得丛刊"条目改为"引得编纂处"。

是日，傅广荣将近期撰写的关于高校图书馆馆长问题的论文寄请先生审阅。

10 月 25 日，上午赴南京图书馆参加江苏图书馆学会常务理事扩大会议，会议期间听取了邱克勤传达的江苏省三届三次全委扩大会议精神，并总结省图书馆学会工作开展情况。先生作为编辑委员会主任兼《江苏图书馆学报》主编，向与会人员汇报了一年来的工作情况以及 1987 年的工作打算。

是日,吴声亮将撰写的文稿寄请先生及邱克勤审阅,并附函一封,谓:"自北图去年底召开标引工作研讨会以来,《北图通讯》上发表了一系列一边倒的文章,看样子是要把《汉语主题词表》扶上宝座。把《中图法》及其索引的研究反而有些放松,在'文革'极'左'路线时编制的《汉语主题词表》是一个大杂烩,连情报部门都不作标准词汇,而图书馆却作为分类术字顺的依据,《中图法》十多年不编索引,编起了又不充分利用而搞重复浪费,实在令人不解。近读侯汉清同志文章,他虽然主张推倒'分类目录主题索引',但思想上仍认为'主题目录'比'分类目录'优越,解决问题的方法,并不令人满意。""希望能给我与侯汉清同志探讨的机会,如学报不便发表,可直寄侯同志,希能赐教。"同时,信中提及希望能在《江苏图书馆学报》刊载《分编信息》征订及交换信息。

是日,朱静雯致函先生,就毕业论文《关于近代西方目录学对中国传统目录学的冲击》征求先生意见。

是日,宜兴丁蜀镇志编纂委员会办公室致信告知先生,10月14日所寄照片及简历均已收到,随函附赠刊有《图书馆学家钱亚新》一文的《编志简报》一份。

是日,南京浮桥邮局致信询问先生1985年7月29日所寄挂号信对方是否收到。

10月26日,就大百科全书词条及杜定友遗稿出版事致信马同俨,谓:"前接《中国大百科全书图书馆学条目表(批报稿)》,深感您与其他同志花了巨大的功力,不胜钦佩。最近又接到武大图书情报学院院长彭斐章同志来信,约我担任撰写'郑樵'与'祁承㸁'等五条,自当勉强为之,照要求写成按时寄京,以供审阅。去年我们父子三人整编并发表了杜定友先生的遗稿若干篇。明年为杜老的诞辰九十周年、逝世二十周年。为了纪念杜老,已经裒集成为小册,恳请代为介绍给书目文献出版社出版。"并附致书目文献出版社函,对该社出版《杜定友图书馆学论文选集》一书表示感谢,同时请该社考虑出版《杜定友〈自传〉残篇及其他遗稿文选》(题名暂定)。

10月27日,钱方致信问候先生夫妇,并告知全家近期科研、学习情况。

10月28日,《文献》杂志编辑部就先生7月20日致李希泌一信中提出的相关问题予以回复,谓:"在信中,您对我们的编辑工作提出了中肯的批评,我们在此向您表示衷心的谢意。《文献》一九八六年第四期已经出版发行,样书亦给已给您寄去,不知收到与否?因敝刊在印刷排版过程中确有困难,故大作《江标与〈宋元行格表〉》中的一部分表格仍未能排上,在此再次向您表示歉意,并望得到您的谅解。"

10月29日，复信浮桥邮局，告知所询问之信件对方已收到。

10月30日，上海《图书馆杂志》编辑部致函先生，告知该刊从1987年起由季刊改为双月刊，并拟于1987年第一期辟"创刊五周年笔谈会"，邀请先生撰文参加笔谈。

10月30—31日，为纪念著名图书馆学家李小缘先生诞辰90周年，由南京大学图书馆、南京大学图书馆学系、江苏省图书馆学会、江苏省高校图书馆工作委员会四个单位联合发起主办的李小缘先生学术研讨会，在南京大学举行。先生为此次会议作有《纪念李小缘先生学术讨论会题诗》一首，诗曰："从小聪明喜交友，群书博览永无休。学成回国显身手，斩棘披荆定计谋。细雨和风不易得，文章道德更难求。而今时运正丕变，继往开来由吾俦。"该诗为最后提交研讨会的定稿之作，笔者曾发现该诗初稿最后两联为"苦雨疾风一阵阵，落花流水两悠悠。而今时运正丕变，华夏复兴托吾俦"。

10月31日，吴正方复先生函，告知《图书馆经济学》基本完稿，并汇报近况。

是月，完成为邵延淼编著的《古今中外人物传记指南录（正编）》一书所作序文①。

是月，中国社会科学院文献情报中心决定将"钱亚新"作为条目收入《当代中国社会科学手册》，该中心根据江苏省社会科学院提供的"社会科学人物调查表"资料编写了"钱亚新"词条草稿并寄请先生审阅。先生审阅后，重新撰写了个人简介，以供使用，内容如下：

> 钱亚新（1903—　）字维东，号东山，笔名金戈、练佳，江苏宜兴人。主要研究图书馆学、目录学，目前的研究课题是"我国三大图书分类法比较研究""汉字排检法标准化及其检索和利用"。毕业于武昌华中大学图书科，现任南京图书馆研究员，《江苏图书馆学报》主编，兼任南京大学图书馆学系兼职教授、安徽大学图书馆系兼职教授。
>
> 主要著作：《索引和索引法》（上海商务印书馆，1930年）；《太平御览索引》（同上，1934年）；《郑樵〈校雠略〉研究》（同上，1948年）；《浙东三祁藏书和学术研究》（江苏图书馆学会，1981年）等。

是年秋，先生完成林仲湘等人所编《古今图书集成索引》序文（该序文后略经删减以《论〈古今图书集成〉及其新编索引》为题发表于《图书馆界》

---

① 钱亚新.《古今中外人物传记指南录》序[J].安徽高校图书馆,1988(1/2)：63-64.

1989年第2期)。

11月1日,读完张德芳《论出版物资源共享——四川图书馆界的一种做法》一文,颇受启发,致函一封,谓:"最近读到发表在《四川图书馆学刊》上的大作,大受启发,获益良多。这篇文章的特点,首先立意新颖,体现今日的办馆思想,应该冲破旧时代的束缚,有所异彩;其次内容先进,表现目前的图书馆工作,应在过去的采、分、编、阅、参等的基本上,研究用户的需要,把书刊资料加工成为精神产品,推荐出去,为四化和四有服务;再次,方法先进,不再象[像]从前的封闭式,专在馆中活动,而要开门迎接读者,送书到用户,组织读者群参加图书馆种种活动,以资推进文化、科技、创造、发明的教育;再次是培养人才,从前对象上只是图书馆工作人员,而今要以当地的企业领导,使他们知道图书馆是信息情报的中心,好比各种矿藏是取之不竭、用之不尽,而且是有求必应,为这些企业做参谋智囊,增加新产品而争取外汇创造财富,改善人民生活,为四化和两个文明建设作出更大的贡献。正因为在这四点上,您们的工作成绩卓著,于是改变了用户对图书馆的观点同时也赢得各级领导的重视。过去我们图书馆界总认为自己的地位不高,埋怨别人有眼不识泰山,实际上自己的工作不过抱残守缺,无裨实际,于国于民,只多是以图书报刊资料为文雅的装饰品而已。而您们却要响应中央'星火计划'的号召,尤其重视农村的宣传、推广、检索、加工的事业,得到称誉,实非幸致。我深信全国各省图书馆工作者,尤其领导工作者,定能吸收您们的特长优点,结合自己的实际,对图书馆的改革,大展宏图的!"随信附寄先生照片及简介一份,以供四川省图书馆编图书馆界人名录使用。

是日,收到张郁芳复函,信中张郁芳汇报了先生论著收集及思想研究撰写情况,谓:"为了编写您的'传记',我一直在留心收集资料,现已着84级的学生郑永嘉编写好有关您老人家的专题书目。在收集资料的基础上,又让他写了一篇《略论钱亚新先生对中国目录学的贡献》,这是一篇尝试性的论文,希望您给予修改审阅,若有可能,请想法发表,这对我国图书馆事业会有影响的(不是学生的水平,而是您的业绩,确实应该大书特写的)。有关您的专题书目的编写过程,可以从郑永嘉写的实习报告'用自己的体会,谈谈书目方法论'中,略窥一斑,请您审查一下,有没有漏掉的部分?""有关您的专题书目,我寄去吉文辉处,因为我拜托他写您的传记,他答应了。他的文笔是不错的,由他来完成您的传记,是比我要好得多了,他会来拜访您的。我叫吉文辉将有关您的专题书目复印一份由他转交给您,到时请多多提意见。"

是日,航空工业部科技情报研究所和武汉大学情报科学系就其合作研究之《国防科技情报成果评定标准和办法》课题制定了一份调查问卷,寄送先生征求意见。

11月2日,将为《古今图书集成索引》撰写的序文寄送林仲湘等人,并附函一封,谓:"我素来主张,为某书写序,首先要对该书负责,其次要对作者负责,此外还要对读者负责。因此,这篇拙序还是未定稿,先要征求您们的审阅,提意见,修改后完全同意,才能正式定稿。""在我未曾动笔撰序之前,曾对您们的三册巨编进行周详的研究,对寄来的文件也阅读再三。关于前者(即指索引)我的评述,已详序中,不拟赘述。对于后者,我认为供给我不少有用的材料。经过精心的推敲,其中有一共同的不足三处,那就是只以《古今图书集成》本身为对象,作了微观的研探。为要补充其中的不足,拙序不仅研究了《集成》微观的方面,而且探讨它宏观的方面,诸如类书在我国的兴起、发展、存佚等等,《集成》撰编时的时代背景、其中的波折等等。同时表达的方式,除以文字外,用了六种表格。这些表格对于读者在理解上和检索上是有裨益的,主要可以掌握时空的数字、品种的多少、存佚的比例、版本的先后,索引的类型及其中外撰编的年代等等。目前计量统计学风行全球,我是抱了学习的态度而设计这六种有关的统计表的。"

是日,华东师大孙豪展将其研究先生目录学思想的文稿寄请先生审阅。

是日,杜燕将其完成的回忆录中《八年抗战》部分寄请先生审阅。

是日,杜鹉致信先生,告知发表杜定友遗稿样刊收讫情况。

11月3日,复黄恩祝10月23日来函,感谢其告知大百科全书中收入"钱亚新"词条,并告知正在撰写"郑樵""祁承㸁""校雠略""千顷堂书目""经义考"五个条目,同时就《申报》索引编制过程中是使用"分类关键词"或"分类主题词"进行答复,谓:"'分类关键词'或'分类主题词'等索引名称,似不妥当。分类法中的类目(名)都是简短的,不比书名,不可能有'关键'词,而与'主题'也嫌重复,我看就用《申报索引》最为简括和易记。"

是日,复朱静雯函,谈论文写作,谓:"甲影响于乙这种论题,必须收集有关乙的论文,而且要其中论及甲时才能选用。这是从微观而言。如从宏而言,要在重要的目录学著作中求得相应的材料。我国吸收外来的东西,每每浅尝辄止,不够深入。必须把中苏双方目录学的重要论著加以浏览才好。《黑龙江图书馆》《福建省学会图书馆学通讯》今年都载有目录学的论文索引可参考。"

是日,将《江西图书馆学刊》上所载杜定友先生遗著《著书生活之二》复制寄赠杜鹉,并附函一封,并谈杜定友纪念活动事,谓:"明年是杜师诞辰90周年、逝世20周年纪念日,有便通过张世泰同志促使广东省图学会,届时举办一次纪念学术讨论会。不知以为如何？"

是日，将杜定友先生遗著《著书生活之二》复制寄赠杜燕，并告知会请张世泰设法于 1987 年举行纪念杜定友诞辰 90 周年、逝世 20 周年纪念活动，同时请杜燕将撰写好的回忆录试投《广东图书馆学刊》。

是日，草拟致汪永标函件，请其帮忙出版杜定友遗稿及《科技期刊管理与利用》二书，该信后并未寄出。

是日，南京图书馆收到先生捐赠的私藏光绪刻本《红楼梦》（二十册），致谢函一封。

11 月 4 日，宜兴丁蜀镇志编纂委员会办公室主任陈鉴明来函感谢先生对《丁蜀镇志》的关心与支持，并告知《编志简报》上刊发"乡贤小传"的目的"其一，宣传乡贤业绩，教育群众引以为荣，鼓励群众尊重知识；其二，积累资料，争取汇编《乡贤集》"，而"乡贤小传"的内容基本都是根据乡贤本人或组织提供的资料亦或者镇志办公室搜集到的材料编辑而成。同时，请先生提供上海立信会计学校创始人潘序伦相关资料。

是日，杜燕致信先生，告知杜定友遗稿发表样刊收讫情况，并表示非常支持 1987 年广州能举行纪念杜定友相关活动，同时将杜定友遗留的 2 张生前专用信纸寄送先生留念。

是日，外甥女王念慈致信问候先生夫妇，并告知其家人近况。

11 月 5 日，《登中山陵》一诗修改定稿。

是日，复函《图书馆杂志》编辑部，表示"近几年来，贵刊给我的帮助很多，获益匪浅，我由衷地要感谢你们！"并寄上撰写的"创刊五周年笔谈会"文章。

是日，复王学熙来函，要求《江苏图书馆学报》编辑部重视编校工作，争取"政审"时不出或少出问题，并谈文摘、英文题名翻译等问题，谓："关于文摘问题我现在有一种想法，那就是据美国一本专书《文摘术》上所规定，以 200—500 字为适宜。这种处理在美国很可通行，因为用文摘的人，文化科技水平较高，而且那里资料整理不仅有序，而且检索原文也便。在目前的中国，情况却不同，如果对一篇几千字的第一手文献，仅用 200—500 字的文摘，恐难使用户获得要领，只能当作消息，毫无参考使用价值，兼之文献难得，这种文摘也就徒有其名而无其用，因此我最近所写的所以较长，并非贪图其评，而是要使用户能有所获，不必要看原文，就能加以利用"。"篇名的英文翻译，王林西同志告诉我第 1 期由她审阅的。这期送去审查没有？我看了一下，不知何位同志翻译的。首先篇名的翻译时，对文中的英文字母大小楷，最好要与外文编条例一致起来，目前的方法这是非图书馆学上的规格,尤其'the'这一个字,除篇名第一字开头可用大写起始,在篇名中一律不得用大写。其次在这期把'文献分类法'(第 6 篇)译成'Literature Classification',恐怕会引起阅者一瞥时的误会,当作'文学分类法'的。我目前查查字典,也未想出妥当的译法,请译者再去研究研究,或者查查《四川图书馆学刊》上有否'文献'二字的对等译文,或者查查《汉语主题词表》,谅可解决的。"

是日,朱崇阶复先生上月 16 日去信,向先生问安,并汇报近况,告知为江苏省图书馆学会第四次讨论会撰写的论文已被录用,工作也已正式调入扬州教育学院图书馆。

11 月 6 日,复吴声亮 10 月 25 日来函,告知其转来的文稿已转交《江苏图书馆学报》编辑部并告知乔迁新居事,至于刊载《分编信息》征订、交换信息事待商量后再行告知。

是日,将《登中山陵》一诗投寄《江南诗词》编辑部,并附函一封,谓:"本人是经历清、民国、新中国三朝的老人,年过八旬。我的父亲曾是同盟会会员,而我也曾参加国民党。自新中国成立以后,努力学习马列主义、毛泽东思想及党的方针政策,力求改造思想,跟上时代,做一个合格的共产党员。1950 年,我由苏州来南京图书馆工作,转眼已三十六年了。在此时期中每登中山陵,不无感慨系之。最近电视中又再次放映伟大的中山先生革命事迹,更引起我的敬仰。于是草成《登中山陵》七言绝句四首,以舒胸怀。现寄我学会刊物,请加斧正是幸!"

是日,黄景行将《中国文学目录学发展史略》一文寄请先生审阅。

是日,陈正华复函先生,告知先生请其查对的《古今图书集成》中确有"金星部"和"金盏部"。

是日,外甥徐豹致信问候先生夫妇,并附全家照片一帧。

11 月 8 日,杜燕致函先生,告知已收到先生整理的杜定友遗稿《我与南洋》复印件,并告知近期收到了张世泰寄送的杜定友当年发表《圕节建议》的报纸原稿。

11 月 9 日,黄恩祝致函先生告知已完成大百科全书所要求撰写的条目,同时汇报《申报索引》编制进展。

11 月 10 日,审阅完孙豪展研究先生目录学思想一文,认为"文稿结构谨严,结论尤为扼要可取",另提了一些建议"行文上对我第一次,可用'钱亚新先生',第二次提到只用'钱先生'或'先生'或'钱老'即可,这样,比较简洁。我所写的论文,到目前为止,已有数十篇,因此在第 15 页上改了一个字,另外提到发表在《图书馆杂志》上的《目录学自学书目》前,加上'用笔名成有才'数字,以免读者对不上号"。随信寄赠《联合目录》一册以作留念。

是日,就孙豪展论文事致信罗友松,对其表示致谢,谓:"豪展同学所修改文稿,收到后已经审阅。内容较之初稿,大有进展,结构比较谨严,结论尤为扼要,对于本人的目录学思想,阐述颇为切当,能实事求是,可说是一佳作,这也与您指导老师的精心教诲的功绩分不开的。名师出高徒,良有以也。实在要向您致以由衷的感谢!"并建议该文投《图书情报知识》或《图书情报工作》。

是日,复黄景行6日来信,告知《中国文学目录学发展史略》一文读后感觉"甚有新意",已将该文转交《江苏图书馆学报》编辑部。

是日,北京大学图书馆学研究生吴华将其文稿寄请先生审阅。

11月11日,正在云南工作的二子钱方夫妇致信问候先生夫妇,并汇报其在云南工作行程。

是日,孙女钱江东致信问候先生夫妇,并汇报期中考试情况。

11月12日,罗友松致信先生,并寄上其为大百科全书撰写的章学诚有关条目,请先生审阅。

是日,徐召勋将先生论文集目录复印一份并寄送先生,告知其与彭斐章准备与书目文献出版社联系出版先生论文集事宜。

是日,桑良知致信先生,告知先生所需之《安徽高校图书馆》第二期尚未取到。

是日,林仲湘收到先生为《古今图书集成索引》撰写的序言,复谢函一封,并告知已就先生提出的一些批评意见进行了改正。

11月13日,致函周连宽先生,请其为《杜定友遗稿文选》撰序。

是日,杜燕致信先生就其撰写的回忆录是否向《人物杂志》投稿征求先生意见。

11月14日,阅毕罗友松为大百科全书撰写的章学诚条目,提出修改意见,谓:"章学诚在学术上的成就可归纳为四个方面:1.文史著述,2.方志研究,3.目录学,4.索引法。大作都已提及,但还需补充一些如下:首先,关于传略似乎多了一些,对于文史方面未曾重点突出加以评论,但这是根本。第二,关于方志这段,比较完全,理论与实践都已说明。第三,目录学思想举出'辨章考镜',强调互著、别裁也是对的。第四,对于编制索引仅用'在理论与方法上多所创树'似乎不够。是不是可以强调他对编制索引,能理论联系实际,为我国索引工作做出开拓性的创举。""最后结束语,当然可以只强调目录学,但为要使读者进一步研究,最近由文物出版社印行的《章氏遗书》似乎应该在文中一提,或者列为参考文献之一。"随信寄赠先生录音磁带及照片一帧。

是日，致信邱克勤请其为《杜定友遗稿文选》撰写序文。

11月15日，因身体原因无法参加16日召开之"江苏省图书馆学会第四次科学讨论会暨二届三次理事会"，撰写书面发言一篇，拟请他人代读，发言中先生提出八大建议，谓：

省学会常务理事暨其他出席此次扩大会议的同志：

此次会议，本人本拟出席参加，无奈身体欠佳，不克如愿，深以为憾。

现在本人以会员的、《江苏图书馆学报》的、编辑出版委员会主任的、名誉理事的身份，提出一些浅见的建议，以供参考讨论：

建议一：筹建学会基金

理由：学会是一个人民自己组织、由上级领导的学术团体，应该能够自力更生，不完全依赖文化厅的拨款来开展工作。

目标：以十万元为第一阶段的筹集目标；在下两届理事会期内完成。

做法：1. 由理事会理事组织"学会基本筹募委员会"，理事中可推选一位会长，二位副会长计划一切事宜，并由代表大会通过。2. 一切会员都要担任筹募任务。3. 基金先从自己募起，不论多少；而后向会外人士、好友亲朋进行募捐，同时宣传图书馆事业的重要性，募集基金的必要性。4. 基金的来源除募捐以外，当以会员的入会费和年会费，以及其他的收入(出版物的盈余)为主。

建议二：理事会和常务理事的选举和任期的更变

理由：这两个会的选举和任期，照常都是以两年为期，连选得连任，但不得超过两届。但两年一任，即使连任，也不过四年。为要使工作搞好，培养接班人，建议改为三年改选一次，每次改选应使原有的1/3人数由新选出会员来接替。任何人都可连任，但不得超过三次九年。

建议三：接纳会员必须慎重

理由：学会是学术团体，参加者必须在学术上有所成就或贡献。旧章程本有每年会员须撰编论文一篇。目前有会员千余人，而"学报"一年所发表的论文，由会员撰写的数量较少，这就说明会员并未认真地研究和著述。因此感到有些会员努力不够。

资历。以具有"馆员"或"讲师"的才能合格，如"中国历史文献会"

就是如此。

学术体现。入会前要交一篇已经发表或尚未发表的论文。

介绍人。要有本会会员两人以上的介绍。

会费。分为入会费和年会费。入会费每人五元,年会费照各人收入工资(补贴费除外)每年总数为标准,其标准如下:1. 全年收入1 000元以下的交5元,2. 全年收入1 001—2 000元的交10元,3. 全年收入2 001—3 000元的交20元,4. 全年收入3 001—4 000元的交40元。

审批。由审批小组审查合格,才得入会。

建议四:整顿旧会员,重新登记

理由:目前有千余会员,但不少会员会费一元都不交,所赠"学报"不大看,名同虚设,数量虽多,质量不高,对我省图书馆事业的发展,似乎不利。

做法:1. 组织以五人为小组的审查委员会。2. 凡不合新规定的,劝他退会,先加入地方学会。3. 照补收入会费。4. 年会费可分两期交纳,一为二月,一为八月。如两年不交会费者,作自动退会论。

建议五:加强"学报"编辑部

理由:"学报"有一编辑委员会,委员有七人,他们的职位除研讨"学报"整个编辑出版发行事宜外,审阅稿件是一项重要任务。但只担任审阅文稿,如遇到一篇较长而有新意的文稿,如要压缩,只好退给作者修改,而无人动手。这样拖延时间,消费邮资。

做法:1. 增加编辑人员进行加工工作,除论文外还要对增刊。2. 人员目前只有三人(其中一人是兼管南图研究辅导部资料室,仅仅担任发行工作),至少还要添加2—3人。现在学会刊物是由学会和南图两个单位,编辑人员南图出二人外,其他人员拟请南京地区大学图书馆轮流输送协助。因为专稿加工工作,文字水平,专业水平都要有一定的要求,所以加工工作不比事务工作,没有事后处理,也不要长期专任,所以可随年调换,调换的优点,还可以培养各馆编辑人员。这是可以实行的。而且大馆出一个为学会服务一年,也不会发生困难。

建议六:编辑出版"学报"与"增刊"要实行包干制

理由:1. 国家财政还不宽裕,我们学术团体不能全靠上级,伸手要钱。编辑出版务须能采取包干办法。2. 会员一律以半价订阅"学报"和"增刊"。3. 交换所得的资料作为南图研究辅导部的材料,南图应该付出相当的代价,例如以八折计算。4. 必要的赠送必须继续进行。5. 如要增加发行量,必须采取发行网、宣传、推销等工作。6. 出版物有收入,当以50%作为基金,其余50%作为工作人员的奖金。

建议七:停办《江苏图书馆学会简报》

理由:目前邮费涨价,每期"简报"只以邮费而论,使每个会员人手一册,全年发行8—10期,就要花上近千元。这是不合算的。

做法:1. 取消这份简报的编辑印刷发行。2. 把学会简报材料稍为精简一下,作为"学报"专栏"学会简报"的材料,由于"学报"明年改为双月刊,可以出版发行6期,"学会简报"也可以有6期与会员见面,这样不仅节约,而以铅字排印,更加提高质量。3. 如有必要,可以出版"学会简报"的特刊。

建议八:下届选举请勿再选我担任任何工作

理由:本人年届84岁,精力已不够充足,健康也不再允许我担任职务。

做法:1. 让我退到第二线或第三线,如果编辑部门添置顾问,我可毛遂自荐。2. 让我担任各种著述、研究的组织工作,本人认为还是应该尽力以赴的。

同志们!最近几年来,我们的学会工作是有成绩的。然而对于党给予我们的要求和期望,还有一定的距离,希望同志们还要不断努力前进,跟上时代,为全国各省学会的先进,更上一层楼!

11月16日,复桑良知本月12日来信,具体内容待考。

是日,"江苏省图书馆学会第四次科学讨论会暨二届三次理事会"在南京大学召开,先生15日所撰发言稿由大会执行主席吴观国于会上代为宣读。

11月17日,白国应来访,关于二人会面情况,白国应有如下叙述:"1986年11月17日,是中国科学院第二次文献情报工作会议在南京召开的前一天,我第二次访问钱亚新先生。钱先生一见我就满脸笑容地说:'这是江苏省文化厅分配两套新式房子给南京图书馆的,一套是给汪馆长的,一套是给我的。这是党和政府照顾知识分子的体现,也是文化厅对我们给以比较好待遇的体现。'我首先介绍我们中国科学院文献情报工作的情况。接着钱老说:'自从1978年12月,我就很注意你们中国科学院图书馆的改革问题,因为那时召开的中国科学院文献情报会议,就提出图书情报工作是科学研究工作的一部分,图书情报人员是科技人员的一部分,在体制上实行图书情报一体化,建立全院的文献情报体系。这一决议是中国科学院图书系统改革的巨大创举。'"①

11月18日,致信《参考消息》编辑部,指出,为充分发挥《参考消息》价值,请编辑部重视索引编纂。

> 按:该信现存草稿,是否寄出,待考。

11月19日,遣子钱亮、钱唐拜访汪永标,商讨先生个人论文选集出版事宜。

11月20日,周连宽复先生13日函,并附其为《杜定友遗稿文选》所撰序言一篇。

是日,卢则文寄《苏中校友简讯》一册,并请先生及匡亚明等联名在南京出《南京的苏中校友》简报。

是日,赵世良致函先生表示愿意为杜定友遗稿文集作序。

是日,陈正华复函先生,告知"金星部""金盎部"所在《古今图书集成》中的具体位置。

是日,孙儿钱旭东致函先生夫妇,向吴志勤女士拜寿,并拟寿联一副"逾古稀又十年可喜慈颜久驻,去期颐尚廿载预征后福无疆"。

11月21日,柳定生就南京图书馆馆史编写事复函先生,表示赞成从1907年写起。

是日,邱克勤复先生14日函,告知无法胜任为杜定友遗稿文集撰序工作。

是日,李良肱致信先生请教汉字排检法问题,认为"《中国汉字法》把数画渗入进去,似可不必,'数画'虽有几百年的传统习惯,但习惯是养成的,画数是看不见的,计算既麻烦又费时。画数不能区分字的先后,最终还是要用笔形来定序。因此,我认为废弃数画的手续,径用笔形来定序,比较简单,在排列上也较整齐醒目,而利于检索"。

是日,黄景行将撰写的回忆沈祖荣文章寄请先生审阅。

11月22日,先生赴医院检查看病,吕秀莲来访未晤。

是日,白国应来访,关于会谈情况,白国应有如下回忆:"11月22日,我又去钱老处,向他介绍中国科学院第二次文献情报工作要在现有基础上大

---

① 白国应.不断的思念——纪念钱亚新诞辰100周年[M]//南京图书馆.继承发展 开拓创新——纪念汪长炳、钱亚新先生诞辰100周年暨南京图书馆新世纪首届学术年会文集.铅印本,2003:34-35.

大提高一步,在服务的质量、内容、范围、方式、效率等方面都应有新的进展。会议提出,'七五'期间总的奋斗目标和基本要求是:坚持改革、努力创新,切实改善文献工作,大力加强情报工作,积极开发信息资源,实现资源共享,努力发展横向联合,加快实现手段现代化,努力提高队伍素质,不断提高管理水平和服务质量,逐步将我院文献情报单位建成一个多学科、多层次、多功能的综合性自然科学现代文献情报服务系统,更有效地为科学研究和国民经济建设服务。钱老一面听,一面频频地点头。接着我们畅谈图书馆改革、开放的形势。钱老认为:'最近几年来,我国图书馆实行改革、开放,为四化建设服务,为两个文明建设服务做出了卓越的贡献,但是仍不够,今后应该深化改革、开放,开创新局面。首先进行机构改革,继而敞开大门,面向广大读者;其次尽量提供信息情报,满足用户生产、科研上的迫切需要;再次要健全网络,纵横联系,实行资源共享;第四,要加强自动化建设,提倡使用计算机;第五,要加强学习,提高素质。必须有计划有步骤地组织政治学习和业务学习,把图书馆工作同志培养成为全心全意为人民服务、促进图书馆事业发展的优秀馆员。'我听后甚为感动,这是多么美好的深思熟虑!多么雄壮的宏伟规划!多么响亮的豪言壮语!至今,仍然深深地印在我的脑海里。"①

是日,杜鹃致信先生询问汇款收讫情况。

11月23日,是日为周末,举行家宴,在宁子女全部出席,此次家宴一来庆祝先生夫人吴志勤寿辰,二来庆贺乔迁之喜。

是日,得知南京大学图书馆袁培国由国外访学归来后撰写了《图书馆改革之我见》等两篇文章,先生致信希望袁培国能将这两篇文章投《江苏图书馆学报》。

是日,朱崇阶致信先生,汇报参加"江苏省图书馆学会第四次科学讨论会"见闻,并将为此次讨论会撰写的两首诗寄请先生审阅。

是日,杜燕致函先生,告知杜定友遗稿发表稿费收讫情况。

11月24日,张厚生来访,并受吕秀莲之托带来《华东六省一市图书馆学会协作会议论文集》一册。

11月25日,就赠书整理事致信徐竹生,谓:"由张同志等整理之书,第一批已经结束,其中有六十余种图书馆学的图书暂存我处,待将来再行送

---

① 白国应.不断的思念——纪念钱亚新诞辰100周年[M]//南京图书馆.继承发展　开拓创新——纪念汪长炳、钱亚新先生诞辰100周年暨南京图书馆新世纪首届学术年会文集.铅印本,2003:35.

交。我并非藏书家,所有之书,目的在于用,因此不大成系统,只有图书馆学的比较多些。其他线装书中有几部书似值得注意。《大唐文鉴》有人认为是宋版,尚须进一步甄别。有几部明版本,有一部元刻明补本。清刻本中的《渔阳山人文集笺》一书,虽为白蚁所蛀,但此书版心未损,如能用'金镶玉'重装,颇为可观,且其中有几家批注,亦足参考。期刊有几种系图书馆学的,为了长期使用,最好装订。承同意使用修正的图书馆学类表,谢谢。希望先能整编出来形成一个赠送分类书目,如有条件再附上一个书名索名[索引]。将来再目录中加上序数,即可作为系图书馆的登录簿之一。"

是日,罗友松将为大百科全书撰写的"校雠通义"条目草稿寄请先生审阅。

11月26日,将三子钱唐撰写的《京剧艺术图书分类法》一文投寄《图书馆工作》编辑部,并附函询问《中国图书馆事业大事年表述评》一文审阅情况。

是日,吴正方致函先生,请其审阅修改《图书馆经济学》书稿。

11月27日,杜燕将完成的回忆录中"胜利归来"部分寄请先生审阅。

是日,南京大学袁培国应先生稿约将文章寄送先生。

是日,南京图书馆办公室王兵复先生函,告知先生所需的南京图书馆流通统计资料正在整理打印中,待完成后寄送先生,并告知先生询问的孔宪楷通讯地址。

11月28日,樊荣茂致信向先生问安,告知教学繁忙拟在元旦前来拜望先生。

11月29日,致信杜燕,建议其回忆录"胜利归来"中的"落日余辉"一节标题改为"夕阳余辉",并告知杜定友遗稿发表稿费寄送情况。

是日,罗友松将修改的"校雠通义"条目寄请先生审阅,并附函请教相关问题,谓:"1. 写作背景方面,清代大兴文字狱是否要提及? 2. 内容很多,篇幅有限,如何取舍为宜? 3. 主要观点应概括介绍还是具体介绍? 4. 引文过多过长,最好不用或少用引文。互著、别裁的论述,可否取其原意,适当压缩,不加引号,这样做不能保持原来面貌,是否好? 5. 成就、影响,评价是否恰当? 是否需要写得具体一些? 6. 草稿中不止一次提到'本书……',修改时想尽量避免,如果需用,用'该书……'还是用'本书……'? 7. 局限性是否要提,如需要写分寸如何掌握? 8. 版本是否要提?"

是日,王学熙将《江苏图书馆学报》1987年第1期稿件送请先生审阅。

11月30日,收到周连宽所作《杜定友遗稿文选》序文,复谢函一封。

是日,复赵世良11月20日来函,感谢其愿为《杜定友遗稿文选》作序。

是日,复朱崇阶 23 日来信,谈诗歌创作,建议其在"平仄"、"对仗"、"押韵"三个方面深入研究。

是日,将完成的"通志·校雠略""经义考""祁承㸁""千顷堂书目""郑樵"五个条目寄送《中国大百科全书图书馆学·情报学·档案学》编辑部,并附函一封,就撰写字数计算问题提出疑问,谓:"对于有许多规格,可能不尽合适,各种要求,本人尽力为之的。但有疑点,尚祈指教,这就是字数的计算。今以所写五篇为例,可作一表如下:

条　　目	应写字数	实写字数	标点符合[号]	合　计	百分对比
郑　　樵	1 000	999	135	1 134	88∶12
通志·校雠略	1 500	1 324	210	1 534	84∶16
祁承㸁	1 000	912	121	1 033	88∶12
千顷堂书目	600	435	89	524	83∶17
经义考	500	494	83	577	86∶14
合　　计	4 600	4 164	638	4 802	429∶71

根据上表,可见以实写字数计算,并未超过,如其加上标点符号,那就超过了202个。实际上就是说标点符号要占14%有余(参看'百分对比')。这样,虽不足以五条条目来概括全部条目,但也可以说明标点符号所占的分量。如以整套书为120万字,其中标点符号也需要占上16.8万字位,这是多么一个大的数目。因此文件或图书刊物横排与直排相较,直排的标点符号可利用行距的空隙,似乎优胜一些。提出这个问题,本人要了解字数到底以何法计算,较为合理。"

是日,表弟陈耀祥由上海来访。

是日,白国应致信先生,告知其已于 25 日抵京,感谢先生夫妇及钱亮招待,并汇报近况。

是日,广州图书馆致信先生,告知先生为广州图书馆建馆五周年的题词已收到。

12月1日,将《试论汉字笔画排检法的标准化问题》一文寄赠李良肱,并附函一封,谈汉字排检法问题,谓:"本人对汉字排检法,采取求同存异的主张,因此一种方法的标准化,可以兼收并蓄,例如笔画笔法法,目前辞书编辑都在笔形上都是采用横直点撇曲,而在图书馆界则十九采用点横直撇曲。两者势均力敌,各不相让,由其并存比赛,看将来谁胜谁败,岂不比较妥当吗?您主张采用笔形法,也只能说方法中之一,从理论上讲,也许比部首、笔画、拼音、四角为优,但要求'统于一',恐怕不易实现。《汉字笔法排检法标准化问题》一文,我已写成初稿,现在修改补充,月内可以投稿出处。另外,我还想写《汉字拼音排检法标准化问题》和《汉字号码排检法标准化问题》二文,使六篇有关论文成有系统,这非在明年之内不能完成。将来发表,定当告知的。"

12月2日,收到袁培国寄来的文章,寄明信片一张以示感谢。

是日,谢灼华将应南京大学图书馆李小缘讨论会之约撰写的李小缘研究论文投寄《江苏图书馆学报》,并致信先生告知此事。

是日,郑永嘉致信先生,因未留底稿,请先生将其撰写的研究先生目录学贡献一文复制一份寄还,同时告知其正致力于杜定友的研究。

是日,外甥女曹圣洁致函向先生夫妇问安,随信附寄其在上海社科院《学术季刊》上发表的《基督教徒的社会表现与其宗教信仰的内在联系》一文。

12月3日,于鸣镝寄赠先生海参若干,以谢先生为其《图书馆管理学纲要》一书作序,并附函问安。

是日,山西大学1983级应届毕业生田清娥就南京大学目录学方向研究生报考事宜致函请教先生。

12月4日,上午,于先生家中召开《江苏图书馆学报》编委会议,此次会议一来是商量《江苏图书馆学报》1987年第1期用稿情况,二来讨论1987年的编辑计划。先生于会上提出建议江苏图书馆学会出版杜定友遗稿文选。

是日,杜鹒致信先生,询问汇款收讫情况。

12月5—7日,先生夫妇于寓所接受人民日报社记者柯愈春采访,陪同柯愈春前来采访的还有南京图书馆办公室刘波。采访内容因诸多原因直至2010年才以《文华师长访谈录》为题刊登于《图书情报知识》第四期之上。

12月5日,收到孙儿钱旭东寄来的兔年贺年片,十分喜爱,并教其诗歌写作基本技巧。

是日,杜燕复先生11月29日去函,感谢先生对其回忆录的修改,并告知生活、写作近况。

12月6日,扬州师范学院陈英将其撰写的《多办图书馆专业是提高图书馆队伍质量的根本措施——兼谈苏北地区要创办图书馆专业》一文寄请先生审阅。

12月7日,包中协等来访。

是日,张世泰致信先生告知广东省图书馆纪念杜定友逝世二十周年相关活动准备情况,谓:"馆方连日来商议初步确定几项重要工作:一、成立'杜定友纪念室'。在新馆内拨出研究室来建立,原拟在87年三月十五日杜老逝世二十周年揭幕,但时间紧迫,把时间推迟(未确定时间,但至迟不晚过五月),与研讨会同时举行,此事省馆主办,现已开始工作。二、出版'文集'。鉴于您与白国应同志合编的文集已交书目出版社出版,决定暂不编了,出版'纪念集'内容为图片、传记、著作表年、回忆录等,预计在会议时出版,省馆筹费自印,先着手收集材料,新的征稿在四月初前收到不以编入。还拟出版纪念论文集,收集已发表的及此次研讨会论文汇编出版。三、举行'杜定友图书馆学思想研讨会'。初拟在明年三月中同时举行、也把时间推迟,由省学会及省馆共同主办,由省学会负责征文(日内可发出)但考虑这不是一般征文,要有对象征稿,因此特别要请您费神,图书馆界同行们哪些人可以征稿,一方面请您私人函约,并将名单告诉我们,由学会再发函征稿(收稿最迟在四月)。四、纪念办法。纪念室揭幕同研究会同时举行,关于要邀请省外同行参加事,因限于经费,人数不能太多,主要的是论文入选者,因为预计开会三日,会期膳宿由省馆负责,路费自理,特别谈到此次纪念会很希望您能来广东参加,不过考虑到您的健康情况,由您决定,一定能参加我馆还邀请钱亮同志陪您来,钱同志单位是否可以允许邀请,还是邀请他人陪您,请您考虑,因为考虑路费一定要单位同意方可。五、纪念室已征集杜老遗稿、遗物、照片、通信函件,如果能提供原件当然欢迎,否则也希望提供复印件,费用由广东负担,此事亦请您费神鼎力协助办成。六、您编的文集出版讯息如何,并盼将目录赐下,此次杜老纪念活动,很希望您费神撰写文稿,以便能够编入纪念集及论文集中。七、曾研究过1988年是杜老诞辰九十周年,觉得时间晚了一点,晚办不如早办,还是决定逝世二十周年举办,再则杜老去世在'文革'初期,又在'武斗'开始时,没能发布消息,故旧很多人不很清楚,常有人询问他的逝世情况,也借此纪念活动做一次宣传活动,使大家重新回忆并认识这位献身我国图书馆事业的老前辈。"

12月8日,复黄恩祝11月9日来函,谈近期《江苏图书馆学报》一篇关于"读者学"投稿:"最近我们收到《读者成果追踪散记》一文,其中作者说明他曾访问九位读者,追寻出他们的成果,以及其他访问的经验。作者还说一种馆史,应该包括'读者史',他强调了读者学,这篇文章将于'学报'双月刊第二期发表,对您所提的'读者学'一点定有帮助,而为您所喜爱阅读的。"同时告知百科全书词条已写好寄出。

是日,复谢灼华2日来信,感谢其此前赠阅《中国图书与图书馆史》一书,并告知其所撰写的李小缘研究论文已交《江苏图书馆学报》编辑部。

是日，阅读完曹圣洁寄来的《基督教徒的社会表现与其宗教信仰的内在联系》一文，复函一封，谓："阅读大作，更为欢欣！而且使我深有所感，明白宗教尤其基督教的起源、派别、作用（消极的与积极的）以及对新中国的贡献。文中既有理论，又有实例，既讲历史，又讲现在，更讲未来；对于宗教意识与爱国意识互相作用这段分析更有卓见。因此，这篇文章对我启发很大，得益非浅。你不愧为神学院毕业的高材生，论文引经据典，切当；结构段落，正好；表达文字，通顺。如其你能准备进一步研究什么专题，一定能获得成功的。希望努力上进，力争达到研究员的职称。"

是日，马同俨致函先生，告知大百科全书中"钱亚新"条目的撰稿人。

12月9日，审读完陈英寄来《多办图书馆专业是提高图书馆队伍质量的根本措施——兼谈苏北地区要创办图书馆专业》一文，复函一封，谓："看了大作，写得很好，建议是可行而必要的，论点是正确的，论证是有说服力的。我已交于'学报'编辑部，建议在'学报'第二期上发表。"

是日，复函杜鹈，告知已收到寄来款项，并告知杜定友遗稿《图书分类法问题研究》已整编完成，而《杜定友遗稿文选》第一集也已编竣，正在联系出版事宜。

是日，收到于鸣镝寄来海味。

是日，江西省图书馆学会黄钢将其所撰之《期刊分类》寄请先生审阅，并邀请先生作序。

是日，重庆市图书馆致信先生，请先生为该馆四十周年馆庆题词或题字。

12月10日，致函于鸣镝，对其馈赠海味表示感谢，同时代《江苏图书馆学报》向其约稿。

是日，罗友松致信先生，告知已收到陈耀祥转交的先生论学录音磁带，并寄上张亚芳所撰之《钱亚新索引思想初探》一文以请先生指正。

是日，广东省图书馆学会及中山图书馆联合举办之"纪念杜定友先生逝世廿周年及其学术思想研究讨论会"筹备工作就绪，向先生寄发征文通知。

是日，《内蒙古图书馆》编辑部致函先生告知杜定友先生遗稿《分类术语》一文将于该刊今年第四期刊出。

12月11日，就杜定友先生遗稿发表及纪念杜定友先生诞辰九十周年等相关事宜致函《广东图书馆学刊》编辑部，谓："最近半年多来，我们正在整编杜先生的另一遗稿《图书分类法问题研究》。此书是杜先生赴苏、德参观后回国花了五六年的功夫，才成初稿，当时曾寄给北京有关单位出版，该社审阅后提出修改意见，杜先生又花了一些时间修改，再行寄京，那[哪]知

'文化大革命'事发,又把修订稿寄穗。在十年浩劫中,这样一部三十多万字的巨著,也遭到浩劫,以致残缺不全,实属憾事!""本书除《自序》外共分 13 章: 1. 图书分类法导论(内又分 4 节: 图书分类法史略——图书分类法意义——图书分类法作用——图书分类法术语), 2. 图书分类法理论问题, 3. 图书分类法体制问题, 4. 图书分类法标记问题, 5. 图书分类法基本序列问题, 6. 科技图书分类问题, 7. 史地图书分类问题, 8. 文艺图书分类问题, 9. 中文古书分类问题, 10. 图书分类表编制问题, 11. 图书分类法统一问题, 12. 图书分类法改造问题, 13. 著者号问题。一看目次, 就可见此书规模宏大, 结构谨严, 内容丰富了。但不幸在十年浩劫之中, 亡佚了 2、3、5、7—10 各章, 残缺了第 12 章, 目前所存而完整的, 仅第 1、4、6、11、13 五章, 虽然仅仅 5 章, 但仍有 12 万字左右, 其中《黑龙江图书馆》编辑部需要最后一章, 我们也就先行整编寄去, 已发表在该刊 1986 年第 3 期了。其他各存在的诸章, 现在又整出来第 1、6 两章。由于第 1 章内容分为 4 篇独立而又联系在一起, 而且篇幅也不少, 于是分开发表。""请贵刊发表《导论》中的第一篇, 这是因为杜先生不仅是我国图书馆界的专家学者, 而且是图书馆工作者实干家、图书馆教育的教育家, 而更值得珍视的, 杜先生是广东人, 这是你省的光荣! 你省的骄傲! 由你刊来带头, 对于这本巨著残稿的发表, 是有深刻的意义。""任何学术的推进, 创始困难, 而守成也不易, 要发展那就更加要努力了。因此, 生于今日的改革一片大好形势下, 我们大家都应在前人的基础上、当今研究的成果上, 继续发展, 形成后来居上, 尽力担负起各人的责任, 那末我国图书馆事业的发展, 图书馆学研究的前进, 那是可以预卜的!"

12 月 12 日, 倪波来访, 与先生谈我国图书馆教育情况及南大图书馆学系发展计划等事。

是日, 致函赵世良, 告知《江苏图书馆学报》从 1987 年开始改为双月刊, 杜定友遗稿已经编就, 请赵世良在年底前完成序文寄宁。

是日, 复张世泰本月 7 日来信, 告知因年老体弱可能无法亲自赴粤参加杜定友逝世二十周年纪念活动, 但会请长子钱亮代为出席, 另告知《杜定友遗稿文选》已经编好, 并作为《江苏图书馆学报》1987 年"增刊"之一印刷出版, 同时请《广东图书馆学刊》代为设计《杜定友遗稿文选》封面, 以期与届时出版的纪念文集风格一致。

是日, 就编制索引问题致信《报刊文摘》编辑部, 谓: "目前我国文摘刊物种类颇多, 据调查达百余种。其中先分社会科学的、科学技术的、综合性的三大类。贵刊属于第三类之一, 编辑较好, 我很喜欢阅读。但有一点美中不足, 那就是没有像《文摘报》这样编有索引。因为任何报刊不编索引, 其中虽有价值的资料,但如散沙一样,无法检索和利用。《文摘报》虽编有索引为该刊的特点之一,但其索引采用分类按期□排列,不便于用。现在本人建议你刊也应编制索引,排列可用主题分类排列。本人试将1986年12月9日第363期编制一个索引,提供给你们参考。未知以为如何? 这个索引暂称为'主题分类索引',著录方面有正著录、副著录、分析著录;主题是用标题中的关键词,题录中无适当主题关键词,可代拟。如需,即编一份,以供参考。"

是日,唐圭璋致函问候先生,并请先生代借《诗渊》第四册。

12月13日,复田清娥本月3日来信,具体内容待考。

是日,致信孙钱乙东、孙女钱丹东,让其二人为春节茶话会做好准备。

是日,侄女钱红梅致信问候先生夫妇,并询问先生夫人吴志勤八十大寿庆祝事宜。

是日,《陕西图书馆》编辑部致信先生,告知杜定友相关遗稿已在《陕西图书馆》第2、3期刊出,样刊与稿酬已按先生要求寄赠杜定友先生女儿。

是日,包中协致信先生,告知南京图书馆《诗渊》第四册尚未收藏,并告知拟在1987年下半年完成《重新奋起的十年——钱亚新1977—1987年发表论著译述》。

是日,黄景行将杜定友1957年在浙江图书馆的一篇讲话稿寄赠先生,以供先生编辑杜定友先生遗稿文选。

12月14日,复罗友松12日函件,认为其为大百科全书所撰写的"章学诚"条目"言简意赅,可称佳作",并谈编辑《郑樵和章学诚研究论文选集》事,谓:"您写《章学诚》和《校雠通义》,我写《郑樵》和《通志·校雠略》,如其条目都能采用,实诚佳事。想他们两人关系密切,前后继承,为我国古典目录学上的两颗巨星,光耀四方,影响巨大。为要纪念郑、章二氏,建议我们两人来编辑一部论文选集,题目暂定为《郑樵和章学诚研究论文选集》。过去我对郑樵研究的资料,收集较多,如果仍由我担任,比较节省力量,章学诚部分,请您担任。我们并可请豪展、亚芳协助,在一二年内,定可收到数十篇,上百万字的。资料工作实为进行科学研究的准备工作,如其我们能集其大成,不仅对自己可以再进行深入研究,而且可以帮助有志于此者节约大量人力,一举两得,何乐而不为? 即使对您系来说,也有必要,由此可开出'郑樵和章学诚'专题研究,到那时请您主讲,一定可以收到较大的功效,大有利于教学的。"

是日,李良肱收到先生所寄《试论笔画法的标准化问题》一文,复函致谢,并谈汉字排检法问题,谓:"汉字排检法问题,已经闹了快近整个世纪了。这个久悬未决的难题,现在应该是解决的时候。所提出的方案400多种(据个人所知,当然难免遗珠之憾。另外还有计算机汉字编码,不计)。我国可以说是世界上检字法最多的国家。这是我国人民在文化生活上的特有负担。检字法是一种应用技术,不宜太多,太多了造成混乱,学、用都有困难。最好是统于一。但是从汉字形体结构的复杂和特殊来看,只采用某一种检字法,恐怕还不能解决问题,可能应该有几种方法同时并存,互为补充。不仅是文字,一切事物,也都各有不限于一种的整理法和检字法。""如果检字法问题能引起科技界,尤其是电子计算机界的重视,那就更好,更易获得解决。因为电脑汉字编码键入法,同样是为汉字排序,两者用途不同而已。检字法之研究,为汉字编码提供了系统科学理论基础,但在实际运用中,还必须与计算机的要求密切地结合起来。而汉字编码之研究,为检字法提供实践中的经验和数据,可资借鉴。两者是可以相互促进的。"

是日,表弟陈耀祥致信先生,汇报其与罗友松见面以及近期学习、工作、生活情况。

12月15日,就南京图书馆馆史编撰工作致信时任江苏省文化厅厅长马鋆伯及江苏省委宣传部部长孙家正,认为南京图书馆馆史编撰"不仅有关我省文化事业的历史,而且有关到全国图书馆事业的发展;不仅涉及历史编纂上的学术思想问题,而且涉及中央提倡编辑方志、专志的方针政策",因此建议江苏省文化厅"召集一次座谈会,邀请省内知名人士,部(厅)内负责同志,南图领导和馆中老中青代表同志参加,共同商讨,集思广益,取得一致的意见"。

是日,致函《图书馆杂志》主编陈石铭,告知《江苏图书馆学报》1987年将改为双月刊,同时将所撰回忆录"写作生活"之一《"郑樵和章学诚"的研讨》一文投寄该刊。

是日,复郑永嘉本月2日来信,告知其所撰的研究先生目录学贡献一文遍寻不得,请其设法向张郁芳求助,并汇10元以作通信之邮资。

是日,复侄女钱红梅13日来信,并告知做寿一事尚未确定。

12月16日,华东师范大学图书馆学情报学系将先生赠送给该系的论学录音磁带复制完成,并将原件后寄还先生,同时致谢函一封。

12月18日,致函《图书馆学刊》编辑部,请其发表杜定友遗稿《图书分类法问题研究》之第11章《图书分类法统一问题》。

是日,致函金恩晖,请其发表杜定友遗稿《图书分类法问题研究》之第5章《图书分类法标记问题》。

是日,于鸣镝复先生本月10日去信,告知《图书馆管理学纲要》已获得大连市社科联"专著二等奖",并将《图书馆社会价值论》一文寄请先生审阅。

是日，杜鹃致信告知杜定友遗稿发表稿费收讫情况。

12月19日，审读完范家宁文稿，致信一封，提修改意见，谓"结语未能与我国的目录学实际联系起来提出一些改进意见，似属失去写作的意义了。'他山之石，可以攻玉'，这点不宜放松"，并请范家宁代为借阅南大所藏日文《图书资料分类法》(宫坂逸郎等编)一书。

是日，外甥女徐燕致信问候先生夫妇，并告知近期工作情况。

12月21日，完成《祝贺重庆市图书馆建馆四十周年纪念》一诗。

是日，与诗友杨农伯等商量钱铸卿诗稿重新编辑问题。

是日，将整理好的杜定友遗稿《图书分类法统一问题》一文，投寄《图书馆学刊》编辑部。

是日，黄恩祝致函先生，汇报《申报索引》编制进展，同时告知其所撰的《索引学》一书初稿已经完成，并表示欢迎各界对"读者学"问题进行探讨、争鸣。

12月22日，将《祝贺重庆市图书馆建馆四十周年纪念》一诗寄送重庆市图书馆。

是日，将撰写的"写作生活之一"《〈拼音著者号码编制法〉的出世》一文投寄《图书情报知识》编辑部，之所以投寄该刊，是"由于此书是我在文华读书时，即1927年起稿，1928年上学期完成，该年12月由文华公书林出版，作为《文华图书科丛书之一》的"。而鉴于《索引和索引法》一书是在广州完成的，故将回忆索引研究的文章投寄《广东图书馆学刊》。

是日，致函《四川图书馆学刊》编辑部，询问《再论综合性科学类在〈中图法〉中的三大问题》一文审稿情况。

是日，复李良肱本月14日来信，建议其写一篇《汉字排检法述评》，"内容可以包括着过去和现在，但重点可以放在现在较通行的几种：部首、笔画、号码、拼音。写好后先投贵省图书馆学通讯，如不采用，我们'学报'十分欢迎。"

是日，致函徐燕，商量其母钱铸卿诗集整理事。

是日，唐圭璋致函先生，告知《诗渊》第四册已经借到。

是日，江苏省文化厅厅长马镕伯复先生两次去函，告知已同曹德进商定，请其主持召开一次专门的学术讨论会，对南京图书馆馆史编撰事宜进行专题论证。

是日，赵世良致函先生告知杜定友遗稿文选序言已经完成，不日即可寄宁。

12月23日,黄钢复先生去函,感谢先生审阅《期刊分类》书稿。

12月24日,收到周连宽寄赠之贺年片,复函答谢,并告知《杜定友先生遗稿文选》将作为《江苏图书馆学报》"增刊"之一种出版。为加强周连宽先生序文与《杜定友先生遗稿文选》联系,先生寄赠若干参考资料。

是日,致信桑健,告知《科技期刊管理与利用》一书出版较为困难,请桑健代为收集师生使用意见以作修改补充,并贺年禧。

是日,复于鸣镝本月18日来信,对其《图书馆管理学纲要》一书获奖表示祝贺。

是日,杜燕复先生去函,对先生提出的杜定友纪念活动的建议表示赞同,并表示要将其撰写的杜定友回忆录放置于广东省立中山图书馆杜定友纪念室,同时请先生代为查找《解放区的天》《你是灯塔》《正气歌》等材料,以作回忆录写作参考。

12月25日,参加华东六省一市图书馆学中专教材编写工作,先生在会上做了《谈谈教科书》的发言,发言提纲如下:

1. 教科书在书群中的地位:1.1 教科书,1.2 科普读物(通俗读物),1.3 专著,1.4 世界名著,1.5 经典著作,1.6 指导性文件,1.7 参考工具书,1.8 教科书的地位——人人必读,地位第一。

2. 教科书的性质与功能:2.1 启蒙性,2.2 常识性,2.3 基础性,2.4 发展性(2.4.1 从纵——由浅入深,2.4.2 从横——由小到大)。

3. 教科书的要求:3.1 一般要求(3.1.1 全、3.1.2 精、3.1.3 稳、3.1.4 新),3.2 特殊要求(3.2.1 从实际出发,学以致用,3.2.2 学做兼顾,手脑并动,3.2.3 着重实习,取得经验,3.2.4 强调思考,创新当先)。

4. 编辑写作工作:4.1 编写程序(4.1.1 选题,4.1.2 拟定纲目,4.1.3 初审纲目,4.1.4 写成初稿,4.1.5 审阅提意见,4.1.6 修改成二稿,4.1.7 审阅二稿再审再改,4.1.8 定稿,4.1.9 审阅通过,4.1.9.1 书名页和目次),4.2 送印前设计加工(4.2.1 封面设计,4.2.2 版面设计,4.2.3 标题字体选择,4.2.4 文字字体选择,4.2.5 开本、纸张、印数,4.2.6 制表图锌版,4.2.7 征订)。

是日,就南京大学图书馆学系发展问题,致函徐竹生、邹志仁,谓:"最近一段时期,我曾为本系考虑几件事:第一是研究项目既经教委批准,何时可以进行,安排落实,开展工作。第二,关于招收研究生事,名额专业,有否决定?第三贵校各系附有研究所者,不胜枚举,我系要培养高级学员,研究学术,似宜建立研究所,则三五年后,即可与其他各系分庭抗礼、并驾齐驱了。"

是日,将《文摘的类型》一文投寄《福建省图书馆学会通讯》编辑部。

是日,表弟陈耀祥致信先生,告知先生委托其转交给叶亚廉的《浙东三祁藏书和学术研究》已转交到,并告知家人近况。

是日,宜兴丁蜀镇志编纂委员会办公室致信先生,告知先生所寄照片符合要求,并附寄1986年11月28日刊行的《编志简报》(第八期),上刊载有《卓有贡献的地质工程师——钱方》一文。

12月26日,致信白国应,告知杜定友遗稿整理情况,并请其转交致佟曾功函,在致佟曾功函中先生就中国图书馆学会及图书馆事业发展,提出两点建议,谓:"一为建议中国图书馆学会筹设基金,以求自力更生。不论全国性或地方性的学会最近几年来都做了不少工作,推进我国图书馆的事业,实属难得。但以经费不足,编辑人员不足,刊期十九为季刊;发行量较少,亏本者却多;而刊物的质量能如您所主编的《图书情报工作》的,为数颇少;尤其在稿酬方面,据了解有一较负盛名而发行到国外的,发表专业论文,每千字竟人民币四元,这与脑力所费的劳动,极不相称,即使与地方性的稿酬相比,也相差甚远。推其原因,大概由于经费不足,有苦难言。为要解决这些问题,可否引进国外的办法,筹建基金?在'七五'期间,先由中国图书馆学会开始。假定在此时期的目标为20万人民币,八五期间为30万元。这样十年以后就可达五十万元,届时利息就可有相当数量,也就不要全靠国家来维持局面了。如以您倡议牵头,只要由您高呼一声,定能使全国会员首先响应,而后由会员再担任筹募工作,向外界人士募捐,热心于公益事业之人,定能解囊相助。到了'八五'期间,各地方学会也可如法炮制,定可作出一定的成绩,而大有利于全国图书馆事业的发展,为建设两个文明而做出更大的贡献的。二为为老前辈图书馆学专家举办学术讨论会。杜先生一生忠诚于我国图书馆事业,专心致志于图书馆学研究,曾做出一定的贡献,这是有口皆碑的。明年为杜老二十周年忌辰,广州中山图书馆拟乘新馆舍落成,特开辟一室,作为纪念杜先生之用;并定于明年五月(据友人张世泰同志所言)召开一次纪念杜先生的学术讨论会。此举很有意义,但能否由中国图书馆学会发起,发一通知,请各地图书馆学会酌量地也召开这种学术讨论会,以谋发扬他的学术思想,或图表扬他的钻研精神和为人处世的道理,从而促进我国图书馆学的研究和图书馆事业的发展呢?如果能做到这样,也许可以告慰杜先生于九泉之下,使之含笑而安息吧!"

12月27日,吕秀莲来访,送来本年第4期《江苏图书馆学报》。

是日,张琪玉将文献工作术语标准化送审稿中《情报与文献工作词汇——文献的收集、识别与分析》寄请先生审阅。

是日，汪一飞致函先生，向先生夫妇贺年，并告知生活近况。

12月28日，复马同俨本月8日来函，表示大百科全书"钱亚新"条目初稿完成后最好能先寄送先生审阅，同时再次建议马同俨注意大百科全书中字数计算时标点符号问题。

是日，就《江苏图书馆学报》英译错误问题，草拟致江苏省图书馆学会秘书长王林西函，认为《江苏图书馆学报》1986年第4期"暂不能发行，应该把封二校正后重排一张，印出来夹在其中。这不仅有关我们英译的水平，而且会贻笑大方，更使令人寒心的，如果出国，岂不是要把友邦人士牙齿都要笑掉吗？我做主编的人，当然要负重大责任，然而平日王学熙同志的担心，不肯把付印前的稿子交来签字，也应负相当的责任。为要补救这大缺点，必须重行排版付印一张，否则，如其发行，我是不负责任的"，同时建议"一要研究研究错误的原因而追究责任；二要重印一张和'学报'第4期一同发出；三要从明年起把英译目次取消而节约"。

> 按：从该信存稿标注可知，该信并未发出。

是日，陈英致函先生，请先生为其题写座右铭。

12月29日，致信顾廷龙，请其为《杜定友先生遗稿文选》题写书名。

是日，范家宁致函先生，请先生审阅其致《江苏图书馆学报》编辑部信函，信函内容待考。

12月30日，收到广东省图书馆学会寄来之杜定友纪念研讨会征文通知，复函一封，并为其补充征文撰稿人名单，分别为：汪长炳、邱克勤、潘天祯、吴观国、潘树广、张树华、朱天俊、许培基、汪一飞、任宝祯、林祖藻、梁国权、杜燕、杜鹓、黄景行、陈石铭、袁咏秋、李希泌、钱唐。

是日，复外甥女徐燕信件，建议钱铸卿诗集还是以《山玉诗草续编》为题。

是日，浙江图书馆林祖藻致信先生，谈图书馆中专教材编写事，谓："我非常同意您的想法，新的教材一定要新、精、适用，今后不断修改等，因为它既是现在也是未来的需要，这三者的要求我认为从理论上是很容易理解的，但在我们的实际的编写过程，实在需要一番大苦心，否则搞老一套的可能性极大，我认为我国的图书馆学除了您们这一代革新创造之后，一直处于不正常的状态，解放后的前17年的一边倒和反修徘徊之后，又处在10年的大动乱，大浩劫而这之中实际上都处在大封闭的状态，所以60年代，70年代甚至现今培养出的学生的知识结构大体上还是您们那个时代奠定的基础,当然很多基础的东西永远不可改变如 1+1=2 的原理,但在现实的许多新问题碰到之后,由于种种原因,有的绕道而走,有的束手无策只好睁一只眼闭一只眼,如分类与主题问题,前者,由于资料多可以细则又细、繁之又繁,后者是新课题,有好多书要么省去,要么非常略,而且许多提法都似是而非,无法处理;编目的再[在]版编目、标准书号;图书馆的资料处理;图书馆的行政、业务、设备管理;现代化;应用技术等都是我们的大难题。从另一方面,千篇一律的老传统我认为应随着对象的不同而异,如是否要迫着中专学生去搞科技检索咨询工作,如果是县、乡镇馆,中学馆,不知有多少这方面的工作要做,如果省、市、大学馆的话,目前培养已经毕业的大学生还不让他们干吗?如果大学生干不来,让中专生来干,那还要大学生干啥。另外,关于目录学的问题,编目课中、基础理论课中、参考工具课中、读者工作课中现代的计算机都涉及了,把这些课中的共同目录问题共同凑起来又成了一门课,这样给学生的印象是处处都有,也就是图书馆再也搞不出其他花头来了。如此等等,我认为都是值得仔细探讨之列。"

是日,重庆市图书馆复函致谢先生为该馆四十周年馆庆题词。

12月31日,罗友松将所抄之《杜氏丛著书目》寄送先生。

是日,白国应复先生12月26日去函,告知佟曾功信件已转交,并告知其已于12月9日晋升为研究员。

是年,下半年,先生与张厚生完成"中图法"中"G25图书馆学、情报学"修订初稿。

1987 年　　八十五岁

1月1日，就杜定友学术研讨会征文事致函张世泰、高炳礼，请广东省图书馆学会和中山图书馆设法出版先生编就的《图书馆学家杜定友先生》，该书共分"生平事迹"和"图书分类法"两部分，"图书分类法"部分收录的是先生近年来整理的杜定友遗稿。

是日，收到宜兴《丁蜀镇志》编辑部12月25日所寄《编志简报》，复谢函一封，并咨询《编志简报》第8期中提及的朱绍庐教授联系方式，因朱绍庐教授与先生同为里西村人，但彼此不识，遂感好奇，同时询问是否有类似《丁蜀镇志内容纲要》等文件，如有请寄赠一份，以便了解《丁蜀镇志》概貌。

是日，将宜兴丁蜀镇志办公室所编《编志简报》第8期寄赠钱方，并附函一封，告知近况，同时请其督促钱旭东、钱江东复习迎考。

是日，周连宽复先生1986年12月24日去信，认为由其撰写杜定友遗稿文选序文似为不妥，所以请求先生将其之前撰写的序文撤销。

1月2日，于鸣镝复先生1986年12月24日函，告知《图书馆管理学纲要》一书已经国家教委批准列为全国文科教材，现正在全面修订，并向先生夫妇恭贺年禧。

是日，桑良知致函先生，告知已收到广东图书馆学会所寄"纪念杜定友先生逝世廿周年及其学术思想研究讨论会"征稿函，但因其对杜定友了解不多，故就征文请教先生意见。

1月3日，桑健致函先生，告知大连工学院因不开专门期刊课程，《科技期刊管理与利用》一书还是请南京大学图书馆学系设法帮助出版，同时告知已请杨沛霆、王崇德、黄宗忠、白国应、肖自力、赵世良、周文骏、吴慰慈、陈誉、孙云畴、彭斐章、严怡民、李修宇、刘迅等二十余人于8月份前往大连讲学，并极力邀请先生夫妇前往。

1月4日，就华东六省一市图书馆中专教材编写事致函陈英，征求其意见，谓："为要改进图书馆中级干部培养工作，华东六省一市省级馆的代表11人，参加了去年12月25日至27日在南京举行的编写图书馆中专教材第

一次会议。除讨论了编辑教材的重要性、必要性和可行性外,作出了专业设置和分工,各门课程的名称及编写馆如下:

上海馆:图书馆学教程,读者工作;福建馆:情报工作概要;江西馆:目录学教程;安徽馆:文献资源建设;南京馆:图书分类与主题索引;文献著录与目录组织;山东馆:社会科学文献检索和利用;浙江馆:科技文献检索和利用;图书馆应用技术。并于1987年4月底拟好详细提纲,打印后给各馆寄发3份。第二次会议拟于5月在江西召开。您看上面这些有什么意见,请写信给我转致有关方面!"

是日,收到罗友松所寄之《杜氏丛著书目》,复谢函一封,并请罗友松再认真考虑《郑樵和章学诚研究论文选集》编选事宜,争取暑假编就初稿。

是日,复林祖藻12月30日来信,谈图书馆中专教材编写事,谓:"当前我希望与您见面谈谈,是有两件要事:一、为要使教学双方相长,编写时不仅要写出教本,而且要写出教学大纲,这样不仅利[于]用的人,而且利于学的人,更重要的这套教材因为有教学大纲就要推广到各地,凡受过大专图书馆学训练的人,都可当上教师来授课。二、中国图书馆分三大系统:即公共图书馆系统,高等院校系统,科学院系统。我认为还应该像美国那样加一个专业图书馆系统,包括各种企业,如工、矿、商、渔、农、林业等等,它们的范围很广,而且涉及生产、交换、消费、分配等等,对于人民的生活关系密切。是否可以提出除三大系统图书馆,再来一个大系统呢?而中专图书馆工作人员的培养,实际上就应该以第四大系统的图书馆为服务对象。这样,我们培养人才更有针对性了。出来不愁没有工作,而且各省都需要上千上万的这种人员。不知道这种想法有无意义,不过苏联之重视中专图书馆员的培养,一定有道理。除了这条出路外,还可以为广阔天地的乡镇农村图书馆服务,还可以为三大系统图书馆做中级人员。因此,这份教材如果能编好精、新、适用,将来发行是无问题的。""然而看了所拟的九门课程,基本上还未曾达到新的要求,至于精与适用,现在还不能瞎说。名称用'教程'似乎拔高了一些,我以为可用'实用××××教本',这在[才]合于从实际出发,还到实用的地步。"

是日,致函熊润芝,告知拟将《〈联合目录〉的研讨过程》一文投寄《赣图通讯》,请其审阅,并谈图书馆中专教材编写事,谓:"这次有关编写图书馆中专教材第一次会议纪要,已经打出分发,谅已收到。这项工作并不轻而易举,林祖藻同志所译美国有关的材料,的确是一本很好的参考书。我看了的体会,中专教材的对象是明确的,培养出怎样的人才也是明确的,因此教材如何编制?内容有哪些?当然要再三考虑。主要要能联系实践,手脑并用,决不能如大家教学的办法,学完了全部课程只作一次集中实习,就算毕业。美国图书馆中专教材的特点,在于前后紧密联系,一环扣一环,好象[像]学习教学一样,即前一课程未能学好,下一课程就不允许学习。这种办法,就可把所学的贯串起来,以便于应用到实际工作上去。我想这应该向之学习的。这套教材的书名,我建议用'实用××××教本',所谓'教程'者,较适用于大学教本,似乎提得高了一些。"

是日,族弟钱祝钧致函先生,告知寒假将回宜兴省亲,首站拟来南京探望先生夫妇。

1月5日,与夫人吴志勤乘车至南京图书馆,了解江苏省图书馆学会的相关工作,并交1987年会费。

是日,致函黄恩祝表示愿意为其《索引学》一书撰序,同时询问1986年《申报索引》编辑情况,以及1987年工作计划。

是日,收到郑永嘉所寄贺年片,复谢函一封,并请其打听张郁芳在美地址,以便通信了解美国图书馆教育情况及研究、出版概貌。

是日,收到张志伟明信片,复谢函一封,并请其在南京大学图书馆查阅《说文解字》版本。

1月6日,复周连宽本月1日来函,极力邀请其为杜定友遗稿文选作序,谓:"杜老是粤中图书馆界的老前辈,又是我国图书馆学专家,请您撰序,最为合适;而且由您写序,最能显示粤中人才辈出,后继有人。我在书中,已有关于《图书资料分类法》一文的《整编后记》,对整个这本书而言,还有一段编辑出版的经过,是由我们父子三人签名的。如果还要写序,岂非多此一举吗?再说,我们俩人虽然是前后同学,但又同在上海图书馆共过事,友谊之深,实非他人所能企及。因此,我再一次恳请您允许写序。"

是日,审阅完张琪玉寄来之《情报与文献工作词汇——文献的收集、识别与分析》一书,致函张琪玉,提出若干修改建议,并复张琪玉1986年12月27日来信,谓:"寄来《情报与文献工作词汇——文献的收集、识别与分析》,我看了两遍,译文很简洁而正确,实在题[提]不出什么意见。不过有些地方,因为没有看到有关原文,还不免有些疑心,现在分述如下:(一)5.1.1'(文献)收集'与5.1.2'文献选择'的原文形式一样,而中译前者加括弧,而后则否,似不一致,请设法一致起来。即加括弧,二者都应该加,否则,二者都不必加。(二)5.1.2译文中的'购买'二字,似乎商业用语,能否改成'采购',下同此。(三)5.2.3、1.7以tracing译成'根查(项)',是现在的专业字典中的译法一样。我记得在武昌读书时,同学们曾讨论这字的译名,结果以'追寻',认为'追寻'不仅意义与'根查'相似,而且译音正更接近,好像

Inden[Index]之译为'引得',是否可以考虑。把tracing又译为'排检项',不大理解。照目前我馆'排检项'是指目录片(著者目录、书名目录、主题目录,即字顺目录卡的符号。)我馆是采用笔画笔形法的,因此在字顺目录片穿孔的左边,标以排检号,如'南'字为'9-'。另一用处是在排架目录片的背后,注明于一种书各登记号之后所收藏的地处或库位,例如:有八一本书,馆中买了8部,分配在个人借书处两部,古籍部2部,研究辅导部1部,总库3部。这种记录,我们也称为库藏的根查或追寻。因此把tracing翻译成排检,值得再考的。(三)页头题名;书眉作为running title的中页是可以的。但是如果其一文献是用中国过去排版的形式,那末以页头题名就不够切当,以running title作为英文的对称字也不够切合实际。我对后者曾拟过一个英文名称,叫做jumping title,跳跃题名,这是一件存在的东西,建议增设这一词汇——中国文献中特有的字汇,不知可否?再这句的定义,还有商酌的余地。在书籍之中,一般阴页为书名,阳页为章或节名;在期刊中,一般阴页为刊名,阳阳[阳页]为篇名。所谓'通常加以简化的题名'一语,是否可以改为'有时加以简化的题名'。(四)5.2.3、5.1 载体形态项;稽核项是没有问题的,两者相比,'稽核项'既用得多,而且少了两个字,与出版项、附注项、提要项等等比用'载体形态项'要简略,在行文时也较省笔墨。可把这两个同义异译调个位置,以便稽核项作为优先,可否?(五)5.2、5.4字典式目录的位置,建议放在'主题目录'之后,也就是把它们调换一下。(六)5.3、2.2 抽词;抽词标引,译得很好。翻译也很切当。但这与'关键词'的区别何在?解释中能否补充一句?总之,您是花了一番功夫,认真谨严,不胜钦佩,将来一定能顺利通过的。"

是日,将所撰之《革除压岁钱·改为奖学金》一文投寄广州《家庭》杂志编辑部,该文内容如下:

革除压岁钱·改为奖学金
志 新

每到农历新年,社会上有一种风俗,就是赠予压岁钱。我在没有自立之前,从童年到青年是压岁钱收入者,这种压岁钱带给我不少欢乐;但从有了工作以后,我却变为压岁钱的支出者,变成了一种小小的负担。开始只给父党哥哥、姐姐的儿女,其后又给母党的表侄和表侄女;到了结婚以后,范围更涉及妻党的内侄和内侄女。现在我已年过八旬,父党、母党和妻党的下小辈都已像我自己的子女一样,成家立业、生男育女。我对于压岁钱的负责,已经轻松不少,目前所要拿出来的,仅仅四个儿女的七位孙辈和甥辈而已。去年我又一次对老伴说,我们应该对历年来送给孙辈和甥辈的压岁钱要加以改革。经过多次商讨,得出下面一系列的革新。这是时代的要求,把它写出来,给诸位家长们作为参考。是否有当,敬请指正!

改革的办法

一、目的。革去旧习惯的压岁钱改为作文奖金,以资移风易俗,去就更新。

二、作文办法。

1. 要求各家上学的,每人在年假内写作文一篇,字数以300—2000为限。

2. 题目由下面三个中任选其一:(1)最近我做了一件有意义的事;(2)我心目中最敬爱的人;(3)我最爱好阅读的一本(部)书。

3. 文章一式四份,除一份留在家里外,其余三份都寄到南京成贤街90号,交卷时间为放假后的第八天。

三、评卷办法。

1. 组织评奖委员会,由五家各推一人组织之。主委由祖父或祖母担任。

2. 文章集中到主委手中,立刻分寄各家请审委进行审阅。

3. 记分照下列标准:(1)思想30分,(2)布局25分,(3)造句15分,(4)用词15分,(5)书法15分。

四、给奖办法。

1. 主委收集四家所评的作文卷子,统计各篇的分数排成次第。

2. 分数最多者为头奖,二奖、三奖按分数定次序。

3. 奖金头奖一人20元,二奖二人各10元,三奖四人各5元。

4. 除奖金外各人再奖笔记簿一本,以作开学后做周记之用。

1月7日,吕秀莲将先生所交江苏省图书馆学会1987年会费收据寄交先生。

1月8日,收到黄恩祝《索引学大纲》目录,读毕复函一封,谓:"首先值得重视的,将'索引学'列为科学名称之一。这虽然以前潘树广同志提出,但标为书名者实由大作为始。其中有许多新材料收入,使我大增见闻。索引为一书的组成部分,您列为附录之一似乎不妥,可把大作的索引作为7,8作为附录,下列分为两项。至于年表以我们所编的为基础,全完[完全]同意。学术的进展是社会累积的成果,任何私人不得占为私有的。区区年表,何足道哉？现在所殷切希望的是大作的全豹,估计先作讲义,而后再修改一次正式出版,写序可以准备起来,让我先消化一下才可动笔的。"

是日,收到潘树广寄来贺年明信片,复谢函一封,并询问论著在国外书刊著录情况,谓:"去年您与肖自力同志驾临舍间,曾提及我有拙作,在外国书刊中著录,当时未曾深究,事后也未去查,现在请您告知其详。"同时询问潘树广职称及开课情况。

是日,致函金恩晖,感谢其邀请至长春讲学,但因身体年迈无法前往,并谈其主编"图书馆学论丛"事,谓:"前曾闻您处前年组织所编的图书馆学论文丛集,仍拟出版,但因经济关系,只能赠作者以百部而作报酬。这个办法很好。但是倪波同志、张厚生同志和我三人,认为赠予作者的作品一百部,不如赠以一百个著作各一本,这样对于编辑发行上完全一样,而于作者来说,倒好作为藏书的特色之一。另外再送作者二册,我看不会有人不同意的。这是学术上的成就,绝不会斤斤较量若干稿酬的。"随信附寄杜定友遗稿《图书分类法标记问题》一文,请其帮忙发表。

是日,复白国应1986年12月31日来函,对其评上研究员职称表示祝贺,并提议将之前为《杜定友图书馆学论文选集》所作序言略作修改,以"杜定友先生的生平事迹和学术思想"为题以应广东省图书馆学会和中山图书馆举办的"纪念杜定友先生逝世二十周年及其学术思想研究讨论会"征稿。

是日,致函书目文献出版社薛殿玺,请其争取提前出版《杜定友图书馆学论文选集》一书,以响应广东省图书馆学会和中山图书馆举办的"纪念杜定友先生逝世二十周年及其学术思想研究讨论会"。

是日,复于鸣镝1月2日函,对其所著《图书馆管理学纲要》被国家教委批准列为全国文科教材之一表示祝贺,并嘱其认真修订。同时鉴于于鸣镝为辽宁《图书馆学刊》编委,请其帮忙协助出版杜定友遗稿《图书分类问题研究》中相关章节。

是日,复儿媳凌小惠函,告知其一月下旬回宁探亲时乘车路线。

是日,为孙儿钱旭东修改《迎新春》一诗,并致函与其谈古诗写作问题,要其在写诗时注意"① 立意要新,有情有景。② 炼字,每个字都要精炼,不能有多余的字,更不宜用重复意义的字。③ 造句,句中要善于用动词,否则,诗不会生动,只见素材成堆而已。④ 用典,要能用古典。⑤ 修辞,做好一首诗后,先放下来,而后再修改,换上最完善而切当的字或词。⑥ 完整,不管绝诗律诗都可分为四个组成部分,要使这四个部分合于'起''承''转''合'的格局"。

是日,陈英复先生4日去函,谈图书馆中专教材编写意见,谓:"华东六省一市图书馆合力编写图书馆中专教材,是图书馆界的一大好事,这是适应我国要发展图书馆中专教育的举动,好极了! 对于各门课程的编写计划,总的很好,没有多少意见。具体的想到几点,冒昧提出,仅供参考:① 课程是否可以增加图书馆科学管理一门。② 图书馆学教程的编写,要突出图书馆在当今社会的地位和作用,篇幅要多一些,道理要说得透一些。这是对图书馆重要性的宣传,也是激发学者热爱图书馆事业所必须的。③ 图书馆应用技术,要突出图书馆现代化设备的知识和应用。④ 所写教材要注意吸收新观点、新成果。"

是日,外甥徐龙致函先生,告知先生二媳凌小惠赴美所需经济担保人事宜。

1月9日,至南京图书馆《江苏图书馆学报》编辑部检查1986年来稿及用稿情况,得知1986年《江苏图书馆学报》共收稿件547篇,但最终被采用的只有120篇左右。

是日,看到《文汇报》上刊登上海文化出版社"五角丛书"广告,汇款10元购置用作新春礼物,赠送孙辈。

是日,北京大学图书馆学系李严就《图书情报学辞典》编撰事致函先生,请先生提供个人简历及学术成就,另请先生协助提供所知的有关毛坤、袁同礼、桂质柏、裘开明、杨家骆、蒋元卿等人情况。

是日,朱静雯将硕士论文提纲寄请先生审阅。

1月10日,致函徐竹生、邹志仁,一来请南大图书馆学系资料室重视专业外文期刊采购,以便于了解国外图书馆学研究动态;二来请南大图书馆学系组织有关学者对《科技期刊管理和利用》一书审阅,争取南大出版社予以出版;三是赞成图书馆学系设立相关研究机构,希望徐竹生与邹志仁在适当的时候,向学校领导正式提出并积极争取,因为研究机构的设立"于充实系内科研、教学都有好处。要使南大图书馆学系与武大的、北大的三足鼎立,此举实为当务之急"。

是日,收到卢则文寄来贺年明信片,复谢函一封,并勉励卢则文"只希望大家能在平安的环境,消磨我们的晚年,那就心满意足了。活到老,红到老"。

是日,广东省图书馆学会复先生1986年12月30函,感谢先生对其举办杜定友先生纪念活动的支持,并告知由于经费问题,无法承印《杜定友先生遗稿文选》,而杜定友研讨会论文集只能争取书目文献出版社或其他出版社支持,该学会无法承担出版。

是日,武汉大学图书馆学情报学研究所将《图书情报工作实用手册》大纲及意见表寄请先生审阅并提意见。

  按：先生具体回复有待查考，但先生在武大函件上写有如下批语："通过阅读这手册的大纲，深感条例清楚，内容丰富，不仅易于掌握，而且极有参考价值。这样的以类相从的编排方法，比之以字顺来排列条目，实在要优胜得多。本人对这手册的提纲，十分赞成，并无什么要补充或修改的意见。但为用户便于速检，建议将来最好编制两个索引：一为类目的，其中又可分为两种：(1)汉语拼音的，(2)笔画笔形的或四角号码的。二为引文索引。有了这两个索引，即这一手册在编辑体例上就比较完备，同时在检索利用上，也比较方便了。"

  是日，苏州师范专科学校图书馆收到先生寄赠《中文字顺目录检字表》，复函致谢。

  1月11日，将"目录学讲话"录音磁带三盒赠送南京大学图书馆学系。

  是日，致函陈石铭，请其就为《杜定友先生遗稿文选》题写书名事代为拜访顾廷龙。

  是日，就赵世良所写《杜定友先生遗稿文选》序文事，致函赵世良，谓："上周有事往编辑部，才发现大作已当作投稿的文章登在登记簿上了。消息不通，实堪浩叹。回来就将序文带到家里，一口气读完，深感写得有情有意，自属佳作。我们把它视为珍宝，杜老有知，必然要含笑九泉。序文无一定规格，'代序'二字，可以省略。"

  是日，就《江苏图书馆学报》改为双月刊后稿件处理事宜，致函罗友松，谓："前天我特地到'学报'编辑部检查去年收到多少稿件，共计547篇，但采用的充其量仅为120篇，占23.8%。使用的百分比实在太小了，同时从整个人力来讲，如其未入选者都不能发表，这是多么浪费人力的一件令人痛心的事！今年'学报'改为双月刊，由于经费（学刊一切费用）采用包干的办法，篇幅不得减少，投稿的人如此多，文章也不少，要割爱了3/4以上，我们编辑部应该如何处理，才能对得住大量热心的投稿人呢？请代为想想办法，提出宝贵建议！"并告知，张亚芳所撰《钱亚新索引思想初探》一文倪波尚在审阅之中。随信附致华东师范大学图书馆学情报学系函，感谢其复制"目录学讲话"录音磁带。

  是日，就《杜定友先生遗稿文选》出版一事再次致函广东省图书馆学会及中山图书馆，请其设法能够在广东出版，但考虑到经济问题，声明如若出版，无需支付稿酬，但版权需归杜定友先生三位女儿所有。

是日,复桑健3日函,询问宓浩所著《图书馆学原理》审稿结果,并告知邵延淼《古今中外人物传记指南录》已与江苏教育出版社签订出版合同,同时勉励桑健在学术上继续努力钻研。而因身体年迈,无法赴大连讲学,特赠送"目录学讲话"录音磁带一份。

是日,收到李明华贺年明信片,复谢函一封,并询问其职称问题,鉴于《江苏图书馆学报》改为双月刊,请其积极投稿。

是日,郑永嘉复先生5日函,告知张郁芳父亲鉴于张郁芳出国中山大学并未同意,为谨慎起见,请先生直接与张郁芳父亲联系以询问其在美地址。同时,感谢先生寄赠《江苏图书馆学报》,并汇报研究、考研计划。

是日,邵延淼携《古今中外人物传记指南录》一书排样来访先生,先生此前曾为该书出版多方联系。

1月12日,由于在某一次会议上听到南京图书馆副馆长孔宪楷表示要在两三年内学习图书馆学,并掌握图书馆的管理行政以及事业的发展,先生草拟致孔宪楷函,为其推荐《图书馆学导论》(黄宗忠著)、《图书馆管理学纲要》(于鸣镝著)以及《图书馆学通讯》《图书情报工作》《四川图书馆学报》《广东图书馆学刊》《图书馆杂志》《江苏图书馆学报》六种刊物,同时建议南京图书馆要重视在职研究生的培养。

按:从现存批注来看,该信并未发出。

是日,致函范家宁,邀请其来晤谈外文参考工具书及其个人写作、研究计划,随信附简历一份,请范家宁代为转交《南京大学学报》编辑部。

1月13日,收到许培基托人送来的《苏州建城二千五百年纪念册》一书,致函许培基,以示谢意,并表达了对该书的喜爱,谓:"《苏州建城二千五百年纪念册》,看了其中的书画诗词,令人喜悦,爱不释手。回忆我在青年时代,曾肄业江苏省第一师范,校址在三元坊,实际上苏州是我的第二故乡;抗日胜利后,又在苏州社教学院担任教职五年,我家里的四个儿女,都曾在苏州中小学校读书。这样,苏州就更我[与]我结成不解缘。当时曾想卜居苏州,以享园林山水之乐而度余年。但以解放、新中国成立,未能如愿以偿,然而在梦里常常不忘这个天堂。"请许培基再代为购买一册。

是日,黄恩祝复先生1月5日、8日函,感谢先生对其索引学论著所提的建议,告知该书正在完善过程中,并就"附录"处理征求先生意见,同时告知1987年《申报索引》编纂工作尚未开始,预定的1986年完成1920—1925年《申报索引》的编纂工作并未如期完成。

是日，王学熙就《江苏图书馆学报》编委会开会时间来函请示先生。

1月14日，读到于鸣镝发表于《图书情报工作》1986年第6期上的《"有偿服务"行止论》一文与发表于《江苏图书馆学报》1986年4期上的《"有偿服务"行止探》篇章结构基本一样，有"一稿两投"之嫌，就此事致函询问于鸣镝。

是日，审阅完黄钢《期刊分类》一书，将审阅意见函寄黄钢，表示该书虽然具有"理论部分，组织严密，例举丰富，文如流水"的特点，但是该书还是存在很多不足，表现在：（1）书中部分数据缺少依据；（2）部分引文缺少必要的注释说明；（3）没有及时更新最新学界、业界进展。因此建议黄钢在广泛调研基础上，重新编定此书，待完稿后再行审阅撰序。随信附致江西省图书馆谢函，感谢其寄赠花卉挂历。

是日，收到郑永嘉所寄贺年明信片，复谢函一封，并嘱咐其利用假期认真修改所撰杜定友研究论文。

是日，收到桑良知所寄贺年明信片及信函，复谢函一封，建议其认真阅读杜定友《治书生活》和《著书生活》，写一篇回忆录或杂感之类的征文。

是日，白国应复先生1月8日去函，表示同意将为《杜定友图书馆学论文选集》所作序言修改后应征"纪念杜定友先生逝世二十周年及其学术思想研究讨论会"，但鉴于该文主要由先生所撰，所以要求不署名。

是日，钱方致函告知先生由于工作忙碌之故，拟推迟至本月20日乘车返回南京。

1月15日，将叶剑英《攻关》、文天祥《过零丁洋》及《正气歌》相关内容函寄杜燕，并告知《杜定友先生遗稿文选》一书正设法出版。

是日，朱崇阶致函先生，汇报至扬州教育学院图书馆工作后的情况，并将所撰的《赴宁参加江苏省图书馆学会第四次科学讨论会感赋》（诗二首）抄请先生审阅。

是日，南京师范大学夜大图书馆学专修科八五届同学发来慰问信一封。

1月16日，复广东图书馆学会1月10日来函，告知鉴于广东省图书馆学会经济困难，还是按照原先计划由江苏省图书馆学会设法出版《杜定友遗稿文选》，但需请广东省图书馆学会广泛发起预订，同时建议广东图书馆学会再向倪波、王学熙、侯汉清、周文逊、俞从周发"纪念杜定友先生逝世廿周年及其学术思想研究讨论会"征稿函。

是日，复陈英1月8日函，告知陈英所提的关于图书馆中专教材意见将转告有关方面，至于为陈英题字一事，经考虑后决定以《四有铭》题赠。

是日，杜燕将写好的回忆录中《五十不老翁》《笔战》《迎解放》三节寄请先生审阅。

是日，于鸣镝复先生1月8日函，感谢先生鼓励，表示将会对《图书馆管理学纲要》一书认真修订，并告知最近写了一篇题为《强化图书馆的教育职能，自觉做好"借书育人"的工作》的文章，该文是对当前一些自由化倾向的发声。同时，告知辽宁《图书馆学刊》将会全力协助发表杜定友遗稿。

是日，书目文献出版社编辑部张幼莲来函告知先生整理的《杜定友〈自传〉残篇及其他遗稿文选》未通过编委会复审，故不能出版。

1月17日，赵世良复先生1月11日去函，告知其文中"代序"二字"原先出于个人角度的一种认识"请先生予以适当处理，同时询问该文是否能作为征文应征广东省图书馆学会举办的纪念杜定友先生研讨会。

是日，桑健复先生11日函，告知宓浩所著《图书馆学原理》一书审稿情况，谓："华东审稿会，关于《原理》一书，大家原则上已通过，我的《概论》，会上有评价，认为各有特点，我已把已出版的几本书都认真看过一遍，看来，无法互相代替。因为在图书馆学教材上，追求理论化固然是一种'成熟'的表现，但'洋化''空化'脱离中国实际的现象，也是一种不可小视的倾向。《原理》一书，辽宁省朱育培十几人审阅后撰的书面意见，对《原理》发表了基本否定的书面意见，关键就是上述的'洋化''空化'问题，但代表们说图书馆学著作不多，可以提倡各家之言，自成一派不妨。我的《概论》，理论量适中，非常受各馆长及实际工作者欢迎，就是大学生也是得读之有益，逻辑没矛盾性，易读性明显。《原理》一书，最后意见，只作参考教材"，同时告知先生其所著《科技情报学概论》已进行二校，对先生赠送"目录学讲话"录音磁带也表示感谢。

是日，黄钢复先生14日去函，感谢先生对《期刊分类》一书提出的审阅意见，并表示将认真修改，同时告知挂历是由其个人而不是江西省图书馆所赠。

1月18日，罗伟达致函先生，将所撰《建议研究拟定统一的汉字序列法——兼评〈统一汉字部首表〉》一文寄请先生审阅，并建议先生在《江苏图书馆学报》开辟《字序法研讨会》专栏，同时将《康熙字典（改排本）》部分内容寄请先生审阅，并请先生帮助联系出版。

是日，外甥徐豹致函先生，商量其母《山玉诗草续编》付印事。

1月19日，于家中召开《江苏图书馆学报》编委会议，讨论《江苏图书馆学报》1987年第二期用稿，同时商量《江苏图书馆学报》增刊出版事宜。会议决定1987年出版增刊三种，其一为先生父子整编的杜定友先生遗稿，其二为苏州师专图书馆编的《中学语文研究资料索引（1950—1985）（初中部分）》，其三为1986年江苏省图书馆学会年会论文选。

1月20日,致函上海文化出版社,请其务必在1月27日前将所购"五角丛书"寄至南京,以便春节期间赠送给孙辈。

是日,复白国应1月14日来函,建议还是署两人名,并告知书目文献出版社薛殿玺处已去信,请其尽量将《杜定友图书馆学论文选集》提前出版。

是日,复李严9日来函,告知简历预计在2月中旬寄交,对其信中咨询情况,答复如下:"毛坤早已过世,湖北省图书馆张遵俭同志曾写过毛坤的传略两篇,这一条目推荐张同志执笔。蒋元卿同志现仍在安庆市图书馆工作,他的《中国校雠学史》听说最近曾在安徽某出版社重印。如其上文所述地址不确,请写信给安大图书馆学系主任徐召勋同志转致,谅可万无一失的。裘开明已过世,我曾读到有关他的传记一篇,刊登什么杂志,待问清楚以后再告。杨家骆在台湾,情况不明。袁同礼、桂质柏都已过世,情况也不明。此外还有冯汉骥、陆秀夫妇二人,开始都是学习图书馆学的,曾任浙江××图书馆馆长,游美回国,冯在四川省博物馆当馆长,陆则从事儿童教育事业,在四川省当过××局局长,而且《四川日报》上刊载一篇关于她的访问记,写得非常出色,能将陆的所有贡献,比较地笔之于书。我曾读到过,可惜没有复制下来。如果要知其详,可以写信给毛坤的夫人任慎之同志,她现已由四川大学图书馆退休在家,因为她是陆的亲戚,由她可以向陆冯二人的儿子征集到所需的材料的。"

是日,复朱崇阶15日来函,嘱咐其搞好单位内部团结,充分发挥同事的积极性和责任感,并建议其在写作时"应从大处着眼,写一些有系统性的论文,也就是说选择一个主题,围绕着它拟定十个小题而进行系统的写作。待一二年后,经修改以后,即可集成一书了"。

是日,复郑永嘉1月11日函,鼓励其继续深造,并勉励其抓紧完成杜定友研究论文的写作,"杜老的贡献,首先在于使我国图书馆事业能建立了现代式的基础。杜老的学术贡献,可说博大精深,尤其最后十年的著作,思想更为先进而突出,可惜当时为世俗的见解所囿,未能为人所重视"。同时,注意阅读先生父子整理发表的杜定友相关遗稿。

是日,顾志华致函问候先生夫妇,并汇报工作近况。

是日,黄恩祝致函先生,汇报《索引学大纲》写作进展。

1月21日,收到任慎之女士所寄贺年明信片,复谢函一封,并告知北京大学图书馆学系主编《图书情报学辞典》中设有"毛坤"条目事,已推荐张遵俭撰写词条,同时请任慎之与冯汉骥哲嗣联系代为复制《四川日报》上刊登的访问陆秀的报道。

是日,致函广西壮族自治区图书情报学研究室,由于该系所编的《图书情报辞典》与北大图书馆学系所编的《图书情报学辞典》就差一字,建议该系与北大联系合作共同编辑。随信附致《图书馆界》编辑部函件,感谢该刊发表《与主题目录打交道》一文。

> 按:是月广西壮族自治区图书情报学研究室曾致函先生,告知鉴于先生在图书情报理论建设和事业建设上有突出成就,是我国图书情报界的知名人士,决定将其收入该馆所编的《图书情报辞典》,要求先生在三月之前将其个人自传寄至该室。

是日,林仲湘致函先生,告知《古今图书集成索引》进展,并附巴蜀书社对先生序文审阅意见,该意见主要是希望先生将序言再压缩,特别是关于类书源流一部分精简,全文字数控制在三千字左右。同时告知广西大学增设古籍研究所,由其担任主任。

是日,南京图书馆办公室收到上海华东师范大学人事处寄来的四十元评审费,但未写明评审者,故来函询问先生是否参加华师大相关评审工作。

1月22日,复南京图书馆办公室函,嘱其去信华东师范大学问明情况后再行处理。

是日,次子钱方一家四人回宁探亲。

1月23日,杜燕收到先生为其收集的相关歌曲、诗词材料,复谢函一封,并告知生活近况。

1月24日,致函罗友松,询问华东师大汇来40元审稿费事宜以及张亚芳、孙豪展工作情况。

是日,代孙儿钱乙东做祝寿词一篇,题曰《祝三同,孙悟空》,具体内容为"敬献花儿一束,恭祝爸爸、叔叔、姑姑三人有三同。第一同:生辰相同沐春风,得天独厚满地红。第二同:大家攻读高校中,成绩优良不同众。第三同:大家都是工程师,为民服务立大功。最幸运的我生辰也与姑姑同,将来我要力争,做一个齐天大圣的孙悟空。"

是日,倪延年致函先生,告知拟于春节期间携妻女登门拜年。

是日,俞从周致函先生,告知《索引和索引法》一书台湾版是1972年出版,并将先生部分文稿复印件寄交先生。

1月25日,致函倪波,告知《杜定友先生遗稿文选》拟改名为《为图书馆事业奋斗而生的杜定友》,请倪波联系匡亚明为该书题写新题名。

是日,致函王学熙,告知《江苏图书馆学报》编辑部所选的1987年第二期文稿已审阅结束,同意编辑部意见,并告知《为图书馆事业奋斗而生的杜定友》一书文稿已整理就绪,可请印刷厂估算出版费用,同时请王学熙介绍《江苏图书馆学报》承印单位人员春节后与先生洽谈钱铸卿《山玉诗草续编》印刷出版事宜。

1月26日,致函《北京晚报》编辑部,询问该报两三年前刊发的一篇关于简化字的短文的具体刊发日期,同时建议该报编纂索引,以便读者使用。

是日,致函赵世良,就《杜定友先生遗稿文选》改为《为图书馆事业奋斗而生的杜定友》征求其意见,并建议其序文题目是否改成《我所认识的杜定友先生》更为妥当。

是日,收到罗伟达寄来《建议研究拟定统一的汉字序列法——兼评〈统一汉字部首表〉》一文,并就文中相关问题进行讨论,谓:"您把所提出的'汉字序列法'或简称为'字序法',而内容仅仅涉及汉字笔形的方面,因此我认为帽子大了一些。如果把汉字的组成是由音、义、形三者,您的方法似乎称为'汉字笔形法'或简称为'形序法',难道不是更好吗?除掉这三种排检法以外,'数序法'是客观存在,所以我目前致力于汉字排检法标准化问题,内容要包括这四个方面:1. 义序法(即分类法);2. 音序法:汉语拼音方案排检法、注音字母排检法;3. 形序法:部首法、笔画法、笔形法、形位法;4. 数序法:四角号码检字法、三角号码检字法、汉字首尾编码法。如果只用'字序法',不是与'笔形法'混为一谈吗?请加考虑为幸。"并将所撰《汉字排检法》书稿寄送罗伟达参考。

是日,复书目文献出版社张幼莲16日来函,告知杜定友遗稿文选出版事已经解决,请书目文献出版社尽快出版《杜定友图书馆学论文选集》。

1月30日,农历正月初二,全家团聚南京,共贺新春,先生为了革除旧习,将给孙辈的压岁钱改为作文奖金,以资移风易俗,去旧更新。今日宣读早已进行的作文竞赛结果,外孙女王宇以《读〈陋室铭〉》一文获得头等奖,其余几人各有奖励。通过这次比赛,先生得出几点体会:"(1)作文写得好不好,并不与性别有关;(2)作文成绩的评定,也不受年龄大小的、文化程度高低的限止而形成正比例的。"中午举行家宴,先生为孙辈旭东、丹东、江东、进东、乙东各作诗一首,总题为《迎春祝寿(五首)》,具体参见《钱亚新别集》。下午三时,全家赴郑和公园,拍全家福一张。

是日,外甥女曹圣洁致函向先生全家贺年,并告知其家人近况。

2月1日,赵世良复先生1月26日去函,谈杜定友遗稿书名问题,谓:"书名① 必须与内容吻合,② 要简明通顺。所以(一)倘如原议是仅由若干遗著和三篇序文组成,倒还是用原拟书名贴切;但'遗稿文选'似可改为'遗文选'或'遗稿选集'更好些,因为稿、文二字在意义上重了。此名朴素,百分之百以事实为根据,而最能动人的应该就是事实。(二)如改新名,需是以他人执笔的论文、传记和回忆文字为是才算对题,果然,则建议:① 去掉'奋斗'二字;或② 改'而'字为'一'字。"

是日,桑良知致函向先生拜年,并告知新学期教学任务,同时询问江苏省图书馆学会所出《主题法基础知识》一书是否还有存书。

是日,杜鹉致函先生,告知杜定友遗稿发表稿酬收讫情况。

2月2日,收到李明华贺年明信片,复谢函一封,询问其职称问题,并请其多为《江苏图书馆学报》撰稿。

是日,收到张郁芳托其父张英华转寄的贺年明信片,复谢函一封,并请张英华告知张郁芳在美地址,以便联系。同时请张英华转致张郁芳谢函,希望其早日学成归国。

是日,致函白国应,告知已致函书目文献出版社张幼莲,请该社争取提前出版《杜定友图书馆学论文选集》,并关心其个人问题。

是日,复林仲湘1月21日函,表示愿意接受巴蜀书社意见对序文进行压缩,同时对其担任广西大学古籍研究所主任表示祝贺。

是日,罗友松致函向先生夫妇拜年,告知华东师大图书馆学系承担编纂的1931—1932年《申报索引》已完稿,将继续编纂1937—1940年《申报索引》,目前正集中精力从事大百科全书文献学分支条目审稿、修改工作。其主编的《教育文献检索与利用》一书,已由朱天俊与武汉大学出版社谈定出版事宜。

2月3日,致函罗友松,谈编纂《申报索引》及《郑樵章学诚研究论文选集》事:"编制《申报索引》看上去简单,实际上并非易事。其中前后既要条例一致,检索又要方便。由于时间关系,对于参照方面,有时更加考证,否则致异物认为同名,或同名认为异物。盼望您们能编出质量较高的索引,便于用户使用,那就贡献很大,将永为用户称颂了。谈及《郑、章论文选集》,其范围似应限于校雠学、目录学方面。由于他们都是大史学家,全面收入,实非所宜。假使第一辑成功,将来再扩大范围也未尝不可。这样,内容更有针对性,而购买者也不至于要买他并不需要的材料了。如整部有关目录学的书中著有相关材料,应作分析著录而收入的。"随信附先生草拟的《郑樵、章学诚研究论文选集》辑例,如下:

郑樵、章学诚研究论文选集
辑　　例

一、目的　为研究郑樵和章学诚校雠学、目录学学术思想的,提供有关资料而编辑的。
二、范围　收录范围,以新中国成立后所发表的单篇论文为主,但有关材料见之于书籍中者,也作分析著录而收入之。
三、著录　著录项目,论文为(1) 序号,(2) 篇名项,(3) 著者项,(4) 出处项,(5) 提要项(选择较重要者为之)。篇目为(1) 序号,(2) 篇目项,(3) 著者项,(4) 出版项,(5) 出处项,(6) 提要项(同前)。
四、检索　论文和分析著录以篇名(目)排列,即以序号排列。
五、索引　为了便于检索,编制两套索引:(1) 著者或编者索引,其项目为(a) 著编者,(b) 序号;(2) 关键词索引,其项目为(a) 关键词,(b) 篇名(目),(c) 序号。

此辑例仅供参考,请加讨论,而后提出修改意见,为何以篇名(目)排列,为要避免分类排列,强调关键词的作用,使用时要比分类更易而有专指性。

是日,顾廷龙应先生之请,完成《杜定友先生遗稿文选》一书封面题签,寄送先生并附函一封,谓:"命署杜先生遗著书签,适因拇指酸痛,写了数次,均不恰意,故迟迟未能报命,歉何如之! 顷涂呈两式,乞指教选采。署名最好不用,姑备设计同志之安排。杜先生尝为顾颉刚先生在中山大学草拟图书采购计划,曾写序文一篇,不知已收入否? 写得很切实,如有需要,我可能找得出。"

是日,林祖藻致函先生,谈图书馆馆史工作需要尽快做,"否则,以后的子孙不知道自己是怎么来的,我认为这项工作既要靠专家、老一代,也要靠群众,因为有好多事,群众记得比领导还清楚",但是图书馆工作的重点还是应当放在现在、放眼将来。

2月5日,侄孙钱克东致函向先生夫妇贺年,并告知家人近况以及回宜兴丁山老家探亲情形。

2月6日,复函林祖藻,谈图书馆中专教材事,谓:"关于中专教材问题,我认为内容尽量减少史论的东西,正如您信中所谓,不要怀古,而要前看,不要重理论,而要重实践。因此总的书名建议用'实用××教本'。其中有的用'教程'二字,似乎提得高了些,未知以为如何? 各教本的内容,不宜有所重复,但须前后联系,正如您所译得美国有关教学大纲一样,必须在学习中联合连贯,一课深入一课。此外必须着重实习,使学员手脑并用。从实践中来检验教本的质量。要讲得少些,做得多些。实践出真知。空口白话是无补于事的。编了教材，同时也应编教学大纲，不仅便于师生教学，而且也便于推广这些教本给别的地方去使用，这样才能扩大影响，而不至于出版发行得不偿失了。"

是日，复杜燕1月23日、杜鹈2月1日来信，告知杜定友遗稿文选还是由江苏图书馆学会设法出版，且不会有稿费，请杜燕、杜鹈理解，另外请杜燕、杜鹈与居住香港的亲戚联系，待杜定友遗稿文选出版后，能争取在香港、台湾及东南亚一带销售。

2月7日，再次致函上海文化出版社，催寄所购《五角丛书》。

是日，白国应复先生2日函，感谢先生关心其个人问题，并告知个人详细情况。

是日，吴正方致函问候先生，向先生汇报《宜兴文化志》梗概，并邀请先生为《宜兴文化志》题词，同时询问先生对《图书馆经济学》初稿的意见。

2月8日，就杜定友遗稿发表事致函陕西图书馆，询问发表稿酬及样刊汇寄情况。

是日，林祖藻致函先生，谈图书馆学研究方法，谓："图书馆学的研究方法，或许说是我国图书馆缺门的学科，因为现在不管图书馆学的研究生、大专生更不用讲中专生都没有这门较为系统的知识，也许在哲学、教育学、社会科学等方面，都还没有人去系统总结[过]，为此，产生的后果是往往写出的论文没有遵循一定的方法，去求得可靠的效果，这对事业的发展也是一个难题，或许还没有得到有关领导的重视，作为我们现在来说只能敲敲边鼓，希望今后在这方面能逐步受到图书馆的教育部门、研究部门或业务部门的重视。为此，鄙人近年来在这方面做了一点努力，希望能将国外的一些先进的科学的研究方法介绍回来，作为引玉之砖。"随信附寄《图书馆学的随机抽样研究法》一文，请先生审阅。

2月9日，将为陈英撰写的座右铭（先生撰稿、刘子钦书法）寄送陈英，并附函一封，告知刘子钦刚完成《春秋左传新义》一书，请陈英为其介绍该校相关研究人员，以便刘子钦与其交流讨论。

是日，复顾廷龙谢函一封，感谢其为杜定友遗稿题签，并告知杜定友《图书分类问题的研究》整编情况，对于顾廷龙来信中提到的杜定友序文，先生也请其复印寄赠一份。

是日，复曹圣洁1月30日来函，鼓励其继续从事研究，多出成果，并告知春节期间家庭聚会情况。

是日，罗伟达将先生《汉字排检法》讲义寄还先生。

是日，钱旭东、钱江东先行返京，准备开学事宜。

2月10日,于鸣镝就先生1月14日函中所提《"有偿服务"行止论》与《"有偿服务"行止探》两文致函说明:"我必须作以郑重声明,并请在贵刊上公开。《行止探》在贵刊和《图书情报工作》两刊发表,并非'一稿两投',实属'一稿两用'。现将始末说明于后,以正视听。1. 一九八六年五月十三日,我将《行止探》寄贵刊编辑部。2. 一九八六年九月一日收到贵部八月二十三日给我的用稿通知。3. 一九八六年九月三日,我在回贵部信中除遵嘱写上三百字左右摘要外,还如实转告了天津《图书馆工作与研究》编辑部拟发《行止探》摘要、我不同[意]并通知江苏全文刊用请它撤稿一事。4. 一九八六年十月十一日收到贵刊九月十九日的《稿件采用通知单》,要我写一300字的简历。同一天,我又接到中国科学院《图书情报工作》的用稿通知。(我十分奇怪,我没有将《行止探》投向该刊,为何采用呢? 直到二十五日中国图书馆学会基础理论组来信说,是他把我参加全国学会'笔谈会'的稿子作上述处理的[一篇即《行止探》,推荐给《图书情报工作》发表,另一篇《图书馆的本质属性没有发生质变》因已在《晋图学刊》上发表,所以就不推荐了])。5. 第二天即一九八六年十月十二日,我致函《图书情报工作》编辑部,说明以上情况,请求撤稿;若已排检,因撤稿而影响出版,建议换上我以前投去的《试论文献的"生态平衡"》(顺便说一下,如果我把《行止探》投它,我是不会在几个月之中又寄第二篇的)。6. 一九八六年十月三十日,我又一次致函辛希孟同志,说明以上情况,请撤《行止探》,建议换上《生态平衡》。7. 一九八六年十一月六日,我接到辛希孟同志十一月六日的信。他在信中说已过三校不能换稿,'不过,作为学会的论文且由学会有关专业组作为笔会征文,所以不存在什么一稿多投问题。为以正视听,可由本刊或《江苏图书馆学报》作一技术处理(即注明本文来源)。11.15 我将去江苏,届时也可给他们商量一下'。8. 至此,我一切都放心了。我在给辛希孟同志的信中曾建议他撤稿;实在不能撤就换;确实不宜换就注明'此文系中国图书馆学会基础理论笔谈会推荐稿'。看来,没有问题了。9. 当我看到《图书情报工作》一九八六年第六期发表拙稿时未加上'注明'时,立即感到要出问题,不知底细的人心里以为我于鸣镝是何等小人? 搞得我挺被动。正好您来信谈及此事,我恰好借机会作一说明。10. 以上情况,我以为《江苏图书馆学报》编辑部的同志会向您(该刊主编)汇报,或辛希孟同志赴宁时亦会同您商量,所以未主动把缘由系统向您汇报,请您老原谅!"随信并寄相关通信复印件,以作证据。

2月11日,钱亚新复白国应2月7日函,谈其个人问题。

是日,徐召勋致函先生,告知《图书发行研究》创刊号已在排印中,先生

《评介青年知识手册》一文,因版面有限,被删除部分内容,同时告知其已晋升教授。

是日,程德谟致函先生,感谢其在图书馆学中专教材编辑会议上,提出汉字排检法单独立为一门课程提议,先生询问的《四角号码汉字简化及异体检字表》所收各字草稿卡片,程德谟在该书出版后就未保留,因此无法提供给先生。

是日,杜燕复先生6日去函,告知香港亲戚或年事已高或久不联系,因此杜定友遗稿在港台出版、销售事较为困难。

是日,南京图书馆办公室将梅可华绘制的"南京图书馆历史演变图(供讨论用)"送请先生审阅。

2月13日,张英华复先生2日去函,告知先生致张郁芳函已转交,并告知张郁芳在美境况,同时转赠张郁芳全家在美照片一帧。

2月14日,陈英致函问候先生,并告知其春节返家后观察到的村镇新变化。

是日,陕西图书馆李郁复先生2月8日去函,告知杜定友遗稿发表后稿酬、样刊均已寄给杜鹢,如其未收到,将再补寄一份,但由于编辑部未留存杜鹢地址,请先生告知杜鹢地址。

2月15日,张幼莲复先生1月26日函,告知《杜定友图书馆学论文选集》一书5月之前无法出版。

是日,《河南图书馆学刊》编辑部致函先生,告知刊发杜定友遗稿的样刊已分寄杜燕、杜鹢及先生,另外请先生为该编辑部撰写的《图书馆人才学概论》一书作序。

2月16日,致函上海文化出版社门市部,催问所购《五角丛书》为何迟迟未寄出。

是日,复徐召勋2月11日函,对《图书发行研究》创刊及其晋升教授表示祝贺,并鼓励其写出更多高质量的著述,同时告知《杜定友先生遗稿文选》出版情况。

是日,致函桑良知,对其确定的杜定友研究论文题目表示认可,并请其尽快完成以寄广东图书馆学会。

是日,复于鸣镝2月10日函,告知于鸣镝信中的解释消除了之前的质疑,并告知近期《江苏图书馆学报》在华东地区发出的编辑倡议,谓:"最近华东地区对于编辑问题,曾由我们倡议十条,现正在征求意见中,如有眉目,当联合发表,其中允许一稿两投,但接得第一个使用通知书时,必须电告第二个编辑部;在两个月内必须决定采用与否;如其这两条能解决,十个月迟迟不复的事,即可消灭。"

是日,复吴正方2月7日函,告知其所著《图书馆经济学》没能通过《江苏图书馆学报》编委会的审查,无法作为"增刊"出版。

是日,申畅为编《中国目录学家辞典》事致函先生,请先生提供简历及目录学论著题名,并选择代表性论著撰写一二百字提要,总计不超过一千字。

2月17日,晚,致函刘子钦,请其为先生撰写的《纪念杜定友先生逝世廿周年》七律挥毫,并署名"钱亚新谨题　刘子钦恭书"。

是日,《图书馆杂志》编辑部来函,就将先生总结研究郑樵和章学诚的文稿题目改为《我是怎样研究郑樵和章学诚的?》征求先生意见。

2月18日,陈英收到先生寄去座右铭,复谢函一封,为与家中顾廷龙先生"锲而不舍,金石可镂"题词相对应,请先生再题"旷观宇宙,纵览古今",之所以选择这八字,是因为"前几年我和潘健同志到成贤街您的住所,那次我们是初次见面,在交谈中我感觉到您的功底深厚,谈吐不凡,而且有一颗对图书馆事业滚烫的心。在此情况下,我提出一个问题向您请教:'作为一个图书馆工作人员,从基本方面说,要注意什么?'当即您回答说:'八个字,旷观宇宙,纵览古今。'我钦佩您的目光远大,我对您提出的这八个字是非常欣赏的"。

2月20日,致函张志伟,请其帮忙借阅《国立中央大学国学图书馆小史》《刘少奇选集》(二册)、《奕庆藏书楼书目》(该书误题为《鸣野山房书目》)。

是日,周连宽复先生1月6日去函,告知《杜定友先生遗稿文选》序文还是照原稿,先生所补充一节内容,不必删去。

是日,罗友松复先生2月3日去函,认为先生"所拟郑樵、章学诚研究论文选集辑例,考虑十分周密,自当很好学习,遵照办理",并告知经查华东师大图书馆学系未曾汇40元至南京图书馆。

是日,次子钱方结束探亲假期由宁返京。

2月21日,于鸣镝复先生16日函,认为"华东地区的倡议非常好,也很及时","十分赞同您老的意见,'接得第一个使用通知书时,必须电告第二个编辑部',作者应如此,编者用不用,作者管不着。他刊欲转载也无妨。"

是日,次子钱方顺利抵京,致函一封,以报平安。

2月22日,就《杜定友先生遗稿文选》征订事致函张世泰,请其在广东广为宣传。

2月23日,致函白国应,告知《杜定友图书馆学论文选集》无法提前出版,随信附赠先生照片一帧,以供纪念。

是日，收到张英华转寄张郁芳全家合照，复谢函一封，并询问张郁芳在美通讯地址，以便"可以直接通信，向她学习学习美国有关图书馆学的新知识、新设备、新教育方法等等"。

是日，吴正方复先生2月16日函，表示需对《图书馆经济学》作"作重大修改或重新考虑有关章节"，同时请先生代为留意其他出版途径。

2月24日，审阅完梅可华所制《南京图书馆历史演变图（1907年11月2日—1987年1月12日）》，认为该图"资料翔实丰富，颇可参考"，但仍就其中不足致函南京图书馆办公室："一、名称方面不应叫做图，应改叫做表。此其一。二、今日的南京图书馆实由江南图书馆系统、第四中山大学国学图书馆系统、国立中央图书馆系统、私立泽存图书馆系统四者演变并合而来，但在图中对这五个图书馆系统，并未罗列清楚，使人不看说明简直无法由图来理解。此其二。三、在各馆自身演变的系统中，文字说明似嫌累赘，不够简洁扼要，尤其每条开头，未能先表以时期的年月日，以致读者没有明晰的时间观念，失去了图表眉目清楚的作用。此其三。四、在图中用箭头来表示前后的演变，横向的并合，实有必要。但图中对各系统前后的箭头不是自上而下，而是反其道而行之，绘以自下而上。这就使读者莫明其历史上的演变了。此其四。五、作为一张图表，必须有制例，以引导读者如何去阅读或理解。但是从《南京图书馆历史演变图》中缺少这一点，此其五。""根据以上五点的美中不足，本人首先对于名称中的'图'字，改为'表'以符合实际及其体例。其次加以《表例》几条，使读者看了，心中有个'表'的轮廓。箭头在直向演变中用上到下，横向演变中用左（右）到右（左）。对于文字方面，力求简洁扼要，有许多材料可以在《大事记》中加以说明。尤其可注意的，这张表的结构将南京图书馆放在中间的下方，这样对于将来的发展，可以自上而下，达于无穷的境界。"

2月25日，陈英致函先生，感谢其应允再次题签，并告知具体尺寸。同时告知已与该校对《春秋左传》有研究的刘如瑛联系，并询问刘子钦先生具体要求。

是日，杜鹅复先生2月6日去函，表示杜定友遗稿文选出版不需支付稿费，并对先生辛勤整理表示感谢。

是日，表弟陈耀祥致函先生夫妇，告知与叶亚廉接触情况来看，先生《浙东三祁藏书和学术研究》一书想要正式出版恐不易。

2月26日，审阅完朱静雯寄来的《二十世纪前半期西方目录学的传入与新目录学的兴起》论文大纲，致函一封，谓："这纲目前的'说明'写得很好，只要一看就觉得这篇论文'选题的意义'，'写作的可行性'以及'写作途径'等等实际情况,这与将来争取辩答是有帮助的。祝您能早日完成和将来顺利通过。"同时询问朱静雯毕业后计划。

是日,致函罗友松,告知《杜定友先生遗稿文选》已编成专集出版(印数2 000册),由于印刷费昂贵,请罗友松大力宣传推销。

是日,复《河南图书馆学刊》编辑部15日函,表示愿意为《图书馆人才学概论》写序,请作者将书稿先行寄宁。

是日,复申畅16日函,告知拟在3月10日前寄交《中国目录学家辞典》所需材料。

是日,张世泰致信先生介绍广东省立中山图书馆内"杜定友纪念室"筹备情况,目前主要困难是照片搜集,就杜定友与雷达娅合照事咨询先生。

2月27日,完成南京工学院图书馆金康觉及王通申请副研究馆员材料的鉴定,撰写鉴定意见,交南京图书馆人事处。

附:

鉴 定 意 见

审阅了《书库的经济管理问题》和《合理庋藏 提高书库容量》两篇论文,本人认为其中不仅有新颖的基础理论,而且有实际的经济效益。这在作者工作的南京工学院图书馆外文书库的挖潜问题上,既能节省人力、物力、财力;而在实践上也能解决"一次投资和长期投资"的关系与建立"有形消费与无形消费"的概念。事实已经强有力地证明,作者把该馆外文书划成三线,把书架设计改为密集机动形式,从而使书库空间增加容量、充分加以利用、容纳更多的图书。这就对任何类型、规模大小的图书馆都有普遍的意义,同时对响应当前中央增产节约的号召具有难以估计的巨大价值。因此,本人建议晋升金康觉同志为图书馆副研究员。

南京图书馆研究员 钱亚新
1987年2月27日

按:王通鉴定意见,有待查考。

是日,就《杜定友先生遗稿文选》征订事致函黄宗忠及桑健,请其帮忙宣传推销。

2月28日,就"杜定友先生逝世二十周年学术讨论会"征文及《杜定友先生遗稿文选》征订事致函况能富,请其撰文应征并代为宣传推销《杜定友先生遗稿文选》一书。

是日,致函徐召勋、于鸣镝,请其帮忙宣传推销《杜定友先生遗稿文选》一书。

是日,杜燕致函告知其撰写的杜定友回忆录已经全部完成,并邀请先生作序。

2月下旬,江苏省文化厅厅长马崟伯、武汉大学图书馆学系主任谢灼华曾登门拜望先生。

3月1日,读2月17日《光明日报·语言文字》特刊所发表之《国家语委等单位两项科研成果获奖》一文,对文中提及《汉字结构及其构成成分的分析》《姓氏人名用字分析统计》两篇文章颇感兴趣,遂致函该刊编辑部,请其告知上述二文出处。

是日,复表弟陈耀祥2月25日来函,告知已收到叶亚廉退稿通知,由此联想到当前中国出版生态,建议陈耀祥翻译国外有关出版事业的文章。同时,告知杜定友遗稿整编及出版进展。

3月2日,收到《黑龙江图书馆》编辑部寄赠的1987年第1期刊物,致函赵世良表示感谢,并请其宣传推销《杜定友先生遗稿文选》一书。

是日,将为杜定友先生逝世二十周年学术讨论会所作诗寄交张世泰,请其装裱并悬挂于杜定友纪念室。

是日,将为陈英所题的"旷观宇宙,纵览古今"横幅寄送陈英,并转述刘子钦请刘如瑛审阅《春秋左传新义》意愿。

是日,将吴正方《图书馆经济学》书稿挂号寄还,并谈图书馆经济学研究事,谓:"最近我读了一些有关的文章,认为图书馆经济学,应该表达两点:一为图书馆各项工作中的增产节约,如行政管理方面的人力;采购图刊中的精选;分编工作中的高指标;书库工作中的密集排列,实行三线;阅览工作中的节约自己与用户的时间等等。二为如何使文献(包括图书、报刊、资料)能变为生产力。要达到这目的,必须了解所在地的重点工业与农业,而后把文献整理好,满足工农业生产上的需要达到产品数量的增产和产品质量的提高,力求能在国内通行、国际上有竞争的地位,争取外汇,繁荣致富。因此,大作的章节可以先行调整,编制一个比较完备的纲目,正如上面第一点所谈的。至于第二点的着重在于文献的整理编出各种第二类型的东西,如书目、索引、文摘、提要等等,同时更重要的是推荐书目的编制,不仅有普遍的意义,而且有帮助读者利用要籍的手段。针对生产上需要,或改进生产设备上的种种设施,也应照顾,例如引进生产电视机的设备,图书馆工作上的机械化与自动化,即电子计算机的应用等,应该大力介绍。最近的将来,电脑问题将占图书馆工作中的重要地位,图书馆经济学应有专章来叙述的。"

是日,收到《广东图书馆学刊》所寄稿费,复谢函一封,并请该刊编辑部查核1986年第4期刊物是否邮寄。

是日,《赣图通讯》编辑部经研究认为先生《〈联合目录〉的研讨过程》不适合该刊,故退稿。

3月3日,收到彭斐章等寄赠的《目录学资料汇编》,复谢函一封,认为该书"内容不仅丰富,而且组织严密,实在是部价值很高的资料汇编,对于教学工作者、研究目录学者,以及在学习图书馆学、目录学的莘莘学生,都有参考的作用。我深信经过学习之后,对我一定有极大的帮助和启发的"。

是日,复杜鹉2月25日来函,请其代为宣传推销《杜定友先生遗稿文选》,并抄送其为纪念杜定友逝世二十周年所作之诗。

是日,收到宜兴丁蜀镇志编纂委员会办公室寄赠之《编志简报》,阅读第12—13两期,感觉"内容很丰富,对于《丁蜀中学校史》,写得很详细,启发性很大,尤其最后勉励师生要'坚持改革、发扬民主、办好学报'三点,有很大的教育意义,值得令人振奋的",遂致函编志办公室,谓:"发掘乡贤的著述,加以介绍,可以使旅居外地的同志,引起爱护家乡的精神、向乡贤学习的愿望。希望能连续编写下去,可以想见将来镇志完成付印出版后,内容一定能放异彩,成为大有参考价值的地方文献。"

是日,阅读3月2日《文汇报》上刊登的卡西欧电子计算机广告,致函卡西欧驻北京办事处,请其赠送中文使用说明书一份,以作购买与否参考。

是日,顾志华收到《江苏图书馆学报》,复谢函一封,并谈阅读感受:"这一期内容很丰富,粗粗地读了一遍,收获很大。老师办刊物,严肃认真,一丝不苟,值得我们后学体味再三。读到朱崇阶同志《有感于辑录资料失误》一文,介绍了金戈同志《〈图书馆学目录学书目索引〉评误》的文章,对乔好勤所辑资料的失误,一针见血地指了出来,我记忆中,'金戈'是老师的笔名,这又一次体现了老师对后学的关心和爱护,老师自己不仅身体力行,而且语重心长地对后学提出忠告,这种精神使我非常感动。我自己在科研及其他工作中,一定要牢记老师的教诲,这是终生受益的。"并述近况。

是日,朱崇阶复先生1月20日函,告知春节假期生活,并谈《江苏图书馆学报》阅读感受,谓:"1. 封面首先映入眼帘,感到有点俗气,颜色大蓝大红十分刺目。2. 刊内栏目,栏名固无变更,其排列形式竟无新颖之感。3. 页内无头之文字被横线一截,使人顿觉天头仍宽,细线下之正文似嫌局促,有压抑感。页数从小角移向上方,似不习惯。4. 题图不美。5. '大事记'每条文字显得太长。"并对责任编辑对其文章删改较多表示不满。

3月4日,复周连宽2月20日来函,告知《杜定友先生遗稿文选》出版情况。

3月5日,桑健致函先生,告知预订50部《杜定友先生遗稿文选》。

3月7日,将所录"目录学讲话"等相关录音磁带寄送金恩晖。

是日,于鸣镝复先生2月28日函,告知已与大连市图书馆学会、辽宁师范大学、大连大学等设有图书情报专业院系联系订购《杜定友先生遗稿文选》事,并表示其个人先预订一册。

是日,汤树俭、申畅将《图书馆人才学概论》书稿寄送先生,并附函一封,感谢先生为该书作序。

3月8日,致函金恩晖,请其协助宣传推销《杜定友先生遗稿文选》。

3月9日,将所作《奋斗经半个世纪,育才称一代师表》一文寄请张世泰审阅,并告知由于年事已高,无法亲临杜定友逝世二十周年纪念会,将由三子钱唐代表赴粤。

是日,赵世良复先生2日去函,告知《杜定友先生遗稿文选》预订必能落实,请先生再寄一些征订单。

是日,郑永嘉致函先生,向先生汇报阅读杜定友论著心得:"第一,我认为杜先生对我国图书馆事业的贡献是多方面的,有从理论上宣传图书馆、解答图书馆的实际问题和探索图书馆学理论;同时也在实践中总结了许多宝贵经验,推动我国图书馆事业的向前发展,是我国近代图书馆事业的开拓者和发展者,为我国近现代图书馆事业做出了无与伦比的巨大贡献。第二,为了集中探讨杜先生的理论成就,我暂时不谈杜先生在我国图书馆实践中的推动作用,仅论其理论成就:(1)杜先生的理论成就我认为应从两方面来更全面地看待。首先,我国近代图书馆理论在本世纪初还处在萌芽阶段,杜先生结合我国实际情况,把西方的先进理论引进并广泛介绍给我国图书馆界,并通过实践解答了当时许多迫切需要解决的问题。对这个问题我们不能横加指责,认为其理论太浅,相反,我们应该充分肯定其在当时的历史地位和历史贡献,正是这些理论推动我国近代图书馆事业的初期发展,这些理论是适合当时实际的要求的,是从无到有的初期阶段的理论。其次,杜先生也是有很多先进的理论,有很高的学术价值。下面详论。(2)在上面认识的基础上,我们再来深刻认识杜先生的图书馆学思想。我重点说说杜先生在图书馆学理论、分类理论、目录学理论、涉及排检法,至于地方文献方面在此暂不论及。① 图书馆学理论。a)在圕与社会关系上,杜老清楚地认识到圕对于社会各方面的影响,同时在三十年代也清楚意识到社会对圕事业的影响作用,把圕放到社会大系统中去考察。b)较早接受并介绍了'圕学是研究人类知识记载的产生、处理、利用'这种理论,无疑对圕学理论的深入研究有很大的指导作用,可惜这种理论被近代图书馆迫切而繁杂的工作事务所淹盖。c)'读者'思想、'致用'思想突出,重视圕的教育功能,这种观念的改变是当代图书馆事业获得发展的重要前提。(我在这方面感到可惜的是杜先生在四五十年代在圕学基础理论方面缺少新的突破,或者更确切说目前这方面的材料不足。)② 分类理论。分类理论方面我认为大体上可分为三个时期:第一时期是《三民主义中心图书分类法》之前阶段,是在冲击旧分类体系建立新分类法过程中逐渐形成并得到完善的'洋为中用'分类法,此时期其体系来源于《杜威法》,第二时期从《三民主义中心图书分类法》开始,已建立起自己一套独立的分类体系,完全脱离了《杜威法》体系的影响。第三时期是解放后,主要是六十年代,是对分类法的深层次的探讨,我在这方面掌握的资料还不很充分,只有六十年代三篇著名文章及'图书分类法'一文,假如我早点看到先生整理的杜先生'图书分类理论'可能会有更具体的认识。③ 在目录学方面有《校雠新义》对旧目录学的冲击,《明见式编目法》的创见,《图书目录学》的指导意义,《图书统计与近代文化》的介绍等等。对排检法我体会欠深,准备作综述。"

是日,李毅明致函先生告知已收到先生为大百科全书撰写的五个条目,先生提出的关于标点符号的建议也已经转达大百科全书编辑部。

3月10日,填好大百科全书编辑部要求填写的撰者登记卡,寄马同俨,并附函一封,询问大百科全书进展。

是日,复朱崇阶3日来函,感谢其对《江苏图书馆学报》提出的意见,并告知下期封面及版式设计一定会有所改进。

是日,杜鹉复先生3日去函,感谢先生编辑整理《杜定友先生遗稿文选》,告知已汇款至南京预订该书,同时告知发表杜定友遗稿样刊收讫情况。

3月11日,就南京图书馆发展问题,致函江苏省文化厅厅长马萫伯,提出四条建议:(1)党政分开,加强监督保证;(2)选贤任能,实行短期聘任;(3)健全法制,力求"双节双增(增产节约、增收节支)";(4)努力学习,认真服务人民。

是日,黄景行致函问候先生,并告知《图书馆研究与工作》编辑部运作简况。

3月12日,至南京图书馆参加江苏省图书馆学会申报江苏省社联重点研究课题讨论会议,参加此次会议的除江苏省图书馆学会理事长、秘书长、学术委员会主任、编辑出版委员会主任等人之外,还有初期申报的十八个课题负责人。会议对初报的十八个课题,从立题依据、研究内容(包括研究目标、课题名称及主要内容)、研究方法及进度、预期成果、预期效益及推广应用价值、经费预算等方面进行了讨论,最后决定推荐由张厚生、路小闽、王学熙三人负责的"江苏地区文献资源的建设、开发及利用"和南京大学图书馆薛士权负责的"江苏省图书情报自动化系统发展战略研究"两个课题呈报江苏省社联,争取列入"江苏省'七五'规划期间哲学社会科学研究课题"。

是日,将为《中国目录学家辞典》撰写的自传材料寄给申畅。

是日,汇款 10 元至张世泰处,并附函一封,告知其中三元代为购买《广东图书馆学刊》1986 年 4 期 4 册,另外七元请张世泰将手头未寄宁的杜定友遗稿复制寄宁,同时询问杜定友纪念活动征文情况。

是日,致函刘圣梅,请其将撰写的纪念李小缘先生学术思想文章投《江苏图书馆学报》。

是日,汇款 8 元至江南诗词学会,其中四元是交该会 1986—1987 年两年的会费,四元是预购会友诗选,同时将所作诗歌《四季之花》投寄《江南诗词》编辑部,并附函一封,函中建议出版会友诗选时以作者姓名来排,以补《江南诗词学会会员通讯录》中排列混乱之不足,并建议编辑部编辑《诗词篇名字顺索引》《诗词篇名分类索引》,以便检索参考。

> 按:《四季之花》诗作全部内容有待查考,据 1987 年 3 月 19 日致吕秀莲信中提及"在一年多前我曾写过一首《四季之花》的小诗,内容是春天写梅花,夏天写荷花,秋天写菊花,冬天写水仙",咏荷诗可参见本谱 1987 年 3 月 19 日致吕秀莲函内容。另外,在 1987 年 3 月 21 日致《江南诗词》编辑部信中,也提到咏菊、咏水仙两诗最后一句内容,可参见本年 3 月 21 日内容。

是日,江苏水利工程专科学校图书馆王正兴致函先生,谈《江苏图书馆学报》之不足,认为缺乏足够的"学术之气",在封面设计、编校上也存在很大不足。

是日,河北师范大学图书馆马恒通将《西文文献著录程序研究》一文寄请先生审阅。

是日,二媳凌小惠撰家书一封,告知其已于本月 9 日平安抵京,并述家人近况。

3 月 13 日,复赵世良 9 日来函,感谢其大力推销《杜定友先生遗稿文选》,并抄示先生为纪念杜定友逝世二十周年所作之诗,同时谈杜定友遗稿下一步整编计划。

3 月 14 日,复黄景行 3 月 11 日来函,谈当下图书馆学期刊编辑部中普遍存在年轻人"独断专行"的问题,并告知《江苏图书馆学报》正在采取相关措施扼制这种不正之风。

是日,马崟伯复先生11日函,谓:"您关心南图建设的一片赤诚感人肺腑。您提出的建议很有价值,我当督促有关方面认真加以研究,取其可行者付诸实践。一时办不到的,也可作为拟定长远目标的参考。"

3月15日,杜燕收到先生明信片,复函一封,感谢其大力协助出版《杜定友先生遗稿文选》,并表示将尽力宣传推销该书。

3月16日,将《试论汉字单笔/组笔多维排检法标准化问题》一文投寄《图书馆杂志》编辑部。

是日,致函王学熙,谓:"最近半年来,我在研究汉字笔形排检法,目前已整理出来3 700个常用字汇,总结出几条规律,并递升到理论上去。现在把这一笔形排检法加以应用,先写成《试论汉字单笔/组笔多维排检法标准化问题》一文,拟由我们的《学报》发表。在未发表之前,请向编辑部诸位编委征求意见,并请程德谟同志审阅为幸!"

是日,致函陈英,询问江苏省图书馆学会扬州分会活动情况及王正兴简历。

是日,复郑永嘉3月9来函,谓:"接来信阅读再三,深感你的研究方法能从实际出发,阅览了多种杜著,并追溯到当时全国图书馆界情况,而后设身处地地给以评论,完全对头的。"

是日,收到罗伟达寄还的《汉字排检法》讲稿,复函一封,并谈汉字笔形排检法,谓:"关于笔形排检法,您所拟的方案是比较好的,但是文字改革委员会,有自己的一套,局外人的意见,即使有可取的地方,也可置之不理,我行我素,反正大权在握,可以左右舆论科学的研究,有何足道哉?即以部首法而论,把《辞海》一套作为基础,再东拼西凑一些别的部首制的优点那就可万事大吉。对于不通排检法的,反正什么都可默然置之;对于里手的意见,无动于衷。这种情况之下,如何能革命前进呢?真是天晓得。但是出类拔萃的东西,总有一天会遇到伯乐。"并鼓励其继续改编《康熙字典》。

是日,致函外甥女曹圣洁,告知徐龙回国探亲日期改到今年秋天。

是日,致函外甥女徐燕,告知徐龙回国探亲日期改到今年秋天,并告知其兄徐豹已来信表示同意其母《山玉诗草续编》付印事。

是日,张世泰致函先生告知杜定友纪念室筹备进展,并告知中山图书馆同意预订200部《杜定友先生遗稿文选》,其私人预订5部。

是日,申畅等复先生2月26日及3月12日函,再次感谢先生的关怀和提掖。

是日，陈耀祥复先生 3 月 1 日去信，告知徐龙回国所需之玫瑰酱已托人去苏州购买。

3 月 17 日，上午于先生家中召开《江苏图书馆学报》编委会，讨论《江苏图书馆学报》1987 年第三期稿件情况。

是日，赵世良致函先生，告知先生《我是怎样研究联合目录的？（"写作生活之四"）》一文将安排于 1987 年第 4 期《黑龙江图书馆》发表。

是日，黄恩祝致函问候先生，告知在华东师大图书馆学系给研究生上课情况以及《索引学大纲》修改、《申报索引》编纂进展。

是日，武汉大学研究生徐鸿致函先生，向先生汇报毕业论文写作进展，并就论文撰写相关问题请教先生，谓："要研究中国近代图书馆学的产生与发展，对近代图书馆学研究者质量、数量和年龄等方面的考察非常必要，这是我个人的看法。通过一些图书馆学教育史料，我只能了解当时的概貌，从一些回忆文章等资料中，亦只获得只鳞片爪。因而，当时众多的知名图书馆学家，诸如马宗荣、沈祖荣、李小缘、袁同礼、金敏甫、徐家璧、徐家麟、毛坤、程伯群、李景新、俞爽迷还有钱老您等人的简历，如出生、年龄、学历、毕业于何校何专业，做何工作等等却无从知晓。我想，或许可以通过钱老，获得一些材料？""因为只有了解了近代中国图书馆学家的情况，才可能对近代中国图书馆学有更为全面、客观的认识。"

是日，丁蜀镇志编纂委员会办公室陈鉴明复先生 3 月 3 日函，感谢先生对家乡编志工作的支持与鼓励。

3 月 18 日，田文清寄赠先生为庆祝河北师范大学八十周年校庆所编《图书馆论文集》及《图书馆工作》（第八期）各一册，并附函一封，告知工作近况。

3 月 19 日，致函吕秀莲，对其所做江苏图书馆学会会员档案工作表示赞赏，另"为了研究会员在学术研究和思想上的动态"，建议其整理一份材料及撰写一篇文章，"文章的内容包括两个比较表，即 1980 年第一次科学讨论会论文分布情况与第四次的分布情况的比较，和 1980 年到 1986 年内逐年会员发表论文分区的比较。要先进行调查，非靠您整理的会员名册档案不可。其次文章的内容要进一步分析动向，倒[到]底有哪些特点，哪些成绩或成就。第三部分指出今后的努力方向，这要结合目前图书馆学研究和进展来谈"，并抄示《荷花》诗一首，"绿叶扶持分外美，亭亭静立朝霞开。清香四溢沁心肺，疑是下凡神女来"。

是日，致函田文清、马恒通，告知马恒通《西文文献著录程序研究》一文已转交《江苏图书馆学报》编辑部，并告知《江苏图书馆学报》确定投稿录用与否,大致需要一个月时间,同时请其代为宣传推销《杜定友先生遗稿文选》一书。

是日,陈英复先生3月16日去函,告知已收到先生题词,王正兴简历正在打听之中,同时表达了研究"书评学"的兴趣,请先生提供相关参考资料信息。

3月20日,发现范家宁抄录的张其春所编《简明英汉词典》(商务印书馆,1965年版)附录篇目与先生所藏之书有所差异,致函范家宁请其将该书借出以查核,并告知其所作《英美目录纵横谈》一文已安排于《江苏图书馆学报》1987年第3期。

3月21日,致函《江南诗词》编辑部,请其将投寄的《四季之花》组诗中第三首咏菊诗最后一句"黄菊傲霜篱下开"修改为"傲骨黄花篱下开",第四首咏水仙诗最后一句"喜见新年亲友来"改为"赢得新年知友来"。

是日,吕秀莲复先生19日去函,感谢先生的关心与指导,并表示读完先生的《咏荷》诗后,"一定要向[像]荷花那样'出污泥而不染','亭亭静立朝霞开',在平凡的岗位上,把自己的毕生精力,献给社会主义四个现代化,献给党!"

3月22日,收到彭斐章寄来《目录学》《目录学学习指导书》和《目录学资料汇编》三书。

是日,吴正方复先生3月2日去函,表示对于先生信中所提要点,感到"价值很大","更有实用价值,更会受到人们的欢迎",并请教如何确定《图书馆经济学》一书宗旨,"写'图经学'的宗旨如何确定;一是理论与实际并重;二是限于理论范畴;三是注重实际。我的想法是第一种意见,即理论与实际并重,如果仅限于理论,则过于抽象;若只注重实际,似与'图经学'不甚相符,叫做'图书馆经营学'更合适些"。

3月23日,致函彭斐章,感谢其寄赠目录学有关资料。

是日,钱方致信问候先生夫妇,并汇报家人近况。

3月24日,致函王学熙,告知广东省立中山图书馆欲订购《杜定友先生遗稿文选》200部,张世泰私人予订购5部,先生私人预订20部,请王学熙先行登记。

是日,复黄恩祝17日函,请其将所著索引学一书中基于先生《中国索引年表初稿》所作修订稿复印寄宁,并请其代为宣传推销《杜定友先生遗稿文选》一书。

是日,复陈英19日函,表示欲与其共同写作《书文评论浅谈》一书,并草拟提纲"1. 谈在前面;2. 书文评论史略;3. 书文评论的意义和作用;4. 书文评论的地位和价值;5. 书文评论的要求;6. 书文评论的类型及其写作方法;7. 书文评论的刊物及其他园地;8. 书文评论撰人及队伍的培养;9. 书文评论的范例:图书简介和出版说明—序跋—书评(单篇或综述)—文摘—书评争论;10. 书文评论著述和索引;11. 后记"征求陈英意见。

是日,陈耀祥致函先生汇报近期工作生活情况,同时告知徐龙所需玫瑰酱已从苏州购得,随函附赠照片一帧。

3月26日,俞从周将撰写的纪念杜定友先生文稿寄请先生审阅,并告知南京林业学院图书馆已向江苏省图书馆学会订购《杜定友先生遗稿文选》一书。

3月27日,于家中召开《江苏图书馆学报》编辑部会议,重点讨论1987年第1期《江苏图书馆学报》封面设计问题,决定从第2期起恢复原来式样。

3月28日,完成为汤树俭等人所著《图书馆人才学概论》一书所作序言的校订,致函汤树俭、申畅,谈阅读感受,谓:"当我读完大作的时候,我第一个感觉是认为这是一部开拓性著作,不仅对图书馆学的宝库增添了光彩,而且对图书馆事业的发展大有裨益,更重要的是对读者服务无微不至的满足,这于两个文明的建设至关重要。为此,我曾花了一些工夫,先行研读,而后分为四段进行写作,使一般读者阅读此书后能振作精神,吸收营经[营养],既可为自己成才,也可使读者成才,利己利人,一举两得。""中文[文中]有些笔误,已尽量改正了。其中有两处,比较复杂一些,拟提出以供研讨:① 第1章页13倒5行 关于孔子删诗书的问题。从前我也同意这种说法,但是最近看了《诗经释注》(袁梅著,齐鲁书社1985年版)中《前言》第15页《关于采诗、删诗》中有关讨论,使我同意袁梅的说法,认为'孔子删诗'一事是荒诞无稽的。② 第3章页25行6—14 关于对班固目录学贡献的评价 郑樵在他《校雠略》及《通志序》中抨击班固不遗余力。他认为班固是因《七略》而成《汉书·艺文志》并无多大的创新,如果要在[其]中找出特点,那就是有些地方略有所增损,所谓出什么入什么等等而已。郑樵由于是位通史学[家],班固是位断代史家,他们观点上的矛盾是难于统一起来的。但是如果要把班固作为一个优秀而出色的目录学[家],我也认为有些不够,然而《汉书·艺文志》保留了《七略》的雏形,纪载着先秦学术思想和大量文献,其功确实是不可湮灭的。如何给班固以中肯的评价,尚祈考虑。"

是日,收到田文清所寄《图书馆论文集》及《图书馆工作》,复谢函一封,谓:"拜读了发表在《图书馆工作》上田同志的《编后感》,非常欣慰!贵馆九十位同志有半数以上的能写作论文,可见您们的学术水平是相当高的。我略为翻阅《论文集》,涉及的范围广泛,内容丰富,由此更可见贵馆人才济济,诚非同类型的高校所能及。怎不叫人欣慰呢？为了争取更加的发展，特建议四点，以供同志们的参考。（一）撰写论文要继续进行。（二）集中力量多编第二手文献，以资针对贵校各科系的需要，满足教学、课［科］研上的要求，这才是为师生服务的最好体现。（三）组织人力撰写专著，这可以更好地收集资料，编著有系统的作品，使图书馆学的宝库，更加生色而芳异彩。（四）目前各省都有图书馆学专刊，唯独贵省尚付缺如。是否可在《图书馆工作》的基础［上］，联合省内三大系统的图书馆出版一份图书馆学专刊，为全省同仁开辟发表论文、交流经验、研究学术的园地。我认为贵馆人力非常充裕，如其能组织发起，贵省各系统的图书馆定能相［响］应而奋起，而且后来居上，可以超越同类型的刊物的"，再次请田文清帮忙宣传推销《杜定友先生遗稿文选》一书。

是日，复吴正方3月22日来函，谈图书馆经济学，谓："图书馆经济学，是一门开创性的著述。应以理论为主，其理论的根据是由经济学而来。它是图书馆学与经济学二者的边缘科学，也就是如何利用经济学的原理原则来起到对图书馆事业和工作的作用和影响的。不可避免地会在实践中起到应有的功能。可以理论与实际结合，是必然的结果。"并询问其是否有农村图书馆有关的书稿，愿意为其介绍出农村读物的一家出版社。

是日，复徐鸿3月17日函，谈其选择图书馆学人作为研究方向，谓："人是一切的创造的主人翁，推动力，所以您打算以后从事研究图书馆界的老前辈，中青年实在选得好。到目前为止，虽然出了有关图书馆学的人名录，都仅是略传，不足为研究时的参考。您可以仿照《宋儒学案》《明儒学案》《清儒学案》的办法理出一个头绪来，先选重点人物先做，而后涉及其他。目前可以开始收集资料。"对于其信中所提有关人物，答复如下："① 将来《中国大百科全书·图书馆学卷、目录学卷》可以收集到不少材料。这是一条线索，将来您应该在这基础上加工。这一卷百科全书的条目，您们的院长彭斐章教授手头就有，可以借阅先抄录下来，并且照这些人名收集有关材料，此其一。② 毛坤是我的同班同学，照理我应该掌握与他有关的大量材料，可惜他生前与我来往不多，遗物为他人拿走。有关他的生平，《图书馆学通讯》和《图书馆杂志》上发表过两篇。作者是湖北省馆张遵俭先生，近在咫尺，您应进行访问，这是最要抓紧的机会，决不可让它错过。③ 马宗荣我曾写过一篇，见《江苏图书馆学报》。④ 金敏甫有一篇，刊于《江苏图书馆学报》。⑤ 李小缘的有关文章，去年南京大学图书馆学系曾开过一次学术讨论会，据说正在编辑专集以作纪念。发表的文章在《江苏图书馆学报》1986年上有几篇，我报仍将陆续发表，请注意。⑥ 沈祖荣在湖北文华图书馆毕业生中,知道的较多,张遵俭同志是其中佼佼者之一。您当由张同志处得出线索来。《江苏图书馆学报》也曾发表他的著书目录。⑦ 徐家麟、徐家璧是兄弟俩。前者是武[大]图书馆系主任,后者赴美一去不复返。据说在美国退休后,回到香港继续工作,其余不详。⑧ 袁同礼、程伯群、李景新、俞爽迷几位,我未见过面,仅仅在他们写作的文章中略知一二而已,其他没有什么可奉告的。⑨ 对于我自己,最近在《图书情报知识》1987 年第 2 期、《江苏图书馆学报》1987 年第 3 期中将发表有关两篇研究学术思想的文章,请注意收集。我自己发表的文章和著述较多,目前正有人在编辑成为目录,也许不久就会发表的,这就大可以供参考了。""总之,对于人的研究,要看重他的学术思想、著作内容,对我国图书馆学研究上和图书馆事业上所发生的影响和作用,这就比较有意义。"

是日,王中明将刊载有先生传略的《中国当代社会科学家》第九辑清样寄送先生,并请先生收到校样后七天内校对完成寄回。

3 月 29 日,俞从周来访,谈其撰写的纪念杜定友先生文稿及职称评审事。

是日,先生复赵世良 17 日来函,告知《我是怎样研究联合目录的?》一文中有几处误植,请其帮忙改正,并邀请赵世良来宁晤谈。

是日,复王正兴 3 月 12 日函,对其信中相关批评进行解释,谓:"关于内容不符合'学报'的'学'字,我们早已深有感触,无奈前曾征求订户和会员意见,有的工作同志竟认为'学报'理论的文章又长又深,不能照顾基层工作者,试问怎能为江苏省内大批工作人员服务呢?我们近年来一直处于不能满足两类读者的需要,即一方面的读者,可以您为代表;另方面的读者群,就是上文所提出的一样。现在想请教,如何能解决这种困境,请您贡献一些良策。""校勘问题,也是一件永难令人满意的事。校勘人员是兼职的,既有每月的工资,校勘费即使在办公时间内完成任务,照样要付校勘费的。现在的社会风气,真是江河日下。我认为企业单位应该先向钱看而后向前看;事业单位,应该先向前看,而后再向钱看。但是我力量有限难于扭转这种歪风邪气,尤其我们迁居城南,加之年龄超过八旬,大有鞭长莫及,力不从心之感。"

是日,桑良知致函问候先生夫妇,并询问安徽大学中文系向南京图书馆邮购《主题法基础知识》一书的邮购款是否收到。

是日,陈英复先生 3 月 24 日函,就先生所拟《书文评论浅谈》一书纲要进行补充,补充内容为"① 书文评论的性质和任务;② 书文评论与创作、出版发行、图书馆和读者的关系;③ 书文评论的发展趋势"。另外,就书名使用"图书评论"还是"书文评论"征求先生意见,陈英认为"'书文'的范围广泛,不如集中于'图书'"。同时告知刘如瑛已审阅完刘子钦所著《春秋左传新义》一书,书稿及审阅意见也已寄交刘子钦,随信并附王正兴简历及赵景国《应该创立一门书评学》一文。

是日,杨悦致函先生,告知先生托其所查图书馆馆藏情况。

3月30日,将《图书馆人才学概论》序言及书稿挂号寄交汤树俭,并附寄《杜定友先生遗稿文选》征订单一份,请其协助宣传推销该书。

3月31日,收到郑永嘉退回误寄给罗伟达的信,致函罗伟达,请将罗伟达收到的误寄给郑永嘉的信转寄郑永嘉,并告知其《建议研究拟定统一的汉字序列法——兼评〈统一汉字部首表〉》一文经《江苏图书馆学报》审阅后决定退稿。

是日,杜燕致信先生,告知其妹杜鹊来信嘱其撰写回忆录时涉及"文革"内容时,谨慎行文,避免政治错误,杜燕为此征求先生意见。

是月,谢灼华曾由武汉来宁拜访先生。

4月1日,致函倪波,请其将范家宁转交的先生为《杜定友图书馆学论文选集》所作序文归还,以便修改应征纪念杜定友逝世二十周年学术研讨会,同时询问倪波征文撰写进展。

是日,外甥女徐燕复先生3月16日去信,谈徐龙归国探亲相关事宜。

4月2日,拜访孟君孝,于孟君孝处结识《乡土》主编马春阳,回寓后浏览《乡土》杂志,认为"内容丰富多彩,通俗易懂,兼之历史性、趣味性、文艺性、资料性四者俱备"。

是日,广东省图书馆学会与广东省中山图书馆函寄先生"关于纪念杜定友先生逝世20周年及其学术思想研究讨论会征文补充通知",该通知较之1986年12月10日征文通知在开会时间上有所变更,由原来的"拟于五月"变为"时间另行通知"。

是日,田文清复先生3月28日去函,告知河北省图书馆学会、河北高校图书馆都有办刊想法,正在努力之中,并告知河北师范大学图书馆会订购《杜定友先生遗稿文选》,同时已在其"接触到的范围内尽力宣传该书"。

4月3日,将从《诗苑》辑录的江渭清、周谷城唱和诗四首及孟君孝若干诗作投寄《乡土》杂志。

是日,黄恩祝复先生3月24日函,并告知近期赴北京参加中国社会科学院文献情报中心召开的"分类主题一体化"小型理论讨论会情况,"这次理论讨论会的目的是东道主拟编制一部'分面叙词表'作为社会科学的检索工作,国家基本上同意为这个课题拨付经费。分面叙词是一种分类主题一体化的新的检索语言,国外已有相当的成就,而国内还处于宣传、介绍的阶段。文献情报中心准备闯出一条路子来。如能成功,将为我国哲社文献检索的自动化创造条件",并告知《中国索引年表初稿》1949 年以前文献增补情况。

是日,汤树俭、申畅收到先生为《图书馆人才学》撰写的序言及书稿,复谢函一封。

是日,南京图书馆常持筠托人送来先生订购的《北图通讯》1986 年 1—4 期,由于此前由南京图书馆一并订购,因此请先生补交订购款 3.2 元。

是日,吴正方复先生 3 月 28 日去函,告知有一部《县图书馆工作三十题》书稿,该书"从县馆的性质、服务对象、工作特点等三十个专题进行论述,每题 4 000—6 000 字,全文约 16—17 万字"。

4 月 4 日,吴声亮致函先生,告知从先生《与主题目录打交道》一文中,得知先生正在翻译奥斯汀(Derek Austin)*Preserved Context Index System: A Manual of Concept Analysis and Subject Indexing* 一书,故来函询问翻译进展。

是日,孙儿钱旭东致函问候先生夫妇,并汇报近期学习情况。

4 月 5 日,赵世良复先生 3 月 29 日去函,告知《我是怎样研究联合目录的?》一文《黑龙江图书馆》编辑部已妥善处理完毕。

4 月 6 日,至南大图书馆听美国纽约布法罗州立大学图书馆期刊管理专家钱相女士所作"美国图书馆现代化"的学术报告。

是日,中国科学院武汉图书馆就桂质柏先生事来函咨询先生,谓:"桂质柏先生是我馆的创始人之一,已谢世九周年。为了纪念桂老先生,我们计划收集、整理、编印有关桂先生的史料。据悉,钱老曾与桂先生有关交往,请协助提供下述材料:(1)桂质柏先生的生平材料(您所了解的桂先生);(2)桂质柏先生的学术思想、学术成绩;(3)桂质柏先生的著作目录(发表的时间、刊物、油印或铅印,开本、字数、页数、内容);(4)您和桂质柏先生的交往情况。"

> 按:先生在此信上标注有"明片辞复"。

4 月 7 日,郑伟章寄赠《中国著名藏书家传略》一书,并附函一封,谓:"去年我到南京开会,访问久已仰慕的目录学界老前辈学者——您,我感到十分荣幸。钱老平易可亲、奖掖后学、诲人不倦的精神使人感动;您精研细讨,一丝不苟的治学态度更使我受到启发。总之,聆教一小时,使我终身受益。我和李万健同志合写了一本《中国著名藏书家传略》,后半部分(106 页以后)为我所写。此书虽名为传略,实则浅薄,名实不相符副。请先生批评。

今后,我很愿和先生建立联系,您若有新作,亦请相赠。"

是日,校对完王中明寄来的《中国当代社会科学家》清样,回寄王中明,并附函一封,谓:"这篇自传,经过研究,还是几年前写的,对于最近几年的进展,未能反映,似乎有些不足而不能跟上时代。为此拟加补充几句,而使自传比较全面一些。当然,对于排版尽量使之不受影响为条件。论著也拟删添一些,把近几年写的较为重要的代替过去一些陈旧的。如蒙允诺,不仅有利于自传的及时性和全面性,而且对于整个这第八辑的编纂,也不无帮助的了。"

是日,将黄恩祝寄来的《杜定友先生遗稿文选》预订款 2.5 元寄送王学熙,并请其开发票回寄黄恩祝,同时请王学熙抽空来寓洽谈《杜定友先生遗稿文选》征订事。

是日,江苏师范学院何振球遵其师潘树广之嘱将其论文寄请先生指正。

4 月 8 日,复吴正方 4 月 3 日函,询问宜兴图书馆学会成立及活动情况,并请其将《县图书馆工作三十题》书稿目录与部分章节内容以及其个人简历先行寄宁,随函附寄《杜定友先生遗稿文选》征订单一份,请吴正方代为宣传推销该书。

是日,王学熙因病休息,请曹玉洁携函来访,谈《江苏图书馆学报》第 3、4 期用稿及在《江苏图书馆学报》封底加印"编辑曹玉洁"事。

是日,南京林业大学图书馆副馆长吴洪荃受该校人事处所托,将俞从周等人职称评审材料送请先生审阅。

4 月 9 日,致函高炳礼,询问广东省图书馆学会因经济原因取消纪念杜定友逝世二十周年学术讨论会事是否属实,如若取消,建议《广东图书馆学刊》将各地应征论文汇集出一期"增刊",或利用该刊设置纪念杜定友逝世二十周年专栏,刊发征文。

是日,就《江苏图书馆学报》1987 年第 1 期起在封底加印"编辑曹玉洁"一事致函南京图书馆相关领导,谓:"'学报'今年第一期上加印'编辑:曹玉洁'一事,其最大的缺点,是在于未得领导同意,擅自作主,造成既成事实,这是在行政手续上大为不当的。这事如何纠正错误和改变职称'编辑'二字,值得进一步研究商酌。为了加强'学报'改为双月刊后的编辑工作,编辑人员自应增加。目前只有两人,还要兼管出版增刊时宜[事宜],的确忙不过来,请领导多加考虑,如何调整增加人员,最好座谈一次加以解决!"

是日,复陈英 3 月 29 日函,同意将"书文评论"改为"图书评论","当时我也取名为《图书评论》,后来想到三国时代曹丕《文论》和六朝刘勰《文心雕龙》都是评论各种文体的,所以改称了。现在还是以'图书评论'较好,将来可辟专章：① 文评，② 诗、词、曲评以补书评之不足。所拟增加三点，想到很周到"。同时感谢其告知王正兴情况，并就扬州图书馆学会发展提出建议，谓："要把图书馆事业对读者得到实惠，不仅能解决咨询上的问题，而且能培养读者自学成才，我们的地位就会提高，作用也就会得到读者的肯定了。建议扬州地区最好能在每季度中组织一次活动，既可增进友谊，又可交流经验。每季活动后写成报道，投'学报'发表，扩大影响，使望风而兴起，这也许对全省图书馆事业会大有帮助的。"

是日下午，刘子钦来访，取回《春秋左传新义》书稿。

4月10日，杜燕收到先生为其回忆录所写序文，复函致谢，对序文结尾部分先生为该回忆录所作诗作尤为赞赏。

4月11日，收到郑伟章寄赠《中国著名藏书家传略》一书。

4月12日，收到项弋平寄赠的《图书馆学基础理论研讨笔会文集》，复谢函一封。

是日，致函郑伟章，谈《中国著名藏书家传略》一书读后感受，谓："过去对于藏书家有过传略，但太简单，如吴晗的《江浙藏书家传略》材料都是辑录，只能作为资料的线索，近于第二手文献。您们的大们[作]，就比较详细，可读性大，因此浏览起来既有知识性，又有趣味性，如果作为研究的材料从这书大可写出几篇有分量的论文来。所以您们的大作实有开拓性质的。当然中国的藏书家我认为还可以发掘，并希望您们能再接再厉编出一本续编出来，那就更完备了。"

是日，朱崇阶致函问候先生夫妇，并汇报工作及科研近况。

是日，吴正方复先生8日去函，告知《县图工作三十题》一书正由友人审阅，待其审阅结束后寄请先生审阅，随信附寄宜兴图书馆编印信息资料三期及其个人简历。

4月13日，将整理的杜定友遗稿《史书分类表》寄交赵世良，请其协助发表。

是日，复吴声亮4日来函，告知来函中所提一书并非由先生翻译，而是从相关论著中见到的信息，并介绍《索引的概念与方法》（王知津、王津生译，书目文献出版社1984年版）一书供其参阅。

是日，张世泰复先生函，告知因经费及征文太少（多纪念文章，学术论文太少）之故，广东省图书馆学会初步决定只召开纪念会，时间为半天，学术讨论会视征文数量而定，对于众多纪念文章，拟编纪念册一部，并告知杜定友纪念室约在5月初完成布置。

4月15日，况能富致函问候先生，并告知近况，同时就将先生部分通信摘录附于即将出版的"图书馆学思想史"书后一事征求先生意见。

按：况能富"图书馆学思想史"一书后来似未出版。

是日，汤树俭将先生为《图书馆人才学概论》所作序言誊抄完毕，并复印一份寄送先生。

4月16日，桑健致函问候先生，并询问《科技期刊管理与利用》一书出版进展。

4月17日，河海大学教师职务评审委员会聘请先生担任该校图书馆陈荣兴、周文逊晋升副研究馆员的成果材料鉴定专家。

是日，孙儿钱旭东致函先生，一是请教数学问题，二是讲述近期与其母之间的矛盾。

4月18日，复黄恩祝4月3日函，告知预订《杜定友先生遗稿文选》款项已经交与南京图书馆，并告知使用《全国报刊索引》中发现的问题，谓："今天使用《全国报刊索引》，发表1987年所收杂志目录，对于《江苏图书馆工作》曾于1984年改为《江苏图书馆学报》（见22页中），现并未用所改之名；好在索引中已经纠正，但希望到七月号上再不能以旧名著录了。再目次页数，没有错乱，但索引页数有些错乱。1—10,19—22,15—18,11—14。这是个别现象，还是全部如此。这是由于装订上的毛病。请工作同志检查一下为要！"

是日，陈英复先生9日函，请先生介绍徐召勋与之联系，以探讨书评研究事宜。

4月19日，复朱崇阶12日函，附寄《杜定友先生遗稿文选》征订单两份，请其代为宣传推销该书。

4月20日，张凤桐代金恩晖复先生函，告知先生所寄录音磁带已收到并表达谢意。

4月21日，复况能富15日来函，表示同意摘录出版相关通信，并请其就"杜定友对我国图书馆事业的贡献及先进思想"撰写专门论文以应征广东省图书馆学会纪念杜定友活动征文。

是日，刘圣梅来访未晤，留下外文书两部，就是否有翻译价值征求先生意见。

4月22日，遣夫人吴志勤往南京图书馆取《杜定友先生遗稿文选》预订单若干。

是日，致函王可权，请其加强在江苏省内对《杜定友先生遗稿文选》一书的宣传工作。

是日,寄于鸣镝《杜定友先生遗稿文选》预订单若干,请其代为宣传,并告知因为文化部门紧缩经济,《江苏图书馆学报》遇到较大困难。

是日,复桑健 16 日函,告知《科技期刊管理与利用》尚未联系到出版单位,并告知近期正在研究"汉字笔形排检法的标准化问题"。

是日,致函杜鹉,告知因为内蒙古图书馆学会刊物为内刊,从 1987 年开始一律不付稿酬,故征求杜鹉意见,是否还刊发杜定友先生遗稿。先生建议继续登载。

是日,刘子钦致函先生,告知为先生作的画已经裱好。

是日,杜燕收到先生明信片,复函一封,告知已与秦牧联系,请其协助出版回忆录,同时告知杜定友三女杜珊已于 4 月 9 日下午病故。

4 月 23 日,致函吴声亮,更正 4 月 13 日复函中相关讹误,告知其询问 *Preserved Context Index System* 一书部分内容已由肖自力、侯汉清翻译刊登于《黑龙江图书馆》1987 年第 1—2 期上,随函附寄《杜定友先生遗稿文选》征订单,请其代为宣传推销该书。

是日,致函刘圣梅,谓:"所留两书,我已略为阅览一下,认为都有翻译出版的必要和价值。完全同意您的意见,请先约参加诸同志开一次座谈会,研究一下进行的具体计划和方法,时间由您与诸同志协商决定通知我好了。听说我系本届毕业生,正在考试。不久即将外出到各图书馆去实习,兼之暑假即将来临,如能乘此时期先翻译一本,作为初试,则以后进行,就可比较顺利了。"

> 按:先生复信后不久,刘圣梅便组织南京大学图书馆学系师生着手翻译英国罗伊·斯托克斯(Roy Stokes)的《目录学的功能》(*The Function of Bibliography*)一书,整个翻译的组织工作由刘圣梅负责,先生为顾问。1989 年完成翻译,1993 年该书由南京大学出版社出版①。

是日,复张世泰 4 月 13 日来函,谈杜定友纪念活动事,谓:"今年情况,突然丕变,我省文化事业的经济,也要紧缩。因此,关于纪念杜老逝世廿周年的集会,开个小型的,等到陈列室绪就[就绪]后,也未始不可。学术讨论会,可能性不大时,出一本打印的'纪念册'也可以的。如其质量高,将来再设法铅印,作为永久的纪念。从来信中所说,纪念杜老的文章,容易着笔,研

---

① 罗伊·斯托克斯.目录学的功能[M].刘圣梅等译.南京:南京大学出版社,1993:译者说明.

究学术的论著,非有相当的研究,难于为功的。而且目前形势已非昔比,杜老忠于图书馆事业的精神,将永垂不朽,然而许多情况,已非青中年的图书馆工作者所能了解的了。杜老的同辈都已谢世,学生门徒又寥寥无几,展开学术讨论会,想来并非易事。您又考虑周到,还是缩小范围较为妥当。当然,在广州举行一次纪念会,无论如何是必要的。纪念陈列室何日可以落实,请先告知以便寄上各种文件为幸!"

是日,收到汤树俭寄来的《图书馆人才学概论》序言誊抄复印稿,致函一封,告知誊抄版中两处误植,随函并寄《杜定友先生遗稿文选》征订单,请其代为宣传推销该书。

4月24日,复钱旭东17日来信,就其信中所提数学问题及与其母矛盾进行解答、开导。

4月28日,完成南京林业大学图书馆俞从周等人职称晋升材料评审,并将评审意见送交南京图书馆办公室,有关评审意见如下:

关于俞从周论文的鉴定

要建筑一所高楼大厦,必须先行设计一张蓝图,同理,要建立一个高质量的图书馆藏书组织,也必须设计一张蓝图。作者于1984年发表这篇《试拟工科院校中型馆的藏书组织模式》论文,就是对于这类院校图书馆藏书组织的蓝图。其中的最大特点可说是由实践和理论相结合的产物;也可说是作者多年来从事于藏书建设工作经验和学术思想的结晶。

只要一看文中这张以南京林产工业学院(现改为南京林业大学)图书馆藏书为例的藏书组织模式表,就可一目瞭然其中分为三大部分,十二个要点。

第一个部分是关于理论上的指导思想;第二个部分是馆藏实践上的比例数据;第三部分是藏书规模上的控制规格。三者互相联系而融为一体。对这三方面中文[文中]又分为五个问题加以说明,即:(一)确定图书馆藏书建设的原则、体系、结构等问题,(二)关于藏书等级问题,(三)关于藏书比例问题,(四)关于复本问题,(五)关于藏书规模问题。

1985年底作者又发表《论专科性院校图书馆的藏书结构》论文,对上面的五个问题更作了详细的阐述。因此,不仅对专科性中型院校图书馆藏书建设具有指导性的意义,而且对较大型院校、小型院校,同样有参考价值的。

作者还有一篇《关于统编中文著者号码表的初探》一文，也带有模式的意义。这是为解决类分同类图书而设计的蓝图。一切编制的条件文中充分地指出来了。如其真能实现这种编制方法而形成著者号码表，不仅可解决各["各"衍]个别馆的问题，也同时可解决全国统一编制著者号码的问题，这未尝不可与克特西文和哈芙金娜俄文并驾齐驱，具有特别重大的远见，因为可为全国统一书号的编制起着很大的作用。

根据上面这两项问题的论文，作者是有高瞻远瞩的眼光并能很好地介[解]决一些当前重要的问题的，因此建议晋升俞从周同志为图书馆副研究馆员。

有关陈在廷鉴定意见

通过下面三篇文章，可知作者如何利用科技期刊为本校师生服务，已经做出了可取的成绩和进行了相当的研究。

由于《介绍31种西文林业机械文献》的编撰，作者不仅掌握了编制第二手文献的方法，而且理解其中的重要作用。这种期刊专题介绍目录，能给从事于林业机械专业的师生和其他科技工作者提供查找有关西文的信息，迅速地获得较新的成果作为借鉴，这对于促进我国早日实现林业机械现代化服务是有积极的作用的；同时也可作为编制林业核心期刊的一部分，这可说是一种副产品。

由于《科技期刊的使用效益》一文中，曾举四个典型的实例，非常动人，而且能说明科技期刊资料丰富多彩，内容新颖深入。这当然是教学、科研、生产三者所需要的文献；而更重要的是能通过这篇文章促能[促进]师生及其他科技工作者应该如何重视和积极吸取前人已有的成果，以免在科研工作上重复他人的劳动而走弯路，以致浪费了人力、物力、财力。这一点是合于目前双增双收的要求的。

由于《我馆的外文科技期刊阅读辅导和参考咨询工作》一文，可说是更进一步有关科技期刊工作的总结经验。其中共举出经验五条，尤其最后一条：《编制馆藏外刊目录和题录》更有意义和价值。其中又分为三项工作，都做得有成绩，促使更多读者对外文期刊的利用，同时也受到有[关]兄弟院校读者的欢迎，纷纷来信要求复制他们所需的文献资料。这起到交流资料的作用，又扩大了服务的范围。

总之，作者对于外文期刊工作，有实践、有理论，而且能通过实践提高到理论上去，同时又能用理论来指导实践，由此所获得的成绩是大有利于师生和其他科研工作者的。所以本人建议晋升陈在廷同志为图书馆副研究员。

关于鉴定伍子和论文的评价

通过《做好外文期刊信息传递工作为科研教学服务》一文,可知南京林业大学图书馆期刊组所用传递信息的方法和措施,主要有三种:一为图书馆从业人员与有关教师相结合,二为当前信息与历史信息相结合,三为零星传递与系统传递相结合。这些较为新颖而有成效的经验,应该加以重视而作为借鉴的。

然而这篇文章的重点,却在于说明林大图书馆期刊组的成绩,更表现在编辑各种第二次文献,以供教学、科研、生产之用,其中尤为突出的是关于"竹类研究"。这是因为竹类是造纸的一种比较产多长快、价廉物美的原料。为此作者又发表了《国内外竹材造纸及其经济效益评价》的论文,来解决当前世界造纸原料奇缺的问题。

纸是我国古代四大发明之一。由于纸的发明,人类文化就易于传播,书刊就易于出版,因为整个社会的发展也就易于进步。纸的发明出现是人类文化史上一件大事,对我国人民来说是值得认为光荣而骄傲的。作者撰写这篇有关以竹材造纸的论文,不仅对材料纤维形态和化学成分给以科学的分析;而且对世界造纸工业方面,予以七个国家情况比较的概述,其中并特别强调我国的当前实际情况,大大地激发了我们的自豪感和向前看的心理;更为重要的,文中还论证以竹材造纸比较以针叶和阔叶材料要优越得多,而其能在最短时期内,解决当前世界各国急需造纸原料的问题,收到较好的经济效益。

根据以上所论,本人认为这篇作者提倡培植竹林成材以供造纸原料尤其对我国来说是有建设性意义和指导性作用的,这是一篇质量较高的论文,因此建议晋升伍子和同志为图书馆副研究员。

是日,收到朱崇阶寄来之《扬州教育学院学报》,复函一封,谈阅读观感:"贵校学报虽说初试,内容却很有可观。这点可以说明投稿的质量是办好期刊的最有决定性的因素。"同时建议朱崇阶"写一系列如何利用图书馆的文章,既可以宣传您主持的图书馆,同时也可帮助师生如何利用馆中的书刊资料",对于其工作,也提出告诫"馆内一切重要的工作,颇须先行整理得有伦有脊,否则,用者如有失误,就有可能批评馆方未免带点夸张,这点是要从实际出发,请勿大意为要"。

4月29日，复杜燕4月22日来函，对杜珊病逝表示哀悼。

是月，张厚生来访，谈中图法修订问题。

是月，先生与钱亮、钱唐整理的《杜定友先生遗稿文选》作为《江苏图书馆学报》专辑之一种正式刊行。

5月21日，卢贤中就职称评审事致函先生，请先生担任其晋升职称材料评审人。

5月25日，张世泰寄来"一九二七年中山大学图书馆全体同仁摄影"照片一帧，请先生帮忙辨认照片中人员。

5月28日，致函吴观国感谢其支持、协助出版《杜定友先生遗稿文选》，并赠《杜定友先生遗稿文选》一册。

是月，武汉大学图书情报学院邀请先生担任该院吕斌、朱静雯、李林、徐鸿、丁亚平、张振礼6位研究生硕士论文评阅人。

6月初，武汉大学丁亚平来宁拜访先生，请先生审阅其论文。对于这次拜访，丁亚平的感受是："在贵府聆听您的教诲，大有收益。虽然我的知识、学识还不足于使我能完全理解、领会您的最新成果，但您在汉字排检方面的研究的深度，的确令我非常钦佩。""在聆听您讲您的研究的时候，就有一个感觉，您的成果在形式上具有普遍意义。"①

6月5日，题签《杜定友先生遗稿文选》一本，寄赠白国应。

6月8日，《山东图书馆季刊》致函向先生约稿。

6月9日，倪延年致函问候先生，并告知工作、研究近况。

6月14日，外甥徐豹来函询问《山玉诗草续编》付印事宜，并告知其子徐进将于六月下旬携新婚妻子来宁探望先生夫妇。

6月15日，毕于洁寄还先生《书目的索引及其编制法》手稿。

6月17日，苏州师专华正睦致函先生，告知《中学语文研究资料索引(1950—1985)（初中部分）》出版及预订情况。

6月20日，复徐豹6月14日来信，具体内容有待查考。

6月22日，丁亚平致函先生，询问论文审阅进展。

6月30日，王可权来访。

是月，先生正式退休。

是月，完成《钱亚新论文选》自序②。

---

① 丁亚平致钱亚新函，1987年6月22日。
② 吉林省图书馆学会，四川省图书馆学会，成都东方图书馆学研究所合编.钱亚新论文选[M].成都东方图书馆学研究所出版，1988.

7月1日，致函王学熙，告知对于《江苏图书馆学报》收到的一些推荐论文，"必须慎重处理，降格发表，有损于'学报'的质量，实非所宜"。

7月7日，徐召勋致函先生，告知安徽图书系列高级职称评审情况。

7月13日，收到武汉大学图书情报学院寄来的丁亚平等人论文评审费60元，但先生实际只评审了3人论文，故退回15元。

7月14日，白国应致信问候先生，随信附寄"大连工学院1987年暑期图书情报学系专题学术报告会材料之六：图书馆工作必须进行改革"。

7月21日，致函于鸣镝，具体内容有待查考。

是月，收到中国图书馆图书分类法编辑委员会的反馈意见，先生与张厚生依据反馈意见对其负责的"中图法""G25"类目再次进行了复核。

是月，先生中暑生病，进行疗养医治①。

8月6日，将《我是怎样研究拼音著者号码编制法的？》一文投寄《山东图书馆季刊》。

8月17日，被江苏省文化厅聘为江苏图书资料专业高级职务评审委员会副主任委员②。

8月19日，外甥女徐燕致函先生，告知徐龙定于9月中旬由美返国探亲，并初拟了徐龙回国后的行程安排，同时告知王念慈计划于农历九月由香港回宜兴探亲。

8月22日，徐召勋致函先生，告知赴哈尔滨参加全国第三届出版科学学术讨论会情况，会上决定《出版发行研究》由华东六省一市共同集资主办，以解决经费问题，徐召勋仍担任主编。

8月27日，张志伟来访，谈先生捐赠图书及南京大学图书馆学系招生等事宜。

是日，顾志华致函先生，告知暑期携妻儿回上海探亲情况。

8月29日，致函徐竹生，告知近期翻检赠书目录卡片，发现部分著录有误，需修改。通过统计目录发现除英文书外，中文书共计908种，其中与图书馆学、目录学、情报学有关的专业书籍有606种，其他类计302种，"据本人一贯的主张，也就是把藏书赠予最能发挥作用的单位这一主张，因此现在想征求您的意见，是否可把非图书馆学、目录学等的1/3种的各种图书仍旧退还给我，而把其他2/3种的作为系里专藏的一部分。这样，才能适应系图

---

① 钱亚新致吕斌函，1988年12月19日。
② 钱亚新.六十年来生活工作简表、论著编译年录[M]//吴志勤，钱亮，钱唐整理.创新、求新、育人——图书馆学家钱亚新的一生.自印本.1993：67.

书室的需要,而对我来讲,也可另找出路,使自己的一贯主张,得以更好地实现"。

是日,黄钢致函先生,谈"综合科学"分类问题,谓:"我是同意将'综合性科学'与'综合性图书'并为一类的,其理由我已在文章里谈了,主要有四点:一、'综合性科学(知识)'与'综合性图书'有共同的特点;二、将'Z0 综合性科学'的安排对其书的改动不大;三、不会造成符号的混乱;四、将来要作为国家标准分类法,不仅类分中文图书,而且还可以类分外文图书"。

是日,于鸣镝复先生 7 月 21 日函,告知个人职称问题,并请先生及《江苏图书馆学报》对《"有偿服务"行止论》与《"有偿服务"行止探》两文发表过程进行说明,以正视听。

8 月底,先生病情完全康复①。

9 月 1 日,致函南京图书馆孔宪楷、卢子博、于的水三位新领导班子成员,对南京图书馆发展提出建议:(1)组织职称评审委员会;(2)在评审职称的同时,要积极地有计划、有步骤地组织全馆工作人员进行业务学习;(3)利用南大培养研究生之便,选派南图若干工作同志去跟班进修。

是日,武汉大学卢绍君致函先生,告知《中国图书情报工作实用手册》一书拟多收录一些人物,请先生推荐合适人选。

> 按:先生在此信结尾处注有"介绍了六人:① 毛坤,② 白国应,③ 徐召勋,④ 汪长炳,⑤ 周连宽,⑥ 赵国璋",然回信具体内容,有待查考。

9 月 3 日,致函王学熙,请其编一份《杜定友先生遗稿文选》收支情况表,并至会计处支 60 元,其中 40 元作为王学熙编辑出版《杜定友先生遗稿文选》的劳务费,20 元作为曹玉洁劳务费。

9 月 6 日,傅广荣致函问候先生夫妇,并告知工作近况,其所负责的流通部被评为全省先进单位。

9 月 13 日,复傅广荣 6 日来信,具体内容有待查考,先生在傅广荣 6 日来信末尾标注有"复信:87.9.13 首先祝贺,其次勉励他努力工作,刻苦钻研,以求更上一层"。

9 月 22 日,外甥徐龙由美返国,于是日来宁探望先生夫妇。

是月,南京大学图书馆学 1987 级硕士研究生入学,先生担任张志伟的

---

① 钱亚新致吕斌函,1988 年 12 月 19 日。

指导教师,与徐有富联合指导。据张志伟口述,"他当时年事已高,身体不是很好。他没有给我上过课。我常常到他家里去,他给了很多具体指导。我的主要导师还是徐老师"①。

10月11日,复无锡轻工业学院图书馆金星来信,指导其写作,谓:"现在你们的新馆成立正好有许多题目可写:1. 报导。写一篇《无锡轻工业学院的概况》谈谈目前的情况和将来的发展。2. 纪实。从旧馆舍搬入新馆舍是件非常烦重的工作,数十万册[书刊]要丝毫不乱架,非预先有周密的计划和搬家的步骤是不可能的。写篇《我们是怎样乔迁的?》定能引人注意而吸收经验教训的。3. 解难。每个图书馆都有老大难的问题,如其同志们要改进,必须搬去这些绊脚石,关于这类有关业务工作、行政工作、服务工作,可说俯拾即是。文章不在于长,而在于能提出问题使之解决即可!"

  按:金星来信有待查考。

11月5日,得知《杜定友图书馆学论文选集》出版进展顺利,非常欣喜,致函白国应,以表谢意②。

11月5—9日,中国图书馆学会第三次全国会员代表大会在深圳举行,先生于会上当选为中国图书馆学会第三届理事会名誉理事。

11月19日,黄恩祝就申报研究馆员评审事致函先生,随函附寄职称晋升相关材料。

11月20日,上海图书馆工作人员至南京出差,将黄恩祝职称晋升材料及19日所写函件送交先生。

11月21日,复黄恩祝19日函,具体内容待考。

11月23日,黄恩祝复先生21日函,补充个人简历,同时向先生汇报在华东师大讲授"索引学"课程心得:"关于我的'索引学',讲授一学期后,研究生中提批评意见最尖锐的是'索引学的研究对象不明确,因而要谈成"学"比较困难'。最近经过我多次反复参考一些书籍并进行了多次写作研究,直到昨天晚上半夜,我在睡觉中领悟到这么一个索引学研究对象(我时常在睡觉中解决了一些平常难以解决的疑难问题),它是索引学的本质属性所在:解决文献作者智慧的增值与对它的不同需求间的矛盾的一门学科——深层的;这样所研究对象就区别于目录学的研究对象:解决揭示和

---

① 张志伟口述,2018年3月5日.
② 白国应.钱老与我的学术通信[M]//钱亚新.钱亚新文集.南京:南京大学出版社,2007:614.

利用文献与对它的不同需求间的矛盾的学科——表层的。所谓'作者的智慧'系指作者灌注于文献中的'语词、概念、名词、方法、材料、数、图或思想',这些文献中的内容单元大都反映作者的智慧,而这正是读者所需要的,也是索引所需要的。当然,这些智慧价值不是绝对的,而是相对的,它是否有价值因读者而异",此外告知先生其即将接手负责《图书馆杂志》编务。

12月1—8日,参加首届江苏图书资料专业高级职务评审委员会评审工作,先生担任召集人,评委会成员除先生外,包括彭斐章、朱天俊、倪波、邱克勤、杨世民、贝芝泉、竺陕南、卢子博、吴观国、许培基。彭飞曾回忆先生参加江苏图书系列高评委会议情况:"1987年,国家开始对图书馆专业人员进行职称的评定工作。省文化厅聘请钱老担任图书资料系列高级职称评委会委员。我当时借调到省文化厅从事职改工作,总看到钱老不顾年老多病,坚持来参加会议。他会议伙食不能吃,总是吃一点牛奶、点心。"①

---

① 彭飞.宗师风范 事业楷模——我对汪长炳、钱亚新先生的一点回忆[J].新世纪图书馆,2004(3):21.

1988 年　　八十六岁

1月11日，汪长炳去世，先生夫妇赠挽联："游学历经欧美，中外融化；育才当称师表，桃李芬芳。"①

2月5—7日，参加江苏图书资料高级职称评审委员会第二次评审会议②。

2月20日，收到李明华所寄"迎春纪念封"及"贺年明信片"，复谢函一封，并询问浙江及杭州高级职称评审及图书馆改革情况。

3月2日，罗友松将修改好的章学诚研究论文提要寄请先生审阅。

是月，完成申畅等人所编《中国目录学家辞典》一书序言③，该文后刊登于《河南图书馆学刊》1989年第3期。

是月，完成《试论汉字笔形排检法的标准化问题》一文，该文后刊发于《广东图书馆学刊》1988年第4期。

是年春，赵世良曾来宁拜访先生④。

4月17日，被《江苏省高校图书馆年鉴》编辑委员会聘为顾问⑤。

4月29日，参加江苏省图书馆学会召开的常务理事扩大会议，研究召开江苏省图书馆学会第三次会员代表大会的有关事宜。

5月7日，《读书周刊》第16期出版，上刊载有《漫画庄子》一书的介绍，先生读后"感触万分！作者这样深入研究《庄子》，领悟书中的辉煌思想从而以漫画的方式深入浅出地加以发挥，实在令人钦佩！"⑥

---

① 钱亚新.六十年来生活工作简表、论著编译年录[M]//吴志勤、钱亮、钱唐整理.创新、求新、育人——图书馆学家钱亚新的一生.自印本.1993：68.
② 钱亚新.六十年来生活工作简表、论著编译年录[M]//吴志勤、钱亮、钱唐整理.创新、求新、育人——图书馆学家钱亚新的一生.自印本.1993：68.
③ 钱亚新.《中国目录学家辞典》序[M]//申畅.中国目录学家辞典.河南人民出版社，1988：5-11.
④ 赵世良.悼钱亚新师[J].黑龙江图书馆，1990(2)：66.
⑤ 钱亚新.六十年来生活工作简表、论著编译年录[M]//吴志勤、钱亮、钱唐整理.创新、求新、育人——图书馆学家钱亚新的一生.自印本.1993：68.
⑥ 钱亚新.古书新义——试论《说文解字篆韵谱》的价值[J].稿本，1988.

5月18日，参加江苏省图书资料专业高级职务评审委员会评审会议。

5月21日，武汉大学来函聘请先生担任张晓娟硕士论文《试论图书馆管理思想的发展》评审人①。

5月30日，与三子钱唐合编的《宋词四考索引三种》初稿完成，送交唐圭璋审阅，唐圭璋先生阅后同意将该稿作为其《宋词四考》1989年出版的修订本的书后索引。

是月，完成《古书新义——试论〈说文解字篆韵谱〉的价值》一文，该文未正式发表，现存稿本。

是月，先生与张厚生主持的"中图法"中关于"G25图书馆学、情报学"的修订任务经中国图书馆图书分类法编辑委员会审议后完成定稿。《中国图书馆图书分类法》第三版也于是月定稿。

> 按：关于对G25的修订，先生最初的想法是要将"文献学、目录学"从"图书馆学"类中提出，序列在"图书馆学"之前，并对"图书馆学"分类体系进行重新编排。对于先生提出的这种修订方案，《中图法》编委会认为从编制结构上分析是可取的，但是修订幅度太大，相当于重新编制，而且考虑到还涉及图书馆学与情报学的合并调整问题，因此编委会认为需要进一步研究。最后决定G25类不作改动，只是在第二版的基础上进行了订正和充实。另外，先生多次提出的"综合性科学"单独设类的建议，也未被《中图法》编委会采纳，《中图法》编委会认为：一、哪些学科属于综合性科学，尚无比较定型的意见。二、将综合性科学类设在什么位置上，采用什么标记符号，在现有体系结构的排列下，也较难选定。② 所以说，虽然先生及张厚生对《中图法》第三版贡献了诸多力量，但先生最终修订完成的结果与最初想法还是有较大差距。

6月4日，参加江苏图书资料专业职务高级职务评审委员会评审会议③。

6月7日，向北京大学出版社邮购图书二部：《社会科学文献检索教学

---

① 钱亚新.六十年来生活工作简表、论著编译年录[M]//吴志勤、钱亮、钱唐整理.创新、求新、育人——图书馆学家钱亚新的一生.自印本.1993：68.
② 中国图书馆图书分类法编辑委员会.中国图书馆图书分类法(第三版)[M].北京：书目文献出版社,1990：8-10.
③ 钱亚新.六十年来生活工作简表、论著编译年录[M]//吴志勤、钱亮、钱唐整理.创新、求新、育人——图书馆学家钱亚新的一生.自印本.1993：69.

参考图录》（朱天俊、李国新编，北京大学出版社，1987年版），《社会科学文献检索实习用书：参考图录》（朱天俊、李国新、王长恭编，北京大学出版社，1987年版）。

6月8—10日，参加江苏省图书馆学会第三届会员代表大会，会上举行了相关机构成员的改选。编辑出版工作委员会主任由倪波担任，《江苏图书馆学报》主编由卢子博担任，先生退居二线。

6月15日，先生被江苏省图书馆学会聘为学术顾问。

是月，《图书馆杂志》1988年第3期出版，据该期封面信息所载，《图书馆杂志》为提高刊物学术研究水平，强化刊物信息传递能力，特邀请图书馆界学者、专家与留学生为该刊特约撰稿人与特约通讯员，先生被聘为首批两位特约撰稿人中的一位①。

8月20日，烟台大学图书馆宋来惠因在大连工学院学习期间从桑健、于鸣镝等人处得知先生"诲人不倦、扶植后学"的品德，遂将其所作《高校图书馆提高人员素质之我见》一文寄请先生审阅。

9月27日，张厚生来访，并转交萧爱华对先生为大百科全书所撰词条的修改意见。

9月28日，致函张厚生，谓："昨天送来三条文稿所提的意见，是比较恰当的；尤其修改朱彝尊《经义考》一文，即可采用了。由于我这里短少资料，无法进行查阅相关书籍来进行修改，实属遗憾。因此只能劳神你代为进行。编辑部要求十月初要交稿，时间比较匆促。怎样应付，尚请多加考虑。接得信后，请驾临舍间一谈为荷！"②

是月，完成《试论汉字声纽韵母排检法标准化问题》一文，该文后刊发于《四川图书馆学报》1989年第2、3两期。

10月，先生开始整理旧稿，"编出《钱亚新著述系年录》两份，一份是发表过的，一份是未发表的，共计369件"③。

10月8日，宋来惠致函先生，询问《高校图书馆提高人员素质之我见》一文审阅情况。

10月18日，收到毛相骞寄来毛坤传略，读毕复函一封，谓："令尊的传略，阅读以后，深感写得非常翔实。""我看这篇内容比张遵俭同志所写的得要好得多，可称佳作。以前您们要我写，我实在没有掌握材料，所以难于进

---

① 本刊首批特约撰稿人、通讯员名单[J].图书馆杂志,1988(3)：封二.
② 顾建新.书海一生击楫忙：图书馆学家张厚生先生纪念文集[M].南京：东南大学出版社，2013：65-66.
③ 钱亚新致吕斌函,1988年12月19日.

行。今天我已安心,毫无遗憾了!"

是日,复金星来信,指导其继续学习,谓:"为了将来深造,先把英语搞好。日文、俄文可以学,但不应作为重点,因为外语要达到标准,非大花气力不足有成。如果作为分编之用,那当然是可以的,而且是应该的。"并向其推荐图书馆学专业期刊"《四川图书馆学报》《图书情报工作》《图书情报知识》(这三份比较高级),《图书馆杂志》(发行最大达三万)、《图书馆学通讯》(是官方的代表)、《北京图书馆通讯》(是该馆的经验发表园地),《江苏图书馆学报》《广东图书馆学刊》《河南图书馆学刊》(这三种是中流)"。"最重要的自己要有一个突出的目的,专攻一科,如藏书建设,分编工作,读者服务选其之一,等有根底时,再选一门"。

是日,下午,丁道凡就编辑沈祖荣先生文集事由杭州来访,两人"相叙甚欢",并将毛相骞所作毛坤传略一文借回杭州复制①。

是月,《杜定友图书馆学论文选集》正式出版,印数 7 000 册,先生得知后非常高兴,致函白国应,并请白国应速寄样书给广东中山图书馆杜定友纪念室保存②。

11 月 10 日,镇江船舶学院图书馆采编组蔡和风将其文稿《论高校图书馆采访人员的素质和条件》寄请先生审阅。

11 月 28 日,南京师范大学图书馆将该馆季忠民职称评审材料寄送先生评阅。

是月,外甥女曹圣洁来宁看望先生夫妇。

12 月 1 日,南京大学聘请先生对该校文献情报学系徐竹生晋升教授职务材料进行鉴定。

按:先生对徐竹生的鉴定意见(残缺)如下:
徐竹生主任的鉴定意见
综观徐同志任现职以来的几年中,做了不少开创性的工作。首先,关于领导行政工作方面,重点在筹建了南大图书馆学系,聘请了知名教授和其他各专业教师,招收五个层次的学员,增设现代化的几个实验室,致使该系的规模可与武大、北大两个学系媲美,甚至还超过英国有些图书情报学系,培养了大批人才,以供急需,实属难得。这些奠基础的成就是难能可贵的。其次,关系教学工作方面,除编撰《图书馆学情

---

① 钱亚新致毛相骞函,1988 年 10 月 18 日。
② 白国应.钱老与我的学术通信[M]//钱亚新.钱亚新文集.南京:南京大学出版社,2007:615.

报学专用英语》教材外,还带了若干研究生,最近连续两年被评为"优秀教学质量"二等奖,这就说明他在教学上的斐然成绩。再次,关于国际活动方面,曾于1987年赴英参加"国际图书馆协会联合会",在大会上所作的"学术报告"当时受到全世界与会同志的称赞,这报告后来又以 Working for the Chinese lib.of the future 发表于……

12月3日,读完马光雄所编《管理文献检索与利用》一书后,致函马光雄,谈该书的优点及不足:"最近一周内,拜读你编的《管理文献检索与利用》,深感其中收集的材料,颇为丰富,组织严密,行文流畅可读,得益非浅。为要使这份教材更臻完善,拟提几点不成熟的意见,以供参考:一、增加一章《管理文献俄文检索刊物》苏联的出版物中关于管理文献的检索刊物为数不少。是否可考虑再加一章,使世界主要文字都有一席之地。二、这是本教材,建议每章之后,即加上参考文献扩大学员的眼界,又出一些思考题目,让他们动动脑筋,达到通过实习能真正掌握这些检索刊物。三、编制引用书名索引,估计这教材中所引检索刊物不下三百种左右,要使这本书便于本身的检索,编制引书书名索引,实在是有必要而不可缺的。四、这书的校对工作是比较认真的,有些误植已经改正,还有些尚需进行校勘,例如第118页上16行中 scientific,误为 sciantific,22行中'不便'误为'不变';131页13行中的'副'误为'付';132面上的'图9-4'中的'阴影'没有画完等等即是。五、引用别人的论点或直接的引文,最好注明出处。如(5)页上英国卡尔·波普尔提出的三个世界的理论,到底出处于何年何月何书? 又如提到目前期刊中所发表科学文献分布情况(见[5]页),这种统计数据到底是什么人讲出来的,或者见于何书,也要加注说明。六、《绪论》中的计页法,可以不加括弧,与正文成为'一以贯之'的连陆[续]页码。其分节标记号可用01、02、03这样做法,将来如其要编制书后索引,就更方便而顺眼了。"

12月4日,外甥女徐燕致函问候先生夫妇,并告知王念慈由香港返回大陆探亲的相关情形,同时寄来王念慈委托其转交给先生的200元以作先生生日贺礼。

是日,二媳凌小惠致函问候先生夫妇,并告知钱旭东及钱江东近期学习生活情况。

12月5日,张德芳来函告知《钱亚新论文选》一书已发往印刷厂,由于印刷厂设备限制,预计1989年5月才能拿到样书。同时,由于经费问题,决定不向作者支付稿酬,只赠送样书20册及《中国图书馆学论丛》全套书一套,请先生理解。此外,谈图书馆改革事,谓:"近几年来,我一直在努力促进图书馆改革事业,依我一得之见,在现在社会□自然经济向商品经济过渡过程中,图书馆不加以改革是没有出路的。改革的内容很多,改革的路子也很快,我选择的文献开发路子,即如何发挥图书馆藏书优势把文献资源开发出来为社会服务。为此,我在四川图书馆界同仁支持下办了'四川智力资源开发公司''四川省软科学研究所',最近又办了'东方图书馆学研究所',同时与北京一个出版社联系,成立一个'文献编辑组'。"

是日,顾志华致函问候先生,并汇报陪同张舜徽先生赴厦门召开文献学年会情况:"这次文献学会年会在厦门召开,我与张舜徽先生等一行上月十三日离汉,十四日到南京,十五日乘火车赴厦门,在南京时间短,住在南师招待所,因陪同张先生,所以未能来拜访钱师及师母,望谅。十六日就到了厦门,十七日报到,十八日至二十四日开会,中间游览了泉州、石狮等地,开了眼界,回来坐海船到上海,再回武汉。前后一共二十天。会上决定,明年年会在上海开,以纪念钱大昕、王鸣盛等人为主。"

12月7日,马光雄复先生12月3日去函,感谢先生的建议,并表示将根据先生的意见,对《管理文献检索与利用》一书进行修改校订。

12月9日,王中明致函先生,告知先生为《中国社会科学家传略》所撰文稿之稿费已落实,不日将汇寄先生,并请先生在收到汇款后复函告知。

12月10日,《广东图书馆学刊》编辑部函告先生《试论汉字笔形排检法的标准化问题》一文经编辑部决定录用,并于1988年第4期刊出。

12月12日,沙景富将拜访完先生后的感想,撰成《随感》一诗,寄请先生审阅。

12月14日,致函江苏教育出版社,希望该社能将《图书馆学家钱亚新的一生——创新、求精、育才》一书纳入出版计划。

是日,复沙景富12月12日来函,谓:"大作《随感》一首,捧读再三,立意新颖,钦佩奚似。但其中遣字造句,尚有多处,值得推敲。兹为相互学习,现将原稿加工润饰如下:应邀石城访手足,相亲昵爱话家常。趋前晋谒面钱老,谈笑风生永不忘。/英才培育艳阳红,好为人师宜用功。桃李满园无限乐,神州大地遍春风。"

12月15日,收到外甥女王念慈委托徐燕转交的200元汇款及照片一帧,致谢函一封,并谈二媳凌小惠赴美事宜。

12月17日,白国应致函先生,告知《杜定友图书馆学论文选集》已正式出版,书目文献出版社决定"1. 赠书20本;2. 杜定友原著稿酬836元;3. 我们俩的编辑费1 050元(其中序言78元)",如何处理上述书款,向先生征求意见。

12月18日,重庆图书馆王文德将所撰《师生之情终生难忘——悼念汪长炳老师逝世一周年》一文寄请先生审阅。

12月19日,就整理出版个人文集事致函吕斌,谓:"我的计划是:要把未完成的想法编出一套《图书馆学家钱亚新传记丛刊》,其中包括:1.《钱亚新的一生》,2.《钱亚新回忆录》(此稿写好了大半),3.《钱亚新书信集》,4.《钱亚新著述系年录》。最后两种还要大大地加工整编的。还要把所写好的文章(不论发表或未发表的)汇编成《东山老人学术论丛》,其中包括:1.《图书馆学论文选》,2.《目录学论文选》,3.《索引法和排检法文选》,4.《学术杂文选》。第1种已编辑完成,第2—4种明年完成。""根据上面的情况,我设计这样来安排在最近两三年内还要组织力量连我自[己]在内,要求完成下列各项工作:1. 我自己在明年上半年完成《钱亚新回忆录》的写作任务。2. 我和钱亮兄弟二人完成《东山老人学术认[论]丛》第2—4辑,即《目录学论文选》《索引法和排检法文选》和《学术杂文选》;此外还要编好《杜定友先生遗稿文选》的《续编》。3. 现在剩下来的只有《钱亚新书信集》和《钱亚新系年录》2种,尚无人担任编辑,能否考虑由你带领的硕士生作为实习的对象呢? 4. 如其经你们商讨认可最好,怎样进行,自当进一步讨论决定;否则那就请整理其他未曾发表的专著。这里附《钱亚新专著系年录》一份,先请仔细审阅,由其中可知我是怎样安排组织人力的设想,以供参考协助进行工作。"

12月20日,复白国应12月17日来函,建议杜定友原著稿酬寄交杜燕、杜鹃平分,编辑费用也由先生与白国应平分,"其中序言虽由我撰的,但你在联系出版、加印复制等工作所花的心血,并不比我所花的少。因此不必再提出来了"。同时附寄《图书馆学家钱亚新的一生——创新、求精、育才》一书,"这本《图书馆学家钱亚新的一生——创新、求精、育才》小册是我的长幼二子钱亮、钱唐征求我的同意而编成的。其内容详于《序言》中,兹不赘述。现在要一提的是我个人的主观思想和愿望。杜老生前曾对自己写过《读书生活》《治书生活》《教书生活》《著书生活》各一篇形成分类的传记述作,不幸其中仅存一半,遗失一半,这是一件十分可惜的事。我认为新中国成立后,各条学术战线上都有人写自传,唯图书馆界杜先生外,好象[像]还没有。为要使我们图书馆界同志勉励自己,我准备除出这本小册外,还想写一本《回忆录》,这份稿子分为三个部分:① 读书时代,② 工作时代,③ 退休时代。① 已经早就写好,② 写了十之七八,③ 当然还未动手。明年上半年补写②之其余部分,以作抛砖引玉的想法和愿望",并请白国应将该书介绍给书目文献出版社,争取能够出版。

是日,将个人自传寄交丁道凡。

是日,于鸣镝寄先生贺年片一张,并附函一封,告知1989年5月5日至9日将至南京大学召开全国高校图工委期刊工作研究会会议,届时将登门拜访。

12月21日,就《杜定友图书馆学论文选集》事再致函白国应,谓:"今晨醒来,睡在床上想起昨晚所写给您的复信,还有一些地方应该补充的。现在因此再来续写些。首先,书目文献出版社赠我们计20本,它送不送给杜燕、杜鹓呢?如其各赠一本那就最好,否则让我们各人少受一本转送她们。文选中的附录由张世泰同志编的,应不应付以稿酬和赠书?如果不予稿酬,只[至]少要赠书。对吗?"并谈个人著述整理情况,"最近我整理所写的图书论文,发表的为205件,未发表的164件。数量不算多,其中可选成书的,拟分为四个部分:图书馆学论文选,目录学论文选,索引法和排检法论文选,书人·记事·评述·随笔杂文选。估计明年春季可以完全编出,每集在20万字左右。正月份先交第一集,2—5月份交第二、三、四集"。

12月23日,先生夫妇赠送张厚生夫妇合影照片一帧。

12月25日,收到南京大学图书馆学系寄来的贺年片及《南京大学研究生专业介绍》手册一册,致函徐竹生,表示感谢,并表示对《南京大学研究生专业介绍》手册中提及图书馆学系"索引法""未来图书馆学"非常感兴趣。

是日,黄景行致函问候先生,并询问杭州市请先生评审职称晋升材料的酬金是否已收到,并转述丁道凡对先生热心帮助其撰写沈祖荣传表示感谢,同时表达了模仿谢启昆《小学考》编一本"诗经考"的研究想法。

按:黄景行寄来信笺背面有如下文字:

景行同志:

来信收悉。

杭州市馆评专职酬金,尚未收到,该馆大概忘记寄了。

来信提到的"诗经考",这项工作可暂不考虑。建议先进行"诗经精华录"的工作,发表可能容易些。

近来我右手手腕发炎,不能动笔,故嘱小儿钱唐代笔。

至于复信时间,有待查考。

12月26日,丁道凡收到先生寄去自传,复函一封,告知赴广东拜访沈祖荣后人及周连宽情形,并请教先生有关文华图专问题:"一、你住母校的一九二六年下半年到一九二八年上半年这段时间内,学习的那[哪]些课程?希全部告我!据说,从本科第一班起(裘开明那一班)开始课程种类较少,后来逐年增加了课程种类。这是最基本的情况,我必须记载清楚。二、你住母校期内,祖荣师邀请过什么名人来校讲演、作报告?讲的什么主题,同学反应如何?三、你住母校时,学校尚未报旧教育部立案。到你毕业时,文凭上的校名是'华中大学图书科'呢?抑是'私立武昌文华图书馆学专科学校'?如果是后者,'——图书科'这个名字是用到本科那[哪]一班为止的呢?(以毕业那个学期为准)四、你所记得的祖荣师品德方面的细节,诸如律己、待人、生活、工作(教学)、学习、研究方面的美德如何?请就其中较突出的、有关本行专业方面的,尽量告知我",随信附寄沈祖荣先生夫妇合影照片一帧。

是日,徐鸿致函先生,向先生汇报在华中师范学院半年来工作、生活情况。

12月28日,罗友松致函先生,告知12月9日《申报索引》编委会会议决定,虽然当前出版工作困难重重,但是上海书店还是决定坚持编纂《申报索引》,并告知已经为补充《章学诚校雠通义研究》一书查阅了一些资料。

12月29日,钱方致函向先生夫妇问安,告知其已结束昆明的工作于12月25日返京,并汇报在外工作见闻。

是月底,常熟图书馆黄国光来宁拜访先生[①]。

---

① 黄国光致钱亚新函,1989年1月12日。

1989 年　　八十七岁

1月1日,于鸣镝致函向先生问安,请先生多保重身体,并表示先生如需人手整理文稿,他愿意帮助抄写。

1月6日,杜燕致函先生,告知个人生活近况。

1月10日,参加江苏省图书资料专业高级职务评审委员会评审会议。

1月11日,钱方致函向先生夫妇问安,并告知家人近况。

1月12日,黄国光致函先生,告知先生托其查阅的《吕东莱先生音训大唐文鉴》常熟图书馆并未收藏,并向先生汇报编辑《常熟籍古今人物别名室名索引》《古今著名人物别名室名索引》计划。

1月14日,黄景行复先生1988年12月25日去函,告知已与李明华联系酬劳事,并请教先生信中所提"诗经精华录"问题:"您提示的'诗经精华录'是否指《诗经》本身内容而言?'考',意在古今对《诗经》的评论(包括目录著作中的),如果指其本文而言,恐与目录学无关,因此尚望指点。"

1月16日,黄恩祝致函先生,汇报《图书馆杂志》运作情况:"《图书馆杂志》今年进行了一系列的试探式的开拓工作,它主要内容已发表在88年第六期《一年编辑工作综述》,其实,工作不仅这些,比方说协助一个中等学校办了函授中专,也和上海市教育学院合办专业大专班等。不过,工作是做了一些,目的是更好地为图书馆事业服务,但未来还要做更多的努力。""今年由于纸张、印价上涨,报纸的印数大量下降,我们虽进行了各种努力,还是从去年的23 000(不包括会员的订数)下降到18 720,即下降27.50%。这个幅度似乎比平均下降幅度偏低,但我们还抱有上升的希望,因为在去年年底,我们向全国工会图书馆发了一万张征订信,全国工会图书馆有25万,我们主动支持他们的工作,当然也希望让们当中的一个稍大的数字能成为我们的订户。今年5月间,全国十六省市工会图书馆联谊会第二次会议在上海召开,届时由于我们主动介入,一定还会成为影响订户的一次机会,我们寄希望于下半年的订数。"并询问《江苏图书馆学报》订数。

是日,孙儿钱旭东致函问候先生夫妇,并汇报学习情况。

1月17日，将个人论著目录寄赠吕斌一份，并附函谈论著整理事，谓："对于如何整理，我曾详为考虑，其主要原则，对拙作最好能理出一个头绪，评价其学术思想有何足取而为图书馆学研究有所裨益；对整理的同志也藉此而能形成一种研究或著述。因此请代为考虑如何能双方有利，而不要花费过多时间，就能获得相当成果。在表中有些[还有]作用，有的已经过时，如其作为历史意义当然尚有研探的价值，最好能更具有现实意义，为适应当前之需要！请先为考虑，并告知何日可以相换[互]交流一下意见，以作决定！"

1月18日，钱方致函问候先生夫妇，并告知元旦拜访舅舅吴一权以及妻子凌小惠赴美准备情况，同时请先生在钱旭东到宁后多督促其学习英语。

1月20日，复黄景行1月14日来函，谈"诗经精华录"事："关于'诗经精华录'事，我的想法是：与其编辑有关《诗经》的书目，毋宁选录《诗经》中的佳作。目前社会风气日趋丕变，如何以我国传统文化中的精华来移风易俗，大可研究。《诗经》中有不少民歌、恋诗，不仅能表达风俗习惯，男女爱情，而且遣词造句，异常典雅。如《周南·关雎》，不论何人吟诵，都能鉴赏其中的美妙含蓄的深意的。看了《诗经译注》，更使人了解这些诗出于至情，毫无矫揉造作。这不仅《诗经》如此，历代诗歌都是有的。因此，我认为可以《诗经》为起点，编辑一套中国历代诗歌精华选丛书，其内容可分为（1）《诗经精华选》；（2）《汉魏六朝诗歌精华选》；（3）《隋唐诗歌精华选》；以及宋、元、明、清、民国、现代一二集，内容不仅限于民歌恋歌，其他各方面都可选入，只要对当前有现实意义能为大众所接受的，均可选录。而且这些材料，前人都已做了一些，不过我们应该结合目前的潮流，同时照顾未来的思想教育作用。这样也许能有利于精神文明的建设吧。如果仅作目录工作，除研究目录学的要当作必要参考书外，其余各色人等谁愿一睹乏味的资料性的东西呢？""在诗歌方面如能编出一套雅俗共赏的丛书来，使目前大众都能受些'诗教'，也可说是合于'古为今用'的原则吧！"①

是日，于鸣镝收到先生所寄照片，复谢函一封，并为照片题诗一首："恩师松前康而寿，吴老花中寿而康。图坛上空一泰斗，永照兰台日月长。"

是日，书目文献出版社编辑部致函先生，感谢先生提供杜定友女儿地址，表示会尽快将《杜定友图书馆学论文选集》样书及稿酬汇寄杜燕、杜鹈。

1月22日，杜燕致函先生，感谢其对《杜定友图书馆学论文选集》出版所付出的艰辛，并告知个人近况。

---

① 黄景行.自传资料[M].铅印本，2008：285-286.

1月24日，白国应致函先生，告知《杜定友图书馆学论文选集》预计到春节后方能拿到样书，并告知科研近况。

1月25日，葛永庆收到先生所寄照片及去信，复谢函一封，并告知与北大朱天俊合作编写索引教材事："年前赴京出差，得晤北大图书馆学系朱天俊教授，约写索引教材，已将提纲寄去征求意见，内容大致是：一、关于索引的基本概念：（一）索引的定义，（二）索引的功用，（三）索引的类型，（四）索引的结构和体例（着重介绍内容分析索引），（五）国内外索引工作概况。二、索引的编纂实践：（一）书籍（包括年鉴）索引编制法，（二）期刊索引编制法，（三）报纸索引编制法。"同时告知"中国索引学社"筹备进展，并附寄其个人照片及《中国索引学社》章程。

1月26日，桑良知致函问候先生，并告知教学工作近况。

1月28日，复黄恩祝1月16日函，具体内容有待查考。

是日，外甥女曹圣洁致函问候先生夫妇，并告知全家近况。

1月29日，钱方致函问候先生夫妇，并告知家人近况。

是月，完成《略论宋词的版本考》一文，该文未正式发表，现存稿本（有残缺）。

是月，开始撰写《退休以后》一文，对一生学术研究经历进行总结。

2月1日，黄恩祝致函先生，告知白国应所作《我国著名图书馆学家、目录学家钱亚新》一文将于2月中旬刊发，对先生所编《杜定友图书馆学论文选集》出版表示祝贺，并陈述其所作索引学一书投稿书目文献出版社之不愉快经历。

是日，孙儿钱旭东由京回宁探亲。

2月2日，杜鹉致函问候先生，并告知杜定友遗稿发表样刊及稿费收讫情况。

2月8日，收到学生汪一飞寄来书籍及贺年明信片，复谢函一封，对于其职称晋升受挫予以安慰，鼓励其再接再厉，不要灰心，多出成绩。

2月20日，北京新华书店邮购部回复先生，告知该部没有先生所询问之书籍。

2月22日，钱方致函问候先生夫妇，并告知全家近况。

2月23日，白国应致函先生，告知《白国应论文选》已经出版，并附寄一册，请先生指正，同时告知生活近况。

是日，《河南图书馆学刊》函告先生《略论天禄琳琅书目》一文已被录用，预计于1989年第1期刊出。

2月25日，杜燕收到先生所寄杜定友遗稿发表稿酬及去信，复谢函一封,并告知生活近况。

2月26日,杜鹃收到先生所寄杜定友遗稿发表稿酬及去信,复谢函一封。

是月,完成《〈宋词四考〉论略》一文,该文未正式发表,现存稿本。

3月3日,黄恩祝致函先生,告知其所著索引学一书联系出版进展。

3月6日,侄孙钱克东致信问候先生夫妇,并告知近况。

3月上旬,外甥女徐燕致信先生,告知离开大陆四十余年的徐凤即将返回大陆探亲,并将赴宁探望先生夫妇。

> 按:先生接到此信后,也开始着手准备迎接徐凤,并于3月18日,复徐燕信一封,复信具体内容待考。

3月18日,黄钢致信先生,就先生投寄该刊之《试论汉字拼音字母排检法标准化问题》一文因为印刷厂拼音字母无法排版而不能刊登表示歉意。

> 按:先生在黄钢来信上标注有"同意撤稿",回复详细内容及时间待考。

是日,杜鹃将《杜定友图书馆学论文选集》一书稿费210元寄赠先生,并致信一封,表示对先生整理杜定友文稿的谢意。

> 按:从先生在杜鹃来信上标注可知,先生并未接受,先生认为学生帮老师整理文集乃分内之事,不应收取任何报酬,遂将210元全部退给杜鹃。

是日,侄女钱小伏就先生宜兴祖屋征用事致函先生。

3月20日,田文清致信先生,询问该校图书馆办公室所寄"校庆学术讨论会"论文集是否收到。

3月24日,朱崇阶致信问候先生,并汇报工作研究近况。

是日,外甥女徐燕就徐凤来宁之相关安排致信先生。

3月27日,徐州师范学院赵明奇请该校研究生丰华琴携带物品若干看望先生,并致函一封,汇报科研教学近况。

3月31日,陈耀祥致信问候先生夫妇,并告知家人近况及其想到华东师范大学图书馆工作打算。

是月,先生开始发病,以致经常吃不下睡不着,但先生仍想完成回忆录的撰写工作①。

是月,《退休以后》一文完成,详细参阅《钱亚新别集》。

是年春,对为林仲湘所编《古今图书集成索引》所撰序言进行修改,包括对序文最后所作七言绝句的修改,由原来的"古今百世亚洲东,一亿六千万字功。天地人伦兼事物,新编索引效无穷"改为"《集成》百世亚洲东,一亿六千万字功。天地人伦兼事物,新编索引效无穷"。

4月2日,族弟钱祝钧致信问候先生夫妇,并寄照片一帧。

是日,广东徐闻县图书馆杨丕泰致信问候先生,并告知工作近况。

4月3日,钱方致信问候先生夫妇,并告知全家近况。

是日,外甥女陈菊芬致函先生,告知欲邀请徐凤至宜兴丁山游玩,并盼先生夫妇也能同往。

4月4日,杜鹃收到先生退还的210元,致函一封,"收到你汇来的210元,你老人家为此付出不少心血,稿酬归我们真是受之有愧,我会将此情况告知燕姐并汇款去给她。"

4月5日,陈耀祥致信先生告知徐凤于4月3日抵达上海,并述上海亲友相聚情况。

4月9日,先生外甥女徐凤携女小蓓,由先生外甥徐豹夫妇陪同来宁探望先生夫妇,相隔四十余年后再见,先生感到分外高兴。

4月10日,白国应致信先生,告知已将《杜定友图书馆学论文选集》分寄赵平、张世泰及广东中山图书馆"杜定友纪念室",同时告知武汉大学、北京大学、北京师范大学拟向国务院学位委员会申请博士学位授予权事,此外表示今年5、6月间有可能来宁拜访先生。

4月11日,外甥女徐凤离宁返沪。

4月13日,《内蒙古图书馆工作》来函告知因自治区政府规定凡自治区内部刊物一律不得发放稿酬,先生整理的杜定友先生遗稿《图书分类名词术语》一文是否还在该刊发表,请先生定夺后复告。

4月18日,复白国应4月10日来函,谓:"目前您正年壮力强,在图书馆学术方面贡献愈来愈大,所以各方面请您担任兼职教授,实在义不容辞,但对健康方面,请要劳逸结合,不宜过于劳累!如其赴沪所作调查工作能按计划实现,万分欢迎来宁叙谈叙谈!武大、北大拟向国务院学位委员会申请博

---

① 吴志勤1991年4月20日复黄景行先生信.见黄景行.怀念文华老前辈钱亚新先生[J].图书情报知识,2010(5):13.

士学位授予权能够获得批准,正如来信中所说的,这又将是图书馆界的一件大事!我祝愿能如愿以偿!"①

4月20日,复《内蒙古图书馆工作》编辑部,告知杜定友遗稿《图书分类名词术语》一文可不计稿酬,仍由该刊发表。

4月21日,钱方致家信问候先生夫妇,并告知全家近况。

是月中下旬,外甥徐豹致信先生告知徐凤已于4月13日飞香港再转机返回台湾。

是月下旬,先生精力日衰,以致不能动笔②。

是月下旬,二媳凌小惠由北京往杭州开会,会后转道南京探望先生夫妇。

5月,先生因病入住江苏省人民医院,住院二周,出院后身体急剧衰弱③。

5月29日,钱方致家信问候先生夫妇,并告知凌小惠赴美签证已办好。

6月6日,陈耀祥致信问候先生夫妇,并询问次子钱方在北京情况。

6月22日,朱崇阶致信先生,并告知5月初邀请于鸣镝至扬州讲学情况。

7月15日,钱旭东致信问候先生夫妇,并汇报家人近况。

8月初,侄孙钱克东从常州来宁,探望先生夫妇。

8月4日,钱方致信问候先生夫妇,并汇报钱江东高考情况。同信附有钱旭东家信一封,告知其已于7月19日大学毕业,即将报到上班。

8月14日,汪一飞致信问候先生夫妇,并汇报工作近况。

是日,林仲湘致信先生,告知已托巴蜀书社将《古今图书集成索引》寄送先生,并询问先生身体情况。

8月16日,杜燕致信问候先生夫妇,并极力请先生收下杜鹃寄来稿酬,以感谢先生为整理其父文稿付出的艰辛。

是月中下旬,孙女钱江东因高考结束放假,由北京来宁探望先生夫妇。

初秋,葛永庆来访,向先生汇报中国索引学社筹备情况,同时请先生担任名誉社长,先生应允并赠书勉励。关于此次会面,葛永庆如下回忆:"去年初秋,一个风雨交加的下午,我终于见到了仰慕已久的钱老先生。他因患病

---

① 钱亚新.钱亚新文集[M].南京:南京大学出版社,2007:607.
② 吴志勤1991年4月20日复黄景行先生信.见黄景行.怀念文华老前辈钱亚新先生[J].图书情报知识,2010(5):13.
③ 邵延淼.钱亚新年谱简编与论著系年[M]//《钱亚新集》编辑组.钱亚新集.南京:江苏教育出版社,1991:377.

人很虚弱,卧床已快半年了。当我走近钱老病床时,他微微睁开双眼,向我伸出瘦削的手。钱夫人请我到会客室稍憩,不一会,钱老竟摇摇晃晃地被搀扶着走来了。我忙起立向他问安,并汇报了'中国索引学社'的筹备经过,当我坚持请他担任学社的名誉社长时,他微笑着点头答应了,并叫家人捧出一部厚厚的书——《古今图书集成索引》,又颤巍巍地走到案桌前,在书上亲笔题写了'中国索引学社纪念'等字样"①。

> 按:关于此次会面,葛永庆后来又补充如下内容:"1989 年秋,我去南京拜访我国索引界前辈钱亚新先生,向他汇报学社筹备进程。这时钱老已重病在身,但仍强打精神握住我的手,断断续续地说道:'你的设想极好,这也是我们多年来的心愿,一定要把中国索引学社创办起来!'钱老同意担任学社的首任名誉社长,他在逝世前还亲自驰函表示祝贺和鼓励。"②

9 月 6 日,钱方致家信问候先生夫妇,并告知钱旭东工作情况及钱江东录取情况。

9 月 10 日,侄孙钱克东致信问候先生夫妇,并告知全家近况。

9 月 13 日,时近中秋,钱方致信问候先生夫妇,并告知全家近况。

是月中旬,南京大学图书馆学系所招收的八名研究生由该系教师带领前来拜访先生,先生于家中客厅与师生座谈,并提了四点意见③。

是月,中国索引学社(后于 1991 年 12 月 24 日改名中国索引学会)成立,先生担任首任名誉社长。

12 月 3 日,外甥女陈菊芬就先生宜兴祖屋在未被告知情况下被侄女钱同娣售卖而与先生产生矛盾事致函先生,意欲化解这一矛盾。

是月初,先生嘱钱唐致信葛永庆,庆祝中国索引学社成立并予以勉励。葛永庆曾如下回忆此事:"记得去年岁尾,他曾请长子钱唐同志来信,对中国索引学社即将成立,再次表示由衷的高兴,信中说:'本人六十年来的夙愿,可以实现了。'他还谆谆告诫:'愿我同仁一心一德,共襄大业,前途无量,定可预卜。'收到此信,离他老人家去世不足四十天。"④

---

① 葛永庆.亚新先生,您慢走[J].情报资料工作,1990(4):30.
② 葛永庆.关于筹组"中国索引学社"的回忆[J].中国索引,2005(3):53.
③ 吴志勤 1991 年 4 月 20 日复黄景行先生信.见黄景行.怀念文华老前辈钱亚新先生[J].图书情报知识,2010(5):13.
④ 葛永庆.亚新先生,您慢走[J].情报资料工作,1990(4):30.

是年冬天,先生病情开始恶化,饭食不下,药物也不见效,南京图书馆领导及家人一再劝说先生住院治疗,但先生坚决不去,并说:"我是一支蜡烛,油快点完了。"①

---

① 吴志勤1991年4月20日复黄景行先生信.见黄景行.怀念文华老前辈钱亚新先生[J].图书情报知识,2010(5):13.

1990年　　八十八岁

1月初，白国应由张厚生陪同看望先生，关于此次会面，白国应如是回忆："1990年1月初，我从上海回京，得知钱老病重，中途特地在南京停留，在张厚生同志陪同下专门到小火瓦巷看望他老人家。他躺在床上，师母正在给他喂药。他看到我们后，立即向我们点点头，并示意师母将他扶起来。我们连忙摆手说：'不用！不用！就躺在床上说吧！'他两眼望着我们，吃力地说：'你们来得正好啊，我有一件事拜托你们，这就是我的著作出版问题。最近几年，我已整编过去60年来笔耕墨耘的大量写作，名为《东山老人丛书》，如果能出版，这不仅可藉此表达本人80多年来的生平事迹，而且可由此见到我国图书馆界第二代的人物之一的我是如何努力终生为图书馆事业奋斗的精神。''最重要的是《钱亚新图书馆学论文选》《钱亚新目录学论文选》《钱亚新杂文选》和《章学诚校雠通义研究》四部。这四种书都已编辑成初稿，只待联系出版。但当前出版界的不景气，看上去篇幅共有50余万字，恐怕不大容易。因而就请你们多多费心啊！''还有一件事，就是希望你们继续努力从事学术研究，特别是白国应应该继续研究文献分类学，把文献分类学往高往深里研究，作出更多更好的成绩。'这些语重心长的嘱托，立即使我们心里一酸，眼泪夺眶而出，喉咙哽得说不出话来，于是依依惜别。"[1]

先生弥留之际，南京图书馆葛家瑾曾来探望，对于这次探望，葛家瑾晚年这样回忆："那时已是钱老弥留之际，我前去钱老家里探望，钱老家不大的屋子里十分简陋，到处都放满了书。钱老不断叮嘱夫人一定要把所有借来的书归还给单位或个人，并把书名和所放的位置一一交代给夫人。"[2]

---

[1] 白国应.不断的思念——纪念钱亚新诞辰100周年[M]//南京图书馆.继承发展　开拓创新——纪念汪长炳、钱亚新先生诞辰100周年暨南京图书馆新世纪首届学术年会文集.铅印本，2003：37.

[2] 杨岭雪.南京图书馆部分离退休老同志纪念汪长炳、钱亚新先生诞辰100周年座谈会纪要[M]//南京图书馆.继承发展　开拓创新——纪念汪长炳、钱亚新先生诞辰100周年暨南京图书馆新世纪首届学术年会文集.铅印本，2003：88.

1月14日，与徐有富联合指导的南京大学图书馆学1987级硕士研究生张志伟进行论文答辩，论文题目为《中国近代书目发展管窥》。

1月17日，晨二时，先生在南京辞世，夫人吴志勤，子钱亮、钱方、钱唐侍候在旁，终年八十八岁。先生去世后不少单位和个人都发来唁电、挽联，其中夫人吴志勤女士的挽联是："六十寒暑相敬如宾，教育子女从无半点违忤；八七春秋助人为乐，笔耕口授哪有一日闲暇。"先生生前曾有遗嘱，死后一切从简，不树碑、不留墓，先生去世后家人遵其遗嘱，先生骨灰一直由吴志勤女士保管。

1月19日，钱亚新治丧小组正式成立，组长：杨泳沂；副组长：王光炜、王鸿；组员：杜有生、陈希明、戈宝权、孔宪楷、卢子博、于的水、宫爱东。

1月24日，先生追悼仪式在南京石子岗殡仪馆大礼堂举行，杜有生主持仪式，王鸿致悼词，参加悼念者有200余人①。

---

① 邵延淼.钱亚新年谱简编与论著系年[M]//《钱亚新集》编辑组.钱亚新集.南京：江苏教育出版社,1991：378.

参 考 文 献

图 书

1. 陈有志,郑章飞.湖南大学图书馆史[M].长沙:湖南大学出版社,2019.
2. 杜定友.杜定友文集(第二二册)[M].广东省立中山图书馆,中山大学图书馆编.广州:广东教育出版社,2012.
3. 顾建新.书海一生击楫忙:图书馆学家张厚生先生纪念文集[M].南京:东南大学出版社,2013.
4. 顾颉刚.顾颉刚日记(卷六)[M].北京:中华书局,2011.
5. 国立湖南大学.国立湖南大学概况(民国二十六年度)[M].长沙:国立湖南大学,1937.
6. 国立湖南大学蒙难纪念特刊编纂委员会编.国立湖南大学蒙难纪念特刊[M].国立湖南大学学生自治会发行,1938.
7. 国立社会教育学院院长室.国立社会教育学院概况[M].苏州:国立社会教育学院,1948.
8. 贺昌群.贺昌群文集(第3卷)[M].北京:商务印书馆,2003.
9. 黄景行.中国文学工具书缉略[M].杭州:浙江图书馆出版,1985.
10. 黄景行.自传资料[M].铅印本,2008.
11. 吉林省图书馆学会,四川省图书馆学会,成都东方图书馆学研究所合编.钱亚新论文选[M].成都:成都东方图书馆学研究所出版,1988.
12. 纪维周等编.鲁迅研究书录[M].北京:书目文献出版社,1987.
13. 江苏省立上海中学.江苏省立上海中学一览[M].上海:江苏省立上海中学,1930.
14. 江苏省图书馆学会.江苏省图书馆学会第三次科学讨论会论文选集[M].内部铅印本,1983.
15. 凯莱.图书分类法[M].钱亚新译.贵阳:文通书局,1942.
16. 李辰冬.红楼梦研究[M].上海:正中书局,1946.

17. 李永泰.造就个人与造福社会——李国鼎和他的长兄李小缘[M].台湾：李国鼎科技发展基金会,2011.
18. 李钟履.图书馆学书籍联合目录[M].北京：中华书局,1958.
19. 梁格,钱亚新,陈普炎.中大图书馆指南[M].广州：中大图书馆,1929.
20. 罗伊·斯托克斯.目录学的功能[M].刘圣梅等译.南京：南京大学出版社,1993.
21. 南京地区中等专业学校图书馆协作网编印.南京地区中等专业学校图书馆协作网举行技术革新擂比大会资料汇编[M].南京地区中等专业学校图书馆协作网,1960.
22. 南京图书馆.人民公社图书馆(室)工作[M].南京：南京图书馆(铅印本),1960.
23. 南京图书馆.继承发展　开拓创新——纪念汪长炳、钱亚新先生诞辰100周年暨南京图书馆新世纪首届学术年会文集[M].南京：南京图书馆,2003.
24. 南京图书馆.南京图书馆第一届图书馆学科学论文讨论会论文集[M].南京：南京图书馆,1956.
25. 《南京图书馆志》编写组.南京图书馆志(1907—1995)[M].南京：南京出版社,1996.
26. 潘树广.古籍索引概论[M].北京：书目文献出版社,1984.
27. 潘树广.潘树广自选集[M].镇江：江苏大学出版社,2012.
28. 彭敏惠.文华图书馆学专科学校的创建与发展[M].武汉：武汉大学出版社,2015.
29. 钱存训.杜氏丛著书目[M].上海(自印本),1936.
30. 钱亚新,梁虞初.大学出版组的理论和实际[M].稿本,1943.
31. 钱亚新,钱亮,钱唐.杜定友先生遗稿文选(初集)[M].南京：江苏图书馆学会,1987.
32. 钱亚新.53—54年工作日志片段[M].稿本.
33. 钱亚新.河北省立女子师范学院图书馆指南[M].天津：河北省立女子师范学院,1934.
34. 钱亚新.江苏省图书馆学研究成果书目提要(1949—1984)[M].稿本,1984.
35. 钱亚新.今日之河北省立女子师范学院圕[M].天津：河北省立女子师范学院,1936.
36. 钱亚新.拼音著者号码编制法[M].武昌：文华公书林,1928.

37. 钱亚新.钱亚新别集[M].谢欢整理.南京：南京大学出版社,2013.
38. 钱亚新.钱亚新文集[M].南京：南京大学出版社,2007.
39. 钱亚新.索引与索引法——书籍杂志和报纸[M].上海：商务印书馆,1930.
40. 钱亚新.一九四三年春季中外风云录[M].蓝田：兴中印书馆,1943.
41. 钱亚新.自撰论著提要[M].稿本.
42. 《钱亚新集》编辑组编.钱亚新集[M].南京：江苏教育出版社,1991.
43. 任继愈.中国藏书楼[M].沈阳：辽宁人民出版社,2001.
44. 任长凤.贵阳文通书局[M].贵阳：贵州教育出版社,2002.
45. 桑健.图书馆学概论[M].沈阳：辽宁人民出版社,1985.
46. 桑良至.愿光芒永放——名家书趣[M].合肥：安徽大学出版社,2007.
47. 上海市立求知小学校.求知小学概况[M].上海：上海市立求知小学校,1935.
48. 申畅.中国目录学家辞典[M].河南人民出版社,1988.
49. 生活书店史稿编辑委员会.生活书店史稿[M].北京：三联书店,1995.
50. 施锐.奋斗一生——纪念施廷镛先生[M].南京：南京大学出版社,2008.
51. 苏州大学社会教育学院四川校友会.峥嵘岁月[M].苏州大学社会教育学院四川校友会印,1989.
52. 苏州大学社会教育学院武汉校友会.峥嵘岁月[M].苏州大学社会教育学院武汉校友会印,1987.
53. 王飒,王岚,王珏.父亲的足迹——献给敬爱的父亲王可权(1920.10.31—2009.8.4)[M].自印本,2010.
54. 王子舟.杜定友和中国图书馆学[M].北京：北京图书馆出版社,2002.
55. 吴鸿志.图书之体系[M].武昌：文华图书馆学专科学校,1934.
56. 吴志勤、钱亮、钱唐.创新、求新、育人——图书馆学家钱亚新的一生[M].自印本.1993
57. 徐召勋.学点目录学[M].合肥：安徽教育出版社,1983.
58. 薛冰.版本杂谈[M].济南：山东画报出版社,2009.
59. 于鸣镝.图书馆管理学纲要[M].沈阳：辽宁人民出版社,1986.
60. 张白影,荀昌荣,沈继武.中国图书馆事业十年[M].长沙：湖南大学出版社,1989.
61. 张厚生,路小闽.情报检索[M].南京：南京工学院出版社,1987.
62. 张厚生.书苑文丛[M].南京：东南大学出版社,2008.
63. 张英霖."社教人"在苏州[M].香港：天马出版有限公司,2009.

64. 中共江苏省委党史工作委员会,中国第二历史档案馆.五四运动在江苏[M].南京：江苏古籍出版社,1992.
65. 中国第二历史档案馆编.冯玉祥日记(Ⅳ)[M].南京：江苏古籍出版社,1992.
66. 中国图书馆图书分类法编辑委员会.中国图书馆图书分类法(第三版)[M].北京：书目文献出版社,1990.
67. 中国图书馆学会基础理论研究组.图书馆学基础理论论文集[M].铅印本.1985.
68. 中华图书馆协会执行委员会.中华图书馆协会第二次年会报告[M].中华图书馆协会事务所,1933.
69. 中华图书馆协会执行委员会.中华图书馆协会第一次年会报告[M].中华图书馆协会事务所,1929.
70. 朱偰.朱偰日记[M].稿本.
71. 邹华享,施金炎.中国近现代图书馆事业大事记[M].长沙：湖南人民出版社,1988.

期　刊

1. 白国应.钱亚新传略[J].晋图学刊,1997(3)：24.
2. 包中协.事业、学术两楷模——纪念汪长炳、钱亚新先生诞辰100周年[J].新世纪图书馆,2004(3)：24.
3. 保管部收到赠送图书登记[J].江苏省立国学图书馆第十年刊,1937：2.
4. 本馆捐赠图书志谢(续)[J].图书馆报,1929,7(2)：74.
5. 本馆消息一束[J].上海市立图书馆馆刊,1948(2)：11.
6. 本刊记者.江苏省图书馆学会成立[J].江苏图书馆工作,1980(1)：7.
7. 本刊首批特约撰稿人、通讯员名单[J].图书馆杂志,1988(3)：封二.
8. 本校消息[J].文华图书科季刊,1930,2(3/4)：475-476；1931,3(1)：119.
9. 本校职员一览[J].交大三日刊,1929(5)：3.
10. 本学期职教员姓名一览[J].大夏周报,1932,9(1)：19-20,39.
11. 本院欢送从军同学教职员捐款名单[J].国立师范学院旬刊,1945(120)：21.
12. 本院青年会举行圣乐演奏大会[J].1942(67)：8.
13. 本院三十二学年度各委员会一览[J].国立师范学院旬刊,1943(101/102)：4-5.

14. 本院三周年纪念程序[J].国立师范学院旬刊,1941(51):4.
15. 本院图书馆近况[J].国立师范学院旬刊,1945(122):16.
16. 编后记[J].文化先锋,1943,2(5):34.
17. 曹文岑.回忆"国师"图书馆[J].高校图书馆工作,1989(4):28.
18. 春展筹备会第一次会议记录[J].河北省立女子师范学院周刊,1934(141):2.
19. 大夏公社补行开幕式[J].大夏周报,1933,9(13):264.
20. 大夏公社筹备有绪[J].大夏周报,1932,9(5):93.
21. 大夏公社书报室演讲厅即日成立[J].大夏周报,1932,9(10):196.
22. 大夏公社新讯[J].大夏周报,1933,9(19):389.
23. 第三次年会之筹备[J].中华图书馆协会会报,1936,11(6):25-26.
24. 第一次职员会议记录[J].河北省立女子师范学院周刊,1934(1397):2-3.
25. 丁志刚.同几位老专家相处的日子[J].黑龙江图书馆,1989(2):55.
26. 定编目程序[J].交大月刊,1930,2(1):20.
27. 董铸仁.韦棣华女士追悼大会纪略[J].文华图书科季刊,1931,3(3):361-383.
28. 杜定友.我与中大[J].钱亚新,钱亮,钱唐整理.图书馆界,1986(1):52.
29. 杜定友遗著,钱亚新整编.图书资料分类法[J].广东图书馆学刊,1985(4):35.
30. 二十二年下学期第一次院务会议[J].河北省立女子师范学院周刊,1934(140):4.
31. 二十五年度第一学期第二次记录[J].河北省立女子师范学院周刊,1937(234):4.
32. 二十五年度第一学期第一次记录[J].河北省立女子师范学院周刊,1937(234):3-4.
33. 附小消息汇志[J].国立师范学院旬刊,1943(99):9.
34. 葛永庆.关于筹组"中国索引学社"的回忆[J].中国索引,2005(3):53.
35. 葛永庆.亚新先生,您慢走[J].情报资料工作,1990(4):30.
36. 河北省立女师学院圕展览会[J].中华图书馆协会会报,1934,9(5):20-21.
37. 沪文化函授学院新设图书馆学系[J].中华图书馆协会会报,1947,21(1/2):17.
38. 黄景行.怀念文华老前辈钱亚新先生[J].图书情报知识,2010(5):13.
39. 会议录[J].广州图书馆协会会刊,1929,1(2):6-8.

40. 会员缴费便览[J].中华图书馆协会会报,1935,10(5):59.
41. 会员消息[J].中华图书馆协会会报,1943,17(5/6):11;1943,18(2):22.
42. 辑例[J].书刊评介资料索引,1951(1):1.
43. 纪念程序[J].国立师范学院旬刊,1943(103):1.
44. 季刊社职员人名录[J].文华图书科季刊,1930,2(3/4):481.
45. 江苏省图书馆学会1980年第四季度大事记[J].江苏图书馆工作,1981(1):98.
46. 江苏省图书馆学会1981年第3—4季度大事记[J].江苏图书馆工作,1982(1):112.
47. 江苏省图书馆学会1981年第二季度大事记[J].江苏图书馆工作,1981(3):102.
48. 江苏省图书馆学会1981年第一季度大事记[J].江苏图书馆工作,1981(2):94.
49. 江苏省图书馆学会召开1980年年会暨科学讨论会[J].江苏图书馆工作,1980(4):58,62.
50. 教职员捐款[J].河北省立女子师范学院周刊,1936(229):7.
51. 金敏甫.上海国民大学图书馆学系概况[J].图书馆学季刊,1926,1(1):141-145.
52. 举行开学典礼记录[J].河北省立女子师范学院周刊,1934(138):3.
53. 捐募基金志谢[J].中华图书馆协会会报,1935,10(4):21.
54. 捐助绥军[J].河北省立女子师范学院周刊,1936(230):5.
55. 柯愈春.文华师长访谈录[J].图书情报知识,2010(4):117-121.
56. 克述.本院迁移纪略[J].国立师范学院旬刊,1944(119):8-12.
57. 李厚民.本院迁移南岳后之感想与瞻望[J].国立师范学院旬刊,1946(123):13.
58. 李文裿.写在第三届年会之后[J].中华图书馆协会会报,1936,12(1):1-5.
59. 李钟履.第一届全国省市图书馆工作人员进修班开学[J].图书馆学通讯,1957(2):58.
60. 李钟履.中小型图书馆图书统一分类法座谈会纪要[J].图书馆工作,1956(3):19-20,54.
61. 卢贤中.安徽大学信息管理系系主任卢贤中教授在纪念汪长炳、钱亚新先生诞辰100周年研讨会上的讲话[J].新世纪图书馆,2004(1):9.
62. 罗友松.深切怀念钱亚新先生[J].图书馆杂志,1990(2):52.

63. 吕秀莲.江苏省图书馆学会1985年上半年大事记[J].江苏图书馆学报,1985(3):84.
64. 吕秀莲.江苏省图书馆学会1985年下半年大事记[J].江苏图书馆学报,1986(1):120.
65. 民三三级会.编后记[J].国立师范学院旬刊,1944(106/107):12.
66. 募集基金消息[J].中华图书馆协会会报,1934,9(6):9.
67. 南京大学图书馆.江苏省学校图书馆工作人员训练班介绍[J].图书馆学通讯,1957(6):59-62.
68. 南京图书馆.馆馆革新技术 处处开花结果(江苏省各系统图书馆掀起技术革新和技术革命运动高潮)[J].图书馆学通讯,1960(6):10.
69. 南京图书馆辅导部.南京图书馆进一步贯彻"双百方针"为科学研究服务[J].图书馆,1962(1):63.
70. 南京图书馆副馆长孟君孝讲话[J].江苏图书馆工作,1983(4):59-60.
71. 廿八日上午举行年会开幕式[J].南京历史学会1963年年会学术讨论简报,1963-3-30.
72. 彭飞.宗师风范 事业楷模——我对汪长炳、钱亚新先生的一点回忆[J].新世纪图书馆,2004(3):21.
73. 钱亮.钱亚新之子钱亮先生在纪念汪长炳、钱亚新先生诞辰100周年研讨会上的讲话[J].新世纪图书馆,2004(1):8.
74. 钱亮.文华生活回忆——据钱亚新先生生前录音整理[J].图书情报知识,2008(1):111-112.
75. 钱亮.整编后记[J].图书馆学刊,1986(1):70-71.
76. 钱亚新,纪维周.南京图书馆宣传第一个五年计划[J].图书馆工作,1955(5):89.
77. 钱亚新.古书新义——试论《说文解字篆韵谱》的价值[J].稿本,1988.
78. 钱亚新.忆马宗荣与我国近代图书馆学[J].江苏图书馆工作,1981(3):49-51.
79. 钱亚新.《古今中外人物传记指南录》序[J].安徽高校图书馆,1988(1/2):63-64.
80. 钱亚新.《图书馆学目录学书目索引》评误[J].宁夏图书馆通讯,1985(3):63.
81. 钱亚新.《校雠学论文集》自序[J].稿本,1984.
82. 钱亚新.本院成立四周年纪念会巡礼[J].国立师范学院旬刊,1942(80):4-5.

83. 钱亚新.编辑之余[J].文华图书科季刊,1931,3(3):411.
84. 钱亚新.目录学讲话[J].图书馆杂志,1988(3):25-28,43.
85. 钱亚新.目录学论要[J].云南图书馆,1988(2/3):64.
86. 钱亚新.祁理孙与《奕庆藏书楼书目》[J].图书馆工作,1978(4):43-44.
87. 钱亚新.试论汉字笔画排检法的标准化问题[J].四川图书馆学报,1985(3):67.
88. 钱亚新.唐学咏博士个人作品音乐会演奏素描[J].国立师范学院旬刊,1943(98):3.
89. 钱亚新.图书馆中的几个实际问题[J].文华图书科季刊,1931,3(1):3-11.
90. 钱亚新.文摘学论要[J].福建省图书馆学会通讯,1986(2):5.
91. 钱亚新.向科学文化进军应积极培养和提高图书馆员的工作水平[J].稿本,1956.
92. 钱亚新.余嘉锡与目录学[J].益阳师专学报(哲科版),1985(1):36.
93. 钱亚新.再论综合性科学类在《中图法》中的三大问题[J].四川图书馆学报,1987(2):37-39.
94. 钱亚新.致邵森万等的信[J].四川图书馆学报,1983(4):95.
95. 钱亚新.最近一年半内新杂志的调查录[J].图书馆报,1929,7(5):10.
96. 钱亚新的字号和笔名[J].文教资料简报,1984(5):22.
97. 钱亚新著述系年题录[J].文教资料简报,1984(5):29-36.
98. 邱克勤,王可权.记图书馆学教育家、目录学家钱亚新先生[J].黑龙江图书馆,1989(4):65.
99. 全国省、市、自治区图书馆工作跃进大会全体代表.倡议书[J].图书馆工作,1958(5):8-9.
100. 全体教职员叙餐[J].大夏周报,1932,9(2):33-34.
101. 蓉.图书馆消息汇志[J].交大三日刊,1929(25):3.
102. 蓉.图书馆简讯三则[J].交大三日刊,1929(11):1.
103. 蓉.图书馆近讯[J].交大三日刊,1929(6):1;1929(7):1;1929(21):3.
104. 蓉.图书馆整理计划进行方针[J].交大三日刊1929(1):2;1929(2):3.
105. 桑良至.我们怀念钱教授[J].河南图书馆学刊,1991(1):56.
106. 沙本生.伟大的国家必有伟大的图书馆[J].钱亚新笔记.上海市立图书馆馆刊,1948(2):1.
107. 社会教育研究会开会[J].大夏周报,1933,9(19):390.

108. 同门会消息[J].文华图书科季刊,1930,2(3/4):473-474;1932,4(1):104.
109. 同门零讯[J].文华图书馆学专科学校季刊,1934,6(1):148.
110. 同门消息[J].文华图书馆学专科学校季刊,1936,8(3):432.
111. 图书馆[J].河北省立女子师范学院周刊,1934(137):1;1935(172):1.
112. 图书馆半年来之工作[J].交大三日刊,1930(27):7-8.
113. 图书馆第二次馆务会议记录[J].河北省立女子师范学院周刊,1934(141):2-3.
114. 图书馆馆务会议记录[J].交大三日刊,1930(30):3-4.
115. 图书馆界[J].中华图书馆协会会报,1932,8(3):14.
116. 图书馆近讯[J].交大三日刊,1929(9):2;1929(12):2;1929(14):1;1929(24):1.
117. 图书馆委员会会议记录[J].河北省立女子师范学院周刊,1934(139):3.
118. 图书馆消息[J].交大月刊,1930,2(2):11.
119. 图书馆学免费生[J].图书馆学季刊,1926,1(4):707.
120. 圕二十四年度上学期工作报告书[J].河北省立女子师范学院周刊,1936(203):8.
121. 圕二十五年度上学期工作报告书[J].河北省立女子师范学院周刊,1937(236):8.
122. 圕委员会会议记录[J].河北省立女子师范学院周刊,1936(225):3-4;1936(233):3.
123. 团结奋斗 开拓前进——学报编辑部召开新年座谈会发言选登[J].江苏图书馆学报,1986(1):13-14.
124. 推聘各种委员会委员[J].大夏周报,1932,9(2):33.
125. 汪长炳.南京图书馆汪长炳同志的发言[J].图书馆学通讯,1958(2):36-37.
126. 王可权.回顾汪、钱两老对我的教益和对南航图书馆建设的指导工作[J].江苏图书馆工作,1983(4):62-63.
127. 王学熙.良好的开端——省图书馆学会活动纪实[J].江苏图书馆工作,1980(1):94.
128. 文化先锋社读者通讯栏导师一览表[J].文化先锋,1943,2(5):21-22.
129. 文教两院举行教授叙餐会[J].大夏周报,1933,9(19):388.
130. 吴景贤."国师"创建时的图书馆状况[J].高校图书馆工作,1989(4):26.
131. 校闻[J].文华图书馆学专科学校季刊,1932,4(2):221.

132. 校闻[J].大夏周报,1932,9(1):15-16;1933,9(27):558.
133. 谢欢.许培基夫妇记忆中的钱亚新先生[J].山东图书馆学刊,2013(1):110.
134. 谢六逸.编辑后记[J].文讯,1942(5):62.
135. 新.图书馆之话[J].大夏周报,1932,9(2):36-38.
136. 徐恕.徐行可教授与沈绍期校长论收藏书籍书[J].文华图书科季刊,1931,3(3):331.
137. 学院第四次职员会议记录[J].河北省立女子师范学院周刊,1934(137):3.
138. 杨海平,张厚生.钱亚新先生与我国图书馆学教育[J].新世纪图书馆,2004(3):18.
139. 杨岭雪.纪念汪长炳、钱亚新先生诞辰100周年学术研讨会纪要[J].新世纪图书馆,2004(1):10.
140. 于震寰.中华图书馆协会第二次年会纪事[J].中华图书馆协会会报,1933,9(2):22-26.
141. 院闻[J].国立师范学院旬刊,1941(50):3-4;1942(55):4;1942(61):3-4;1942(71/72):6-7;1942(74/75):4;1942(76):3-7;1942(80):12;1943(100):20;1944(112/113):4.
142. 张德芳.兰台寻踪——三位已故的富有特色的图书馆学专家[J].四川图书馆学报,2003(1):74.
143. 张郁芳.淡泊以明志　宁静以致远——忆恩师周连宽教授[J].图书馆研究与工作,2004(2):77.
144. 张郁芳.深刻的教诲——记诲人不倦的钱亚新老师[J].江苏图书馆学报,1984(1):60-61.
145. 张遵俭.省市图书馆工作人员进修班纪事[J].图书馆学通讯,1957(3):46.
146. 赵世良.悼钱亚新师[J].黑龙江图书馆,1990(2):66.
147. 中华教育文华基金董事会图书馆学助学金规程[J].中华图书馆协会会报,1926,1(6):12.
148. 中华图书馆协会,武昌华中大学文华图书科招考图书馆学免费生规程[J].中华图书馆协会会报,1926,1(6):12-13.
149. 中华图书馆协会第六次年会第二次会议记录[J].中华图书馆协会会报,1944,18(4):10.
150. 中华图书馆协会第五年度报告[J].中华图书馆协会会报,1930,6(1):3.
151. 中华图书馆协会第一次年会纪事[J].图书馆学季刊,1929,3(1/2):309.

152. 中华图书馆协会理监事联席会议纪录[J].中华图书馆协会会报,1944,18(5/6):11.
153. 中华图书馆协会募集基金启[J].中华图书馆协会会报,1934,9(4):1-2.
154. 朱天俊.北京大学图书馆学专修科举行科学讨论会[J].图书馆工作,1956(3):72.
155. 祝贺汪长炳钱亚新两同志从事图书馆工作六十年[J].江苏图书馆工作,1983(4):53.
156. 子弟小学近闻[J].国立师范学院旬刊,1942(56):8.

报　　纸

1. 北一中心校家长会成立[N].苏州明报,1948-12-05(2).
2. 大同学院改称大同大学校通告[N].申报,1923-01-01(3).
3. 大同学院通告[N].申报,1922-09-07(4).
4. 第八第一师范学校招考预科生[N].申报,1917-06-21(11).
5. 各学校庆祝元旦纪[N].申报,1926-01-03(10).
6. 各学校消息汇志[N].申报,1925-09-25(11).
7. 国大昨日补行开学典礼[N].申报,1925-11-09(7).
8. 国立师范学院设立教育资料室[N].申报,1946-03-17(4).
9. 国民大学紧要启事[N].申报,1925-09-13(4).
10. 国民大学开课通告[N].申报,1926-03-02(4).
11. 国民大学募捐队成立会纪[N].申报,1926-01-14(10).
12. 国民大学学生会改组[N].申报(本埠增刊),1925-12-27(1).
13. 国民大学招生委员会.国民大学招生[N].申报,1925-08-25(3).
14. 国民大学之学校会[N].申报,1925-10-04(10).
15. 荷.河北女师学院师中部学生活动访问记[N].大公报(天津),1933-12-10(11).
16. 津各院校均举行考试[N].大公报(天津),1936-06-21(4).
17. 雷欧.情书　陈绵编导中旅新剧　新新院定今晚上演[N].大公报(天津),1935-10-15(13).
18. 平津各院校昨日开学[N].大公报(天津),1936-02-02(4).
19. 丘耳,石煤,京兰.南京图书馆举行科学讨论会[N].新华日报,1957-1-6(3).
20. 全省宣传文教会议胜利结束[N].新华日报,1957-05-03(2).

21. 上海图书馆协会昨开执监委员会议[N].申报,1932-12-23(15).
22. 省委将召开党内外参加的宣教会议[N].新华日报,1957-04-17(2).
23. 图博联合展览昨在青岛开幕[N].大公报(天津),1936-07-26(4).
24. 图书博物两协会年会昨日之讨论[N].大公报(天津),1936-07-22(4).
25. 图书馆协会开幕[N].大公报(天津),1933-08-28(3).
26. 图书馆协会年会记[N].申报,1932-12-19(8).
27. 图书馆学家到锡[N].新无锡,1930-01-04(3).
28. 寻访陈光垚、景梅九先生[N].民国日报,1929-03-24(4).
29. 榆.国立南京图书馆开工会成立大会[N].新华日报,1950-4-3(2).
30. 章太炎.国民大学暨附属中学录取新生布告[N].申报,1925-9-16(2).

档　案

1. 本局关于审干、肃反及复查工作小结、总结等[A].江苏省档案馆馆藏,档号:4016-002-0124.
2. 本署关于学校教育工作的指示及关于中等以上学校政治教育问题的决定[A].江苏省档案馆藏,档号:7014-001-0006.
3. 本校报送硕士学位授权学科、专业名单汇总表[A].南京大学档案馆藏,档号:YJ860104.
4. 本校教师外出兼职及聘请兼职教师的报告、呈报表[A].南京大学档案馆藏,档号:1447(054).
5. 本校哲学社会科学"七五"规划重点科研项目申请评审书[A].南京大学档案馆藏,档号:KY860103.
6. 本院报部有关教员资格审查的材料[A].湖南省档案馆藏,档号:61-1-29.
7. 本院教职员个人材料与任职、延聘等函[A].湖南省档案馆藏,档号:61-1-17;61-1-18;61-1-19.
8. 本院教职员调查表[A].湖南省档案馆藏,档号:61-1-31.
9. 本院人事登记表[A].湖南省档案馆藏,档号:61-1-23.
10. 本院师长题字、同学留真[A].湖南省档案馆藏,档号:61-1-214.
11. 关于图书馆工作方面的批复文件[A].江苏省档案馆藏,档号:4016-003-0804.
12. 国立北洋工学院唐山工程学院社会教育学院等院校教职员工生活补助各费清册及有关文件[A].中国第二历史档案馆藏,档号:五-4644(1).

13. 国立湖南大学教职员薪金生活补助费房膳费等名册进退表及教职员要求提高待遇等有关文书[A].中国第二历史档案馆藏,档号:五-3624(2).
14. 国立湖南大学教职员员额编制、任免、就职、辞职等有关文书[A].中国第二历史档案馆藏,档号:五-2622.
15. 国立湖南大学员生工役遭受轰炸损失救济金清册、财产损失报告、请拨生补费善后救济费及有关文书[A].中国第二历史档案馆藏,档号:五-3620(1).
16. 国立社会教育学院公费生膳费、教职员工食米代金名册及有关文书[A].中国第二历史档案馆藏,档号:五-4612(1).
17. 国立社会教育学院教员名册及有关文书[A].中国第二历史档案馆藏,档号:五-2779.
18. 国立社会教育学院员工生活补助费计算书[A].中国第二历史档案馆藏,档号:五-4612(2).
19. 国立社教学院教职员工食粮代金清册及有关文书[A].中国第二历史档案馆藏,档号:五-4613(1).
20. 国立师范学院、西北大学、河南大学等院校教职工人数名册、复员登记表及有关文件[A].中国第二历史档案馆藏,档号:五-4641(2).
21. 国立师范学院及国立女子师范学院呈报各系科科目表及新添重要图书目录等文书[A].中国第二历史档案馆藏,档号:五-5689(1).
22. 国立师范学院教职员生活补助费表册及有关文书[A].中国第二历史档案馆藏,档号:五-4441.
23. 国立师范学院教职员学术补助费、特别补助费、奖助金等文书和表册[A].中国第二历史档案馆藏,档号:五-4435;五-4435(1);五-4435(2).
24. 国立师范学院教职员员额俸薪报告表[A].中国第二历史档案馆藏,档号:五-4433.
25. 国立师范学院经费报表及教职员工请领食粮代金名册[A].中国第二历史档案馆藏,档号:五-4444.
26. 国立师范学院实支生活补助费清册及米代金报核清册[A].中国第二历史档案馆藏,档号:五-4442.
27. 国立师范学院一九四〇一九四一年度教职员生活补助费清册及有关文书[A].中国第二历史档案馆藏,档号:五-4437.
28. 国立师范学院一九四二年度员工生活补助费、米代金表册及有关文书[A].中国第二历史档案馆藏,档号:五-4438(2).
29. 国立师范学院一九四二至一九四五年度教职员工生活补助及各项经费

报表及有关文书[A].中国第二历史档案馆藏,档号:五-4432(2).

30. 国立师范学院一九四四年度员工生活补助费预算书和名册等文书[A].中国第二历史档案馆藏,档号:五-4440(2).

31. 国立师范学院员工生活补助表、米代金表册及有关文书[A].中国第二历史档案馆藏,档号:五-4438(1).

32. 国立师范学院员工食粮代金清册及有关文书[A].中国第二历史档案馆藏,档号:五-4445(1).

33. 健全中心图书馆委员会及刻制新华书店印章的报告批复[A].江苏省档案馆藏,档号:4016-002-0465.

34. 江苏省文化干部学校几年来培训和轮训干部的情况[A].江苏省档案馆藏,档号:5009-001-0003.

35. 江苏省文化局人事处高级知识分子主要演员获奖演员和各地代表名单[A].江苏省档案馆藏,档号:4016-003-0155.

36. 江苏省文化局通报[A].江苏省档案馆藏,档号:4016-003-0151.

37. 南京市政协三届二次全体会议文件卷[A].江苏省档案馆藏,档号:6001-001-0027.

38. 南京市政协一届二次全体会议文件卷[A].江苏省档案馆藏,档号:6001-001-0019.

39. 南京图书馆关于图书工作的请示报告[A].江苏省档案馆藏,档号:4016-003-0608.

40. 上海教育局关于私立第二届木刻函授班、上海文化函授学校、中华新闻学社呈请立案[A].上海档案馆藏,档号:Q235-2-3622.

41. 社会部贵阳社会服务部、南京市地政局等机关团体出版单位为索要刊物与金陵大学的来往文书[A].南京大学档案馆藏,案卷号:317-2.

42. 苏南文教处教育学院、社教学院合并[A].江苏省档案馆藏,档号:7014-002-0833.

43. 一九五六年工资级别评定表[A].江苏省档案馆藏,档号:4016-002-0144.

44. 院教员资格审查的材料[A].湖南省档案馆藏,档号:61-1-30.

其 他

1. 陈耀祥口述,2017年9月1日.
2. 毛相骞口述,2016年4月21日.

3. 钱亮口述,2011 年 12 月 14 日,2013 年 1 月 6 日,2013 年 4 月 13 日, 2017 年 8 月 15 日.
4. 张志伟口述,2018 年 3 月 5 日.
5. 毛相骞致谢欢邮件,2013 年 6 月 25 日.
6. 丁亚平致钱亚新函,1987 年 6 月 22 日.
7. 顾志华致钱亚新函,1987 年 1 月 20 日.
8. 黄国光致钱亚新函,1989 年 1 月 12 日.
9. 钱亚新复杜定友函,1927 年 6 月中旬.
10. 钱亚新复杜定友函,1928 年 4 月 7 日.
11. 钱亚新致高炳礼函,1986 年 7 月 29 日.
12. 钱亚新致吕斌函,1988 年 12 月 19 日.
13. 钱亚新致马春阳函,1987 年 4 月 3 日.
14. 钱亚新致毛相骞函,1988 年 10 月 18 日.
15. 钱亚新致彭斐章函,1987 年 3 月 23 日.
16. 钱亚新致徐燕函,1986 年 12 月 22 日.
17. 钱亚新致郑永嘉函,1987 年 1 月 14 日.

钱亚新年谱·索引

本索引由主题索引、人名索引、文献名、机构名索引等四种索引组成。索引款目的结构为"标目+页码",页码以阿拉伯数字表示,标目和页码之间用全角逗号(，)隔开。索引按照标目的汉语拼音音序排列。相同标目不同页码只保留一个标目,页码依从小到大的顺序依次接连,中间用半角逗号(,)。

标目从全书正文中选取,目次、摘要、注释以及参考文献部分不选取标目。主题索引标目主要以原文中的关键词、词组以及事物、事件名称等表示,对个别标目词进行了修改;人名索引以原文中的人名为标目,出现在文献名和机构名开头的人名一般不作为人名标引,人名的字、号、笔名等其他名称,以二级标目的方式缩进二格集中排列在正规人名之下;机构索引以原文中的机构名称为标目,对个别机构名称进行了简化和规范处理;文献索引以原文中的文献名称为标目,少量文献名的简称未予以标引,对个别过长的文献名进行了缩减。

索引由张纯一、徐廷路、余娅婷、张若妍、薛陈梵、邹晨瑜、黄礼雯、孙雨菲、吴张赛、邬梦婷、蔡玉婷、李晓蕊、王雅戈等编制。

主 题 索 引

B

罢课，12，13，108
拜年，5
拜师，5
版本学，27
报到（女子师范学院），53
报到（中央图书馆），120
北极阁，226
北洋政府，12
被撞，235
奔丧，207
毕业典礼（文华第九届毕业生），47
毕业典礼（文华图书科讲习班），44
毕业（高小），10
毕业（师范），14
毕业（小学），8
笔画笔划法，29
笔名，2
编目（上海交通大学图书馆），36，37，41
编目学，48
病情恶化，407
病重，408
伯乐堂，23

C

插班，7
茶话会（图书馆工作六十年），252
长沙，102
辰溪（湖南大学），74
筹粮义演，117
出版条约（《索引和索引法》），29

出版调查表，84
出生，1
出院，205，209，405
春节（1963），190
春节（1986），279
辞世，409
辞职（师范学院），106

D

大哥钱如生病逝，43
大夏公社开幕典礼，50，51
大夏公社书报室运行办法，50
代理馆长（南京图书馆），166
当代西方目录学研究，279
登南岳衡山，102
抵制日货，12
丁蜀镇，296，300，305，307，311，316，317，319，323，341，367，372
订婚，46
东坡高等小学，8
东山园，80，86
斗批改，207
杜定友纪念室，365
杜定友逝世，204
杜定友遗稿书名问题，358
杜珊病逝，386
读书（寄宿），5
读书（私塾），3
读者学，339
赌钱，10

E

儿童节大会（1943），88

儿童图书馆学，45
儿童阅读指导委员会，112

F

发病，404
反保守思想，168
反动学术权威，204
反浪费运动，168
返回上海，25，29
返校(文华图书科)，26
放假(社教学院)，109
放假(文华图书科)，25，29
防震，218
分类法，25
分类目录主题索引，319
分类学，48
分类主题一体化，377
分面叙词表，377
复课，13
父亲病逝，56
父亲葬礼，58

G

根查，347
功德林，52
工分制，125
工资级别，158
工资实行改革，149
工作(大夏大学)，48
工作(中山大学图书馆)，29
古籍目录学研究，225，227，229
古诗写作，349
古为今用，401
古为今用，洋为中用，177
故居，103
国民大学开学典礼，20
国民大学上课，21

国民大学停学，21
国民大学注册，21

H

汉口，102
汉学引得丛刊，318
汉字笔形排检法，371
汉字排检法，59，114，332
汉字序列法，357
合并(教育学院社教学院)，119
赫石坡(湖南大学)，71
衡阳陷落，93
护校(社教学院)，117
花市(广州)，32
回到上海，71
回老家(宜兴)，158
回忆父亲的诗，1
回忆母亲的诗，2
恢复党籍，234
婚礼，52

J

基本功(图书馆员)，187
寄宿读书，5
技术革新调查表，180
继母钱邵氏逝世，207
脊骨变形发炎，290
记帐，4
家宴，330
兼职教授(安徽大学)，268
兼职教授(南京大学)，272，282
剪报，197
建都(太平天国)，192
建议(江苏省图书馆学会)，326
建议(南京图书馆发展)，388
建议(南图发展)，265
建议(图书馆专科学校)，187

建议(中国图书馆学会),341
简历,310
奖学金,347
江苏省哲学社会科学优秀成果,267
讲师(师范学院),80
教书(小学),15
教育学院,119
校庆(湖南大学),310
校庆(南京大学),291
校庆(社教学院),112
戒赌,10
接受改造,206
捐款(抗战),68

K

开门办馆,174
开学典礼(女子师范学院),57
开学(社教学院),118
开学(私塾),4
看病,329
康复,388
抗美援朝,122
糠饼,209
靠边,203,205
课程(师范),11
旷观宇宙,纵览古今,363,366

L

老虎桥,220
离开天津,70
离职,106
离职(湖南大学),80
蠡墅村,1
两个过渡,175
瘤,242
龙蟠里劳动,203
卢沟桥事变,71

录取(国民大学),17
路线斗争,205
论著整理,401

M

毛泽东逝世,218
名目索引,310
名誉理事(中国图书馆学会),389
名誉社长(中国索引学社),406
募集中华图书馆协会发展基金,61
募捐(筹建小学),76
目录学讲话,351
目录学思想,324

N

南京图书馆馆史,338,340
南图全馆职员座谈,187
南岳,102
牛棚生活,205
农场劳动,208

O

呕吐,224
呕血,205,209

P

排队工作,149
排检法,29
排检项,347
批判会,207
拼音著者号码编制法,32
聘任(大夏大学),47
破四旧,203
栖霞山,189

Q

迁校(社教学院),116

羌塘高原,216
乔迁新居,288,294,295,301,305,313
乔迁之喜,330
锲而不舍,金石可镂,363
清点图书(上海交通大学图书馆),35
清库,123
清明,7
青松寿鹤,291
去世,409
全国图书馆学期刊改革,286
全家福,358
群贤堂,52

R

任教(社教学院),241
任举人,4
认识吴志勤,44
日本浪人横行霸道,67
日本宣布无条件投降,98
日机轰炸,74,75,77
入学(师范),10
入职(社教学院),103,107

S

三反,125
闪腰,290
上海图书馆协会第七届年会,51
上课(大同学院),14
上课(上海中学),41
上消化道出血,213
上学(寄宿),5
上学(小学),7
商务印书馆,42
社教学院,119
舍长,8
圣乐演奏大会,83
声援南京请愿学生,108
声援五四运动,12
省馆(南京图书馆),145
十比倡议,169
十届三中全会,222
诗经精华录,401
食米代金,115-116
受聘(上海交通大学图书馆),35
书文评论,379
塾师,3,4,7
数序法,357
暑假(社教学院),117
疏散(国立师范学院),93
硕士研究生指导教师(南京大学),272
四人取经小组,133
思想改造学习运动,125
斯文扫地,204
私塾,3
私塾解散,4
私塾开学,4
苏联(杜定友出访),273
苏州解放,117
苏州学界联合会,12
索引,28,55
索引法,398
索引教材,402
索引学,403

T

他山之石,可以攻玉,339
台湾、朝鲜资料展览,122
泰山,59
探亲,54,124
淘书,190
特约撰稿人,393
体检,242
体检(文华图书科),23
提倡国货,12

天花，9
同盟会，1
同学总会（文华），70
投考（东南大学），14
投考（师范），10
图博系裁撤，119
图书发行管理学，290
图书馆馆史工作，359
图书馆技术革新运动，180
图书馆经济学，366，375
图书馆视导工作，156
图书馆学翻译丛书，174
图书馆学课程（上海中学），41
图书馆学论丛，349
图书馆学派，308
图书馆学期刊栏目编排形式，306
图书馆学人，375
图书馆学思想史纲，311
图书馆学系（国民大学），17
图书馆学系教学计划（国民大学），17
图书馆学系课程设置（国民大学），17
图书馆学系纳费，18
图书馆学系纳费普通生，18
图书馆学系纳费特别生，18，19
图书馆学系学位，18
图书馆学研究方法，360
图书馆学中专教材，340
图书馆学助学金，21
图书馆业余大学，177，184，185
图书馆业余大学开学，173
图书馆业余大学停办，189
图书馆有偿服务，300，301
图书馆指南（女子师范学院），60
图书馆中专教材，342，345，346，350，353，359
图书情报一体化，329
图坛求实录，316

土改，124
团聚，357
退休，311
退学（大同大学），15
圕建筑学，318

W

外文参考工具书，24
汪长炳去世，391
围棋，214
未来图书馆学，398
韦棣华女士纪念专号，45
韦棣华女士殓殡礼，43
韦棣华女士去世，43
韦棣华女士逝世一周年纪念，46
韦棣华女士追悼会，44
文华公书林，23，42
文华图书科课程，23
文华图书科入学考试，22
文华图书科武昌同门会，42
文献整理概论，316
五好家庭，245
五角丛书，350，355
五年计划，150
五四运动，12
武昌起义，6
武汉大学新校舍，42
武汉群众运动，25

X

西迁（师范学院），93
宪法草案初稿通过，144
现代编目学，289
现行反革命分子，205
乡贤小传，323
向党交心，168
向苏联学习，149

向阳院，220
象棋，214
小火瓦巷，289，290，408
信息府库发明渊博，273
新馆建设（女子师范学院），54
新式小学，6
新式学堂，6
辛亥革命，6
形序法，357
臭知识分子，202
溆浦（师范学院），81
续聘（文华图专），47
学徒，9
学术顾问（苏省图书馆学会），393

Y

压岁钱，357
眼出血，205
一·二八事变，46
一稿两投，361
一稿两用，361
义序法，357
忆苦会议，209
印花税，97
引得编纂处，318
音序法，357
有教无类，97
有问题的人，207
游行，12，13，204
雨具，8
预备党员（取消资格），172
元谋人，295
元宵，5

Z

赠书，291，292，299，302，315
展览会（女子师范学院），57

战时服务团，92
招生考试（国民大学），16
折扇，112
著述简目，302
著者号码，28，29
甄别图书整顿目录，187，188，190－194，196
政治学习，175
整理检字表卡片，151
证婚（毛坤），40
郑和公园，358
支援绥远抗战工作，68
中国索引学社，402，405，406
中国索引学会，406
中国图书馆学家，372
中华民国成立，7
中华民国临时大总统，7
中华人民共和国成立，118
中华图书馆协会各委员会改组，51
中华图书馆协会检字委员会书记，51
中华图书馆协会索引检字组，32
中华图书馆协会索引委员会，32
中日围棋友谊赛，221
中暑，387
中苏友好，125
"中图法"修订，269，275，278，343，392
中文编目流水操作法，126，128
中医典籍心得，289
周恩来逝世，217
主题分类索引，337
住校（高小），8
住牛棚，205
住院，200，213，405
注册（国民大学），17
撰稿人（中国大百科全书），290
追悼会，409
拙政园，156

自传，379,398
资产阶级名利思想，125
资产阶级学术思想，203
纵火（日本浪人纵火），46

祖屋征用，403
作文，8
作文奖金，357
作文竞赛，357

人名索引

A

埃德加·斯诺，207
爱·德文斯基，122
安巴祖勉，174
奥斯汀，378

B

巴怡南，88
白国应，241，246-250，253，258-264，267，269，270，272-274，276-278，284-286，305-307，309-311，316-318，328，329，332，334，341，343，344，349，353，355，358，360，361，363，386-389，394，396-398，402，404，408
白朗，106
白利思，105，106，115
白锡瑞，42，43
班固，104，374
包传铎，157
包中协，204，333，337
鲍昌明，124
贝芝泉，242，390
毕于洁，386

C

蔡和风，394
蔡家强，284
蔡元培，63
蔡哲夫，33
曹德进，339
曹沛滋，51

曹丕，379
曹汝霖，12
曹圣洁，289，333，335，357，360，371，394，402
曹叔衡，37
曹文岑，98
曹毓钧，64
曹玉洁，293，379，388
曹禺，62，70
常持筠，299，378
昌少骞，317
长谷部文雄，182
陈宝泉，61
陈彬龢，96
陈伯达，118
陈伯逵，51
陈才年，158
陈超，260
陈传璋，83，86
陈德芸，31，33，34
陈定铸，111
陈独醒，51
陈方恪，153，200
陈富安，252
陈刚，126
陈光垚（陈光尧），33，59
陈光祚，240
陈汉才，241
陈宏天，242
陈鸿飞，64
陈鸿舜，153，161
陈鉴明，323，372
陈洁，42

陈菊芬，404，406
陈礼江，116
陈绵，61
陈敏之，252
陈乃乾，248
陈普炎，31-33
陈启修，105
陈荣兴，381
陈瑞贤，33
陈时，44
陈石铭，338，342，351
陈瘦竹，161，166
陈天鸿，105
陈希明，409
陈遐龄，98
陈选善，52
陈训慈，65
陈延煊，31，33，34
陈耀祥，4，119，229，295，311，332，335，338，341，364，366，372，374，403-405
陈一百，87
陈毅人，188，203，204
陈英，313，314，333，335，342，344，349，353，360，362-364，366，371，373，374，376，379，381
陈誉，344
陈越，198
陈在廷，384，385
陈正华，311，314，324，329
陈中凡（陈钟凡），41，121，161
程伯群，372，376
程长源，177
程德芳，162
程德谟，362，371
程千帆，303
程之淑，61
程仲琦，162

程宗潮，96
储安平，86，87，91，96
储平，183
崔东壁，14
崔国本，272
崔幼南，44

D

戴志骞，41
邓复生，124，190
邓国桢，286
邓洁，196
邓启东，91
邓小平，222，232
邓衍林，43，161
笛卡尔，59
刁天逸，276
丁道凡，394，398
丁道谦，253
丁宏宣，180，237，242
丁佩钦，61
丁佩瑜，183
丁亚平，386，387
丁逸人，149，156，171，173，178，179
丁正华，149
丁志刚，161，162，252，264
董菊新，184
董明道，66
董庆寄，196
董正荣，124
董铸仁，43
杜布罗夫斯基，122
杜定友，16，17，21，22，25，26，28-37，40-42，51，53，54，63，64，92，105，135，136，152，153，158，159，161，163-166，198，199，204，232，246，248，253，262，267-269，271-274，276，277，280，284-288，

290, 294, 295, 297, 298, 300, 303, 305 –
319, 322 – 324, 329 – 331, 333 – 342, 344,
346, 349, 350, 353 – 355, 357, 358, 360,
362, 364 – 371, 374, 376, 377, 379 – 382,
394, 396 – 398, 401 – 404

杜珊，382，386

杜威，24，25，38，106，110

杜信孚，208

杜学书，121

杜燕，35，272 – 274，285，287，288，290，
291，293，298，314，315，318，322 – 325，
330，331，333，340，342，353，356，360，
362，366，371，377，380，382，386，397，
398，400 – 402，405

杜英［鹝］，35，272，278，285 – 287，294，
295，316，317，322，330，333，335，339，
342，358，360，362，364，367，369，377，
382，397，398，401 – 405

杜有生，409

杜仲达，31

E

恩格斯，105

F

樊荣茂，296，300，303，331

范恭俭，260

范芝生，10

范家宁，276，339，342，352，373，377

范家贤，176

范锦江，3，4

方非，196

方锡唐，37

方英达，47

费瑾初，184

费玉珍，183

丰华琴，403

冯德，105

冯汉骥，40，355

冯友兰，71

冯玉祥，59

凤台，301

傅广荣，286，287，301，318，388

傅山，234

G

高炳礼，306，308 – 310，315，344，379

高厚娟，233

高觉敷，80，83，85 – 87，89，91

高乃同，51

高儒，104，254，256

高艺林，153

戈宝权，409

葛光庭，65

葛家瑾，408

葛永庆，402，405，406

宫爱东，409

宫坂逸郎，339

龚钺，153

龚忠武，243

古楳，117

谷正风，214，226

辜学武，249

顾昌栋，95，97

顾斗南，121

顾吉度，214，225 – 227

顾家杰，152，246

顾颉刚，108，109，165，359

顾克恭，239，242

顾明道，252，260，265

顾森柏，157

顾廷龙，342，351，359，360，363

顾志华，225，227，229，240，273，287，302，
315，355，367，387，396

归震川，266
桂质柏，44，246，350，355，378
鬼冢安雄，182
郭大力，105
郭建英，157
郭佩玉，99
郭一岑，83，86，87，96
郭影秋，192

H

哈芙金娜，384
哈扎诺夫，146
汉英，288
韩承铎，150，252，264
韩儒林，192
何炳松，20，236
何鼎富，300
何多源，68
何国贵，44
何静安，68
何人俊，139，146，148，203
何日章，41，51，54，64
何香凝，242
何振球，379
贺昌群，120，121，124，140，144
洪承畴，8
洪焕椿，123，166
洪流，196，237
洪桥，244
洪有丰，34，35，92，121，246
侯汉清，276，293，295，319，353，382
侯鸿鉴，65
胡德安，304
胡光，121
胡家柱，252
胡梅轩，80
胡朴安，20，101

胡庆生，23，25，28，29
胡荣魁，96
胡寿山，92
胡庶华，77
胡淑光，68
胡耀辉，166
胡幼植，57，68
胡卓，51
华彬清，233
华国锋，222
华培德，37
华西里青科，121
华正睦，386
黄恩祝，282，288，291，301，303，306，316 - 318，322，324，334，339，346，348，352，355，372，373，377，379，381，389，400，402，403
黄钢，335，340，353，354，388，403
黄国光，399，400
黄国玺，252
黄建中，44
黄景光，5
黄景祥，5，7
黄景行，243，245，252，258，266 - 268，283，285，286，317，324，325，329，337，342，369，370，398，400，401
黄警顽，51
黄连琴，43
黄南津，284
黄丕烈，187，194，263
黄维廉，51
黄文浩，117
黄文虎，237，242
黄元福，103，106，158，166
黄子通，83，86，87
黄宗忠，284，287，288，294，298，309，344，352，365

辉扬, 122

J

吉本, 28
吉文辉, 321
季忠民, 394
纪维周, 141, 179, 180, 261
加培宁, 122
贾云霞, 235
蒯依琴, 176, 188, 191
江乃武, 293
江渭清, 377
蒋复璁, 41, 88, 92, 101
蒋介石, 89
蒋梦麟, 54
蒋窈窕, 293, 302, 303
蒋吟秋, 104, 112, 158, 209, 215, 216
蒋元卿, 101, 246, 248, 350, 355
蒋云龙, 183
介夫多伊, 121
杰斯林科, 165
金大本（字伯诚，号立甫）, 62
金恩晖, 338, 349, 368, 381
金光荣, 101
金康觉, 365
金门诏, 217
金敏甫, 17, 26, 41, 64, 164, 166, 306, 310, 372, 375
金平书, 196
金其昌, 62
金天游, 246
金星, 389, 394
金兆均, 91
金振中, 62
景梅九, 33
荆三林, 304

K

卡尔·波普尔, 395
凯莱, 79, 89
康福斯, 148
康有为, 248
克拉朋洛夫斯基, 121
克特, 106, 384
柯愈春, 333
孔敏中, 51
孔淑吉, 276
孔宪楷, 269, 270, 276, 282, 303, 331, 352, 388, 409
孔子, 8, 374
蒯秀珍, 184
况能富, 286, 291, 309 - 311, 365, 380, 381
匡亚明, 329, 356

L

来新夏, 293
兰开斯特, 313
雷达娅, 152, 158, 161, 365
雷法章, 65
李昌声, 64
李辰冬, 70
李慈铭, 259
李枫, 161
李公朴, 64
李国新, 393
李嘉图, 105
李剑农, 91
李景新, 372, 376
李开先, 266
李侃, 251
李空同, 228
李良肱, 329, 332, 337, 339
李林, 386

李明华，304，352，358，391，400
李森林，80
李时权，105
李石曾，65
李泰初，30
李天赐，251
李万健，378
李维，234
李文裿，53，54，65
李希泌，307，319，342
李小缘，92，121，153，166，178，320，333，
　　334，370，372，375
李兴辉，213，264，277，281，282
李兴藻，98
李修宇，344
李秀成，103，199
李学苏，47
李巽言，22，23
李严，350，355
李燕亭，53，54
李艳卿，124
李毅明，369
李玉珍，261
李郁，362
李哲昶，22，44
李仲融，20，144，156，161，239
李钟履，161，162，202
李钟瑞，89
李钟英，234
里斯，30
黎沛霖，34
梁格，31－33
梁国权，342
梁美云，243，273，289
梁启超，248
梁淑芬，149，156，171，173
梁虞初，83，85，89，92

廖集玲，282
廖家漪，82
廖世承，80，81，83，85－87，90－93，95
廖仲恺，242
列乌特，122
林济青，65
林沛鎏，31
林泉，121
林散之，225，227
林森，89
林仲湘，282，287，305，315－317，320，
　　322，325，356，358，404，405
林祖藻，342，345，359，360
凌小惠，203，223，226，300－302，349，
　　350，370，395，396，401，405
刘斌，98
刘波，333
刘佛年，87
刘光华，105
刘国钧，34，35，54，92，104，105，135，136，
　　152，153，161，246，248，316
刘胡兰，227
刘及辰，117
刘季平，233
刘纪泽，101
刘节，20
刘久昌，250
刘洛，318
刘如瑛，364，366，377
刘圣梅，279，293，300，370，381，382
刘胜远，149，156，171，173，188－191
刘世杰，109，111，112
刘锡九，181
刘向，248
刘湘生，294
刘鳃，379
刘歆，248

刘昫，217
刘雪庵，117
刘迅，344
刘子钦，360，363，364，366，377，380，382
柳定生，176，199，200，329
留青，121
楼云林，51
卢春荣，44
卢景云，64
卢绍君，388
卢文弨，217
卢贤中，225，227，229，240，269，287，386
卢于道，105
卢则文，233，235，237，243，329，350
卢震京，293，296，300，302，303
卢子博，242，252，266，269，270，276，278，314，388，390，393，409
吕斌，287，295，386，397，401
吕澂，153
吕东莱，400
吕海澜，51
吕梅，164
吕绍虞，47，64，161
吕天成，263
吕秀莲，329，330，341，348，370，372，373
路㑊，304，305，316
路铁农，183
路小闽，304，312，370
陆宝树，279
陆传镛，196
陆静荪，83
陆钦颐，122
陆修栋，166
陆秀，40，41，44，52，63，228，240，245，355
陆宗舆，12
栾长明，120，121
罗家伦，106

罗锦心，120
罗斯福，89
罗伟达，354，357，360，371，377
罗伊·斯托克斯，382
罗友松，280，289，291，294，307，308，311，313，315，325，331，335，337，338，343，345，351，356，358，363，365，391，399
骆炳麟，78，100，101
骆继驹，43
骆兆平，254，256

M

马崇淦，51
马春阳，377
马导源，101
马端临，261
马光雄，395，396
马恒通，370，372
马衡，65，66
马克思，105
马列国，196
马同俨，261，319，335，342，369
马先阵，308
马銎伯，318，338，339，366，369，371
马宗霍，91
马宗荣，47，48，51，52，61，71，91，372，375
麻老四，7
毛春翔，190
毛坤，22，32，34，35，40－44，66，71，121，235，240，242，283，350，355，372，375，388，393，394
毛良佑，240
毛相鹏，242
毛相骞，41，235，283，393，394
毛泽东，117，118，134，137，145，153，164，197，202，206，207，215，218，219，222，224，226，263，264，307，324

茅盾，121, 122, 285

梅剑华，31

梅可华，243, 362, 364

孟继勋，62

孟君孝，188, 196, 251, 252, 377

孟宪承，91, 96

孟昭蕙，62

宓浩，352, 354

缪凤林，41

缪荃孙，188, 190, 263

缪镇藩，120

莫根，61

N

倪波，237 - 239, 242, 252, 269, 270, 276, 290, 304, 336, 349, 351, 353, 356, 377, 390, 393

倪延年，252, 285, 286, 289 - 291, 293, 294, 296, 297, 309 - 311, 314, 315, 356, 386

倪友春，242

宁国誉，250

O

欧阳惠林，175, 176

欧阳修，217

欧元怀，52

P

帕洪莫夫，121

潘冬舟，105

潘干材，37

潘桂芬，158

潘健，156, 363

潘其彬，166

潘树广，235, 241, 245, 246, 248, 252, 266, 268, 342, 348, 349, 379

潘天祯，133, 176, 203, 208, 240, 342

潘序伦，109, 111, 323

培根，59, 105

彭饬三，117

彭斐章，240, 287, 295, 319, 325, 344, 367, 373, 375, 390

彭飞，390

皮高品，65, 66, 71, 105, 134, 135, 152, 246, 248

皮名举，86, 87, 91

皮宗石，71, 77

Q

祁彪佳，211, 225

祁承㸁，104, 211, 248, 249, 290, 319, 322, 332

祁理孙，211

齐国梁，53, 56, 58, 64, 68, 69

齐思和，166

千金湖，252

钱炳生，1, 3, 10

钱承寿，1, 4, 10, 28, 54, 56, 58

钱存训，51, 63, 64

钱大昕，217, 396

钱丹东，223, 337, 357

钱东山，148

钱方，75, 215, 221, 291, 294, 295, 298, 300 - 303, 305 - 307, 310 - 312, 314, 316, 318, 319, 325, 344, 353, 356, 363, 373, 399 - 402, 404 - 406, 409

钱海岳，164, 199, 205

钱红梅，71, 314, 316, 318, 337, 338

钱基博，80

钱江东，216, 223, 291, 294, 300, 306, 307, 311, 312, 314, 325, 344, 357, 360, 395, 405, 406

钱进东，223, 242, 357

钱金虎，276

钱静人，238

钱康，79, 228, 242, 256, 279, 294, 298, 300, 316, 317

钱克东，229, 304, 359, 403, 405, 406

钱励青，1

钱亮，2, 56, 62, 71, 79, 82, 83, 88, 102, 115, 116, 122, 184, 196, 198, 209, 218, 219, 226, 227, 236, 242, 260, 265, 268, 272, 277, 281, 286, 294, 300, 315, 316, 329, 332, 336, 386, 397, 409

钱清韶，1

钱如生，1, 6, 43

钱邵氏，207

钱瘦竹，224

钱唐，90, 185, 198, 246, 272, 277, 303, 329, 331, 342, 368, 386, 392, 397, 398, 406, 409

钱同娣，406

钱相，378

钱小伏，403

钱旭东，203, 216, 223, 224, 290, 291, 294, 300, 307, 310, 311, 314, 329, 333, 344, 349, 357, 360, 378, 381, 383, 395, 400 – 402, 405, 406

钱亚新，2, 4, 17, 26, 33, 35, 41, 43, 44, 46, 50, 55, 59, 60, 62, 64, 71, 79, 87 – 91, 98, 99, 106, 109, 111, 115, 123, 147, 161, 162, 167, 175, 193, 196, 198, 199, 201, 238, 239, 241, 246, 251, 252, 254, 255, 259, 264, 272, 273, 277, 288, 292, 297, 322, 328, 335, 342, 361, 363, 365, 393, 397, 402, 406, 409

钱亚新

 成有才，2

 东山，2, 320

冬三，1

江南春，2, 165

金戈，2, 320, 367

练佳，2, 320

千一，2

维东，2, 320

小鲁，2

筱鲁，2

新，2

志新，2, 347

钱乙东，216, 219, 223, 226, 242, 337, 356, 357

钱志远，294

钱祝钧，117, 346, 404

钱铸卿，1, 4, 102, 115, 116, 158, 189, 231, 339, 342, 357

乔好勤，367

秦牧，382

庆德苇，121

丘吉尔，89

求是，121

裘开明，105, 350, 355, 399

邱克勤，109, 120, 124, 133, 146, 166, 176, 188 – 191, 235, 237, 238, 242, 265, 270, 272, 276, 302, 306, 318, 319, 326, 329, 342, 390

邱秀保，276

邱亦高，78, 100

全勤，315

R

饶利民，213, 214, 218, 219, 232

任宝祯，342

任凯南，71, 75, 77 – 79

任平，219

任慎之，40, 41, 239, 240, 355

任遵圣，287

阮孝绪，104, 248
阮雁鸣，96, 97
瑞托米洛娃，150

S

桑健，267, 269, 273, 291, 293, 294, 297, 298, 300 - 304, 306, 307, 311, 312, 317, 340, 344, 352, 354, 365, 368, 381, 382, 393
桑良知，254, 276, 281, 289, 290, 294, 295, 303, 306, 308 - 313, 315 - 317, 325, 328, 344, 353, 358, 362, 376, 402
沙本生，112
沙景富，396
沙筱宇，37
沈枫，157
沈复，266
沈鸿烈，65, 66
沈继武，264
沈晋（缙）绅（陞），22, 44, 71, 78
沈启永，124
沈祖荣，23, 28 - 30, 32, 42 - 44, 47, 65, 66, 70, 71, 79, 92, 115, 122, 246, 248, 317, 329, 372, 375, 394, 398, 399
商承祚，241
商倩若，124
尚弓，222
邵丙灏，37
邵森万，252, 253, 292, 299, 312
邵延淼，293, 320, 352
申畅，363, 365, 368, 370, 371, 374, 378, 391
施廷镛，166, 187, 193, 196, 200, 201, 216, 233, 250, 287
施兆年，31
施仲明，37
石坚白，225

石斯馨，51
石宇协，108, 111, 112
舒翼羣，121
斯科特，28
斯米司，121
宋禀钦，51
宋洪，8
宋景祁，51
宋来惠，393
宋哲元，62
苏大悔，146
苏东坡，207
苏耶娃，121
孙德安，115
孙谛知，121
孙奠寰，92
孙豪展，289, 295, 322, 324, 325, 356
孙继元，183
孙家正，338
孙璟，184
孙科，63
孙奇华，234, 238
孙叔平，120
孙叔万，43
孙悟空，356
孙翔仲，11
孙星衍，104
孙毓修，105, 248
孙云畴，344
孙中山，7, 34, 324
索罗米安斯卡娅，121

T

罩老，78
谭家琛，109, 158
谭维治，252
谭祥金，233

谭晓平，109
谭卓垣，34
唐宝康，289
唐圭璋，299，300，337，339，392
唐槐秋，61
唐茂松，233，270，276
唐梦熊，260
唐启宇，105
唐若青，61
唐顺之，266
唐学咏，88
汤美珍，242
汤树俭，368，374，377，378，381，383
汤显祖，266
陶兰泉，54
田洪都，54，64，66
田清娥，333，337
田文清，302，372，374，375，377，403
佟曾功，304，341，343
涂祝颜，64
土尾纪义，251
涂祝颜，37，51
推士，105
脱脱，217

W

万国鼎，31，32，34，35
万培悌，301
万树，214
汪长炳，103，106，111，116，119，149，150，157，161，162，166，168，169，173，176，180，187，188，190－192，194，196，203，204，233，234，237－240，252，291，313，342，388，391，397
汪辑（缉）熙，22，42，44
汪克坝，11
汪樹宗，31，34

汪西林，91
汪一飞，124，198，268，290，342，402，405
汪应文，66，313
汪永标，323，329
王兵，331
王伯群，50
王长恭，266，393
王崇德，317，344
王传宇，287
王德全，196
王凤翥，153
王光炜，409
王贵忱，241
王国芳，47
王鸿，409
王淮冰，238，252
王俭，248，250
王皎我，33，34
王津生，380
王君，28
王可权，147，148，196，237－239，243，270，272，276，295，301，304，306，381，386
王力，20
王立华，189－191
王林西，276，323，342
王鸣盛，396
王慕尊，22
王霓，183
王念慈，213，286，293，305，323，387，395，396
王宁，294，298
王庆汉，265
王润滋，218
王世杰，44
王士略，96
王淑瑚，286

王述贵，276
王硕如，87
王通，365
王文德，162，397
王文山，53，54
王向荣，54，58
王星拱，105
王学熙，233，237，239，242，314，323，331，342，353，356，357，370，371，373，379，387，388
王雪华，105
王亚南，105
王庸，124，133，152
王宇，357
王宇正，228
王越，85，87
王云五，29，41，51，105，248
王正兴，370，371，373，376，377
王志琨，282
王志远，228
王知津，380
王中明，376，379，396
王重民，41，153，158，161
王祝晨，165
王子文，303
威理，174
韦德生，44
韦棣华，43，45，46
韦卓民，44
魏德裕，178，288，291，292，296，299，302
文敏，174
文清寄，304
文天祥，353
文徵明，103
温景裴，31
温文耀，51
翁玄修，51

沃兹涅新斯卡娅，146
伍玉贤，270
伍子和，385
吴丰农，105
吴观国，196，237，238，243，252，266，270，276，294，328，342，386，390
吴光清，64
吴洪荃，379
吴鸿志，60
吴华，325
吴甲原，102
吴健雄，44，225
吴景贤，99
吴履冰，61
吴其孟，183
吴声亮，302，319，324，378，380，382
吴叔班，61
吴慰慈，284，313，344
吴雯芳，261
吴研因，11
吴一权，401
吴贻芳，158
吴正方，281，284－286，288－290，300，301，312－314，320，331，360，363，364，366，373，375，378－380
吴志勤，44，46，47，52，54，58，61，63，71，76，77，79，80，82，83，89，93，107，114－116，120，123，125，158，184，185，201，213，224－227，238，253，282，304，329，330，337，346，381，409
吴忠匡，80

X

锡琪合，122
夏国炯，276
夏海波，272
夏开权，87

夏蓉，196
向宗鲁，101
项弋平，264，380
小蓓，404
肖东发，318
肖力，279
肖云欣，196
肖自力，344，349，382
萧爱华，393
谢冰岩，152
谢笃才，92
谢扶雅，83，85－87
谢华才，241，316，317
谢六逸，87
谢启昆，398
谢申甫，162
谢孝思，117，183
谢在田，304
谢灼华，240，333，334，366，377
谢宗昭，279
辛希孟，318，361
熊润芝，345
徐豹，239，243，324，354，371，386，404，405
徐步，117
徐凤，115，305，403－405
徐鸿，315，372，375，386，399
徐虎，115
徐家璧，372，376
徐家麟，42，103，106，119，121，372，376
徐建，234
徐进，386
徐克勤，301
徐亮，43
徐凌云，157
徐龙，115，239，243，283，286，288，291，305，308，350，371，372，374，377，387，388

徐汝康，83
徐恕（行可），27，42
徐信符，34
徐旭，54
徐燕，286，288，289，339，342，371，377，387，395，396，403
徐雁，284，286，287
徐有富，279，286，389，409
徐召勋，243，269，292，293，300，301，303，312，313，315，325，355，361，362，366，381，387，388
徐竹生，279，286，302，304，308，315，330，340，350，387，394，398
徐子华，10，21，102，158
徐子权，157
许公鉴，50，52
许君，86
许培基，106，114，183，224，238，270，276，302，342，352，390
许善心，248
许晚成，51
许展堃，111
薛殿玺，349，355
薛家骥，234
薛暮桥，118
薛士权，370
雪洛夫，121
荀勖，248

Y

亚当·斯密，105
亚里士多德，105
严复，105
严华，146
严文郁，64－66
严怡民，344
严仲仪，238

杨长春，124, 188-191, 308, 309
杨鹤升，58
杨家骆，350, 355
杨开慧，220
杨铿，162
杨农伯，213-215, 219, 220, 222, 339
杨沛霆，317, 344
杨丕泰，404
杨世民，390
杨世明，242
杨士奇，104
杨希濂，238
杨先瑞，157
杨宴，157
杨延复，233
杨泳沂，409
杨悦，377
杨昭悊，41
杨宗虎，149
姚继舜，282, 287
姚金绅，54, 61
姚名达，88, 101, 236
姚迁，146, 148
叶德辉，96
叶工明，122
叶恭绰，63, 65
叶蠖生，118
叶继元，276
叶剑英，222, 225, 353
叶启勋，96
叶亚廉，341, 364, 366
殷芝龄，20
尤袤，104
于的水，233, 388, 409
于鸣镝，253, 267, 284, 307, 308, 310, 333, 335, 338, 340, 344, 349, 352-354, 361-363, 366, 368, 382, 387, 388, 393, 398, 400, 401, 405
于去疾，153
于维忠，270, 276
于熙俭，22, 44
俞从周，243, 353, 356, 374, 376, 379, 383, 384
俞剑华，200
俞润生，244, 299, 300
俞爽迷，64, 372, 376
俞振飞，157
育林，122
袁良，54
袁梅，374
袁玫，86
袁培国，330, 331, 333
袁任，270
袁同礼，53, 64-66, 79, 92, 350, 355, 372, 376
袁咏秋，342
袁涌进，135, 139, 175, 246
袁仲灿，64
袁仲仁，91
岳飞，8
岳良木，29, 102, 103, 106, 119

Z

查猛济，96
曾宪文，42
曾昭燏，192
长孙无忌，104, 217
张传芳，157
张德芳，162, 321, 395
张端甫，276
张凤桐，315, 381
张厚涵，285
张厚生，224, 235, 238, 239, 242, 243, 247, 250, 254, 258, 259, 261, 264, 275-277,

281, 285, 294, 304, 312, 314, 330, 343, 349, 370, 386, 387, 392, 393, 398, 408

张謇，291

张其春，373

张琪玉，341, 346

张荃，300, 301

张汝舟，91, 97

张世昌，120, 124

张世泰，277, 318, 322 - 324, 333, 336, 341, 344, 363, 365, 366, 368, 370, 371, 373, 380, 382, 386, 398, 404

张士根，183

张士佩，61, 234

张寿荣，217

张绶青，68

张树华，342

张舜徽，396

张廷玉，217

张文昌，86, 91

张熙瑾，253

张锡荣，37, 51, 64

张先模，146

张晓娟，392

张亚芳，296, 313, 335, 351, 356

张英华，358, 362, 364

张英霖，117

张幼莲，354, 357, 358, 362

张玉琴，183

张玉泉，183

张郁芳，243 - 245, 250, 309, 310, 321, 338, 346, 352, 358, 362, 364

张展舒，291, 302

张振礼，386

张之洞，104

张志伟，315, 346, 363, 387 - 389, 409

张遵俭，152, 355, 375, 376, 393

章炳麟（太炎），16

章诚忘，200

章学诚，87, 161, 184, 197, 236, 248, 249, 263, 280, 325, 337, 358, 363, 391, 399

章宗祥，12

赵柏年，91

赵国璋，388

赵化成，243

赵景国，377

赵敏学，96

赵明奇，403

赵平，404

赵世良，273, 284, 290, 291, 294, 298, 304, 315, 318, 329, 331, 336, 339, 344, 351, 354, 357, 366, 368, 370, 372, 376, 378, 380, 391

赵颂尧，78

赵宛华，233, 238

赵贻勋，78

赵之远，187, 196

郑尔鉴，184

郑鹤声，101

郑铭勋，22

郑默，248

郑樵，87, 104, 184, 187, 197, 236, 248, 263, 266, 290, 302, 319, 322, 332, 337, 358, 363, 374

郑瑞玉，111

郑伟章，293, 378, 380

郑演，47

郑永嘉，317, 318, 321, 333, 338, 346, 352, 353, 355, 368, 371, 377

郑云翔，176

中田吉信，251

中原益卫，251

钟泰，86

周邦式，83, 87

周成位，111, 112

周邠，192
周恩来，217, 228
周谷城，377
周弘祖，99, 234, 263
周稼怡，184
周连宽，108, 243-245, 309, 311, 313, 325, 329, 331, 340, 344, 346, 363, 367, 388, 398
周平，276
周泉琴，184
周少然，196
周树基，175
周文骏，344
周文逊，239, 243, 303, 353, 381
周效青，184
周叙九，121
周贻春，41
周予同，20
周赞衡，196
周致远，183
周宗渭，201
朱崇阶，284, 288, 292, 295, 301-303, 305, 306, 309, 312, 313, 316, 318, 324, 330, 332, 353, 355, 367, 369, 380, 381, 385, 403, 405
朱传茗，157

朱大礼，203
朱斐，273
朱刚，226
朱佳声，44
朱家骅，97
朱家治，41, 166
朱静雯，319, 322, 350, 364, 365, 386
朱少华，297
朱绍庐，344
朱天俊，153, 236, 242, 266, 287, 342, 390, 393, 402
朱偰，196, 199, 205
朱彝尊，393
朱艺，47
朱荫，51
朱瑛，43, 74, 78
朱用彝，43
朱有光，87, 96, 98
朱有瓛，83, 86, 96, 97
朱育培，354
祝嘉，103
竺陔南，184, 390
庄芸，51
宗威，89
邹志仁，340, 350
左恭，166

机　构　索　引

A

安徽大学，303, 309, 376
安徽大学出版社，254
安徽大学图书馆，320, 355
安徽大学图书馆学系，268, 281, 287, 296, 301
安徽教育出版社，243
安徽农学院，242
安徽人民出版社，168
安徽省图书馆，252
安徽图书馆，345
安庆市图书馆，355

B

巴蜀书社，283, 315, 356, 358, 405
北街女子小学，6
北京八十一中，311, 312
北京大学，161, 166, 234, 243, 313, 325, 404
北京大学出版社，392, 393
北京大学图书馆，133, 152, 194, 228
北京大学（北大）图书馆学系，161, 185, 187, 191, 196, 201, 253, 286, 350, 355, 356, 402
北京大学图书馆学专修科，153
北京庚款委员会，25
北京古籍出版社，161
北京市图书馆，133, 152, 153
北京市文化局评论组，219
北京师范大学，404
北京时代出版社，146, 150
北京图书馆，133, 152, 155, 161, 168, 169, 174 - 176, 196, 213, 228, 252, 319
北京文字改革出版社，198
北平图书馆，54, 63, 66, 101
北洋政府，12
滨海县图书馆，184
布法罗州立大学图书馆，378

C

厂矿技术图书馆，196
常熟图书馆，184, 399, 400
常熟政治学校，119
常州市博物馆工作，184
常州市民政局，184
常州市文化局，184
常州图书馆，156, 158, 184
晨钟图书馆，51
成都东方图书馆学研究所，261, 262
成都科学技术大学科技情报室，302
重庆市图书馆，335, 339, 343, 397
重庆中美文化协会，93

D

大百科全书编辑部，369
大百科全书编委会，318
大连大学，368
大连工学院，273, 294, 297, 300, 303, 311, 344, 387, 393
大连工学院出版社，306
大连市社科联，338
大连市图书馆学会，368
大同大学，14, 15

大同学院，14，15
大夏大学，47，48，50－52
大夏公社，50－52
旦华国民学校，112
旦华小学，103
旦华小学图书馆，26
得克萨斯州立大学，117
第一中心国民学校，116
东方图书馆（圕），25，46
东方图书馆学研究所，396
东南大学，14
东坡高等小学（高小），6，8，10，164
东吴大学，12
东吴大学图书馆，109

F

浮桥邮局，319，320
福建图书馆，345
福建（省）图书馆学会，292，298，300，309

G

高等学校图书馆网，196
高校图工委期刊工作研究会，398
哥伦比亚大学，96
公利互助社，91
功德林，52
古越藏书楼，104
故宫，63
故宫博物院，54
故宫博物院南京办事处，121
广东省立（中山）图书馆，166，274，277，306，333，335，340，341，344，349，351，365，371，373，377，394，404
广东省图书馆（圕）学会，199，277，322，335，342，344，349－351，353，354，362，377，379，380
广西大学，282，283，356

广西大学古籍研究所，358
广西大学中文系，287
广西壮族自治区图书情报学研究室，355，356
广州市立师范学校图书馆，33
广州市图书馆工作者联谊会，166
广州图书馆，33，166，332
广州图书馆协会，30，31，33
国际图书馆协会联合会，395
国家教委，284，286，294，344，349
国立编译馆，61
国立社教学院图书馆，107
国立师范学院，81，83，86－93，95－98，100，102，104，106
国立师范学院教育系，80，98
国民大学，16，17，20－22
国民大学图书馆学系，17，22
国民小学，79
国史馆，121
国师出版组，98
国师附属幼稚园，89
国师附属子弟小学，93
国师联谊社，83，85－87
国务院学位委员会，404

H

杭州图书馆，304，398
航空工业部科技情报研究所，321
河北省立法商学院，62
河北省立女子师范学院，52，53，54－56，59，62，63，66
河北省立女子师范学院图书馆，54，57，60，61，64，67－69
河北省图书馆学会，377
河北省政府，62
河北师范大学，372
河北师范大学图书馆，300，302，304，370，

377

河北师范大学图书馆图书情报学研究室，290

河海大学，303，381

黑龙江省图书馆，273

湖北省教育厅，44

湖北省图书馆，355，375

湖北省图书馆学会，234

湖南大学，71，74－78，80，310

湖南大学南京校友会，312

湖南大学图书馆，71，74，76，77，100

湖南省教育厅，91

湖南图书馆，263

虎丘，158

华北大学政治研究所，119

华东农业机械研究所图书馆，170

华东师范大学，280，281，311，322，356，389

华东师范大学图书馆，403

华东师范大学图书馆学情报学系，280，296，338，351，358，372

华东水利学院图书馆，170，196，235，270

华东艺术专科学校图书馆，170

华中大学，22，25，42，44，320，399

华中师范大学图书情报系，286

华中师范大学中国历史文献研究所，287

华中师范学院，399

淮阴市图书馆，184

J

吉林人民出版社，242

吉林省图书馆学会，261，262

暨南大学，51

江南诗词学会，269，370

江南图书馆，190，318，364

江宁县图书馆，184

江苏古籍出版社，303

江苏教育出版社，352，396

江苏教育学院，253

江苏教育学院图书馆，171

江苏科技出版社，309，314

江苏省博物馆，156，164

江苏省高教局，166，234

江苏省高校图书馆工作委员会，320

江苏省教育厅，166，196

江苏省京剧院，289

江苏省科委，196

江苏省科协，234，260

江苏省立第一师范学校，10－14，352

江苏省立国学图书馆，66

江苏省立农业学校，12

江苏省立医学专门学校，12

江苏省美术馆，225，226

江苏省民主同盟，252

江苏省群众艺术学校，146

江苏省人民医院，405

江苏省人民政府，238，240，318

江苏省社会科学院，320

江苏省社会科学院文学研究所，318

江苏省社联，192，233，234，238，252，260，270，369，370

江苏省图书馆学会，233－235，237－242，252，260，266，267，270－272，276，291，301，314，318，320，324，326，328，330，333，342，346，348，353，354，358，360，369，372，374，391，393

江苏省图书馆学会扬州分会，371

江苏省委，164，222，238，267，318

江苏省委宣传部，175，234，238，260，318，338

江苏省文化干部学校，146

江苏省文化局，139，145，149－152，156，158，160，161，166，182，183，186，192，193，196，233，234，238

江苏省文化厅，252，260，265，282，289，
　318，328，338，339，366，369，387
江苏省文联，149
江苏省展览馆，212
江苏省政协，252
江苏师范学院，235，241，379
江苏师范学院图书馆，109
江苏水利工程专科学校图书馆，370
江苏图书资料高级职称评审委员会，
　387，390-392，400
江苏医院，200，205
江苏政治学校，199
江西省图书馆，345，353，354
江西省图书馆学会，335
江阴县图书馆，183
江阴县文化馆，184
教育部，54，65，66，77，91，95，97，287
教育部社会教育司，101
教育部学术审议委员会，102
胶济铁路管理委员会，65
金阊文化馆，183
金陵大学，32，84
军事学院图书馆，189

K

卡西欧驻北京办事处，367
开明书店，121

L

丽新纺织印染厂图书馆，184
蠡墅村，1
辽宁人民出版社，311
辽宁师范大学，368
岭南大学图书馆(岭南图书馆)，74，96
灵岩山，158
留园，158

M

美国图书馆协会，117
莫斯科大学图书馆，274

N

南京博物院，121，124，199，227
南京博物院图书馆，171
南京成园，280
南京大石桥小学，228
南京大学，124，161，225，227，229，235，
　240，270，272，281，282，284，290，291，
　293，299，302，304，315，320，328，331，
　339，388，398
南京大学出版社，350，382
南京大学环境保护学系资料室，304
南京大学图书馆，166，170，178，185，187，
　193，196，225，233，270，287，308，320，
　330，333，346，370，378
南京大学图书馆学系，270，272，289，291，
　292，296，300，305，308，311，320，336，
　340，344，350，351，375，382，387，394，
　398，406，409
南京大学图书馆学专修科，239
南京大学中文系，303
南京地理研究所，286
南京地区高校图书馆协作组，200
南京地区图书馆业余大学，173，177，181，
　184，189，194
南京地区中等专业学校图书馆协作网，
　180
南京地区中等专业学校图书馆业务学习
　中心小组，194
南京工人医院，242
南京工学院，240，285，290，304
南京工学院出版社，309
南京工学院建筑系，219

南京工学院图书馆，125, 171, 196, 235, 254, 273, 298, 365

南京工学院图书馆学情报学系，252

南京工学院图书馆专修科，296

南京鼓楼区干部业余大学，200

南京鼓楼区机关干部业余大学图书馆学专修科，201

南京航空工业专科学校，147

南京航空航天大学，147

南京航空航天学院（南航）图书馆，148, 171, 196, 239, 296, 306

南京化工公司，236

南京会堂，149, 153

南京交通专科学校图书馆，181

南京历史学会，192

南京林产工业学院图书馆，383

南京林业大学（林学院）图书馆，170, 181, 195, 374, 379, 383, 385

南京农学院，205–208

南京农业大学（农学院）图书馆，171, 196

南京农业大学图书馆学系，296

南京市教育局，219

南京市外文书店，196

南京市委，124

南京市文化教育委员会，125

南京市文联，149

南京市新华书店，196

南京市玄武区，245

南京市玄武区合作商业联合会，185

南京市政府，222

南京市政协，153, 187

南京市总工会，121

南京师范大学（学院），240, 244, 259, 263, 299, 396

南京师范大学（学院）图书馆，166, 170, 184, 187, 196, 296, 394

南京师范大学夜大图书馆，353

南京石子岗殡仪馆，409

南京体育学院图书馆，181

南京图书馆，119–128, 133, 140, 143–145, 149, 151–154, 156, 121, 147, 149, 158, 161, 162, 165, 166, 168, 171, 173–177, 179, 185–188, 190, 193, 196, 198, 199, 202–205, 207, 209, 212, 213, 215, 217, 218, 221, 224–226, 229, 233, 237–239, 243, 248, 250–252, 254, 255, 260, 264–266, 269, 270, 272, 276, 277, 280, 282, 284, 286, 287, 289, 293, 296, 299, 302, 303, 308, 311, 314, 315, 318, 320, 323, 324, 327, 328, 329, 331, 333, 337–339, 345, 346, 350, 352, 356, 362–365, 369, 376, 378, 379, 381, 383, 388, 407, 408

南京香铺营文化剧院，165

南京药学院图书馆，171

南京医学院，240, 289

南京医学院图书馆，170, 196, 238, 252, 296

南京艺术学院，200

南京邮电学院图书馆，180

南京中心图书馆委员会，177, 192, 193, 196

南京自动化研究所，312

南京自动化研究所图书馆，279

南开女中，62

南通图书馆，282, 291, 302

南岳寺，10

内蒙古图书馆学会，382

农科分院图书馆，196

Q

齐鲁书社，374

清华大学，53, 54, 62

清华大学图书馆，25, 53, 68, 133

清心中学，51
青岛博物馆，66
青岛教育局，65
求知小学，44
全国学联，13

R

日本国会图书馆，251

S

山东大学，65
山东图书馆，133，345
山西大学，333
山西省图书馆，72，237
山西省图书馆学会，306
陕西图书馆，360，362
上海初级师范学校，21
上海古籍出版社，299
上海暨南大学图书馆，26
上海交通大学，51
上海交通大学图书馆，22，35－37，39－41
上海立信会计（专科）学校，109，323
上海立信会计专科学校图书馆，111，112
上海闵行中心小学，44
上海社科院，333
上海市报刊图书馆，156
上海市党部，51
上海市教育局，51
上海市教育学院，400
上海市立图书馆，51，112
上海市图书馆，108
上海书店，301，399
上海书店出版社，304，316
上海图书馆，152，162，168，169，313，345，346，389
上海图书馆函授学校，51
上海图书馆协会，51

上海文化出版社，350，355，362
上海文化函授学院图书馆学系，108
上海县立初中，44
上海中学，41
上海中学图书馆，42
商务印书馆，29，39，41，42，46，58，61，101，149，171，175，177，212，320，373
社会文化事业管理局，152
社教学院，108，111，112，116－119，241，247，304，352
社教学院图书博物馆学系（图博系），103，109，114
蛇会小学，77，79
圣约翰大学，51
生活书店，112
狮子林，158
书目文献出版社，250，252，269，273，276，285，305，317－319，325，334，349，350，354，355，357，358，396－398，401，402
水利科学研究所图书馆，171
四川大学图书馆，240，355
四川工业学院图书馆，292
四川省博物馆，355
四川省软科学研究所，396
四川省社科联，313
四川省图书馆，267，321，396
四川省图书馆学会，261，312
四川省中心图书馆委员会，193
四川智力资源开发公司，396
宿迁县图书馆，184
苏南公学，119
苏南区党委，117
苏南文教处，119，120
苏南文教学院，119
苏南行政公署，117，119
苏州博物馆，156，158
苏州城防司令部，114

苏州第二女子师范学校，44
苏州动物园，158
苏州航空工业专科学校图书馆，158
苏州女子中学，44
苏州商会，12
苏州市博物馆文管会，183
苏州市军管会，117
苏州市群众艺术馆，183
苏州市文化局，157
苏州师范专科学校图书馆，157, 351, 354
苏州图书馆，149, 156 - 158, 183, 184, 238
苏州新艺剧院，157
苏州学界联合会，12
苏州中学，115, 116, 122
苏州拙政园，103

T

太和县，124
泰州县图书馆，184
天津军医学校，62
天津新新影院，61
天宁区东郊居委会，184
天平山，158
天坛，63
同盟会，1
统战部，168

W

外交部，54
文化部，145, 158, 162, 166
文化部社会文化事业管理局，161, 166
文化部文化事业管理局，152
文化教育工作者联合会，121
文化先锋社，88
文化学院，194
文华毕业同学总会，70
文华公书林，23, 31, 42, 44, 46, 339

文华圣诞堂，47
文华图书馆，26, 46, 375
文华图书馆学专科学校（文华图专），
　21 - 22, 25 - 26, 29, 42 - 47, 60, 66, 79,
　115, 119, 121, 123, 320, 399
文教学院图书馆，120
文通书局，80, 83, 87, 89
文物出版社，325
卧佛寺，63
五台山体育馆，221
吴县公共体育场，13
无锡公立文化教育学院，124
无锡轻工业学院图书馆，389
无锡市图书馆，184
无锡县图书馆，40
武汉大学，42, 44, 121, 234, 238, 243, 245,
　317, 372, 388, 392, 404
武汉大学出版社，358
武汉大学情报科学系，321
武汉大学图书馆，71, 194, 260
武汉大学图书馆学情报学研究所，350
武汉大学图书馆学系，161, 179, 185, 187,
　191, 196, 198, 199, 201, 234, 239, 315,
　366, 376
武汉大学图书情报学院，296, 319, 386,
　387
武汉大学印刷厂，194
武汉图书馆，213
武进县图书馆，184

X

西北大学，77
西街初等小学，6 - 8
西山，63
西园，158
香草书屋，102
香港凤凰影片公司，229, 232

新化上梅中学, 93
新华书店, 126, 141, 146, 315, 402
兴中印书馆, 89
徐闻县图书馆, 404
徐园, 63
徐州师范学校图书馆, 111
徐州师范学院, 403
玄武区医院, 209, 213, 214

Y

亚历山大利亚图书馆, 105
烟台大学图书馆, 393
燕京大学, 53
燕京大学图书馆, 53
燕京引得社, 296
扬州电大图书馆, 284, 312
扬州教育学院, 385
扬州教育学院图书馆, 312, 324, 353
扬州市电大, 313
扬州市图书馆学会, 305
扬州师范学院, 333
扬州图书馆学会, 380
义利印刷局, 61
义乌县图书馆, 172
宜城农具厂图书室, 183
宜兴图书馆, 183
宜兴图书馆学会, 379
怡园, 158
颐和园, 54, 63
英国博物院图书馆, 105
有正书局, 314
玉泉山, 54
岳麓书院, 310
粤中图书馆, 346

Z

泽存图书馆, 364

瞻园, 221
张公洞, 158
浙江流通图书馆, 51
浙江图书馆, 141, 252, 266, 337, 342, 345
振新书社, 218
甄别图书整顿目录工作小组, 194
镇江船舶学院图书馆, 394
镇江图书馆, 147, 156
中大图书馆, 31, 32
中共江苏省文化局党委, 171
中共中央政治局, 202
中国博物馆协会, 65, 66
中国大百科全书出版社, 290
中国科技情报学会, 269
中国科学院, 121, 328, 329, 361
中国科学院地理研究所图书馆, 170
中国科学院古生物研究所图书馆, 170
中国科学院史料整理处图书馆, 171
中国科学院图书馆, 133, 140, 152, 153, 264, 281, 328
中国科学院土壤研究所图书馆, 170
中国科学院武汉图书馆, 378
中国科学院哲学社会科学学部历史研究所, 140
中国科学院中山植物园图书馆, 171
中国科学院紫金山天文台图书馆, 170
中国历史文献研究会, 270
中国旅行剧团, 61
中国人民大学图书馆, 133, 145, 152, 155, 182
中国人民抗日战争纪念馆, 88
中国社会科学院文献情报中心, 320, 377
中国索引学会, 406
中国索引学社, 405, 406
中国图书馆图书分类法编辑委员会, 387, 392
中国图书馆学会, 233 - 235, 239, 252,

261, 264, 267, 269, 341, 361, 389
中华大学，44
中华教育文化基金董事会，21
中华全国总工会宣传部，144
中华人民共和国宪法起草委员会，144
中华书局，51, 101, 102, 121, 190, 233, 251
中华书局图书馆，44
中华图书馆协会，21, 32 – 34, 41, 51, 53 – 54, 58, 61, 64 – 66, 92 – 93
中华学艺社，47, 52
中南人民出版社，146
中山大学，28, 116, 243, 250, 352

中山大学国学图书馆，364
中山大学图书馆，29, 30, 35, 245, 274, 386
中山大学图书馆学系，261
中世纪 Aldersbach 僧院图书馆，105
中苏友协图书室，157
中央大学国学图书馆，363
中央人民政府委员会，144
中央图书馆，102, 120, 318, 364
中央研究院，51
钟楼区人民公社图书馆，184
周南女校，78
拙政园，156

文 献 索 引

《1840 年至 1900 年中国图书与出版事业的发展》，153
《1949—1959 十年来的南京图书馆》，176
《1979 年四季度——1980 年度工作计划要点》，234
《1980 年工作计划要点》，237

A

《阿尔美尼亚民众图书馆》，122
《ABC 简易速记/快速索引》，198
《安徽高等学校图书馆》（《安徽高校图书馆》），292, 295, 296, 297, 301, 306, 317, 325

B

《八年抗战》，322
《八十书怀》，222, 253, 259
《八史经籍志》，217, 218
《白国应论文选》，261, 263, 402
《白蛇传》，157
《白杨》，216
《〈百川书志〉版本流传浅谈》，254
《百川书志》，104
《百家姓》，3
《百年勤奋，四代心血——谈谈〈增订四库简明目录标注〉》，260
《蚌埠》，124
《报刊文摘》，295, 336
《鲍廷博与知不足斋》，203
《北京人》，314
《北京图书馆通讯》（《北图通讯》），302, 303, 319, 378, 394
《北京晚报》，270, 272, 357
《北游》，225
《本院成立四周年纪念会巡礼》，87
《比较、分析和抉择》，215
《笔战》，353
《编辑之余》，45
《编制〈古今图书集成索引〉规划》，283
《编制馆藏外刊目录和题录》，384
《编制中国协同目录之急需及其步骤》，33
《编志简报》，319, 323, 341, 344, 367
《辨章学术考镜源流——试论章学诚校雠学说的中心思想》，236
《遍地花开遍地春》，228
《渤海之春》，221
《布鲁塞尔分类法》，36
《步饶老〈迎接客人来〉原韵》，221
《步杨老〈乐无边〉原韵》，220
《步原韵和顾志华同学诗》，232
《补充杜威制之革命文库分类法》，36
《补辽金元艺文志》，217
《补三史艺文志》，217

C

《采编工作各项规章》，156
《参观北京、济南图书馆的几点体会》，133
《参考消息》，329
《参与〈中图法〉修订单位和各单位的代表名单》，281
《藏书》，221
《草原铁骑》，226

《产业革命》,105
《产业化是图书馆在社会主义历史时期发展的必然趋势》,292
《常熟籍古今人物别名室名索引》,400
《长江日报》,123
《惩越》,232
《重新奋起的十年——钱亚新1977—1987年发表论著译述》,337
《重游瞻园并参观太平天国展览》,221
《出版发行研究》,387
《除草》,222
《创业》,219
《窗花》,124
《春到江南》,44
《春光明媚》,220
《春秋左传》,364
《春秋左传新义》,360,366,377,380
《春夏秋冬》,226
《词律》,214
《词学论丛》,299
《〈辞海〉四角号码检字表》,283
《辞海》,187,287,302,371
《从索引法去谈谈排字法和检字法》,32

D

《大地回春》,234
《大公报》,55,68,123,295
《大揭大批"四人帮"》,219
《大庆大喜》,221
《大唐文鉴》,331
《大夏年刊》,47
《大夏周报》,48
《大学出版组的需要及使命》,87
《大学图书馆通讯》,300
《大学图书馆章则之研讨》,109
《大英百科全书》,76
《大赞大颂华主席》,219

《大专院校出版组工作的理论和实践》,89
《丹枫》,224
《澹生堂书目》,104
《党恩似海》,213
《当代中国社会科学手册》,320
《当前我国图书分类法中存在的几个问题》,153
《当前我国图书馆学文献简况浅谈》,242
《当务之急》,229
《得宝》,224
《登山远眺》,226
《登泰山》,59
《登中山陵》,318,323,324
《地方文献的搜集整理与使用》,305
《地图评介资料索引》,141
《电子计算机期刊检索概况》,297
《蝶恋花》,229
《丁蜀镇志》,323,344
《丁蜀中学校史》,367
《定友先生对于汉字排检法的贡献》,64,307,311
《顶半天》,228
《东北日报》,123
《东方杂志》,105
《东山老人丛书》(《东山老人学术论丛》),397,408
《冬青》,216
《斗室》,232
《斗熊》,223
《杜定友回忆录纪念文选集》,277
《杜定友图书馆学论文选集》,262,269,274,277,278,285,305,309,317–319,349,353,355,357,358,362,363,377,389,394,396,398,401–404
《杜定友先生的生平事迹和学术思想》,277

《杜定友先生遗稿文选》(《杜定友遗稿文选》)，277，316，317，325，326，329，331，335，336，340，342，350，351，353，356，357，359，362，363，365-371，373-375，377，379，381-383，386，388，397

《杜定友研究论文选集》，277

《杜定友自传》，277，319，354

《杜氏丛著书目》，63，64，307，308，315，343，345

《杜威传》，198

《杜威法》，369

《杜信孚与〈明代版刻综录〉》，259

《读〈词律〉》，214

《读〈端溪名砚〉的书评有感》，241

《读〈基辛格〉》，226

《读〈陋室铭〉》，357

《读书》，293

《读书生活》，397

《读书通讯》，115

《读书周刊》，286，293，391

《读唐人边塞诗有感》，222

《读唐人田园诗有感》，222

《读者成果追踪散记》，334

《读者服务工作》，285

《读者工作(初稿)》，191

《读者学与读者工作文选》，260

《端溪芬芳墨花开——〈端溪名砚〉简介》，241

《对本省县市图书馆当前工作的初步改进意见》，184

《对"科图法"先秦哲学各家类次的商讨》，223

《对图书馆学体系的初步研究》，250

《对于〈校雠通义〉"出版者说明"的商榷》，161

《对于列宁的"马克思主义参考书目"的初步研究》，153

《对〈中国图书馆图书分类法(试用本)〉提供一些参考意见》，213

《对〈中图法〉图书馆学分类的商榷》，252

《多办图书馆专业是提高图书馆队伍质量的根本措施——兼谈苏北地区要创办图书馆专业》，333，335

《多才多艺，知书知友——回忆学长蒋吟秋先生》，229

E

《鹅》，216

《二十多年来辅导部工作的回忆和现状》，235

《二十世纪前半期西方目录学的传入与新目录学的兴起》，364

《儿童图书馆学》(《儿童圕》)，43，159

F

《发凡》，214

《发行工作》，293

《发扬愚公移山的精神来改进"学报"工作》，276

《反杜林论索引》，182

《反对美帝国主义武装日本资料索引》，125

《访冯将军》，59

《访友未遇》，41

《防震》，218

《飞逝年华》，234

《分编信息》，302，319，324

《分类术语》，335

《奋斗经半个世纪，育才称一代师表》，368

《奉和林散之先生〈论书法〉原韵》，227

《枫杨》，216

《风和日暖》，220

《风筝》，228

《风筝误》，157
《福建省图书馆学会通讯》（《福建图书馆学会通讯》），271，277，285，292，298，300，309，322，341
《赴宁参加江苏省图书馆学会第四次科学讨论会感赋》，353

G

《感想和期望——谈谈探索〈百川书志〉流传版本所得的启迪》，254
《赣图通讯》，345，367
《稿件采用通知单》，361
《高等学校图书馆工作概论》，252，253
《高等学校图书馆学》，253
《高等学校圈》，159
《高皇帝御制文集》，228
《高校图书馆提高人员素质之我见》，393
《高举红旗唱国歌》，228
《各家检字新法述评》，31
《歌颂地下城》，222
《歌颂〈瓦尔特保卫萨拉热窝〉和〈桥〉》，224
《歌颂向阳院》，220
《歌颂邢自德》，225
《革除压岁钱·改为奖学金》，347
《革命文库分类法》，26
《公社幼儿园》，226
《功德长留天地——记周总理对二十四史整理出版工作的关怀》，228
《工厂里的图书馆》，122
《工会图书馆管理办法（初稿）》，144
《工具书及其使用法》，178
《恭贺饶利民老友令郎与简女士结婚之喜》，232
《恭贺叶副主席〈八十书怀〉》，222
《恭祝老伴七十寿辰》，226
《攻关》，225，353

《狗》，216
《购求中文书计划》，26
《古代文献资料的检索》，235
《古典文学文献检索》，241
《古籍索引概论》，246，248，252
《古籍图书集成索引》，287
《古今书刻》，99，234
《古今书刻索引》，99
《古今图书集成》，42，76，316，317，322，324，329
《古今图书集成索引》，46，282，283，305，315，316，320，322，325，356，404-406
《古今著名人物别名室名索引》，400
《古今中外人物传记指南录》，320，352
《古书版本常谈》，190
《古书新义——试论〈说文解字篆韵谱〉的价值》，392
《顾家杰先生在图书馆学上的贡献》，267
《鼓劲》，226
《关汉卿戏剧选》，219
《关于采诗、删诗》，374
《关于发动教师暑期学习的指示》，117
《关于近代西方目录学对中国传统目录学的冲击》，319
《关于使用中小型图书馆图书分类表草案的意见》，166
《关于统编中文著者号码表的初探》，384
《关于图书馆学研究的一封信》，309
《关于新中国图书分类法的一个基本问题》，135
《关于在我省贯彻中共中央书记处对图书馆工作指示的建议》，238
《关于"综合科学（知识）"的列类问题》，281
《关于整风运动的指示》，165
《关于执行文化部关于文化事业、企业工作人员全部实行工资制及有关事项的

《通知的具体规定》，150
《关于知识分子问题的报告》，155
《关于中国图书馆分类法的使用说明》，224
《关于资产阶级分子、资产阶级知识分子和民主党派成员的自我改造问题的通知》，168
《管理文献俄文检索刊物》，395
《管理文献检索与利用》，395，396
《观看中日围棋友谊赛》，221
《光辉的历史文件》，219
《光明的中国》，227
《光明日报》，123，153，164，228，232，366
《广东图书馆通讯》，166
《广东图书馆学刊》，242，249，260，267，268，271，277，278，280，287，310，315，316，323，335，336，339，352，367，370，379，391，394，396
《广东圕概况》，33
《广学会是怎样一个机构？》，212
《广州图书馆协会会刊》，34
《桂花》，216
《国防科技情报成果评定标准和办法》，322
《国际十进分类法》，106
《国家语委等单位两项科研成果获奖》，366
《国立北平图书馆普通图书分类法》，105
《国立湖南大学蒙难纪念特刊》，74
《国立湖南大学员生校工遭受轰炸损失救济清册》，77
《国立师范学院旬刊》，87-89，91，98
《国立中央大学国学图书馆小史》，363
《国内外竹材造纸及其经济效益评价》，385
《国庆凯歌》，224
《国庆颂》，224

《国师季刊》，83，85，87
《国外科技参考工具书简介》，239
《国务院关于加强国家档案工作的决定》，153
《过零丁洋》，353
《郭沫若著译系年》，238

H

《哈佛大学中国图书分类法》，105
《悍妇记》，214
《〈汉书·艺文志〉讲解》，232
《汉书·艺文志》，104，227，374
《汉魏六朝诗歌精华选》，401
《汉学引得丛刊》，316
《汉语拼音方案》，168
《汉语拼音著者号码表》，175
《〈汉语主题词表〉的学习、试用和体会》，243，246
《汉语主题词表》，246，319，324
《汉字笔法排检法标准化问题》，333
《汉字号码排检法标准化问题》，333
《汉字结构及其构成成分的分析》，366
《汉字排检法概论》，66，114，357，360，371
《汉字排检法述评》，339
《汉字拼音排检法标准化问题》，333
《好消息》，229
《好学·师承·创新》，187，236
《何来文摘学》，270，272
《合理庋藏提高书库容量》，365
《和郭老〈看《江姐》〉原韵》，225
《和饶老〈后湖踏雪〉原韵》，219
《和饶老〈清晨锻炼〉原韵》，220
《和饶利民同志〈防震〉原韵》，218
《和杨老农伯〈游后湖〉原韵》，218
《和杨老〈庆祝毛选卷五胜利刊行〉》，220
《和杨老〈瑞雪迎春〉原韵》，227
《和杨老〈五一劳动节游览后湖〉原韵》，

221
《和杨老〈向日葵颂〉原韵》，222
《和叶帅剑英〈攻关〉原韵》，225
《和志勤〈阔别〉》，225
《核心期刊检索和例举》，297
《河北省立女子师范学院图书馆月报》，59，60
《河北省立女子师范学院图书馆指南》，59，60
《河北省立女子师范学院图书馆中文图书分类目录》，63
《河北省立女子师范学院图书馆中文图书分类目录续编》，63
《河南图书馆学刊》，362，365，391，394，402
《荷花》，216，372
《黑龙江图书馆》，203，273，290，294，298，302，304，309，318，322，336，366，378，382
《狠批"四人帮"》，219
《洪水》，225
《洪武正韵》，61
《洪武正韵玉键》，234
《红楼梦》，70，311，314，323
《红楼梦辞典》，70，71
《红楼梦书录》，71
《红楼梦研究》，70
《红旗》，293
《红旗舞》，224
《红雨》，217
《后湖赏菊》，226
《后记》，192，310
《华东六省一市图书馆学会协作会议论文集》，330
《画象》，224
《怀念陈毅同志》，229
《怀念董老并步其〈九十初度〉原韵》，220

《怀念贺龙同志》，229
《怀念敬爱的周总理逝世周年》，220
《怀念同学毛坤同志》，240
《怀念杨开慧烈士同志》，221
《黄帝内经素问译释》，289
《黄河决口》，232
《黄牛耕田》，124
《黄山云海图》，200
《黄岩蜜桔》，226
《回顾与展望——〈图书分类学〉读后感》，245，247，250
《回忆金敏甫先生从事我国图书馆事业的一生》，315
《回忆老同学毛坤》，240
《回忆录》，397
《回忆游岳麓山》，221
《惠山观鱼》，124

J

《吉林师大学报》，238
《基督教徒的社会表现与其宗教信仰的内在联系》，333，335
《基辛格——超级德国佬的冒险经历》，226
《寄语亲友》，232
《己未元旦》，232
《机关图书馆工作》，177
《纪念陈毅同志》，223
《纪念杜定友先生逝世廿周年》，363
《纪念贺龙同志》，223
《纪念结婚四十六周年》，227
《纪念李小缘先生学术讨论会题诗》，308，320
《纪念毛主席诞辰》，226
《纪念周总理八十诞辰》，228
《鸡》，216
《假期教职员借书暂行规则》，56

《假期学生借书暂行规则》，56
《家庭》，347
《剪报工作始于何时何馆?》，196
《剪毛时节》，226
《建议编辑江苏省新方志》，164
《建议研究拟定统一的汉字序列法——兼评〈统一汉字部首表〉》，354，357，377
《简化汉字应为拼音文字创造有利的条件》，223
《简介〈文史工具书的源流和使用〉》，240
《简明英汉词典》，373
《将革命进行到底》，118
《江标与〈宋元行格表〉》，300，307，319
《江南诗词》，324，370，373
《江南诗词学会会员通讯录》，370
《江苏地方文献书目辑例》，189
《江苏金石志》，188
《江苏省高校图书馆年鉴》，391
《江苏省各系统图书馆技术革新资料汇编》，180
《江苏省立国学图书馆总目》，104
《江苏省图书馆学会1980年科学讨论会论文选集》，291
《江苏省图书馆学会章程》，233，234，260
《江苏省图书馆学研究成果书目提要》，252，262
《江苏图书馆工作》，233，235，237，239，248，252，256，260，307，381
《江苏图书馆学报》，252，254，256，258，260，266，271，272，276-278，284-286，290，295，299-307，314，315，318-320，323-326，330，331，333-336，338，340-342，350-354，356-358，361-363，367，369-377，379，381，382，386-388，393，394，400
《江苏图书馆学会简报》，328
《江西图书馆学刊》，322

《江浙藏书家传略》，380
《〈江浙藏书家史略〉读后》，259，260
《交大三日刊》，36，37，40
《交大月刊》，41
《交通史总务考》，196
《教书生活》，397
《教育体制改革与高校图书馆工作》，314
《教育文献检索与利用》，358
《教育与社会》，116
《校雠略》，87，374
《〈校雠通义〉中的方法论》，89，236
《校雠通义》，87，89，161，337
《校雠新义》，369
《校雠学》，101
《校雠学论文集》，263
《校勘一得》，288
《介绍31种西文林业机械文献》，384
《接班人》，234
《解放区的天》，340
《解放日报》，123
《今日金陵》，221
《今日之河北省立女子师范学院图书馆》，64，66
《今日中国图书馆之五大问题》，51
《晋图学刊》，361
《津人著述存目》，62
《金敏甫先生小传》，306，308，309
《锦囊留句》，229
《井蛙》，224
《京剧艺术图书分类法》，331
《经济恐慌中之图书馆新趋势》，51
《经济学》，105
《经义考》，393
《荆钗记》，157
《九十初度》，220
《九通索引》，34
《旧貌变新颜》，226

《旧唐书经籍志》，217
《菊花》，216
《觉悟汇刊》，33

K

《开场白》，106
《看了闹天宫，想到落水狗》，226
《看樱花》，232
《康熙字典》，354，371
《克鲁普斯卡娅论儿童阅读辅导》，150
《科技期刊的类型和分布》，297
《科技期刊的使用效益》，384
《科技期刊的现状和趋势》，297
《科技期刊管理和利用》，291，293，296－301，304，306，309－311，313－315，323，340，344，350，381，382
《科技情报学概论》，354
《科图法》，253，264
《科学通报》，122
《科学圃》，159
《库士涅兹斯大林冶金综合工厂科技图书馆》，122
《阔别》，224

L

《腊梅》，216
《狼》，216
《老当益壮》，235
《类分图书的要诀》，54
《类素表》，268，271
《类质表》，268，271
《雷锋故事》，220
《利用图书馆的故事》，254
《李慈铭与越缦堂》，259
《李杜合集》，228
《李杜五律抄》，228
《李太白诗集》，221

《漓江风光》，226
《联共党史》，134
《联合目录》，161，163－165，325
《〈联合目录〉的研讨过程》，345，367
《联合目录的类别及其例举表》，163
《两种汉语拼音著者号码编制法的比较》，182
《两种书次号编制上的重号比较》，221
《两汉书姓名韵》，234
《两汉书姓名韵索引》，71，237
《梁启超是我国近代图书分类学的启蒙者》，249
《列宁全集索引（初稿）》，182
《列宁图书馆》，121
《列宁图书馆巡礼》，122
《烈火映红心》，226
《岭南大学图书馆馆藏期刊目录》，74
《岭南图书馆馆藏善本图书题识》，96
《六美具备颂林老》，225
《六十退休》，309
《六朝松》，221
《刘国钧先生论文选集》，262
《刘胡兰颂》，227
《刘少奇选集》，363
《刘向、刘歆与我国第一部图书分类法》，249
《柳诒徵先生简谱》，234
《龙柏》，216
《龙文鞭影》，3
《吕东莱先生音训大唐文鉴》，400
《鲁迅和校雠目录学》，158
《鲁迅研究书录》，261
《鲁迅著作与鲁迅研究的书目介绍》，141
《略论缪荃孙对我国目录学上的成就和贡献》，237，239，245，291
《略论钱亚新先生对中国目录学的贡献》，321

《略论宋词的版本考》，402
《略论天禄琳琅书目》，402
《略论章学诚对我国索引工作的贡献》，236
《论部首制——对〈辞海·总词目〉试行本改良部首制的商榷》，187
《论出版物资源共享——四川图书馆界的一种做法》，321
《论高校图书馆采访人员的素质和条件》，394
《论〈古今图书集成〉及其新编索引》，320
《论核心期刊》，292，297
《论联合政府》，118
《论人民民主专政》，117，118
《论三十五年来我国图书馆学研究的简史》，261，264
《论市、县图书馆视导工作的作用和方法》，158
《论书法》，227
《论苏联图书分类法草案》，165
《论图书馆的产业性质和产业化的问题》，292
《论图书馆宏观改革》，285
《论图书馆微观改革》，285
《论图书馆学研究的体系》，252
《论图书馆学研究的现状》，252，260
《论图书馆资源共享》，304
《论新型文献核心期刊》，295
《论语》，28，59
《论中国人民大学图书馆图书分类法的附表》，145，155
《论专科目录学的研究对象与内容》，258
《论专科性院校图书馆的藏书结构》，383
《罗马史》，28

M

《马端临〈文献通考·经籍考〉研究》，261

《马克思恩格斯全集主题索引》，182
《马克思主义经典著作阅读指南》，148
《马克思主义、列宁主义、毛泽东思想类表在我国三大分类法的比较观》，264
《马列主义经典著作学习简目》，148
《满池荷》，233
《满目青山夕照明》，222
《满园春色百花开》，228
《漫画庄子》，391
《盲友》，225
《冒号分类法解释及类表》，302
《毛氏年谱》，202，207
《毛泽东选集》，185，208
《毛泽东著作主题索引》，182
《毛主席语录》，199
《猫》，216
《茅盾著译图书系年》，283，285，286
《梅花》，216
《美国国会分类法》，106
《美国国会图书馆指南》，265
《孟子》，5，7
《梦游黄山》，219
《民国日报》，33
《民众检字心理之研究》，53
《名目索引》，310
《名著介绍：新人生观》，107
《明见式编目法》，369
《明剧品曲品》，225
《明儒学案》，375
《明史艺文志》，217
《明朝皇史宬始末及其特点》，289
《鸣野山房书目》，228，266，363
《莫斯科列宁图书馆中的手稿部的珍藏》，121
《目录学》，234，243，300，373
《目录学的功能》，382
《目录学概论》，101，243，308

《目录学讲话》，196，280
《目录学讲义》，187，191，234
《目录学论略》，196
《目录学论文选》，397
《目录学论要》，196
《目录学通论》，283
《目录学学习指导书》，373
《目录学自学书目》，324
《目录学资料汇编》，239，367，373
《目前我国高等院校图书馆现状的调研报告汇编》，298
《目前形势与我们的任务》，117

N

《南方日报》，123
《南京大学学报》，352
《南京大学研究生专业介绍》，398
《南京的苏中校友》，329
《南京地区中等专业学校图书馆规章制度与工作表格参考资料》，194
《南京日报》，246
《南京三大系统图书馆响应上海公共图书馆倡议并向全国各地区三大系统图书馆倡议竞赛》，169
《南京图书馆第一届图书馆学科学论文讨论会论文集(油印本)》，158
《南京图书馆干部业务学习简则》，186
《南京图书馆馆史》，243
《内蒙古图书馆》，335，404，405
《你是灯塔》，340
《你最佩服的是哪个人》，8
《拟定各级圕经费标准请教育部列入圕规程案》，53
《念奴娇·读元旦社论：光明的中国》，227
《佞宋主人黄丕烈》，194
《牛》，216

《牛顿的伯乐和千里马》，229
《农村辅导工作》，172
《农村经济》，105
《农村图书工作的方向》，172
《农业图书分类法》，277
《女论语》，3
《女师学院期刊》，54

O

《欧阳行周集》，228，229

P

《排检法的规则》，67
《排检法的原理》，67
《配合代号表》，268
《拼音代号表》，268
《拼音目录要论》，73
《拼音著者号码编制法》，26，28，30，31，35，63，115，168，247，339
《拼音著者号码表》，115
《平湖对局》，59
《评〈端溪名砚〉》，241
《评介青年知识手册》，362
《评介四种图书馆学基础理论著》，288，309
《评介一部新型的〈现代汉英技术及普通辞典〉》，201
《评介专题目录两种》，212
《评四角号码检字法》，212
《破除迷信》，222
《普式庚图书馆》，121
《普通目录学教科书》，159
《普通图书馆设备举要》，101

Q

《七录》，104

《七略》，374
《七五生辰书怀》，226
《期刊的定义、特点和作用》，297
《期刊的起源、发展和趋势》，297
《期刊分类》，335，340，353，354
《期刊工作的发展趋势》，297
《期刊工作的组织和管理》，297
《期刊检索工作》，297
《〈期刊索引〉之检讨》，68
《祁彪佳与八求楼》，229
《祁承㸁——我国图书馆学先驱者》，207
《祁忠敏公日记》，225
《前言》，192
《千秋岁·纪念七一》，222
《千字文》，3，4
《钱塘潮》，59
《钱亚新别集》，41，59，107，124，152，212，216，219，239，241，242，245，253，303，357，404
《钱亚新从事图书馆事业五十五年纪略》，259
《钱亚新的一生》，397
《钱亚新回忆录》，397
《钱亚新集》，111，158，231
《钱亚新论文选》，262，386，395
《钱亚新目录学论文选》，408
《钱亚新书信集》，397
《钱亚新（先生）索引思想初探》，280，296，335，351
《钱亚新图书馆学论文选》，408
《钱亚新未发表的著述目录》，246
《钱亚新系年录》，397
《钱亚新先生目录学思想初探》，280，295
《钱亚新杂文选》，408
《钱亚新著述系年录》，259，393，397
《钱亚新字号和笔名》，259
《强化图书馆的教育职能，自觉做好"借书育人"的工作》，354
《桥》，224
《庆君幸独还》，233
《庆祝建军节五十周年》，223
《庆祝胜利》，226
《庆祝游行》，223
《情报检索》，304，312
《情报学概论》，315
《情报意识培养》，296，300
《情报与文献工作词汇——文献的收集、识别与分析》，341，346
《情书》，61
《〈情书〉及其作者》，62
《清代殿板书之研究》，54
《清静养生》，225
《清儒学案》，375
《清学部图书馆方志目》，188
《青春》，308
《青春似火》，217
《青岛》，66
《青岛市政各项建设》，65
《青年风》，107
《青少年时代》，3
《屈原》，229
《全国报刊索引》，316，381
《群众》，112

R

《冉大姑赞》，228
《热烈拥护第十一次全国党的代表大会胜利召开》，223
《人大法》，253，264
《人民公敌蒋介石》，118
《人民公社图书馆（室）工作》，178，179
《人民公社图书馆学》，253
《人民广场》，218
《人民日报》，62，123，143，219，220，222，

225, 229
《人物杂志》，325
《人质》，218
《如何处理特藏图书》，217

S

《S. T. T》，249
《三白西瓜》，59
《三凤求凰》，232
《三论〈读者学〉》，303
《三民主义化世界图书分类法》，105
《三民主义化图书分类法的探讨》，89，90
《三民主义中心图书分类法》，369
《三字经》，3
《沙漠的春天》，217
《删正瀛奎律髓》，253
《善本书目综合索引》，96
《山东图书馆季刊》，259，271，386，387
《山枫》，216
《山花》，219
《山玉诗草》，116
《山玉诗草续编》，342，354，357，371，386
《陕西图书馆》，308，337
《上海市立图书馆馆刊》，112
《上劳山》，66
《赏雪探梅》，220
《社会发展史略》，118
《社会科学文献检索教学参考图录》，392
《社会科学文献检索实习用书：参考图录》，393
《社会主义图书馆学概论》，191
《申报》，17，316，322
《申报索引》，288，291，301，304，305，311，317，322，324，339，346，352，358，372，399
《神童诗》，3
《省内三市二县文化工作的报告》，183

《胜利歌声彻云霄》，222
《世界晨报》，121
《世界儿童图书馆概况》，30，35，39，46
《世界各国圕事业史》，159
《世界民众图书馆概况》，121
《世界图书分类学大事记》，253，267，270
《什么是图书馆学方法论？》，295
《使命》，218
《十进类分法》，106
《史籍考》，161
《史记》，162
《史书分类表》，380
《实话报》，121
《师生之情终生难忘——悼念汪长炳老师逝世一周年》，397
《拾经楼书目》，96
《施注苏诗》，221
《时代的产物　图书发行学》，295
《时代批评》，112
《是目录，还是索引？》，265
《氏族略》，302
《狮》，216
《石榴花》，216
《石头城》，232
《试论古籍索引与历史文献的关系》，270，287，310，315
《试论汉字笔画排检法的标准化问题》，267，332，337
《试论汉字笔形排检法的标准化问题》，303，391，396
《试论汉字单笔/组笔多维排检法标准化问题》，371
《试论汉字排检法的标准化问题》，267
《试论汉字拼音字母排检法标准化问题》，403
《试论汉字声纽韵母排检法标准化问题》，393

《试论〈校雠通义〉与〈文史通义〉的关系》，232，236
《试论祁承㸁的藏书成就及其对目录学的贡献》，240
《试论图书馆管理思想的发展》，392
《试论文献的"生态平衡"》，361
《试论我国古籍索引与历史文献的关系》，316
《试论综合性科学类在〈中图法〉中的三大问题》，269，277，282
《试拟工科院校中型馆的藏书组织模式》，383
《试评武汉图书馆〈中文图书字顺目录检字表〉》，213
《诗词篇名分类索引》，370
《诗词篇名字顺索引》，370
《诗经》，400，401
《诗经精华选》，401
《诗经释注》，374
《诗经译注》，401
《诗渊》，337，339
《诗苑》，377
《首笔号码索引法》，102
《书刊评介资料索引》，123
《书库的经济管理问题》，365
《书林》，293
《书目答问》，104
《书目答问补正》，189
《书目答问笺补》，189
《书目的索引及其编制法》，187，199，233，386
《书目分类法》，106
《书山零岩》，284
《书文评论浅谈》，373，376
《书志学》，101
《熟悉图书工作的讲解》，175
《水杉》，216

《水仙》，216
《说文解字》，346
《四部丛刊》，134
《四川日报》，355
《四川图书馆学报》，240，283，288，321，324，339，352，393，394
《四大家族》，118
《四大金刚之二——日报》，87
《四季〈调寄江南春〉》，216
《四季之花》，370，373
《四角号码汉字简化及异体检字表》，362
《四角号码检字表》，212
《四库备要》，76
《〈四库全书分类法〉的述评》，218，219，230
《四库全书》，249
《四库全书总目提要》，104
《四书字汇及索引》，34
《四有铭》，353
《私立立信会计专科学校图书馆计划书》，109，111
《〈宋词四考〉论略》，403
《〈宋词四考人名索引〉的得失》，299，300
《宋词四考》，299，392
《宋词四考人名索引》，299
《宋词四考索引三种》，392
《宋儒学案》，375
《宋史艺文志》，217
《宋史艺文志补》，217
《宋元行格表》，75，95
《宋元行格表索引》，95
《送邓副总理赴美访问卡特》，232
《搜山打车》，157
《苏俄流动文库法规》，122
《苏联的公共图书馆是怎样工作的》，121
《苏联的图书馆管理员》，121
《苏联的一个乡村图书馆》，122

《苏联见闻录》，121，122
《苏联图书馆的特色》，121
《苏联图书馆事业》，121
《苏联图书馆事业的发展》，121
《苏联图书馆事业概观》，121
《苏联文化教育机关的系统与组织》，121
《苏联最大的科学技术图书馆》，122
《苏维埃共和国图书馆概况》，121
《苏维埃国家的图书馆》，121
《苏文忠公全集》，228，229
《苏中校友简讯》，329
《苏州建城二千五百年纪念册》，352
《遂初堂书目》，104
《隋书·经籍志》，104，217，227，249
《隋唐诗歌精华选》，401
《随感》，396
《孙氏祠堂书目》，104
《索引的概念与方法》，380
《索引法和排检法文选》，397
《索引和索引法》，29，32－33，35－36，41，43，164，301－302，304－305，320，339，356
《索引学》，339，346
《索引学大纲》，348，355，372
《索引因子说》，316

T

《太平御览索引》，58，320
《太平御览之研究》，47
《昙花》，216
《谈谈1950—1964年我国报纸的索引工作》，201，205
《谈谈〈藏书训约〉的版本》，236
《谈谈第二课堂》，273
《谈谈教科书》，340
《谈谈解放以来我国报纸的索引》，199
《谈谈〈奕庆藏书楼书目〉的版本》，236

《唐书艺文志》，217
《唐文鉴》，221
《唐学咏博士个人作品音乐会演奏素描》，88
《桃花》，216
《题年画〈渤海之春〉》，221
《题岁寒三友》，220
《题天女散花》，228
《题写生画——半山亭畔》，219
《题写生画——枫叶红》，226
《题写生画——马路风光》，219
《题鹰击天鹅》，227
《题友人折扇画》，213
《题岳阳楼图》，227
《题折扇》，222
《填补空号使不得!》，295
《天一阁藏明代方志罕见目录》，254
《铁路管理书目》，37
《痛斥死党》，219
《通志》，104，337，374
《投身图书馆界的第一步——回忆我的老师杜定友先生》，259
《兔》，216
《图书编目工作讲解(初稿)》，212
《图书补充的几个重要问题》，153
《图书采购工作》，177
《图书的分类·图书的编目》，153
《图书典藏工作》，178
《图书发行研究》，313，361，362
《图书分编工作中的思想性和艰巨性》，145
《图书分类表》，174
《图书分类法》，63，79，83，91，101，247，249
《图书分类法标记问题》，338，349
《图书分类法的改造问题》，268
《图书分类法的问题》，307

《图书分类法的作用》, 308
《图书分类法规》, 211, 223
《图书分类法规摘译》, 202, 223
《图书分类法统一问题》, 316, 318, 338, 339
《图书分类法问题研究》, 335, 338, 349, 360
《图书分类工作讲解》, 212
《图书分类名词术语》, 404, 405
《图书分类问题》, 294
《图书分类学》, 241, 247, 249, 253, 269
《图书分类与图书标题》, 185
《图书管理学》, 41, 57
《图书馆》, 101, 105, 199, 288
《图书馆半年来之工作》, 40
《图书馆藏书》, 299
《图书馆藏书建设》, 201
《图书馆藏书与目录讲稿》, 185, 191
《图书馆的本质属性没有发生质变》, 361
《图书馆的外文期刊工作(初稿)》, 193
《图书馆改革之我见》, 330
《图书馆工作四十年——老专家杜定友的专业精神》, 164, 232
《图书馆工作》, 167, 192, 271, 282, 290, 300, 304, 331, 372, 374, 375
《图书馆工作与研究》, 313, 314, 361
《图书馆工作者应积极地为科学研究服务而努力》, 154
《图书馆管理学纲要》, 253, 267, 284, 307, 308, 310, 333, 338, 340, 344, 349, 352, 354
《图书馆建筑设计》, 269
《图书馆建筑学》, 318
《图书馆教育的鸟瞰》, 116
《图书馆界》, 271, 273, 300, 302, 320, 356
《图书馆经济学》, 281, 312, 314, 320, 331, 360, 363, 364, 366, 373

《图书馆论文集》, 372, 374
《图书馆漫谈》, 87, 88, 91
《图书馆人才学概论》, 362, 365, 368, 374, 377-378, 381, 383
《图书馆社会价值论》, 338
《图书馆室业务参考材料》, 173, 176
《图书馆统计工作论略》, 185
《图书馆统计和报表工作讲解》, 146
《图书馆统计学的理论与实践》, 253
《图书馆微观改革》, 288, 289
《图书馆续谈》, 93, 106
《图书馆学》, 90
《图书馆学导论》, 284, 287, 288, 294, 298, 309, 352
《图书馆学的随机抽样研究法》, 360
《图书馆学概论》, 22, 159, 267, 284, 300, 313
《图书馆学及其著述之推荐》, 115
《图书馆学基础》, 191, 251, 299
《图书馆学基础理论研讨笔会文集》, 380
《图书馆学季刊》, 17, 31, 32
《图书馆学家杜定友先生》, 344
《图书馆学家钱亚新》, 319
《图书馆学家钱亚新传记丛刊》, 397
《图书馆学家钱亚新的一生——创新、求精、育才》, 396, 397
《图书馆学刊》, 283, 297, 308, 338, 339, 349, 354
《图书馆学类表结构图》, 277
《图书馆学论文索引》, 171, 175, 202
《〈图书馆学论文索引〉述评》, 284
《图书馆学论文选》, 397
《图书馆学目录学论文集》, 199
《〈图书馆学目录学书目索引〉评误》, 367
《图书馆学期刊式论文索引述评》, 292, 306
《图书馆学·情报学·档案学》, 290

《图书馆学情报学专用英语》,394
《图书馆学书籍联合目录》,249
《图书馆学思想史纲》,309
《图书馆学通讯》,141,192,193,302,316,318,352,375,394
《图书馆学图书分类法问题》,277
《图书馆学文摘》,302,304,306
《图书馆学小丛书》,240
《图书馆学研究》,247,315
《图书馆学引论(初稿)》,191,194
《图书馆学引论教学大纲(草稿)》,198
《图书馆学原理》,289,291,352,354
《图书馆学杂志》,305
《图书馆学之内容与方法》,17,305
《图书馆学之研究》,262,305,307,308,315
《图书馆学专刊如何编排栏目和索引》,306
《图书馆学专门辞典》,117
《图书馆研究与工作》,254,259,260,271,290,369
《图书馆业务学习资料》,156,166,167,173
《图书馆与成人教育》,159
《图书馆与读者》,146
《图书馆与文化》,74
《图书馆与文化学习》,123
《图书馆杂志》,245,271,276,290,320,323,324,338,352,363,371,375,390,393,394,400
《图书馆怎样做好社会政治书籍的宣传工作》,146
《图书馆整理计划及进行方针》,36
《图书馆之歌》,192
《图书馆之话》,48
《图书馆之梦》,22
《圕藏书与目录教科书》,159

《圕建筑》,159
《圕节建议》,324
《圕学教科书》,159
《图书集成》,134
《图书目录学》,369
《图书评论》,379
《图书情报辞典》,355,356
《图书情报工作》,247,250,325,341,352,353,361,394
《图书情报工作动态》,267
《图书情报工作实用手册》,350
《图书情报学辞典》,350,355,356
《图书情报知识》,267,288,299,303,309,312,317,325,333,339,376,394
《图书室管理法》,101
《图书室规则》,196
《图书统计与近代文化》,369
《图书统一著录规则》,159
《图书宣传工作》,176
《图书宣传工作讲解》,175
《图书月刊》,101
《图书之体系》,60
《图书资料分类法》,268,269,271,277,339,346
《土改前后》,124
《土改学习参考资料索引》,124
《推荐〈引文索引法〉》,303
《退休以后》,402,404

W

《瓦尔特保卫萨拉热窝》,224
《外国图书分编史上的六位杰出人物》,249
《外国图书馆概况》,309
《万有文库》,37,76
《万有文库简编目录及其书名索引》,108
《望湖亭》,157

《为党的生日献出更美丽的花朵放出更芬
　　芳的香味》，180
《为改进图书馆工作而向党进言》，165
《为〈高等学校图书馆学〉正名》，259
《为图书馆事业奋斗而生的杜定友》，
　　356，357
《为中国人民大学图书馆图书分类法排列
　　表找窍门》，145，155
《伟大的国家必有伟大的图书馆》，112
《围绕电影〈创业〉的一场惊心动魄的阶级
　　斗争》，219
《微型汉字电脑在宁研制成功》，246
《文昌桥畔》，222
《文萃》，112
《文化的宝库——列宁图书馆》，121
《文化先锋》，88
《文华师长访谈录》，333
《文华图书科季刊》，36，42，43，45，50，67
《文华图学专科学校简讯》，122
《文汇报》，123，172，173，293，295，350，
　　367
《文教参考资料》，122
《文教资料简报》，244，259，260，299，311
《文科工具书简介》，242
《文论》，379
《文史资料选辑》，212
《文体分类浅谈》，300，301
《文体分类学概要》，300
《文物参考资料》，145
《文献》，300，307，319
《文献计量学引论》，315
《文心雕龙》，379
《文学的党性原则》，149
《文讯》，87
《文渊阁书目》，104
《文摘报》，295，336，337
《文摘的类型》，341

《文摘学论要》，277，285，292
《文摘》杂志，288
《文摘术》，323
《闻笛》，229
《我馆的外文科技期刊阅读辅导和参考咨
　　询工作》，384
《我国校雠学上的两面旗帜》，197，236
《我国解放前后(1920—1956年)图书馆教
　　育事业的述评》，156
《我国图书分类法的发展概况》，230，231
《我国图书馆界的当务之急》，234
《我国图书馆事业大事记述评》，267
《我国图书馆学的奠基人——郑樵》，
　　233，236，267
《我国著名图书馆学家、目录学家钱亚
　　新》，402
《我们是怎样开展农村图书流通工作
　　的》，172，173
《我们是怎样开展书评工作的?》，292，
　　293
《我们是怎样乔迁的?》，389
《我们怎样进行图书馆学函授班的辅导工
　　作的》，185
《我是怎样研究联合目录的?》，372，376，
　　378
《我是怎样研究拼音著者号码编制法
　　的?》，387
《我是怎样研究郑樵和章学诚的?》，363
《我所认识的杜定友先生》，357
《我与复旦》，271，298
《我与南洋》，271，324
《我与省馆——治书生活之七》，271，287
《我与图书馆》，271
《我与图书馆教育》，271
《我与图书馆协会》，271
《我与图书馆学》，271
《我与中大》，271

《乌臼》, 216
《五角丛书》, 360, 362
《五十不老翁》, 353
《五一·六通知》, 202
《吴培元先生和"民众图书馆设施法"》, 285, 286
《无锡轻工业学院的概况》, 389
《梧桐》, 216
《武汉大学图书馆汉语拼音著者号码表》, 168

X

《喜题"五东"合影》, 223
《西文特种资料简易处理办法》, 200
《西文文献著录程序研究》, 370, 372
《西文文献著录条例》, 301
《西洋知识系统的史略》, 115
《郋园读书记》, 96
《县图书馆工作三十题》, 378, 379, 380
《显微纪念册》, 88
《乡土》, 377
《乡贤集》, 323
《向科学文化进军应积极培养和提高图书馆员的工作水平》, 119, 156
《向苏联图书馆学习》, 122
《向〈扬州诗局杂考〉提供一些参考意见》, 242
《向〈中图法〉提些意见》, 229
《相亲》, 226
《象》, 216
《象棋和围棋》, 214
《香港文汇报》), 122
《小说月报》, 31
《小学考》, 398
《小阳春》, 226
《消夏诗》, 113
《新编图书馆学类表》, 267, 277
《新的长征》, 228
《新华日报》, 123, 206, 228
《新华字典》, 212, 223
《新民主主义论》, 117, 118
《〈新人生观〉述评》, 106
《新人生观》, 106
《新三字经》, 3, 4
《新时代的图书馆学专刊如何能提高质量刍议》, 306
《新苏日报》, 184
《新索引学》, 245
《新图书分类法的远景》, 268
《新闻类编》, 121, 122
《辛勤二十年树立里程碑——略论〈明代版刻综录〉的价值和意义》, 259
《姓氏人名用字分析统计》, 366
《杏花》, 216
《行仁》, 90
《修订〈中图法〉图书馆学类表结构初探》, 259, 277
《宣传伟大的第一个五年计划推荐书目》, 149
《〈学点目录学〉序》, 259, 260
《学点目录学》, 243, 300
《学衡》, 31
《学校图书馆学》, 253
《学校图所收学生图书费学校当局不得移归别用案》, 53
《学校图之经费学校教职员及学生共同负担……之数案》, 53
《学习和发扬延安时代革命精神本市举办延安时代革命生活展览会》, 184
《学习简报》, 143
《学习雷锋》, 220
《学术季刊》, 333
《学术杂文选》, 397
《学术资料的收集、分类与处理》, 199

《雪松》,216

Y

《鸭》,216
《烟雨下乡》,222
《扬州教育学院学报》,385
《扬子晚报》,295
《杨龟山集》,228,229
《羊》,216
《姚名达与目录学》,111,231,240
《姚名达与我国史学》,111,231
《姚显微先生之不朽——为殉国周年纪念而作》,88,111
《耀眼》,229
《业师杜定友先生》,232
《一江春水向东流》,232
《一九八五年湘版书掠影》,289
《一九四三年春季中外风云录》,89
《一年编辑工作综述》,400
《一身洁白万古流芳》,220
《奕庆藏书楼书目》,228,266,363
《宜兴文化志》,360
《宜兴县馆六十年》,300
《忆杜师》,248,317
《忆同事王庸》,152
《沂蒙颂》,220
《艺风老人年谱》,187,188
《艺风老人与目录学》,190,192,289,291
《艺风堂收藏金石目》,188
《艺园养身》,222
《遗容含笑》,224
《引文索引法》,293,295
《银杏》,216
《音韵笔画著者号码编制法》,26
《应该创立一门书评学》,377
《应该有"文摘学"》,272
《樱花》,216

《瀛奎律髓刊误》,253
《英美目录纵横谈》,373
《迎春祝寿(五首)》,357
《迎解放》,353
《迎新春》,220,349
《鹰击天鹅》,227
《咏荷》,373
《咏向日葵》,222
《永远活在我们心中崇高的形象》,220
《用法》,268
《友会未晤》,225
《尤袤〈遂初堂书目〉初探》,283,308
《幼学琼林》,3
《"有偿服务"行止论》,353,361,388
《"有偿服务"行止探》,361,388
《有感》,232
《有感于辑录资料失误》,367
《有关文化事业企业人员实行工资制问题的补充通知》,151
《与主题目录打交道》,300,356,378
《余嘉锡与目录学》,267
《御书术》,54
《渔阳山人文集笺》,331
《玉键》,61
《元史艺文志》,217
《元宵赏月》,227
《原富》,105
《原野》,293,298
《愿光芒永放——名家书趣》,254
《远足南岳》,10
《鼋头渚》,124
《岳阳楼图》,227

Z

《杂志和索引》,33
《再登北高峰》,41
《再和杨老〈瑞雪迎春〉原韵》,227

《再论综合性科学类在〈中图法〉中的三大问题》，283，288，339
《再颂〈创业〉》，220
《再谈〈读者学〉》，291
《再咏向日葵》，222
《在延安文艺座谈会上的讲话》，118
《赞王宁王宇》，228
《怎样编辑鲁迅研究专题书目》，179
《怎样查字典》，126
《怎样创办图书馆》，149
《怎样进行图书分类工作》，135
《怎样利用图书馆》，250
《〈增订四库简明目录标注〉简介及检索方法》，259
《赠志远康康》，228
《展开分类法》，106
《战时图书馆》，101
《战友》，220
《漳河春》，224
《章氏遗书》，325
《章学诚对郑樵校雠学说和工作的发展》，184，231，236
《章学诚对郑樵批判精神的发扬》，236，259
《章学诚〈校雠通义〉研究》，89，107，114
《章学诚》，337
《章学诚校雠通义研究》，233，307，311，399，408
《章学诚遗书》，312
《昭明文选》，250
《赵州桥》，221
《浙东三祁藏书和学术研究》，229，240，251，317，320，341，364
《浙江图书馆的"三最"》，250，259，260
《著书生活》，272，286，317，322，323，353，397
《著者号问题》，290

《珍妃井》，225
《珍珠桥畔凉亭小坐即景》，224
《甄别工作程序》，189
《甄别图书整顿目录工作小组条例草案》，189
《甄别图书整顿目录工作小组小结》，190
《真是活雷锋——老贫农邢自德舍身拦车救外宾》，225
《峥嵘岁月》，304
《政治经济学》，118
《正报》，112
《正气歌》，340，353
《郑樵对图书分类学的贡献》，249
《"郑樵和章学诚"的研讨》，338
《郑樵和章学诚研究论文选集》，337，345，358
《郑樵〈校雠略〉研究》，89，91，108，118，123，216，236，302，320
《郑樵〈校雠略〉中的方法论》，236
《郑樵》，337
《郑樵与章学诚》，236
《郑樵在中国目录学史上的地位》，243，250
《治书生活》，271，278，286，317，353，397
《治学经验谈》，242
《知识的组织和科学的系统》，115
《中大图书馆指南》，32
《中国大百科全书》，265，319，332，375
《中国当代社会科学家》，376，379
《中国分类学》，247
《中国革命与中国共产党》，118
《中国共产党中央委员会通知》，202
《中国古代史学史纲》，316
《中国古籍书目解题》，293，300，303
《中国古书保养和修补技术》，159
《中国汉字法》，329
《中国校雠学史》，355

《中国近代书目发展管窥》，409
《中国近代图书馆学的产生与发展》，315
《中国近现代图书馆事业史》，191
《中国历史读本》，118
《中国目录学家辞典》，363，365，370，391
《中国目录学年表》，101
《中国目录学史》，101，159
《中国农学遗产文献综录》，269
《中国青年》，112
《中国社会科学家传略》，396
《中国十进分类法》，105
《中国史部目录学》，101
《中国书史》，96
《中国索引和索引法著编年表（1975—1949）》，256－259
《中国索引论著汇编初稿》，70
《中国索引年表初稿》，373，378
《中国索引条例》，34，35
《中国索引学社》，402
《中国图书分类法》，104，105，230
《中国图书分类法概论》，231
《中国图书分类法史稿》，261
《中国图书分类学史》，246－249
《中国图书分类之沿革》，101
《中国图书馆事业大事年表述评》，331
《中国图书馆图书分类法》(《中图法》)，149，211，213，215，221，253，258－261，264，269，275－278，281，315，319，392
《中国图书馆学会章程》，233
《中国图书馆学论丛》，262，395
《中国图书及图书馆事业史》，293
《中国图书情报工作实用手册》，388
《中国图书史》，159
《中国图书与图书馆史》，334
《中国圕事业史》，159
《中国圕学史》，159
《中国文学参考工具书辑略》，245

《中国文学工具书辑略》，266－268
《中国文学目录学发展史略》，324，325
《中国文学作品部分类名释义》，267，283，286
《中国著名藏书家传略》，378，380
《中华教育界》，121
《中华人民共和国土地改革法》，124
《中华人民共和国宪法草案》，144
《中华书局图书馆基本教育图书教具展览会参观印象记》，44
《中华图书馆协会第二次年会闭幕宣言》，54
《中华图书馆协会第二次年会宣言》，53
《中华图书馆协会会报》，58，61，88，90
《中华图书馆协会索引委员会启事》，34
《中华图书馆协会与武昌华中大学文华图书科招考图书馆学免费生规程》，21
《中秋泛舟》，44
《中苏友声》，121，122
《〈中图法〉三版修订会会议纪要》，282
《〈中图法〉同位类目的配号是随意的吗？——向黄志霄同志质疑》，303
《〈中图法〉图书馆学、图书馆事业（修订表）》，254，262
《中外统一刊号再探》，300
《中外图书统一分类法》，105
《中外一贯实用图书分类法》，105
《中文参考书指南》，68
《中文工具书》，201
《中文工具书使用法》，201
《中文图书编目分类流水操作法》，132
《中文图书分类和编目的工作》，165
《中文图书字顺目录检字表》，213
《中文字顺目录检字表》，351
《中西两杜》，198，273，312，317
《中西文化与国际图书之关系》，65
《中小型图书馆图书分类表草案》，154，

159，166，167，215
《中小型图书馆怎样管理图书》，148
《中学生学习方法讲座》，253
《中学图书馆图书分类法》，277
《中学语文研究资料索引（1950—1985）（初中部分）》，354，386
《中央日报》，89
《周南·关雎》，401
《主题法基础知识》，269，278，358，376
《主题分类法》，106
《猪》，216
《祝贺陆秀老同学参加全国五届政协》，228
《祝贺重庆市图书馆建馆四十周年纪念》，339
《祝全国善本书总目编辑工作会议在南京胜利召开》，228
《祝三同,孙悟空》，356

《祝同学毛体六完婚》，41
《专科目录学教科书》，159
《庄子》，391
《追悼伟大领袖和导师毛主席》，218
《卓有贡献的地质工程师——钱方》，341
《涿州志》，254，256
《字序法研讨会》，354
《自撰论著提要》，164
《资本论》，105
《资本论索引》，182
《资料分类法规》，211
《资治通鉴》，34
《走访地下城》，222
《最近五年来我国图书馆学科研上的主要成就和存在问题》，190
《最近一年半内新杂志的调查录》，35
《做好外文期刊信息传递工作为科研教学服务》，385

后　　记

　　这是一本"无心插柳"的论著。我从 2011 年开始系统研究钱亚新先生，并着手搜集、阅读相关文献。在"上穷碧落下黄泉"的过程中，不知不觉积累了不少资料，尤其是 2011 年年底，钱亚新哲嗣钱亮先生将钱亚新部分手稿、学术通信、工作札记等资料赠送给我，更是让我如获至宝。在处理这些资料过程中，我决定为钱亚新先生编撰一本年谱。年谱工作是从 2012 年开始的，不过，由于当时主要精力都放在撰写博士论文上，年谱的编纂一直处于断断续续的状态。2016 年，我完成了题为《钱亚新图书馆学学术思想研究》的博士学位论文，并顺利通过答辩。当时，在提交博士论文时，本想将"钱亚新年谱"作为博士论文的"附录"之一，但是 2016 年初时，发现年谱已近 30 万字，体量过大，无奈之下只得放弃。

　　2016 年博士毕业并留校工作，身份也从学生转变为"青椒"，在"非升即走"的压力之下，开始了申项目、写论文的生活。2016 年年底，我以"钱亚新年谱"为题，申请了国家社科基金后期资助项目，很幸运通过了评审，获得了 2017 年国家社科基金后期资助项目的立项资助。获得国家社科基金的资助，不仅为本书的出版解决了经费的问题，而且也大大缓解了我的科研压力，为后来职称晋升提供了巨大帮助。在获得国家社科基金资助以后，我抓紧对本年谱的内容进行修改，同时赴上海、苏州、武汉、宜兴、南京以及湖南各地等钱亚新生前工作、学习、生活过的地方的档案馆、图书馆找寻资料，增补了不少内容，终于在 2019 年 11 月按照预定计划完成了书稿，并提交结项鉴定。2020 年突如其来的新冠疫情，打乱了各行各业的节奏，按照惯例 2020 年初就能完成的结项工作也被拖到 2020 年底，好在一切顺利，完成了结项。

　　本年谱的编撰对于我个人而言是有着多重意义的，除了上述提到的获得国家社科基金资助、助力晋升职称外，还让我在不经意间摸到了治史的门径。距离开始编撰钱亚新年谱多年后，无意间读到桑兵先生在《治学的门径与取法》中的一段文字：

近代学术大家卓有成效的治史方法,是在宋代史家方法的基础上发展演变而来的。而宋人治史,尤以长编考异之法最为精当。……以长编考异之法研治历史,既是基本所在,也是高明所由;既有助于矫正时下的种种学风流弊,又能够上探领悟前贤治学的精妙,实为万变不离其宗的根本。其主要准则有二:其一,解读史料史事,必须遵循时空、人等具体要素,凡是脱离具体时空、人的事实联系,依照外来后出的各种观念架构拼凑而成的解读连缀,都是徒劳无功地试图增减历史。其二,历史的内在关联并非罗列史事即可呈现,而是深藏于无限延伸的史事、错综复杂的联系背后,必须透过纷繁的表象寻绎联系的头绪才能逐渐认知。①

我在编撰钱亚新年谱的过程中,也是愈发地体认到编年对于历史研究的重要性。不管是人物研究,还是机构研究亦或是事件的研究,在研究之前,都有必要梳理一下这些人物、机构、事件的时间脉络,这样对于这些人物、机构、事件的前后发展、所处环境就有了一个大致的了解,这对于进一步的研究是非常重要的。近年来,我在从事图书馆史研究过程中,一直遵循这一理路,从编年做起。因此,从这个意义上而言,我要感谢这本书对于我学术研究的启蒙。

但不得不说,年谱的编撰是非常辛苦的,特别是对那些人生经历丰富、生命跨度长的谱主,所耗费精力尤巨,而钱亚新先生正好又符合这个条件。记得曾经在读香港大学历史系教授徐国琦先生的《边缘人偶记》时,书中一段话引起了我的强烈共鸣。徐先生在回忆其因为写博士论文到各地档案馆、图书馆搜集资料时写道:

尽管现在是高科技时代,但档案研究容不得半点投机取巧,要有恒心和耐心,更不能一味依赖电脑,要学会顺藤摸瓜。我的许多珍贵资料就是电脑目录上没有、档案馆的咨询专家都找不到的情况下,我用笨功夫旁敲侧击,用铁杵磨成针的工夫,慢慢淘出来的。急于求成和想走捷径是档案研究的大忌。②

对于徐先生这段话,我深有同感。自从走上研究图书馆史的道路之后,我始

---

① 桑兵.治学的门径与取法[M]//桑兵.桑兵自选集.广州:中山大学出版社,2017:28-29.
② 徐国琦.边缘人偶记[M].成都:四川人民出版社,2017:74.

终坚信"笨功夫"的重要性，虽然数据库的发展，确实为我们提供了不少便利，但是仍然不能替代图书馆、档案馆的"枯坐"。我依稀记得，在南大图书馆枯坐一个月翻阅《大公报》时的情形。在和有些朋友提起这事时，他们都说《大公报》有电子版，何必再去一页页看？电子版确实能方便搜索，输入"钱亚新"和钱亚新有关的信息就都出来了，但是很多其他信息也遗漏了。而我在翻读纸质版的时候就有一个意外的收获，发现了钱亚新先生以笔名"练佳"发表的一篇书评，这篇书评前人从未有人提及。除此之外，在《大公报》上还发现了许多其他与图书馆史有关的史料，提供了今后可资研究的选题，这些都是检索电子版无法代替的。当然，这种枯坐并不是百分之百会有收获，枯坐半月、一月什么都没发现的事也是常有的，个中滋味非有相同经历者不能体会！

  我深知这本书无法穷尽钱亚新先生的一生，肯定有很多遗漏。就当我自认为比较完整的梳理了钱亚新先生论著编译系年之时，北京大学赵元斌博士在2018年4月的一天给我发来了几张署名"佚名"的文章图片。赵兄以姚名达研究为博士选题，这几张图片是姚名达先生哲嗣发给他的，文章原载于姚名达先生的夫人巴怡南编辑的《显微纪念册》，文章题目为《姚显微先生之不朽——为殉国周年纪念而作》，写作时间为1943年6月18日，地点是"兰田"。该文虽然署名"佚名"，但比对内容发现与钱亚新1947年9月未刊稿《姚名达与我国史学》基本一致，应该说《姚显微先生之不朽——为殉国周年纪念而作》一文是后来的《姚名达与我国史学》《姚名达与目录学》的源头。当时的心境仿佛是警察办案时发现了一条重要线索，其兴奋之情可想而知。与此同时，这又提醒我钱亚新先生是不是还有很多别的文章没被发现。除了著作之外，其他不少资料我知道存于某处，但由于特殊的原因，现在还不对外公开，对于这部分资料，只能期待它们早日开放了。

  除了对于我个人外，本年谱的出版对于图书馆学界或许也是有所贡献的。记得沈津先生曾感慨：

> 近百年来，中国图书馆学界里，出了不少知名的学者、专家、教授，如缪荃孙、柳诒徵、沈祖荣、袁同礼、蒋复璁、皮高品、李小缘、汪长炳、姚名达、裘开明、王献唐、王重民、赵万里、屈万里、王大隆、顾廷龙等，他们在分类法、目录学、版本学以及图书馆的管理上都作出了非凡的贡献。可是，在这些高才伟器去世后，后人虽会记得他们，但是几十年来为这些先达树碑立传，或有关研究他们的专著却少有出版，而写出年谱者，仅有焕文兄的《裘开明年谱》及我的《顾廷龙年谱》而已。我注意到的

是,即使是这些人物生前自撰的回忆录也不多。①

钱亚新年谱的出版,应该是继《裘开明年谱》《顾廷龙年谱》之后,中国大陆图书馆界正式出版的第三本图书馆学学人年谱专著。书中披露的诸多资料,对于丰富图书馆史料,助力图书馆史研究应该还是有所裨益的。但是,需要说明的是,书中很多书信没有原文披露,只是择要说明。我原计划把所见的书信原文著录,但如果这样,字数得增加十几万字,而国家社科基金后期资助项目经费有限,所以,只能无奈放弃。不过,我坚信这些书信的"庐山真面目"总有一日会揭晓的。

本书的出版,首先还是要感谢以钱亮先生为代表的钱亚新先生家人的信任与支持,还需要感谢毛坤先生的后人毛相骞老师、朱偰先生的后人朱元春老师,许培基先生、倪波先生、白国应先生等老一辈学者,从这些老先生的身上我看到了"传统"与"传承"的美德;感谢苏小波师兄将其收藏的张厚生先生保管的钱亚新部分文稿赐示。此外,我还要郑重地感谢几位师友:华东师范大学范并思教授、南京师范大学倪延年教授、上海浦东图书馆邹婉芬老师、江南大学顾烨青师兄、中山大学肖鹏兄、北京大学周亚兄、上海大学张衍兄、泉州师范学院郑锦怀兄、南大台湾籍同学黄冠升兄、国家图书馆马学良和孙蕊伉俪、武汉大学彭敏惠学姐、湖南大学刘平老师、湖南省图书馆宁阳老师、山东图书馆白兴勇兄、上海图书馆杨敏老师、国家图书馆刘博涵博士、淮海工学院王启云老师、江南大学图书馆金星老师等,他们或为我联系图书馆、档案馆,或为我提供大陆民国时期、台湾及外文珍贵资料,或从其他方面关心、帮助本书的撰写。没有这些师友的帮助,本书肯定会逊色不少。

除了这些我知道姓名的师友外,我到访过的国家图书馆、南京大学图书馆、中国人民大学图书馆、南京师范大学图书馆、南京图书馆、上海图书馆、湖南大学图书馆、湖南师范大学图书馆、湖南省图书馆、宜兴图书馆等诸多图书馆以及那些不知姓名的老师,也非常感谢你们的帮助,你们的帮助让我这个学图书馆学的读者更加深刻地感受到了图书馆员职业的伟大!除了图书馆之外,我到访过的中国第二历史档案馆、江苏省档案馆、湖南省档案馆、湖北省档案馆、南京大学档案馆、宜兴档案馆等档案机构同仁,虽然其中不少都增加了我一些不愉快的经历,但多少还是得感谢一下他们的工作!

---

① 沈津.书海扬舲录[M].桂林:广西师范大学出版社,2016:15-16.

当然,本书的出版还得感谢上海古籍出版社及编辑郭冲兄,他们为本书付出的辛劳,铭记于心。王雅戈教授团队为本书编纂了索引,在此一并致谢!

　　最后,也是最重要的,是要感谢家人对于我一贯的支持,尤其是内子。这本书从开始写作到正式出版,我经历了从人子到人夫再到人父的转变,在这其中家庭始终是我坚强的后盾,衷心祝愿我的家人健康幸福!

谢　欢

2021 年 2 月 18 日初稿于彭城云龙湖畔

2021 年 5 月 10 日二稿于金陵扬子江畔

图书在版编目(CIP)数据

钱亚新年谱/谢欢著.—上海：上海古籍出版社，2021.5
ISBN 978-7-5325-9994-3

Ⅰ.①钱… Ⅱ.①谢… Ⅲ.①钱亚新(1903-1990)—年谱 Ⅳ.①K825.41

中国版本图书馆CIP数据核字(2021)第076728号

钱亚新年谱

谢 欢 著

上海古籍出版社出版发行

(上海瑞金二路272号 邮政编码200020)

(1) 网址：www.guji.com.cn
(2) E-mail：guji1@guji.com.cn
(3) 易文网网址：www.ewen.co

上海商务联西印刷有限公司印刷

开本787×1092 1/16 印张31.25 插页2 字数544,000
2021年5月第1版 2021年5月第1次印刷
ISBN 978-7-5325-9994-3
K·3011 定价：128.00元
如有质量问题，请与承印公司联系